教育部职业教育与成人教育司推荐教材

技能型紧缺人才培养培训建筑设备类专业教学用书

安全防范工程技术

编著　董春利

主审　黄　河　范同顺

中国电力出版社

CHINA ELECTRIC POWER PRESS

内 容 提 要

本书是教育部职业教育与成人教育司推荐教材。

本书根据高职高专教育的特点，以职业岗位核心能力为目标，精选教学内容，内容新颖，叙述简练。

本书共分九章，内容按照安全防范系统的一般分类划分为视频监控系统、入侵报警系统、门禁控制系统、停车场管理系统、智能卡系统等部分，每部分由若干单元组成。

本书可作为高职高专和成人高校的楼宇智能化工程技术、建筑电气、自动化技术、应用电子技术及相关专业的教材，也可供智能楼宇管理师、注册自动化系统工程师及智能建筑相关领域的从业人员参考。

图书在版编目（CIP）数据

安全防范工程技术 / 董春利编著. —北京：中国电力出版社，2009（2019.7 重印）

教育部职业教育与成人教育司推荐教材

ISBN 978-7-5083-9195-3

Ⅰ. 安…　Ⅱ. 董…　Ⅲ. 安全装置－电子设备－系统工程－高等学校：技术学校－教材　Ⅳ. TM925.91

中国版本图书馆 CIP 数据核字（2009）第 126632 号

中国电力出版社出版、发行

（北京市东城区北京站西街 19 号　100005　http://www.cepp.sgcc.com.cn）

北京九天鸿程印刷有限责任公司

各地新华书店经售

*

2009 年 8 月第一版　2019 年 7 月北京第六次印刷

787 毫米×1092 毫米　16 开本　27 印张　663 千字

定价 **68.00** 元

前 言

本书为教育部职业教育与成人教育司推荐教材，是根据教育部审定的建筑设备类专业主干课程的教学大纲编写而成的，并列入教育部《2004～2007年职业教育教材开发编写计划》。本书体现了职业教育的性质、任务和培养目标；符合职业教育的课程教学基本要求和有关岗位资格和技术等级要求；具有思想性、科学性、适合国情的先进性和教学适应性；符合职业教育的特点和规律，具有明显的职业教育特色；符合国家有关部门颁发的技术质量标准。本书既可以作为学历教育教学用书，也可作为职业资格和岗位技能培训教材。

本书是在高职高专教学改革的背景下编写的，力图使高职高专楼宇智能化工程技术及其相关各专业的学生在学完本课程后能获得安全防范工程一线设计、安装、实施和运行人员所必须掌握的安全防范工程技术应用知识和基本应用技能。

本书主要分为两部分。第一部分着重提炼出安全防范系统中常用到的各种基础知识；第二部分则按照传统的划分分别对视频监控系统、入侵报警系统、门禁控制系统、停车场管理系统、智能卡系统等进行了阐述，其中也涉及一些基本知识，但是更多的是对设备和系统的概念、结构、性能的介绍和应用。

本书主要的着眼点在于结合实际来提高学生的知识水平和解决实际问题的能力，在有效地组织材料的基础上，适当降低习题的数量和难度，突出了高职高专教材的实用性。在取材方面，本书考虑到安全防范技术日新月异的发展趋势，以及目前高职高专教育对象的实际基础和课内课后的学习习惯，从而增添了内容，使得本教材既有深度又有广度。

本书主要作为高职高专学校楼宇智能化工程技术、建筑电气技术、电气自动化技术、应用电子技术等专业的教材，同时，也可供从事楼宇智能化系统、安全技术防范、视频监控、入侵报警、门禁控制和智能卡一卡通等相关系统的工程设计、施工、调试和工程管理等技术人员参考。书中各章，甚至部分节段均具有一定的独立性，因此，在教学中可以根据专业方向、专业特点和学时安排选用不同的章节，安排总学时为32学时到96学时的教学内容。

本书在编写过程中，得到了大连职业技术学院和其他老师的大力帮助，广东建设职业技术学院黄河老师和北京联合大学自动化学院范同顺老师还担任了本书主审，为本书提出了大量宝贵意见，在此一并表示衷心的感谢！

由于安全防范工程技术发展较快，且涉及的知识面较广泛，系统性、工程性、实践性较强，同时也由于作者水平所限，在接触领域和理解上有一定的局限性，因此，本书在内容选择和安排上，不免存在遗漏和不妥之处，诚请读者批评指正。

编 者

2009年6月于大连

目　录

前　言

第一章　概论 ·· 1

　第一节　安全防范系统概述 ·· 1

　第二节　安全防范系统的内容 ·· 8

　作业与思考题 ·· 14

第二章　视频监控系统基本知识 ·· 15

　第一节　视频监控系统的概念与组成 ··· 15

　第二节　图像产生基础知识 ·· 23

　第三节　摄像机基础知识 ·· 39

　第四节　监视器基础知识 ·· 46

　第五节　数字视频压缩基础知识 ·· 51

　作业与思考题 ·· 79

第三章　视频监控系统设备与技术 ··· 80

　第一节　前端设备与相关技术 ·· 80

　第二节　控制设备和材料 ·· 113

　第三节　视频监控的传输技术与材料 ··· 120

　第四节　显示设备与技术 ·· 134

　第五节　视频存储设备与技术 ·· 144

　作业与思考题 ·· 156

第四章　视频监控系统的先进技术与发展 ··· 158

　第一节　视频监控系统的数字化 ·· 158

　第二节　前端设备的先进技术 ·· 177

　第三节　后端设备的先进技术 ·· 196

　第四节　视频监控系统的发展趋势 ·· 203

　作业与思考题 ·· 207

第五章　视频监控系统的工程设计 ··· 208

　第一节　视频监控系统工程设计的内容 ··· 208

　第二节　视频监控系统工程设计的要点 ··· 210

　第三节　视频监控系统设计方案案例 ··· 214

　第四节　视频监控系统实施与故障解决 ··· 218

　作业与思考题 ·· 223

第六章　入侵报警系统 ·· 225

　第一节　入侵报警系统的组成 ·· 225

　第二节　探测器的原理与应用 ·· 232

第三节　报警控制主机及其功能 ……………………………………………… 283

第四节　报警监控中心及信号传输 …………………………………………… 289

第五节　误报警原因分析及对策 ……………………………………………… 294

第六节　入侵报警系统的设计 ………………………………………………… 298

作业与思考题 …………………………………………………………………… 301

第七章　门禁控制系统 …………………………………………………………… 304

第一节　门禁控制系统概述 …………………………………………………… 304

第二节　密码输入比对门禁控制系统 ………………………………………… 312

第三节　卡片识别门禁控制系统 ……………………………………………… 315

第四节　生物特征识别门禁控制系统 ………………………………………… 322

第五节　门禁控制器与管理系统 ……………………………………………… 332

第六节　门禁控制系统的其他装置 …………………………………………… 337

第七节　门禁控制系统的设计与实施 ………………………………………… 346

作业与思考题 …………………………………………………………………… 352

第八章　智能卡与一卡通系统 …………………………………………………… 354

第一节　停车场管理系统 ……………………………………………………… 354

第二节　电子巡更系统 ………………………………………………………… 366

第三节　一卡通系统 …………………………………………………………… 373

作业与思考题 …………………………………………………………………… 387

第九章　安全防范系统的设计 …………………………………………………… 389

第一节　工程设计的规划 ……………………………………………………… 389

第二节　大型安全技术防范系统的设计 ……………………………………… 394

第三节　初步设计 ……………………………………………………………… 396

第四节　施工图的设计 ………………………………………………………… 399

第五节　设计任务书的编制 …………………………………………………… 404

作业与思考题 …………………………………………………………………… 407

附录　安全技术防范行业标准体系表 …………………………………………… 409

参考文献 ……………………………………………………………………………… 424

第 一 章

概　　论

　　智能建筑是以建筑物为平台，兼备信息设施系统、信息化应用系统、建筑设备管理系统、公共安全系统等，集结构、系统、服务、管理及其优化组合为一体，向人们提供安全、高效、便捷、节能、环保、健康的建筑环境。因此，对于智能建筑而言，设有公共安全保障系统是极其重要的，因为安居才能乐业，太平才能盛世。

　　安全防范系统、火灾报警与消防系统、安全供电系统、建筑物防雷系统都是保障智能建筑正常运行必不可少的公共安全系统。在我国，这些条件决定了某幢智能建筑能否投入使用。其中，安全防范系统又是非常重要的一环。

第一节　安全防范系统概述

　　所谓安全，就是没有危险、不受侵害、不出事故；所谓防范，就是防备、戒备，而防备是指做好准备以应付攻击或避免受害，戒备则是指防备和保护。

　　综合上述解释，可以将安全防范定义为：做好准备和保护，以应付攻击或避免受害，从而使被保护对象处于没有危险、不受侵害、不出现事故的安全状态。显而易见，安全是目的，防范是手段，通过防范的手段达到或实现安全的目的，就是安全防范的基本内涵。

一、安全防范的概念

1. 安全防范的含义

　　实际上，中文所讲的安全是一种广义的安全，它包括两层含义：一是指自然属性或准自然属性的安全，对应英文中的 Safety；二是指社会人文性的安全，即有明显认为属性的安全，与 Security 相对应。自然属性或准自然属性的安全破坏主要不是由于人的有目的的参与而造成的；社会人文性破坏则主要是由于人的有目的的参与而造成的。防范通常是损失预防和犯罪预防（Loss Prevention & Crime Prevention）的概念。因此，广义上讲，安全应该包括 Safety 和 Security 两层含义，而通常所说的安全防范主要是指狭义的安全（Security），国外通常叫"保安"。

　　损失预防通常是社会保安业的工作重点，而犯罪预防则是警察执法部门的工作重点。这两者的有机结合，才能保证社会的安定与安全。从这个意义上说，损失预防和犯罪预防就是安全防范的本质内容。

　　综上所述，安全防范既是一项公安业务（警察执行部门），又是一项社会公共事业和社会经济事业。它们的发展和进步，既依赖于科学技术的发展和进步，同时又为科学技术的进步与发展提供和创造良好的社会环境。

　　因此，综合性大公共安全就是为社会公共安全提供时时安全、处处安全的综合性安全服务的社会公共安全服务保障体系，同时也是由政府发动、政府组织、社会各界（绝不是公安部一家，更不是公安部执法部门内部的某一机构）联合实施的综合安全系统工程（硬件、软件）和管理服务体系。公众所需要的综合安全，不仅包括以防盗、防劫、防入侵、防破坏为主要内容的狭义的安全防范,而且包括防火安全、交通安全、通信安全、信息安全以及人体防护、医疗救助、防煤气泄漏等诸多内容。

2. 安全防范的分类

安全防范是社会公共安全的一部分,因此,安全防范行业是社会公共安全行业的一个分支。就防范手段而言,安全防范包括人力防范(Personnel Protection)、物理防范(Physical Protection,又称为实体防护)和技术防范(Technical Protection)三个范畴。

一个完善的安全防范系统是人防、物防、技防三者有机结合的系统,是在严格的制度和持之以恒的管理下的系统。

人力防范主要是人工防护,主要有保安站岗、人员巡逻、按钮报警、有线和无线通信呼救;物理防范主要是实体防护,如周界栅栏、围墙、入口门栏等。人力防范和物理防范是古已有之的传统防范手段,它们是安全防范的基础,随着科学技术的不断进步,这些传统的防范手段也不断融入了新科技的内容。

技术防范是电子化安防(E-Security),是以各种现代传感器技术、计算机运算技术为核心的电子产品组成的图像显示、人员探测、电子栅栏等集成系统和网络,从而构成安全保证的电子屏障。

技术防范是在近代科学技术(最初是电子报警技术)用于安全防范领域并逐渐形成一种独立防范手段的过程中所产生的一种新的防范概念。由于现代科学技术的不断发展和普及应用,技术防范的概念也越来越普及,越来越为警察执法部门和社会公众所认可和接受,以致成为使用频率很高的一个新词汇;技术防范的内容也随着科学技术的进步而不断更新。

在科学技术迅猛发展的当今时代,可以说几乎所有的高新技术都将或迟或早地移植、应用于安全防范工作中。因此,技术防范在安全防范技术中的地位和作用将越来越重要,它已经带来了安全防范的一次新的革命。因此,技术防范的内容是本课程的重点内容。

3. 安全防范的要素

安全防范的三个基本要素是:探测、延迟与反应。探测(Detection)是指感知显性和隐性风险事件的发生并发出报警;延迟(Delay)是指延长和推延风险事件发生的进程;反应(Response)是指组织力量为制止风险事件的发生所采取的快速行动。在安全防范的三种基本手段中,要实现防范的最终目的,都要围绕探测、延迟、反应这三个基本防范要素开展工作、采取措施,以预防和阻止风险事件的发生。当然,三种防范手段在实施防范的过程中所起的作用有所不同。

基础的人力防范手段(人防)是利用人们自身的传感器(眼、耳等)进行探测,发现妨害或破坏安全的目标,并作出反应,如用声音警告、恐吓、设障、武器还击等手段来延迟或阻止危险的发生,在自身力量不足时发出求援信号,以期待作出进一步的反应,从而制止危险的发生或处理已发生的危险。

实体防范的主要作用在于推迟危险的发生,为"反应"提供足够的时间。现代的实体防范已不是单纯物质屏障的被动防范,而是越来越多地采用高科技的手段,一方面使实体屏障被破坏的可能性变小,并增大延迟时间;另一方面也使实体屏障本身增加探测和反应的功能。

可以说,技术防范手段是人力防范手段和实体防范手段的功能延伸和加强,是对人力防范和实体防范在技术手段上的补充和加强。它要融入人力防范和实体防范之中,使人力防范和实体防范在探测、延迟、反应三个基本要素中不断地增加高科技含量,不断提高探测能力、延迟能力和反应能力，使防范手段真正起到作用，达到预期的目的。

探测、延迟和反应三个基本要素之间相互联系、缺一不可。一方面，探测要准确无误、延迟时间长短要合适，反应要迅速；另一方面，反应的总时间应小于（至多等于）探测加延迟的总时间。

二、安全防范技术的概念

1. 安全防范技术的分类

安全防范技术是用于安全防范的专门技术。一般地，安全防范技术通常分为三类：物理防范技术（Physical Protection）、电子防范技术（Electronic Protection）和生物统计学防范技术（Biometric Protection）。

物理防范技术主要指实体防范技术，如建筑物和实体屏障，以及与其匹配的各种实物设施、设备和产品（如门、窗、柜、锁等）；电子防范技术主要是指应用于安全防范的电子、通信、计算机与信息处理及其相关技术，如电子报警技术、视频监控技术、出入口控制技术、计算机网络技术及其相关的各种软件、系统工程等；生物统计学防范技术是法庭科学的物证鉴定技术和安全防范技术中的模式识别相结合的产物，其主要是指利用人体的生物学特征进行安全技术防范的一种特殊技术门类，目前应用较广的有指纹、掌纹、眼纹、声纹等识别控制技术。

因此，安全技术防范是以安全防范技术为先导，以人力防范为基础，以技术防范和实体防范为手段所建立的一种探测、延迟、反应有序结合的安全防范服务保障体系。它是以预防损失和预防犯罪为目的的一项公安业务和社会公共事业。

对于警察执法部门而言，安全技术防范就是利用安全防范技术开展安全防范工作的一项公安业务；而对于社会经济部门来说，安全技术防范就是利用安全防范技术为社会公众提供安全服务的一种产业。既然是一种产业，就要有产品的研制与开发，就要有系统的设计与工程的施工、服务和管理。

2. 安全防范技术的专业体系

安全防范技术作为社会公共安全科学技术的一个分支，具有其相对独立的技术内容和专业体系。根据我国安全防范行业的技术现状和未来发展，可将安全防范技术按照学科专业、产品属性和应用领域的不同分为：

（1）视频监控技术。

（2）入侵探测与防盗报警技术。

（3）出入口目标识别与控制技术。

（4）报警信息传输技术。

（5）移动目标反劫、防盗报警技术。

（6）社区安防与社会救助应急报警技术。

（7）实体防护技术。

（8）防爆安检技术。

（9）安全防范网络与系统集成技术。

（10）安全防范工程设计与施工技术。

由于安全防范技术是正在发展中的新兴技术，因此上述专业的划分仅具有相对意义。实际上，上述各项专业技术本身都涉及诸多不同的自然科学和技术门类，但它们之间相互交叉、相互渗透，专业的界限会变得越来越不明显，同一技术同时应用于不同专业的情况也会越来越多。

安全防范工程技术课程就是对安全防范技术进行系统设计、工程施工和安装调试等过程中出现的主要专业技术内容进行讲解和培训的课程。

三、安全防范系统的概念

（一）安全防范系统的本质

1. 定义

安全防范系统，简称安防系统，是指为了维护社会公共安全和预防灾害事故，将现代电子、通信、信息处理、计算机控制原理和多媒体应用等高新技术及产品应用于防范和监控的系统。

安全防范系统以维护社会公共安全和预防及制止重大治安事故为目的，综合运用各种方法和措施，使用技防产品及相关产品所组成的电子系统或网络，从而保证被保护目的物的安全。

2. 原理框图

与其他基于传感器技术和计算机技术的系统一样，安全防范系统也是一个计算机检测系统。一般的检测系统，其原理结构框图如图 1-1 所示。

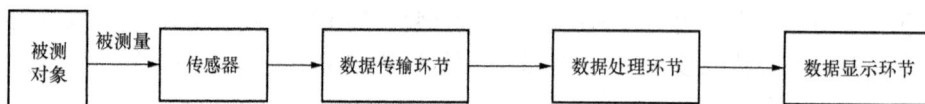

```
┌──────┐ 被测量  ┌────────┐   ┌────────────┐   ┌────────────┐   ┌────────────┐
│ 被测 │───────▶│ 传感器 │──▶│ 数据传输环节 │──▶│ 数据处理环节 │──▶│ 数据显示环节 │
│ 对象 │        └────────┘   └────────────┘   └────────────┘   └────────────┘
└──────┘
```

图 1-1　检测系统原理结构框图

检测对象通常为非电量，需要通过传感器转换为电量；数据传输环节将这些电量信号传输到数据处理环节，由其中的检测电路对信号进行处理与转换，使其能够被其中的微机所接受。系统将检测结果送往数据显示环节的显示器显示出来或记录器记录下来，以供操作人员现场监视和分析。当检测结果异常时，微机还可启动报警器报警。同时，微机接收信号并处理后，还可以发出控制信号去控制执行器的动作，即控制信号转变为各种控制动作，以实现对被控对象的控制。

3. 三要素

可见，安全防范系统的三个环节：检测（Detection）、控制（Control）和执行（Acting）是与安全防范的探测、延迟与反应三个基本要素一一对应的。在这里，检测是传感器、探测器、摄像机、读卡器的工作；控制是控制器、矩阵主机、报警主机、控制主机的工作；执行是执行器、显示器、报警装置、门锁、门闸的工作。首先，通过各种传感器等多种技术途径，探测到环境物理参数的变化或传感器自身工作状态的变化，及时发现是否有人强行或非法侵入的行为；然后，通过各种控制器观察和判断传感器传来的信号的真实性，使用不同控制策略和控制手段，完成图像显示、报警传递、门锁或闸门的开闭等动作；最后，在防范系统发出控制后，采取必要的行动来制止风险的发生或制服入侵者，及时处理突发事件，控制事态的发展。

安全防范系统从本质上而言，可归纳为 4 种类型的探测、控制和反应，如图 1-2 所示。

（二）安全防范系统的组成

1. 类型

安全防范系统对应的 4 种类型分别是：

（1）视频监控系统的摄像机进行的图像探测、矩阵控制器的图像切换控制、显示器的被控区域图像显示。

（2）入侵报警系统的入侵探测器的入侵探测、报警控制器的报警运算和控制、报警器的报警信号发送与远传。

（3）门禁控制系统的门禁读卡器的刷卡信号探测、门禁控制器的条件运算控制、对应门锁的启闭命令。

（4）停车场管理系统的出入口机读卡信号的探测、收费计算机的比对与运算控制、对应出入口栏杆门闸机的启闭命令。

2. 组成框图

智能建筑的安全防范系统的主要任务是根据不同的防范类型和防护风险需要，确保建筑物的安全。为保障人身与财产的安全，可运用计算机通信、视频监控及报警系统等技术形成综合的安全防范体系。

对应于安全防范技术专业体系的构成，分析归纳后可知，安全防范系统实际上包括建筑物内及周边的视频监控；建筑物周边及内部的入侵报警及巡更；建筑物周边及范围内的人员门禁管理；建筑物周边的车辆出入管理四大部分，再加上集成管理这些系统的上位管理软件，即组成了如图1-3所示的安全防范系统。

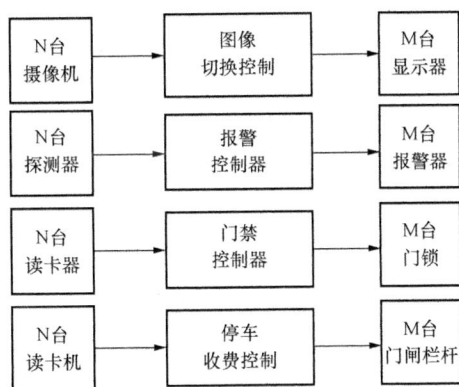

图 1-2　安全防范系统的本质　　　　　　　图 1-3　安全防范系统组成框图

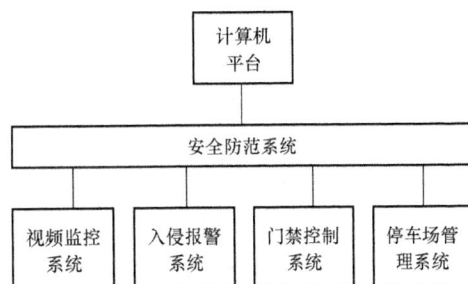

视频监控系统由前端摄像机部分、视频传输线路、视频切换控制设备、后端显示记录装置四大部分组成。

入侵报警系统由报警探测器、警报接收响应控制装置、处警对策三大部分组成。

门禁控制系统由各类出入凭证和凭证识别设备、出入法则控制设备、门用锁具三大部分组成。

停车场管理系统由各类出入凭证和凭证识别设备、停车收费与控制计算机、行车导向与占位显示装置、出入口道闸栏杆四大部分组成。

四、安全防范系统的应用对象

1. 安全防范系统的重点应用部门

安全防范技术重点应用在以下部门。

（1）国家机关。由于国家机关存放着许多有价值的决策性文件和资料，而这些资料有的是绝对机密，关系到国家的安全与国民经济的发展，因此，使用安全防范技术可以防止被盗、被窃。另外，使用人防和现代化的防范技术可以保证人身安全，并形成一个出入口的人防与技防及档案库、资料库、办公室的防入侵、防潮、防火的有效安全防范的系统工程。

（2）国防科研部门。国防科研部门承担着研制各种先进武器装备的任务，它的研究、生产及其成果直接关系到军事机密及实现国防现代化。因此，这些单位的周边、出入口、生产线、库房和资料档案室是安全防范的重点。

（3）重要的文物单位。文物单位（博物馆）保存着重要的历史文化遗产，它反映了历史上各发展阶段的社会制度、社会生产和社会生活的真实面貌，为研究人员提供了研究历史的最形象的实物，具有永久性的保存价值。因此，在文物单位的周界、出入口安装保护文物及反盗窃和反破坏的安全防范技术装置是安全防范工作的重点。

（4）金融系统。金融系统是制造、发行、储存货币和金银的重要地方，也是犯罪分子选择作案的最主要的场所。这些部门建立电视监控、报警及通信等综合性安全防范系统是行之有效的安全防范措施，效果较为明显。

（5）国家重点建设项目。国家重点建设项目具有技术先进、机械化和自动化程度高等特点，它是国家物资的储备地，也是国民经济发展的重要组成部分。国家重点建设项目的规模大，投资也大，因此，使用安全防范技术来防止原材料、设计图、资料档案和重点设备的丢失是安全防范的重要工作。

总之，利用安全防范技术进行安全防范可以减少案件的发生。例如，银行的柜员机和大厅的监控系统对预防犯罪十分有效。

安装防火的防范报警系统可以在火灾发生的萌芽状态将其及时扑灭。将防火、防盗、防破坏和通信联络等各分系统进行联合设计，可以组成一个综合的、多功能的安全防范系统，这是保卫工作发展的趋势。

2. 安全防范系统的防护等级

目前，许多营业场所已认识到保护财务工作人员安全的重要性，因此，在营业柜台区域普遍安装了防弹玻璃、防弹通道门和防弹升降板等装置。由于国民经济的迅速发展，风险等级中规定的日均现金收付量、收付笔数及储蓄存款余额，从1992年到现在都有相当大的变化，因此会出现标准中的规定与现实情况不相适应的情况。

大部分的金融营业场所早已经规定了风险等级。对于未定风险的新营业场所，其风险等级都要相应提高。按照标准规定，5年以后要重新核定风险等级，因此重新修订风险等级是形势发展的需要。

标准中规定了四级风险，四级风险的主要条件见表1-1。

表1-1　　　　　　　　　　　四级风险的主要条件

风险级别	日均现金收付量	日均现金收付笔数	储蓄存款余额
四级	＜5万元	＜10笔	＜50万元
三级	5万～80万元	10～100笔	50万～1000万元
二级	80万～150万元	100～300笔	1000万～1亿元
一级	＞150万元	＞300笔	＞1亿元

防护级别要与风险等级相对应，只能提高，不能降低，即三级风险采取二级防护是可以

的,而三级风险采用四级防护则是不允许的。

(1) 营业场所的防护区域划分。营业场所的防护区域划分为以下三部分:

1) 1号区,指中心控制室和守库室。

2) 2号区,指营业厅,现金柜台,以及进入中心控制室、守库室、业务库的通道。

3) 3号区,指进入营业场所的通道、门、窗。

(2) 通用技术要求。该标准对安全防范系统有以下通用的技术要求:

1) 选用的报警设备均应符合国家标准并为检验合格的产品。

2) 安装位置要隐蔽,且便于维修。

3) 报警控制设备要有声、光报警显示,并指示报警位置。

4) 系统有防破坏功能。

5) 紧急报警装置要有防止误动作措施。

6) 营业场所配备防卫、灭火器具。

(3) 四级防护技术要求:

1) 营业场所需要有围墙防护(如农村信用社),其高度应大于2.5m,厚度大于30.24m;墙顶部设置防爬越障碍物。

2) 营业柜台高度大于1.1m,宽度大于0.6m;上方设置坚固防护栏,高度不低于1.5m;柜台两端与营业室墙身应牢固连接,柜台门为坚固防护门。

3) 安装防盗门和防盗窗。

4) 营业室安装紧急报警装置,门窗设防盗开关报警装置或入侵探测器:报警信号能传输到接警单位,并发出本地声音报警。

(4) 三级防护技术要求:

1) 守库室通过电视监控手段或直接目视,能有效监控营业室和现金库房。

2) 1号区控制设备要有声音探测复核和电视监控功能,并有对外报警的通信设备和报警传输装置。

3) 1号区设柜台防护装置。

4) 3号区安装入侵探测器,其余要符合四级防护要求。

(5) 二级防护技术要求:

1) 现金柜台与其他工作区隔开。

2) 1号区的门、窗、天窗要用报警装置进行监控。

3) 2号区的通道要进行电视监控并安装移动探测器。

4) 3号区的所有门、窗、通风口要进行重点防护,并设置报警探测装置。

5) 报警控制设备应可接收防火、防盗两种类型的报警信号,要设置对讲装置,与110报警网络联通。

6) 设卫生间,其余同三级防护。

(6) 一级防护技术要求:

1) 一级防护为全方位防护;1号区安装防盗安全门,出入口在报警监控范围内。

2) 2号区安装电视监控,在营业期间进行不间断录像。

3) 3号区所有入口、天窗、地面和墙壁应进行24小时不间断的有效监控。

4) 设置计算机控制的报警中心控制台,并要具备接收报警、电视监控信号的功能;报警时自动启动照明、录音和录像设备；控制设备具有报警部位指示功能；具有打印、记录和报警事件功能；有进入110报警网络的接口。

第二节　安全防范系统的内容

一、安全防范系统的内涵

1. 视频监控系统

视频监控系统就是在智能建筑的出入口、沿周界、主要通道、车库、库房、机房等重要场所安装摄像机，将监测区域的情况以图像方式实时传送到智能建筑的值班管理中心；值班人员通过电视屏幕可以随时了解这些重要场所的情况。

视频监控分为一般性监控和密切监控两类。采用云台扫描可作全方位大面积的巡视；而对于固定场所或目标的监控，宜采用定位定焦死盯方式。监控部位应注意少留盲区与死角，一般采用"手拉手"方式减少盲区；对电梯内外的监控要引起重视，并从技术上予以保证。

视频监控系统如图1-4所示。

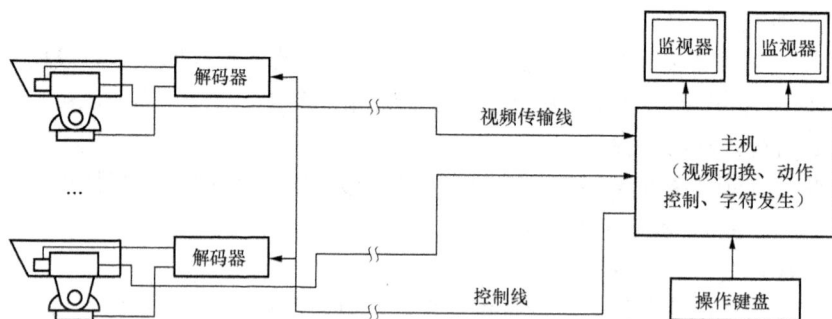

图1-4　视频监控系统

2. 入侵报警系统

入侵报警系统一般由报警探测器、信号采集控制器和监控中心设备组成。通常，因应用的场合不同，入侵报警系统又可分为智能建筑周界防入侵系统与建筑物内部防盗报警系统两类。

周界防入侵系统一般由双光束主动红外线探测器、激光周界探测器、泄漏电缆或振动电缆探测器构成探测单元。当有非法入侵时，探测单元发出报警信号，信号采集控制器获得信息，监控中心设备报警并通知处警人员。该系统是保障智能建筑安全及正常运行的外部屏障。

建筑物内部防盗报警系统一般由红外微波双鉴探测器，窗磁、门磁探测器构成探测单元。当有非法入侵时，探测单元发出报警信号，信号采集控制器获得信息，监控中心设备报警并通知处警人员。该系统是保障智能建筑安全及正常运行的内部屏障，如图1-5所示。

3. 门禁控制系统

门禁控制系统又称出入口控制系统，该系统可以实现人员出入的自动控制。按智能建筑使用类别的不同，以及采用不同等级的安防标准与技术措施，门禁控制是进入建筑物之前最重要的一环。

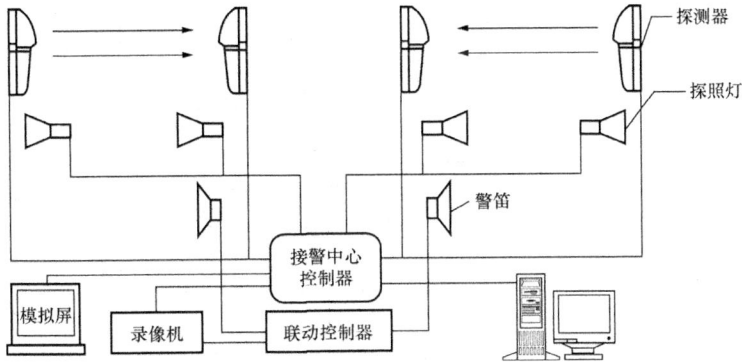

图 1-5　入侵报警系统

按照出入凭证和凭证识别设备的不同，门禁控制系统分为卡片控制系统和人体自动识别控制系统两大类。卡片出入控制系统主要由卡片和卡片式读卡器、门禁控制器、门锁，以及附加的报警、监控软件组成；人体自动识别控制系统则是利用人体生理特征和个体差异识别技术进行鉴定和出入控制，如图 1-6 所示。可利用的人体的生理特征和个体差异有眼纹、指纹、语音、字迹等，人体的这些特征和差异具有相异性、不变性和再现性。

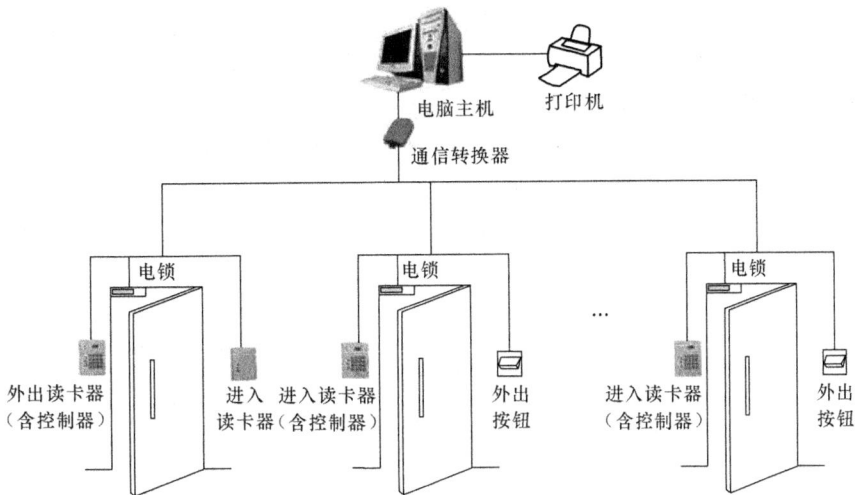

图 1-6　门禁控制系统

4. 停车场管理系统

停车场管理系统又称自动停车场系统，该系统可以实现车辆出入的自动控制。对于智能建筑而言，停车场管理系统可实现有效方便的监控与管理，对车辆出入的情况进行记录，此外，还具有防盗报警及倒车限位等功能，如图 1-7 所示。

对于仅限于智能建筑内部使用的停车场，且重点是防范车辆丢失的情况，则可以采用认车不认人的技术方案；对于对外收费使用的停车场，其重点是完成停车场的收费管理，并对进入停车场的各种车辆进行有序管理，因此可采用较流行的感应式 IC 卡作为管理手段。

5. 其他系统

除上述四大系统外，以下系统有时也归属于安全防范系统中。

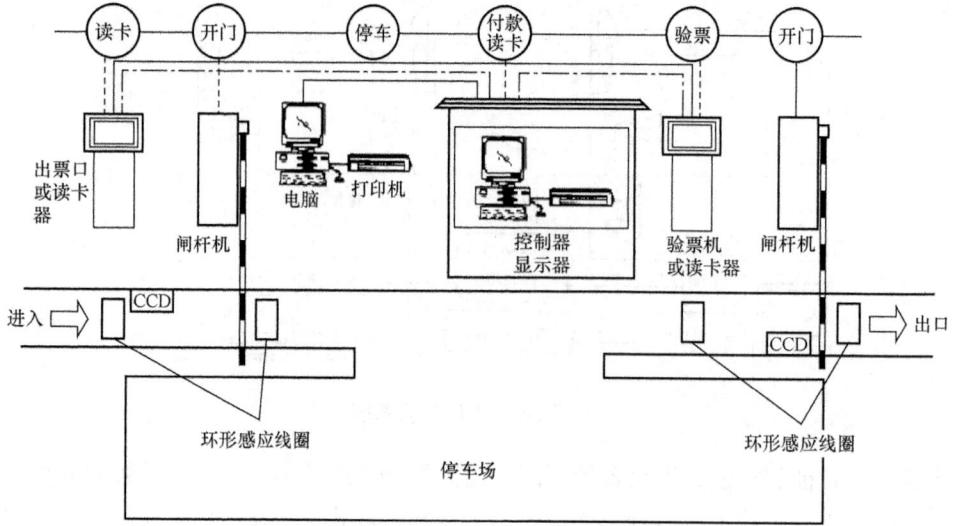

图 1-7　停车场管理系统

（1）智能巡更系统。智能巡更系统有在线巡更系统和离线巡更系统两类。在线巡更系统多利用报警系统或门禁系统的设备来实现；离线巡更系统则是在线巡更的反应用，通常采用模块化设计的信息钮和接触棒，信息钮类似于 IC 卡固定在每个巡更点，接触棒则类似于读卡器，其内部含有 CPU 模块和存储单元，由巡更人员携带。当巡更人员按预先设定的巡更路线和时间到达每个巡更点时，以接触棒碰触信息钮，自动记录下巡更的日期、时间、位置等信息，之后将接触棒通过接口模块与电脑相连，以专用软件即可读出和记录接触棒内的巡更信息，因此是一种方便适用的智能化系统。

在线巡更系统由巡更定位器、遥控发射器、小区巡更监控中心三大部分组成，如图 1-8 所示。

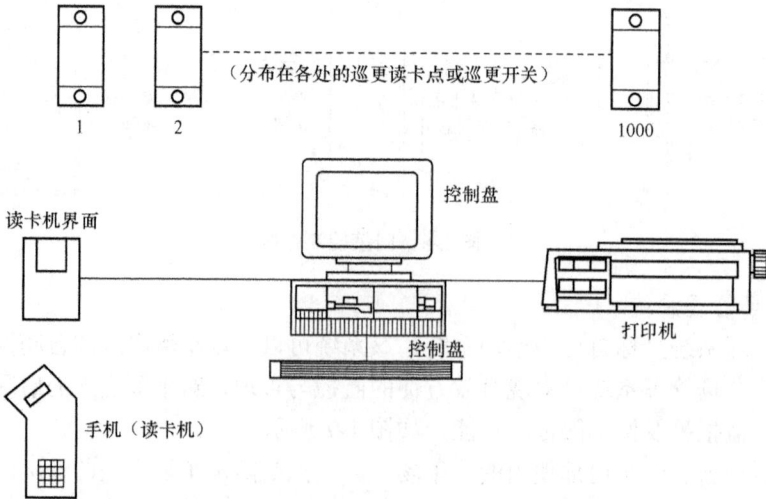

图 1-8　在线巡更系统

（2）智能"一卡通"系统。智能"一卡通"系统主要通过非接触 IC 卡的身份识别功能，达到停车场管理、门禁控制、保安巡更、考勤管理、会议签到管理以及就餐、消费管理等功能一卡通用的目的。

此时，一般将上述系统的操作界面统一在一个界面上，使用一个管理操作站管理。员工能够用同一张卡完成门禁控制系统、停车场管理系统、保安巡更系统，以及考勤系统、签到系统、消费系统的数据读取。

采用的非接触式 IC 卡，可以作为工作证、通行证、借书证、消费卡、门票和会员卡，将来还可扩展到考勤、消费、会员管理、图书资料管理、设备租借管理等应用。

系统可以与停车场管理系统、保安巡更系统、门禁控制系统通过非接触式 IC 卡联系并进入一卡通管理服务器，从而组成智能一卡通系统，如图 1-9 所示。

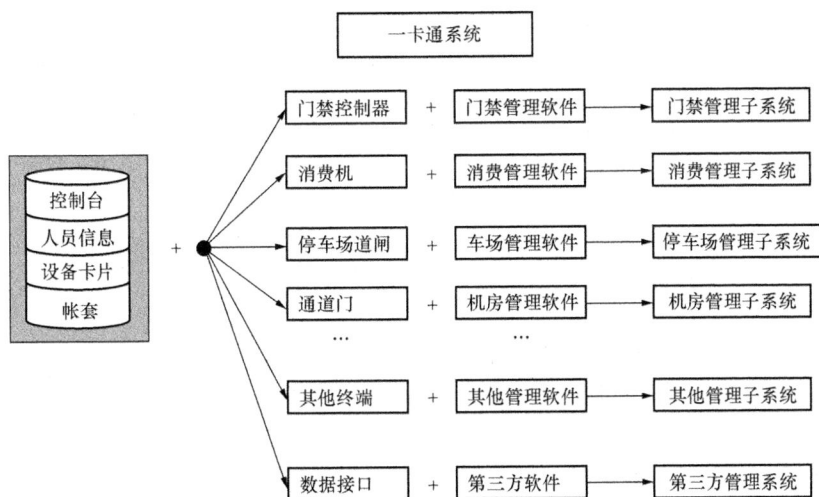

图 1-9 智能一卡通系统

二、安全防范系统的横向划分

根据系统各部分功能的不同，可以将整个安全防范系统划分为 7 个层面——表现层、控制层、处理层、传输层、执行层、支撑层、采集层。当然，由于设备集成化越来越高，对于部分系统而言，某些设备可能会同时以多个层的身份存在于系统中。

1. 表现层

表现层是人机接口的主要部分。这是最能够直观感受到的，它展现了整个安防监控系统的品质，通常包括监控电视墙、监视器、高音报警喇叭、报警自动驳接电话等。

2. 控制层

控制层是整个安全防范系统的核心，它是系统科技水平的最明确体现，通常包括控制矩阵、硬盘录像机、网络视频服务器等。

通常，控制方式有两种——模拟控制和数字控制。模拟控制是早期的控制方式，其控制台通常由控制器或模拟控制矩阵构成，成本较低、故障率较小，适用于中小型局部安全防范系统。但对于大型安防监控系统而言，这种方式就显得操作复杂且无任何成本优势了，这时通常会选择半模拟半数字控制方式。

数字控制以计算机作为监控系统的控制核心，它将复杂的模拟控制操作变为简单的鼠标点击操作，将巨大的模拟控制器堆叠缩小为一个工控计算机，将复杂而数量庞大的控制电缆变为网络线。

数字控制发展到今天，进化成为了网络控制。它将中远程监控变为事实，为 Internet 远程监控提供了可能。但数字和网络控制方式中，分辨率、传输速率、系统崩溃、控制滞后等问题仍然存在。

3. 处理层

处理层又称为音视频处理层，它将传输层送过来的音、视频信号加以分配、放大、分割等处理，并有机地将表现层与控制层加以连接，通常包括音视频分配器、音视频放大器、视频分割器、音视频切换器等设备。

4. 传输层

传输层相当于安防监控系统的血脉。在小型安防监控系统中，最常见的传输层设备为视频线、音频线；中远程监控系统中，通常使用的是射频线、微波；远程监控中，通常使用 Internet，其传输层介质为网线或光纤。

在数字安全防范系统中存在一个认识误区，即认为控制层使用的数字控制的安全防范系统就是数字安防监控系统。其实不然，真正的数字安防系统，其传输介质为网络介质——网线或光纤。信号从采集层出来时，就已经调制成数字信号了，数字信号在目前已趋成熟的网络上跑，理论上是无衰减的，这就保证了远程监控图像的无损失显示，这是模拟传输无法比拟的。

5. 执行层

执行层是控制指令的命令对象，有时，它与支撑层、采集层之间不易区分。因此，定义受控对象即为执行层设备，包括云台、镜头、解码器、加热制冷除霜护罩等。

6. 支撑层

顾名思义，支撑层是用于后端设备的支撑、保护和支撑采集层和执行层的设备。它包括支架、一般防护罩等辅助设备。

7. 采集层

采集层是整个安防监控系统品质好坏的关键因素，也是系统成本开销最大的地方。它包括镜头、摄像机、报警传感器等。

三、安全防范系统的规划与设计

1. 安全防范系统的规划

对于大型和复杂的安全防范系统而言，由于有成百上千台的摄像机、报警探测装置、门禁控制设备等硬件，还有对被监控区域进行规划布局、盲区分析、系统集成等的众多软件，因此非常有必要以系统工程的方法来进行规划和设计，也只有这样才能达到较为理想的最终效果。

安全防范系统追求的目标是以多种技术手段来确定建筑物本身及运行的安全，尽量减少监控的死角和探测的盲区。它所受到的约束条件包括拟投入的资金大小、允许的建设周期、系统运行和管理人员的素质及文化业务水平、对系统的维护及支援响应能力等，系统工程拟定的方案就是在此众多约束条件下寻求目标函数的极值和最优化。

另一方面，要确保监控对象的安全，不能指望通过各种设备的堆积来实现，而是要通过对系统的调查分析、比较测算，甚至是仿真模拟等途径来构建可靠、合理、适用、有可扩展性的系统，此即系统设计的 RAS（可靠性 Reliable、可使用性 Available、可维护性 Serviceable）三原则。

2. 安全防范系统的设计

为了使安全防范系统切实有效，对重要的防护目标宜采用层次设防的措施，如图 1-10 所示。由外向里的防护是：

（1）第一层的周界防范报警设施。在围墙或栅栏上加装"电子篱笆"，一旦有人非法穿越或破坏，则实时发出报警信号。

（2）第二层为出入口控制系统。在建筑物大门等人员可以出入的场所加装可受控的锁具或出入装置，对易被击碎的窗户玻璃可装玻破报警探测器。

（3）第三层为空间设防。在楼内布置各种能够探测人体移动的传感器，如红外、微波或超声探头；为减少误报，可采用双鉴探测器，最好采用摄像机的视频移动探测功能。视频监控系统可作为报警的复核手段和报警事件的记录装置使用。

（4）第四层为重点防范措施。可采用卡片复合密码方式或指纹、掌纹、脸面等生物识别技术，以确保楼内重点场所和房间的绝对安全。

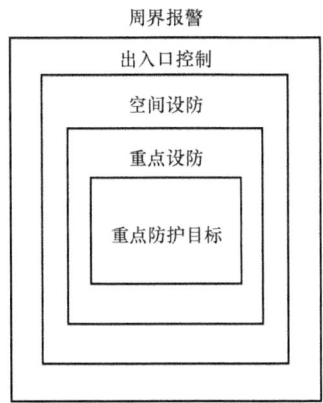

图 1-10 层次设防图

3. 安全防范系统的集成方式

除防盗报警控制器、门禁控制器及巡更和停车场工作站外，视频监控部分可采用以模拟视频切换器为主的模拟方式和以硬盘录像机构成的数字方式，如图 1-11 所示。

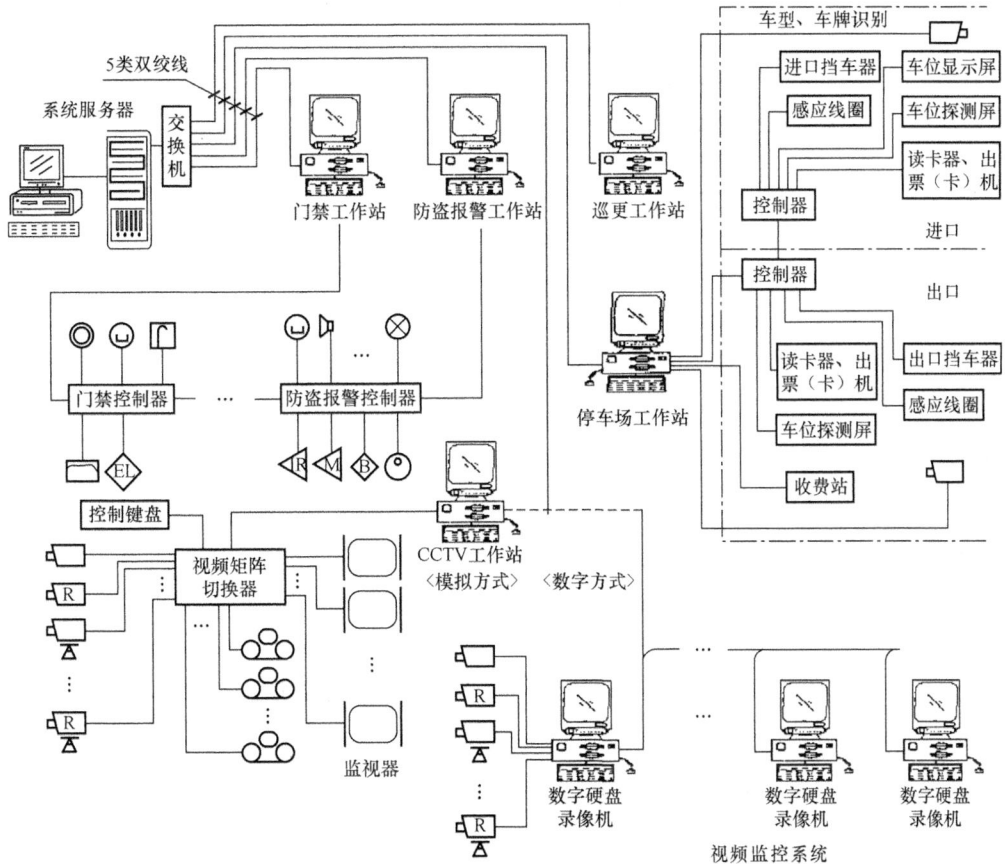

图 1-11 安全防范系统的集成

作业与思考题

（1）安全防范的含义有哪些？

（2）安全防范的分类包括哪些内容？

（3）安全防范的要素是什么？最终目的是什么？相互间存在什么关系？

（4）安全防范技术的分类有哪些内容？

（5）安全防范技术的专业体系有哪些内容？它们之间是什么关系？

（6）安全防范系统的定义是什么？

（7）安全防范系统的组成有哪些？用框图如何表示？

（8）安全防范系统的重点应用部门有哪些？

（9）安全防范系统的防护等级是如何划分的？

（10）视频监控系统的组成有哪些？

（11）入侵报警系统的组成有哪些？

（12）门禁控制系统的组成有哪些？

（13）停车场管理系统的组成有哪些？

（14）智能巡更系统的组成有哪些？

（15）智能"一卡通"系统的组成有哪些？

（16）安全防范系统在横向是如何划分的？

（17）安全防范系统的设计层次是如何划分的？

第 二 章

视频监控系统基本知识

视频监控系统是安全技术防范体系中的一个重要组成部分，是一种先进的、防范能力极强的综合系统，它可以通过遥控摄像机及其辅助设备（镜头、云台等）直接观看被监视场所的一切情况，对被监视场所的情况一目了然。视频监控系统是目前智能大厦和智能小区必备的系统。在 GB/T 50314—2006《智能建筑设计标准》和建设部 1999 年月 12 月颁发的《全国住宅小区智能化系统示范工程建设要点与技术导则》中都明确规定，安全防范系统应配备视频监控系统。过去的规范和工程上，视频监控系统通常又称为闭路电视监控系统或电视监控系统（CCTV：Closed Circuit Television）。

第一节　视频监控系统的概念与组成

一、视频监控系统的概念

视频监控系统能在人们无法直接观察的场合，实时、形象、真实地反映被监视控制对象的画面，现已成为现代化管理中监控的一种极为有效的观察工具。由于它具有只需 1 人在控制中心操作就可观察许多区域，甚至远距离区域的独特功能，因此被认为是保安工作的必需手段。

1. 视频监控系统的作用

视频监控系统在现代智能建筑中起独特作用，其监控的含义并不局限于对商业、银行、办公、住宅等大厦和小区的监督和管理，它还广泛应用于工厂厂区、港口码头、储存仓库等工业行业；用于医院监护、展览、体育场所；用于交通中监测高速路、地铁；用于学校、幼儿园保障学生的安全等。视频监控系统更广泛的应用是目前开展的平安城市、平安校园、平安工厂等领域。在危险和人无法到达的环境中，以及在光线昏暗、人的视力不及的条件下，这种监视仍可正常进行。

被监控区域的中心控制室可以对所监控的摄像点进行遥控，并可在非常事件突发时及时将叠加有时间、地点等信息内容的现场情况记录下来，以便重放时分析调查，并作为具有法律效力的重要证据，这样既提高了保安人员处警的准确性，又可为公安人员迅速破案提供有力证据。

同时，视频监控系统还可以与防盗报警系统等其他安全技术防范体系联动运行，使其防范能力更加强大。视频监控系统的外围设备可以通过系统辅助通信接口进行联动控制，如门禁系统、广播系统等都可以直接由视频监控系统控制台控制。

2. 视频监控系统的发展历程

（1）第一代模拟图像监控。第一代模拟图像监控系统主要由摄像机、视频矩阵、监视器、录像机组成。摄像机采集的视频信号采用模拟方式传输，主要采用专用的视频电缆，传输距离不太远，适用于小范围监控，如建筑物内部监控，且只能在本地监控中心观看监控图像。该系统功能单一、设备繁多、不易扩展。

（2）第二代基于 PC 技术的监控。随着计算机多媒体技术的发展，数字视频压缩编码技术日益成熟，因此计算机被广泛地应用于监控领域。

基于 PC 技术的监控一般采取以下结构：在前端监控现场，有若干台摄像机，通过相应的线路连接到监控终端上，监控终端可以是 1 台 PC 机，也可以是专用的工控机。监控终端除了可以处理摄像机传输过来的视频信号外，还可以利用视频压缩卡和通信接口卡，利用通信网络，将这些信号传输到 1 个或多个监控中心，以便集中处理。

基于 PC 的监控系统功能较强、灵活性高，可以发挥现代计算机强大的处理功能，但其稳定性一般、软件的开放性不好，难于对系统直接进行扩展。

（3）第三代基于嵌入式的网络监控。随着 IC 技术及网络技术的迅速发展，出现了一种新的基于嵌入式技术的网络视频监控系统。它的主要原理是：采用嵌入式实时多任务操作系统，在芯片上集成视频压缩与传输处理功能。

摄像机传送来的视频信号数字化后由高效压缩芯片进行压缩，然后通过内部处理后传送到网络或服务器上。网络上的用户可以通过专用软件或者直接用浏览器观看 Web 服务器上的摄像机图像，授权用户还可以控制摄像机云台镜头的动作或对系统进行配置。

这种监控系统的主要特点是：把视频压缩和处理功能集成到一个体积很小的设备内，可以直接连入以太网或广域网，即插即看，省掉了各种复杂的电缆，安装方便（仅需设置一个 IP 地址），用户端甚至无需使用专用软件而仅用浏览器即可观看。

3. 视频监控系统的组成

视频监控系统主要是辅助保安人员对大厦、住宅小区内主要通道、公共场所等的现场实况进行实时监视。通常情况下，多台摄像机监视楼内的公共场所（如大堂、地下停车场等）、重要的出入口（如电梯口、楼层通道）等处的人员活动情况，当保安系统发生报警时，会联动摄像机开启并将该报警点所监视区域的画面切换到主监视器或屏幕墙上，并同时启动录像机记录现场实况。

典型的视频监控系统主要由前端设备和后端设备两大部分组成。前端设备是以摄像为中心的一些辅助设施；后端设备可进一步分为控制设备和显示记录设备。前、后端设备有多种构成方式，它们之间的联系通常可通过电缆、光纤或微波等多种硬件连接方式来实现。

因此可以说，视频监控系统由摄像部分、传输部分、控制部分以及显示和记录部分四大块组成，如图 2-1 所示。在每一部分中，又含有更加具体的设备或部件。

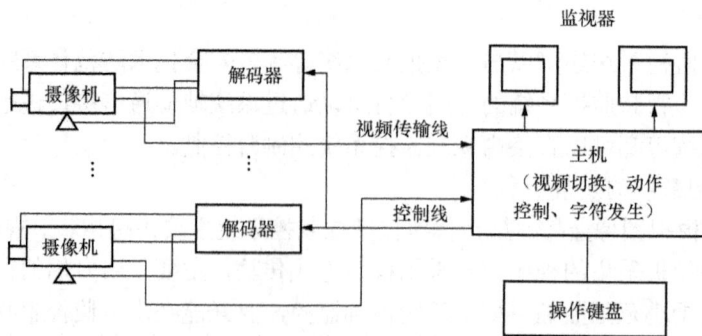

图 2-1　视频监控系统的基本组成

二、视频监控系统的摄像部分

摄像部分主要由摄像机、镜头、防护罩、安装支架和云台等组成，其作用是把系统所监视的目标送入系统的传输分配部分进行传送。摄像部分的核心是电视摄像机，它是光电信号转换的主体设备，是整个系统的眼睛。摄像机的种类很多，不同的系统可以根据其使用目的选择不同的摄像机及镜头、滤色片等。

1. 摄像机

摄像机是摄像部分最关键的设备，它负责将现场摄取的图像信号转换为电信号并传送到控制中心的监控器上。因此，摄像部分的好坏，以及它所产生的图像信号的质量将影响整个系统的质量，认真选择摄像部分的设备至关重要。

摄像机有彩色和黑白两种，一般根据监视对象的环境和要求来选取。摄像机的主要技术参数为 CCD 尺寸、像素数、分辨率、最低照度和信噪比等。

CCD 尺寸是指 CCD 图像传感器感光面的对角线尺寸，常见的规格为 1/3in（英寸）、1/2in、2/3in 等，如图 2-2 所示。近年来，用于视频监控的摄像机的 CCD 尺寸以 1/3in 的规格为主流。

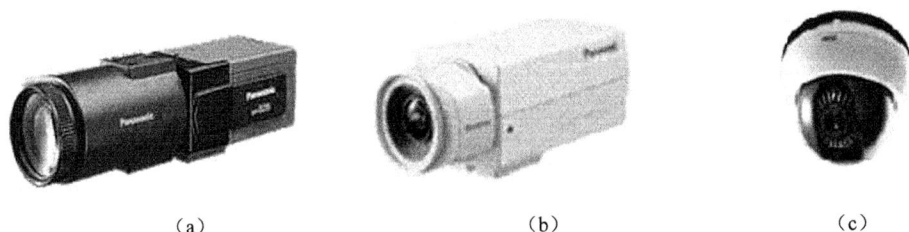

图 2-2　各种摄像机

（a）1/2in 彩色 CCD 摄像机；（b）1/3in 彩色 CCD 摄像机；（c）1/4in 黑白球型摄像机

像素数是指摄像机 CCD 传感器的最大像素数。对于一定尺寸的 CCD 芯片，像素数越多，意味着每一像素单元的面积越小，因而由该芯片构成的摄像机的分辨率也就越高。例如，在视频监控摄像机中使用的 CCD 传感器的像素，有的已达到 100 万。

分辨率是指当摄像机摄取等间隔排列的黑白相间条纹时，在监视器（应比摄像机的分辨率高）上能够看到的最多线数。当超过这一线数时，屏幕上就只能看到灰蒙蒙的一片，而不能分辨出黑白相间的线条。监视用摄像机的分辨率通常在 420～540 线之间，高清级摄像机的分辨率则可达到 700 线左右。

低照度是指当被摄景物的光亮度低到一定程度而使摄像机输出的视频信号电平低到某一规定值时的景物光亮度值。例如，使用 $F1.2$ 的镜头时，若被摄景物的光亮度值低到 0.04lx，则摄像机输出的视频信号幅值为最大幅值的 50%，即达到 350mV（标准视频信号最大幅值为 700mV），此时称此摄像机的最低照度为 0.04lx/$F1.2$。被摄景物的光亮度值再低，摄像要输出的视频信号的幅值就达不到 350mV，反映在监视器的屏幕上，将是一幅很难分辨出层次的、灰暗的图像。

信噪比也是摄像机的一个主要参数，其基本定义是信号对于噪声的比值。一般摄像机给出的信噪比值均是在 AGC（自动增益控制）关闭时的值，因为当 AGC 接通时，会对小信号进行提升，使得噪声电平也相应提高。CCD 摄像机信噪比的典型值一般为 45～55dB。

　　摄像机的安装方式有固定和带云台两种。带云台的摄像机可以进行水平和垂直方向的转动，从而使摄像机能覆盖的角度、面积更大。如果要设计全方位的视频监控点，则摄像机需要安装在云台之上。

　　2. 镜头

　　镜头与摄像机联合使用，对系统的性能影响较大。目前，视频监视系统中常用的镜头种类有手动/自动光圈定焦镜头和自动光圈变焦镜头，如图 2-3 所示。自动光圈变焦镜头常用视频驱动和直流驱动两种驱动方式。

（a）　　　　　　　　　　　　　（b）

图 2-3　常用的镜头

（a）1/3in 手动变焦镜头；（b）1/3in 电动变焦镜头

　　镜头一般可分为 25.4mm（1in）、16.9mm（2/3in）、12.7mm（1/2in）、8.47mm（1/3in）和 6.35mm（1/4in）等几种规格，它们分别对应着不同的成像尺寸；在设计具体的工程项目时，要根据实际的环境照度和距离远近来确定镜头的种类，一般镜头的规格不应小于摄像机的规格。

　　3. 云台

　　如果一个监视点上所要监视的环境范围较大，则在摄像部分中必须设置云台。云台是承载摄像机进行水平和垂直两个方向转动的装置，如图 2-4 所示。云台内装有两个电动机。其中，一个负责水平方向的转动；另一个负责垂直方向的转动。水平转动的角度一般为 350°，垂直转动则有 ±45°、±35°、±75° 等。水平及垂直转动的角度大小可通过限位开关进行调整。云台的选择通常根据旋转角度和速度来确定。

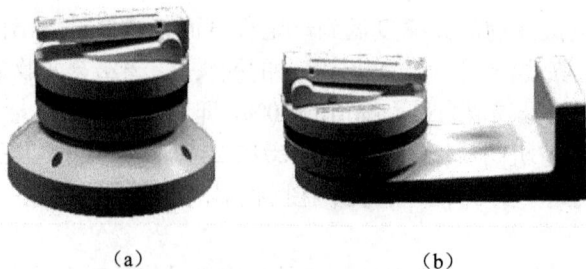

（a）　　　　　　　　　　　　　（b）

图 2-4　云台装置

（a）垂直布置；（b）水平布置

目前，一些摄像部分增加了高速摄像系统，云台的水平转速高达 2000r/s 以上，垂直转速高达 300r/s 以上。

云台大致分为室内用云台及室外用云台两种。室内用云台承重小，没有防雨装置；室外用云台承重大，有防雨装置。有些高档的室外用云台除有防雨装置外，还有防冻加温装置。

4. 解码器

解码器属于前端设备，它一般安装在配有云台及电动镜头的摄像机附近。解码器一端通过多芯控制电缆直接与云台及电动镜头连接，另一端则通过通信线缆（通常为两芯护套线或两芯屏蔽线）与监控室内的系统主机相连。

解码器的作用是对专用数据电缆接收的、来自控制主机的控制码进行解码，并放大输出，以驱动云台的旋转及变焦镜头的变焦与聚焦。

通常，解码器对云台的驱动电压为 24V AC，对镜头的驱动电压为 ±7～±12V DC。在选择解码器时，除应考虑解码器与其所配套的云台、镜头的技术参数是否匹配外，还要考虑解码器要求的工作环境。

三、视频监控系统的传输部分

传输部分包括馈线、视频电缆补偿器、视频放大器等设备，是系统的图像信号传送的通道。传输部分的作用是将摄像机输出的视频（有时包括音频）信号馈送到中心机房或其他监视点。控制中心的控制信号同样通过传输部分送到现场，以控制现场的云台和摄像机工作。

图像信号通过摄像机摄取，声音信号通过另配的监听头拾取，控制信号则由控制中心的控制设备发出，以控制镜头、云台等设备。

1. 传输方式

目前，视频监控系统大多数采用视频基带传输方式，即通过视频同轴电缆传输信号。如果在摄像机距离控制中心较远的情况下，视频同轴电缆已超过最大传输距离的限制，则此时视频监控系统可以采用射频传输方式或光纤传输方式。不同的传输方式所使用的传输部件及传输线路都有很大的差异。

2. 传输线缆

摄像机、监听头、报警探测器等捕获的图像信号、视音频信号、感应控制信号需传送到控制中心，而控制中心的各种控制指令也要传送到多功能解码器等受控对象，因此，传输系统应该是双向传输的。

通常情况下，传输系统采用多种传输介质来传输不同类型的信号。摄像机输出的视频信号采用同轴电缆连接。监听头输出的音频信号采用 2 芯屏蔽线连接。报警探测器输出的是开路或短路的开关量信号，因此可通过普通（非屏蔽）2 芯线连接。由中心控制主机发出的控制指令则通过 2 芯屏蔽双绞线与前端解码器连接。图 2-5 所示为从前端到控制中心端所需的各种电缆。

常用的视频同轴电缆为 75Ω 的同轴电缆，其结构如图 2-6 所示。通常使用的电缆型号为 SYV-75-3 和 SYV-75-5。它们对视频信号的无中继传输距离一般为 300～500m，当传输距离更长时，可相应选用 SYV-75-7、SYV-75-9 或 SYV-75-12 的粗同轴电缆（在实际工程中，粗缆的无中继传输距离可达 1km 以上），如果传输距离更远，则可考虑使用视频放大器。

音频、通信及控制信号的传输通常不采用同轴电缆。其中，音频及通信电缆通常使用 2 芯屏蔽线缆（在电磁干扰不强的环境中，也可选用 4 对非屏蔽双绞线作为音频和通信的电缆），而控制电缆为 10 芯线缆。

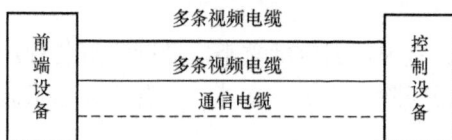

图 2-5　从前端到控制中心端所需的各种电缆

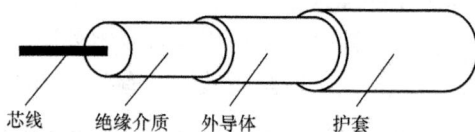

图 2-6　视频同轴电缆的结构

四、视频监控系统的控制部分

控制部分是整个系统的"心脏"和"大脑"，是实现整个系统功能的指挥中心。视频监控系统的控制设备一般放置在监控室内。

控制部分设备主要包括视频矩阵切换主机及相应的解码器、云台控制器、视频分配器、视频放大器、视频切换器、多画面分割器、时滞录像机、控制键盘及控制台等。

控制部分的作用是在中心机房通过有关设备对系统的现场设备（摄像机、云台、灯光、防护罩等）进行远距离遥控。

1. 视频矩阵切换主机

视频矩阵切换主机包括视频输入、输出模块，通信控制模块，报警处理模块及电源装置。视频矩阵切换主机的主要技术指标为主机的容量，即输入与输出的视频信号的数量，如图 2-7 所示。视频矩阵切换器一般有 4 路、8 路或 32 路，甚至更多的视频输入接口，且使用 BNC 插头或复合视频接口。

图 2-7　视频矩阵切换器

视频矩阵切换器可将多种信号源选择两种或两种以上输出给不同的显示设备，因此，视频矩阵切换器为多输入接口和多输出接口，其接口方式更多如 RS-323 接口、串口、8 路 D 型 15 针＋RS232 控制输入、RCA 接口、9 针 COM 连接口等。视频矩阵切换器一般有面板手动控制、RS-232 控制、遥控键盘（选装）等控制方式。

2. 视频分配器和视频放大器

视频分配器用于将 1 路视频信号变换出多路信号，并输送到多个显示与控制设备。

当摄像机距离控制室超过 300m 以上时，因视频信号输出的损失和高频衰减可能影响到输出图像的质量，因此此时需要增设视频放大器。通过视频放大器对传输的视频信号进行放大，使得传输距离更远。

3. 视频切换器和多画面分割器

视频切换器用于视频切换。多路视频信号进入视频切换器后，通过切换器的切换输出，便能达到用少量的监视器去监视多个监控点的目的。

多画面分割器可实现在 1 台监视器上同时连续地显示多个监控点的图像画面。目前常用的有 4、9 和 16 画面分割器，图 2-8 所示为 4 路视频多画面分割器。通过分割器，可用 1 台录像机同时录制多路视频信号，回放时还能选择任意一幅画面在监视器上全屏放映。

图 2-8　4 路视频多画面分割器

4. 时滞录像机和硬盘录像机

视频控制系统的录像机可以同时录制前端系统传输的视频和音频信号，以用于 24 小时对监视系统进行录像或报警录像。

（1）时滞录像机。时滞录像机的主要功能是可以用 180min 的普通录像带，录制长达 12、24、48h，甚至更长时间的视频信息。利用这种功能，可以为视频监控系统的图像记录提供减少录像带的保存数量、重放时节省观看时间等有利条件。

一般来说，时滞录像机在进行长时间的录像时，录制后的重放画面会产生一定程度的不连续感，其重放画面的清晰度也不如正常速度录像重放画面高。尽管如此，由于在监控系统中，在非报警的情况下，一般没有必要实时录像，而且一般的长时间录像机在 24h 方式的长时间录像中，丢帧的比例并不大，因此还是能满足要求的。

（2）硬盘录像机。数字硬盘录像机（Digital Disk Recorder）是将视频图像以数字方式记录保存在计算机的硬磁盘之中，故也称为数字视频录像机 DVR（Digital Video Recorder）或数码录像机。

现时 DVR 产品的结构主要有两大类：一类是基于 PC 机和 Windows 操作系统的，在计算机中插入图像采集压缩处理卡，再配上专门开发的操作控制软件，以此构成基本的硬盘录像系统，即基于 PC 机的 DVR 系统（PC-Based DVR）；另一类是非 PC 类的嵌入式数码录像机（Standalone DVR）。

DVR 除了能记录视频图像外，还能在 1 个屏幕上以多画面的方式实时显示多个视频输入图像，集图像的记录、分割、显示功能于一身。在记录视频图像的同时，还能对已记录的图像作回放显示或做备份，从而成为一机多工系统。

由于硬磁盘录像机是以数字方式记录视频图像，对图像需要采用各种有效的压缩方式进行数字化，而在回放时需解压缩，因此，这种数字化图像既是实现数字化监控系统的一大进步，又能通过网络进行图像的远程传输，非常符合未来信息网络化的发展方向。

5. 控制键盘和控制台

控制键盘是监控人员控制视频监控设备的平台，通过它可以切换视频、遥控摄像机的云台转动或镜头变焦等，同时，还可对监控设备进行参数设置和编程。图 2-9 所示为常用的控制键盘。

每个视频监控系统都安装有控制台，可以在控制台上安装控制键盘、录像机、小型主监视器等设备，以方便对设备进行集中管理。

五、视频监控系统的显示部分

1. 显示部分的作用

显示部分一般由几台或多台监视器组成，其作用是将传送过来的图像一一显示出来，完成图像的实时监视、图像存储、图像重放等功能。

由多台摄像机组成的视频监控系统中，一般都不是 1 台监视器对应 1 台摄像机进行显示，而是几台摄像机的图像

图 2-9　常用的控制键盘

信号用 1 台监视器轮流切换显示，因为被监视场所不可能同时发生意外情况，所以平时只要隔一定的时间（如几秒、十几秒或几十秒）显示一下即可。当某个被监视的场所发生情况时，可以通过切换器将这一路信号切换到某一台监视器上一直显示，并通过控制台对其遥控跟踪记录。

2. 监视器的分类

监视器的屏幕分为发光型与非发光型两种。

（1）发光型。发光型屏幕本身具有发光的功能，包括：

1）CRT（Cathode Ray Tube）阴极射管线。

2）VFD（Vacuum Fluorescent Display）荧光显示管。

3）LED（Light Emitter Display）发光二极体。

4）PDP（Plasma Display Panel）等离子显示板。

5）EL（Electro Luminescent）电光光面板。

其中，CRT 是 CCTV 监视器最常采用的屏幕显像管；VFD 与 CRT 类似，多用于小型管与数字显示；PDP 分为 AC 型与 DC 型，具有高亮度、多色彩、高解析度的优点，常用于飞机上的仪表板；EL 分为 AC、DC 及有机无机型，可作为 LCD 的光源，柔软、可弯曲、色彩多、价格低、轻薄省电，常用于车上的冷光仪表板。

（2）非发光型。非发光型屏幕本身不具有发光的功能，包括：

1）LCD（Liquid Crystal Display）液晶显示。

2）ECD（Electro Chromic Chemical Display）电化着色显示。

3）EPID（Electrophoretic Indication Display）电泳动显示。

LCD 属于较新的屏幕显示方式，具有省电与轻薄的优点，是监视器屏幕的发展趋势，但是它仍然无法取代传统的 CRT 监视器。因为 LCD 本身不发光，如果装于室外，便无法辨识；另外，LCD 有视角上的问题，角度一倾斜，就会看不清楚。目前，仅 CRT、LED、LCD、PDP 可以达到高解析度的要求；CRT、LED、PDP、VFD 可达到高亮度的要求；CRT、LED、VFD、EL、LCD 可达到多色彩的要求。

3. 显示器的配置

一般，系统中通常采用的摄像机对监视器的比例数为 4:1、8:1、16:1。目前，常用的摄像机对监视器的比例数为 4:1，即 4 台摄像机对应 1 台监视器轮流显示。当摄像机的台数很多时，再采用 8:1 或 16:1 的设置方案。在多监控点的系统中，用画面分割器把几台摄像机送来的图像信号同时显示在 1 台监视器上，也就是在 1 台较大屏幕的监视器上，把屏幕分成几

个面积相等的小画面，每个画面显示 1 个摄像机送来的画面。这样可以大大节省监视器，并且操作人员观看起来也比较方便。

为了节省开支，对于非特殊要求的视频监控系统，监视器可采用有视频输入端子的普通电视机，而不必采用造价较高的专用监视器。监视器（或电视机）的屏幕尺寸宜采用 14～18in，如果采用画面分割器，则可选用较大屏幕的监视器。

监视器的选择应满足系统总的功能和技术指标的要求，特别是应满足长时间连续工作的要求。

第二节 图像产生基础知识

一、彩色与视觉特性

（一）光的性质

1. 可见光谱

光是一种电磁辐射，是一种以电磁波形式存在的物质。电磁辐射的波长范围很宽，按波长从长到短的顺序排列，依次是无线电波、红外线、可见光、紫外线、X 射线和宇宙射线等，如图 2-10 所示。

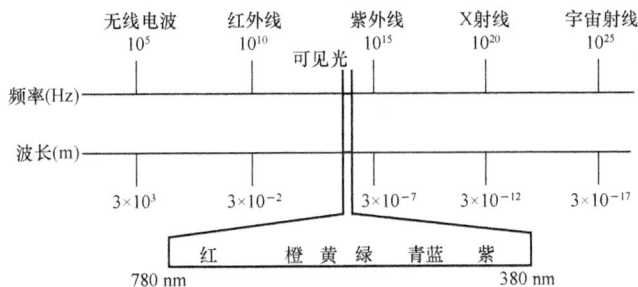

图 2-10 可见光谱

（1）可见光。波长在 380～780nm 范围内的电磁波能够使人眼产生颜色感觉，称为可见光。可见光在整个电磁波谱中只占极小的一段。

只含有单一波长的光称为单色光；包含有两种或两种以上波长的光称为复合光（复色光），复合光作用于人眼，呈现混合色。

（2）光谱色。不同波长的光呈现出的颜色各不相同，一定波长的光谱呈现的颜色称为光谱色。可见光谱的波长由 780nm 向 380nm 变化时，人眼产生的颜色感觉依次是红、橙、黄、绿、青、蓝、紫 7 色。

太阳发出的白光中包含了所有可见光的光谱，给人以白色的感觉。若把太阳辐射的一束光投射到棱镜上，则太阳光会经过棱镜分解成一组按红、橙、黄、绿、青、蓝、紫顺序排列的连续光谱。被分解后的色光，若再次经过棱镜也不能再分解，这种单一波长的色光也称谱色光。

（3）同色异谱。光谱完全不同的光，人眼有时会有相同的色感。用波长为 540nm 的绿光和 700nm 的红光按一定比例混合，可以使人眼得到 580nm 黄光的色感。这种由不同光谱混合出相同色光的现象称为同色异谱。

2. 物体的颜色

物体分为发光体和不发光体。实际中看到的颜色有两种不同的来源：一种是发光体所呈现的颜色，发光体的颜色由它本身发出的光谱所确定，如白炽灯发黄、荧光灯发白、各种彩色灯和霓虹灯发出彩色光等；另一种是不发光体反射或透射的彩色光。物体的颜色与照射光的光谱和不发光体对照射光的反射、透射特性有关。那些本身不发光的物体，在外界光线照射下，能有选择地吸收一些波长的光，同时反射或透射另一些波长的光，从而使物体呈现一定的颜色。例如，红旗反射太阳光中的红色光、吸收其他颜色的光而呈现红色；绿色的植物因反射太阳光中的绿色光、吸收所有其他色光而呈现绿色；白纸和白云反射全部阳光而呈现白色；煤炭和黑板吸收全部照射光而呈现黑色等。

由于物体呈现的颜色是因物体反射（或透射）的光种类不同而产生的，因此物体呈现的颜色显然与照射它的光源有关。绿草的绿色是由于它在日光照射下才表现出来的，如果把绿草拿到红光下观察，就会发现它不再是红色而近乎是黑色，这是因为红色光源中没有绿光成分，绿草全部吸收了红光，所以变成了黑色。

日常生活中都会有这样的经验，某些东西在日光下看到的颜色与在灯光下看到的颜色有所差异，这恰恰是由于日光与灯光这两种光源所含的光谱成分不同，而使同一物体表现为不同的颜色。

3. 标准光源

通常的照明光源，如太阳、日光灯、白炽灯泡等所发出的光虽然都笼统地称其为白光，但由于发光物质不同，且光谱成分相差很大，因此用它们照射相同物体时，呈现的颜色也相差较大。例如，白炽灯泡偏橙红（呈暖色调），而汞灯偏青蓝（呈冷色调）。为了比较和区别各种光源的特性，国际照明委员会规定了几种标准白色光源，并以基本参量"色温"予以表征。

在电子视频系统中，用标准白光作为照明光源。为了便于对标准白光进行比较和计算，一般用绝对黑体的辐射温度——色温表示光源的光谱性能。

（1）绝对黑体。绝对黑体也称全辐射体，它是指不反射，不透射，完全吸收入射辐射的物体。它对所有波长辐射的吸收系数均为 1。

绝对黑体在自然界是不存在的。实验模型是一个中空的、内壁涂黑的球体，在其上面开了 1 个小孔，进入小孔的光辐射经内壁多次反射、吸收，已不能再逸出到外面，因此这个小孔就相当于绝对黑体。

绝对黑体所辐射的光谱与其温度密切相关。绝对黑体的温度越高，辐射的光谱中蓝色成分越多，红色成分越少。

（2）光源的色温。色温是以绝对黑体的加热温度来定义的。绝对黑体被加热时的电磁波辐射波谱仅由温度决定。随着温度的升高，黑体辐射能量将增大，其功率波谱向短波方向移动。所以，当温度升高时，不仅亮度增大，其发光颜色也随之变化。为了区分各种光源的不同光谱分布与颜色，可以用绝对黑体的温度来表征。

当绝对黑体在某一特定绝对温度下所辐射的光谱与某光源的光谱具有相同的特性时，绝对黑体的这一特定温度就定义为该光源的色温，单位以 K 表示。例如，温度保持在 2800K 时的钨丝灯泡所发的白光，与温度保持在 2854K 的绝对黑体所辐射光的功率波谱基本一致，于是即称该白光的色温为 2854K。可见，色温并非光源本身的实际温度，而是表征光源波谱特性的参量。色温与光源的实际温度无关，如彩色电视机荧光屏的实际温度为常温，而其白光色温是 6500K。

（3）标准白光。常用的标准白光有 A、B、C、D_{65} 和 E 光源 5 种，其光谱分布如图 2-11

所示。

1）A 光源：色温为 2854K 的白光，光谱偏红，相当于充气钨丝白炽灯所产生的光。

2）B 光源：色温为 4874K 的白光，近似于中午直射的太阳光。在实验室中可由特制的滤色镜从 A 光源中获得。

3）C 光源：色温为 6774K 的白光，相当于白天的自然光，是 NTSC 制彩色电视白光的标准光源。

4）D_{65} 光源：色温 6504K 的白光，相当于白天的平均光照，是 PAL 制彩色电视白光的标准光源。

5）E 光源：色温为 5500K 的等能量白光（E

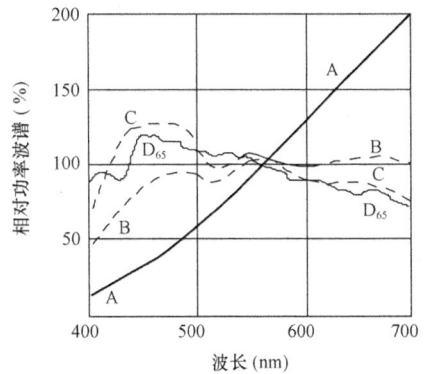

图 2-11　标准光源的光谱分布

白），是一种理想的、等能量的白光源，其光谱能量分布是一条平行于横轴的水平直线，在可见光波长范围内，各波长具有相同的辐射功率。E 光源是为简化色度学计算所采用的一种假想光源，实际上并不存在。采用这种光源有利于彩色电视系统中问题的分析和计算。

电视演播室卤钨灯光源的色温为 3200K，该光源有体积小、亮度高、寿命长、色温稳定等优点。

4. 光的度量单位

（1）光通量。光通量是按人眼的光感觉来度量的辐射功率，用符号 ϕ 表示，其单位名称为流明（lm）。

当 $\lambda=555nm$ 的单色光辐射功率为 1W 时，产生的光通量为 683 lm，或称 1 光瓦；在其他波长时，由于相对视敏度 $V(\lambda)$ 下降，因此，相同辐射功率所产生的光通量也随之下降。

40 W 的钨丝灯泡输出的光通量为 468lm，发光效率为 11.7lm/W；40W 的日光灯可输出 2100lm 的光通量，发光效率为 52.5lm/W；电视演播室卤钨灯的发光效率可达 80～100lm/W。

（2）光照度。光照度是衡量单位面积上光通量大小的量，用符号 E 表示，其单位名称为勒克斯（lux，简称勒.lx）。1lx 等于 1lm 的光通量均匀分布在 $1m^2$ 面积上的光照度。通常情况下，室外晴天光照度约为 10 000lx，多云约为 500lx，傍晚约为 50lx，月光约为 10^{-1}lx，黄昏约为 10^{-2}lx，星光约为 10^{-4}lx。

自然条件下的景物照度及监控现场的环境照度分别见表 2-1 和表 2-2。

表 2-1　　　　　　　　　　　　　　**自然条件下的景物照度**

自 然 条 件		景物照度（lx）	自 然 条 件		景物照度（lx）
夏日阳光下	太阳直身射	100 000	20cm 处的烛光		10～15
阴天室外	晴朗白天	10 000	微明		1
电视台演播室	阴天	1000	全月晴空		0.5
距 60W 台灯 60cm 的桌面		300	半月晴空	夜间路灯	0.1
室内日光灯	黄昏	100	无月阴云晴空		0.1
黄昏室内	黎明	10			

表 2-2　　　　　　　　　　　　　　监控现场的环境照度

监控现场		环境照度（lx）
银　　行	大厅	20
宾馆写字间	办公室	50
	配有灯光或红外光的金库	20～50
	光线比较好	100～300
	光线比较暗	20
	光线适中	50
	饭厅	10
其他场所	医院房间	50
	医院手术台	1800
	试验台	50
	室外停车场（傍晚）	1
	室内停车场（微弱灯光）	5
	走廊（宾馆）	5

（二）人眼的视觉特性

人能感觉到图像的颜色和亮度是由眼睛的生理结构所决定的。电影和电视都是根据人眼的视觉特性发明的。黑白电视中，不但利用了人眼的视觉惰性，同时还利用了人眼分辨力的局限性（即当相邻像素靠近到一定程度时，人眼无法分辨，会产生连续像素的感觉）；彩色电视中，除了利用以上特性外，还利用了人眼的彩色视觉特性，主要包括视敏特性和彩色视觉。

电影每秒投射 24 幅静止画面，每画面投射 2 次，由于人眼的视觉惰性，因此看起来就同活动景象一样。电视每秒扫描 50 幅画面，每幅画面由 312 根扫描线组成，由于人眼的视觉惰性和有限的细节分辨能力，因此看起来就成了整幅的活动景象。人眼的视觉特性是视频技术发展的重要依据。

1. 视觉灵敏度

波长不同的可见光光波，给人的颜色感觉不同，亮度感觉也不同。

人眼的灵敏度因人而异，同一个人眼睛的灵敏度也随年龄和健康状况有所变化，所以，实际中采用统计方法，用许多正常视力的观察者来做实验，取其平均值。

经过对各种类型人的实验进行统计，国际照明委员会（CIE）推荐的标准视敏度曲线 $V(\lambda)$（也称相对视敏函数曲线）如图 2-12 所示。

图中曲线表明，具有相等辐射能量、不同波长的光作用于人眼时，引起的亮度感觉是不一样的。

由此可以看出，人眼最敏感的光波长为 555nm，颜色为是草绿色，这一区域颜色，人眼看起来省力，不易疲劳。在 555nm 两侧，随着波长的增加或减少，亮度感觉逐渐降低。在可见光谱范围之外，辐射能量再大，人眼也没有亮度感觉。

2. 彩色视觉

（1）杆状细胞和锥状细胞。人眼视网膜上有大量的光敏细胞，光敏细胞按形状分为杆状细胞和锥状细胞。杆状细胞灵敏度很高，但对彩色不敏感，人的夜间视觉主要靠它起作用，因此，暗处只能看到黑白形象而无法辨别颜色；锥状细胞既可辨别光的强弱，又可辨别颜色，白天视觉主要由它来完成。

（2）红敏细胞、绿敏细胞、蓝敏细胞。关于彩色视觉，科学家曾做过大量实验并提出了视觉三色原理的假设，认为锥状细胞又可分成三类，分别称为红敏细胞、绿敏细胞、蓝敏细胞。它们各自的相对视敏函数曲线分别为图 2-12 中的 $V_R(\lambda)$、$V_G(\lambda)$、$V_B(\lambda)$，其峰值分别在 580 nm、540nm、450nm 处。图中 $V_B(\lambda)$ 曲线幅度很低，已将其放大了 20 倍。三条曲线的总和等于相对视敏函数曲线 $V(\lambda)$。

三条曲线是部分交叉重叠的，很多单色光同时处于两条曲线之下。例如，600nm 的单色黄光就处在 $V_R(\lambda)$、$V_G(\lambda)$ 曲线之下，所以，600nm 的单色黄光既激励了红敏细胞，又激励了绿敏细胞，可引起混合的感觉。当混合红绿光同时作用于视网膜时，分别使红敏细胞、绿敏细胞同时受激励，只要混合光的比例适当，所引起的彩色感觉可以与单色黄光引起的彩色感觉完全相同。

不同波长的光对三种细胞的刺激量是不同的，产生的彩色视觉各异，人眼因此能分辨出五光十色的颜色。

电视技术利用了这一原理，在图像重现时，不是重现原来景物的光谱分布，而是利用三种相似于红、绿、蓝锥状细胞特性曲线的三种光源进行配色，从而在色感上得到了相同的效果。

3．分辨力

（1）分辨力的定义。分辨力是指人眼在观看景物时对细节的分辨能力。

对人眼进行分辨力测试的方法如图 2-13 所示，在眼睛的正前方放一块白色的屏幕，屏幕上面有两个相距很近的小黑点，逐渐增加画面与眼睛之间的距离，当距离增加到一定长度时，人眼就分辨不出有两个黑点存在，而感觉只有一个黑点。这说明眼睛分辨景色细节的能力有一个极限值，一般将这种分辨细节的能力称为人眼的分辨力或视觉锐度。

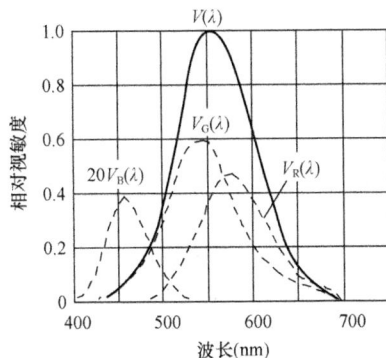

图 2-12　标准视敏度曲线

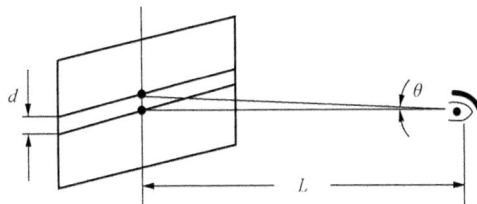

图 2-13　人眼进行分辨力测试的方法

（2）分辨力的计算。眼睛对被观察物上相邻两点之间能分辨的最小距离所对应的视角 θ 的倒数称为人眼的分辨力，即

$$分辨力 = 1/\theta \tag{2-1}$$

如图 2-13 所示，用 L 表示眼睛与图像之间的距离，d 表示能分辨的两点间的最小距离，则有

$$\frac{d}{\theta} = \frac{2\pi L}{360 \times 60} \qquad\qquad (2\text{-}2)$$

$$\theta = 3438\frac{d}{L} \quad (') \qquad\qquad (2\text{-}3)$$

（3）人眼分辨力的特性：

1）人眼的最小视角取决于相邻两个视敏细胞之间的距离。对于视力正常的人，在中等亮度情况下观看静止图像时，θ 为 $1'\sim1.5'$。

2）分辨力在很大程度上取决于景物细节的亮度。亮度很低时，视力很差，这是因为亮度低时锥状细胞不起作用；亮度过高时，视力不再增加，甚至由于炫目现象，视力反而有所降低。

3）分辨力在很大程度上取决于景物细节的对比度，细节对比度越小，也越不易分辨，因此会造成分辨力降低。在观看运动物体时，分辨力更低。

4）人眼对彩色细节的分辨力比对黑白细节的分辨力低。黑白相间的等宽条子，相隔一定距离观看时，刚能分辨出黑白差别，如用红绿相间的同等宽度条子替换它们，则此时人眼已分辨不出红绿之间的差别，而是一片黄色。

5）人眼对不同色彩的分辨力也各不相同。

如果眼睛对黑白细节的分辨力定义为 100%，则实验测得人眼对各种颜色细节的相对分辨力见表 2-3。

表 2-3　　　　　　　　　　　　人眼对各种颜色细节的相对分辨力

细节颜色	黑白	黑绿	黑红	黑蓝	红绿	红蓝	绿蓝
相对分辨力（%）	100	94	90	26	40	23	19

因为人眼对彩色细节的分辨力较差，所以在彩色电视系统中传送彩色图像时，只传送黑白图像细节，而不传送彩色细节，这样做可减少色信号的带宽，这就是大面积着色原理的依据。

4. 视觉惰性

实验证明，人眼的主观亮度感觉与客观光的亮度是不同步的。

当一定强度的光突然作用于视网膜时，不能在瞬间形成稳定的主观亮度感觉，而是按近似指数的规律上升；当亮度突然消失后，人眼的亮度感觉并不立即消失，而是按近似指数的规律下降。

（1）视觉暂留。人眼的亮度感觉总是滞后于实际亮度，这一特性称为视觉惰性或视觉暂留。

图 2-14（a）所示为作用于人眼的光脉冲；图 2-14（b）所示为该光脉冲造成的主观亮度

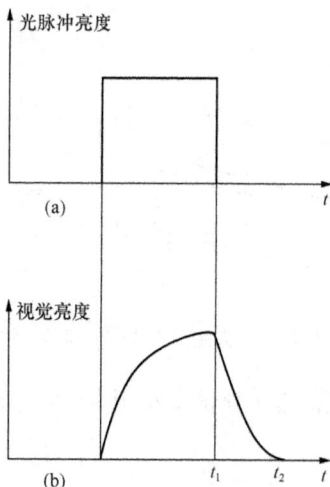

图 2-14　人眼的视觉惰性
（a）作用于人眼的光脉冲亮度；（b）主观亮度感觉

感觉，它滞后于实际的光脉冲。光脉冲消失后，亮度感觉还要一段时间才能消失。

图 2-14（b）中，$t_1 \sim t_2$ 即为视觉暂留时间。在中等亮度的光刺激下，视力正常的人视觉暂留时间约为 0.1s。

（2）临界闪烁频率。人眼受到频率较低的周期性的光脉冲刺激时，会感到一亮一暗的闪烁现象，如果将重复频率提高到某一定值以上，则由于视觉惰性，眼睛就感觉不到闪烁了。不引起闪烁感觉的最低重复频率称为临界闪烁频率。

临界闪烁频率与很多因素有关，其中最重要的是光脉冲亮度，随着光脉冲亮度的提高，临界闪烁频率也会提高。临界闪烁频率还与亮度变化幅度有关，亮度变化幅度越大，临界闪烁频率越高。

人眼的临界闪烁频率约为 46Hz。对于重复频率在临界闪烁频率以上的光脉冲，人眼不再感觉到闪烁，这时，主观感觉的亮度等于光脉冲亮度的平均值。

（三）色度学基本概念

1. 彩色三要素

描述一种色彩需要用亮度、色调和色饱和度三个基本参量，这三个参量称为彩色三要素。

（1）亮度。亮度反映光的明亮程度。发光物体的彩色光辐射的功率越大，亮度越高；反之亮度越低。不发光物体的亮度取决于它反射光功率的大小。若照射物体的光强度不变，则物体的反射性能越好，物体越明亮；反之越暗。对于一定的物体，照射光越强，物体越明亮；反之越暗。

（2）色调。色调反映彩色的类别，如红、橙、黄、绿、青、蓝、紫等不同颜色。发光物体的色调由光的波长决定，不同波长的光呈现不同的色调；不发光物体的色调由照明光源和该物体的吸收、反射或透射特性共同决定。

（3）色饱和度。色饱和度反映彩色光的深浅程度。同一色调的彩色光会给人以深浅不同的感觉，深红、粉红是两种不同饱和度的红色，深红色饱和度高，粉红色饱和度低。

色饱和度与彩色光中的白光比例有关，白光比例越大，饱和度越低。高饱和度的彩色光可加白光来冲淡成低饱和度的彩色光。饱和度最高称为纯色或饱和色。

谱色光就是纯色光，其色饱和度为 100%。色饱和度低于 100% 的彩色称为非饱和色，日常生活中所见到的大多数彩色均为非饱和色。白光的色饱和度为 0。色饱和度和色调合称为色度，它表示彩色的种类和彩色的深浅程度。

2. 三基色原理

根据人眼的视觉特性，在电视机中重现图像时并不要求完全重现原景物反射或透射光的光谱成分，而应获得与原景物相同的彩色感觉。

（1）三基色定义。仿效人眼三种锥状细胞，可以任选三种基色，这三种基色必须是相互独立的，任一种基色都不能由其他两种基色混合得到，将它们按不同比例进行组合后，即可得到自然界中绝大多数的彩色。具有这种特性的三种单色光称为基色光，这三种颜色称为三基色。

（2）三基色原理。自然界中绝大多数的彩色可以分解为三基色，三基色按一定比例混合，即可得到自然界中绝大多数的彩色。混合色的色调和饱和度由三基色的混合比例决定，而混合色的亮度等于三种基色的亮度之和。

因为人眼的三种锥状细胞对红光、绿光和蓝光最敏感，所以，在红色、绿色和蓝色光谱区中选择三个基色按适当比例混色后即可得到较多的彩色。

在彩色电视中，选用了红、绿、蓝作为三基色，分别用 R、G、B 来表示。

国际照明委员会选定：红基色的波长为 700nm，绿基色的波长为 546.1 nm，蓝基色的波长为 435.8nm。

（3）三基色原理的应用。三基色原理是彩色电视技术的基础，摄像机把图像分解成三基色信号，电视机又用三基色信号还原出原图像的色彩。三基色光相混合得到的彩色光的亮度等于三种基色的亮度之和，这种混合色称为相加混色。

将三束等强度的红、绿、蓝圆形单色光同时投射到白色屏幕上，会出现三基色的圆图，其混合规律如图 2-15 所示。

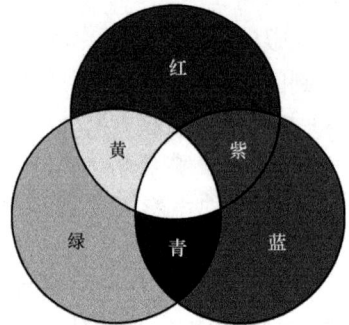

3. 混色法原理

（1）相加混色法。理论上，任何颜色都是三种基本色的混合，从图 2-15 中可以看出：

1）红色＋绿色＝黄色。

2）绿色＋蓝色＝青色。

3）蓝色＋红色＝紫色。

4）红色＋绿色＋蓝色＝白色。

图 2-15　相加混色

可见，适当的改变三束光的强度，即可得到自然界中常见的彩色光。

（2）互补色相加法。当两种颜色混合得到白色时，这两种颜色称为互补色，如：

1）红色＋青色＝白色。

2）绿色＋紫色＝白色。

3）蓝色＋黄色＝白色。

可见，红与青互为补色，绿与紫互为补色，蓝与黄互为补色。彩色电视技术中，常用以上两种相加混色法。

（3）空间混色法。空间混色法是同时将三种基色光分别投射到同一表面上彼此相距很近的三个点上，由于人眼的分辨力有限，因此能产生三种基色光混合的色彩感觉。空间混色法是同时制彩色电视的基础。

（4）时间混色法。时间混色法是将三种基色光轮流投射到同一表面上，只要轮换速度足够快，加之视觉惰性，就能得到相加混色的效果。时间混色法是顺序制彩色电视的基础。

二、电视图像的传送

（一）电视传像原理

电视的传播是用电信号传送活动图像和伴音。传送伴音要把随时间变化的声能变成电信号传送出去，接收机再把电信号转换为声音；传送活动图像要在发送端把亮度信息从空间、时间的多维函数变成时间的单变量函数电信号。

1. 图像的分解——像素

人眼的分辨力是有限的，当人眼看图像上两个点构成的视角小于 1′时，眼睛已不能将这两点区分开来。

根据这一视觉特性，可以将一幅空间上连续的黑白图像分解成许多小单元，这些小单元面积相等、分布均匀、明暗程度不同。大量的单元组成了电视图像，这些单元称为像素。

报纸上的照片就是这样构成的，在近距离仔细观察时，画面由许多小黑点组成；当离开一定距离观看时，看到的是一幅完整的照片。单位面积上的像素数越多，图像越清晰。

一幅黑白平面的图像，表征它的特征参量是亮度。这就是说，组成黑白画面的每个像素，不但有各自确定的几何位置，而且它们各自还呈现着不同的亮度；又由于电视系统传送的是活动图像，因而每个在确定位置上的像素，其亮度又随时间不断地变化着。也就是说，像素的亮度又是时间的函数。可见，像素亮度既是空间（二维）函数，同时又是时间函数。

2. 图像的传送——串行传输

一幅高质量的图像有几十万个像素，而要用几十万个传输通道来同时传送图像信号是不可能的。由于人眼存在视觉惰性，因此可以把图像上各像素的亮度信号按从左到右、从上到下的顺序一个一个地传送。

电视系统中把构成一幅图像的各像素传送一遍称为进行了一个帧处理，或称为传送了一帧，每帧图像由许多像素组成。

理论上讲，可同时把不同位置上具有不同亮度的像素转变成相应的电信号，再分别用各个相应信道把这些信号同时传送出去。实际应用中，并行传输无法实现。

根据人的视觉惰性，可把组成一帧图像的各个像素的亮度按一定顺序一个一个地转换成相应的电信号并依次传送出去，而后，接收端再按同样顺序将各个电信号在对应位置上转变成具有相应亮度的像素。这种像素的串行传输具有两个特点：

（1）要求传送速度快。只有传送迅速，传送时间小于视觉暂留时间，重现图像才会给人以连续无跳动的感觉。

（2）传送要准确。每个像素一定要在轮到它传送时才被转换、传送，并被接收方接收，且收、发双方每个像素被转换、还原的几何位置要一一对应，即收发双方应同步工作。同步在电视系统中十分重要。

3. 图像的转换——电子扫描

将组成一帧图像的像素按顺序转换成电信号的过程（或逆过程）称为扫描。扫描的过程和读书时视线从左到右、自上而下依次进行的过程类似。从左至右的扫描称为行扫描；自上而下的扫描称为帧（或场）扫描。电视系统中，扫描多是由电子枪进行的，通常称其为电子扫描。

通过电子扫描与光电转换，就可以把反映一幅图像亮度的空间与时间的函数转换为只随时间变化的单值函数（电信号），从而实现平面图像的顺序传送。

电视接收机按发送端的顺序依次将电信号转换成相应亮度的像素，只要在视觉暂留的0.1s时间里完成一幅图像所有像素的电光转换，人眼感觉到的就将是一幅完整的图像。

利用视觉惰性，同样可以把连续动作分解为一连串稍有差异的静止图像。电影就是通过每秒放映24幅稍有差异的静止画面来得到活动图像的，电视则是采用每秒传送25幅稍有差异的电视画面来得到连续动作的效果的。

因此，利用人眼的视觉惰性和有限分辨力，活动图像可分解为一连串的静止图像，静止图像又可分解为像素，只要在1/25s的时间里，发送端依次对一幅图像所有像素的亮度信息进行光电转换，接收端再依次重现相应亮度的像素，就可以完成活动图像的传输。这种将图像分解成像素后顺序传送的方法叫做顺序传送原理。

（二）电视扫描原理

在电视发送端用摄像器件实现光电转换，在接收端用显像管实现电光转换，就可将现实景物显示在监视器上。实现这两种转换的器件分别称为摄像管和显像管。

1. 摄像管与光电转换

光电导摄像管是一种电真空器件，它主要由镜头、光电靶、电子枪、聚焦线圈和偏转线圈组成，如图 2-16 与图 2-17 所示。

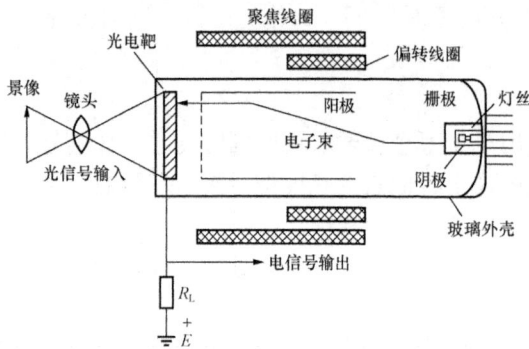

图 2-16　光电导摄像管

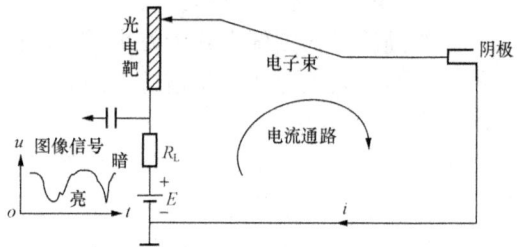

图 2-17　光电转换原理示意图

光电靶由光敏半导体材料构成，具有受光作用之后电阻率变小的性能；靶面上的光图像使靶面各单元受光照的强度不同，因而其各单元的电阻率不同，与较亮像素对应的靶单元阻值较小，与较暗像素对应的靶单元阻值较大。这样，一幅因像上各像素的不同亮度就表现为靶面上各单元的不同电阻值。

从摄像管阴极发射出来的电子束，在电子枪的电场及偏转线圈的磁场力作用下，高速、顺序地扫过靶面各单元。当电子束接触到靶面某单元时，就使阴极、信号板（靶）、负载、电源构成一个回路，因此在负载 R_L 中就有电流流过，其电流大小取决于光电靶在该单元的电阻值大小。光照强处，对应阻值较小，流过负载的电流就较大，因而 R_L 两端产生的压降也就较大，输出信号的电位也就越低。

2. 显像管与电光转换

显像管是在接收端重现图像的电真空器件，它主要由电子枪、荧光屏、偏转线圈等组成，如图 2-18 与图 2-19 所示。

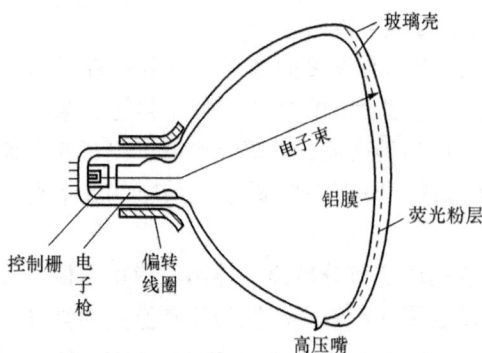

图 2-18　显像管

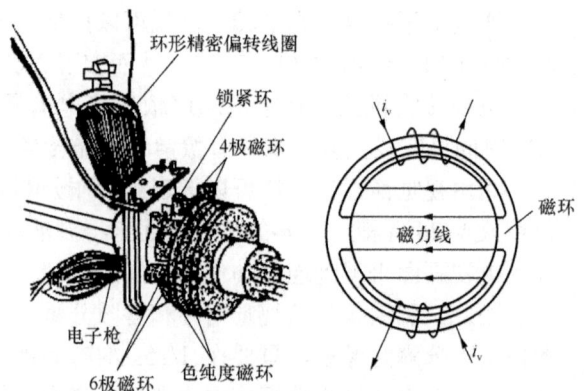

图 2-19　偏转线圈结构示意图

由阴极发射出的电子束，在偏转线圈所产生的磁场力作用下，按从左到右、从上到下的顺序依次轰击荧光屏。屏面上涂有荧光粉，在电子束的轰击下荧光粉发光，其发光亮度正比于电子束携带的能量。

若将摄像端送来的信号加到显像管电子枪的阴极与栅极之间，就可以控制电子束携带的能量，使荧光屏的发光强度受图像信号的控制。设显像管的电—光转换是线性的（实际为非线性的），那么，屏幕上重现的图像，其各像素的亮度都正比于所摄图像相应各像素的亮度，屏幕上便重现了发送端的原图像。

需要说明的是，对于摄像管来说，光电转换特性可近似认为是线性的，而显像管的电光转换特性则是非线性的。

3. 电子扫描

将一幅图像上各像素相应的电信号，以及将这些顺序传送的电信号再重新恢复为一幅重现图像的过程（即图像的分解与重现），都是通过电子扫描来实现的。摄像管与显像管中，电子束按一定规律在靶面上或荧光屏面上运动，即可完成摄像与显像的扫描过程。

（1）电子束的偏转。电子扫描是通过电子束在偏转磁场的作用下发生偏转而实现的。当装在摄像管或显像管外面的偏转线圈中通过电流时，会产生偏转磁场，磁场的方向取决于流过线圈的电流方向。电子束垂直穿过磁场时，在磁场力的作用下要发生偏转，其偏转方向遵从左手定则。若偏转线圈中电流方向改变，则电子束的偏转方向也发生改变；偏转线圈中的电流为零，则电子束不偏转，而射向荧光屏的中央。

因此，流过偏转线圈中电流的幅度和方向决定着偏转线圈中磁场的强弱和方向，最终也决定了电子束偏转角度的大小和方向。

（2）逐行扫描。当线圈偏转中分别流过行、场锯齿波扫描电流时，就会产生相应的垂直方向与水平方向的偏转磁场，在这两个磁场的共同作用下，电子束将作水平与垂直方向的扫描运动。

在锯齿波电流的作用下，电子束产生自左向右、自上而下、一行紧挨一行的运动，因而称其为逐行扫描。

（3）隔行扫描。所谓隔行扫描，就是在每帧扫描行数不变的情况下，将每帧图像分为两场来传送，这两场分别称为奇场和偶场。奇数场传送 1，3，15，…奇数行；偶数场传送 2，4，6，…偶数行。世界各国均采用隔行扫描的扫描方式。

（4）隔行扫描的意义。在电视系统中，要使传送的图像清晰，并具有活动、连续而又无闪烁感，则要求传送频率大于临界闪烁频率 46Hz（人眼的临界闪烁频率与图像的亮度、对比度等因素有关），即每秒传送 47 场以上的图像。因此，我国电视制式规定，场扫描频率 f_V 为 50Hz，每帧图像的扫描行数为 625 行。若采用逐行扫描，则帧频与场频相等。

理论分析得出，电视图像信号的最高频率约为 11～12MHz，可见视频信号带宽将相当宽。要传送频谱这样宽的信号，不但会使设备复杂化，而且会使在规定的可供电视系统使用的频段内可容纳的电视频道数目减少。如若为了减少带宽而降低场频，将会导致重现图像的闪烁；减少每场扫描行数，又会降低图像的清晰度。可见，逐行扫描无法解决带宽与闪烁感及清晰度的矛盾，因而提出了既可克服闪烁感，又不增加图像信号带宽的隔行扫描方式。

4. 图像信号的带宽

任何景物都有一定的背景亮度，反映在图像信号上就是信号的直流分量；也就是说，图像信号的最低频率是直流。可见，只要知道图像信号的最高频率，就可以确定图像信号的带宽。

图像信号的最高频率应出现在传输一幅全是细节图像的情况下，且图像细节相当于一个像素，与一个扫描点相当。

若电视的水平分解力为 N，则在行扫描正程时，电子束扫过每个像素的时间为 $t_d = T_{HS}/N$。由于存在孔阑效应，因此摄像输出的信号近似为正弦波，周期为 $2t_d$。此时，图像信号的最高频率 f_{max} 为

$$f_{max} = \frac{1}{2t_d} = \frac{N}{2T_{HS}} = \frac{583}{2 \times 52 \times 10^{-6}} \approx 5.6\text{MHz} \tag{2-4}$$

在我国，隔行扫描每秒传送 50 场，即场频 f_V 为 50Hz，因而将有效地降低闪烁感，而帧频却为 25Hz，因此，隔行扫描即减小了闪烁感，并使图像信号的带宽仅为逐行扫描的一半，大约为 5.5MHz，所以，我国规定视频信号带宽按照 6MHz 分析计算。

5. 显像管的显像

涂在玻璃屏上的荧光粉在电子束的轰击下会发光。荧光屏的发光强弱取决于轰击电子的数量与速度，只要用代表图像的电信号去控制电子束的强弱，再按规定的顺序扫描荧光屏，便能完成由电到光的转换，重现电视图像。

显像管中的电子束扫描是通过水平偏转线圈和垂直偏转线圈来实现的。在水平偏转线圈所产生的垂直磁场的作用下，电子束沿着水平方向扫描，叫做行扫描；在垂直偏转线圈所产生的水平磁场的作用下，电子束沿垂直方向扫描，叫做场扫描。

（三）电视图像的基本参数

1. 图像宽高比

图像宽高比也称幅型比。根据人眼的视觉特性，视觉最清楚的范围是垂直视角为 15°、水平视角为 20° 的一个矩形视野，因而电视接收机的屏幕通常为矩形，矩形画面的宽高比为 4:3。

矩形屏幕的大小用对角线长度表示，并习惯用英寸（in）作单位，一般家用电视机的 35cm（14in）、74cm（29in）等都是指屏幕对角线的长度。

观看电视的最佳距离分别为对角线的 7 倍，眼睛应与荧光屏中心处在同一水平线。

为增强临场感与真实感，还可加大幅型比。例如，高清晰度电视或大屏幕高质量电视要求水平视角加大，观看距离约为屏高的 3 倍，幅型比定为 16:9。

2. 场频

场扫描频率的选择主要应考虑以下因素：

（1）不能出现光栅闪烁。人眼的临界闪烁频率与屏幕亮度、图像内容、观看条件及荧光粉的余晖时间等因素有关。为了不引起人眼的闪烁感觉，场频应高于 48Hz。随着屏幕亮度的提高、屏幕尺寸的加大、观看距离的变近，场频应相应提高。

（2）交流电源对电视图像的影响。电视接收机电源滤波不良或因杂散电源磁场的影响，交流电源干扰混入视频信号中，都会使图像产生一种垂直方向的明暗变化，或呈现为一两条水平暗条。

1）当电源频率与场频相同并与电源同步时，这些干扰在图像上是固定不动的，只要不太大，眼睛是感觉不出来的；当电源频率与场频不同时，干扰图形将是移动的，以两个频率

的差频向上或向下滚动，俗称"滚道"。

2）交流电源干扰若加在行锯齿波上，则会造成光栅扭曲。

3）当场频与电源频率不同时，光栅不但扭曲而且摆动。因此，在制定电视标准时都规定场频与本国的电网频率相同。在我国电视标准中，场频选为 50Hz。

随着新型荧光粉的出现，电视屏幕亮度不断提高，一些高亮度的画面常会引起闪烁感觉，因此要求更高的场频。

随着显示技术的不断进步，液晶、等离子、DLP 等新型显像技术的发展要求更高的场频，而现代接收机生产工艺水平已能消除电源干扰，所以现在采用 100Hz 甚至更高的场频。

3．行数

由式（2-3）可知，分辨力公式为

$$\theta = 3438 \frac{d}{L} \quad (')$$

式中：L 为眼睛与图像之间的距离；d 为能分辨的两点间的最小距离。对于视力正常的人，在中等亮度情况下观看静止图像时，θ 为 $1' \sim 1.5'$。

若设 Z 为每帧扫描行数，h 为屏幕高度，则有

$$d = \frac{h}{Z} \tag{2-5}$$

代入式（2-3）得

$$Z = 3438 \frac{h}{\theta L} \tag{2-6}$$

取标准视距 L 为屏幕高度 h 的 4～6 倍，并取 θ 为 $1'$ 时，即可算得应取的扫描行数在 860～570 行之间。

目前，世界上采用的标准扫描行数有 625 行和 525 行，我国采用 625 行。在 20 世纪 50 年代，电视机以 12in 和 14in 为主，所以行数选择了 625 行。

随着大屏幕电视的发展，625 行的标准明显偏低，在高清晰度电视中，为了获得临场感和真实感，扫描行数已增加到 1200 行以上。

场频已经确定为 $f_V = 50$Hz，由于采用隔行扫描，则帧频 $f_Z = 25$Hz，也就是说，一帧扫描时间 $T_Z = 40$ms。

当扫描行数选定为 $Z = 625$ 后，行扫描时间为

$$T_H = \frac{T_Z}{Z} = \frac{40}{625} = 64 \mu s$$

行频为

$$f_H = f_Z Z = 25 \times 625 = 15\ 625 \text{Hz}。$$

三、电视的制式与色彩空间

（一）电视制式

1．电视制式概要

电视信号的标准也称为电视的制式。目前，各国的电视制式不尽相同，制式的区分主要在于其帧频的不同、分解率的不同、信号带宽及载频的不同、色彩空间转换关系的不同等。

电视制式就是用来实现电视图像信号、伴音信号或其他信号传输的方法，电视图像的显示格式，以及这种方法和电视图像显示格式所采用的技术标准。

严格地说，电视制式有很多种。对于模拟电视，有黑白电视制式、彩色电视制式，以及伴音制式等；对于数字电视，有图像信号、音频信号压缩编码格式（信源编码），TS流（Transport Stream）编码格式（信道编码）；此外，还有数字信号调制格式及图像显示格式等制式。

为了接收和处理不同制式的电视信号，也就发展了不同制式的电视接收机和录像机。

2. 彩色电视制式

一个现象与人的视觉生理特点有关，当图像的刷新速度达到5帧/秒时，人开始感觉图像是活动的，而达到24帧/秒时，人感觉图像是完全连续和流畅的（电影所使用的帧频就是24Hz），所以视频信号帧频应大于或等于24Hz。

理论上说，帧频越高越好，但帧频越高，对电路的要求也越高，技术越复杂，成本也越高。另一个原因是，我国的电网频率是50Hz，当采用25Hz的帧频时，隔行扫描时的场频为50Hz，正好与电网同频，这样，电源对图像的干扰是固定的，人眼不容易感觉出来，所以选择了25Hz的帧频。

电视在显示图像时，把一帧分成了两场来显示，一个场由帧中的奇数行组成，叫做奇场；另一个场由帧中的偶数行组成，叫做偶场。之所以要这样做，主要是因为在显示器上每秒钟显示25帧图像时，人眼感觉到连续性还是不太好，而且有明显的闪烁，一帧分成两场后，场频为50Hz，图像更加连续一些。当然，也不排除与电路设计方面有关的别的原因。

PAL制式每帧图像共625行，每场为312.5行；在每场的312.5行中，有一些行要用作场消隐，是不包含视频信号的。按照国际无线电咨询委员会CCIR656标准规定的行编号方法，奇场的行号为第1～312.5行，偶场的行号为第312.5～625行。其中，奇场的第23.5～310行包含有效的视频信号，共287.5行；偶场的第336～622.5行包含有效的视频信号，共287.5行。所以，一帧中有效的总行数为576，即由最上面的半行，加上中间的574行，再加上最下面的半行。

3. 三种电视制式

（1）NTSC制式。NTSC彩色电视制式是1952年由美国国家电视标准委员会指定的彩色电视广播标准，它采用正交平衡调幅的技术方式，故也称为正交平衡调幅制。美国、加拿大等大部分西半球国家以及我国台湾、日本、韩国、菲律宾等均采用该制式。

（2）PAL制式。PAL彩色电视制式是联邦德国在1962年指定的彩色电视广播标准，它采用逐行倒相正交平衡调幅的技术方法，克服了NTSC制相位敏感造成色彩失真的缺点。西德、英国等一些西欧国家，新加坡、我国内地及香港，澳大利亚、新西兰等国家均采用这种制式。PAL制式中根据不同的参数细节，又可以进一步划分为G、I、D等制式，其中PAL-D制是我国内地采用的制式。

（3）SECAM制式。SECAM彩色电视制式是由法国在1956年提出、1966年制定的一种新的彩色电视制式。SECAM是法文的缩写，意为顺序传送彩色信号与存储恢复彩色信号制，它也克服了NTSC制式相位失真的缺点，但采用时间分隔法来传送两个色差信号。使用SECAM制的国家主要集中在法国、东欧和中东一带。

国际上这三种彩色电视制式的性能和指标见表2-4。

表 2-4　　　　　　　　　　　　**彩色电视制式的性能和指标**

性能和指标	NTSC	PAL	SECAM
解释	正交平衡调幅制——National Television Standards Committee	正交平衡调幅逐行倒相制——Phase-Alternative Line	行轮换调频制——Sequential Coleur Avec Memoire
帧频（Hz）	30	25	25
场频（Hz）	60	50	50
点×行	858×525	864×625	864×625
分辨率	760×480	720×576	720×576
亮度带宽（MHz）	4.2	6	6
色度带宽（MHz）	1.3（I），0.6（Q）	1.3（U），1.3（V）	>1.0（U），>1.0（V）
彩色幅载波（MHz）	3.58	4.43	4.25
声音载波（MHz）	4.5	6.5	6.5
使用地区	美国、加拿大等大部分西半球国家以及我国台湾、日本、韩国、菲律宾等	德国、英国等一些西欧国家，新加坡、我国内地及香港，澳大利亚、新西兰等	法国、东欧和中东一带

（二）RGB 色彩空间

1. RGB 颜色表示系统

从上节得知，相加混色是由发光体发出的光相加而产生的颜色，而相减混色是先有白色光，而后从中减去某些成分（吸收）得到各种彩色；相加混色的三基色是红、绿、蓝（RGB），而相减混色的三基色是青（Cyan）、品（Magenta）、黄（Yellow）（CMY，一般不确切地说成是黄、蓝、红）；相加混色和相减混色具有不同的规律（指颜料相混）。于是，相应有：

（1）RGB：位图颜色的一种编码方法，用红、绿、蓝三原色的光学强度来表示一种颜色。这是最常见的位图编码方法，可以直接用于屏幕显示。

（2）CMYK：位图颜色的一种编码方法，用青、品红、黄、黑四种颜料含量来表示一种颜色。常用的位图编码方法之一，可以直接用于彩色印刷。

2. CIE 的 RGB 颜色表示系统

国际照明委员会（CIE）选择红色（$\lambda=700.00$nm）、绿色（$\lambda=546.1$nm）和蓝色（435.8nm）三种单色光作为表色系统的三基色。产生 11m 的白光所需要的三基色的近似值可用下面的亮度方程来表示，即

$$1lm（W）=0.30lm（R）+0.59lm（G）+0.11lm（B） \tag{2-7}$$

为了计算方便，采用 T 单位制得

$$1lm（W）=1T（R）+1T（G）+1T（B） \tag{2-8}$$

3. 人类色觉与色彩深度

（1）人类色觉。人类的色觉主要靠亮度和色度来感知。亮度是指被感知的光的明亮程度，与可见光频带中的总能量成正比；色度是由色调和饱和度表征的。色调是指彩色的颜色，是由光的峰值波长决定的；饱和度是指颜色有多纯，是由光谱的范围（或称为带宽的大小）决定的。

因此，彩色又可以用衡量可见光频带中的总能量的亮度、衡量可见光峰值波长大小的色调、衡量可见光带宽大小的饱和度三参数决定。

（2）色彩深度。色彩深度又叫做色彩位数，即位图中要用多少个二进制位来表示每个点

的颜色，它是分辨率的一个重要指标。

常用有 1 位（单色），2 位（4 色、CGA），4 位（16 色、VGA），8 位（256 色），16 位（增强色），24 位和 32 位（真彩色）等。色深 16 位以上的位图还可以根据其中分别表示 RGB 三原色或 CMYK 四原色（有的还包括 Alpha 通道）的位数进一步分类，如 16 位位图图片还可分为 RGB565、RGB555X1（有 1 位不携带信息）、RGB555A1、RGB444A4 等。

（三）YUV 系列色彩空间

1. YUV 色彩空间

YUV 是 PAL 和 SECAM 模拟彩色电视制式采用的颜色空间。Y 表示亮度（Luminance 或 Luma），是不同权重的 R、G、B 的平均值，即

$$Y = k_r R + k_g G + k_b B \tag{2-9}$$

式中：k_r、k_g、k_b 分别为 R、G、B 三色的权重。

这里，色彩信息可以表示为色差（Chrominance 或 Chroma），每一个色差即为 RGB 与 Y 的差，即

$$U = B - Y \tag{2-10}$$
$$V = R - Y \tag{2-11}$$

这样，彩色图像的完整信息——亮度和色差，就由 Y、U、V 分别给出了。

与 RGB 视频信号传输相比，YUV 最大的优点在于只需占用极少的频宽（RGB 要求 3 个独立的视频信号同时传输）；此外，还使彩色视频信号的传输兼容老式黑白电视。如果只有 Y 信号分量而没有 U、V 分量，那么这样表示的图像就是黑白灰度图像。

YUV 与 RGB 相互转换的公式（设 RGB 的取值范围均为 0～255）如下

$$Y = 0.299R + 0.587G + 0.114B \tag{2-12}$$
$$U = -0.147R - 0.289G + 0.436B \tag{2-13}$$
$$V = 0.615R - 0.515G - 0.100B \tag{2-14}$$

其中

$$R = Y + 1.14V \tag{2-15}$$
$$G = Y - 0.39U - 0.58V \tag{2-16}$$
$$B = Y + 2.03U \tag{2-17}$$

2. YCbCr 色彩空间

YCbCr 则是在世界数字组织视频标准研制过程中作为 ITU-R BT1601 建议的一部分，实质上为 YUV 经过缩放和偏移的翻版。

其中，Y 与 YUV 中的 Y 含义一致，Cb、Cr 同样都指色彩，只是在表示方法上不同而已。在 YUV 家族中，YCbCr 是在计算机系统中应用最多的成员，其应用领域很广泛，JPEG、MPEG 均采用此格式。

一般所讲的 YUV 大多是指 YCbCr。YCbCr 有许多取样格式，如 4:4:4、4:2:2、4:1:1 和 4:2:0。

3. YUV、YIQ、YCbCr 的区别

对于 YUV 模型，很多时候总是与 YIQ/YCbCr 模型混为一谈。

实际上，YUV 模型用于 PAL 和 SECAM 制式的电视系统，Y 表示亮度，UV 并非任何单词的缩写。

YIQ 模型与 YUV 模型类似，用于 NTSC 制式的电视系统。YIQ 颜色空间中的 I 和 Q 分量相当于将 YUV 空间中的 UV 分量做了一个 33°的旋转。

YCbCr 颜色空间是由 YUV 颜色空间派生的一种颜色空间，主要用于数字电视系统中。从 RGB 到 YCbCr 的转换中，输入、输出都是 8 位二进制格式。

三者与 RGB 的转换方程如下：

（1）RGB 转换为 YUV，具体转换方程为

$$Y=0.299R+0.587G+0.114B \tag{2-18}$$
$$U=-0.147R-0.289G+0.436B \tag{2-19}$$
$$V=0.615R-0.515G-0.100B \tag{2-20}$$

（2）RGB 转换为 YIQ，具体转换方程为

$$Y=0.299R+0.587G+0.114B \tag{2-21}$$
$$I=0.596R-0.275G-0.321B \tag{2-22}$$
$$Q=0.212R-0.523G+0.311B \tag{2-23}$$

（3）RGB 转换为 YCbCr，具体转换方程为

$$Y=0.299R+0.587G+0.114B \tag{2-24}$$
$$Cb=-0.169R-0.331G+0.500B \tag{2-25}$$
$$Cr=0.500R-0.419B-0.103B \tag{2-26}$$

公式中，关键要理解的一点是，UV/CbCr 信号实际上就是蓝色差信号和红色差信号，进而言之，即一定程度上间接地代表了蓝色和红色的强度。理解这一点对于理解各种颜色变换处理的过程会有很大帮助。

在数字多媒体领域所谈到的 YUV 格式，准确地说，是以 YCbCr 色彩空间模型为基础的具有多种存储格式的一类颜色模型的家族（包括 YUV444/YUV422/YUV420/YUV420P 等），而并不是传统意义上用于 PAL 制模拟电视的 YUV 模型。这些 YUV 模型的区别主要在于 UV 数据的采样方式和存储方式。

在数字图像处理中，最常用的 YUV 模型是 YUV422 格式，因为它采用 4 个字节描述 2 个像素，能和 RGB565 模型比较好地兼容，有利于图像传感器（Camera Sensor）和图像控制器（Camera Controller）的软硬件接口设计。

第三节 摄像机基础知识

摄像机的主要传感部件是 CCD 和 CMOS 图像传感器。它们的作用是对监视区域进行摄像并将其转换成电信号。

CCD 和 CMOS 图像传感器的工作原理是：被摄物体反射光线传播到镜头，经镜头聚焦到 CCD 和 CMOS 图像传感器芯片上，CCD 和 CMOS 图像传感器根据光的强弱积聚相应的电荷，经周期性放电，产生表示一幅幅画面的电信号，经过滤波、放大处理后，通过摄像头的输出端子输出标准的复合视频信号。

一、摄像机图像传感器

（一）CCD 图像传感器

CCD 电荷耦合器件（Charge Couple Device）是一种金属氧化物半导体（MOS）集成电

路器件。它以电荷作为信号，基本功能是进行电荷的存储和电荷的转移。

CCD 图像传感器由 CCD 电荷耦合器件制成，属固态图像传感器中的一种，是贝尔实验室的 W.S.Boyle 和 G.E.Smith 于 1970 年发明的新型半导体传感器。它是在 MOS 集成电路基础上发展起来的，能进行图像信息光电转换、存储、延时和按顺序传送。

1. 电荷耦合器件

CCD 电荷耦合器件是按一定规律排列的 MOS（金属—氧化物—半导体）电容器组成的阵列，其构造如图 2-20 所示。

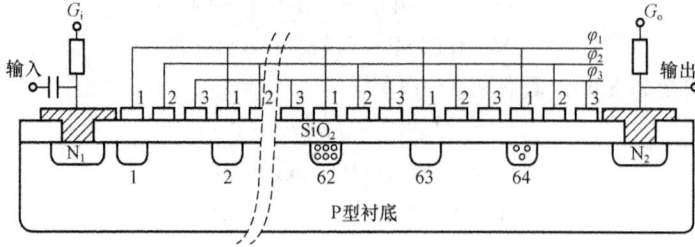

图 2-20　CCD 电荷耦合器件

在 P 型或 N 型硅衬底上生长一层很薄（约 1200A）的二氧化硅，再在二氧化硅薄层上依次沉积金属或掺杂多晶硅形成电极，称为栅极，该栅极和 P 型或 N 型硅衬底便形成了规则的 MOS 电容器阵列，再加上两端的输入及输出二极管就构成了 CCD 电荷耦合器件芯片。

每一个 MOS 电容器实际上就是一个光敏元件。当光照射到 MOS 电容器的 P 型硅衬底上时，会产生电子空穴对（光生电荷），电子被栅极吸引存储在陷阱中。入射光强，则光生电荷多；入射光弱，则光生电荷少。无光照的 MOS 电容器则无光生电荷。

若停止光照，则由于陷阱的作用，电荷在一定时间内也不会消失，可实现对光照的记忆。MOS 电容器可以被设计成线阵或面阵。

一维的线阵接收一条光线的照射；二维的面阵接收一个平面的光线的照射。CCD 摄像机、照相机使用的是二维的面阵，其光电转换如图 2-21 所示。

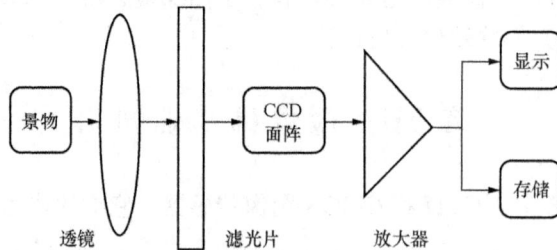

图 2-21　面阵 MOS 电容器的光电转换

CCD 电荷耦合器件的集成度很高，在一块硅片上制造了紧密排列的许多 MOS 电容器光敏元件。线阵的光敏元件数目为 256～4096 个或更多。

在 CCD 芯片上同时集成有扫描电路，它们能在外加时钟脉冲的控制下产生三相时序脉冲信号，并从左到右、自上而下地将存储在整个面阵的光敏元件下面的电荷逐位、逐行快速地以串行模拟脉冲信号输出。

2. CCD 图像产生原理

MOS 电容器实质上是一种光敏元件与移位寄存器合二为一的结构，称为光积蓄式结构，这种结构最简单。但是，因光生电荷的积蓄时间比转移时间长得多，故再生图像往往产生"拖尾"，图像容易模糊不清。另外，直接采用 MOS 电容器感光虽然有不少优点，但它对蓝光的透过率差、灵敏度低。

目前在 CCD 图像传感器上使用更多的是光敏元件与移位寄存器的分离式结构，如图 2-22所示。

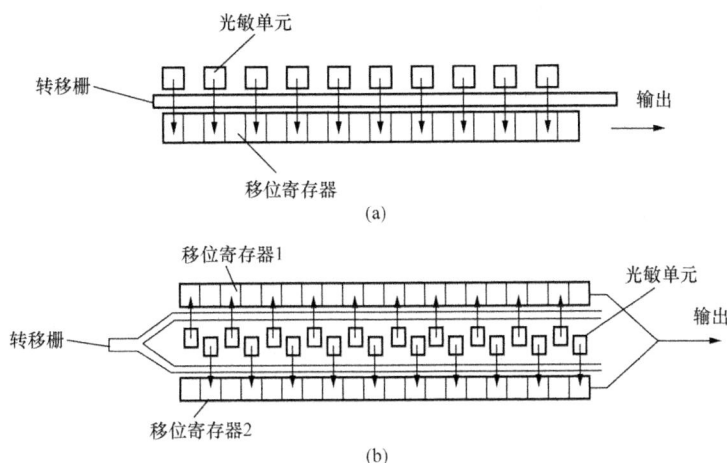

图 2-22　光敏元件与移位寄存器的分离式结构

（a）单读示；（b）双读示

这种结构采用光敏二极管阵列作为感光元件。光敏二极管在受到光照时，便产生相应于入射光量的电荷，再经过电注入法将这些电荷引入 CCD 电容器阵列的陷阱中，便成为用光敏二极管感光的 CCD 图像传感器。该传感器的灵敏度极高，在低照度下也能获得清晰的图像，在强光下也不会烧伤感光面。CCD 电容器阵列在这里只起移位寄存器的作用。

图 2-23 所示为分离式的 2048 位 MOS 电容器线阵 CCD 电荷耦合器件内部框图。

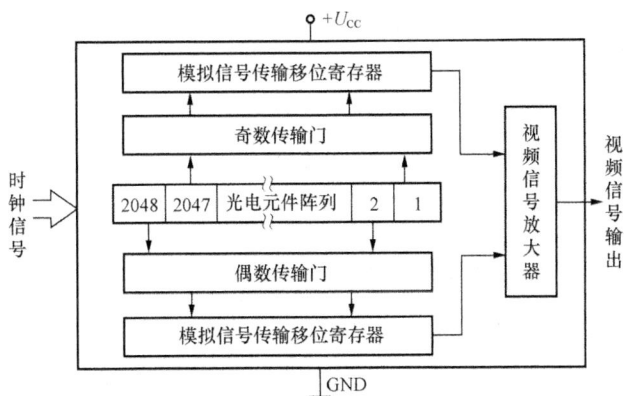

图 2-23　线阵 CCD 电荷耦合器件内部框图

图 2-23 中，移位寄存器被分别配置在光敏元件线阵的两侧，奇偶数号位的光敏元件分别与两侧的移位寄存器的相应小单元对应。这种结构为双读式结构，它与长度相同的分离式相比较，可以获得高出 2 倍的分辨率。同时，因为 CCD 移位寄存器的级数仅为光敏单元数的一半，所以可以使 CCD 特有的电荷转移损失大为减少，从而较好地解决了因转移损失造成的分辨率降低的问题。

面阵固态图像传感器由双读式结构线阵构成，它有多种类型。常见的有行转移（LT）、帧转移（FT）和行间转移（ILT）三种方式。

3. CCD 图像传感器的应用

CCD 电荷耦合器件单位面积的光敏元件位数很多，1 个光敏元件形成 1 个像素，且成像分辨率高、信噪比大、动态范围大，可以在微光下工作。

彩色图像传感器采用 3 个光敏二极管组成 1 个像素的方法。被测景物的图像的每一个光点由彩色矩阵滤光片分解为红、绿、蓝 3 个光点，分别照射到每一个像素的 3 个光敏二极管上，各自产生的光生电荷分别代表该像素红、绿、蓝 3 个光点的亮度，经输出和传输后，可在显示器上重新组合，从而显示出每一个像素的原始彩色。

（二）CMOS 图像传感器

CMOS 图像传感器是按一定规律排列的互补型金属—氧化物—半导体场效应管（MOSFET）组成的阵列。

1. CMOS 光电转换器件

以 E 型 NMOS 场效应管 V1 作为共源放大管，以 E 型 PMOS 场效应管 V2、V3 构成的镜像电流源作为有源负载，就构成了 CMOS 型放大器，如图 2-24 所示。

可见，CMOS 型放大器是由 NMOS 场效应管和 PMOS 场效应管组合而成的互补放大电路，CMOS 就叫做互补型金属氧化物半导体。

CMOS 型光电变换器件原理如图 2-25 所示。

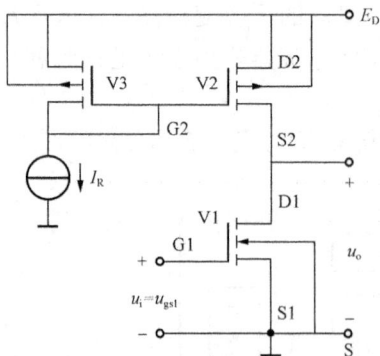

图 2-24 CMOS 型放大器

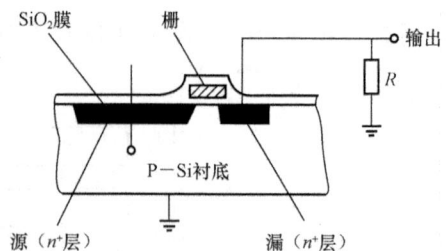

图 2-25 CMOS 型光电变换器件原理

与 CMOS 型放大器源极相连的 P 型半导体衬底充当光电变换器的感光部分。

当 CMOS 型放大器的栅源电压 $u_{GS}=0$ 时，CMOS 型放大器处于关闭状态，即 $i_D=0$。

CMOS 型放大器的 P 型衬底受光信号照射产生并积蓄光生电荷，可见，CMOS 型光电变换器件同样有存储电荷的功能。

当积蓄过程结束，栅源之间加上开启电压时，源极通过漏极负载电阻对外接电容充电形成电流即为光信号转换为电信号的输出。

2. CMOS 图像产生原理

利用 CMOS 型光电变换器件可以制作 CMOS 图像传感器。

由 CMOS 衬底直接收光信号照射产生并积蓄光生电荷的方式较少采用。现在在 CMOS 图像传感器上使用更多的是光敏元件与 CMOS 型放大器的分离式结构。CMOS 线型图像传感器的结构如图 2-26 所示。

CMOS 线型图像传感器由光敏二极管、CMOS 型放大器阵列及扫描电路集成在一块芯片上制成。1 个光敏二极管和 1 个 CMOS 型放大器组成 1 个像素。光敏二极管阵列在

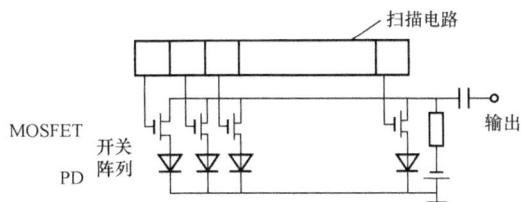

图 2-26　CMOS 线型图像传感器的结构

受到光照时，便产生相应于入射光量的电荷。扫描电路以时钟脉冲的时间间隔轮流给 CMOS 型放大器阵列的各个栅极加上电压，CMOS 型放大器轮流进入放大状态，将光敏二极管阵列产生的光生电荷放大输出。

CMOS 面型图像传感器则是由光敏二极管和 CMOS 型放大器组成的二维像素矩阵，并分别设有 X-Y 水平与垂直选址扫描电路。水平与垂直选址扫描电路发出的扫描脉冲电压，从左到右、自上而下分别使各个像素的 CMOS 型放大器处于放大状态。二维像素矩阵面上各个像素的光敏二极管光生和积蓄的电荷依次放大输出。

二、摄像机的工作原理

1. 黑白 CCD 摄像机

图 2-27 所示为黑白 CCD 摄像机框图。

CDS 是相关双取样电路（Correlated Double Sampling），CCD 传感器的每个像素的输出波形只在一部分时间内是图像信号，其余时间内是复位电平和干扰。为了取出图像信号并消除干扰，要采用取样保持电路。每个像素信号被取样后，由一电容把信号保持下来，直到取样下一个像素信号。

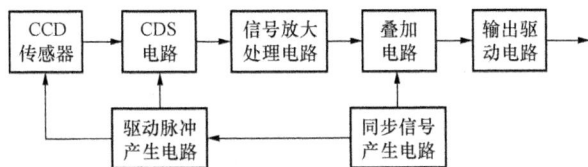

图 2-27　黑白 CCD 摄像机框图

驱动脉冲产生电路产生 CCD 传感器所需的垂直 CCD 移位寄存器多相时钟驱动信号、水平 CCD 读出寄存器多相时钟驱动信号等各种脉冲信号和视频通道所需的箝位和取样脉冲。

同步信号产生电路产生行推动、场推动、复合消隐、复合同步等各种电视信号脉冲。信号放大处理电路包括 AGC 放大、γ 校正、白电平限幅、黑电平箝位等电路。

叠加电路将经过处理的视频信号与复合同步、复合消隐信号叠加成全电视信号。输出驱动电路则将全电视信号进行驱动，适配 75Ω 电缆。除上述电路外，黑白摄像机还可能会有自动光圈接口电路、电源同步接口电路、外同步接口电路、亮度控制电路等附加电路。

2. 三片式彩色 CCD 摄像机

广播电视中常用的是三片式彩色 CCD 摄像机，图 2-28 所示为三片式彩色 CCD 数字摄像机框图。

被摄物体的光线从镜头进入摄像机后，被分色棱镜分为红、绿、蓝 3 路光线投射到 3 片

CCD 传感器上，分别进行光电转换后变为 3 路电信号 R、G、B。该信号经预先放大和补偿后送入 A/D 变换器，变换成相应的 3 路数字信号，再送入数字处理器进行各种校正、补偿等处理，最后输出 3 路数字信号 Y、R-Y、B-Y。为了使数字摄像机适应其他模拟设备，经 D/A 变换后输出的 3 路模拟分量信号最后经彩色编码后输出 1 路 PAL 全电视信号。

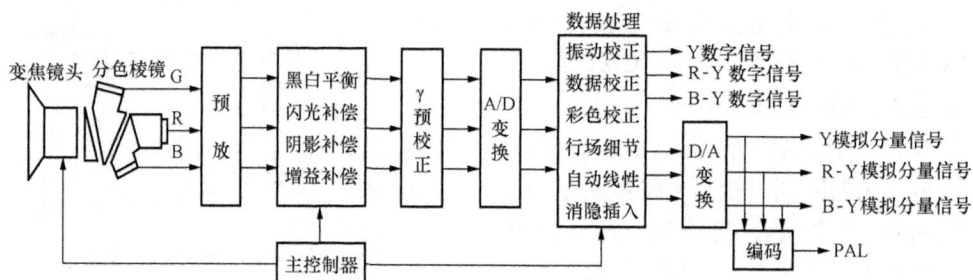

图 2-28　三片式 CCD 彩色数字摄像机框图

由于每种基色光都有 1 片 CCD 传感器，因此可以得到较高的分辨率。应用电视中所用的彩色摄像机都是单片式彩色 CCD 摄像机。由于 1 片 CCD 传感器要对 3 种基色光感光，因此单片式彩色 CCD 摄像机的分辨率较低，但成本也降低了许多。

3. 单片彩色 CCD 摄像机

用 1 个 CCD 传感器产生 R、G、B 3 种颜色的信号，必须用滤色器将光进行分色。

从原理上讲，重复的 R、G、B 垂直条滤色器完全可以用于单片彩色 CCD 摄像机，但如果 CCD 传感器对色光的 R、G、B 3 个分量用相同的采样频率 f_{ck} 进行采样，那么被采样的 3 种基色光的上限频率必须限制在相同的数值（$f_{ck} / 2$）以下。根据接收机中利用人眼对红色、蓝色分辨率低的特点，对 3 种基色光使用相同的采样频率显然是不合理的，通常采用镶嵌式（GCFS，Green Checker Field Sequence）滤色器。

图 2-29 所示为 GCFS 滤色器。滤色器的每个小方块表示 1 个滤色单元，对应于 CCD 传感器的 1 个像素。标号为 R、G、B 的小方块分别表示能透过红光、绿光、蓝光。

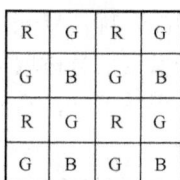

图 2-29　GCFS 滤色器

图 2-30 所示为采用 GCFS 滤色器的单片 CCD 彩色摄像机框图。单片 CCD 传感器输出的信号为红、绿、蓝混合信号，只有通过彩色信号分离电路才能分解出红、绿、蓝基色信号。由于 CCD 传感器的输出信号是由时钟驱动脉冲控制的，与时钟脉冲有严格的对应关系，因此，在取样保持电路中采用由时钟驱动脉冲形成的相位与时钟脉冲一致的脉冲取样，才能分离出相应的基色信号。

图 2-31 所示为 CCD 传感器的光敏单元与滤色器滤色单元的相对位置关系。垂直方向上每个滤色单元对应于 2 个光敏单元；水平方向上每个滤色单元对应于 1 个光敏单元。存储在滤色单元上部的光敏单元中的电荷包供奇数场使用；存储在滤色单元下部的光敏单元中的电荷包供偶数场使用。

根据色光中各基色光之间的线性叠加原理，可以认为各种滤色单元是对色光中相应的光分量单独作用的，允许某种基色光通过滤色单元，对那种基色信号来说，相当于 1 个取样开关。由取样定理可知，要能够从取样后的信号中准确地恢复出原来的信号，被取样信号必须是频带有限的，所以在光信号进入滤色器之前，必须用光学低通滤波器将光的空间频率成分限制在一定的带宽内。

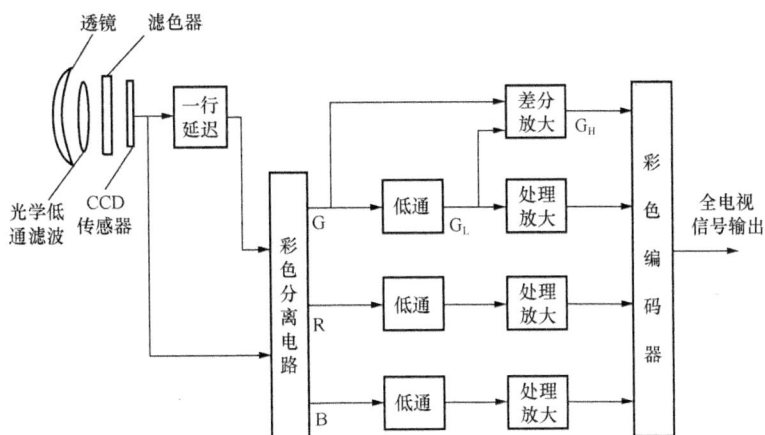

图 2-30 采用 GCFS 滤色器的单片 CCD 彩色摄像机框图

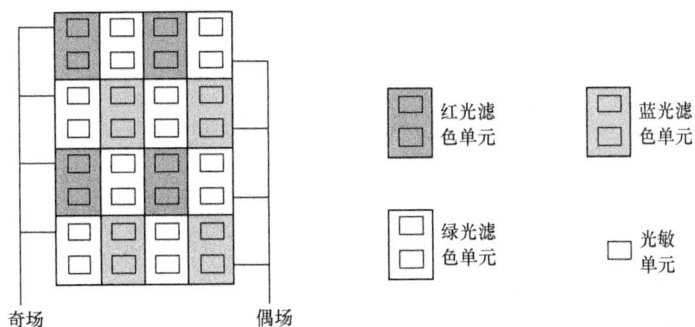

图 2-31 光敏单元与滤色器滤色单元的相对位置关系

考虑到使用 GCFS 排列滤色器的 CCD 传感器每一行只输出 2 种基色信号，因而送到彩色分离电路的信号有 2 路：一路直接来自 CCD 传感器；另一路是延迟一行后的信号。

假如第 n 行的输出信号为 u，如图 2-32（a）所示，以 R，G，R，G，…的顺序排列，经过一行延时后，同时到达分离器的则是前一行的信号 u'，以 G′，B′，G′，B′，…的顺序排列。在 R 信号分离器的电路中只需从 u 信号中取出 uR；在 G 信号分离器中，沿着图 2-32（a）中箭头所指的顺序将 u 和 u' 中的 G 信号取出并相加得到 uG；在 B 信号分离器中则从 u' 信号中取出 uB。

显然，当 n 行按 R，G，R，G，…的顺序排列时，第 $n+1$ 行必然以 G，B，G，B，…的顺序排列，经过一行延迟同时到达分离器的信号 u' 以 R′，G′，R′，G′，…的顺序排列，信号分离的过程与 n 行类似，见图 2-32（b）。

CCD 传感器的成像单元数目越多，组成 UG 信号的相邻信号 G 与 G′之间的差别越小，G 与 G′叠加在一起时越接近于被取样的信号。这意味着，当绿色信号的上限频率 f_m 高于 $f_{ck}/2$ 时，存在于被取样的 G 和 G′信号频谱中的混叠干扰相互抵消得越充分，在电视图像上就看不出明显的频谱混叠干扰。

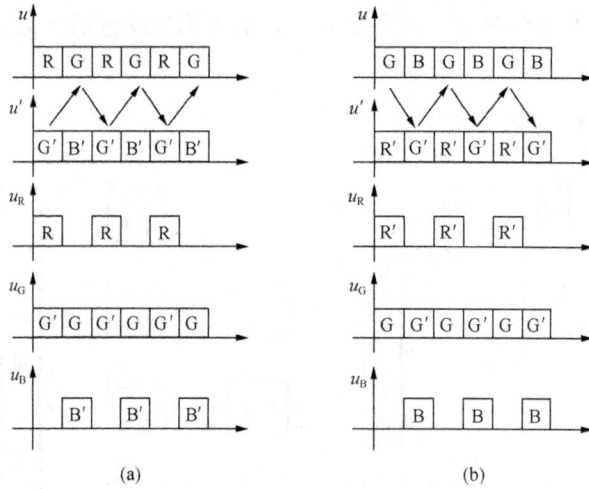

图 2-32 在第 n 行和第 $n+1$ 行上 u_R、u_G、u_B 信号的分离

（a）第 n 行；（b）第 $n+1$ 行

所以，R、G、B 信号的带宽取 1.3MHz，按亮度方程组成 Y 信号（1.3MHz）以后，将高于 1.3MHz 的 GH 信号叠加到 Y 信号中去。

第四节 监视器基础知识

监视器是视频监控系统中最常用的图像显示设备。与摄像机相反，它所完成的基本物理变换是电光转换，即把图像信号还原为与原景物图像相似的可视图像。

监视器与电视接收机（简称电视机）有许多共同之处，主要的差别在于：监视器的设计目标是尽可能逼真地还原图像，而电视机则主要考虑如何满足人眼的视觉效果。监视器通常还具有外同步、欠扫描、逆程显示、A-B 显示及直流恢复、电缆补偿等功能。

一、黑白监视器

典型黑白监视器的电路原理框图如图 2-33 所示。输入全电视信号经放大后去调制显像管的电子束，并送给同步分离电路以分离出复合同步信号，复合同步信号进一步分离出场和行同步信号。以场同步信号去同步由场振荡、场激励和场输出组成的场扫描电路，而行同步信号变换为 AFC 电压后去同步由行振荡、行激励和行输出组成的行扫描电路。

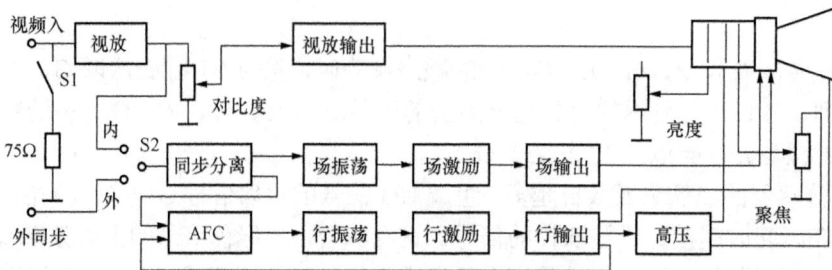

图 2-33 黑白监视器的电路原理框图

S2 为同步选择开关，当此开关由内同步转为外同步时，行、场扫描电路被外同步信号所同步；S1 为 75Ω 终接电阻开关，摄像机送来的视频信号由单台监视器显示时，视频输入端连接 75Ω 匹配电阻，而需要多台监视器同时显示时，只有最后一台监视器视频输入端连接 75Ω 匹配电阻，其余桥接的监视器断开终接电阻，变成高阻抗输入。

不同于电视接收机，监视器没有高频头、中频通道和伴音部分，但视频通道带宽要求在 8MHz 以上，并设有箝位电路以恢复背景亮度的缓慢变化。监视器对扫描线性和几何畸变要求较高；为了使亮度的变化不影响扫描幅度，常设有自动高压控制电路。

1. 视频通道

视频通道电路的功能是把输入监视器的 1Vp-p 左右的视频信号无失真地放大，使之能够送至显像管的调制极（视显像管的调制方式为阴极栅极），去调制电子束的强度。对视频通道电路的主要要求是：

（1）足够的增益，根据不同的调制方式要求有 34～46dB 的增益。

（2）足够的带宽，为能良好地显示高分辨率摄像机和高质量信号源的图像，一般要求有 8MHz 以上的带宽；幅度频率曲线要平坦，以保证良好的相频特性。

（3）非线性失真要小。由于摄像机已设置校正电路，因此监视器视频通道电路不进行失真处理，要求其非线性失真要尽可能小。

（4）调节对比度时只改变视频放大器的增益，而不影响放大器的频率响应。

（5）部分监视器的视频通道电路还包括 DC 恢复功能和电缆高频补偿功能。

2. 同步分离

同步分离电路的任务是从全电视信号中将场、行同步信号与视频图像信号分开，再根据场、行同步信号脉宽不同的特点，将它们分成场同步脉冲和行同步脉冲，再分别去控制场、行振荡器。为了增强同步分离电路的抗干扰能力，均设置有干扰脉冲抑制电路。

3. 扫描电路

扫描电路的基本功能是向行、场偏转线圈提供锯齿波电流，使之产生偏转磁场。由于行、场偏转线圈的工作频率差别很大，它们呈现的阻抗特性不同，所需的推动功率也不同，因此，行、场同步扫描电路差异很大。

场扫描电路场偏转线圈的工作频率为 50Hz，表现为纯电阻性。场输出电路向其提供锯齿波电压即可。采用多谐振荡器或间歇振荡器产生 50Hz 锯齿电压，经推动级供给场偏转线圈。

行扫描电路由于行偏转线圈在行频率（15 625Hz）时呈电感性，因此，必须向其供给脉冲电压才能使行偏转线圈中流过锯齿电流。行振荡产生的 15 625Hz 脉冲电压经激励电路整形、放大后，由输出级供给行偏转线圈，行偏转线圈中就会有锯齿波电流形成。行输出级工作在开关状态，输出管集电极的电压波形是逆程脉冲。逆程脉冲经高压变压器升压，整流形成显像管所需的高压和中压。同时，这里也将行扫描频率采样，并反馈至 AFC 电路。

现在，大多数监视器都采用专用集成电路来完成行、场扫描功能，如松下的 AN5410、东芝的 TA7609P 等扫描电路，以及松下的 AN5510 场输出电路。这些集成电路再加行激励和行输出电路（因功率较大，故仍采用分立器件），就可以构成完整的监视器同步扫描电路，使得整机可靠性提高、电路设计简化。

4. 黑白监视器的测试

国家制定了黑白监视器通用技术条件，对广播级和通用型监视器规定了各项技术指标。

许多测试项目要求使用专用的仪器和设备，一般在厂家批量生产过程中进行测试。这里仅介绍几项主要技术指标的测试方法。

监视器的测试在一般自然环境下进行，电视信号发生器和具有 20MHz 的带宽同步示波器是必须具备的仪器。所有项目的测试都不需要打开机箱或对内部电路作任何调整。

（1）水平分辨率。水平分辨率表示沿水平方向分解图像细节的能力，通常以分辨电视线数表示。进行这项测试要以标准幅度单频率正弦波信号作为监视器的输入信号，电视信号发生器设置为单频率正弦波信号，用示波器观察到的电视信号发生器输出信号波形如图 2-34（a）所示，将该信号作为监视器的输入信号，监视器屏幕将显示出垂直条。

逐渐升高正弦信号的频率，垂直条逐渐变细、变多；当频率升至恰好不能分辨垂直细条时，读出正弦波的频率，再计算出水平分辨率，即

$$M = 80Z \tag{2-27}$$

式中：M 为水平分辨率，TVL（电视线）；Z 为正弦波的频率，MHz。

有时把水平分辨率分为中心分辨率和四角分辨率两项，在屏幕的不同区域进行观测。通常，水平分辨率是指中心水平分辨率。

（2）亮度鉴别等级。亮度鉴别等级是指监视器图像从最黑部分到最白部分之间能够区别的亮度等级，通常又称为灰度等级。它反映了荧光屏亮度变化的范围，也反映了视频通道电路的非线性失真。进行该项测试所需的信号为 10 阶梯信号，电视信号发生器设置为 10 阶梯信号，用示波器观察到的电视信号发生器输出波形如图 2-34（b）所示，将该信号作为监视器的输入信号，监视器屏幕将显示由最黑部分到最白部分 10 个灰度的竖直条。

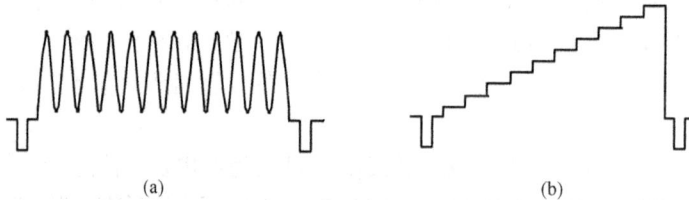

图 2-34 电视信号发生器输出信号波形

（a）单频率正弦波信号波形；（b）10 阶梯信号波形

观察图像前，首先调节亮度、对比度旋钮，使屏幕最亮部分与最黑部分亮度之比为 25:1，然后观察图像可分辨灰度条的级数，即为亮度鉴别等级。在实际测试时，可以调整亮度、对比度旋钮，以求最好的测试效果。如果说水平分辨率是反映监视器显示图像细节的能力，那么灰度等级则反映了监视器显示图像背景层次是否丰富。

（3）光栅的几何失真。光栅的几何失真是由偏转系统的缺陷所造成的，它反映了监视器再现图像的能力。几何失真一般可分为平行四边形失真、梯形失真、枕形失真和桶形失真，如图 2-35 所示。

国家标准对它们规定了严格的定义和测试方法，照此进行测量是准确的。通常，人们并不去分别测试和计算这些形式的失真，而是采用 1 种综合的评价，给出 1 个监视器图像几何失真的技术指标。具体测试方法是，输入点子或格子信号，然后用测试模板（刻有均匀格子的透明薄膜式玻璃）去与之对比，通过点子与格子交叉点的偏差量来计量几何失真，如图 2-35 所示。

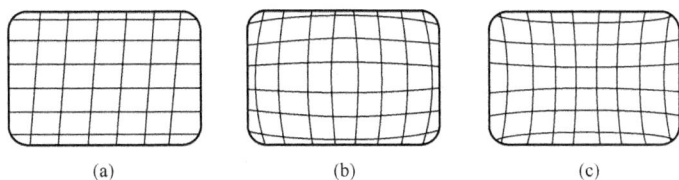

图 2-35　几何失真

（a）平行四边形失真；（b）桶形失真；（c）枕形失真

（4）同步范围。同步范围是指输入图像信号的同步信号能够控制监视器扫描电路的频率范围。它反映了监视器能够稳定地显示行（场）频有偏差的图像信号的能力，包括保持范围和引入范围两项指标，其测量方法如图 2-36 所示。

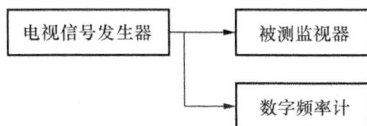

图 2-36　同步范围测量示意

测量时，先朝一个方向逐渐地改变电视信号发生器的行（场）频，使监视器失去同步，这一频率点即为失步点；再由失步点向同步方向逐点调节信号发生器的行（场）频，每次都将信号断开，再接入，直到图像刚能自行同步时为止，这样可以得到一高一低两个边界状态，其对应的两个频率之间的范围就是行（场）同步的引入范围。

分别向高低两端改变输入标准信号的行（场）频率，直至出现同步缺陷（图像出现扭曲或滚动）时为止，这两边界状态对应的两个频率之间的范围就是行（场）同步保持范围。

同步保持范围表示监视器的同步工作范围，而引入范围则反映了在输入信号切换时能够同步锁定的能力。以上几项测量可以反映监视器的图像显示方面的质量水平。还有一些测试需要打开机箱，对视频通道等电路进行测试，一般情况是不进行的。

采用 1 台高分辨率的摄像机作为视频信号源，也可以对监视器进行初步测试，利用摄像机摄取综合测试卡的图像，用示波器测试其输出幅度使之符合标准幅度，调整图像大小与扫描光栅重合，即可以通过观察屏幕显示图像来评价监视器的性能，如分辨率（受到摄像机分辨率的限定）、灰度等，通过观察四角圆的形状、方格的均匀性可以初步计算几何失真，调节行（场同步旋钮）则可看出监视器的同步能力。

主观目测不很严格，但在许多场合，利用对比的方法对监视器的质量进行主观评价也是很有效和直观的。如果有 1 台已知质量很好的监视器，可与它进行图像的主观比较。大多数应用电视系统的验收时，这些办法都是可行的。

二、彩色监视器

彩色监视器是显示彩色图像的视频设备，彩色图像比黑白图像含有更多的信息量，在应用电视系统中日益受到重视，得到了广泛的应用。

通常把彩色监视器分为广播型和通用型。广播型具有良好的图像还原性和色度还原性，主要应用于专业场合；通用型可以作为普通彩色摄像机和家用录像机的显示设备，也为应用电视系统所采用。目前，通用型彩色监视器主要是具有视频输入接口的彩色收监两用机。

三基色原理是彩色电视的基本原理，彩色摄像机将景物的图像分解成 3 个基色分量信号，再通过编码形成 1 个全电视信号。与此相反，彩色监视器是将这个全电视信号解码，还原为 3 个基色分量信号，然后将它们混合（相加混色）生成与原景物图像相似的彩色图像。

1. 彩色显像管

彩色显像管是彩色监视器的心脏，它不仅要完成电光转换，还要完成 3 路基色分量信号的混合。这就是说，相加混色是在显像管的荧光屏上实现的。

荫罩式彩色显像管由荧光屏、荫罩板、电子枪、玻璃外壳和管外组件构成。电子枪的作用是发射电子，并使其加速，聚焦成为可以轰击荧光屏的电子束。与黑白显像管不同，彩色显像管要产生 3 柱电子束（对应于 3 个基色分量）。与此相对应，荧光屏要涂上 3 种基色的荧光粉，这 3 种荧光粉点按一定规律呈品字状或条状，每 3 个点构成 1 个基色组。

彩色显像管的 3 柱电子束分别受图像信号的 3 个基色分量信号（R、G、B）调制，然后准确地轰击荧光屏上相应的荧光粉点，产生相应颜色（R、G、B）的光。由于每个基色组中 3 点相距非常近，人的视觉会感受到由三色混合而形成的色彩。荫罩是装在电子枪和屏幕之间的一块布满数 10 万个小孔的薄钢板，荫罩板的功能是保证每一柱电子束都能准确地轰击到相应的荧光粉点上。管外组件主要是色纯度调整和会聚度调整的磁性件。

彩色监视器输入的视频信号通常是将亮度信号 Y 与两个色度信号 U、V 通过频谱交错复合在一起的全电视信号。彩色监视器首先要通过亮、色分离电路将全电视信号分为亮度信号和色度信号；色度信号经解码器解调为 2 个色差信号 R-Y、B-Y，再与亮度信号一起通过矩阵电路，形成 R、G、B 信号，去分别调制 3 个电子束。因此，彩色监视器的视频通道电路要比黑白监视器复杂得多，彩色监视器的同步和扫描电路则基本上与黑白监视器相同。

2. 彩色监视器的电路框图

彩色监视器的电路框图如图 2-37 所示。彩色监视器由 PAL 解码器电路、亮色分离电路和同步扫描电路三大部分组成。彩色监视器同步扫描电路特有的部分是会聚电路，其作用是向行、场会聚线圈提供抛物线会聚电流，使显像管得到良好的动会聚。

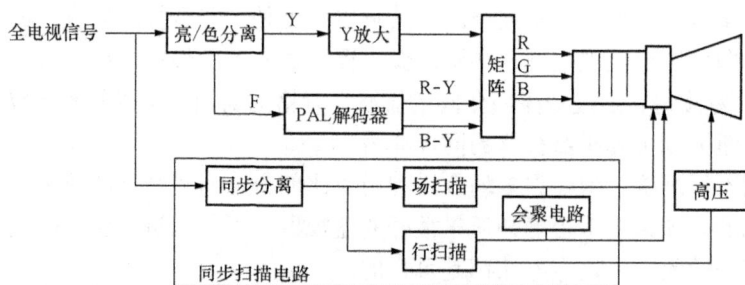

图 2-37　彩色监视器的电路框图

3. 监视器与电视机的区别

应用电视系统除了需用各种专用仪器进行测试外，最直观的是用监视器监视图像，并根据图像对某些设备进行一定的调整。专用监视器就是用来调整、检查和监测应用电视系统各个环节的图像质量的终端显示设备，也能作为测量仪器对电视信号进行定性甚至定量测试。

电视机设计的原则是让输入电视信号中存在的各种缺陷不在荧光屏图像中表现出来，因此采用了各种自动控制补偿电路。监视器则相反，它要求真实地反映出输入图像信号中的细节和不足之处。监视器中电路的技术指标要求很高，电路的稳定性可靠性要好，且很少采用自动调整补偿电路（为提高本机电路和器件的稳定而采用的自动补偿电路除外）。电视接收机的功能偏重于调节灵活，控制尽量自动化；监视器则偏重于监测精度，尽可能正确地监测出图像信号的质量状况。

彩色监视器有多种特殊功能：

（1）场延时功能。场延时功能可将场逆程在屏幕上显示出来，以便在监视器的屏幕上能观察到场消隐期间的均衡脉冲、行同步脉冲和场同步脉冲是否正确。录像信号在每一场起始处有一亮脉冲，在场延时图像中能看到它，当录像机转速不正常时，亮脉冲位置将发生变动，发生这种现象时可以调节录像机，使其转速正确。

（2）行延时功能。录像机各磁头的机械位置的准确度是至关重要的，矫正磁头的机械位置称为磁头的方位角矫正，若用示波器来矫正是一件很麻烦的事，而且也不易矫正好。但是可利用彩色监视器的行延时功能进行矫正，其办法是将行逆程在屏幕上扩大显示出来，校正录像机，使屏幕显示的同步脉冲呈直线状，就认为已经把磁头的相位校正好了。利用监视器的行、场延时功能可观察行、场逆程信号的图像，如图2-38所示。

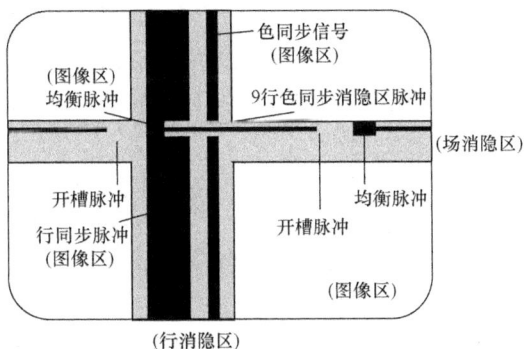

图 2-38　行、场逆程信号图像

（3）A-B 信号显示。将两个信道的信号（A 信号和 B 信号）输入到监视器：按下 A-B 信号显示开关时，A、B 两信号就同时输入到监视器。监视器内有 1 个减法电路，可将 A、B 两信号相减，利用行延时功能就能观看到行消隐后肩上的色同步脉冲情况。

如果 A、B 两信号的副载频相位完全一致，屏幕上所显示 A-B 信号的色同步脉冲就能互相抵消。如果两信号相位不一致，则屏幕上信号的色同步脉冲就不能互相抵消，只要调节编码器副载频的相位，屏幕上显示的色同步脉冲就会消失，这就说明 A 信号和 B 信号的副载频一致了。利用这个功能也能检查和调整 A 和 B 两个信号的同步脉冲相位是否一致。

（4）色温开关。彩色监视器色温开关有 6500K 和 3200K 两挡。6500K 相当于室外日光下的色温，卤钨灯的色温是 3200K。监视器色温开关应配合摄像机在室外和室内摄取图像时的不同环境，而应用电视系统中常用的摄像机一般置于自动白平衡控制模式，色温介于 2300～10 000K 时，能自动准确调整白平衡。

（5）彩色制式转换开关。为了使彩色监视器能适用于世界各种彩色制式的监测，彩色监视器应该具备彩色制式转换功能。

第五节　数字视频压缩基础知识

当今社会生活中，图像信息和通信起着非常重要的作用。数字视频压缩的实际应用是近10 年来超大规模集成电路（VLSI）、比较好的压缩算法、视觉生理研究和标准等方面显著技术发展的结果。数字视频压缩广泛应用于视频传输、计算机多媒体和数值存储等方面。

一、数字视频压缩的概念

（一）数字视频压缩

1. 数字视频压缩的优势

数字视频有许多优点，但是由于其占用带宽太宽而限制了它的实际应用。数字视频压缩技术的发展，推动了数字视频的实际应用。

现以 PAL 制彩电的卫星传输为例说明压缩的作用和意义。我国 PAL 制彩电的视频带宽 $F_c=6.0MHz$。根据奈斯特定理，取样频率 $F_s＞2F_c$。CCIR601 建议书规定：亮度信号的取样频率为 13.5MHz，色度信号的取样频率为 6.75MHz，每个取样 8bit，则传输 PAL 制彩电所需要的传输速率为

$$13.5MHz×8bit＋6.75MHz×8bit＝216MB/s \qquad (2-28)$$

这样高的传输频率，采用 2PSK 调制，所需传输带宽大于 200MHz，即使采用 4PSK，所需传输带宽也要 100MHz 以上。在现存的传输媒介中，要占用这样宽的带宽来传送视频不仅困难，同时也是不经济的。

使用数字视频压缩技术，可以做到把 216MB/s 的速率压缩到 8MB/s 左右，而解压缩后的质量可以达到广播级。这样，在现行传输 1 路模拟电视信号的 1 个 36MHz 卫星转发器中，可以传输 46 路广播级压缩后的电视信号。

2. 数字视频压缩的过程

压缩基本上是这样一个过程：1 个图像序列中前后帧图像之间存在着一定的相关性，这种相关性使得图像中存在大量的冗余信息。一般就利用图像之间的相关性来减少图像或图像组的内容信息，只保留少量非相关信息进行传输，接收机就利用这些非相关信息，按照一定的解码算法，可以在保证一定图像质量的前提下尽可能重现原始图像。

一般地，数字视频压缩是从分量视频表达开始的，此时信号是以 1 个亮度分量、2 个色度分量来表达的。最广为接受的数字分量视频格式是 CCIR601，该建议使用了共结点模型的 4:2:2 采样结构。

所谓共结点，是指每个彩色像素点由 3 个采样来描述：1 个亮度采样、2 个色差形成的色度采样，因为这 3 个采样在时间上是重合的，所以称为共结点。

在 525 行的系统中，每帧有 483 个有效行，每行有 720 个像素点；在 625 行的系统中，每帧有 576 个有效行。通过色度、亮度采样的结合，在不损害图像质量的同时，减少所需带宽得以实现。4:2:2 中亮度信号的采样频率实际上是 13.5 MHz，色差信号 Cb、Cr 的采样频率刚好是亮度采样频率的一半，6.75 MHz。因为 625/50 系统行频和 525/60 系统行频的最小公倍数是 2.25MHz，所以将亮度信号和色差信号的取样频率数值取为 2.25MHz 的整数倍。

信号的主要部分是有一定可预知性的。一个极端的例子是正弦波信号，它有高度的可预知性，因为每个周期都是相同的，且只有 1 个频率，这样就不需占用带宽；另一个极端的例子是，噪声信号完全不可预测。当然，实际上所有的信号都介于这两者之间。压缩技术总的来说就是要识别并去除这些冗余，从而减少数据量和所需带宽。

（二）CCIR 601 号建议

自 1948 年提出视频数字化的概念后，经过 40 年的探索，国际无线电咨询委员会（CCIR—Consultative Committee of International Radio）于 1982 年提出了电视演播室数字编码的国际标准 CCIR 601 号建议，确定以亮度分量 Y 和两个色差分量 R-Y、B-Y 为基础进行编

码，以作为电视演播室数字编码的国际标准。

国际无线电咨询委员会成立于 1927 年，是国际电信联盟（ITU）的常设机构之一，其主要职责是研究无线电通信和技术业务问题，并对这类问题提出建议书。这些建议书实际上就是标准。1993 年，该委员会与国际频率登记委员会（IFRB）合并，成为现今国际电信联盟（ITU）无线电通信部门，简称 ITU-R。

1. CCIR 601 号建议的 3 个规定

601 号建议对彩色电视信号的编码方式、取样频率、取样结构都作了明确的规定。

（1）规定彩色电视信号采用分量编码。所谓分量编码，就是彩色全电视信号在转换成数字形式之前，先被分离成亮度信号和色差信号，然后对它们分别进行编码。分量信号（Y、B-Y、R-Y）被分别编码后，再合成数字信号。

（2）规定取样频率与取样结构。在 4:2:2 等级的编码中，规定亮度信号和色差信号的取样频率分别为 13.5MHz 和 6.75MHz，取样结构为正交结构，即按行、场、帧重复，每行中 R-Y 和 B-Y 的取样与奇次（1，3，5…）Y 的取样同位置，即取样结构是固定的，而取样点在电视屏幕上的相对位置不变。

（3）规定编码方式。对亮度信号和 2 个色差信号进行线性 PCM 编码，每个取样点取 8bit 量化。同时，规定在数字编码时，不使用 A/D 转换的整个动态范围，只给亮度信号分配 220 个量化级，黑电平对应于量化级 16，白电平对应于量化级 235。为每个色差信号分配 224 个量化级，色差信号的零电平对应于量化级 128。

2. CCIR 601 号的初始建议

（1）亮度抽样频率为 525/60 和 625/50 三大制式行频公倍数的 2.25MHz 的 6 倍，即 Y、R-Y、B-Y 三分量的抽样频率分别为 13.5、6.75、6.75MHz。现行电视制式亮度信号的最大带宽是 6MHz，13.5MHz＞2×6MHz＝12MHz，满足奈奎斯特定理（抽样频率至少等于视频带宽的 2 倍）。考虑到抽样的样点结构应满足正交结构的要求，2 个色差信号的抽样频率均为亮度信号抽样频率的一半。

（2）抽样后采用线性量化，每个样点的量化比特数用于演播室为 10bit，用于传输为 8bit。

（3）建议 2 种制式有效行内的取样点数亮度信号取 720 个，2 个色度信号各取 360 个，这样就统一了数字分量编码标准，使 3 种不同的制式便于转换和统一。所以，有效行 Y、R-Y、B-Y 三分量样点之间的比例为 4:2:2（720:360:360）。

3. CCIR 601 号的补充建议

1983 年召开的国际无线电咨询委员会上又作了三点补充：

（1）明确规定编码信号是经过预校正的 Y、R-Y、B-Y 信号。

（2）相应于量化级 0 和 255 的码字专用于同步，1～244 的量化级用于视频信号。

（3）进一步明确了模拟与数字行的对应关系，并规定了从数字有效行末尾至基准时间样点的间隔，对 525/60 和 625/50 两种制式分别为 16 个和 12 个样点。不论 625 行/50 场或 525 行/60 场，其数字有效行的亮度样点数均为 720，色差信号的样点数均为 360，以便于制式转换。若亮度样点数除以 2，就得到色差信号的数据。

二、压缩算法与编码

（一）压缩算法的概念

压缩算法就是通过一些运算将文件缩小的一系列运算方法，通常把数据经过压缩和解压缩的过程称为编码和解码。

视频压缩的目标是在尽可能保证视觉效果的前提下减少视频数据率。视频压缩比一般指压缩后的数据量与压缩前的数据量之比。由于视频是连续的静态图像,因此其压缩编码算法与静态图像的压缩编码算法有某些共同之处,但是,运动的视频还有其自身的特性,因此在压缩时还应考虑其运动特性才能达到高压缩的目标。

1. 有损数据压缩和无损数据压缩

无损数据压缩(Lossless Compression)方法是指数据经过压缩后,信息不受损失,还能完全恢复到压缩前的原样。它和有损数据压缩相对。这种压缩的压缩比通常小于有损数据压缩的压缩比。

有损数据压缩(Loss Compression)方法是经过压缩、解压的数据与原始数据不同但非常接近的压缩方法。有损数据压缩又称破坏型压缩,即将次要的信息数据舍弃,牺牲一些质量来减少数据量,使压缩比提高。它是与无损数据压缩对应的压缩方法。根据各种格式设计的不同,有损数据压缩都会有生成损失(Generation Loss),压缩与解压文件都会带来渐进的质量下降。这种方法经常用于因特网,尤其是流媒体及电话领域。

有损数据压缩意味着解压缩后的数据与压缩前的数据不一致,在压缩的过程中要丢失一些人眼和人耳所不敏感的图像或音频信息,而且丢失的信息不可恢复。几乎所有高压缩的算法都采用有损数据压缩,这样才能达到低数据率的目标。丢失的数据率与压缩比有关,压缩比越小,丢失的数据越多,解压缩后的效果一般越差。此外,某些有损数据压缩算法采用多次重复压缩的方式,这样还会引起额外的数据丢失。

2. 帧内和帧间压缩

帧内(Intraframe)压缩也称为空间压缩(Spatial Compression)。当压缩 1 帧图像时,仅考虑本帧的数据而不考虑相邻帧之间的冗余信息,这实际上与静态图像压缩类似。帧内一般采用有损数据压缩算法,由于帧内压缩时各个帧之间没有相互关系,因此压缩后的视频数据仍可以以帧为单位进行编辑。帧内压缩一般达不到很高的压缩质量。

帧间(Interframe)压缩也称为时间压缩(Temporal Compression),它通过比较时间轴上不同帧之间的数据进行压缩。帧间压缩是基于许多视频或动画的连续前后两帧具有很大的相关性,或说前后两帧信息变化很小的特点,也即连续的视频其相邻帧之间具有冗余信息,根据这一特性,压缩相邻帧之间的冗余量就可以进一步提高压缩量,减小压缩比。

帧间压缩一般是无损的。帧差值(Frame Differencing)算法是一种典型的时间压缩法,它通过比较本帧与相邻帧之间的差异,仅记录本帧与其相邻帧的差值,这样可以大大减少数据量。

3. 对称和不对称编码

对称性(Symmetric)是压缩编码的一个关键特征。对称意味着压缩和解压缩占用相同的计算处理能力和时间;对称算法适合于实时压缩和传送视频,如视频会议应用就以采用对称的压缩编码算法为好。而在电子出版和其他多媒体应用中,一般是把视频预先压缩处理好,而后再播放,因此可以采用不对称(Asymmetric)编码。

不对称或非对称意味着压缩时需要花费大量的处理能力和时间,而解压缩时则能较好地实时回放,也即以不同的速度进行压缩和解压缩。一般地说,压缩一段视频的时间比回放(解压缩)该视频的时间要多得多。例如,压缩一段 3min 的视频片断可能需要 10 多分钟的时间,而该片断实时回放时间只有 3min。

（二）压缩算法的实现

1. 压缩算法的层次

压缩算法通常分几个层次完成压缩。对于 MPEG 算法，是采用 3 个层次完成压缩，即带宽压缩、匹配主观的有损失压缩和最后一层的无损失压缩。

（1）带宽压缩：主要是源分解力和目标比特率匹配及降低色度的分解力，达到主观上满意的程度。

（2）匹配主观的有损失压缩：压缩算法本身是利用波形分析和主观适配的量化来去掉空间冗余和时间冗余，在这个层次压缩是有损失的。

（3）最后一次的无损失压缩：通过把固定长度和可变长度编码进行句法组合，而无损失地把信息变换到比特流中去。

2. 压缩的基本算法

压缩算法依赖于以下两种基本方法：

（1）运动补偿法。以像块为基础的运动补偿，用于减少时间冗余。运动补偿的时间预测方法用来开拓视频信号很强的时间相关法。时间预测既适用于有因果关系的预测器（即纯预测编码），也适用于无因果关系的预测器（即内插编码）。

（2）离散余弦变换法。以变换（离散余弦变换，DCT）为基础的压缩，用于减少空间冗余。减少空间冗余的方法（DCT 方法）直接用于信源图像及时间预测后的误差信号上。

预测误差信号可利用降低空间冗余（8×8DCT）进一步压缩与运动有关的信息，以 16×16 的像块为基础，并与空间信息一块传输。

目前用于数据压缩的算法有多种，见表 2-5。

表 2-5　　　　　　　　　数 据 压 缩 方 法

数据种类	应用领域	数据压缩方法
无损数据压缩	理论	熵、复杂性、信息冗余
	熵编码法	哈夫曼树、算术编码（Shannon-Fano、区间）、Golomb、Exp-Golomb、统一编码（Elias、Fibonacci）、Asymmetric binary
	字典编码	RLE、LZ77/78、LZSS、LZW、LZWL、LZO、DEFLATE、LZMA、LZX、LZJB
	其他	CTW、BWT、PPM、DMC
音频压缩	理论	卷积、采样、采样定理
	音频编解码器	LPC、WLPC、CELP、ACELP、A-law、μ-law、MDCT、傅里叶变换、音响心理学
	其他	动态范围压缩、语音编码、子带编码
图像压缩	条件	色彩空间、像素、色度抽样、Compression Artifact
	方法	RLE、分形压缩、小波压缩、SPIHT、DCT、KLT
	其他	比特率、标准测试图像、峰值信噪比
视频压缩	条件	视讯特性、Frame、视讯类型、视讯质量
	视频编解码器	运动补偿、DCT、量化
	其他	率失真理论（CBR、ABR、VBR）

（三）图像编码

1. 图像编码类型

图像类型有时称为帧类型，一般有 4 种：I 图像（I 帧）、P 图像（P 帧）、B 图像（B 帧）、D 图像（D 帧）。

I 图像或称为内图像（内码帧），它们采用帧内编码，不参考任何其他帧而进行编码，是完整的独立编码帧，必须存储或传输。

P 图像或称为预测图像（预测帧），参照前一个 I 帧或 P 帧作运动补偿编码。

B 图像或称为双向预测图像（双向预测帧），参照前一个或后一个 I 帧或 P 帧作双向运动补偿编码，即利用来自前一图像和以后一图像的内插进行编码。

D 图像或称为直流图像（直流帧），其中，仅低频分量进行编码，只用于快速向前搜索方式，是为快放功能设计的。

其中，B 和 P 图像常称为中间图像（Interpictures）。

1 个典型的编码方案会含有 I、P、B 图像的混合场，典型方案在每 10～15 个图像会有 1 个 I 图像，而在相邻的 I 和 P 图像之间会有 2 个 B 图像。

2. 视频编码原理

视频图像数据有极强的相关性，也就是说有大量的冗余信息。其中，冗余信息可分为空域冗余信息和时域冗余信息。压缩技术就是将数据中的冗余信息去掉（去除数据之间的相关性）；压缩技术包含帧内图像数据压缩技术、帧间图像数据压缩技术和熵编码压缩技术。

（1）去时域冗余信息。使用帧间编码技术可去除时域冗余信息，它包括以下三部分：

1）运动补偿。运动补偿是通过先前的局部图像来预测、补偿当前的局部图像，它是减少帧序列冗余信息的有效方法。

2）运动表示。不同区域的图像需要使用不同的运动矢量来描述运动信息。运动矢量通过熵编码进行压缩。

3）运动估计。运动估计是从视频序列中抽取运动信息的一整套技术。

通用的压缩标准都使用基于块的运动估计和运动补偿。

（2）去空域冗余信息。主要使用帧间编码技术和熵编码技术去除空域冗余信息：

1）变换编码。帧内图像和预测差分信号都有很高的空域冗余信息。变换编码将空域信号变换到另一正交矢量空间，使其相关性下降、数据冗余度减小。

2）量化编码。经过变换编码后，产生一批变换系数，对这些系数进行量化，使编码器的输出达到一定的位率。这一过程将导致精度的降低。

3）熵编码。熵编码是无损编码，它对变换、量化后得到的系数和运动信息进行进一步的压缩。

3. 时间和空间压缩编码

如前所述，压缩算法以两项关键技术为基础，即时间压缩和空间压缩。

时间压缩依赖于相邻图像之间的相似性，并利用预测和运动补偿；空间压缩依赖图像各小范围内的冗余，并以 DCT 变换、量化和熵编码技术为基础。

预测出的图像是由运动补偿来改进的前一图像。运动矢量是对每一宏像块计算出来的。运动矢量适用于宏像块中的所有 4 个亮度像块。用于 2 个色度像块的运动矢量是从亮度矢量计算出来的。这种算法依赖于如下的设想：在一个宏像块内，相邻图像之间的差异可以简单地表示为矢量变换。

内插（或双向预测）产生高度的压缩，因为图像简单地表示为过去与未来 I 或 P 图像之间的内插（这又是在宏像块一级上完成的）。

图像不是以显示顺序传输的，而是以解码器要求图像将比特流的解码顺序传输的，即该解码器在任何内插或预测的图像可被解码之前必须具有参考图像。

空间压缩技术与 DCT、量化和熵编码相似。压缩算法利用了每一像块内（8×8 像素）的冗余。所得出的压缩数据流由最适合被压缩图像类型的空间和时间压缩技术的组合构成。解码通过使用 MPEG 系统的编码来控制，这些编码被插入数据流中，以解释如何重建图像信息。

（四）视频编解码器

1. 视频编解码器的概念

视频编解码器（Codec）是指能够对 1 个信号或 1 个数据流进行变换的设备或程序。这里指的变换既包括将信号或数据流进行编码（通常是为了传输、存储或者加密）或提取得到 1 个编码流的操作，也包括为了观察或者处理从这个编码流中恢复适合观察或操作的形式的操作。历史上，视频信号是以模拟形式存储在磁带上的。随着 Compact Disc 的出现并进入市场，音频信号以数字化方式进行存储，视频信号也开始使用数字化格式，一些相关技术也开始随之发展起来。

编解码器经常应用在视频数据处理的视频监控系统、视频会议系统和流媒体等中。

经过编码的音频或视频原始码流经常叫做 Essence（本体），以区别于之后加入码流的元信息和其他用以帮助访问码流和增强码流鲁棒性的数据。

大多数视频编解码器是有损的，目的是为了得到更大的压缩比和更小的文件大小。当然也有无损的编解码器，但是通常没有必要为了一些几乎注意不到的质量损失而大大增加编码后文件的大小。除非该编码的结果还将在以后进行下一步的处理，此时连续的有损编码通常会带来较大的质量损失。

很多多媒体数据流需要同时包含音频数据和视频数据，这时通常会加入一些用于音频和视频数据同步的元数据。这 3 种数据流可能会被不同的程序、进程或硬件处理，但是当它们传输或者存储时，通常是被封装在一起的。通常，这种封装是通过视频文件格式来实现的，如常见的*.mpg、*.avi、*.mov、*.mp4、*.rm、*.ogg 或*.tta。这些格式中有的只能使用某些编解码器，而更多的则可以以容器的方式使用各种编解码器。

一个复杂的平衡关系存在于以下因素之间：视频的质量、用来表示视频所需要的数据量（通常称为码率）、编码算法和解码算法的复杂度、针对数据丢失和错误的鲁棒性（Robustness）、编辑的方便性、随机访问、编码算法设计的完美性、端到端的延时及其他一些因素。

音频和视频都需要可定制的压缩方法。

编解码器对应的英文 Codec（Coder 和 Decoder 简化而成的合成词语）和 Decode 通常指软件；当特指硬件时，通常使用 Endec。

2. 视频编解码器的应用

日常生活中，视频编解码器的应用非常广泛，如在 DVD（MPEG-2）、VCD（MPEG-1）、各种卫星和陆上电视广播系统中，以及在互联网上。这些视频素材通常是使用很多种不同的编解码器进行压缩的，为了能够正确地浏览这些素材，用户需要下载并安装编解码器包——一种为 PC 准备的编译好的编解码器组件。

由用户自己来进行视频的压缩已经随着 DVD 刻录机的出现而越来越风行。由于商店中贩卖的 DVD 通常容量比较大（双层），而目前双层 DVD 刻录机还不太普及，因此用户有时会对 DVD 的素材进行二次压缩，使其能够在一张单面 DVD 上完整地存储。

3. 视频编解码器的设计

一个典型的数字视频编解码器是分 4 步完成编码的，其解码仅仅是编码的反运算。

（1）第一步是将从摄像机输入的视频从 RGB 色度空间转换到 YCbCr 色度空间。转换到 YCbCr 色度空间会带来两点好处；①这样做部分解除了色度信号中的相关性，提高了可压缩能力；②这样做将亮度信号分离出来，而亮度信号对视觉感觉是最重要的，相对来说色度信号对视觉感觉就不是那么重要，可以抽样到较低的分辨率（4:2:0 或 4:2:2）而不影响人观看的感觉。

（2）第二步是对空域或时域抽样，以有效地降低原始视频数据的数据量。在逐行扫描中，其色度抽样生成 4:2:0 格式的视频；在隔行扫描的情况下，其色度抽样会采用 4:2:2 的抽样方式。

（3）第三步是将输入的视频图像分割为宏块，并分别进行编码。宏块的大小通常是 16×16 的亮度块信息和对应的色度块信息。

（4）第四步是使用分块的运动补偿从已编码的帧对当前帧的数据进行预测。使用块变换或子带分解来减少空域的统计相关性。

最常见的变换是 8×8 的离散余弦变换（Discrete Cosine Transform，DCT）。变换的输出系数接下来被量化，量化后的系数进行熵编码并成为输出码流的一部分。

实际上，在使用 DCT 变换时，量化后的二维系数通常使用 Zig-zag 扫描表示为一维，再通过对连续 0 系数的个数和非 0 系数的大小（Level）进行编码得到一个符号，通常也有特殊的符号来表示后面剩余的所有系数全部等于 0。这时的熵编码通常使用变长编码。

解码基本上执行和编码过程完全相反的过程。其中，不能被完全恢复原来信息的步骤是量化。这时，要尽可能接近的恢复原来的信息。这个过程被称为反量化，尽管量化本身已经注定是个不可逆过程。

视频编解码器的设计通常是标准化的，也就是说，有发布的文档来准确地规范如何进行。实际上，为了使编码的码流具有互操作性（即由 A 编码器编成的码流可以由 B 解码器解码，反之亦然），仅对解码器的解码过程进行规范就足够了。通常，编码的过程并不完全被一个标准所定义，用户有设计自己编码器的自由，只要用户设计的编码器编码产生的码流是符合解码规范的即可。因此，由不同的编码器对同样的视频源按照同样的标准进行编码，再解码后输出图像的质量往往可能相差很多。

三、分辨率与码率

（一）分辨率

1. 显示分辨率

（1）VGA 的概念。VGA（Video Graphics Array）是 IBM 于 1987 年提出的一个使用模拟信号的电脑显示标准，该标准对现今的个人电脑市场已经过时。即便如此，VGA 仍然是最多制造商所共同支援的一个低标准，个人电脑在加载自己的独特驱动程序之前，都必须支援

VGA 的标准。例如，微软 Windows 系列产品的开机画面仍然使用 VGA 显示模式，这也说明了其分辨率和载色数的不足。

VGA 的主要技术规格如下：256 KB 的 Video RAM，16 色和 256 色模式，共 262 144 种颜色的色板（红、绿、蓝三色各 6 bit），最多 720 个水平像素，最多 480 条线，最高 70Hz 的更新频率等。

在这里，VGA 这个术语常常不论其图形装置，而直接用于指称 640×480 的分辨率。

（2）基于 VGA 的其他分辨率。由此引发了 VGA、SVGA、XGA、SXGA、SXGA＋、UXGA、WSXGA、WSXGA＋、QVGA、QXGA、QSXGA、QUXGA 等一系列分辨率的划分与代号。

SVGA 为高级视频图形阵列（Super Video Graphics Array 或 Super VGA），由 VESA 为 IBM 兼容机推出的标准。分辨率为 800×600（每像素 4bit，16 种颜色可选）。

XGA 为扩展图形阵列（Extended Graphics Array），是继 8514/A 显示模式之后，IBM 于 1990 年发明的；XGA 能以真彩色提供 800×600 像素的分辨率或以 65 536 种色彩提供 1024×768 像素的分辨率。

SXGA 为高级扩展图形阵列（Super eXtended Graphics Array 或 Super XGA），是一个分辨率为 1280×1024 的显示标准，每个像素用 32bit 表示（真彩色）。这种被广泛采用的显示标准的纵横比为 5:4 而不是常见的 4:3。

SXGA＋为增强型高级扩展图形阵列（Super eXtended Graphics Array Plus 或 Super XGA＋）。一个分辨率为 1400×1050 的显示标准，是 SXGA 的扩展。每个像素用 32bit 表示（真彩色）。

UXGA 为超级扩展图形阵列（Ultra eXtended Graphics Array，又称 UVGA）支持最大 1600×1200 的分辨率。目前，高端的移动工作站配备了这一类型的屏幕。

WSXGA 为宽屏高级扩展图形阵列（Widescreen Super eXtended Graphics Array Plus 或 Wide VGA），是 VGA 的另一种形式，分辨率比 VGA 高，其分辨率为 800×480 的像素，即扩大了 VGA（640×480）的分辨率，应用于 PDA 和手机等；因为很多网页的宽度都是 800，所以 WVGA 的屏幕会更加适合于浏览网页，可以说是未来手持设备的分辨率的大趋势。

WSXGA＋为增强型宽屏高级扩展图形阵列（Widescreen Super eXtended Graphics Array Plus），是 SXGA＋的宽屏扩展，分辨率为 1680×1050 的显示标准，每个像素用 32bit 表示（真彩色）。

QVGA 即 Quarter VGA，即 VGA 的四分之一尺寸，亦即在屏幕上输出的分辨率为 240×320 像素。

2. 图像分辨率

（1）CIF 图像格式。CIF（Common Intermediate Format）称为常用的标准化图像格式。在 H.323 协议簇中，规定了视频采集设备的标准采集分辨率为 CIF＝352×288 像素。

1）电视图像的空间分辨率为家用录像系统（Video Home System，VHS）的分辨率，即 352×288。

2）使用非隔行扫描（Non-Interlaced Scan）。

3）使用 NTSC 帧速率，电视图像的最大帧速率为 30 000/1001≈29.97 幅/s。

4）使用 1/2 的 PAL 水平分辨率，即 288 线。

5）对亮度和两个色差信号（Y、Cb 和 Cr）分量分别进行编码，它们的取值范围同

ITU-RBT.601，即黑色为16，白色为235，色差的最大值等于240、最小值等于16。

在CIF的基础上，演绎出其他5种基于CIF的图像格式，见表2-6。

表2-6 5种基于CIF图像格式的参数说明

图像格式	亮度取样的像素个数（d_x）×亮度取样的行数（d_y）	色度取样的像素个数（$d_x/2$）	色度取样的行数（$d_y/2$）
sub-QCIF	128×96	64	48
QCIF	176×144	88	72
CIF	352×288	176	144
4CIF（D1）	704×576	352	288
16CIF	1408×1152	704	576

监控行业中主要使用QCIF（176×144）、CIF（352×288）、HalfD1（704×288）、D1（704×576）等几种分辨率。目前，CIF录像分辨率是主流分辨率，绝大部分产品均采用CIF分辨率。

（2）基于CIF的其他图像格式。QCIF的优点是存储量低，可以在窄带中使用，且使用这种分辨率的产品价格低廉；缺点是图像质量往往很差，不被用户所接受。

D1（4CIF）为标清分辨率，它的优点是图像清晰；缺点是存储量高，网络传输带宽要求很高，价格也较高。

HalfD1（2CIF）分辨率可以提高清晰度，满足高质量的要求，但是以高码流为代价的。由于704×288只是水平分辨率的提升，因此图像质量提高不是特别明显。

CIF是目前监控行业的主流分辨率，这是由于目前数码监控要求视频码流不能太高，视频传输带宽也有限制，且采用CIF分辨率，信噪比在32dB以上，因此一般用户可以接受。它的优点是存储量较低，能在普通宽带网络中传输，价格也相对低廉，同时图像质量较好，被大部分用户所接受；缺点是图像质量不能满足高清晰的要求。

（3）未来图像格式的发展趋势。在现阶段市场接受CIF分辨率，未来会出现众多非CIF格式的产品。

目前，业内人士正在尝试用HalfD1来寻求CIF、D1之间的平衡，用来解决CIF清晰度不够高和4CIF存储量高、价格高昂的缺点。经过测试，发现另外一种2CIF分辨率528×384，比704×288能更好地解决CIF、4CIF的问题。特别是在512kbit/s～1Mbit/s码率之间，能获得稳定的高质量图像，满足用户较高图像质量的要求。

未来，随着单块硬盘的容量达到1500GB甚至4000GB，而国内的大部分DVR已经可以做到连接8块1500GB的硬盘，则D1也许会逐渐变成市场的主流。

3. 电视画面分辨率

电视的画面分辨率以水平清晰度为单位。通俗地说，可以把电视上的画面以水平方向分割成很多扫描线，分得越细，这些画面就越清楚，而水平线数的扫描线数量也就越多。分辨率（清晰度）的单位是电视行（TV Line），也称线，即是从水平方向上看，相当于将每行扫描线竖立起来，然后乘上4:3或者16:9的宽高比，从而构成水平方向的总线数。

以下是几种常见的电视扫描格式：

（1）D1为480i格式，和NTSC模拟电视清晰度相同，525条垂直扫描线，483条可见垂直扫描线，4:3 或 16:9，隔行扫描 60Hz，行频为 15.25kHz。

（2）D2 为 480p 格式，和逐行扫描 DVD 规格相同，525 条垂直扫描线，480 条可见垂直扫描线，4:3 或 16:9，分辨率为 640×480，逐行扫描 60Hz，行频为 31.5kHz。

（3）D3 为 1080i 格式，是标准数字电视显示模式，1125 条垂直扫描线，1080 条可见垂直扫描线，16:9，分辨率为 1920×1080，隔行扫描 60Hz，行频为 33.75kHz。

（4）D4 为 720p 格式，是标准数字电视显示模式，750 条垂直扫描线，720 条可见垂直扫描线，16:9，分辨率为 1280×720，逐行扫描 60Hz，行频为 45kHz。

（5）D5 为 1080p 格式，是标准数字电视显示模式，1125 条垂直扫描线，1080 条可见垂直扫描线，16:9，分辨率为 1920×1080 逐行扫描，专业格式。

此外，还有 576i，即标准的 PAL 电视显示模式，625 条垂直扫描线，576 条可见垂直扫描线，4:3 或 16:9，隔行扫描 50Hz，记为 576i 或 625i。

以上标准中"i"表示隔行，"p"表示逐行。HDTV 标准是高品质视频信号标准，包括 1080i、720p、1080p，也就是说，D3、D4、D5 属于 HDTV 标准，但目前支持 480p 也大致支持 HDTV。要注意的是，对于电视机处理能力（如带宽）的要求则是 480i<480p<1080i<720p。

数字高清电视的 720p、1080i 和 1080p 是由美国电影电视工程师协会确定的高清标准格式。其中，1080p 被称为目前数字电视的顶级显示格式，这种格式的电视在逐行扫描下能够达到 1920×1080 的分辨率。受存储介质限制（一部 1080p 的影片需要 10GB 以上的存储空间），目前 1080p 的影片多数以蓝光 DVD 的方式发行。

（二）码率

码率是数据传输时单位时间传送的数据位数，单位一般为 kbit/s，即千位每秒。

码率实质上就是取样率，单位时间内取样率越大，精度就越高，处理出来的文件就越接近原始文件。但是，文件体积与取样率成正比，所以几乎所有的编码格式重视的都是如何用最低的码率达到最少的失真。

围绕该核心衍生出来的固定码率与可变码率都是在这方面做的文章，不过事情总不是绝对的，从视频方面来说，码率越高，被压缩的比例越小，画质损失越小，与视频源的画质越接近。

1. 固定码率

固定码率（Constant Bit Rate，CBR）是用来形容通信服务质量（Quality of Service，QoS）的术语。

当解释编解码器工作时，CBR 编码是指编码器的输出码率（或者解码器的输入码率），应是常数（固定值）。当在一个带宽受限的信道中进行多媒体通信时，CBR 是非常有用，因为这时受限的是最高码率，CBR 可以更好地使用这样的信道。但是，CBR 不适宜进行存储，因为 CBR 将导致没有足够的码率对复杂的内容部分进行编码（从而导致质量下降）；同时，在简单的内容部分会浪费一些码率。

大部分编码方案的输出都是可变长的码字，如霍夫曼编码或游程编码（Run-length Coding），这使得编码器很难做到完美的 CBR。编码器可以通过调整量化（进而调整编码质量）来部分解决这个问题，如果同时使用填充码来完美地达到 CBR。有时，CBR 也指一种非常简单的编码方案，如将一个 16 位精度的音频数据流通过抽样得到一个 8 位精度的数据流。

2. 可变码率

可变码率（Variable Bit Rate，VBR）也是用来形容通信服务质量（QoS）的术语。

当解释编解码器工作时，VBR 编码是指编码器的输出码率（或解码器的输入码率）可以根据编码器的输入源信号的负责度自适应地调整，目的是达到保持输出质量保持不变而不是保持输出码率不变。VBR 适用于存储（不太适用于流式传输），可以更好地利用有限的存储空间：用比较多的码字对复杂度高的段进行编码，而用比较少的码字对复杂度低的段进行编码。

例如，使用 MP3 格式的音频编解码器，音频文件可以以 8～320kbit/s 的可变码率进行压缩，得到相对小的文件来节约存储空间。MP3 格式的文件格式是*.mp3。

几乎所有视频编解码器内在的都是 VBR 的。*.mp3 文件也可以以 VBR 的方式进行编码。

3. 平均码率

平均码率（Average Bit Rate，ABR）通常是指数字音乐或视频的平均码率。例如，如果说一个 MP3 文件的平均码率是 128kbit/s，则就是说，平均而言，每秒钟有 128 000 位被传输与解码。码率并不是衡量音频/视频质量的唯一标准，一些其他的格式，都可以在和 MP3 文件同样的平均码率下提供更好的声音质量。

四、数字视频压缩标准

对于一些常见的视频压缩标准与协议，会在本节中进行概括性的讲述。因为在视频监控系统中，H.263 和 MPEG-4 是最为常见的视频压缩标准与协议、M-JPEG2000 在未来会越来越多地出现，所以将单列讲解。

视频编码方式就是指通过特定的压缩技术，将某个视频格式的文件转换成另一种视频格式文件的方式。

目前，国际上音视频流传输中最为重要的音视频编解码标准有国际电信联盟的（International Telecommunication Union，ITU）针对多媒体通信制定的 H.26x 系列视频编码标准和 G.7 系列音频编码标准、国际标准化组织/国际电工委员会（International Organization for Standardization / International Electrotechnical Commission，ISO/IEC）运动静止图像专家组的 M-JPEG 标准、国际标准化组织 ISO 运动图像专家组的 MPEG 制定的 MPEG 系列标准。

此外，在互联网上广泛应用的还有 Real-Networks 的 RealVideo、微软公司的 WMT 及 Apple 公司的 QuickTime 等。常见的多媒体压缩格式见表 2-7。

表 2-7　　　　　　　　　　　　　常见的多媒体压缩格式

视频压缩格式	ISO/IEC	ITU-T	其　　他
	MPEG-1、MPEG-2、MPEG-4、MPEG-4/AVC	H.261、H.262、H.263、H.264	AVS、Bink、Dirac、Indeo、Motion JPEG、RealVideo、Theora、VC-1、VP6、VP7、WMV
音频压缩格式	ISO/IEC	ITU-T	其　　他
	MPEG-1 Layer III (MP3)、MPEG-1 Layer II、AAC、HE-AAC	G.711、G.722、G.722、G.723、G.726、G.728、G.729、G.729a	Dolby Digital、Apple Lossless、 ATRAC、FLAC、iLBC、Monkey's Audio、Mulaw、Musepack、Nellymoser、RealAudio、SHN、Speex、Vorbis、WavPack、WMA、TTA、 TAK
图像压缩格式	ISO/IEC/ITU-T		其　　他
	JPEG、JPEG 2000、lossless JPEG、JBIG、JBIG2		BMP、GIF、ILBM、PCX、PNG、TGA、TIFF、HD Photo
多媒体播放格式	一般常见		只用于音频
	3GP、ASF、AVI、DPX、FLV、Matroska、MP4、MXF、NUT、Ogg、Ogg Media、QuickTime、RealMedia、VOB		AIFF、AU、WAV

（一）常见的视频压缩标准与协议

很多视频编解码器可以很容易地在个人计算机和消费电子产品上实现，这使得在这些设备上有可能同时实现多种视频编解码器，从而避免了由于兼容性的原因使得某种占优势的编解码器影响其他编解码器的发展和推广。所以，可以说，并没有哪种编解码器可以替代其他所有的编解码器。下面是一些常用的视频编解码器，按照它们成为国际标准的时间排序。

1. H.261 协议

H.26x 系列视频压缩协议是国际电报电话咨询委员会（Consultative Committee of Telecommunication and Telegraphy，CCITT）发布的一系列建议，有 H.261、H.262、H.263、H.264 等。

国际电报电话咨询委员会是国际电信联盟（ITU）的常设机构之一，其主要职责是研究电信的新技术、新业务和资费等问题，并对这类问题通过建议使全世界的电信标准化。1993年，国际电报电话咨询委员会（CCITT）改组为国际电信联盟电信标准化部门，简称 ITU-T。

H.261 也称 P×64，即采用 P×64kbit/s 声像业务的图像编解码，是最早的数字视频压缩标准，也是 1984 年 ITU-T 提出的第一个实用化的、适用于会议电视和可视电话要求的标准。因此，H.261 主要在老的视频会议和视频电话产品中使用，所用的电话网络为综合业务数字网络（ISDN），目标是推荐一个图像编码标准，因为图像必须和语音密切配合，所以推荐的图像编码算法必须是实时处理的，并且要求延时最小。

实质上，之后的所有标准视频编解码器都是基于它设计的。它使用了常见的 YCbCr 颜色空间，4:2:0 的色度抽样格式，8 位的抽样精度，16×16 的宏块，分块的运动补偿，按 8×8 分块进行的离散余弦变换、量化，对量化系数的 Zig-zag 扫描，run-level 符号影射及霍夫曼编码。H.261 只支持逐行扫描的视频输入。

2. MPEG-1 标准

活动图像专家组 MPEG（Moving Picture Expert Group）是运动图像和声音的数字编码标准。它是由标准化组织（ISO）和国际电工委员会（IEC）制定的。实际上，MPEG 是一个标准系列，通常有 MPEG-1、MPEG-2、MPEG-4 和 MPEG-7。

MPEG-1 又称为动态图像和伴音的编码（Coding of Moving Picture And Associated Audio）标准，可以处理各种类型的活动图像。MPEG-1 所支持的输入图像格式有两种：352×240×30 和 352×288×25，其基本算法对于压缩水平方向 360 个像素、竖直方向 288 个像素的空间分辨力，每秒 24～30 副画面的运动图像有很好的效果。MPEG-1 标准中的一帧图像是成逐行扫描的图像。

MPEG-1 标准采用了一系列的技术获得高压缩比：①对色差信号进行亚取样以减少数据量；②采用运动补偿技术减少时间冗余度；③作二维 DCT 变换去除空间相关性；④对 DCT 分量进行量化，将量化后的 DCT 分量按频率重新排序；⑤将 DCT 分量进行变字长编码；⑥对每数据块的直流分量进行预测。

MPEG-1 视频压缩策略：为了提高压缩比，帧内/帧间图像数据压缩技术必须同时使用。帧内压缩算法与 JPEG 压缩算法大致相同，采用基于 DCT 的变换编码技术，用以减少空域冗余信息。帧间压缩算法可采用预测法和插补法。预测误差可在通过 DCT 变换编码处理后进一步压缩。帧间编码技术可减少时间轴方向的冗余信息。

MPEG-1 第二部分主要使用在 VCD 上，有的在线视频也使用这种格式。该编解码器的质量大致上和原有的 VHS 录像带相当，但 VCD 属于数字视频技术，它不会像 VHS 录像带一样随着播放的次数和时间而逐渐损失质量。如果输入视频源的质量足够好、编码的码率足够高，VCD 就可以给出从各方面看都比 VHS 高的质量。但是，为了达到这样的目标，VCD 需要比 VHS 标准高的码率。实际上，如果考虑到让所有的 VCD 播放机都可以播放，高于 1150kbit/s 的视频码率或高于 352×288 的视频分辨率都不能使用。大体来说，这个限制通常仅仅对一些单体的 VCD 播放机（包括一些 DVD 播放机）有效。

MPEG-1 第三部分还包括了目前常见的 MP3 音频编解码器（MP3 为 MPEG-1 Audio Layer 3 的缩写）。如果考虑通用性，则 MPEG-1 的视频/音频编解码器可以说是通用性最高的编解码器，几乎世界上所有的计算机都可以播放 MPEG-1 格式的文件。几乎所有的 DVD 机也支持 VCD 的播放。从技术上来讲，与 H.261 标准相比，MPEG-1 增加了对半像素运动补偿和双向运动预测帧；和 H.261 一样，MPEG-1 只支持逐行扫描的视频输入。

3. M-JPEG 标准

联合图像专家组 JPEG（Joint Photographic Experts Group）是数字图像压缩的国际标准。它从 1986 年正式开始制定，是国际标准化组织（ISO）、国际电报电话咨询委员会（CCITT）、国际电工委员会（IEC）合作的结果，所以它是 ISO 的标准，同时也是 CCITT 推荐的标准。

JPEG 主要致力于制定连续色调、多级灰度、静态图像的数字图像压缩编码标准。常用的基于离散余弦变换（DCT）的编码方法是 JPEG 算法的核心内容。JPEG 的关键技术还有变换可变长编码、量化、差分编码、运动补偿、霍夫曼编码和游程编码等。

M-JPEG（Motion- Join Photographic Experts Group）技术即运动静止图像（或逐帧）压缩技术，其广泛应用于非线性编辑领域，可精确到帧编辑和多层图像处理，把运动的视频序列作为连续的静止图像来处理。这种压缩方式单独完整地压缩每一帧，并在编辑过程中可随机存储每一帧，并可进行精确到帧的编辑。

M-JPEG 用于空间连续变化的静止图像，包括灰度等级和颜色两方面的连续变化。

M-JPEG 的压缩和解压缩是对称的，可由相同的硬件和软件实现。但 M-JPEG 只对帧内的空间冗余进行压缩，不对帧间的时间冗余进行压缩，故压缩效率不高。采用 M-JPEG 数字压缩格式，当压缩比为 7:1 时，可提供相当于 Betecam SP 质量图像的节目。

M-JPEG 包含两种基本压缩方法，一种是以离散余弦变换（DCT）为基础的压缩方法；另一种是无损压缩（又称为预测压缩方法）。由于 M-JPEG 没有利用时间方向上的冗余，因此 M-JPEG 在帧内编码方式上提供了多种多样的方法和选择。

M-JPEG 可以很容易地做到精确到帧的编辑，设备也比较成熟，但其压缩效率不高。

此外，M-JPEG 这种压缩方式并不是一个完全统一的压缩标准，不同厂家的编解码器和存储方式并没有统一的规定格式。也就是说，每个型号的视频服务器或编码板有自己的 M-JPEG 版本，所以在服务器之间的数据传输、非线性制作网络向服务器的数据传输都是不可能的。

4. MPEG-2 标准

MPEG-2 又称活动图像及有关声音信息的通用编码（Generic Coding of Moving Picture Associated Audio Information），是由 MPEG 开发的第二个标准，1994 年正式确定为国际标准。在此标准制定期间，国际电信联盟电信标准化部门（ITU-T）成立了一个有关 ATM 的图像编码专家组。

MPEG-2 标准特别使用于广播级数字电视的编码和传送。它是针对数字电视和高清晰度电视在各种应用下的压缩方案和系统层的详细规定，并不是 MPEG-1 的简单升级，而是在系统和传送方面作了更加详细的规定和进一步的完善，并兼顾了与 ATM 信元的适配问题。

MPEG-2 中的图像类型分为四种：I 帧（内码帧）、P 帧（预测帧）、B 帧（双向预测帧）和 D 帧（直流帧）。

MPEG-2 标准目前有 9 个部分，统称为 ISO/IEC13818 国际标准。前 6 部分均已获得通过，成为正式的国际标准，并在数字电视领域得到了广泛的实际应用。

ATM 视频编码专家组与 MPEG 专家组将 ISO/IEC13818 标准的第一、二部分合并，因此，上述两个部分也成为 ITU-T 的标准，分别为 ITU-TRec.H.220 系统和 ITU-TRec.H.262 视频。

MPEG-2 第二部分等同于 H.262，使用在 DVD、SVCD 和大多数数字视频广播系统和有线分布系统（Cable Distribution Systems）中。当使用在标准 DVD 上时，它支持很高的图像质量和宽屏；当使用在 SVCD 时，其质量不如 DVD，但比 VCD 高出许多。不幸的是，SVCD 最多能在 1 张 CD 光盘上容纳 40min 的内容，而 VCD 可以容纳 1h，也就是说，SVCD 具有比 VCD 更高的平均码率。MPEG-2 也将被使用在新一代 DVD 标准 HD-DVD 和 Blue-ray（蓝光光盘）上。从技术上来说，与 MPEG-1 相比，MPEG-2 最大的改进在于增加了对隔行扫描视频的支持。

5. H.263 协议

H.263 是国际电信联盟 ITU-T 的一个标准草案，是为低码流通信而设计的。但实际上，这个标准可用在很宽的码流范围，而非只用于低码流中，它在许多应用中可以取代 H.261。

H.263 主要用在视频会议、视频电话和网络视频上。在对逐行扫描的视频源进行压缩的方面，H.263 与之前的视频编码标准相比，在性能上有了较大的提升。尤其是在低码率端，它可以在保证一定质量的前提下大大节约码率。

H.263 的编码算法与 H.261 一样，但其作了些改善和改变，以提高性能和纠错能力。

H.263 标准在低码率下能够提供比 H.261 更好的图像效果，两者的区别有：

（1）H.263 的运动补偿使用半像素精度，而 H.261 则用全像素精度和循环滤波。

（2）数据流层次结构的某些部分在 H.263 中是可选的，从而使得编解码可以配置成更低的数据率或更好的纠错能力。

（3）H.263 包含 4 个可协商的选项以改善性能。

（4）H.263 采用无限制的运动向量及基于语法的算术编码。

（5）采用事先预测和与 MPEG 中的 P-B 帧一样的帧预测方法。

（6）H.263 支持 5 种分辨率，即除了支持 H.261 中所支持的 QCIF 和 CIF 外，还支持 SQCIF、4CIF 和 16CIF，SQCIF 相当于 QCIF 一半的分辨率，而 4CIF 和 16CIF 分别为 CIF 的 4 倍和 16 倍。

1998 年 IUT-T 推出的 H.263＋是 H.263 建议的第 2 版，它提供了 12 个新的可协商模式和其他特征，进一步提高了压缩编码性能，如 H.263 只有 5 种视频源格式，而 H.263＋允许使用更多的视频源格式，图像时钟频率也有多种选择，拓宽了应用范围；另一重要的改进是可扩展性，它允许多显示率、多速率及多分辨率，增强了视频信息在易误码、易丢包异构网络环境下的传输。

另外，H.263＋对 H.263 中的不受限运动矢量模式进行了改进，加上 12 个新增的可选模式，不仅提高了编码性能，而且增强了应用的灵活性。目前，H.263 已基本取代了 H.261。

6. MPEG-4 标准

运动图像专家组 MPEG 于 1999 年 2 月正式公布了 MPEG-4（ISO/IEC14496）标准第 1 版。同年年底，MPEG-4 第 2 版亦告底定，且于 2000 年年初正式成为国际标准。

MPEG-4 与 MPEG-1 和 MPEG-2 有很大的不同。MPEG-4 不只是具体压缩算法，它是针对数字电视、交互式绘图应用（影音合成内容）、交互式多媒体（WWW、资料撷取与分散）等整合及压缩技术的需求而制定的国际标准。MPEG-4 标准将众多的多媒体应用集成于一个完整的框架内，旨在为多媒体通信及应用环境提供标准的算法及工具，从而建立起一种能被多媒体传输、存储、检索等应用领域普遍采用的统一数据格式。

MPEG-4 是为在国际互联网络上或移动通信设备（如移动电话）上实时传输音/视频信号而制定的最新 MPEG 标准，MPEG-4 采用 Object Based 方式解压缩，压缩比指标远远优于以上几种，压缩倍数为 450 倍（静态图像可达 800 倍），分辨率输入可从 320 ×240 到 1280 × 1024，这是同质量的 MPEG-1 和 MJEPG 的 10 倍多。

MPEG-4 标准同以前标准的最显著的差别在于它是采用基于"面向对象"（Object-oriented）的编码理念，即在编码时，将一幅景物分成若干在时间和空间上相互联系的视频音频对象，分别编码后，再经过复用传输到接收端，然后再对不同的对象分别解码，从而组合成所需要的视频和音频。这样既方便对不同的对象采用不同的编码方法和表示方法，又有利于不同数据类型间的融合，并且这样也可以方便地实现对于各种对象的操作及编辑。例如，我们可以将一个卡通人物放在真实的场景中，或者将真人置于一个虚拟的演播室里，还可以在互联网上方便地实现交互，根据自己的需要有选择的组合各种视频音频及图形文本对象。

MPEG-4 标准可以使用在网络传输、广播和媒体存储上。与 MPEG-2 和第 1 版的 H.263 相比，MPEG-4 标准的压缩性能有所提高。当然，它也引入了一些提高压缩能力的技术，包括一些 H.263 的技术和 1/4 像素的运动补偿。和 MPEG-2 一样，它同时支持逐行扫描和隔行扫描。

7. MPEG-7 标准

MPEG-7 标准被称为多媒体内容描述接口，它要解决的矛盾就是对日渐庞大的图像、声音信息的管理和迅速搜索；将对各种不同类型的多媒体信息进行标准化的描述，并将该描述与所描述的内容相联系，以实现快速有效的搜索，并允许快速和有效地查询用户感兴趣的资料。它将扩展现有内容识别专用解决方案的有限能力，同时还包括了更多的数据类型。换言之，MPEG-7 规定了一个用于描述各种不同类型多媒体信息的描述符的标准集合，该标准于 1998 年 10 月提出。

由于该标准不包括对描述特征的自动提取，它也没有规定利用描述进行搜索的工具或任何程序，因此，它可以独立于其他 MPEG 标准使用，但 MPEG-4 中所定义的对音频、视频对象的描述仍然适用于 MPEG-7，这种描述是分类的基础。

MPEG-7 的由来是 MPEG-1＋MPEG-2＋MPEG-4（没有 MPEG-3、MPEG-5、MPEG-6）。MPEG-7 是针对存储形式（在线、离线）或流形式的应用而指定的，并且可以在实时和非实时环境中操作。它的功能将和其他 MPEG 标准互为补充，MPEG-1、MPEG-2、MPEG-4 是内容本身的表示，而 MPEG-7 是有关内容的信息，它是满足特定需求的视听信息的标准表示，并建立在其他 MPEG 标准的基础之上。

MPEG-7 只规定内容描述格式，而不规定如何从原始的多媒体资料中抽取内容描述的方法。MPEG-7 是规定一个用于描述各种不同类型多媒体信息的描述符的标准集合，还将对定义其他描述符及其结构（描述方案）以及它们之间的关系的方法进行标准化。这种描述（即描述符合描述方案的组合）将与内容本身关联起来，以便对用户感兴趣的素材进行快速高效的搜索。MPEG-7 还将标准化一种用来定义描述方案的语言，即描述定义语言（DDL）。带有与之相关的 MPEG-7 数据的 AV 素材，就可以加上索引，并可进行检索。这些素材包括静止的图像、图形、3D 模型、音频、视频、语言及关于这些成分如何组成一个多媒体表述的信息。在这些通用数据类型中的特殊情况可能包括面部表情和个人特征。

MPEG-7 的应用范围很广泛，既可应用于存储（在线或离线），也可用于流式应用（如广播、将模型加入 Internet 等）。它还可以在实时或非实时环境下应用，如数字图书馆（图像目录、音乐字典等）、多媒体名录服务（如黄页）、广播媒体选择（无线电信道、TV 信道等）等。未来，它将在教育、新闻、导游信息、娱乐等各方面发挥巨大的作用。

MPEG-1 的出现使 VCD 取代了录像带，MPEG-2 的出现使数字电视逐步取代模拟电视，MPEG-4 的出现使多媒体系统的交互性和灵活性大为增强，而 MPEG-7 的出现将会带我们进入一个互动多媒体的网络时代。

8. MPEG-21

MPEG-21 即多媒体框架（Multimedia Framework），它是一个刚开始制定的国际标准，其口号是：将标准集成起来支持和谐的技术以管理多媒体商务。

互联网改变了物质商品交换的商业模式（即电子商务）。新的市场必然带来新的问题，如何获取数字视频、音频以及合成图形等数字商品，如何保护多媒体内容的知识产权，如何为用户提供透明的媒体信息服务，如何检索内容，如何保证服务质量等。此外，有许多数字媒体（图片、音乐等）是由用户个人生成、使用的。这些内容供应者同商业内容供应商一样关心相同的事情：内容的管理和重定位、各种权利的保护、非授权存取和修改的保护、商业机密与个人隐私的保护等。目前虽然建立了传输和数字媒体消费的基础结构，并确定了与此相关的诸多要素，但这些要素、规范之间还没有一个明确的关系描述方法，因此，迫切需要一种结构或框架保证数字媒体消费的简单性，很好地处理数字类消费中诸要素之间的关系。MPEG-21 就是在这种情况下提出的。

制定 MPEG-21 标准的目的是：

（1）将不同的协议、标准、技术等有机地融合在一起。

（2）制定新的标准。

（3）将这些不同的标准集成在一起。

MPEG-21 标准其实就是一些关键技术的集成，通过这种集成环境可对全球数字媒体资源进行透明和增强管理，从而实现内容描述、创建、发布、使用、识别、收费管理、产权保护、用户隐私权保护、终端和网络资源抽取、事件报告等功能。

目前，基于因特网的物品交易正在转化为电子化的数字内容分发和交易，在新的商业市场中，要将与媒体内容相结合的不同的知识产权区分开是越来越困难了。所以，需要一种综合性的解决方案，以一种协调的方式管理和发送不同的内容形式，并且要对多媒体服务的用户完全透明。为了支持这种新的商务，需要一个多媒体的框架，这个框架需要一个由其结构就可理解的共享的模式，以保证发送电子内容的系统可以互操作，并保证简化交易。

总体来说，MPEG 优于其他压缩/解压缩方案。首先，由于在一开始它就是作为一个国际化的标准来研究制定的，因此，MPEG 具有很好的兼容性；其次，MPEG 能够比其他算法提供更好的压缩比，最高可达 200:1；最重要的是，MPEG 在提供高压缩比的同时产生的图像损失很小。

9. H.264 协议

H.264 是由国际电信联盟（ITU-T）和国际标准化组织（ISO）的有关视频编码的专家联合组建的联合视频组（Joint Video Team，JVT）共同制定的新数字视频编码标准。所以，它既是 ITU-T 的 H.264，又是 ISO/IEC 的 MPEG-4 高级视频编码（Advanced Video Coding，AVC），而且它将成为 MPEG-4 标准的第 10 部分。因此，不论是 MPEG-4 AVC、MPEG-4 Part 10，还是 ISO/IEC 14496-10，都是指 H.264。

该标准是 ITU-T VCEG 和 ISO/IEC MPEG 合作完成的性能最优的视频编码标准，并已得到了越来越多的应用。它引入了一系列新的能够大大提高压缩性能的技术，并能够同时在高码率端和低码率端大大超越以前的诸标准。

H.264 最大的优势是具有很高的数据压缩比率，在同等图像质量的条件下，H.264 的压缩比是 MPEG-2 的 2 倍以上，是 MPEG-4 的 1.5～2 倍。举个例子，原始文件的大小如果为 88GB，则采用 MPEG-2 压缩标准压缩后变为 3.5GB，压缩比为 25:1，而采用 H.264 压缩标准压缩后变为 879MB，即 H.264 的压缩比达到 102:1。

H.264 的高压缩比是低码率（Low Bit Rate）起了重要的作用，和 MPEG-2 和 MPEG-4 ASP 等压缩技术相比，H.264 压缩技术将大大节省用户的下载时间和数据流量收费。尤其值得一提的是，H.264 在具有高压缩比的同时还拥有高质量流畅的图像。

H.264 和 H.261、H.263 一样，也采用了 DCT 变换编码加 DPCM 的差分编码，即混合编码结构。同时，H.264 在混合编码的框架下引入了新的编码方式，提高了编码效率，更贴近实际应用。

H.264 没有烦琐的选项，而是力求简洁的"回归基本"，它具有比 H.263＋＋更好的压缩性能，又具有适应多种信道的能力。H.264 的应用目标广泛，可满足各种不同速率、不同场合的视频应用，具有较好的抗误码和抗丢包的处理能力。H.264 的基本系统无需使用版权，具有开放的性质，能很好地适应 IP 和无线网络的使用，这对目前因特网传输多媒体信息、移动网中传输宽带信息等都具有重要意义。

10. AVS 标准

AVS 标准（Advanced Video-audeo Standard）是 GB/T 20090.2《信息技术　先进音视频编码》系列标准的简称，它包括系统、视频、音频、数字版权管理等 4 个主要技术标准和一致性测试等支撑标准。AVS 是支撑国家数字音视频产业发展的基础性标准。

AVS 主要面向高清晰度和高质量数字电视广播、网络电视、高密度数字存储媒体和其他相关应用，其具有以下特点：

（1）性能高，编码效率是 MPEG-2 的 2 倍以上，与 H.264 的编码效率处于同一水平。

（2）复杂度低，算法复杂度明显比 H.264 低，软硬件实现成本都低于 H.264。

（3）我国掌握主要知识产权，专利授权模式简单、费用低。

AVS 是我国数字音视频编解码技术标准工作组基于我国自主创新技术和国际公开技术所构建的音视频压缩编码标准，故准确来说，它不仅包括视频编码标准。该标准最主要的目的是通过采用与 H.264 不同的专利授权方式来避免付出大笔的专利授权费用。

技术上，AVS 的视频编码部分采用的技术与 H.264 非常相似，但采取了一些简化措施。这样做，一方面可以回避一些非必要专利；另一方面，也可以在几乎不影响编码压缩效率的基础上，提高编解码速度。

AVS 标准以当前国际上最先进的 MPEG-4 AVC/H.264 框架为基础，强调自主知识产权，同时充分考虑了实现的复杂度。相对于 MPEG-4 AVC/H.264，AVS 的主要特点有：

（1）8×8 的整数变换与 64 级量化。

（2）亮度和色度帧内预测都是以 8×8 块为单位；亮度块采用 5 种预测模式，色度块采用 4 种预测模式。

（3）采用 16×16、16×8、8×16 和 8×8 共 4 种块模式进行运动补偿。

（4）在 1/4 像素运动估计方面，采用不同的四抽头滤波器进行半像素插值和 1/4 像素插值。

（5）P 帧可以利用最多 2 帧的前向参考帧，而 B 帧则采用前后各 1 个参考帧。

AVS 是基于我国创新技术和部分公开技术的自主标准，编码效率比 MPEG-2 高 2～3 倍，与 AVC 相当，而且技术方案简洁，芯片实现复杂度低，达到了第二代标准的最高水平；此外，AVS 通过简洁的一站式许可政策，解决了 AVC 专利许可问题的死结，是开放式制定的国家、国际标准，易于推广。

同时，AVC 仅是一个视频编码标准，而 AVS 是一套包含系统、视频、音频、媒体版权管理在内的完整标准体系，可为数字音视频产业提供更全面的解决方案。

11. Motion-JPEG2000 标准

JPEG2000 是 JPEG 的升级标准，它提供了比 JPEG 更高效的压缩效率，是针对静止图像提出的压缩标准。ISO 为了满足对视频图像的压缩要求，在 JPEG2000 中附加提出了 Motion-JPEG2000，该补充的压缩标准沿用了 JPEG2000 的各项优越性，并且提出了对于视频图像压缩的编码和解码标准。

JPEG2000 以其特有的优点弥补了现行 JPEG 标准的不足。离散小波变换算法中，图像可以转换成一系列可更加有效存储像素模块的子带，因此，JPEG2000 格式的图像压缩比可在现在的 JPEG 基础上提高 10%～30%，且压缩后的图像显得更加细腻平滑。也就是说，在网上观看采用 JPEG2000 压缩的图像时，不仅下载速率比采用 JPEG 格式的快近 30%，而且品质也将更好。对于目前的 JPEG 标准，在同一个压缩码流中不能同时提供有损和无损压缩，而在 JPEG2000 系统中，通过选择参数，能够对图像进行有损和无损压缩，因此可满足图像质量要求很高的医学图像、图像库等方面的处理需要。

现在，网络上的 JPEG 图像下载时是按"块"传输的，因此只能逐行地显示，而采用 JPEG2000 格式的图像支持渐进传输，这就允许图像按照所需的分辨率或像素精度进行重构，用户根据需要，对图像传输进行控制，在获得所需的图像分辨率或质量要求后，便可终止解码，而不必接收整个图像的压缩码流。

由于 JPEG2000 采用小波技术，利用其局部分辨特性，因此，在不解压的情况下，可随机获取某些感兴趣的图像区域（ROI）的压缩码流，对压缩的图像数据进行传输、滤波等操作。

随着科技的发展，网络已经渗透到每个人的生活中。然而，受到网络带宽的限制，高质量的图像数据量很大，在网络上的传输延迟也很大。因此，对于使用 PC 机、笔记本、掌上电脑或 PDA，通过 Modem 接入因特网访问图像数据的用户来说，允许根据需要选择恰当的图像分辨率进行浏览和传输是非常必要的。

在军事侦察和气象预报中，由卫星遥感得到的图像必须通过远距离无线信道传输，传输误码的出现不可避免。JPEG2000 编码器特有的码流组织形式是输出码流具有有效抑制误码的能力。这样，码流通过无线卫星通信信道发还给地面接收站后，地面接收站在解码过程中可以利用 JPEG2000 内部的码流组织形式来避免由于传输误码而造成的错误解码。

此外，在安全确认、身份认证及医学领域，JPEG2000 都有着广泛的应用。可以预测，在不久的将来，JPEG2000 将在以下领域得到广泛的应用：因特网、移动和便携设备、印刷、扫描（出版物预览）、数码相机、遥感、传真（包括彩色传真和因特网传真）、医学应用、数字图书馆和电子商务等。

（二）其他视频压缩标准与协议

在多媒体计算机的音视频文件处理中，经常会遇到各种各样的音视频编解码器和音视频文件格式。下面对这些格式作一些简单介绍。以下提到的编解码器都有各自的优点和缺点，其中，最重要的同时考虑编码的码率和清晰度（即常说的律失真特性和鲁棒性）。

1. 视频文件格式

（1）Quicktime 格式。Quicktime 是苹果公司采用的面向最终用户桌面系统的低成本、全运动视频的方式，现在在软件压缩和解压缩中开始采用这种方式；其向量量化是 Quicktime 软件的压缩技术之一，它在最高为 30 帧/秒下提供的视频分辨率是 320×240，其压缩率为 25～200。

（2）AVI 格式。AVI（Audio Video Interleaved）即音频视频交错格式，即可以将视频和音频交织在一起进行同步播放。AVI 格式是 1992 年微软公司推出的，随 Windows3.1 一起被人们所认识和熟知。这种视频格式的优点是图像质量好，可以跨多个平台使用；缺点是体积过于庞大，且压缩标准不统一。

AVI 是一种桌面系统上的低成本、低分辨率的视频格式。AVI 文件后缀名*.avi，可在 160×120 的视窗中以 15 帧/秒回放视频，并可带有 8 位的声音，也可以在 VGA 或 SVGA 监视器上回放。AVI 很重要的一个特点是可伸缩性；使用 AVI 算法时的性能依赖于与它一起使用的基础硬件。

（3）WMV 格式。WMV（Windows Media Video）是微软公司的视频编解码器家族，包括 WMV 7～WPV10。这一族编解码器可以应用在从拨号上网的窄带视频到高清晰度电视（HDTV）的宽带视频。使用 Windows Media Video，用户还可以将视频文件刻录到 CD、DVD 或其他设备上。同时，它也可用作媒体服务器。WMV 可以被看作是 MPEG-4 的一个增强版本。

最新的 WMV 版本是正在电影电视工程师协会 SMPTE 制定中的 VC-1 标准（Video Codec，VC）。WMV-9（VC-1，开发代号为"Corona"）刚推出时称为 VC-9，之后才被 SMPTE 改称为 VC-1。技术上，VC-1 也与 H.264 有诸多相似之处。

WMV 格式的主要优点包括本地或网络回放、可扩的媒体类型、部件下载、可伸缩的媒体类型、流的优先级化、多语言支持、环境独立性、丰富的流间关系及扩展性等。

（4）RM 格式。RM（Real Media）格式是 Real Networks 公司所制定的音频视频压缩规范，用户可以使用 Real Player 或 Real One Player 对符合 RealMedia 技术规范的网络音频/视频资源进行实况转播，并且 Real Media 可以根据不同的网络传输速率制定出不同的压缩比率，从而实现在低速率的网络上进行影像数据的实时传送和播放。这种格式的另一个特点是，用户使用 Real Player 或 Real One Player 播放器可以在不下载音频/视频内容的条件下实现在线播放；另外，RM 作为目前主流网络的视频格式，它还可以通过其 Real Server 服务器将其他格式的视频转换成 RM 视频，并由 Real Server 服务器负责对外发布和播放。

（5）RMVB 格式。RMVB 格式是一种由 RM 视频格式升级延伸出的新视频格式，它比 RM 多了一个 VB，VB 即为动态码率（Variable Bit）。因此，RMVB 视频格式打破了原先 RM 格式平均压缩采样的方式，在保证平均压缩比的基础上合理利用了比特率资源。也就是说，静止和动作场面少的画面场景采用较低的编码速率，这样可以留出更多的带宽空间，而这些带宽会在出现快速运动的画面场景时被利用。这样，在保证静止画面质量的前提下，大幅地提高了运动图像的画面质量，从而使图像质量和文件大小之间达到微妙的平衡。这种视频格式还具有内置字幕和无需外挂插件支持等独特优点。

要想播放这种视频格式，可以使用 Real One Player2.0 或 Real Player8.0 加 Real Video9.0 以上版本的解码器形式进行播放。

（6）FLV 视频格式。FLV（Flash Video）是一种新的流媒体视频格式，它是在 Sorenson 公司的压缩算法的基础上开发出来的。FLV 是随着 Flash MX 的推出发展而来的视频格式，目前被众多新一代视频分享网站所采用，是目前增长最快、使用最为广泛的视频传播格式。

由于 FLV 格式形成的文件极小、加载速度极快，因此使得网络观看视频文件成为可能。FLV 格式不仅可以快速轻松地导入 Flash 中，并且能其到保护版权的作用，可以不通过本地的微软或 REAL 播放器播放视频。

FLV 视频格式的出现有效地解决了视频文件导入 Flash 后，使导出的 SWF 文件体积庞大，不能在网络上很好地使用等问题。目前，各在线视频网站均采用此视频格式。FLV 已经成为当前视频文件的主流格式。

（7）ASF 格式。ASF（Advanced Streaming Format）格式是微软为了与现在的 Real Player 竞争而推出的一种视频格式，用户可以直接使用 Windows 自带的 Windows Media Player 对其进行播放。由于它使用了 MPEG-4 的压缩算法，因此，压缩率和图像的质量都很不错。高压缩率有利于视频流的传输，但图像质量肯定会有损失，所以，有时 ASF 格式的画面质量不如 VCD。通常，RM 视频更加柔和，而 ASF 视频则相对清晰。

（8）nAVI 格式。nAVI 为 newAVI 的缩写，是由名为 Shadow Realm 的地下组织发展起来的一种新视频格式（与上面述的 AVI 格式没有太大联系）。它是由 Microsoft ASF 压缩算法修改而来的，视频格式追求的是压缩率和图像质量。所以，nAVI 改善了上述 ASF 原始的网络影像视频中的 ASF 视频格式的一些不足，它以牺牲原有视频文件视频的流特性为代价，而通过增加帧率（Frame Rate）来大幅提高 ASF 视频文件的清晰度。可以说，nAVI 是一种去掉视频流特性的改良型 ASF 格式，即非网络版本的 ASF。

（9）MOV 格式。MOV 格式是 Apple 公司开发的一种视频格式，默认的播放器是苹果的 Quick Time Player。它具有较高的压缩比率和较完美的视频清晰度，但其最大的特点还是跨平台性，即不仅能支持 MacOS，同样也能支持 Windows 系列。

（10）DV-AVI 格式。DV-AVI 格式（Digital Video Format）是由索尼、松下、JVC 等多家厂商联合提出的一种家用数字视频格式。目前非常流行的数码摄像机就是使用这种格式记录视频数据的。它可以通过电脑的 IEEE 1394 端口传输视频数据到电脑，也可以将电脑中编辑好的视频数据回录到数码摄像机中。这种视频格式的文件扩展名一般是.avi，所以也叫 DV-AVI 格式。

（11）3GP 格式。3GP 是一种手机专用视频格式，主要是为了配合 3G 网络的高传输速度而开发的，也是目前手机中最为常见的一种流媒体的视频编码格式。

3GP 格式是第三代合作伙伴项目（3GPP）制定的一种多媒体标准，使用户能使用手机享受高质量的视频、音频等多媒体内容，其核心由包括高级音频编码（AAC）、自适应多速率（AMR）、MPEG-4 和 H.263 视频编码解码器等。目前，大部分支持视频拍摄的手机都支持 3GP 格式的视频播放。

2. 流媒体编解码器

（1）Sorenson 3 和 Cinepak 编解码器。Sorenson 3 是由苹果公司的软件 Quick Time 使用的一种编解码器。因特网上很多 Quick Time 格式的视频都是这种编解码器压缩的。

Cinepak 同样是由苹果公司的软件 Quick Time 使用的一种早期的编解码器，好处是即使很老的计算机（如 486）也都支持并且能顺利播放。

（2）Indeo Video 编解码器。Indeo Video 是由 Intel 所研发的编解码器，常见的有 4.5 和 5.10 两种。该编解码器的质量比 Cinepak 和 R3.2 好，可以适应不同带宽的网络，但必须有相应的解码插件才能顺利播放下载作品，适用于装了 Intel 公司 MMX 以上 CPU 的机器，回放效果好。

（3）Real Video 编解码器。Real Video 是由 Real Networks 公司开发的视频编解码器。Real Video 一开始就是定位在视频流应用方面的，也可以说是视频流技术的始创者。它可以在用 56K Modem 拨号上网的条件下实现不间断的视频播放。当然，其图像质量和 MPEG2、DIVX 等相比是相差很多，毕竟要实现在网上传输不间断的视频是需要很大频宽的。因而，近几年曾经有段时间的低迷，之后又获得了市场的青睐。最近，尤其在 BT 电影界格外受宠，其文件后缀为*.ra、*.ram.

（4）DivX、XviD 和 3ivx 编解码器。DivX、XviD 和 3ivx 视频编解码器基本上使用的都是 MPEG-4 第二部分的技术，只是 Low-Motion 采用的是固定码率，Fast-Motion 采用的是动态码率。Low-Motion 适用于转换 DVD，以保证较好的画质；Fast-Motion 用于转换 VCD，以体现 MPEG-4 短小精悍的优势，压缩成的 AVI 几乎只是前者的一半，但质量要差一些。后缀为*.avi、*.mp4、*.ogm 或 *.mkv 的文件中一部分就是使用以上视频编解码器。

DivX 是为了打破 Microsoft 的 ASF 规格而开发的，现在开发组变成了 Divxnetworks 公司，所以不断推出新的版本。其中，DivX 3.11/4.12/5.0 最大的特点就是在编码程序中加入了 1-pass 和 2-pass 的设置；2-pass 相当于两次编码，以最大限度地在网络带宽与视觉效果中取得平衡。

（三）视频监控系统中的视频压缩标准与协议

1. H.263 视频压缩协议

H.263 是由 ITU-T 制定的视频会议用的低码率视频编码标准，属于视频编解码器。H.263 最初设计为基于 H.324 的系统进行传输（即基于公共交换电话网和其他基于电路交换的网络进行视频会议和视频电话）。后来发现 H.263 也可以成功地应用于 H.323（基于 RTP／IP 网络的视频会议系统）、H.320（基于综合业务数字网的视频会议系统）、RTSP（流式媒体传输系统）和 SIP（基于因特网的视频会议）。

（1）H.263 的发展。

基于之前的视频编码国际标准（H.261/MPEG-1 和 H.262 / MPEG-2），H.263 的性能有了革命性的提高。它的第一版于 1995 年完成，并在所有码率下都优于之前的 H.261。之后还有在 1998 年增加了新的功能的第二版 H.263＋（或称 H.263v2），以及在 2000 年完成的第三版 H.263＋＋，即 H.263v3。

视频会议和视频电信有广泛的程序应用。这些应用包括桌面环境或室内环境下的会议系统、通过 Internet 或电话线路实现的视频通信电子监视和操作运程医疗（在运程进行医学咨询和诊断）、基于计算机的培训与教育等。在每种应用中，视频信息（也许与音频信息一起）通过电信通信连接传输，包括网络、电话线路、ISDN 和广播的形式。

视频编码的标准有很多，H.263 是特别面向低码率的视频编码而设定的（通常为 20～30kbit/s 或更高）。H.263 标准指明了对视频编码和解码器的需求。它不描述编码器和解码器自身，但却指明了编码流的格式与内容。

（2）H.263 编码器。

1）运动估计和补偿：降低带宽的第一步就是从当前帧中减去之前传输的帧，这样，只有差值或剩余值才被编码并传输。这就意味着帧中没有变化的内容就不被编码。一般可通过试图对前面帧的内容的移动进行估计并补偿这个运动值来实现更高的压缩比。

运动估计模块通过在当前帧中和在前些帧中周围的区域比较每个 16×16 的像素块（宏块），并试图找到一个匹配的帧。匹配的区域从当前的宏块位置中由运动补偿模块删除。如果运动估计和补偿过程很有效率，则剩余的宏块应该只包含很少量的信息。

2）离散余弦变换（DCT）：DCT 把一块像素值（或剩余帧值）变换到一系列时域系数中。这就好像利用快速傅里叶变换（FFT）把一个信号从时域转变到频域中一样。DCT 在一个二维的像素块上（而不是一个一维的信号）进行操作，它尤其擅长于把块中的能量压缩到一系列的系数中去。这就意味着，通过很少量的 DCT 系数，就可以重建一个原始像素块的拷贝。

3）量化：对于一个典型的像素块来说，用 DCT 得到的大多数系数都是接近 0 的。量化器模块降低了每个系数的准确性，这样，近似于 0 的值就被置 0，而且只有一些非 0 值留下来。实际操作中，可通过整数级因子来划分系数值，并截去结果。

4）熵编码：熵编码器（如 Huffman 编码器）用更短的二进制码来表示常出现的值，并且用长一些的二进制码来表示不常出现的值。H.263 中的熵编码是基于这个技术的，并被用来压缩量化后的 DCT 系数。这个结果是一个序列的变长二进制。这些码组合起来可用来同步和控制信息（如重建运动补偿的参考帧时需要的运动向量），并用以进成编码的 H.263 码流。

5）帧存储：当前帧必须先存储，这样，它才可以在下一帧编码时用作参考帧。然而，不是简单地把当前帧存储起来，而是把重标量化的量化因子，用逆 DCT 操作后的反变换以及用来重建一帧的码加到运动补偿的参考块信息存放在存储区中。这就确保了在编码器端帧存储区中的内容与在解码器的存储区中的内容是相同的。当下一帧被编码时，运动估计使用帧存储区中的内容来决定运动补偿的最佳匹配区域。

（3）H.263 解码器。

1）熵解码：为了解压出系数值和运动向量信息，组成 H.263 码流的变长的编码被解码。

2）重调节：这是量化过程的反过程，系数被乘以一个在编码端量化器中同样的标量因子。然而，因为量化器丢弃了小的因子，故重调节之后的系数值不再同原始的系数值相等。

3）逆 DCT：IDCT 是 DCT 过程的反变换。它构建了一块采样值，即它们对应于编码器端运动补偿生成的差值。

4）运动补偿：差值被加到前一帧来重建区域信息。运动向量信息用来选择正确的区域（在编码器中使用相同的参考帧），结果是一个原始帧的重建：它将与原始帧不同，因为量化过程是有损的。也就是说，图像的质量会比原始帧差一些，重建的帧被放于一个帧存储区，而且被用于对下一个接收到的帧进行运动补偿。

2. MPEG-4 视频压缩标准

MPEG-4 于 1998 年 11 月公布，是针对一定比特率下的视频、音频编码，它更加注重多媒体系统的交互性和灵活性。为此，MPEG-4 引入了 AV 对象（Audio/Visual Objects），使得更多的交互操作成为可能。

（1）MPEG-4 的发展。

AV 对象可以是一个孤立的人，也可以是这个人的语音或一段背景音乐等。它具有高效编码、高效存储与传播及可交互操作的特性。

MPEG-4 对 AV 对象的操作主要有：采用 AV 对象来表示听觉、视觉或视听组合内容；组合已有的 AV 对象来生成复合的 AV 对象，并由此生成 AV 场景；对 AV 对象的数据灵活地多路合成与同步，以便选择合适的网络来传输这些 AV 对象数据；允许接收端的用户在 AV 场景中对 AV 对象进行交互操作等。

MPEG-4 是音视频对象的编码，也是以内容为中心的描述方法。MPEG-4 利用很窄的带宽，通过帧重建技术、压缩和传输数据，以求从最少的数据获得最佳的图像质量。MPEG-4 的目标是建立一个通用有效的编码方法，对称之为音视频对象的应用音视频数据格式进行编码，这些音视频对象可以是自然的，也可以是合成的。

MPEG-4 标准支持 7 个新功能，可粗略地分为 3 类，即基于内容的交互性、高压缩率和灵活多样的存取模式。

（2）MPEG-4 的特点。

1）基于内容的交互性。MPEG-4 是第一个使被动变为主动即有交互性）的动态图像标准。MPEG-1 或 MPEG-2 中采用的是矩形、方块的块处理图像方法，也就是把整帧的图像分割成固定尺寸、固定开头的子块来进行处理。

MPEG-4 中首次采用了对象的概念，包括视频对象（VO）和音频对象（AO）。它将一幅图像按内容分块，如图像中的场景，画面上的物体被分割成不同的子块，再将感兴趣的物体从场景中截取出来进行编码处理。

2）高压缩率（Compression）。MPEG-4 标准将提供更好的主观视觉质量的图像。对多个并发数据流的编码，MPEG-4 将提供对一景物的有效多视觉编码，以及多伴音声道编码和有效的视听同步。在立体视频应用方面，MPEG-4 将利用此功能在观察视点足够的条件下有效地描述三维自然景物。

3）灵活多样的存取（Universal Access）。灵活多样是指允许采用各种有线网和各种存储媒体。MPEG-4 是第一个在其音频、视频表示规范中考虑信道特性的标准。

基于内容的尺度，可变性是 MPGE-4 的核心。内容尺度可变性就意味着给图像中的各个对象分配优先级，比较重要的对象用较高的空间或时间分辨率表示。一旦图像中所含对象的目录及相应的优先级确定后，其他的基于内容的功能就比较容易实现。

（3）MPEG-4 的主要构成。

1）多媒体传送整体框架 DMIF（The Deliveries Multimedia Integration Framework）。主要用于解决交互网络中、广播环境下及磁盘应用中多媒体应用的操作问题。通过传输多路合成比特信息来建立客户端和服务器端的连接与传输。

2）数据平面。为了使基本流和 AV 对象在同一场景中出现，MPEG-4 引用了对象描述（OD）和流图桌面（SMT）的概念。OD 传输与特殊 AV 对象相关的基本流的信息流图。桌面把每一个流与一个 CAT（Channel Association Tag）相连，CAT 可实现该流的顺利传输。

3）缓冲区管理和实时识别。MPEG-4 定义了一个系统解码模式（SDM），该解码模式描述了一种理想的处理比特流句法语义的解码装置，它要求特殊的缓冲区和实时模式。通过有效地管理，可以更好地利用有限的缓冲区空间。

4）音频编码。MPEG-4 不仅支持自然声音，而且支持合成声音。MPEG-4 的音频部分将音频的合成编码和自然声音的编码相结合，并支持音频的对象特征。

5）视频编码。与音频编码类似，MPEG-4 也支持对自然和合成的视觉对象的编码。合成的视觉对象包括 2D、3D 动画和人面部表情动画等。

6）场景描述。MPEG-4 提供了一系列工具，用于组成场景中的一组对象。一些必要的合成信息组成场景描述，用于描述各 AV 对象在一具体 AV 场景坐标下如何组织与同步等问题。

（4）MPEG-4 的应用。

与 MPEG-1 和 MPEG-2 相比，MPEG-4 更适于交互 AV 服务以及远程监控，它的设计目标是使其具有更广的适应性和可扩展性：MPEG-4 传输速率为 4800～64 000bit/s，分辨率为 176×144，可以利用很窄的带宽通过帧重建技术压缩和传输数据，从而能以最少的数据获得最佳的图像质量。因此，它将广泛应用在数字电视、动态图像、互联网、实时多媒体监控、移动多媒体通信、Internet/Intranet 上的视频流与可视游戏、DVD 上的交互多媒体应用等方面。

当然，对于普通用户来说，MPEG-4 在目前来说最有吸引力的地方还在于它能在普通 CD-ROM 上基本实现 DVD 的质量：用 MPEG-4 压缩算法的高级格式流 ASF（Advanced Streaming Format）可以将 120 分钟的电影压缩为 300MB 左右的视频流；采用 MPEG-4 压缩算法的 DIVX 视频编码技术可以将 120 分钟的电影压缩到 600MB 左右，也可以将一部 DVD 影片压缩到 2 张 CD-ROM 上。也就是说，有了 MPEG-4，不需要购买 DVD-ROM 就可以享受到与其相近的视频质量。播放这种编码的影片对机器的要求并不高：只要电脑有 300MHz 以上（无论哪种型号）的 CPU、64MB 内存、8MB 的显卡就可以流畅地播放。

不过，和 DVD 相比，MPEG-4 属于一种高比率有损压缩算法，其图像质量始终无法和 DVD 的 MPEG-2 相比，毕竟 DVD 的存储容量较大。此外，要想保证高速运动的图像画面不失真，必须有足够的码率。目前，MPEG-4 的码率虽然可以调到与 DVD 相近，但总体效果还有不小的差距。因此，现在的 MPEG-4 只面向娱乐、欣赏方面的市场，那些对图像质量要求较高的专业视频领域暂时还不能采用。

（5）MPEG-4 与 MPEG-1 和 MPEG-2 的比较（见表 2-8）。

表 2-8　　　　　　　　　　**MPEG-4、MPEG-1 和 MPEG-2 的比较**

项 目 参 数	MPEG-1	MPEG-2	MPEG-4
标准创建时间（年）	1992	1995	1999
最高图像分辨率	352×288	1920×1152	720×576
普通 PAL 制式分辨率	352×288	720×576	720×576
普通 NTSC 制式分辨率	352×288	640×480	640×480
最佳声音频率（kHz）	48	96	96
最多声音通道（路）	2	8	8
最高数据流量（Mbit/s）	3	80	5～10
一般数据流量（kbit/s）	1380（352×288）	6500（720×576）	880（720×576）
帧每秒（PAL）	25	25	25
帧每秒（NTSC）	30	30	30
图像质量	一般	非常好	非常好
编码硬件要求	低	高	非常高
解码硬件要求	非常低	中等	高

3. M-JPEG2000 视频压缩协议

（1）M-JPEG2000 的发展。

JPEG（Joint Photographic Experts Group）是在国际标准化组织（ISO）领导之下制定静态图像压缩标准的委员会。目前的 JPEG 静止图像压缩标准具有中端和高端比特速率上的良好的速率畸变特性，但在低比特率范围内，将会出现明显的方块效应，其质量变得不可接受。JPEG 不能在单一码流中提供有损和无损压缩，并且不能支持大于 64×64 K 的图像压缩。

2000 年 3 月的东京会议上，JPEG 图像压缩标准委员会确定了彩色静态图像的新一代编码方式，即 JPEG2000 图像压缩标准的编码算法。

JPEG2000 系统分为 7 个部分：①JPEG2000 图像编码系统；②扩充（给①的核心定义添加更多的特征和完善度）；③运动 JPEG2000；④一致性；⑤参考软件（目前包含 Java 和 C 实现）；⑥复合图像文件格式（用于文件扫描和传真应用程序）；⑦对①的最小支持（技术报告）。其中：①为完全被认可的 ISO 标准，其定义了核心压缩技术和最小文件格式；②～⑥则定义了压缩和文件格式的扩充；Motion-JPEG2000 即为③，其在对视频进行压缩和解压时，核心编码和解码方法都沿用了 JPEG2000 的编解码方法，所以在对各帧图像进行压缩和解压时，它所具有的优势和 JPEG2000 大同小异。

（2）JPEG2000 图像编解码系统。

在编码器中，首先对源图像进行前期预处理，并对处理的结果进行离散小波变换，得到小波系数；然后对小波系数进行量化和熵编码；最后组成标准的输出码流（位流）。

解码器是编码器的反过程，其首先对码流进行解包和熵解码，然后是反向量化和离散小波反变换，对反变换的结果进行后期处理合成后，就可得到重构的图像数据。尽管 JPEG2000 编解码过程与 JPEG 类似，但是对于每一步的具体实现，两者却有着非常大的差异。

编码过程的一般步骤如下：

1）将有多个颜色分量组成的图像分解成单一颜色分量的图像。分量之间存在一定的相关性，通过分解相关的分量变换，可减少数据间的冗余度，提高压缩效率。

2）分量图像被分解成大小统一的矩形片——图像片。图像片是进行变换和编解码的基本单元。

3）每一个图像片进行小波变换，产生多级系数图像。这些不同级数的系数图像可以重构出不同分辨率的图像。

4）多级分解的结果是由小波系数组成的多个子带，即表示图像片中局部区域（而不是整幅图像）的频率特性。

5）对系数子带进行量化，并且组成矩形数组的码块。

6）对一个码块中的系数位平面（也就是一个码块中整个系数中具有同样权值的位）进行熵编码。

7）相对于图像的背景区域，可以对感兴趣的区域进行更高质量的编码。

8）通过在位流中加入掩码来增加抗干扰性。

9）在每一个码流的最前部都有一个头结构，它描述的是源图像的属性、各种分解情况和编码风格。该头结构可以用来进行定位、抽取、译码和重构图像，得到的图像可以具有所期望的分辨率、重现精度、感兴趣的区域或是其他特性。

编码过程主要分为以下几个过程，即预处理、核心处理和位流组织。预处理部分包括对图像分片、直流电平（DC）位移和分量变换；核心处理部分包括离散小波变换、量化和熵编码；位流组织部分则包括区域划分、码块、层和包的组织。

（3）JPEG2000 的主要优势。

JPEG2000 是对 JPEG 的升级，它针对 JPEG 在某些方面的不足作了许多改进，使其更适用于现代互联网上传输高质量图像的要求。

使用 JPEG 压缩标准可以产生在中高端比特速率上具有良好图像压缩率的压缩图像，但使用 JPEG 时，在低比特码率的条件下，将出现明显的方块效应，所谓方块效应，就是在显示图像时，观察图像区域可以发现，图像的显示是一块一块的，就像在看 VCD 影碟时看到的一块块的马赛克，图像的局部信息看不清楚，使得图像质量不能接受。

在低比特率压缩时，JPEG 的图像存在明显的方块效应，图像质量较差。与 JPEG 相比，JPEG2000 可很好地解决 JPEG 存在的问题。

以下是 JPEG2000 与其他的一些图像压缩方法相比所具有的主要的突出优势：

1）低码率下的高压缩特性。传统的 JPEG 标准在中、高比特率时，其图像质量比较理想；但在低于 0.25bit/s 的速率时，使用 JPEG 压缩的图像质量就不能接受，存在显著的方块效应。JPEG2000 则能有效地解决这个问题，这对有限的带宽资源来说，很有应用价值。

2）同时支持有损和无损压缩。JPEG2000 在压缩图像时，使用整型数到整型数的 LeGall（5，3）小波滤波器，从而实现了无损压缩，这种压缩方式对于那些需要精确保存原始图像的细节信息的图像（如医疗图像和建筑图像），压缩和显示是必不可少的。JPEG2000 使用实数到实数的 Daubechies（9，7）小波滤波器，以实现有损压缩，这种压缩方式适用于那些不需要精确保存原始图像的细节信息的图像（如印刷、扫描等类的图像）。

3）渐进传输。传统的图像在网络中传输显示时是逐行显示的，而经 JPEG2000 压缩的图像文件在网络中传输时，在客户端显示的模式为：首先显示图像的轮廓，然后逐步显示图像的细节信息，即图像的显示是一个由不清楚到清楚的过程。这种显示方式给客户在互联网上的浏览带来了很大的便利。当用户对图像的轮廓不感兴趣时，就可终止图像的传输，从而节约带宽，节省等待时间。

4）感兴趣区域的定义。JPEG2000 允许用户在浏览图像时定义自己感兴趣的区域，并对该区域进行优先传输和高精度的显示。也就是说，这个特性使得用户在浏览 JPEG2000 格式的图像时，可以先点击鼠标右键，弹出一个菜单，选中"定义感兴趣区域"后，在出现的图像中，定义一个自己感兴趣的区域，要求此区域被优先传输和高精度显示。

5）允许用户对码流进行随机访问和处理。JPEG2000 允许用户在不对图像进行解压的前提下，对图像的某些局部进行旋转、剪切和滤波等处理。

6）可提供对图像内容的描述。JPEG2000 在对图像的码流进行传输时，可提供额外的关于图像内容的描述信息，通过这个特性，就可以方便建立关于图像内容的数据库检索，从而使得图像检索在互联网搜索中成为可能。另一方面，该特性对于一个很大容量的图像数据库的维护和检索来说，也是必不可少的。

7）允许对图像进行版权保护。JPEG2000 允许在图像中通过加密、水印等方法加入图像的版权信息。这个特性对于现在互联网中普遍存在的盗版现象具有现实的应用价值。通过加密和水印的方法，图像的使用者只有在授权时才能浏览该版权图像。

（4）Motion-JPEG2000 的优势。

Motion-JPEG2000 在对视频进行压缩和解压时，其核心编码和解码方法都沿用了 JPEG2000 的编解码方法，所以，在对各帧图像进行压缩和解压时，它所具有的优势和上述 JPEG2000 大同小异。Motion-JPEG2000 和传统的视频图像压缩标准相比，具有以下优势：

1）可提供对内容的描述。Motion-JPEG2000 可以提供对视频文件内容的描述。该特性使得在因特网上和视频数据库中实现基于内容的快速检索成为可能。

2）较强的抗误码率性能。Motion-JPEG2000 与现有的视频压缩标准 MPEG 系列相比，由于它只采用了帧内编码，而没有使用视频帧间的运动补偿估值和预测编码，因此大大提高了编码的抗误码性能，并且使得 Motion-JPEG2000 的软硬件实现更加简单。

3）良好的兼容性能。Motion-JPEG2000 制定时考虑了与 MPEG-4 的兼容性问题，这使得使用 Motion-JPEG2000 的软硬件对 MPEG-4 具有良好的兼容性。

（5）Motion-JPEG2000 的应用领域。

由于 Motion-JPEG2000 具有高保真的图像质量、较强的抗误码率，因此它将在以下领域得到广泛的应用：

1）电视监控。由于 Motion-JPEG2000 的高压缩特性，以及它可消除方块效应和对视频图像加入注释，因此可以在监控领域使用 Motion-JPEG2000。它良好的注释特性和满意的视频图像质量必将使得 Motion-JPEG2000 在监控领域占有巨大的市场。

2）电视会议。由于 Motion-JPEG2000 可以提供低比特率下的高质量的视频图像，因此，在网络拥挤的情况下，仍然可以在用户端得到满意的视频图像。该特性将使 Motion-JPEG2000 在电视会议领域中得到广泛的应用。

3）数码摄像。由于 JPEG2000 图像文件具有很高的压缩率，视频图像文件使用 Motion-JPEG2000 将只占有极小的空间，这就解决了在数码摄像领域要求拍摄时间长与相机存储空间小的矛盾。所以，Motion-JPEG2000 将在数码摄像领域中广泛应用。

作 业 与 思 考 题

（1）视频监控系统的发展经历了哪些阶段？

（2）视频监控系统摄像部分的组成与作用是什么？

（3）视频监控系统传输部分的组成与作用是什么？

（4）视频监控系统控制部分的组成与作用是什么？

（5）视频监控系统显示部分的组成与作用是什么？

（6）什么是标准光源、标准黑体？

（7）色温是不是物体的温度？为什么？

（8）什么是光照度？自然界典型的光照度有哪些？

（9）人眼的视觉特性有哪些？

（10）分辨力的定义是什么？

（11）彩色三要素包括哪些，分别是什么？

（12）什么是三基色原理，如何应用？

（13）混色法有几种？内容有哪些？

（14）什么是逐行扫描、隔行扫描？

（15）彩色电视信号有哪些制式？

（16）颜色表示系统有几种？分别是什么？

（17）CCD 图像是如何产生的？

（18）CMOS 图像是如何产生的？

（19）为什么要采用数字视频压缩？

（20）叙述数字视频压缩的过程。

（21）什么是压缩算法？

（22）什么是有损数据压缩和无损数据压缩？

（23）什么是帧内和帧间压缩？

（24）什么是对称和不对称编码？

（25）图像编码的类型有哪些？

（26）什么是 VGA？是否理解基于 VGA 的其他分辨率？

（27）什么是 CIF 图像格式？是否理解基于 CIF 的其他图像格式？

（28）电视画面的分辨率有哪些？

（29）什么是码率？有哪些种类？

（30）常见的视频压缩标准与协议有哪些？哪些在视频监控系统中使用？

第 三 章

视频监控系统设备与技术

第一节　前端设备与相关技术

一、镜头及其选择应用技术

（一）镜头的基本概念

镜头的作用是从被摄物体收集光信号到摄像机光电传感器的光敏区。

1. 镜头的组成

（1）透镜。镜头是由一组透镜和光阑组成的。透镜分为凸透镜和凹透镜。凸透镜对光线有会聚作用，所以也称会聚透镜或正透镜。常用的凸透镜有双凸、平凸、正弯月三类，图3-1（a）所示为三种凸透镜的纵截面示意。凹透镜对光线有发散作用，所以也称发散透镜或负透镜。常用的凹透镜有双凹、平凹、负弯月三类，图3-1（b）所示为三类凹透镜的纵截面示意。

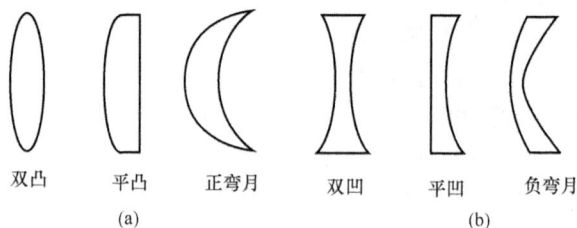

双凸　　平凸　　正弯月　　双凹　　平凹　　负弯月

(a)　　　　　　　　　　　　　(b)

图 3-1　透镜

（a）三类凸透镜；（b）三类凹透镜

由于正、负透镜有相反的特性，如像差和色散等，因此，镜头中常常将负透镜与正透镜一起配合使用，以校正像差和其他各类失真，提高镜头的光学指标。

在变焦镜头中，既要使镜头的焦距在很大范围内连续可调，又要保证成像面固定地落在摄像机光电传感器的光敏区，所以，变焦镜头通常由多组正、负透镜组成。

（2）非球面镜头。非球面镜头的镜片形状为抛物线、二次曲线、三次曲线或高次曲线，并且在设计时就考虑到了镜头的相差、色差、球差等校正因素。通常，一片非球面镜片就能达到多个球面镜片矫正像差的效果，因此可以减少镜片的数量，使得镜头的精度更佳、清晰度更好、色彩还原更为准确、镜头内的光线反射得以降低、镜头体积也相应缩小。

非球面镜头具有变倍高、物距短、光圈大的特点。变倍高可以简化镜头的种类；物距短可以应用在近距离摄像的场合；光圈大则可以适应光线较暗的场所。因此，非球面镜头的应用领域日渐宽广。

2. 镜头的光阑

能进入镜头成像的光束，其大小是由透镜框和其他金属框决定的。通常，这样限制光束还不够，还要在镜头中设置一些带孔的金属薄片来限制光束，而这些金属薄片就称为光阑。光阑的通光孔一般呈圆形，其中心在透镜的中心轴上。因此，镜头的金属框也是一种光阑。

（1）孔径光阑。为了调节镜头的进光量，普通镜头都有光圈调节环。调节环的转动带动镜头内的黑色叶片以光轴为中心作伸缩运动，这一套装置称为可变孔径光阑。孔径光阑经其前面透镜组在物方空间所成的像称为镜头的入射光瞳，简称入瞳。对一定位置的物体来说，入瞳完全决定了能进入镜头成像的最大光束的孔径，并且是物面上各点发出的进入镜头成像光束的公共入口。

（2）视场光阑。物方空间可以被镜头清晰成像的范围称为镜头的视场；镜头中限定成像面大小的光阑称为视场光阑。

（3）渐晕光阑。不在透镜中心轴上的点发出的充满入瞳的光束进入镜头后，有一部分光束被透镜框挡住，只有中间一部分光线可以通过镜头成像。这就使不在中心轴上点的成像光束小于轴上点的成像光束，从而使成像面边缘的光照度降低而变暗，这种现象称为轴外点的渐晕。显然，点离开镜头中心轴越远，渐晕越大。对轴外点产生渐晕的光阑称为渐晕光阑。

（4）消除杂光光阑。由非成像物点射入镜头的光束或由折射面和镜头内壁反射产生的光束称为杂光。杂光会使镜头成像面产生明亮的背景，从而降低像和背景的对比度，这是非常有害的，必须加以限制。一般，将镜头内壁加工成螺纹状并涂上黑色无光漆便可达到消除杂光的目的。

（二）镜头的基本参数

镜头的基本参数有焦距、最大相对孔径、视场角及接口形式等。

1. 焦距

由物方射入一束平行且接近光轴的光，经过镜头的多组透镜，出射光线交于光轴 F 点，该点称为焦点。焦点到镜头中心的距离称为焦距（过入射光线与出射光线的交点作垂直于光轴的平面，平面与光轴的交点即为镜头的中心），焦距一般用 f 表示。焦点到镜头最后一面的距离称为镜头的后截距。

焦距是所有光学仪器的光学参数。从光学原理上讲，焦距就是焦点到透镜中心的距离。在摄像机上，焦距就是透镜中心或其第二主平面到图像聚集点处（CCD 芯片处）的距离。单位一般为 mm 或 in。

只有变焦镜头的焦距是连续可变的，手动调焦镜头调节调焦环时并不改变焦距。调焦环上标有 0.5、1、2、4、∞表示物体距离为 0.5m、1m、2m、4m 及∞时调焦最好，图像最清晰。

2. 最大相对孔径

相对孔径是入射光瞳直径 D 与焦距 f 之比。镜头上都标有相对孔径最大值。例如，镜头上若标有 "TV LENS 8mm 1:1.4"，则表示这是一个电视镜头，焦距为 8mm，最大相对孔径为 1:1.4，也就是说，镜头允许的最大入射光束直径为 5.7mm。

为了控制通过镜头的光通量的大小，在镜头的后部均设置了光圈。假定光圈的有效孔径为 d，由于光线折射的关系，镜头实际的有效孔径为 D，$D>d$，D 与焦距 f 之比定义为相对孔径 A，即 $A=D/f$，镜头的相对孔径决定被摄像的照度，像的照度与镜头相对孔径的平方成正比。

光圈为相对孔径的倒数，习惯上用 $F=f/D$ 来表示镜头光圈的大小。$F16$ 就是指相对孔径 $D/f=1:16$。镜头的调节环上常将字母 F 省略，光圈调节环上常标有 1.4，2，2.8，4，5.6，8…即为光圈数。

因为像面照度与相对孔径的平方成正比，所以要使像面照度为原来的 1/2，入射光瞳就应是原来的$1/\sqrt{2}$。因此，每挡的 F 数相差$1/\sqrt{2}$倍，光圈增大 1 挡，像场照度就提高 1 倍，这是 1900 年巴黎会议规定的标准。当光瞳直径为 0 时称为全光闭，用 Close 的词头 C 来表示。

F 值越小，光圈越大，到达 CCD 芯片的光通量也越大。所以，在焦距 f 相同的情况下，F 值越小，表示镜头越好。

3. 视场角

摄像机的光电传感器是 4:3 的矩形，宽为 w、高为 h，对角线长为 d。镜头的水平视角 ω_w、垂直视角 ω_h、对角线视角 ω_d 分别表示为

$$\omega_w = 2\arctan\frac{w}{2f} \tag{3-1}$$

$$\omega_h = 2\arctan\frac{h}{2f} \tag{3-2}$$

$$\omega_d = 2\arctan\frac{d}{2f} \tag{3-3}$$

图 3-2 所示为垂直方向视角的示意图。

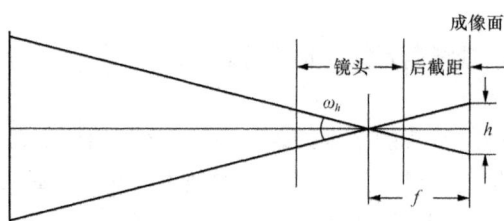

图 3-2　垂直方向视角的示意图

【例 3-1】 摄像机光电传感器的尺寸为 4.8mm×3.6mm，对角线尺寸为 6mm，若用焦距为 8mm 的 8mm（1/3in）镜头，则其水平、垂直和对角线的视角分别为多少？

解

（1）根据式（3-1）得水平方向视角为

$$\omega_w = 2\arctan\frac{w}{2f} = 2\arctan\frac{4.8}{2\times8} = 33.4°$$

（2）根据式（3-2）得垂直方向视角为

$$\omega_h = 2\arctan\frac{h}{2f} = 2\arctan\frac{3.6}{2\times8} = 25.4°$$

（3）根据式（3-3）得对角线视角为

$$\omega_d = 2\arctan\frac{d}{2f} = 2\arctan\frac{6}{2\times8} = 41.1°$$

实际的镜头视场角经常偏离理论值，所以，若要精确计算仍应查阅镜头的技术指标。12mm（1/2in）的镜头装在 8mm（1/3in）的摄像机上，摄像机的视角比镜头标明的视角小，如图 3-3（a）所示；8mm（1/3in）的镜头装在 12mm（1/2in）的摄像机上，则摄像机的图像不能充满监视器全屏幕，如图 3-3（b）所示。一般的手动调焦镜头，当调节调焦环时，视场角不变；而变焦镜头在调整变焦环时，视场角将跟着改变。

4. C 和 CS 安装接口形式

C 和 CS 安装接口是国际标准接口，其对螺纹的长度、制造精度、公差都有详细的规定。C 和 CS 安装都是 25.4mm（1in）-32UN 英制螺纹连接。C 型接口的装座距离（安装基准面至像面的空气光程）为 17.526mm；CS 型接口的装座距离为 12.5mm，如图 3-4 所示。

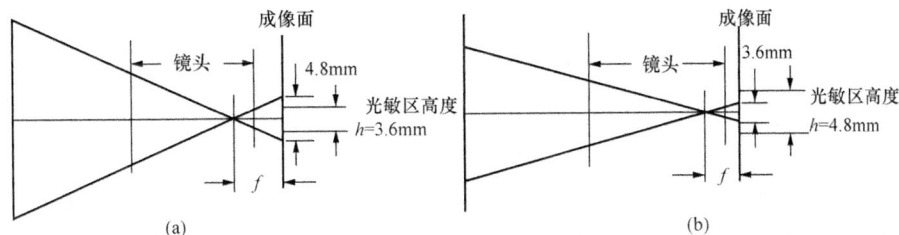

图 3-3 摄像机与镜头不匹配的示意图

（a）12mm（1/2in）的镜头装在 8mm（1/3in）的摄像机上；
（b）8mm（1/3in）的镜头装在 12mm（1/2in）的摄像机上

C 接口的镜头可以通过一个 C 型接口适配器再安装在 CS 接口的摄像机上。如果不用适配器而强行安装，则会损坏摄像机的光电传感器。CS 接口的镜头不能安装在 C 接口的摄像机上。有的摄像机有后截距调整环，因此允许使用 C 接口或 CS 接口的镜头。

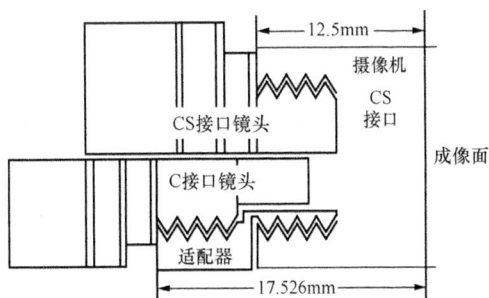

图 3-4 C 接口和 CS 接口镜头示意

使用 C 接口镜头时，松开侧面紧固螺栓后，面对镜头将后截距调整环顺时针旋转调整，若用力逆时针旋转会损坏摄像机的光电传感器；使用 CS 接口镜头时，将后截距调整环逆时针旋转调整。

在镜头规格及镜头焦距一定的前提下，CS 型接口镜头的视场角将大于 C 型接口镜头的视场角。

（三）镜头的其他参数

1. 光圈

光圈是用来控制光线透过镜头而进入机身内感光面的光量的装置，是相机中一个极其重要的指标，通常在镜头内。它的大小决定了通过镜头进入感光元件的光线的多少。光圈的大小一般用 F 值表示。对于已经制造好的镜头，不能随意改变镜头的直径，但是可以通过在镜头内部加入多边形或圆形且面积可变的孔状光栅来控制镜头通光量，该孔状光栅就叫做光圈。光圈 F 值的计算公式为

$$光圈 F 值＝镜头的焦距/镜头口径的直径$$

从以上公式可知，要达到相同的光圈 F 值，长焦距镜头的口径要比短焦距镜头的口径大。完整的光圈值系列为：$F1$、$F1.4$、$F2$、$F2.8$、$F4$、$F5.6$、$F8$、$F11$、$F16$、$F22$、$F32$、$F44$、$F64$。

值得一提的是，光圈 F 值越小，在同一单位时间内的进光量便越多，而且上一级的进光量刚是下一级的 2 倍。例如，光圈从 $F8$ 调整到 $F5.6$，进光量便多 1 倍，也即光圈开大了 1 级。

可见，F 后面的数值越小，光圈越大。光圈的作用在于决定镜头的进光量，光圈值越大，进光量越多；反之则越小。简单地说，在快门不变的情况下，光圈越大，进光量越多，画面比较亮；光圈越小，画面比较暗。

2. 快门

快门是照相机镜头前阻挡光线进来的装置。一般来说，快门的时间范围越大越好。

秒数低适合拍运动中的物体，某款相机就强调快门最快能到 1/16 000s，以轻松抓住急速移动的目标。不过，当要拍的是夜晚的车水马龙时，快门时间就要拉长；常见照片中丝绸般的水流效果也要用慢速快门才能拍出来。

快门与光圈一起被称作确定曝光时间的重要机件。

快门的种类有装在镜头部分的镜头快门、靠电子手段控制开闭时间的电子快门、靠近片膜的焦平面快门等。

3. 景深

景深是指当某一物体聚焦清晰时，从该物体前面的某一段距离到其后面的某一段距离内的所有景物也都应当清晰。因此，焦点相当清晰的这段从前到后的距离就叫做景深。

景深分为前景深和后景深，后景深大于前景深。景深越深，那么离焦点远的景物也能够清晰；景深浅，则离焦点远的景物就模糊。

4. 焦距、光圈、快门、景深之间的关系

（1）景深的几个主要影响。光学镜头能够使一定纵深空间范围内的景物在成像平面上呈现清晰的图像，该对应的空间距离就称为该镜头的成像景深。景深主要与以下几个因素有关：

1）光圈大小：在镜头焦距、物距不变的条件下，光圈系数越大，景深范围越大。

2）焦距长短：在光圈系数、物距不变的条件下，镜头焦距越长，景深就越小。

3）物距远近：在镜头焦距、光圈系数不变的条件下，物距越远，景深越大。

（2）焦距的几个主要影响。对于镜头来说，焦距有着非常重要的意义。

1）焦距长短与成像大小成正比。焦距越长，成像越大；焦距越短，成像越小。

2）镜头焦距长短与视角大小成反比。焦距越长，视角越小；焦距越短，视角越大。

3）焦距长短与景深成反比。焦距越长，景深越小；焦距越短，景深越大。

4）焦距长短与透视感的强弱成反比。焦距越长，透视感越弱；焦距越短，透视感越强。

5）焦距长短与反差成反比。焦距越长，反差越小；焦距越短，反差越大。

6）对焦距离越远，景深越深；对焦距离越近，景深越浅。因此，拍摄远景时，应该选择较大对焦距离的镜头；拍摄近景时，则应使用较小对焦距离的产品。

（3）被摄物体的大小、距离与焦距的关系。设被摄物体的高度和宽度分别为 H、W，被摄物体与镜头间的距离为 D，镜头的焦距为 f，靶面成像的高度和宽度分别为 h、w，则计算公式如下

$$f = hD/H \tag{3-4}$$
$$f = wD/W \tag{3-5}$$

根据式（3-4），也可以很容易地计算出视场角。靶面尺寸和成像大小对照见表 3-1。

表 3-1 靶面尺寸和成像大小对照 mm

靶面规格	1in	2/3in	1/2in	1/3in
h	9.6	6.6	4.8	3.6
w	12.8	8.8	6.4	4.8

（四）镜头的自动控制

镜头光圈的大小可以调节。根据环境光照的变化，应相应调节光圈的大小。光圈的大小

可以通过手动或自动调节。人为手工调节光圈的，称为手动光圈；镜头自带微型电动机自动调整光圈的，称为自动光圈。

焦距可以根据需要进行手动或自动调节。使被摄物体的图像放大或缩小的称为变焦镜头。人为手工调节的，称为手动变焦；镜头自带微型电动机自动调整焦距与对焦的，称为自动变焦与对焦。

镜头的自动控制通常表现为光圈的自动控制、焦距的自动控制和聚焦的自动控制。

1. 光圈的自动控制

在室外，环境照度是变化的，变化范围远大于摄像机的自动增益控制范围，所以，摄像机在室外应用时，应该采用光圈能够自动控制的镜头，即自动光圈镜头。

自动光圈是指镜头内的隔膜装置，它可根据电视摄像机传来的视频信号自行调节，以适应光照强度的变化。光圈隔膜通过打开或关闭光圈来控制通过镜头传送的光线。典型的补偿范围为 $10\,000^{-1} \sim 300\,000^{-1}$。

（1）自动光圈镜头的控制原理。自动光圈镜头的控制原理与人眼控制进光的原理相同，可变孔径光阑相当于人眼的瞳孔，CCD 光电传感器相当于人眼的视网膜。当人眼感觉到现场光线过强时，大脑控制肌肉动作会使瞳孔收缩，以减少眼球的进光；当人眼感到现场光线太暗时，大脑控制肌肉动作使瞳孔扩张，以增加眼球的进光，这样，视网膜上始终感受到的是合适的光强。

自动光圈镜头的控制原理如图 3-5 所示。来自被摄物体的光，经自动光圈镜头成像于摄像机的光电传感器，摄像机输出的视频信号幅度反映了 CCD 光电传感器上的受光情况，视频信号经整流滤波成直流电平并与基准电平进行比较，若直流电平大于基准电平，驱动器发出使伺服系统关闭光阑叶片的信号以减少进光；若直流电平小于基准电平，驱动器便发出使伺服系统开启光阑叶片的信号以增大进光，直至直流电平与基准电平相等，表示镜头进光量合适。调整基准电平可使视频信号有恰当的幅度。

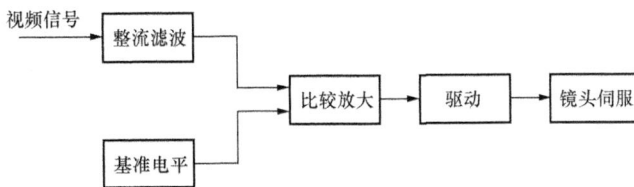

图 3-5　自动光圈镜头的控制原理

当环境照度发生变化时，摄像机输出视频信号的幅度变化，驱动器使光阑叶片作相应的动作以使输入光变化，从而保证了 CCD 光电传感器上光照保持恒定，电视图像就能保持合适的亮度。因为与人眼控制进光的原理相类似，自动光圈镜头也称电眼镜头（Electric Eye），即 EE 镜头。

自动改变光阑直径的方法在一般光照条件下能获得较好的效果。在光照强烈的条件下，入射光瞳小到一定程度时会产生光的衍射现象，使镜头分辨率下降，所以在叶片关至 $F32$ 时被限位。在靠近光阑叶片处放置一个中性滤光片（中性是指对不同波长的光波透光率相同），由于圆形滤光片的中心的透光率很小，不到 1%，因此，当光阑叶片开大时，滤光片遮光效果不显著；随着光阑叶片的关闭，滤光片的作用在逐渐增大，采用滤光片后，

光圈数可达 $F360$。

（2）自动光补偿。随环境照度的变化，自动改变镜头的光圈以取得稳定的成像面称为自动光补偿，简称为 ALC（Automatic Light Compensation）。

很多自动光圈镜头的光圈范围 $F=1.4\sim360$，因为照度与光圈的平方成反比，所以自动光补偿的动态范围为 $360^2/1.4^2=66\ 122$，即在被摄物体亮度变化 6 万多倍的情况下仍能保持电视图像的亮度稳定。

（3）自动光圈镜头的驱动方式。一般，在摄像机的侧面有插座可提供自动光圈镜头用的电源与视频控制信号。有的摄像机有自动光圈镜头选择开关，一端标有 VIDEO；另一端标有 DC。因此，自动光圈镜头的驱动方式有以下两种：

1）视频输入型。它将一个视频信号及电源从摄像机输送到透镜来控制镜头上的光圈，这种视频输入型镜头内包含有放大器电路，用以将摄像机传来的视频信号转换成对光圈电动机的控制。

2）DC 输入型。它利用摄像机上的直流电压来直接控制光圈，这种镜头内只包含电流计式光圈电动机，摄像机内没有放大器电路。

两种驱动方式的产品不具有可互换性，但现已有通用型自动光圈镜头推出。这类摄像机可以使用直流控制型自动光圈镜头，这是一些厂家生产的没有整流与滤波电路的自动光圈镜头，必须在摄像机内将视频信号整流滤波为直流控制信号提供给镜头。

2. 焦距的自动控制

（1）变焦原理。定焦距镜头由几片透镜组成，构造简单、便于生产、成本低廉且容易达到高的技术指标。但目标距离不定时，如交通监控、大厅保安监控等，必须采用变焦镜头，根据现场情况调节焦距以摄取清晰的图像。

可以证明，两个焦距为 f_1 和 f_2 的相距为 d 的透镜组成的复合透镜的焦距为

$$f=\frac{1}{f_1}+\frac{1}{f_2}-\frac{d}{f_1f_2} \tag{3-6}$$

所以，只要通过机械装置改变两个透镜之间的距离 d，就可使镜头焦距 f 连续可调。

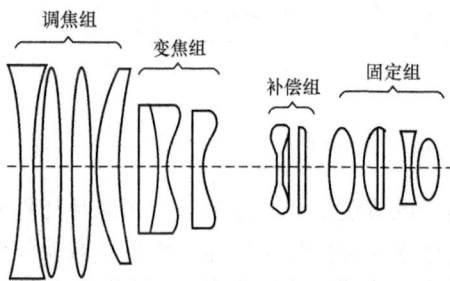

图 3-6 变焦镜头示意

图 3-6 所示为变焦镜头。调焦组、变焦组、补偿组、固定组都是由若干透镜组成的复合透镜。为了达到焦距连续可调的目的，变焦组的位置是可以轴向移动的。当变焦组前后移动进行焦距调整时，镜头的成像面将随之变化。补偿组随变焦组的移动作某种规律的相应移动，使成像面依旧落在 CCD 光电传感器上；一组很复杂的凸轮机构可保证变焦组与补偿组的移动有严格的对应关系。

调焦组能在较小范围内作轴向移动，以实现镜头的聚焦调整；固定组的作用是保证有一定的后截距。

（2）变焦的作用。常用的变焦镜头为 6 倍、10 倍变焦。变焦镜头是焦平面的位置固定而焦路可连续调节的光学系统。变焦是通过移动镜头内部的镜片改变它们之间的相对位置而实现的。这样，就可以在一定范围内改变镜头的焦距长度和视角。

变焦镜头有自动光圈变焦镜头、自动光圈自动聚焦变焦镜头和三可变镜头三种。自动光圈变焦镜头的光圈部分与自动光圈镜头一样，聚焦和变焦两个微电机由外加电压控制；自动光圈自动聚焦变焦镜头的光圈部分与自动光圈镜头一样，聚焦由红外线检测自动控制，变焦微电机由外加电压控制；三可变镜头的光圈、聚焦、变焦三个微电机都由外加电压控制。变焦镜头一般都有电机限流电路，当机械机构发生故障而使电机电流增大时，可切断电源以保护电机。

（3）变焦的倍率。变焦镜头的倍率与焦距是两个不同的概念，倍率是变焦镜头的最长焦距与最短焦距之比，是一个相对值。例如，同样是 6 倍镜头，市面上常见的就有 6～36mm、7～42mm、8～48mm 和 8.5～51mm 等多种不同厂家的不同品种。其中，8.5～51mm 镜头的远视特性显然比 6～36mm 镜头的远视特性好，但它的近视（广角）特性却不如 6～36mm 的镜头好。

（五）常用镜头的种类

根据应用场合的不同，镜头的种类也有所不同：

（1）广角镜头：视角在 90°以上，观察范围较大，近处图像有变形。

（2）标准镜头：视角在 30°左右，使用范围较广。

（3）长焦镜头：视角在 20°以内，焦距可达几十毫米或上百毫米。

（4）变焦镜头：镜头焦距连续可变，焦距可以从广角变到长焦；焦距越长，成像越大。

（5）针孔镜头：用于隐蔽观察，经常安装在天花板或墙壁等地方。

根据变焦镜头参数可调整的项目划分有：

（1）三可变镜头：光圈、聚焦、焦距均需人为调节。

（2）二可变镜头：通常是自动光圈镜头，而聚焦和焦距需人为调节。

（3）单可变镜头：一般是自动光圈和自动聚焦的镜头，而焦距需人为调节。

1. 固定光圈定焦镜头

通常是指光圈固定不变、焦距固定不变的镜头。

（1）特点。这种镜头仅设有手动调整对焦调整环（环上标有若干距离参考值）。左右旋转该环可使 CCD 靶面的成像最为清晰，由此在监视器屏幕上可得到最为清晰的图像。

由于镜头光圈不可调整（通常称为无光圈镜头），因此，进入镜头的光通量不能通过改变镜头的孔径而改变，只能通过改变被摄现场的光照度来调整。

（2）应用场合。一般应用于光照度比较均匀的场合，其他场合需与带有自动电子快门功能的 CCD 摄像机合用，通过电子快门的调整来模拟光通量的改变。目前市面上绝大多数的 CCD 摄像机均带有自动电子快门功能。

2. 手动光圈定焦镜头

通常是指光圈可手动调整、焦距固定不变的镜头。

（1）特点。这种镜头增加了光圈调整环，光圈调整范围一般可从 $F1.2$ 或 $F1.4$ 到全关闭。安装时，通过手动调整适应被摄现场的光照度。

（2）应用场合。这种镜头一般也应用于光照度比较均匀的场合，其他场合也需与带有自动电子快门功能的 CCD 摄像机合用，并由电子快门的调整来模拟光通量的改变。

3. 自动光圈定焦镜头

通常是指光圈可自动调整、焦距固定不变的镜头。

（1）特点。自动光圈定焦镜头在手动光圈定焦镜头的光圈调整环上增加齿轮啮合传动微型电动机，由摄像头驱动电路输出 3 芯或 4 芯线控制自动光圈镜头，使镜头内的微型电动机作相应的正向或反向转动，从而调节光圈的大小。如前所述，自动光圈镜头分为含放大器（视频驱动型）与不含放大器（直流驱动型）两种规格。

（2）应用场合。一般用于室外，特别是当环境照度变化范围远大于摄像机自动增益控制范围时，应采用自动光圈镜头。

4. 手动变焦镜头

通常是指光圈固定或可手动调整，焦距可以根据需要进行手动调整，从而使被摄物体的图像放大或缩小的镜头。

（1）特点。这种镜头的焦距可以在安装时人工手动调整。手动变焦镜头有一个焦距调整环，可以在一定范围内调整镜头的焦距，焦距一般在 3.6～8mm 之间变化。

（2）应用场合。在实际工程应用中，通过手动调节镜头的变焦环可以方便地选择监视现场的视场角，从而减少镜头的规格种类。

5. 自动光圈电动变焦镜头

通常是指光圈可自动调整，焦距可以根据需要进行自动变焦，从而使被摄物体的图像放大或缩小的镜头。

（1）特点。与前述自动光圈定焦镜头相比，该镜头增加了两个微型电动机。其中，一个电动机与镜头的变焦环啮合，当其受控而转动时可改变镜头的焦距；另一个电动机与镜头的对焦环啮合，当其受控而转动时可完成镜头的对焦。由于该镜头增加了两个可遥控调整的功能，因而该镜头也称作电动两可变镜头。

（2）应用场合。在实际工程应用中，通过两个可遥控调整功能调节镜头的变焦环，可以方便地选择监视现场的视场角。

6. 电动三可变镜头

（1）特点。与前述电动两可变镜头结构相差不多，只是对光圈调整电动机的控制方式由自动改为通过控制器进行手动控制，因此它也包含 3 个微型电动机，引出一组 6 芯控制线与云台、镜头控制器及解码器相连。

（2）应用。缩放/变焦镜头兼具变焦和缩放功能，其焦距连续可变，可将远距离物体放大，又可提供一个宽广视景，使监视宽度增加。有的公司可以提供从 1.6～3.4mm 的宽角度镜头到 15.0～300mm 的远距镜头。

图 3-7、图 3-8 所示为该镜头控制线的接线图。

（六）镜头的选型与应用

镜头是摄像机的眼睛，正确选择镜头以及良好的安装与调整是清晰成像的第一步。

1. 镜头选配的基本原则

（1）6 个基本要素。为了获得预期的摄像效果，在选配镜头时，应着重注意 6 个基本要素，即被摄物体的大小、被摄物体的细节尺寸、物距、焦距、CCD 摄像机靶面的尺寸、镜头及摄像系统的分辨率。

（2）尽量少用变焦镜头。变焦镜头的光学分辨率、像差、像场亮度均匀性、几何失真、光谱特性（各种波长的光传输系数）等光学指标比固定焦距镜头的差。变焦镜头及其控制电路的可靠性比固定焦距镜头的低得多。少用变焦镜头可提高系统的可靠性。监控人员应把主要精力放在目标的监视上，而不应花费很多时间来调整变焦镜头。所以，除非要监视移动目标，否则尽量少用变焦镜头。

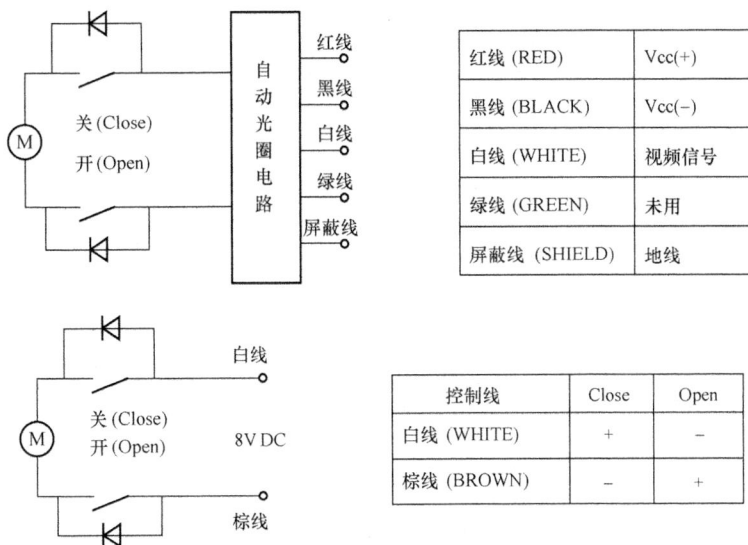

红线（RED）	Vcc(+)
黑线（BLACK）	Vcc(-)
白线（WHITE）	视频信号
绿线（GREEN）	未用
屏蔽线（SHIELD）	地线

控制线	Close	Open
白线（WHITE）	+	-
棕线（BROWN）	-	+

图 3-7　镜头自动（手动遥控）光圈控制线接线图

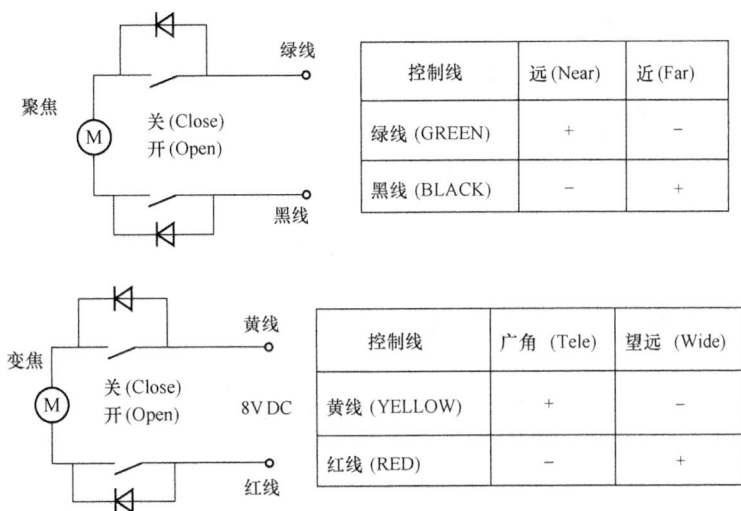

控制线	远（Near）	近（Far）
绿线（GREEN）	+	-
黑线（BLACK）	-	+

控制线	广角（Tele）	望远（Wide）
黄线（YELLOW）	+	-
红线（RED）	-	+

图 3-8　镜头电动变焦控制线接线图

（3）常用镜头。图 3-9 所示为几种常用镜头。图 3-9（a）所示为一种针孔镜头，针孔镜头前端的入口很小，直径在 2mm 左右，可以安装在隐蔽的位置进行监视而不被监视者察觉，该镜头有直通和 90°转角两种，也有自动光圈针孔镜头和广角针孔镜头，后者几何失真略大；图 3-9（b）所示为一种超级广角固定光圈镜头，该镜头体积很小，用在小型摄像机上，但失真较大；图 3-9（c）所示为一种手动变焦固定光圈镜头，焦距有 2 倍可调，使用方便；图 3-9（d）所示为一种自动光圈镜头；图 3-9（e）所示为一种 10 倍电动变焦自动光圈镜头，一般在监视远距离移动目标时使用。

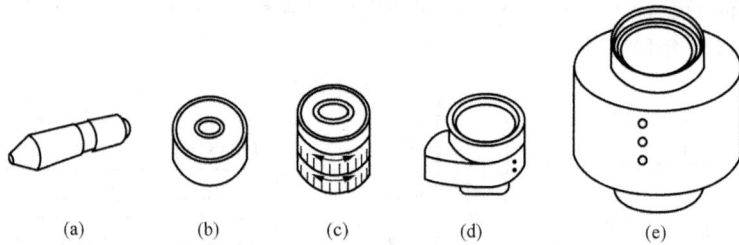

图 3-9　几种常用镜头

（a）针孔镜头；（b）定焦镜头；（c）手动 2 倍变焦镜头；
（d）自动光圈镜头；（e）10 倍变焦镜头

2. 镜头的选择与选用

在视频监控系统中，如何根据现场被监视环境正确选用摄像机镜头是非常重要的，因为它直接影响到系统组成后在系统末端监视器上所看到的被监视画面的效果能否满足系统的设计要求（就画面范围或图像细节而言），所以，正确地选用摄像机镜头可以使系统得到最优化设计，并可获得良好的监视效果。

摄像机镜头就光圈而言，可分为手动光圈镜头及自动光圈镜头两种；就焦距而言，又可分为定焦镜头及变焦镜头两种。下面将就使用环境的不同介绍如何正确选用摄像机镜头。

（1）镜头的选择步骤：

1）应依据摄像机到被监视目标的距离来选择定焦镜头的焦距。从焦距上区分，有短焦距广角镜头、中焦距标准镜头和长焦距远镜头。

2）根据摄像机的镜头规格与摄像机 CCD 靶面尺寸的对应关系确定 CCD 靶面尺寸。镜头尺寸与摄像机 CCD 靶面尺寸不一致时，观察角度将不符合设计要求或发生画面在焦点以外等问题。

3）根据摄像机的水平视觉度数及垂直视觉度数与摄像机 CCD 靶面尺寸及镜头焦距之间的关系，确定摄像机镜头焦距。

4）根据被照物光线变化确定镜头选择自动光圈或手动光圈。自动光圈用于被照物光线变化较多的场合；手动光圈用于被照物光线稳定之处。

（2）手动、自动光圈镜头的选用。手动、自动光圈镜头的选用取决于使用环境的照度是否恒定。

1）在环境照度恒定的情况下，如电梯轿箱内、封闭走廊里及无阳光直射的房间内，均可选用手动光圈镜头，这样可在系统初装调试中根据环境的实际照度，一次性整定镜头光圈大小，直到获得满意亮度的画面为止。

2）环境照度经常变化的情况下，如随日照时间而照度变化较大的门厅、窗口及大堂内等，均需选用自动光圈镜头（必须配以带有自动光圈镜头插座的摄像机），这样便可以实现画面亮度的自动调节，并获得良好的亮度较为恒定的监视画面。

3）自动光圈镜头的控制信号又可分为 DC 及 VIDEO 控制两种，即直流电压控制及视频信号控制。这在自动光圈镜头的类型选用上、摄像机自动光圈镜头插座的连接方式上，以及选择自动光圈镜头的驱动方式开关上，三者注意协调配合好即可。

（3）定焦、变焦镜头的选用。定焦、变焦镜头的选用取决于被监视场景范围的大小，以及所要求被监视场景画面的清晰程度。

在镜头规格（镜头规格一般分为 1/3、1/2in 和 2/3in 等）一定的情况下，镜头焦距与镜头视场角的关系为：镜头焦距越长，其镜头的视场角就越小。在镜头焦距一定的情况下，镜头规格与镜头视场角的关系为：镜头规格越大，其镜头的视场角也越大。

所以，由以上关系可知：在镜头物距一定的情况下，随着镜头焦距变大，在系统末端监视器上所看到的被监视场景的画面范围就越小，但画面细节越来越清晰；而随着镜头规格的增大，在系统末端监视器上所看到的被监视场景的画面范围就增大，但其画面细节越来越模糊。在镜头规格及镜头焦距一定的前提下，CS 型接口镜头的视场角将大于 C 型接口镜头的视场角。

镜头视场角可分为图像水平视场角及图像垂直视场角，且图像水平视场角大于图像垂直视场角。通常所讲的视场角一般是指镜头的图像水平视场角。

1）对于一般变焦镜头而言，由于其最小焦距通常为 6.0mm 左右，因此其变焦镜头的最大视场角为 45°左右，如将此种镜头用于狭小的被监视环境中，其监视死角必然增大，虽然可通过对前端云台进行操作控制，以减少这种监视死角，但这样必将增加系统的工程造价（系统需增加前端解码器、云台、防护罩等）和系统操控的复杂性，所以，在这种环境中不宜采用变焦（倍）镜头。

2）在开阔的被监视环境中，首先应根据被监视环境的开阔程度、用户要求在系统末端监视器上所看到的被监视场景画面的清晰程度，以及被监视场景的中心点到摄像机镜头之间的直线距离，在直线距离一定且满足覆盖整个被监视场景画面的前提下，尽量考虑选用长焦距镜头，这样可以在系统末端监视器上获得一幅具有较清晰细节的被监视场景画面。在这种环境中，也可考虑选用变焦（倍）镜头（电动三可变镜头），这可根据系统的设计要求及系统的性能价格比决定。

此外，选用时也应考虑两点：①在调节至最短焦距时（看全景）应能满足覆盖主要被监视场景画面的要求；②在调节至最长焦距时（看细节）应能满足观察被监视场景画面细节的要求。

通常情况下，在室内的仓库、车间、厂房等环境中一般选用 6 倍或 10 倍镜头即可满足要求，而在室外的库区、码头、广场、车站等环境中，可根据实际要求选用 10、16 倍或 20 倍镜头即可（一般情况下，镜头倍数越大，价格越高，可在综合考虑系统造价允许的前提下，适当选用高倍数变焦镜头）。

3. 焦距的计算

（1）根据被监视物体的外部轮廓选择镜头的焦距。一般情况是要求看清被监视物体的外部轮廓，因此，可根据式（3-7）和式（3-8）分别从被监视物体的高度和宽度来选择镜头的焦距，即

$$f_h = \frac{hL}{kH} \tag{3-7}$$

$$f_w = \frac{wL}{kW} \tag{3-8}$$

式中：f_h、f_w 分别为根据被监视物体的高度和宽度选择的镜头焦距，mm；L 为物距，即被摄物体到镜头的距离，m；H、W 为被摄物体的高度和宽度，m；h、w 为摄像机光电传感器光

敏区的高与宽，mm，16mm（2/3in）摄像机的 h、w 为 6.6、8.8mm；12mm（1/2in）摄像机的 h、w 为 4.8、6.4mm，8mm（1/3in）摄像机的 h、w 为 3.6、4.8mm；6mm（1/4in）摄像机的 h、w 为 2.7、3.6mm；k 为修正系数，电视机、监视器光栅有 10%～15% 的过扫描，加入修正系数能消除过扫描的影响，一般取 $k=1.1～1.2$；当监视器处于欠扫描工作方式时，取 $k=0.9$。

【例 3-2】 银行营业柜台窗口，柜员与顾客的活动范围为 0.9m×0.6m，8mm（1/3in）摄像机和柜台中央的距离为 2.5m，若要求用电视机监视整个活动范围，则应采用多大焦距的镜头？

解

$$f_h=\frac{hL}{kH}=\frac{3.6\times2.5}{1.2\times0.6}=12.5$$

$$f_w=\frac{wL}{kW}=\frac{4.8\times2.5}{1.2\times0.9}=11.1$$

可见，要看到整个高度，则要求焦距 $f_h=12.5$；要看到整个宽度，则要求焦距 $f_w=11.1$，因为焦距越短，能看到的范围越大，所以，为保证被摄取物体的高度与宽度都包括在画面内，一般取 f_h、f_w 中的较小值，f 取值应小于 11.1，从而可取 $f=8$。

（2）根据被摄物体的细节尺寸来选择镜头焦距。特殊情况下，需要看清物体的细节时，应按式（3-9）来选择镜头焦距，即

$$f=\frac{500L}{BR} \tag{3-9}$$

式中：f 为所选镜头的焦距，mm；L 为物距，m；B 为被摄物体细节尺寸，mm；R 为镜头光学分辨率，lp/mm（line pair/mm，每毫米内线条对数）。16mm（2/3in）镜头的光学分辨率为 27lp/mm；12mm（1/2in）镜头的光学分辨率为 38lp/mm；8mm（1/3in）镜头的光学分辨率为 50lp/mm。

大部分镜头没有标明成像尺寸，但说明书上已注明配各种尺寸摄像机时的镜头视角，因此，镜头成像尺寸就是可配摄像机尺寸中最大的规格。例如，某镜头说明书标明配 16mm（2/3in）、12mm（1/2in）、8mm（1/3in）摄像机时的视角分别为 69°20′、56°、41°09′，则该镜头的成像尺寸为 16mm（2/3in），因为只有大尺寸镜头能被小尺寸摄像机使用，但大尺寸镜头的光学分辨率低。例如，16mm（2/3in）的镜头装在 8mm（1/3in）的摄像机上，观察景物的外部轮廓时，与 8mm（1/3in）镜头的效果相差无几，但在观察景物的局部细节时，16mm（2/3in）镜头的光学的分辨率只有 8mm（1/3in）镜头的 1/2。

【例 3-3】 银行出纳柜台办公桌离摄像机 2.5m，12mm（1/2in）的摄像机采用 12mm 的（1/2in）镜头，若要求看清 10 元以上的票面，则应选多大焦距的镜头？

解 12mm（1/2in）镜头的光学分辨率为 38lp/mm，10 元以上票面的细节尺寸根据票面数字的大小估计为 2mm，则

$$f=\frac{500L}{BR}=\frac{500\times2.5}{2\times38}=16.4\text{mm}$$

即可选焦距为 25mm 的 12mm（1/2in）镜头。

当观察被摄物体的细节时，摄像效果与被摄物体的照度、被摄物体的对比度、摄像机的

灵敏度与分辨率、监视器的分辨率等多种因素有关，按照公式计算出的镜头焦距只能作为参考。例如，上面的例子中，计算结果要求焦距大于 16.4mm，一般来说，实际上应取焦距为25～35mm 的镜头，才能在各种外部因素变化的情况下看清票面。

4. 镜头的安装调节

（1）安装方法：

1）取下镜头防尘罩及摄像机镜头安装防尘罩。

2）将镜头旋入摄像机镜头安装处。

3）将镜头自动光圈插线插入摄像机侧面（或后面板）LENS 处，注意此插头有一个对正的凸点。

（2）调节方法：

1）将摄像机通电，并将摄像机视频 BNC 输出连接到显示设备上。

2）根据镜头光圈驱动方式，选择摄像机后面板拨码开关"Video 或 DC"位置。

3）逆时钟方向旋松"焦距调节"锁紧螺栓，在查看显示画面效果的同时，先旋转"焦距调节"环，使要看的物体全部在画面显示内。

4）逆时钟方向旋松"视场角调节"锁紧螺栓，在查看显示画面效果的同时，慢慢旋转"视场角调节"环，使要看的物体达到最清晰的效果。

5）来回仔细调整两环，保证最终画面所摄物的面积和效果均良好，并锁紧两个调节螺栓。

5. 镜头的调整

在调整镜头之前，应按摄像机的说明书先调整好摄像机的后截距，即调整光电传感器位置，使光敏区恰好位于镜头的成像面上。对于变焦镜头，应在长焦距与短焦距两种状态下分别反复调整后截距，以求兼顾。

镜头调整环的操作规律是：当操作者在摄像机后，面朝目标，并顺时针方向旋转光圈调整环时，光圈变小；顺时针方向转动调焦环时，距离刻度递减；顺时针方向转动变焦调整环时，镜头焦距变短。

（1）景深的调整。摄像系统在观察一个确定距离目标的同时，还可以清楚地观察到目标前后一定空间内的景物，而更近、更远的地方图像就比较模糊，这一段能清楚聚焦的空间距离称为景深。景深与镜头的焦距、孔径以及摄像机的像素数目等因素有关，当要求被摄图像有一定景深时，应该记住：镜头光圈越小，景深越大；镜头焦距越短，景深越大；被摄物体的距离越远，景深越大。

景深越大，调焦效果越不明显，所以，对目标进行精确调焦前，应先把镜头光圈开得较大，如果图像出现饱和，则可设法降低景物亮度或在镜头前临时加一个灰度滤光片，然后精确调焦，调焦完毕，再取走滤光片，以减小光圈，使光照度合适。

（2）自动光圈镜头的调整。视频信号幅度的平均值代表电视图像的整体亮度；视频信号幅度的峰值代表电视图像的某些亮点。自动光圈镜头一般有 ALC（Automatic Light Compensation）测量电位器，其一端标有 AV，表示测量视频信号的平均值作为光补偿的依据；另一端标有 PK，表示测量视频信号的峰值作为光补偿的依据。

当图像对比度很大而出现饱和现象时，可将 ALC 测量电位器转向峰值（PK）一端，这样容易看清景物明亮部分的细节，而不出现饱和现象；当图像对比度过小时，可将 ALC 测量电位器转向平均值（AV）一端，这时可以看清景物中较暗的部分，而景物中亮的部分可能出现饱和现象；当调节 ALC 测量电位器不起作用时，景物适用于平均值测量，应将 ALC 电位器旋转向平均值一端，然后调节基准电平调整电位器。

基准电平（LEVEL）调整电位器也称灵敏度调整电位器，其一端标有 H，代表基准电平为 1Vp-p；另一端标有 L，代表基准电平为 0.5Vp-p。图像对比度太高时，旋向 L；图像对比度太低时，旋向 H。同一系统中，可以通过调整基准电平电位器使各摄像机的对比度基本一致。

自动光圈镜头上的这两个调整电位器在出厂时都已调好，系统调试前不需再调整。

二、摄像机性能及其应用技术

（一）摄像机的一般性能指标

从技术上而言，围绕着摄像机的各种组成要素，包括摄像机的体积大小和外观、成像感应方式、分辨率、灵敏度、智能化程度（白平衡、逆光补偿、电子快门、同步方式、数字化处理、屏幕显示、自动增益等）、一体化水平、安装使用方式等的千变万化，不断有新的摄像机产品推出。当前，摄像机自身最突出的进步一是低照度和夜视性能大有改进；二是微型化方面进展迅速；三是网络传输功能大有提高。

就安全防范系统而言，对摄像机的功能要求主要表现在以下几个方面。

1. 像素

像素是衡量摄像头的重要指标之一，它决定了显示图像的清晰程度；分辨率越高，图像细节的表现越好。摄像机的感光元件 CCD 或 CMOS 均由面阵感光元素组成，每一个元素称为像素，像素越多，图像越清晰。一般来说，像素较高的产品，其图像的品质越好。但另一方面，也并不是像素越高越好，对于同一个画面，像素越高的产品，其解析图像的能力越强，为了获得高分辨率的图像或画面，它记录的数据量也必然大得多，对于存储设备的要求也就高得多，因此，选择时应注意相关的存储设备。

一些产品都会在包装盒上标着 30 万或 35 万像素。现在，市场上大多以 25 万和 38 万像素为划界，38 万像素以上者为高清晰度摄像机。未来像素值还会更高（作为参考，目前数码照相机的像素值已达 600 万以上），现已出现单片式百万像素 800 电视线摄像机，1280（H）×960（V）。

2. 水平分辨率

这是衡量图像清晰度的标准，通常用电视线数 TVL 来表示。彩色摄像机的典型分辨率在 320～500 线之间，低分辨率在 420 线以下，高分辨率多在 460 线以上；黑白摄像机的分辨率在 400～1000 线之间。

水平分辨率与摄像器件及镜头的质量有关，还与摄像机系统电路通道的频带宽度直接相关，通常规律是：1MHz 的频带宽度相当于 80 条电视线的清晰度。频带越宽，图像就越清晰，TVL 的数值也就越大。一条电视线（TVL）=1.33 像素，因此，将水平像素值 H 乘以 3/4，得到的数值就是摄像机清晰度的电视线数值。

3. 灵敏度

灵敏度表示 CCD 器件对光的敏感程度，有时也用最低照度表示。最低照度是当被摄景物的光亮度低到一定程度而使摄像机输出的视频信号电平低到某一规定值时的景物光亮度值。一般，彩色摄像机的最低照度为 2～3lx。

摄像机的最低照度与镜头的光圈大小有关。现时的彩色摄像机多在 1lx/F1.4 左右。

照度的测定是以一定的镜头光圈系数为前提，因此，不能只看摄像机说明书中标明的最低照度，而应按摄像机在同一光圈系数下的照度值的大小选取。最低照度越小，摄像机档次越高。相对于彩色摄像机而言，黑白摄像机由于没有色度处理而只对光线的强弱（亮度）信号敏感，所以，黑白摄像机的照度比彩色摄像机照度要低，一般可做到 0.1lx（在 F1.4 时）；对微光摄像机而言则更低。

视频信号的标称值为 1Vp-p，标准值为 0.7Vp-p，最低照度时的视频信号值为 1/3～1/2 的标准值。所以，摄像机在最低照度时的图像决不会如同白昼一样。另外，摄像机在最低照度时产生的图像清晰度是用电视信号测试卡进行测试的，其黑白相间的条纹，要求黑色反射率近于 0%、白色反射率大于 89.9%，而在现场观察时，有时不具备这样的条件，如树叶和草地的反射率很低，反差很小，就不易获得清晰图像。因此，实际使用当中不能以摄像机标称的最低照度作为衡量现场环境照度的标准。

通常，1 国际烛光照射量在距离为 1cm、面积为 1mm^2 的平面上的光通量定义为 1lm（流明），而 1lm 的光通量均匀分布在 1m^2 面积上的照度称为 1lx。若要在很暗的条件下工作，则可采用月光级（0.1lx）和星光级（0.01lx）等高增感度摄像机。黑白摄像机的灵敏度大多在 F1.2 时能达到 0.1lx 以下。0.5lx/F0.75 相当于 1.5lx/F1.4。

4. 动态范围

动态范围是图像能分辨的最亮的亮度信号值与能分辨的最暗的亮度信号值的比值，通常指摄像机的实用照度范围。被摄视场中同时存在强光区和阴影区，而特别亮的部位和特别暗的部位的所有细节均可看清，数量上一般以允许的最大照度水平与最小照度水平的电压差或功率差来衡量。以此来弥补逆光补偿功能的不足和设置摄像机的移动探测功能，使处在强背景光下的阴暗物体仍能清晰成像。

宽动态的表现方式以"倍数"或"dB"来表示，换算公式为 $N = 20\lg (V_2/V_1)$ dB。

普通摄像机（电平值为 V_1）的宽动态值为 10dB，宽动态摄像机（电平值为 V_2）的宽动态值为 48dB，则与普通摄像机之间的差为 38dB，$V_2/V_1 = 80$，说明与普通摄像机的宽动态差为 80 倍。

宽动态摄像机比传统只具有 3:1 动态范围的摄像机超出了几十倍。自然光线排列成从 120 000lx 到星光夜里的 0.000 35lx。当摄像机从室内看窗户外面时，室内照度为 100lx，而外面风景的照度可能是 10 000lx，因此对比就为 10 000/100 = 100:1。这个对比人眼能很容易地看到，因为人眼能处理 1000:1 的对比度。

然而，以传统的监控摄像机处理它会有很大的问题，传统摄像机只有 3:1 的对比性能，它只能选择使用 1/60s 的电子快门来取得室内目标的正确曝光，但室外的影像会被清除掉（全白）；或换种方法，摄像机选择 1/6000s 取得室外影像完美的曝光，但室内的影像又会被清除（全黑）。这是一个自从摄像机被发明以来就一直长期存在的缺陷。

5. 摄像靶面

摄像靶面也就是扫描区域，亦即摄像元件的 CCD 或 CMOS 靶面的大小，它通常有以下几种尺寸。

（1）1in：靶面尺寸为宽 12.7mm×高 9.6mm，对角线为 16mm。

（2）2/3in：靶面尺寸为宽 8.8mm×高 6.6mm，对角线为 11mm。

（3）1/2in：靶面尺寸为宽 6.4mm×高 4.8mm，对角线为 8mm。

（4）1/3in：靶面尺寸为宽 4.8mm×高 3.6mm，对角线为 6mm。

（5）1/4in：靶面尺寸为宽 3.2mm×高 2.4mm，对角线为 4mm。

目前，1/3in 摄像机占据主导地位，1/4in 摄像机也将迅速上升。此外，还出现了 1/5in 和 1/6in 的摄像机，1/5in 也已经商品化，1/2in 摄像机所占比例则急剧下降。成像尺寸小的摄像机能降低成本，且体积也可以做得更小些。

在相同的光学镜头下，成像尺寸越大，视场角越大。在购买摄像头时，特别是对摄像角度有比较严格的要求时，CCD 靶面的大小及 CCD 与镜头的配合情况将直接影响视场角的大小和图像的清晰度。

6. 信噪比

摄像机所摄图像的信噪比和图像的清晰度一样，都是衡量图像质量高低的重要指标。图像信噪比是指视频信号的大小与噪波信号大小的比值，这两者是同时产生而又不可分开的，噪波信号是无用的信号，它的存在对有用信号有影响，但是，又无法将其与视频信号分离开。

信噪比通常以 dB 计算信号最大保真输出与不可避免的电平噪声的比率。该值越大越好，典型值为 46dB；若为 50dB，则图像质量良好，但是图像仍有少量噪声；若能达到 60dB，则图像质量优良，不出现噪声。

因此，在选择摄像机时，应选择信噪比作为衡量的标准。如果图像的信噪比大，图像的画面就干净，即看不到噪波的干扰（画面中有雪花状），看起来就很舒服；如果图像的信噪比小，则画面中会满是雪花状，从而影响正常的收看效果。

7. 扫描制式

彩色有 PAL 制（标准为 625 行，50 场即 25 帧）和 NTSC 制（标准为 525 行，60 场即 30 帧）之分；黑白有 CCIR 和 EIA 之分。扫描系统多为 2:1 隔行扫描。

（1）NTSC 制式。NTSC 制式是 1952 年美国国家电视标准委员会指定的彩色电视广播标准，它采用正交平衡调幅的技术方式，故也称为正交平衡调幅制。美国、加拿大等大部分西半球国家及我国台湾、日本、韩国、菲律宾等均采用这种制式。

（2）PAL 制式。PAL 制式是西德在 1962 年指定的彩色电视广播标准，它采用逐行倒相正交平衡调幅的技术方法，克服了 NTSC 制相位敏感造成的色彩失真的缺点。西德、英国等一些西欧国家，新加坡、我国内地及香港，澳大利亚、新西兰等国家均采用这种制式。PAL 制式中根据不同的参数细节，又可以进一步划分为 G、I、D 等制式，其中 PAL-D 制是我国内地采用的制式。

（3）SECAM 制式。SECAM 是法文的缩写，意为顺序传送彩色信号与存储恢复彩色信号制，它是 1956 年在法国提出、1966 年制定的一种新的彩色电视制式。它也克服了 NTSC 制式相位失真的缺点，但采用时间分隔法来传送两个色差信号。使用 SECAM 制的国家主要集中在法国、东欧和中东一带。

为了接收和处理不同制式的电视信号，也就发展了不同制式的电视接收机和录像机。

8. 帧与帧速率

（1）帧：即一系列视频图像中的一个视频图像。影片是由一张张连续的图片组成的，每幅图片就是一帧；PAL 制式每秒 25 帧，NTSC 制式每秒 30 帧。

（2）帧频：即视频剪辑每秒显示的帧数。

（3）帧速：每秒传播的帧数，用于衡量视频信号传输的速度，单位为帧/秒。

（4）帧速率：对影片内容而言，帧速率是指每秒所显示的静止帧格数。捕捉动态视频内容时，此数字越高越好。

9. 视频输出

一般摄像机的视频输出多为 1Vp-p、75Ω的复合视频信号，均采用 BNC 接头。

（1）1Vp-p：输出的复合视频信号电平为 1V 的峰—峰值。

（2）75Ω：视频输出电路的输出电阻为 75Ω。

（3）复合视频信号（Composite Video Signal）：也称为基带视频信号或 RCA 视频信号，为包括亮度和色度的单路模拟信号，也即从全电视信号中分离出伴音后的视频信号，这时的色度信号还是间插在亮度信号的高端。

（4）BNC 接头（Bayonet Nut Connector，刺刀螺母连接器）：也称为英国海军连接器（British Naval Connector），是一种用于同轴电缆的连接器。用于视频输出时，输出的是复合视频信号，通常为黄色插口。

这种混合视频信号没有经过 RF 射频信号的调制、放大、检波、解调等过程，因此信号保真度较好。图像品质影响受使用的线材影响大，分辨率一般可达 350～450 线，同时由于它是模拟接口，当用于数字显示设备时，需要一个模拟转数字的过程，会损失不少信噪比，因此一般数字显示设备不建议使用。

10. 其他指标

（1）供电方式。直流为 12V 或 9V，交流有 220、110、24V，随着摄像机微型化，采用直流供电的将越来越多，也有不少摄像机能以 24V AC/12V DC 供电。

（2）摄像机标识码。摄像机菜单中有无摄像机标识码 ID 显示，一般为 16 个字符。

（3）摄像机遥控设置。摄像机可否作遥控设置，如摄像机与矩阵切换控制器或 PC 机之间可否以单根同轴电缆或用 RS485 进行通信。

许多彩色摄像机的可设定部分既可以拨动开关来实现，更方便的是可通过摄像机本身带有的屏幕菜单 OSD（On Screen Display）来调整。

（二）摄像机的智能化功能指标

除上述一般性能指标外，为了在具体应用中获得最佳的视觉效果，在彩色摄像机内还设置有一系列的可调整功能。这些功能是为摄像机能够适应复杂环境增设的智能化功能。

1. 白平衡 WB（White Balance）

物体颜色会因投射光线颜色产生改变，在不同光线的场合下拍摄出的图像会有不同的色温。例如，以钨丝灯（电灯泡）照明的环境拍出的照片可能偏黄，一般来说，CCD 没有办法像人眼一样自动修正光线的改变。所以，通过白平衡修正，它会按目前画像中的图像特质，立即调整整个图像红绿蓝三色的强度，以修正外部光线所造成的误差。有些摄像机除了设计自动白平衡或特定色温白平衡功能外，也提供手动白平衡调整。

白平衡只用于彩色摄像机，其用途是实现摄像机图像能精确反映景物状况，一般有手动白平衡和自动白平衡两种方式。

（1）自动白平衡。

1）连续方式：此时白平衡设置将随着景物色彩温度的改变而连续地调整，范围为 2800～6000K。这种方式对于景物的色彩温度在拍摄期间不断改变的场合是最适宜的，可使色彩表现自然，但对于景物中很少甚至没有白色时，连续的白平衡不能产生最佳的彩色效果。

2）按钮方式：先将摄像机对准白墙、白纸等白色目标，然后将自动方式开关从手动拨到设置位置，保留在该位置几秒钟或者至图像呈现白色为止，在白平衡被执行后，再将自动方式开关拨回手动位置以锁定该白平衡的设置，此时，白平衡设置将保持在摄像机的存储器中，直至执行再次被改变为止，其范围为2300～10 000K，在此期间，即使摄像机断电也不会丢失该设置。以按钮方式设置白平衡最为精确和可靠，适用于大部分应用场合。

（2）手动白平衡。开手动白平衡将关闭自动白平衡，此时改变图像的红色或蓝色状况有近107个等级供调节，如增加或减少红色各一个等级、增加或减少蓝色各一个等级。除此之外，有的摄像机还将白平衡固定在3200K（白炽灯水平）和5500K（日光水平）等档次的命令。

2. 同步方式

要保持稳定的影像，摄像机之间的同步非常必要。使每一台摄像机可以在同样的条件下作业，因各摄像机同步，这样即使其中一台摄像机转换到其他景物，同步摄像机的画面也不会失真。

（1）同步方式种类。同步包括垂直同步、彩色视频复合信号同步、外同步、线锁定同步和完全同步。

1）垂直同步：最简单同步两部摄像机的方法，即通过垂直驱动频率来保证在同一个监视器上显示几个影像源。垂直驱动信号通常由重复频率20/16.7ms（50/60Hz）和脉冲1～3ms宽度的脉冲组成。

2）彩色视频复合信号同步：彩色视频复合信号代表视频和彩色触发信号，意味着摄像机能和外部的复合彩色视频信号同步。然而，尽管称作彩色视频复合信号同步，但实际上只进行水平同步和垂直同步，而没有色彩触发同步。

3）外同步：极似于彩色视频复合信号同步。一个摄像机能够同步于另一个摄像机的视频信号，一个外同步摄像机能使用输入的彩色视频复合信号，以提取水平和垂直同步信号来作同步。

4）线锁定同步：一种利用交流电源来锁定摄像机场同步脉冲的一种同步方式。当图像出现因交流电源造成的网波干扰时，将此开关拨到线锁定同步的位置，就可消除交流电源的干扰。

5）完全同步：两部用于精密的应用如广播摄影棚摄像机之间完全同步的最好方法。它将同步水平、垂直、偶数/奇数区域、色彩触发频率和阶段。

（2）同步方式的应用。常用的同步方式有电压同步锁定、外同步锁定、晶体震荡内同步锁定。

1）对单台摄像机而言，主要的同步方式有下列三种。

内同步：利用摄像机内部的晶体振荡同步信号发生电路产生同步信号来完成操作。

外同步：利用一个外同步信号发生器产生的同步信号送到摄像机的外同步输入端来实现同步。

电压同步：也称为电源同步、功率同步、线性锁定或行锁定，是利用摄像机的交流电源来完成垂直推动同步，即摄像机和电源零线同步。

外 VD 同步：将摄像机信号电缆上的 VD 同步脉冲信号输入外 VD 同步端完成同步。

2）对于多摄像机系统，希望所有的视频输入信号是垂直同步的，这样，在变换摄像机输出时，不会造成画面失真，但是多摄像机系统中的各台摄像机供电可能取自三相电源中的不同相位，甚至整个系统与交流电源不同步，此时可采取的措施有：①均采用同一个外同步信号发生器产生的同步信号送入各台摄像机的外同步输入端来调节同步；②调节各台摄像机的"相位调节"电位器，因摄像机在出厂时，其垂直同步与交流电的上升沿正过零点同相，故使用相位延迟电路可使每台摄像机有不同的相移，从而获得合适的垂直同步。相位调整范围为 $0° \sim 360°$。

3. 自动增益控制 AGC（Automatic Gain Control）

摄像机输出的视频信号必须达到电视传输规定的标准电平，即为了能在不同的景物照度条件下都能输出标准视频信号，必须使放大器的增益能够在较大的范围内进行调节。这种增益调节通常都是通过检测视频信号的平均电平而自动完成的，实现此功能的电路称为自动增益控制电路，简称 AGC 电路。

所有摄像机都有一个将来自 CCD 的信号放大到可以使用水准的视频放大器，其放大量即增益，等效于有较高的灵敏度，可使其在微光下灵敏；然而，在亮光照的环境中放大器将过载，从而使视频信号畸变。

为此，需利用摄像机的自动增益控制（AGC）电路去探测视频信号的电平，以适时地开关 AGC，从而使摄像机能够在较大的光照范围内工作，此即动态范围，即在低照度时自动增加摄像机的灵敏度，从而提高图像信号的强度来获得清晰的图像。具有 AGC 功能的摄像机，在低照度时的灵敏度会有所提高，但此时的噪点也会比较明显，这是由于信号和噪声被同时放大的缘故。

4. 背景光补偿 BLC（Back Light Compensation）

通常，摄像机的 AGC 工作点是通过对整个视场的内容作平均来确定的，但如果视场中包含一个很亮的背景区域和一个很暗的前景目标，则此时确定的 AGC 工作点对前景目标而言可能是不够合适的。背景光补偿可改善前景目标显示状况，提供在非常强的背景光线前面目标的理想的曝光，而无论主要的目标在何位置。

背景光补偿是通过区域加权方法在摄像机上实现的。影像首先被分割成 7 块或 6 个区域（2 个区域是重复的），每个区域都可以独立加权计算曝光等级，如中间部分就可以加到其余区块的 9 倍，因此，一个在画面中间位置的目标可以看得非常清晰，因为曝光主要是参照中间区域的光线等级进行计算的。

当背景光补偿为开启时，摄像机仅对整个视场的一个子区域求平均来确定其 AGC 工作点，此时，如果前景目标位于该子区域内时，则前景目标的可视性有望改善。

5. 可变电子快门 AES（Automatic Electronic Shutter）

在 CCD 摄像机内，是用光学电控影像表面的电荷积累时间来操纵快门。以电子的方式控制摄像机 CCD 的累积时间故称为电子快门。

电子快门的时间在 $1/50 \sim 1/100\ 000$s 之间。摄像机的电子快门一般设置为自动电子快门方式，可根据环境的亮暗自动调节快门时间，从而得到清晰的图像。有的摄像机允许用户自行手动调节快门时间，以适应某些特殊的应用场合。

当电子快门关闭时，对 NTSC 摄像机，其 CCD 累积时间为 1/60s；对于 PAL 摄像机，则为 1/50s。当摄像机的电子快门打开时，对于 NTSC 摄像机，其电子快门以 261 步覆盖从 1/60~1/10 000s 的范围；对于 PAL 型摄像机，其电子快门则以 311 步覆盖从 1/50~1/10 000s 的范围。

当电子快门速度增加时，在每个视频场允许的时间内，聚焦在 CCD 上的光减少，结果将降低摄像机的灵敏度。然而，较高的快门速度对于观察运动图像会产生一个"停顿动作"效应，这将大大地增加摄像机的动态分辨率。

6. 超级 HAD 图像传感器 Super-HAD（Super Hole Accumulation Diode）

空穴累积二极管技术 HyperHAD（Hole Accumulated Diode）是通过在每一个 CCD 像素上精确安装的微型镜头 OCL（On Chip Lens）而把光线会聚到感光区域，使得 HyperHAD 传感器有高灵敏度。

内置应用 Super-HAD 电子画质提升技术的 CCD 影像感应器，可提高 CCD 的感应性能及加强数码信号处理功能，从而有效地于拍摄影像时降噪及减低不必要的干扰，令画面更清晰明丽，色彩层次更分明，这在现场光源不足或拍摄夜景时效果尤为显著。

（三）摄像机的分类

目前，摄像头的主要传感部件是 CCD，它具有灵敏度高、畸变小、寿命长、抗震动、抗磁场、体积小、无残影等特点。

依摄像机采用技术的不同，摄像机可分为模拟式摄像机、数字信号处理（DSP）摄像机、数字摄像机（DV 格式）及网络数字摄像机等；依摄像机成像光源分类，有正常照度可见光摄像机、低照度摄像机（采用双 CCD 作彩色黑白转换的日夜两用型、单 CCD 同轴多重型摄像机、低速快门帧累积型摄像机）及夜视红外摄像机等。同时，随着技术的进步，摄像机的体积也越来越小，小型化和微型化是发展的趋势；此外，目前大多数摄像机还内置有字符发生器，甚至是中文字符发生器，可方便地指明摄像位置和摄像时间。

1. 摄像机的色彩

依成像色彩划分，摄像机可分为彩色摄像机和黑白摄像机。

（1）彩色摄像机：适用于景物细部辨别，如辨别衣着或景物的颜色。因有颜色而使信息量增大，信息量一般认为是黑白摄像机的 10 倍。

（2）黑白摄像机：适用于光线不充足及夜间无法安装照明设备的地区，在仅监视景物的位置或移动时，可选用分辨率高于彩色摄像机的黑白摄像机。

彩色/黑白自动转换型摄像机适用于光线有较大变化的室外场合。一般是白天以彩色成像，当接近黄昏照度或低于某一阈值时开始至夜间以黑白成像。

一般，黑白摄像机的灵敏度要比彩色摄像机高，比较适合用于光线不足的地方。如果使用的目的只是监视景物的位置和移动，可采用黑白摄像机；如果要分辨被摄像物体的细节，如分辨衣服和景物的颜色，则采用彩色的较好。

2. 摄像机的分辨率

依分辨率划分，摄像机可为高、中、低三档。

（1）低档型：影像像素在 38 万左右、彩色分辨率为 420 线、黑白分辨率为 500 线左右。

（2）中档型：影像像素在 38 万~60 万之间、彩色分辨率为 480 线、黑白分辨率为 600 线上下。

（3）高档型：影像像素在 60 万以上、彩色分辨率大于或等于 580 线、黑白分辨率为

700 线以上。

3. 摄像机的灵敏度

通常，用最低环境照度的要求来表示摄像机的灵敏度。依照灵敏度的不同，可将摄像机分为 4 种照度的摄像机。

（1）普通型：正常工作所需照度为 1～3lx。

（2）月光型：正常工作所需照度为 0.1lx 左右。

（3）星光型：正常工作所需照度为 0.01lx 以下。

（4）红外照明型：原则上可以为零照度，采用红外光源成像。

黑白摄像机的灵敏度为 0.02～0.5lx，彩色摄像机多在 1lx 以上。0.1lx 的摄像机用于普通的监视场合；在夜间使用或环境光线较弱时，推荐使用 0.01lx 的摄像机；与近红外灯配合使用时，也必须使用低照度的摄像机。

另外，摄像机的灵敏度还与镜头有关，0.97lx/$F.75$ 相当于 2.5lx/$F1.2$，也相当于 3.4lx/$F1$。

参考环境照度：夏日阳光下 100 000lx，阴天室外 10 000lx，电视台演播室 1000lx，距 60W 台灯 60cm 桌面处 300lx，室内日光灯 100lx，黄昏室内 10lx，20cm 处烛光 10～15lx，夜间路灯 0.1lx。

（四）摄像机应用技术

1. 摄像机的基本设置

（1）AGC ON/OFF（自动增益控制）。摄像头内有一个将来自 CCD 的信号放大到可以使用水准的视频放大器，其放大即增益，等效于有较高的灵敏度；然而，在亮光照的环境下放大器将过载会使视频信号畸变。当开关在 ON 时，在低亮度条件下完全打开镜头光圈，自动增加增益可获得清晰的图像；开关在 OFF 时，在低亮度下可获得自然而低噪声的图像。

（2）ATW ON/OFF（自动白平衡）。开关拨到 ON 时，通过镜头来检测光源的特性/色温，从而自动连续设定白电平，即使特性/色温改变也能控制红色和蓝色信号的增益。

（3）ALC/ELC（自动亮度控制/电子亮度控制）。当选择 ELC 时，电子快门根据射入的光线亮度而连续自动改变 CCD 图像传感器的曝光时间（一般为 1/50～1/10 000s 连续调节）。选择这种方式时，可以用固定或手动光圈镜头替代 ALC 自动光圈镜头。

需要注意的是：在室外或明亮的环境下，由于 ELC 控制范围有限，因此还是应该选择 ALC 式镜头；在某些独特的照明条件下，可能出现下列情况：

1）在聚光灯或窗户等高亮度物体上有强烈的拖尾或模糊现象。

2）图像明显闪烁和色彩重现性不稳定。

3）白平衡有周期性变化，如果发生这些现象，则应使用 ALC 镜头。

以固定光圈镜头采用 ELC 方式时，图像的景深可能小于使用 ALC 式镜头所获得的景深。因此，摄像头在完全打开固定光圈镜头而采用 ELC 方式时，景深会比使用 ALC 式镜头时小，而且图像上远处的物体可能不在焦点上。当镜头为自动光圈镜头时，需要将开关拨到 ALC 方式。

（4）BLC ON/OFF（背光补偿开关）。当强大而无用的背景照明影响到中部重要物体的清晰度时，应该把开关拨到 ON 位置，但应注意：

1）当与云台配用或照明迅速改变时，建议把该开关放在 OFF 位置，因为在 ON 位置时，镜头光圈速度变慢。

2）如果所需物体不在图像中间时，背光补偿可能不会充分发挥作用。

（5）LL/INT（同步选择开关）。此开关用以选择摄像头同步方式，INT 为内同步；LL 为电源同步。有些摄像头还有一个 LL PHASE 电源同步相位控制器。当摄像头使用于电源同步状态时，此装置可调整视频输出信号的相位，调整范围大概为 1 帧（调整需要专业人员进行）。

（6）VIDEO/DC（镜头控制信号选择开关）。ALC 自动光圈镜头的控制信号有两种，当需要将直流控制信号的自动光圈镜头安装在摄像头上时，应该选择 DC 位置；需要安装视频控制信号的自动光圈镜头时，应该选择 VIDEO 位置。

当选择 ALC 自动光圈视频驱动镜头时，还会有一个视频电平控制（VIDEO LEVEL L/H）需要调整，该控制器调节输出给自动光圈镜头的控制电平，用以控制镜头光圈的开大和缩小（凹进光亮）。

在摄像头的配件中，有一个黑色的小插头，插头有 4 个针，可连接摄像头上的黑色插座。如果用 DC 驱动的自动光圈镜头，镜头上已经做好了插头，只要插在插座上，把选择开关拨到 DC 即可；如果用视频驱动的自动光圈镜头，用户需要根据说明书上的标注，用烙铁焊好。由于厂家定义不同，所以焊法也有区别，安装时应留意。

（7）SOFT/SHARP（细节电平选择开关）。该开关用以调节输出图像是清晰（SHARP）还是平滑（SOFT），通常出厂设定在 SHARP 位置。

（8）FLICKERLESS（无闪动方式）。在电源频率为 50Hz 的地区，CCD 积累时间为 1/50s，如果使用 NISC 制式摄像机，其垂直同步频率为 60Hz，这样将造成视觉影像不同步，在监视器上出现闪动；反之，在电源为 60Hz 的地区用 PAL 制式摄像机也会产生此现象。

为克服此现象，在电子快门处设置了无闪动方式挡，对 NISC 制式摄像机提供 1/100s、对 PAL 制式摄像机提供 1/120s 的固定快门速度，以防止监视器上图像出现闪烁。

（9）手动电子快门。有些用户使用 CCD 摄取运动速度较快的物体，如果以 1/50s 速度拍摄，则会产生拖尾现象，严重影响图像质量。有的摄像头给出了手动电子快门，使 CCD 的电荷耦合速度固定在某一值，如 1/500、1/1000、1/2000 s 等，此时 CCD 的电荷耦合速度提高，这样采集下来的图像相对来说会减少拖尾现象，而且观测高速运动或电火花一类物体时，必须使用此设置。所以，某些专用摄像头给出了手动电子快门，可提供给特殊用途的用户。

（10）色彩调整。对于大多数应用而言，是不需要对摄像机作色彩调整的，如需调整，则应细心，以免影响其他色彩。可调色彩方式有：红色—黄色色彩增加，此时将红色向洋红色移动一步；红色—黄色色彩减少，此时将红色向黄色移动一步；蓝色—黄色色彩增加，此时将蓝色向青蓝色移动一步；蓝色—黄色色彩减少，此时将蓝色向洋红色移动一步。

2. 摄像机的测试

测试摄像机主要是测试清晰度、色彩还原性、照度、逆光补偿，其次是测其球形失真、耗电量及最低工作电压。

（1）清晰度测试。多个摄像机进行测试时，应使用相同镜头（推荐使用定焦、二可变镜头），以测试卡中心圆出现在监视器屏幕的左右边为准，清晰准确地数出已给的刻度线共 10 组垂直线和 10 组水平线，分别代表着垂直清晰度和水平清晰度，且相应的一组已给出了线数。

如垂直 350 线、水平 800 线、则此时最好用黑白监视器。测试时，可在远景物聚焦，也可边测边聚焦。最好能两者兼用，可看出此摄像机的差异（对远近会聚）。

（2）彩色还原性测试。测试此参数应选好的彩色监视器。首先远距离观察人物、服饰，看有无颜色失真，并与色彩鲜明的物体对比，看摄像机反应的灵敏度；将彩色画册放在摄像机前，看画面勾勒的清晰程度；再者，应对运动的彩色物体进行摄像，看有无彩色拖尾、延滞、模糊等。测试条件：摄像机最低照度在 50V 时，应在（50＋10）V 照度的情况下测量，即每摄像机最低照度的基础上加 10V，且光圈应保持最接近状态。

（3）照度测试。将摄像机置于暗室，暗室前后设有 220V 白炽灯，并设有调压器，以调节电压高低来调节暗室内灯的明暗，电压可以从 0V 调到 250V，室内光照也可从最暗调至最明。测试时，把摄像机光圈均开至最大时，记录下一个最低照度值（把有源灯用调压器调暗至看不清暗室内置画面），再把光圈打至最小并记录下一个最低照度值，也可前后灯分别调压明灭。

（4）逆光补偿测试。测试此参数有两种方法：一种是在暗室内，把摄像机前侧调压灯打开，调至最亮时，在灯的下方放置一图画或文字，将摄像机迎光摄像，看图像和文字能否看清，画面刺不刺眼，并调节 AL、AX 拔挡开关，看有无变化，哪种效果最好；另一种是在阳光充足的情况下把摄像机向窗外照，此时看图像和文字能否看清楚。

（5）球形失真测试。将测试卡置于摄像机前端，使整个球体出现在屏幕上，看圆球形有无椭圆，把摄像机前移，看圆中心有无放大，再远距离测试边、角、框有无弧形失真等。

（6）耗电量测试。在最低工作电压下，使用万用表测量电流，使用小稳压器调节电压。

三、摄像机安装套件

摄像机安装套件包括支架、云台和防护罩。防护罩是为了保证摄像机和镜头有良好工作环境的辅助性装置，它将二者包含于其中；支架是固定云台及摄像机防护罩的安装部件。一般方式为在支架上安装云台，再将带或不带防护罩的摄像机固定在云台上。

（一）云台与支架

1. 支架

普通支架有短的、长的、直的、弯的，可根据不同的要求选择不同的型号。室外支架主要考虑负载能力是否合乎要求，再就是安装位置。实践中，很多室外摄像机安装位置特殊，有的安装在电线杆上，有的立于塔吊上，有的则安装在铁架上。

由于种种原因，现有的支架可能难以满足要求，需要另外加工或改进。制作支架的材料有塑料、金属镀铬、压铸等。

支架多种多样，依使用环境和结构不同，主要分为以下类型：

（1）吊装支架。吊装支架又称天花板顶基支架，其一端固定在天花板上；另一端为可调节方向的球形旋转头或可调倾斜度平台，以便摄像机对准不同的方位。吊装支架又有直管圆柱形和 T 形之分。

（2）壁装支架。壁装支架又称墙壁安装型支架，其一端固定在墙壁上，垂直平面用于安装摄像机或云台；对于无云台的摄像机系统，其摄像机可以直接固定在支架上，也可以固定在支架上的球形旋转接头或可调倾斜平台上。

墙用支架加上安装连板可构成墙角支架；墙角支架再加上圆柱安装连板，则可将其安装在圆柱杆上。常用支架如图 3-10 所示。

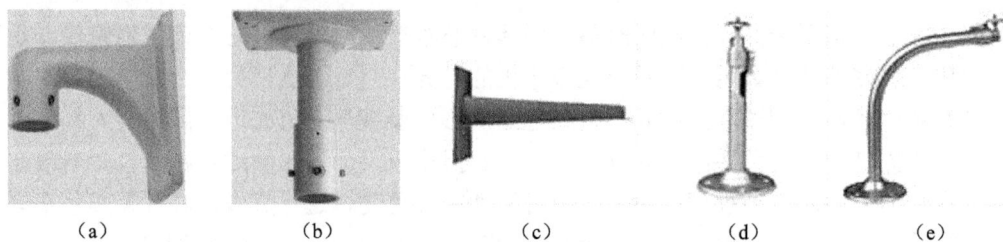

图 3-10 常用支架

(a) 壁装支架件；(b) 吊装支架件；(c) 一形支架；(d) I 形铝支架；(e) L 形铝支架

2. 云台

云台是安装、固定摄像机的支撑设备。云台与摄像机的配合使用能扩大监视范围，从而提高摄像机的效率。

云台的种类很多，从操作方式上分为手动云台和电动云台两种；从使用环境区分，有室内型云台、室外型云台、防爆云台、耐高温云台和水下云台等；根据外观分类，有普通型云台、半球形云台和全球形云台；根据安装方式分类，有吸顶云台、侧装云台和吊装云台；根据功能划分，有智能型云台和普通云台；根据云台转速划分，有低速云台、中速云台和高速云台（多为高速球形摄像机）。常用云台如图 3-11 所示。

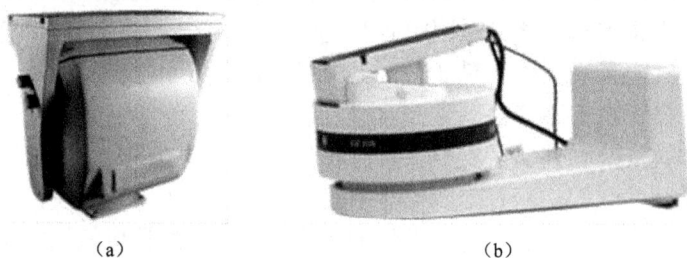

图 3-11 常用云台

(a) 室外重型云台；(b) 室内轻型云台

（1）云台的特点。手动云台又称固定云台、支架或半固定支架，适用于监视范围不大的情况。手动云台一般由螺栓固定在支撑物上，且摄像机方向的调节有一定的范围，调整方向时可松开方向调节螺栓进行。一般，水平方向可调 150°～300°，垂直方向可调 ±45°。调好后旋紧螺栓，摄像机的方向就固定下来。在固定云台上安装好摄像机后，可调整摄像机的水平和俯仰角度，达到最好的工作姿态后锁定调整机构即可。

电动云台适用于对大范围的扫描监视，它可以扩大摄像机的监视范围。电动云台高速姿态是由两台执行电动机来实现。电动机接受来自控制器的信号精确地运行定位。在控制信号的作用下，云台上的摄像机既可自动扫描监视区域，也可在监控中心值班人员的操纵下跟踪监视对象。

电动云台根据其回转的特点可分为只能左右旋转的水平旋转云台和既能左右旋转又能上下旋转的全方位云台。

电动云台内装两个电动机。其中，一个负责水平方向的转动；另一个负责垂直方向的转动。有的云台只能左右旋转，故称水平云台；有的云台既能左右旋转又能上下旋转，故称全方位云台。

室内用云台承重小，没有防雨装置；室外用云台承重大，有防雨装置。高档的室外云台除有防雨装置外，还有防冻加温装置。

在现代建筑的监视系统中，最常用的是室内和室外全方位普通云台。

（2）云台的主要指标：

1）回转范围。云台的回转范围分水平旋转角度和垂直旋转角度两个指标。水平旋转角度决定了云台的水平回旋范围，一般为 0°～350°；垂直转动则有±35°、±45°、±75°等。水平及垂直转动的角度的大小可通过限位开关进行调节。

2）承重。云台的最大承载能力是指云台能承受的质量大小。轻载云台：最大负重 20 磅（9.08kg）；中载云台：最大负重 50 磅（22.7kg）；重载云台：最大负重 100 磅（45kg）。

室内摄像机防护设备简单、质量轻，所以室内云台的承载能力设计得很小，一般为 8kg 左右，可选用轻载云台。

室外云台必须有防水性能，同时，与其相配合的室外防护罩由于考虑全天候工作，有的还有防冻加温装置，体积大，质量也大，所以其承载能力设计得较大，一般在 15kg 以上，可选用中载云台。

防爆云台用于危险环境下能够防爆和防粉尘点燃的云台，带高转矩交流电动机和可调螺杆驱动，所以其承载能力设计得较大，一般在 25kg 以上，可选用重载云台。

3）控制方式。一般的电动云台，控制线为 5 根，其中 1 根为电源的公共端，另外 4 根分为上、下、左、右控制。有的云台还有 1 个自动转动端。当电源的一端接在公共端，另一端接在自动端时，云台将带动摄像机头按一定的转动速度进行上、下、左、右的自动转动。

云台的安装位置距控制中心较近且数量不多时，一般采用从控制台直接输出控制信号，用多芯控制电缆进行直接控制；而当云台的安装位置距离控制中心较远且数量较多时，往往采用总线方式传送编码的控制信号，并通过终端解码箱解出控制信号再去控制云台的转动。

4）旋转速度。在对目标进行跟踪时，对云台的旋转速度有一定的要求。从经济上考虑，普通云台的转速是恒定的，水平旋转速度一般为 3～10°/s，垂直为 4°/s 左右。

云台的转速越高，电动机的功率就越大，价格也越高。有些应用场合需要在很短的时间内移动到指定的位置，此时，一方面要求有位置控制；另一方面要求有很高的转速。

5）电源供电电压。目前常见的有交流 24V 和 220V 两种。特殊的还有直流 12V。选择时，要结合控制器的类型和系统中其他设备统一考虑。云台的耗电功率，一般是承重量小的功耗小，承重量大的功耗大。

（二）防护罩

1. 防护罩的功能与分类

很多摄像机是设置在条件相当恶劣的环境中工作的，因此必须加装对摄像机进行相应保护的防护外罩，这样才能保证摄像机正常工作，并延长其使用寿命。常用防护罩如图 3-12 所示。

摄像机若放置在室外，则要经受风吹雨淋日晒，在高寒地区，还要经受酷暑和严寒，温差变化很大，在环境恶劣条件时还可能有粉尘或水雾，这些都将造成摄像机不能正常工作，也会缩短摄像机的使用寿命，为此，需要安装防护罩，将摄像机和镜头放置于其中，从而为其创造出适宜的工作环境。防护罩适用温度范围为 −40～+50℃，湿度范围为 95%，最好还

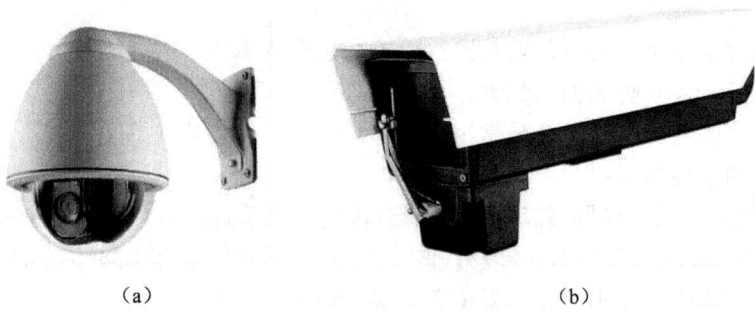

图 3-12　常用防护罩

(a) 室内外球形防护罩；(b) 室外枪形防护罩

有雷击保护装置。

（1）防护罩的功能。防护罩的功能有：起隔热作用的太阳罩；摄像机防护罩雨刷的开关；摄像机防护罩降温风扇的开关（大多数采用温度控制自动开关方式）；摄像机防护罩除霜加热器的开关（大多数采用低温时自动加电，至指定温度时自动关闭的方式）。

（2）防护罩的种类。摄像机防护罩按其功能和使用环境可分为通用型防护罩和特殊型防护罩。

通用型防护罩按照安装环境划分为室内防护罩和室外防护罩；按照形状划分，一般可分为枪式防护罩、球形防护罩和坡形防护罩。

有时，摄像机必须安装在高度恶劣的环境下，不仅要像通用室外防护罩一样具有高度密封、耐高寒、耐酷热、抗风沙、防雨雪等特点，还要防砸、抗冲击、防腐蚀，甚至需要在易爆环境下使用，因此必须使用具有高安全度的特殊防护罩。

特殊型防护罩按用途分为高安全度防护罩、高防尘防护罩、防爆防护罩和高温防护罩等。此外，对于特殊应用场合还有特种防护罩，如铠装高安全度防护罩、电梯用特种护罩、防尘和防爆护罩、耐高压和水冰护罩等。

2. 室内与室外防护罩

（1）室内防护罩。室内防护罩必须能够保护摄像机和镜头，使其免受灰尘、杂质和腐蚀性气体的污染，同时要能够配合安装地点而达到防破坏的目的，其主要功能是保护摄像机、防尘、通风、防盗及防破坏。有时也考虑隐蔽作用，应不易察觉。防护罩的要求比较简单，带有装饰性的隐蔽防护外罩也经常利用。例如，带有半球形玻璃防护罩的 CCD 摄像机，其外形类似一般照明灯具，可安装在室内天花板或墙上。

室内防护罩一般用涂漆或经氧化处理的铝材、涂漆钢材或塑料制成。如果使用塑料，则应使用耐火型或阻燃型。防护罩必须有足够的强度，安装界面必须牢固，视窗应该是清晰透明的安全玻璃或塑料（聚碳酸酯）。电气连接口的设计位置应便于安装和维护。

（2）室外防护罩。摄像机工作温度为 $-5\sim+45℃$，而最合适的温度是 $0\sim30℃$，否则会影响图像质量，甚至损坏摄像机。因此，室外防护罩要适应各种气候条件，如风、雨、雪、霜、低温、曝晒、沙尘等。此外，室外防护罩会因使用地点的不同配置如遮阳罩、内装/外装风扇、加热器/除霜器、雨刷器、清洗器等辅助设备。该防护罩比室内防护罩要求高，其主要功能有防尘、防晒、防雨、防冻、防结露、防雪和通风。

1）室外防护罩密封性要高，以避免雨水进入。同时，进线口要开在防护罩的下方，避免雨水顺线缆倒流入防护罩。在防护罩前方还应安装雨刷，以便及时清理所积雨水和污垢，从而使摄像机能通过玻璃摄取清晰的图像。罩前或玻璃上除霜器可在视窗积霜时将其融化。

2）防护罩内应装有加热器，在温度较低的环境中进行加热，以提升防护罩内部温度，确保摄像机/镜头正常工作；内装或外装风扇可使防护罩内空气流通，以降低防护罩内的温度。

室外型防护罩的辅助设备控制功能有自动控制和手动控制两种，如加热器/除霜器、风扇都是由防护罩内部的温度传感器自动启动或关闭的，而雨刷器、清洗器等的动作则是由控制人员通过对控制设备的操作来实现的。

室外防护罩一般使用铝材、带涂层的钢材、不锈钢或可以使用在室外环境的塑料制造。制造材料必须能够耐受紫外线的照射，否则会很快出现裂纹、褪色、强度降低等老化现象。在需要防护罩耐用、具有高安全度、可抵抗人为破坏的环境中应使用不锈钢防护罩；经过适当处理的铝防护罩也是一种性能优良的防护罩，其处理方法有聚氨酯烤漆、阳极氧化及阳极氧化加涂漆三种。在有腐蚀性气体的环境中不应选择铝制或钢制互助；在盐雾环境中应使用不锈钢或特殊塑料制成的防护罩。

另外，为增加防护罩的安全性能，防止人为破坏，很多防护罩上还装有防拆开关，一旦防护罩被打开，则将发出报警信号。

3. 枪形、球形、坡形防护罩

（1）枪形防护罩。枪形防护罩是监控系统最为常见的防护罩，其成本低、结实耐用、尺寸多样、式样美观。室内枪形防护罩不需要进行特殊的防锈处理，一般使用涂漆或阳极氧化处理的铝材、钢材或高抗冲塑料，如聚氯乙烯（PVC）、工程塑料（ABS）或聚碳酸酯等材料制造。

枪形防护罩的开启结构有顶盖拆卸式、前后盖拆开式、滑道抽出式、顶盖撑杆式、顶盖滑动式等，各种结构方式都是以安装、检修、维护方便为目的。

（2）球形防护罩。球形防护罩有半球形和全球形两种。一般，室外应用大多采用全球形防护罩；室内应用中则会根据现场环境选择半球或全球形防护罩。全球形防护罩一般使用支架悬吊式或吸顶式安装；半球形防护罩最常见的是吸顶式和天花板嵌入式安装。

能够为球罩内镜头提供场景光线的塑料球罩有透明、镀膜（镀有半透明的铝或铬）和茶色三种。在球罩为保护摄像机、镜头而不需要隐蔽摄像机的监视方向时，常采用透明球罩。透明球罩的光线损失最小（10%～15%）。如果希望隐藏摄像机的监视方向，以获得附加的安全效果，就需要选用镀膜或茶色球罩。光线通过镀膜球罩后会衰减约 2 个 f-stop（相当于衰减 75%），相对来说，茶色球罩效果较好，光线衰减只有 1 个 f-stop，约 50%。

与枪形防护罩视窗使用的平面塑料或玻璃的出色光学质量和透光性能不同，所有球罩都会给图像带来一定程度的光学失真，高质量球形防护罩的光学失真很小。摄像机的轴线必须与球罩交点的外切平面垂直，这样失真至少是均匀的，最主要的影响是镜头的焦距产生微小的变化，这种变化一般不易察觉或不令人生厌，否则图像会出现水平或垂直方向的拉伸，尤其在球罩内装有云台时，摄像机一旦转动，图像的失真就很容易被发现。因此，光学失真是检验球罩的重要指标。

室外型的球罩与枪形防护罩相似，除了密封防护等级要满足室外环境使用外，内部还装有风扇、加热器等装置，以补偿室外环境温度的变化。由于球罩不能像枪形防护罩那样安装雨刷器，因此一般都配有防雨檐或其他类似的装置，以防止过多雨水经下球罩滴落而形成水渍，同时还具有一定的遮阳效果。

（3）坡形防护罩。坡形防护罩采用吸顶嵌入式安装，防护罩的后半部分隐藏在天花板内，外面只暴露前面窗口部分，便于隐蔽。由于俯仰角度不能调整，因此使用环境有限，适合楼道走廊使用。

4. 特殊防护罩

（1）高安全度防护罩。这种防护罩一般也称作铠装防护罩，其适合安装在监狱或其他容易遭到破坏的场所，主要由 0.134in 厚的 10 号焊接钢制成，窗口材料为 1/2in 厚、经过抗磨损处理的聚碳酸酯。防护罩可经受铁锤、石块或某些枪弹的冲击而不会洞穿或开裂。机壳以大号机械锁封闭，不宜拆开。

（2）高防尘防护罩。高防尘防护罩与通用防护罩类似，不同的是，这种防护罩与外界完全隔绝，可以在多沙和多灰尘的环境中使用，如果使用不锈钢材料，则还可以用于腐蚀性的环境中。视窗材料为回火玻璃，可提供最大的安全性、耐腐蚀和耐磨损性。为避免罩内温度过高，常配有遮阳罩和风扇，也可以通过经过过滤的外部压缩空气源来维持罩内温度。

（3）防爆防护罩。防爆防护罩与防爆云台的防爆要求相同，也必须符合防爆和防粉尘爆炸电器设备的安全规定，其所用材料与云台相同，通常为厚壁全铝结构或不锈钢结构。防爆防护罩的直径一般为 6、8、10in 等，引入线接口都配有防爆密封件。

（4）高温防护罩。高温防护罩是指摄像机应用在高于 40℃，靠自然对流和辐射换热不能达到正常工作温度的环境时，保护摄像机、镜头正常工作的防护罩。对于高温环境，防护罩应采取特殊的冷却降温手段。常见的冷却系统有风冷系统、水冷系统，冷却方式则有涡旋制冷、氟利昂、氨制冷等。

风冷系统仍然使用的是空气流动的冷却原理，采用强迫通风的方式将冷却剂（净化空气）送入防护罩或防护罩隔层中，将防护罩内热量带出，从而达到冷却的目的。强迫通风冷却系统有直接冷却和间接冷却两种。

在环境温度高于 80℃（如加热炉、炼钢炉等）且靠强迫风冷已无法控制温升时，可采用强迫水冷系统。水的热导率和比热容均比空气要大，因此与风冷相比，大大减少了有关换热环节的热阻，提高了换热效率。防护罩含有内建的水夹套，可以有效地将摄像机和镜头与外界环境隔离。根据用途的不同，材料可以是铝材或不锈钢。防护罩内部装有风扇，可使罩内空气往复循环，以提高热传递效率。强迫水冷系统有两种基本形式，一种是水冷防尘型，其结构较为简单，不带报警装置和空气滤清系统，镜头可使用定焦或变焦镜头，用于 80℃ 的环境；另一种是炉内高温型，可用于温度高达 1600℃ 的环境，其结构较为复杂，整个系统有报警、空气滤清系统、维修快门和高温自动退出系统。

四、解码器与前端控制技术

为满足视频监控系统实际工作时的不同需要，使系统操作简单可靠和易于自动化，就要对系统各部分进行电动或自动控制。

1. 控制的类型

（1）摄像机的控制。摄像机的控制主要包括摄像机电源的通断、摄像机的快速启动以及对摄像器件的一些其他控制等。

（2）镜头的控制。主要是对其焦距、光学聚焦、光圈三者进行控制。目前，一般均在控制室内用控制器对其进行电动遥控。

1）变焦控制：长/短，远望/广角。

2）光学聚焦控制：远/近。

3）光圈控制：启大/闭小，自动光圈镜头可自动设定。

（3）防护罩的控制。对防护罩的控制主要是对防护罩上的刮水器、降温冷却装置及防霜加热器等的控制。

（4）电动云台的控制。对电动云台的控制主要是控制其左、右旋转和上、下俯仰。传动机构中一般均设有限位开关，当转到一定位置时，限位开关便动作，从而切断电动机电源。

（5）视频信号切换器的控制。在规模较小且使用要求不高的闭路电视系统中，仍常采用视频信号切换器。对视频信号切换器的控制有按键、继电器及电子切换单元等多种方式。

2. 控制方式

（1）直接控制方式。上述设备的直接控制是将电压、电流等控制信号直接输入被控设备，即把切换和控制的信号通过专用电缆接到被控点上，其基本结构如图3-13所示。这种控制方式没有中间环节，设备简单，成本低廉，但控制受传输电缆线路电压降的影响（一般允许电压降为10%），所以这种方式控制距离较近。进行直接控制时，必要的电缆芯数见表3-2。

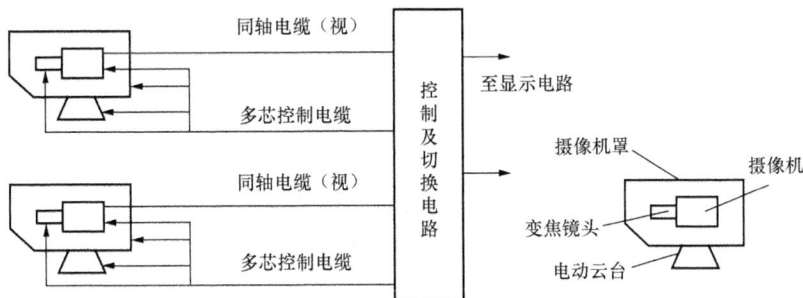

图 3-13 直接控制方式的基本结构

表 3-2   直接控制时必要的电缆芯数

直接控制项目		芯线数	备　注
摄像机电源开关		2	
摄像机罩	刮水器	1～2	
	清洁器	1～2	
	防雷器	—	通常呈自动控制，即只要有 AC 供电即可
电动变焦镜头	变焦	2（1）	适用的模式 AC 和 DC 是不同的，（ ）表示的是 DC 型；光圈为 EE 时，还需要 EE 电路的芯线，因而所需要的芯线将将加
	光学聚焦	2（1）	
	光圈	2（1）	
	共用线	1（1）	
电动旋转云台	左右旋转	2（1）	适用的模式 AC 和 DC 是不同的，（ ）表示的是 DC 型
	上下旋转	2（1）	
	共用线	1（1）	

以视频监控设备中用得较多的室外型旋转云台为例，其控制电缆芯线的截面积一般为 1.25mm²，交流驱动电动机的额定电流一般为 0.5A，从而可算出其电缆最长为 670m。但是，实际上还要把电源电压波动、电缆线的阻抗温度系数、电动机的启动电流等因素考虑进去，这样其最长电缆长度要短一些。一般情况下，摄像端和监视端之间控制电缆的最大长度可根据已知条件算出，通常在 500m 左右。

（2）间接控制方式。当摄像端与监视端相距很远，而控制电缆太长，无法对上述设备进行直接控制时，可以用继电器作间接控制。

间接控制是在摄像机附近处设置一个继电器控制箱，由监视端控制继电器的动作。因为继电器绕阻的阻抗很高，所以控制电流很小，控制线的电压降很低，这样就可以大大增加控制距离。

控制箱内有一个 220V/24V 变压，220V 交流电源从摄像端处取得，变压器将其变为 24V 交流低压或再变成直流，供给被控设备，以实现遥控。间接控制方式的基本构成如图 3-14 所示。

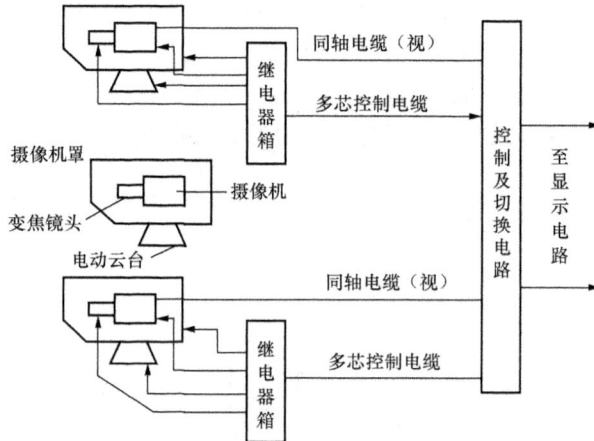

图 3-14　间接控制方式的基本构成

间接控制的最长电缆长度由所使用的继电器吸动电流决定，一般从几百米到一千米左右。在工程实际中，间接控制方式使用较多，但这种间接控制方式在控制线制方面与直接控制方式一样，均是多线制。此外，还有一种间接控制方式是以多频率调制—解调信号作为驱动信号来实现控制操作。

（3）总线控制方式。总线控制方式是对整个控制功能的传输单独组网的控制方式，其基本构成如图 3-15 所示。监视端的微处理机将控制指令编码后变成串行数字信号送入传输总线，在摄像端的解码电路对其进行解码识别，然后通过驱动电路执行相应指令，这样，只需两条线就可实现对整个系统的控制，从而使控制线大大减少。

（4）几种控制方式的比较。总线控制方式与直接和间接控制方式相比，在系统增容、控制项目扩展和实行计数分级控制等方面具有很大的灵活性，实现起来非常容易，要做的工作主要是更改微处理机的软件，而控制线不需任何变动。

因此，总线控制方式得到了越来越广泛的应用，特别是在远距离、大型系统中更是如此。但在只有几台摄像机、控制距离较近的小型系统中，使用直接控制方式则比较实惠。

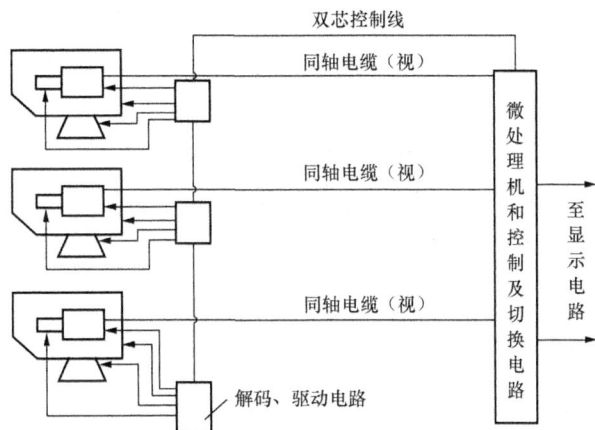

图 3-15 总线控制方式的基本构成

3. 解码器

（1）解码器的概念。解码器是完成对摄像机镜头、云台的总线方式控制的设备。在具体的视频监控系统工程中，解码器属于前端设备，它一般安装在配有云台及电动镜头的摄像机附近，有多芯控制电缆直接与云台及电动镜头相连，另有通信线（通常为两芯护套线或两芯屏蔽线）与监控室内的系统主机相连，如图 3-16 所示。

（a） （b）

图 3-16 室外型（外置解码器）

（a）与支架一体式；（b）单独安装式

同一系统中有很多解码器，所以每个解码器上都有一个拨码开关，它决定了该解码器在该系统中的编号（即 ID 号），使用解码器时，首先必须对拨码开关进行设置。设置时，必须跟系统中的摄像机编号一致，如不一致，则会出现操作混乱。例如，当摄像机的信号连接到主机第一视频输入口（即 CAM1）时，相对应的解码器的编号应设为 1。否则，操作解码器时，很可能在监视器上看不见云台的转动和镜头的动作，甚至可能认为此解码器有故障。

（2）解码器的使用。变焦镜头通常有光圈、聚焦、变焦 3 个电动机，可以正反向旋转，6 个动作分别称为光圈大、光圈小、聚焦远、聚焦近、变倍长和变倍短。变焦镜头的电机大部分是直流电机，直流电机加反相电压后就会倒转，3 个电机如果用一个公共接地端，则共有 4 根控制线。

电动云台通常有水平旋转和俯仰两个电机，也可以进行正反向旋转。当一个绕组接交流电压时，另一绕组经移相电容接入交流电压；当交流电压分别从两个绕组接入时，电机正、反向旋转。两个电机的公共端接在一起，共有 5 根控制线。

当摄像机与控制台间距离较小时，可用直接控制方式来操作摄像机，这时可用多芯电缆将 10 个动作的控制电压从控制线传到摄像机处。变焦镜头的 3 个直流电压需要 4 芯控制线，电动云台 2 个交流电机需要 5 芯控制线，因此一共要 9 芯控制线。如果再加上电源控制、雨刷控制，就需用 13 芯电缆。用多芯电缆传送电动云台和变焦镜头的控制电压原理简单、工作可靠，但其缺点是浪费线材，且有很多能量消耗在传输电缆上，因此只适于近距离使用，一般不超过 100m。

当摄像机与控制台之间的距离超过 100m 时，则采用总线编码方式来操作摄像机。1 个摄像机的电动云台和镜头配备 1 个解码器，解码器主要是将控制器送来的串行数据控制代码转换成控制电压，从而能正确自如地操作摄像机的电动云台和镜头。目前，控制距离较远、电动云台和变焦镜头较多的场合常用上述方式，控制电缆可由 13 芯改为 2 芯，且电机的驱动电源就地供给，避免了电机驱动电源长途传送时的能量损失。

解码器除了对摄像机的电动云台和变焦镜头进行控制外，有的还能对摄像机电源的通/断进行控制。

在以视频矩阵切换与控制主机为核心的系统中，每台摄像机的图像需经过单独的同轴电缆传送到矩阵切换与控制主机。对摄像前端云台与镜头的控制，除近距离和小系统采用多芯电缆作直接控制外，一般是由矩阵切换与控制主机经由双绞线等先送至解码器，由解码器先对传送来的信号进行译码，即确定对哪台摄像单元执行何种控制动作，再经固态继电器作功率放大，从而驱动指定的云台或镜头，完成指定的控制动作，如图 3-17 所示。

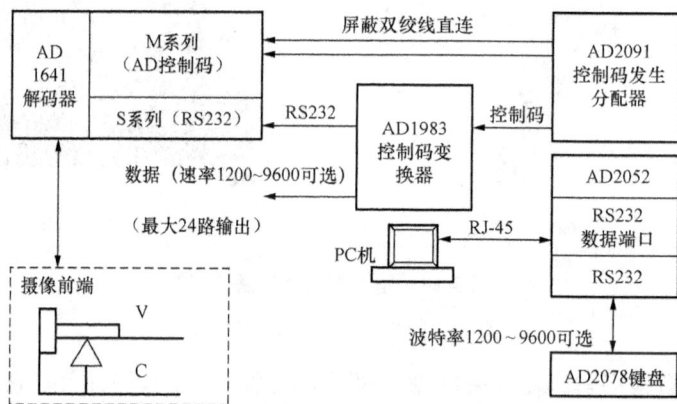

图 3-17 典型产品控制信号的连接方式

（3）解码器的功能：

1）前端摄像机电源的开关控制，以 220V AC 或 24V AC 提供给摄像机，以 6～12V DC 输出提供给变焦镜头，用以改变镜头的聚焦程度、光圈大小和变倍数。

2）对来自主机的控制命令进行译码，以控制对应云台与镜头的运动。目前，各厂家所用控制代码不具开放性，这已成为阻碍各厂家产品可互换的关键。采用的控制代码主要有曼彻斯特码（Manchester）、SECRS422 码、SensorNet 码等，采用的通信协议主要有 PelcoD 协议、松下公司协议等。

3）指令解码器完成的动作包括云台的左右旋转运动、云台的上下俯仰运动、云台的扫描旋转（定速或变速）、云台预置位的快速定位；变焦镜头光圈大小的改变、变焦镜头聚焦的调整、变焦镜头变倍的增减、变焦镜头预置位的定位。

4）通过固态继电器提高对执行动作的驱动能力。

5）与切换控制主机间信息的传输控制。

（4）解码器的类型。视解码器所接收的代码形式的不同，通常有三种类型的解码器：

1）直接接收由切换控制主机发送来曼彻斯特码的解码器。

2）由切换控制主机或控制键盘发送来或是将曼彻斯特码转换后接收的 RS232 或 RS485 输入型解码器，即该类解码器在距离较近时由 RS232 代码直接控制，在距离较远时用 RS485 方式进行控制。

3）经同轴电缆传送代码的同轴视控型解码器。

因此，与不同解码器配合使用的云台存在着相互是否兼容的问题。解码器控制命令传送协议的非开放性造成了目前监控系统不能相互兼容，每个厂家的矩阵切换控制主机难以与其他品牌的云台相匹配也带来了诸多的不便。未来，解码器必须打破此壁垒而具有开放式的结构。但现在也已出现了为了方便连接而内置控制协议的系统。

第二节　控制设备和材料

矩阵切换器就是将一路或多路视音频信号分别传输给一个或者多个显示设备的控制设备，如两台电脑主机要共用一个显示器时，矩阵切换器可以将两台电脑主机上的内容任意切换到同一个或多个显示器上。一般，在多路输入的情况下有多路的输出选择，以形成矩阵结构，即每路输出都可与不同的输入信号短接，同时，每路输出只能接通某一路输入，但某一路输入都可（同时）接通不同的输出。

一般，将形成 $M×N$ 结构的控制器称为矩阵主机或矩阵控制器，而将 $M×1$ 的结构称为视频切换器或选择器，$1×N$ 的结构称为视频分配器。

矩阵的原理是利用芯片内部电路的导通与关闭进行接通与关断，并可通过电平进行控制进而完成信号的选择。

一、视频控制矩阵

1. 矩阵切换器

（1）矩阵切换器的分类：

1）矩阵切换器按类型可分为 HDMI 信号矩阵切换器、DVI 信号矩阵切换器、VGA 信号矩阵切换器、RGB 信号矩阵切换器、音视频信号矩阵切换器和视频信号矩阵切换器 6 种。

2）矩阵切换器的应用按行业分为视频监控行业、广播电视行业、视频会议行业、娱乐演出行业。

3）矩阵切换器按相关产品分为分配器、长线驱动器、选择器、切换矩阵 4 种。

分配器：将单路信号在没有信号损失的情况下分成多路相同的信号，再输出给多个显示设备。

长线驱动器：整合 VGA 信号在长距离传输中出现的拖尾重影等问题。

选择器：将多路输入信号选择其中一路输出给显示设备。

切换矩阵：将多种信号源选择两种或两种以上输出给不同的显示设备。此外还有开关器、倍线器等。

（2）视频切换器的概念。为了使一个监视器能监视多台摄像机信号，就需要采用视频切换器。切换器除了具有扩大监视范围、节省监视器的作用外，有时还可用来产生特技效果，如图像混合、分割画面、特技图案、叠加字幕等。

视频切换器的作用相当于选择开关。因此，可以采用机械开关形式，它虽然简单，但切换时干扰较大；也可以采用电子开关形式，其好处是干扰较少、可靠性强、切换速度快，因此现在 CCTV 都采用电子开关进行切换。

目前，许多系统都有一种自动顺序切换器（又称时序切换器），它不仅能手动选择所需摄取的画面，而且具有自动选择的功能。它可以任意切换视频信号，也可以按设定，自动从一台摄像机顺序切换到另一台摄像机进行监视。

2. 视频矩阵切换控制器的组成

视频矩阵切换控制器的功能是将多台摄像机的视频图像按需要向各个视频输出装置作交叉传送，也称为视频矩阵切换控制主机。

视频矩阵切换控制器是视频监控系统的核心，多为插卡式箱体，内除电源装置外，还插有一块含微处理器的 CPU 板、数量不等的视频输入板、视频输出板、报警接口板等，此外，还有众多的视频 BNC 接插座、控制连线插座及操作键盘插座等。

带环通是指外部接入一路视频信号给矩阵主机的同时，矩阵还可以把这路视频信号传给别的设备，如录像机，这样就可以省一个一分二的视频分配器。

有的视频矩阵主机采用多媒体计算机作为主体控制设备。

按实现视频切换的方式不同，视频矩阵分为模拟视频矩阵和数字视频矩阵。模拟视频的视频切换在模拟视频层完成，信号切换主要是采用单片机或更高档的芯片来控制模拟开关实现；数字视频的视频切换在数字视频层完成，这个过程可以是同步的，也可以是异步的。数字矩阵的核心是对数字视频的处理，需要在视频输入端增加 AD 转换，将模拟信号变为数字信号，而在视频输出端增加 DA 转换，将数字信号再转换为模拟信号输出。视频切换的核心部分由模拟矩阵的模拟开关，变成了对数字视频的处理和传输。

3. 视频矩阵切换主机的规模

所谓视频矩阵切换，就是可以选择任意一台摄像机的图像在任一指定的监视器上输出显示，犹如 M 台摄像机和 N 台监视器构成的 $M \times N$ 矩阵一般，视应用需要和装置中模板数量的多少，矩阵切换系统可大可小，最小型系统可以是 4×1，大型系统可以达到 1024×256 或更大，即 1024 路进、256 路出，即指可以接 1024 路视频输入、256 路视频输出，如图 3-18 所示。

图 3-18　视频矩阵的基本构成

小规模矩阵切换主机也称固定容量矩阵切换主机，其矩阵规模已经固定，在以后的使用中不能随意扩展，如常见的 32×16（32 路视频输入、16 路视频输出）、16×8、8×4 矩阵切换主机。这类主机均属于小规模矩阵切换主机，其特点是产品体积较小、成本低廉。

大规模矩阵切换主机也称可变容量矩阵切换主机，因为这类矩阵切换主机的规模一般都较大，所以在产品设计时，充分考虑了其矩阵规模的可扩展性。在以后的使用中，用户可根据不同时期的需要随意扩展，如常见的 128×32（128 路视频输入、32 路视频输出）、1024×64（1024 路视频输入、64 路视频输出）均属于大规模矩阵切换主机，其特点是产品体积较大、成本相对较高、系统扩展非常方便。

矩阵系统还需要支持级联来实现更高的容量，为了适应不同用户对矩阵系统容量的要求，矩阵系统应该支持模块化和即插即用（PnP），通过增加或减少视频输入、输出卡来实现不同容量的组合。

4．视频矩阵控制器的功能

作为视频矩阵，最重要的一个功能就是实现对输入视频图像的切换输出。准确概括就是：将从任意一个输入通道输入的视频图像切换到任意一个视频输出通道。一般来讲，一个 $M \times N$ 矩阵即表示它可以同时支持 M 路图像输入和 N 路图像输出。

（1）视频矩阵切换主机的主要功能。矩阵主机的这个基本功能就是把任意的一个输入切换到任意的一个输出，把任何一个通道的图像显示在任何一个监视器上，且相互不影响，这又称为"万能切换"。现在还增加了更多的功能，如序列切换、分组切换、群组切换、图像巡游等。此外，监视器能够任意显示多个摄像机摄取的图像信号；单个摄像机摄取的图像可同时送到多台监视器上显示。

视频矩阵主机是视频监控系统中的核心设备，对系统内各设备的控制均是从这里发出和控制的。因此，一个矩阵系统通常还应该包括以下基本功能：视频分配放大、时间地址符号的叠加；报警器接口；可通过主机发出串行控制数据代码去控制云台、摄像机镜头等现场设备；音频同步切换矩阵可选；有控制键盘等。

对国内用户来说，字符叠加应为全中文，以方便不懂英文的操作人员使用。

（2）视频矩阵切换主机的主要作用。有的视频矩阵主机还带有报警输入接口，可以接收报警探测器发出的报警信号，并通过报警输出接口去控制相关设备，从而同时处理多路控制指令，供多个使用者同时使用系统，如图 3-19 所示。

视频矩阵切换主机的主要作用有：

1）接收各种视频装置的图像输入，并根据操作键盘的控制将它们有序地切换到相应的监视器上供显示或记录，以完成视频矩阵的切换功能。通常以电子开关器件实现。

2）接收操作键盘的指令，通过解码器完成对摄像机云台、镜头、防护罩的动作控制。

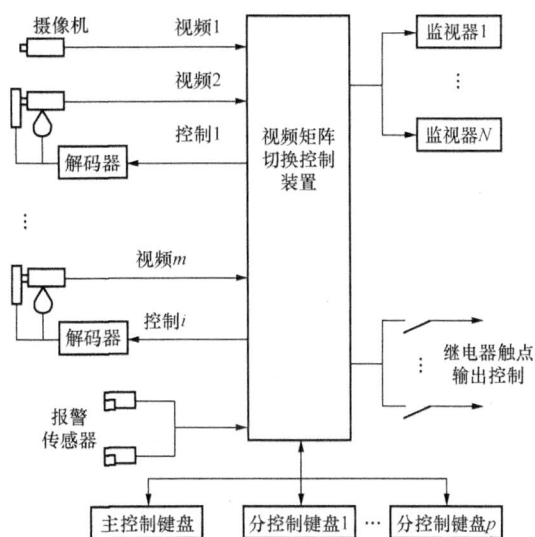

图 3-19 视频矩阵切换主机工作示意图

3）键盘有口令输入功能，可防止未授权者非法使用本系统，多个键盘之间有优先等级安排。

4）可以对系统运行步骤进行编程，有数量不等的编程程序可供使用，可以按时间来触发运行所需程序。

5）有一定数量的报警输入和继电器触点输出端，可接收报警信号输入和端接控制输出。

6）有字符发生器，可在屏幕上生成日期、时间、场所、摄像机号等信息。

5. 视频矩阵切换控制器的控制

（1）控制键盘的控制。视频矩阵切换控制器的功能均是通过键盘操作来实现的，视频切换、前端控制、后端成像、系统编程均通过键盘完成。键盘与视频矩阵切换控制器之间的接口连接大多随产品而不同，一般有 RS485、RS422、RS232 等不同方式，而且键盘不止 1 个，一般最多为 8 个，并将依其控制与响应级别的不同而分为主控键盘和副控键盘，主控键盘只能有 1 个。

视频切换控制主机新的发展趋势一是操作键盘固定于切换控制器的面板上，两者合二为一；二是视频切换控制主机与 PC 机相互融合，使之具有多媒体软件控制功能。

（2）控制变焦镜头的变倍。变焦镜头有调节焦距、改变光圈大小、变换放大倍数（分光学变倍和电子变倍）的功能。对电视监控而言，变焦镜头能够使被观察的图像放大或缩小，便于观察到图像的细节，会逐渐成为监控系统必备和关键的设备之一，如图 3-20 所示。

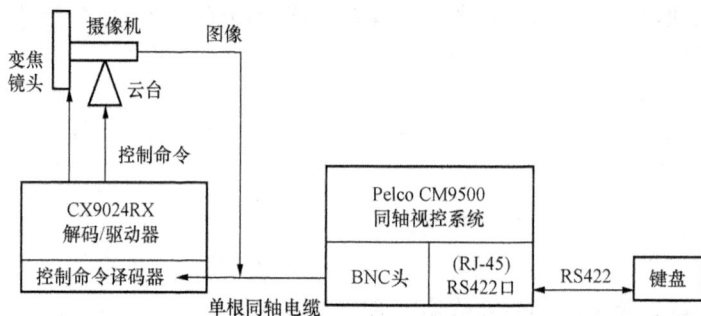

图 3-20　变焦镜头的变倍控制

（3）同轴视控功能的矩阵切换控制。有的矩阵控制主机具有同轴视控功能，同时兼具网络传输功能，其系统框图见图 3-21。这是一个以微处理器为核心且具有视频矩阵切换和对摄像前端进行控制的能力的系统。同轴视控传输技术是当今监控系统设备的一个发展方向，它只需 1 根同轴电缆便可同时传输来自摄像机的视频信号以及对云台、镜头、预置功能等的所有控制信号，这种传输方式节省材料和成本、施工方便、维修简单，在系统扩展和改造时更具灵活性。

同轴视控实现方法有两类，一是采用频率分割，即把控制信号调制在与视频信号不同的频率范围内，然后同视频信号复合在一起传送，再在现场作解调以将二者区分开；二是利用视频信号场消隐期间来传送控制信号，类似于电视的逆向图文传送。

矩阵系统的发展方向是多功能、大容量、可联网，以及可进行远程切换。一般而言，矩阵系统的容量达到 64×16 即为大容量矩阵。如果需要更大容量的矩阵系统，也可以通过多台矩阵系统级联来实现。矩阵容量越大，所需技术水平越高，设计实现难度也越大。

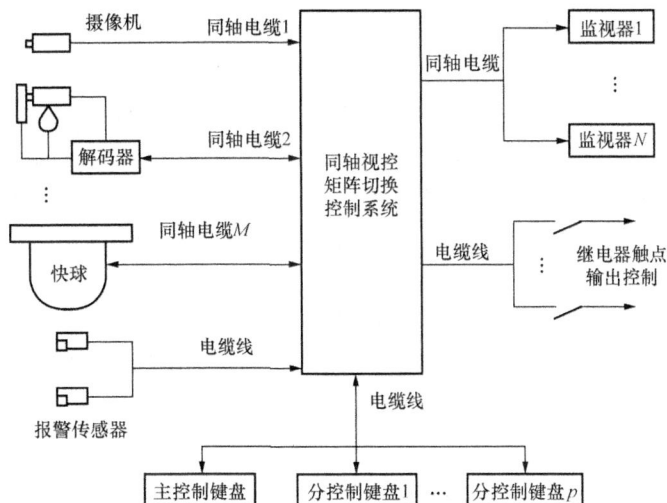

图 3-21 同轴视控系统框图

6. 视频矩阵主机的报警接口

报警接口可以接入报警探头，并将报警信号通过 RS485 通信线回传给系统主机。当主机扫描到报警探头发生了报警时，联动该现场图像的切换，并将其显示在监视器上，同时将报警信号送到其他外设。一般由系统主机完成报警场面的调看并控制外部设备，如录像机的录像、灯光打开、响警号等。

（1）报警探头与摄像机的对应关系。在有的视频控制系统主机中，报警输入口探头与摄像机出入口是一一对应的，即第一路报警探头对应第一号摄像机，第二路报警探头对应第二号摄像机，以此类推。而系统主机可以通过菜单设置，将多个探头与多个摄像机建立对应关系。例如，某房间有一个摄像机，同时有红外线探头、门磁开关及紧急拉钮等 3 个不同类型的报警装置，将这些报警装置与该摄像机建立对应关系后，无论是哪一个报警装置发生报警，都会使系统主机将报警现场的该摄像机画面切换到主监视器上以便于观看或进行录像。

（2）报警探头与报警接口的连接。实际应用中，报警接口必须与相应的系统主机配套使用，不能单独使用。布防、撤防都在系统主机中进行。报警接口与系统主机之间的连接主要通过 RS485 通信线实现。

如果报警探头平时是常开的，则接线时应把 2.2kΩ 的电阻和探头线并接在报警输入端口上，相反，如果报警探头平时是常闭的，则接线时应把 2.2kΩ 的电阻与报警探头线串联起来，接入报警输入端口上。

报警接口箱不能单独进行操作，具体操作应在系统主机中进行，具体内容参见相应主机说明。

二、视频监控的图像处理设备

1. 视频信号分配器

当需要把一路视频信号送给多个监视器时，就将涉及视频信号的分配问题。在视频控制系统中，视频信号的标准电平是 $1V_{p-p}$、正极性、配接的标准阻抗为 75Ω，在分配视频信号时，要遵循信号幅度相适应和阻抗匹配的原则，否则会产生信号失真、反射等。

视频信号的分配是将一路视频信号（或附加音频）分成多路信号，也就是说，它可将一台摄像机送出的视频信号供给多台监视器或其他终端设备使用。

（1）信号分配方式。视频信号的分配方式主要有简易分配方式和采用视频分配器的方式。

1）简易分配方式：又称桥接分配方式，这种方式由多台监视器输入/输出端口串接而成。将一台摄像机送出的视频信号送入第一台监视器输入端，第一台监视器输出端接第二台监视器输入端，第二台监视器输出端再接后面的监视器或终端设备，监视器视频输入端的阻抗开关均拨到高阻挡，只有最后一个监视器或终端设备的输入阻抗开关才拨到75Ω，且用这种串联的监视器不能太多。

2）采用视频分配器的方式：当一路视频信号送到相距较远的多个监视器时，一般应使用视频分配器，分配出多路幅度为 $1V_{p-p}$、阻抗为 75Ω 的视频信号接到多个监视器，各个监视器的输入阻抗开关均拨到 75Ω 上。视频分配器（或附加音频）除了有信号分配功能外，还兼有电压放大功能。

（2）信号分配器的使用。监控室的视频信号都来自摄像机、光接收机等设备，并由 75Ω 同轴电缆送入。在此，以监视器作为视频设备为例，其他视频设备的配接也用同样的方法处理。

当一路视频信号送到一个监视器时，可直接把输入的视频信号接到监视器的视频输入口，监视器输入阻抗开关拨到 75Ω 挡即可。

1）将一路视频信号送到相距不远的多个监视器时，可以用也可以不用视频信号分配器。若不用视频信号分配器，则应把输入的视频信号接到第一个监视器的视频输入口，而将其输入阻抗开关拨到高阻挡，其视频输出接到第二个监视器的视频输入口；第二个监视器的输入阻抗开关也拨到高阻挡，而其视频输出再接到第三个监视器的视频输入口…。如此一直到最后一个监视器的视频输入口，只有最后一个监视器的输入阻抗开关才拨到 75Ω 挡。因这种方式相当于多个高阻并联到 75Ω 的电阻上，所以监视器不能连接太多，否则会使总阻抗值下降过大，造成不匹配而出现图像信号反射等情况。

2）当把一路视频信号送到相距较远的多个监视器时，应使用视频分配器。使用视频信号分配器时，应分配出多路幅度为 $1V_{p-p}$、配接阻抗为 75Ω 的视频信号，之后再接到多个监视器，且各个监视器的输入阻抗开关都拨到 75Ω 挡。

（3）信号分配器的原理。视频信号四分配器的实用电路如图 3-22 所示。分配器的输出级负载较重，故采用中功率晶体管作单端推挽输出。输出级集电极电流变化大，β 变化也大，易引起失真，所以用 R_3、R_4、C_1 产生较探的负反馈，既能减小失真，又能降低输出阻抗。V2 为倒相激励管，供给 V3、V4 不同极性的视频信号。V1、V2 必须有较高的增益，调整 R_1、凡可以调整 V3、V4 的工作点。

2. 多画面处理器

在多个摄像机的电视监控系统中，为了节省监视器和图像记录设备，往往采用多画面处理设备，使多路图像同时显示在一台监视器上，并用一台图像记录设备（如录像机、硬盘录像机）进行记录。这样，既减少了监视器和记录设备的数量，又能使监视人员一目了然地监视各个部位的情况。可实现图像分割显示或画中画功能的装置称为多画面分割器或多画面处理器。

画面处理器具有较强时基校正功能，因而不需要原来惯用的同步信号发生器来规范摄像机图形信号的切换、使各摄像机同步，及其他一些有同步要求的图像处理功能。这既简化了系统的构成，又使各信号在快速切换时是在同步状态下进行的。从而保证了记录和重放画面的整体质量。

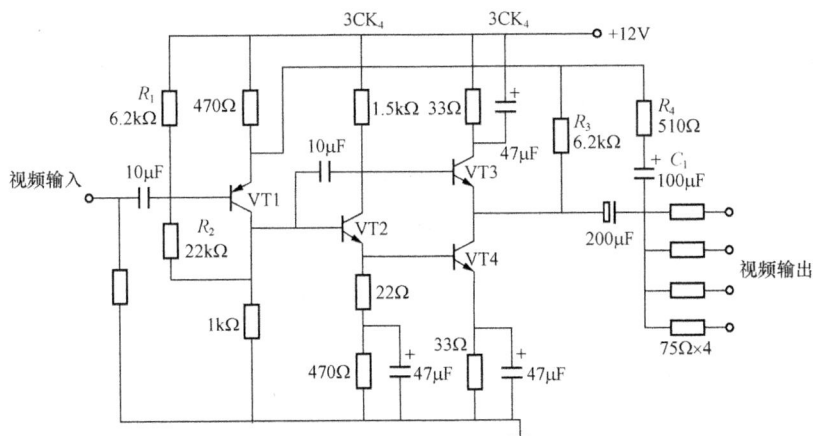

图 3-22　视频信号四分配器的实用电路

（1）单工、双工和全双工。多画面处理器又称画面分割器，有单工、双工和全双工类型之分。全双工多画画处理器是常用的画面处理器。

1）单工型。在记录全部输入视频信号的同时，单工型只能显示一个单画面图像，而不能观看到分割画面，但在放像时可看全画面及分割画面。

2）双式型。在录像状态下既可以监看单一画面，也可监看多画面分割图像；同样，放像时也可看全画面或分割画面的为双工型。

3）全双工型。全双工型性能更全，可以连接两台监视器和两台录像机。其中，一台用于录像作业；另一台用于录像带回放，这样就同时具有了录像和回放功能，等效于一机二用。全双工型多画面处理器适用于金融机构这类要求录像不能停止的场合。

（2）4、9、16 画面。画面处理器按输入的摄像机路数，并能同时在一台监视器上显示的特点，分为 4 画面处理器、9 画面处理器和 16 画面处理器等。

1）实时 4 画面分割器。4 画面分割器是指在一个屏幕上同时显示 4 个画面图像的分割器。就功能而言，4 画面分割器的影像处理技术是将 4 个视频信号同时进行数字处理，并将每一个全画面缩小成 1/4 的画面大小而放置于不同位置，从而在监视器上组合成 4 画面分割显示。由于 4 画面分割器是同时处理 4 个画面信号，因此可以作实时录像与监视，且画面动作不致有延迟的现象，这是其突出的优点。

2）实时多画面图像分割器。多画面分割器现以 16 画面分割器最为普遍，它可显示 1～16 的若干种画面组合。

多画面分割器从色彩上分有黑白和彩色两种；从分割方式上分则有帧切换型和场切换型（每场为 2 帧）。评价多画面分割器性能优劣的关键指标是影像处理速度和画面的清晰程度。

多画面分割器在技术层面上比 4 画面分割器有了很大的提高：①录取速度快，每个画面仅需 1/30s 即可编排完毕；②以全画面全程录影，因此在回放时其清晰度不会降低；③既可以多画面同时显示于一台监视器上，也可以选择只监视其中某一台摄像机，而输入至多画面分割器中的其他摄像机图像则被存储于分割器的存储器中，不会遗漏和丢失，而且能够清楚地标识每台摄像机所在的位置、日期与时间。

（3）多画面处理器的特点与发展。多画面分割器除可同时分割显示多台摄像机的图像外，优点是在回放时既可放送多画面图像，也可只放送其中任一道的单画面。但是，由于多画面分割器是依序对各道画面作压缩处理，因此各道画面是分别进入的，这样，当第二个画面进来时，每一个画面就会产生延迟的现象，从而在观看多画面分割器的每个画面时都是不连续的，这是其本质上的不足之处。

多画面分割器的发展方向：①数字化功能更强，如能输出数字化图像信息，直接以硬盘记录，或被融入其他设备之中，也可能被具有该功能的软件所替代；②增强其本身功能来提升产品，如与视频矩阵切换系统相融合而构成画面分割处理加矩阵切换控制的一体化系统，典型产品如英国 Baxall 的 ZMXplus 产品，除有 PVP 功能、处理速度达到 50 场/s 以上外，还可控制云台与镜头。此外，它有 32 路视频输入，5 路视频输出（其中，1 路数字、4 路模拟输出），可实现视频信号的矩阵切换，从而可用于小型监控系统，或以其组合成更大规模的监控系统。

第三节　视频监控的传输技术与材料

视频监控系统中除了视频图像信号需要传输之外，控制信号、电源也要由前端传往后端。其中，最主要的是视频信号和控制信号的远距离传输，这既反映了信息化时代人们对活动图像的关注、对异地传输集中监控的要求，同时也标志着多媒体技术和现代通信技术的发展水平。

一、视频信号的传输技术

视频图像信号的基本特点一是频带宽，电视信号的频带宽达 4~6MHz，相当于 960 路电话的信道传送；二是图像信息量大、传输数码率要求高。

视频图像的传输涉及的方面较多，有图像的传递方式、传输容量、传输媒体、传输速率、传输终端显示效果等多种因素，也涉及图像信息压缩算法和编/解码器的性能指标。

1. 视频信号的传输的分类

（1）实用分类。从实用分类而言，视频图像的传输有以架空明线、同轴电缆、光缆等线缆传输的有线传输方式和依靠电磁波在空间传播而达到传送目的的无线传输方式两大类；按基带信号（即调制之前的原信号）的形式不同，视频信号的传输又可分为在时间特性上状态连续变化的模拟信号通信和在时间特性上状态变化为离散可数的数字信号通信。

（2）数字信号的传输。数字信号的传输又有基带传输和频带传输（亦称载波传输）两类。数字信号的形式一般是二进制或多进制序列，如脉冲编码调制 PCM、增量调制（DM）信号等，这些信号均为基带信号。通常使用电缆、同轴电缆、架空明线而不用调制和解调装置直接传送基带信号的方式称为数字基带传输，该方式要求信道具有低通特性。

经过射频调制，将基带信号的频谱搬移到某一载波上形成的信号称为频带信号，如相移键控 PSK、频移键控 FSK、幅移键控 ASK 等。频带信号的传输信道具有带通特性，称为频带传输，数字微波通信和数字卫星通信均属于此类，它是广泛采用的传输方式。

因此，除近距离图像传输而采用模拟传输方式外，一般都采用数字传输方式，这首先要对图像进行数字化，即图像数字编码。由于图像信号具有大量的冗余度，因此，有可能对其传输数码率进行压缩编码，即在信噪比要求或主观评价得分等质量条件下，以最小的比特数来传送一幅图像。压缩编码在图像数字传输、存储和交换中有着广泛的应用。

（3）传输装置类别。从传输装置类别来区分，视频图像信号的传输又可分为专用传输设备方式和计算机联机网络传输两大类。前者包含了连接专用线路或公共通信线路上的视频传输设备，有同轴电缆、电话线或光纤、专用视频图像发射机与图像接收机、微波与卫星通信设备等；后者则是通过计算机网络和多媒体技术来传输视频图像，目前正处快速发展阶段。

（4）传输信号种类。现场摄像机与控制中心之间需要有信号传输，一方面，摄像机的图像要传到控制中心，要求图像信号经过传输后不产生明显的噪声、失真，以保证图像的清晰度和色彩，具有良好幅频和相频特性；另一方面，控制中心对摄像前端的控制信号和电源要传送到现场，所以传输系统主要包括视频信号、控制信号及电源的传输。

2. 75Ω同轴视频电缆传输技术

75Ω同轴电缆传输距离在300m以内时，其衰减的影响可以不计。在电缆敷设中最好无中间接头，在需要接头时，应采取焊接方式进行处理；电缆过墙/楼板要开孔，所有视频线都放在弱电系统监控桥架内。同轴电缆应符合国际标准，特性阻抗为（75±3）Ω，30MHz时衰减特性小于0.13dB/100m，低烟、无卤、阻燃，编数96。

（1）图像传输用同轴电缆。同轴电缆是传输视频图像最常用的媒介，同轴电缆截面的圆心为导体，其外用聚乙烯同心圆状覆盖绝缘，再外是金属编织物的屏蔽层，最外层为聚乙烯封皮。同轴电缆对外界电磁波和静电场具有屏蔽作用，导体截面积越大，传输损耗越小，从而可以传送更长的距离。

在视频监控系统工程中，视频信号的传输主要用SYV型（其绝缘层为实心的聚乙烯）和SBYFV型（其绝缘层为泡沫聚乙烯）特性阻抗为75Ω的两种同轴电缆。单以衰减特性而言，同样直径的这两种电缆，SBYFV型的衰减量比SYV型小。

图像传输用75Ω同轴电缆的特性见表3-3。

表3-3　　　　　　　　　　　　图像传输用75Ω同轴电缆的特性

线缆规格 线缆型号	电缆外径 （mm）	特性阻抗 （Ω）	衰减量（dB/m）		
			5MHz	30MHz	200MHz
SYV-75-2	2.9±0.10	75±5	0.10	0.22	0.579
SYV-75-3	5.0±0.25	75±3	0.045	0.122	0.308
SYV-75-5-1	7.1±0.30	75±3	0.026	0.0706	0.190
SYV-75-5-2	7.1±0.30	75±3	0.032	0.0785	0.211
SYV-75-7	10.2±0.30	75±3	0.02	0.0510	0.140
SYV-75-9	12.4±0.40	75±3	0.017	0.0369	0.104

（2）同轴电缆对视频信号的衰减。同轴电缆对视频信号的衰减虽小，但当传输距离大时，信号的衰减量增大将造成图像质量下降。SYV型电缆在不同规格和长度时的图像劣化程度如图3-23所示。

摄像机输出通过同轴电缆直接传输至某一监视器，若要保证能够清晰地加以显示，则同轴电缆的长度将有限制。国产SYV-75-5型同轴电缆经过300m传输后图像的分辨率仍能达到400线左右，可满足一般监视器的要求，如用SYV-75-9型同轴电缆，则传输距离可达500m。

若要传输得更远，则需更换同轴电缆类型或加电缆补偿器，一种方法是改用截面积更大

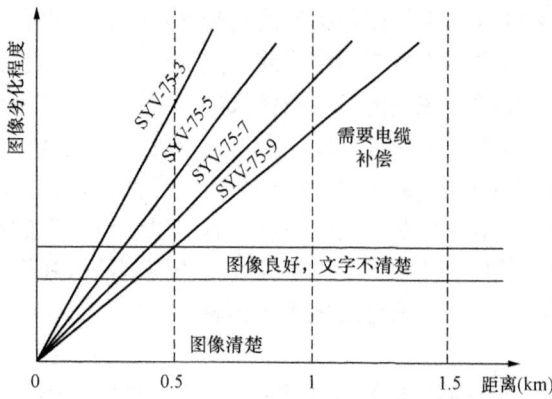

图 3-23　SYV 同轴电缆的图像劣化程度

的同轴电缆类型；另一种方法是在靠近监视器处安装一台后均衡视频放大器，通过补偿视频信号中容易衰减的高频部分而使经过长距离传输的视频信号仍能保持一定的强度，以此来增长传输距离。此时，若采用 RG59U 同轴电缆，则其视频传输距离可增至 900m。

（3）电缆补偿器对视频信号的补偿。电缆补偿器（又称电缆均衡器）通过电缆校正电路来进行高频特性的补偿，以使信号传输通道的总频率特性基本上是平坦的。电缆补偿器有根据电缆长度的不同来变化补偿量的分挡变换型、连续可调型以及两种方法相结合型。一般，加入一级电缆补偿器可使传输线路延长 500m，且适当增加电缆补偿器后，可使有效传输距离增至 2～3km。加电缆补偿器后可增加有效传输距离，如图 3-24 所示。

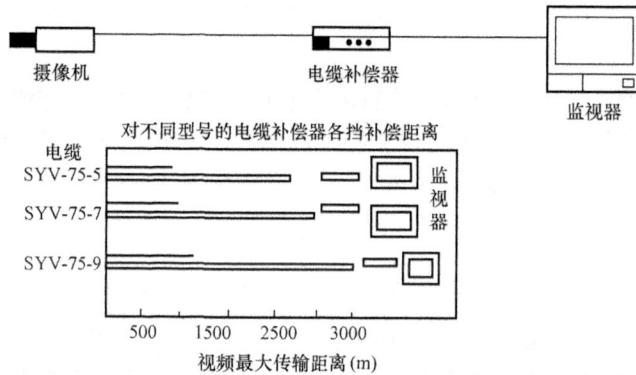

图 3-24　加电缆补偿器后可增加有效传输距离

　　CCTV 系统传输距离较远，且通过电缆传输的黑白电视基带信号在 5MHz 点的不平坦度和通过电缆传输的彩色电视基带信号在 5.5MHz 点的不平坦度大于 3dB 时，宜加电缆均衡器；达到 6dB 时，应加电缆均衡放大器。

　　值得指出的是，后均衡视频放大器只能安装在靠近监视器处，如果安装在摄像机附近作前均衡放大器则将失效。此外，所有电缆均应是阻抗为 75Ω 的纯铜芯电缆，绝不可用镀铜钢芯或铝芯电缆。对较短距离的传输，推荐用 SYV-75-5 型电缆；对于较长距离的传送，则以采用 SYV-75-9 型电缆为宜。

　　（4）视频分配器对视频信号的补偿。视频分配器是能够保证 CCTV 图像质量的一种低价、高效益的工具。通过前面板控制可得到 0～8dB 的可调放大器增益，加上 12MHz 时的 0～18dB 的可调高频增益，可保证完整的视频幅度、对比度和清晰度。

　　视频分配器使用全固态电路，由一台墙装变压器供电；增益为 1～8dB 可调；信噪比为 −74dB；频率响应＋1dB（12MHz）到超过 18dB（12MHz）可调整；50%APL 时，动态变化范围最高 $2V_{p-p}$，90%APL 时，最高 $1.5V_{p-p}$。

（5）隔离变压器对视频信号的补偿。采用同轴电缆传送视频信号时，由于存在不平衡电源线负载等因素，因此会导致各点之间存在地电位差，其峰—峰幅值可从零至大于 10V，为此，应采用被动式接地隔离变压器，可放置在同轴电缆中存在地电位差的任何一处，并可放置多个，通过它可消除存在地电位差带来的问题，并有效地降低 50Hz 频率共模电压 CMV。

此外，称为隔离放大器的产品，既通过均衡视频信号中衰减严重的高频部分来保持均匀的信号强度，又可用宽带频率光隔离来解决接地环路隔离问题。同时，它可提供最高 20dB 的高频补偿和 12dB 的中频补偿。

隔离接地环路变压器可减弱接地环路对 CCTV 信号的干扰并可方便地加入目前的系统中；除传送从 DC35200MHz 以上的信号频率外，对电源线频率也具有很高的共模隔离作用，可用于消除由于存在接地环路电压（共模电压）而产生的一般问题。除有效减小电源频率的共模电压（CMV）外，该变压器对高频率更有效，特别适用于同轴视控控制系统，因为无源设计允许双向传输控制信号和视频信号。

隔离接地环路变压器有助于视频信号通过在不同接地电位点之间的电缆上传输。接地电位差异的原因一般是电源线负载不平衡，幅值可为 0～10V 以上不等。在数千英尺的距离上易出现较高电压，短距离上一般不易出现，同一建筑物两点之间通常出现大于 0.5V 幅值的电位差。因为 GIT100 是无源和全天候的，所以适于安装在存在接地环路电压的同轴电缆中的任何位置。在接地环路电压幅值超过 10V 时，可能需要一台以上的设备，如图 3-25 所示。

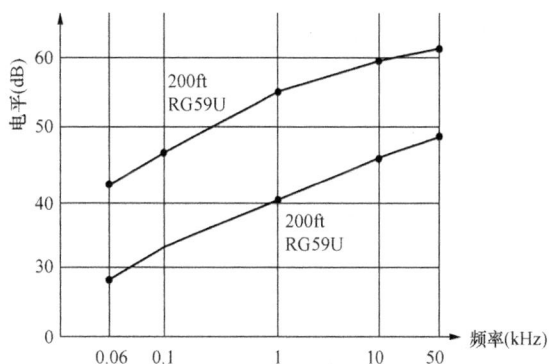

图 3-25　接地线路电压衰减曲线
（1ft＝1 英尺＝0.3048m）

3. 通过光纤传送视频图像信号

同轴电缆传送视频图像时衰减较大，传送距离一般为 427～610m，即每千米需要增加 1～2 个放大器，最多也只能串接 20 个左右的放大器，这无疑增加了系统的复杂性，同时也降低了系统的可靠性。而单模光纤在 1310nm 和 1550nm 时光速的低损耗窗口，每千米衰减可做到 0.2～0.4dB 以下，是同轴电缆每千米损耗的 1%，因此可实现图像 20km 无中断传输，适用于远程传输。

光缆有直埋、架空、墙装混合等安装方式，距离较长且条件许可时以直埋型多芯层绞单模光缆为宜，在重点防雷区域可采用全塑防雷光缆。

模拟光纤传输调制技术分为 AM 和 FM 两大类。AM 调制技术较 FM 成熟，且结构简单，而 FM 调制技术抗干扰能力强、保真度高，会逐渐成为市场的主流。视频模拟信号在光纤中的传输有两个主要指标，即信噪比 S/N 和表示线形好坏的微分增益 DG，高标准的传输线路要求 S/N＝56dB，微分增益 DG＝0.3dB。

随着光纤价格的下降，应尽量采用 16、32 路等大容量的光纤传输设备，而采用 4、8 路等小容量的光纤传输设备可以保证系统整体的安全性。未来，光纤传输的发展方向是数字光纤传输，即非压缩数字化光纤传输和压缩数字化光纤传输两大类。它们都是点对点的传输，与模拟光纤传输应用方式相同。

数字光纤传输过程中，源图像在前端经 A/D 转换时已经存在图像损耗，如果采用压缩图像的方式传输，其损耗会更大。光纤传输性能的比较见表 3-4。

表 3-4　　　　　　　　　　　　　　　　光纤传输性能的比较

传输性能	数字非压缩传输	数字压缩传输	模拟传输
图像清晰度	好	一般	最好
所需带宽	高	低	中
传输指标	误码率 BER	BER	S/N、DG、DP
终端图像损耗	小	大	小
码速率	高	低	中
设备价格	较高	高	低

4. 通过射频无线传送视频信号

在不易施工布线的近距离场合，采用无线方式来传送视频图像是最合适的。无线视频传输由发射机和接收机组成，每对发射机和接收机有相同的频率，除传输图像外，还可传输声音。无线视频传输具有一定的穿透性，但无线传输设备在采用 2.4GHz 的频率时，一般只能传 200～300m，若试图通过增大功率来传得更远，则可能会因干扰正常的无线电通信而受到限制，如图 3-26 所示。

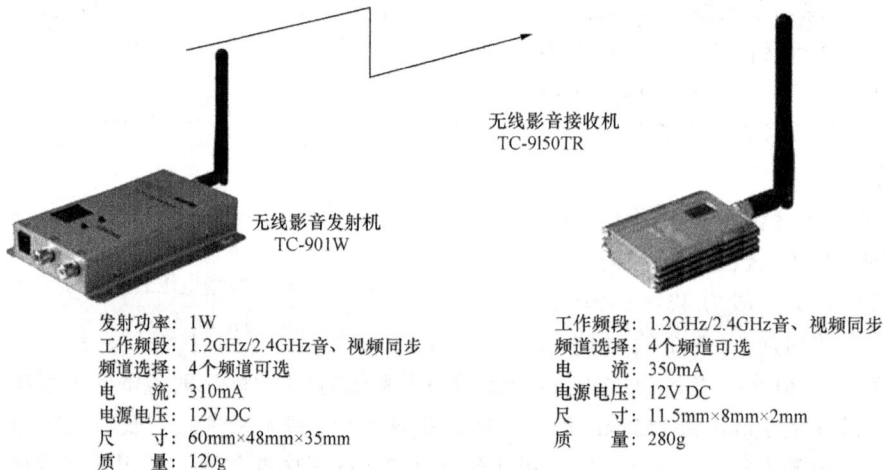

无线影音接收机
TC-9150TR

无线影音发射机
TC-901W

发射功率：1W
工作频段：1.2GHz/2.4GHz音、视频同步
频道选择：4个频道可选
电　流：310mA
电源电压：12V DC
尺　寸：60mm×48mm×35mm
质　量：120g

工作频段：1.2GHz/2.4GHz音、视频同步
频道选择：4个频道可选
电　流：350mA
电源电压：12V DC
尺　寸：11.5mm×8mm×2mm
质　量：280g

图 3-26　通过射频无线传送视频信号

5. 通过 UTP 传送视频图像

随着网络的发展，非屏蔽双绞线电缆 UTP（Unshielded Twisted Pair）可能成为视频图像传输的主流。而且，与传统的视频电缆相比，UTP 占用的管道空间更少，系统布线灵活可靠、易扩充，并且容易并入现存的布线系统中。

这类传输产品采用非平行抗干扰技术，视频信号可以在无损失的情况下和语音信号、数据信号及低压供电电路共存；利用非屏蔽双绞线可以直接传送非数字化非压缩的视频信号。产品还包含内置的瞬间保护和浪涌保护。由于基于非屏蔽双绞线传输，因此在新旧布线系统中都可以使用该设备。

（1）UTP 的无源适配器传输。用无源适配器传输时，随着频率增高，插入损耗会增大。这样，在视频图像信号传输距离稍远时，图像质量将会受到严重的影响。因此，无源适配器传输在实际使用中将受到较大的限制。

单通道无源视频收发器可在非屏蔽双绞线上传输视频信号，最远距离达 300m，如图 3-27 所示。

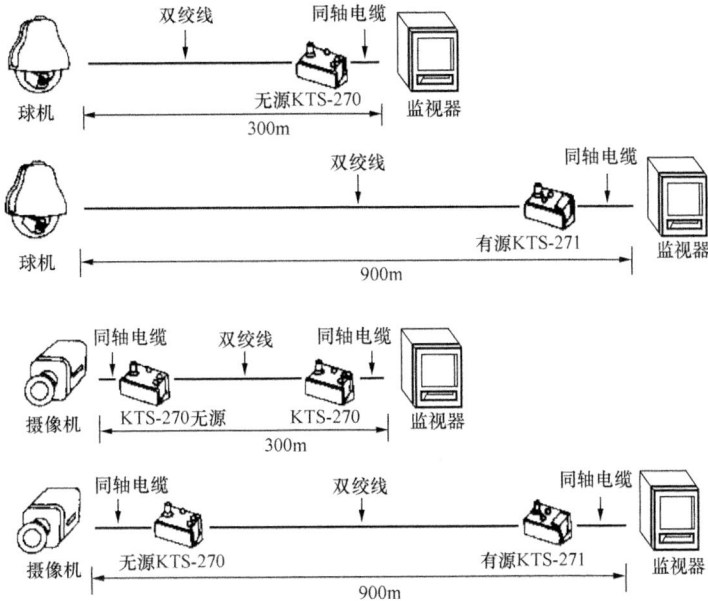

图 3-27　UTP 的无源适配器传输

新型球机内置非屏蔽双绞线视频传输功能，只需要在监视器一端安装无源收发器，就可以用非屏蔽双绞线传输视频信号，最远距离达 300m；利用有源接收器时，最远距离达 900m。

利用非屏蔽双绞线可以升级当前的系统。在两端各安装一个无源收发器，就可以用非屏蔽双绞线传输视频信号，最远距离达 300m。

（2）UTP 通过有源适配器传输。通过有源适配器，采用非平行抗干扰技术，可以通过 1 根 5 类 UTP 线无损失地传输全动态图像、音频、报警及控制信号，也可直接传送非数字化非压缩的视频信号。一般还内置有瞬间保护和浪涌保护。

单通道有源视频接收器在非屏蔽双绞线上传输视频信号时，最远距离可达 900m，需要分离电源供电。而 16 通道有源视频接收器用非屏蔽双绞线传输 16 路视频信号，最远距离达 900m，且标准 1U 机箱可安装到机架。

UTP 传输产品既可设置在摄像机内外，也可将信号转换内置于相应的转换盒内，见图 3-28。

采用有源信号适配器（也称有源视频接收器），还具有如下优点：

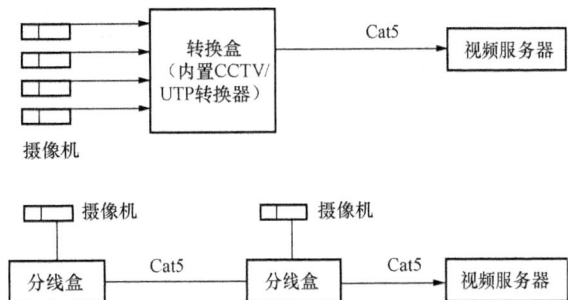

图 3-28　UTP 的有源适配器传输

1）可以充分利用 5 类双绞线的 4 对线缆，将电源、视频、控制这 3 种电缆或电源、视频、音频这 3 种电缆合成 1 根 5 类双绞线进行传输，从而减少线缆的种类和数量。

2）视频图像和音频信号的增益与补偿可以随距离远近方便地调整。同时，由于视音频信号采用对地平衡的差分信号传输而不受地电位、相电位的干扰，因此使得摄像机可以就近取电而不必采用集中供电的方式。此外，由于其共模抑制比大于 65dB（10MHz），不易受外界的信号干扰，因此其信号传输变得更加灵活和方便。

3）由于安防电视监控系统采用 UTP 线传输，与计算机网络和电话系统所用线缆相同，因此可以统一到综合布线系统中。

非屏蔽双绞线的铜质导线外有绝缘层包围，且每 2 根绞合成线对，线对与线对之间也进行了相应的绞合，除所有绞合在一起的线对外，还包有机材料制成的外皮。常用线为 4 对线对，但 UTP 线缆传输长度一般不应超过 100m。

二、控制信号的传输技术

控制信号的种类如图 3-29 所示。

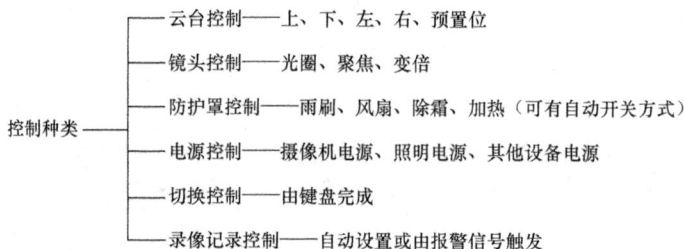

图 3-29　控制信号的种类

近距离的可以多线直接控制或以多线编码间接控制，但技术上较落后，因此，控制信号的传输主要采用以下 3 种方式。

1. 串行编码间接控制

适用于规模较大的电视监控系统，用单根线路可以传送多路控制信号，通信距离在 1km 以上，若加处理更可传至 10km 以上。用屏蔽双绞线 RVVP2×1.5 作为室外云台摄像机的控制信号线，所有控制线都应在线槽内，其最大 DC 环路阻抗为 110Ω/km，20℃时最大导体电阻 13.3Ω/km，低烟、无卤、阻燃。解码器与视频矩阵切换主机之间的连线采用 2 芯屏蔽通信线缆 RVVP，每芯截面积为 0.3～0.5mm²。通信线缆的型号规格见表 3-5。

表 3-5　　　　　　　　　　　　　　　　通信线缆的型号规格

线缆型号	芯线×标称截面积（mm²）	导线电阻（Ω/km）	耐压（V）	频率
RVV	2×0.5/2×0.75	39/26	300/500	低频
RVV	4×0.5/4×0.75	39/26	300/500	低频
RVVP	2×0.5/2×0.75	39/26	300/500	低频
RVVP	4×0.5/4×0.75	39/26	300/500	低频

安装在非木结构上的铜缆可采用 RVV3×0.75，但仅在防火等安全因素方面要求较高时

采用；在木结构上使用的铜缆需采用阻燃线缆 ZRVVP3×0.75，并将铜缆最大布设长度限制在 100m 以内，同时铜缆应全程加套金属护管。

2. 同轴视控

同轴视控传输技术是当今监控系统设备的发展主流，它只需 1 根同轴电缆便可同时传输来自摄像机的视频信号及对云台、镜头、预置功能等的所有控制信号。这种传输方式是以微处理器为核心，节省材料和成本、施工方便、维修简单，在系统扩展和改造时更具灵活性。同轴视控的实现方法有两类，一是采用频率分割方式，即把控制信号调制在与视频信号不同的频率范围内，然后同视频信号复合在一起传送，再在现场作解调以将二者区分开；二是利用视频信号场消隐期间来传送控制信号，类似于电视的逆向图文传送。

同轴视控传输除采用同轴电缆外，现也在发展同轴视控的光纤传输设备，如图 3-30 所示。

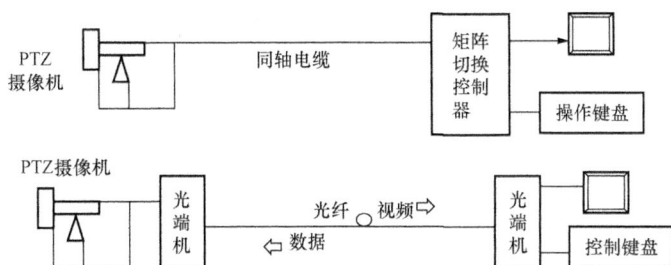

图 3-30　同轴电缆与光纤传输的同轴视控技术

3. 特殊协议传输

由于安防系统越来越复杂，为了简化操作，三洋公司提出了三洋安防协议 SSP（SANYO Secarity Serial Protocol），为被控制的每一个设备分配 1 个地址，通过线缆连接，使得 1 台控制器能控制多达 255 台设备，包括摄像机、分割器、录像机等，线缆最大长度达 1200m，即使设备关机时 SSP 信号仍可在线缆上传输，见图 3-31。

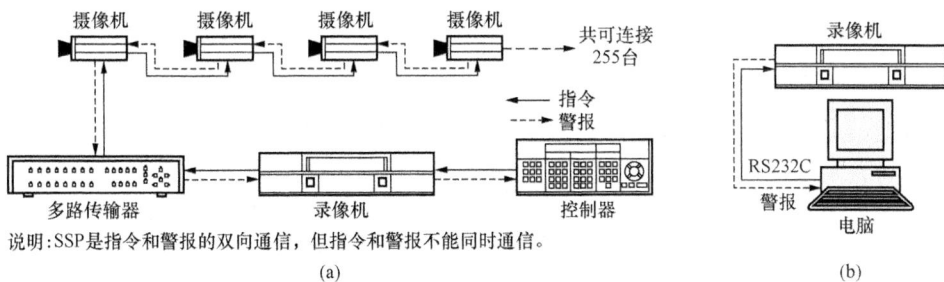

说明：SSP 是指令和警报的双向通信，但指令和警报不能同时通信。

(a)　　　　　　　　　　　　(b)

图 3-31　SSP 安防协议

（a）使用 SSP 的系统；（b）使用 RS232C 的系统

三、电源的传输

因摄像机由监控机房集中供电，交流供电电压多为 24V，固定式摄像机功率最大为 4W，故可选择电源线 RVV-2×0.75；球形摄像机的功率为 24W，选择电源线为 RVV-2×1，其参数为 20℃时最大导体电阻为 26～51Ω/km，低烟、无卤、阻燃。未来，更多的摄像机会以直流 12V 供电或采用 12V DC/24V AC 供电制式。

在传统的电视监控系统中，为了减少地电位、相电位的干扰，对摄像机往往采用集中供电方式，而对于远离控制中心的摄像机，用低压电就会有线路的传输损耗。

四、常用传输材料

1. 同轴电缆

目前，对于传输距离约小于 1km 的视频监控系统来说，视频信号的传输主要是用射频同轴电缆。射频同轴电缆简称同轴电缆，它是实际工程中经常接触的传输线。传输线常称为馈线。

（1）同轴电缆的结构。同轴电缆的结构如图 3-32 所示，它由内导体、绝缘层、外导体、护套 4 个部分组成，其芯线和屏蔽网筒构成内、外两个导体。为保证电性能，各部分的轴线始终是重合的。

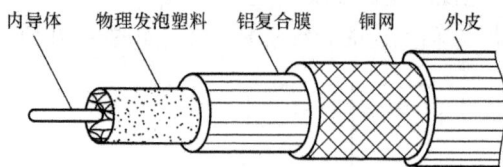

图 3-32　同轴电缆的结构

1）内导体：内导体一般都由一根实心铜线做成，它起传输信号的作用。

2）绝缘层：绝缘层由对电波损耗小、工艺性能好的聚乙烯材料制成。绝缘层的作用主要是使内外导体电气隔离，同时保证二者始终同轴线。它也是电视电波的传输介质。

3）外导体：外导体由编织铜丝和铝箔纵包组合而成。外导体既作为传输回路的一根导体，又起到屏蔽的作用。编织铜丝主要起传输导体的作用，屏蔽主要由铝箔完成。

4）护套：护套一般用聚氯乙烯或聚乙烯塑料做成，其作用主要是防水、防潮、避免电缆受到摩擦等机械损伤。

（2）同轴电缆的种类。同轴电缆主要依据绝缘层的不同来进行分类。具体分类如下：

1）实芯同轴电缆：这种同轴电缆的绝缘层由实芯聚乙烯塑料做成，其传输损耗大，是早期应用的产品，现已淘汰。

2）藕芯同轴电缆：这种电缆的绝缘层被做成纵孔半空气（藕芯）状，其损耗比实芯电缆小很多。但这种电缆的防水性能差，若有水从电缆连接处或其他地方进入，将会沿纵孔流动，使绝缘介质不对称，其电性能发生变化，损耗增加。前几年该电缆使用较多，目前已很少采用，国产电缆型号为 SYKV 等系列。

3）物理高发泡同轴电缆：这种电缆是在聚乙烯绝缘介质材料中注入气体（如氮气），用物理方法使介质发泡，从而在介质中形成很小的互相封闭的气囊。目前的生产工艺可使介质发泡率达 80％以上。这种电缆的损耗比藕芯电缆还小，且具有防水性好、不易老化等优点，因此，目前在视频监控系统中得到了广泛应用。国产电缆型号为 SYPFV、SDGFV 等系列。

（3）同轴电缆的型号。在我国，同轴电缆型号的组成为：分类代号＋绝缘层＋护套—特性阻抗—芯线绝缘外径。例如，SYKV-75-5 表示射频同轴电缆，聚乙烯纵孔半空气绝缘层（藕芯），聚氯乙烯护套，特性阻抗为 75Ω，绝缘层外径为 5mm；又如，SDGFV-75-7 表示射频同轴电缆，绝缘介质注入氮气，高发泡处理，聚氯乙烯护套，特性阻抗为 75Ω，绝缘层外径为 7mm。

（4）同轴电缆的基本性能参数。

1）特性阻抗：在均匀传输线上任意一点的入射波电压与电流的比值为常数，该常数称为传输线的特性阻抗。同轴电缆为均匀传输线，根据传输线理论可知，其特性阻抗值为

$$Z_C = \frac{138}{\sqrt{\varepsilon}} \lg \frac{D}{d} \qquad (3\text{-}10)$$

式中：D 为外导体内径；d 为内导体外径；ε 为绝缘介质的介电常数。

由式（3-10）看出，同轴电缆的特性阻抗为纯电阻性质，其值取决于电缆内外导体的直径和绝缘层的介电常数，而与其长短和所接的负载无关。

有 3 种常用的不同特性阻抗值的同轴电缆，这 3 种电缆的特性阻抗值分别为 50、75、100Ω，但在视频监控系统中一般都使用特性阻抗为 75Ω 的同轴电缆。

同轴电缆在敷设施工时，应尽量避免挤压或过度弯曲它，否则会改变其几何尺寸，使损伤处特性阻抗值发生变化而造成不匹配，出现信号反射等情况。

2）衰减常数：视频信号电波在同轴电缆中传输时，内外导体及绝缘层是它的传播介质，这些介质对电视电波是有损耗的。也就是说，电视电波在同轴电缆中传播时要产生衰减，介质对电波的损耗量就等于电波的衰减量。衰减量的大小除了取决于电缆的结构外，还和传输信号的频率有关。同轴电缆的衰减特性用衰减常数来表示。衰减常数即指单位长度的衰减量，常用 β 表示，单位为 dB，由此，衰减常数的单位为 dB/m、dB/hm、dB/km 等。

理论证明，当传输的信号频率在 1000MHz 以内时，同轴射频电缆的衰减常数可用式（3-11）近似表示，即

$$\beta = 2.63 \sqrt{\varepsilon} \frac{\frac{1}{D} + \frac{1}{d}}{\lg \frac{D}{d}} \sqrt{f} \qquad (3\text{-}11)$$

式中：D、d、ε 的含义与式（3-10）相同；f 为传输信号的频率。

由式（3-11）可见，在同轴电缆结构一定的情况下，其衰减量与频率的平方根成正比。

3）温度系数：电缆对信号的损耗除了和其结构以及传输信号的频率有关外，还与其周围的环境温度有关，温度越高，电缆损耗越大；温度越低，损耗越小，这种现象称为电缆损耗的温度特性。电缆损耗的温度特性用温度系数来表征。现在，同轴电缆的温度系数一般为（0.1%～0.15%）/℃，即温度每升高 1℃，损耗增加 0.1%～0.15%；温度每降低 1℃，损耗减少 0.1%～0.15%。

4）匹配连接：同轴电缆与系统中设备和器件的匹配连接，视频监控系统目前一般用同轴电缆传输信号。实际中总是希望馈线从信号源处能获得最大能量，馈线传输的信号也能全部被负载吸收。理论证明，只有当信号源与馈线，馈线与负载匹配连接时，才能做到这一点。

2. 光纤与光缆

（1）光纤传输的特点。光纤是一种传输光束的细微而柔韧的透明玻璃或塑料纤维，它能使光以最小的衰减从一端传到另一端。光纤的最大优点是带宽大（10～1000MHz）、无电子电力及雷电干扰、信息安全、通信距离远。光导纤维电缆由一捆光导纤维组成，简称为光缆。光缆是数据传输中最有效的一种传输介质，它有以下几个优点：

1）频带较宽。目前，光纤的使用带宽已达 1.0GHz 以上，而一般图像的带宽仅有 8MHz（NTSC 制式仅有 6MHz），因此利用一芯光纤可传输多路图像。

2）衰减较小，可以说在较长距离和范围内信号是一个常数。如果使用 62.5/125μm 的多模光纤，850mm 波长的衰减约为 3.0dB/km，1300nm 波长的衰减约为 1.0dB/km，所以多模

LED 光源的光功率可以传输 2～5km；使用 9/125μm 的单模光纤，1310nm 波长的衰减约为 0.4dB/km，1550nm 波长的衰减约为 0.3dB/km，所以单模 LED 光源的光功率可以传输 60km 以上。

3）抗干扰及电磁绝缘性能好。光纤电缆中传输的是光束，由于光束不受外界电磁干扰与影响，而且本身也不向外辐射信号，也不会像传统的同轴电缆和通信电缆那样因短路、接触不良或线缆老化等现象而造成火花或静电，因此它适用于长距离的信息传输及要求高度安全的场合。当然，抽头困难是它固有的难题，因为割开的光缆需要再生和重发信号。

4）中继器的间隔较大，因此可以减少整个通道中继器的数目，降低成本。根据贝尔实验室的测试，当数据的传输速率为 420Mbit/s 且距离为 119km 无中继器时，其误码率为 10～8，可见其传输质量很好。而同轴电缆和双绞线每隔几千米就需要接一个中继器。

5）体积小。光缆的外径均在 15mm 左右，即使是 48、64、96 芯光缆，其外径也不会有较大变化。

6）传输保密性强，比传统的通信电缆强过百倍。

在普通计算机网络中，安装光缆是从用户设备开始的。因为光缆只能单向传输，为了实现双向通信，光缆就必需成对出现，一个用于输入，一个用于输出，光缆两端接光学接口器。

在使用光缆互联多个小型机的应用中，如果要进行双向通信，那么就应使用双芯光纤。由于要对不同频率的光进行多路传输和多路选择，因此又出现了光学多路转换器这类通信器件。

安装光缆需格外谨慎。连接每条光缆时都要磨光端头，通过电烧烤或化学环氯工艺与光学接口连在一起，确保光通道不被阻塞。光纤不能拉得太紧，也不能形成直角。

（2）光纤的类别。

1）按传输点模数分。光纤按传输点模数分有单模光纤（Single Mode Fiber）和多模光纤（Multi Mode Fiber）。单模光纤的纤芯直径很小，在给定的工作波长上只能以单一模式传输，传输频带宽，传输容量大，一般用于长距离传输；多模光纤在给定的工作波长上，能以多个模式同时传输。与单模光纤相比，多模光纤的传输性能较差。多模光纤的带宽为 50～500MHz/km；单模光纤的带宽为 2000MHz/km。

光纤波长有 850nm 的短波长（指定为 SX）、1300nm 和 1550nm 的长波长（指定为 LUX）之分。850nm 波长区为多模光纤通信方式；1550nm 波长区为单模光纤通信方式；1300nm 波长区有多模和单模两种。

推荐的多模光纤连接器（Cornnector）为双工 SC 连接器（损耗为 0.5dB），以替代先前的 ST 型连接器（损耗为 1.0dB）。光纤适配器（Adaptor）则用于各类光纤设备与光纤连接方式的转换。

2）按折射率分布划分。按折射率分布，光纤可分为跳变式光纤 SIF（Stop Index Fiber）和渐变式光纤 GW（Graded Index Fiber）。跳变式光纤纤芯的折射率和保护层的折射率都是一个常数。在纤芯和保护层的交界面，折射率呈阶梯形变化。渐变式光纤纤芯的折射率随着半径的增加按一定规律减小，在纤芯与保护层交界处减小为保护层的折射率。纤芯折射率的变化近似于抛物线。

（3）光缆的类型。光缆的类型由模材料（玻璃或塑料纤维）及纤芯和外层尺寸决定，纤芯的尺寸大小决定光的传输质量。光纤按纤芯直径尺寸划分有 50μm 渐变型多模光纤、62.5μm 渐变增强型多模光纤和 8.3μm 跳变型单模光纤；光纤的包层直径均为 125μm，故有 62.5/125μm、50/125μm、9/125μm 等不同种类。

由光纤集合而成的光缆、室外松管型为多芯光缆；室内紧包缓冲型有单缆和双缆之分。

对于 2～3miles(1mile＝1.609km)的通信，虽然 850nm 的衰减较大，但比较经济。标准光缆能在 2000m 或更远距离支持 100Mbit/s 的应用，见表 3-6。

表 3-6　　　　　　　　　　　　　　　标准光缆的特性参数

光学特性 光缆种类	波长（mm）	带宽（MHz/km）	耐压（dB/km）	线数
单模（8/125μm）	1300/1550	—	0.80/0.50	2、4、6、10、16
多模（50/125μm）	850/1300	400/400	3.50/1.25	2、4、6、10、16
多模（62.5/125μm）	850/1300	160/500	3.50/1.25	2、4、6、10、16
多模（100/125μm）	850/1300	100/100	5.0/3.0	2、4、6、10、16

（4）光缆的传输距离。不同类型的光缆，其传输距离也不相同，这主要取决于所采用的光源：

1）发光二极管 LED 和光电二极管 PIN 是短波长多模光纤中最常用的光源和光检测器。

2）另一种光纤系统的光源和光检测器为激光器（Laser）和雪崩二极管（APD），也可支持极高的数据传输速率。

3）短波长的垂直腔表面发射激光（VCSEL）是第三种也是最理想的光源，较激光器便宜，切换速度较 LED 快，其优越的宽带性能使多模光纤成为千兆位以太网应用的理想选择。

（5）光纤的连接界面。光纤的连接界面类型有下列三种：

1）可以将它们接入连接头并插入光纤插座的对接（Butt，损耗为 2.0dB）。连接头要损耗 10%～20% 的光，但是它使重新配置系统很容易。

2）可以用机械方法将其接合（损耗为 0.5dB）。方法是将两根小心切割好的光纤的一端放在一个套管中，然后钳起来，可以让光纤通过结合处来调整，以使信号达到最大。机械结合需要训练过的人员花大约 5min 的时间完成，光的损失大约为 10%。

3）两根光纤可以被熔合在一起形成坚实的连接（Fusion，损耗为 0.1～0.2dB）。熔合方法形成的光纤和单根光纤几乎相同，但也有一些衰减。对于这三种连接方法，结合处都有反射，并且反射的能量会和信号交互作用。

（6）光纤主要接口。

1）无源接口，由两个接头熔于主光纤形成。接头的一端有一个发光二极管或激光二极管（用于发送）；另一端有一个光电二极管（用于接收）。接头本身是完全无源的，因而非常可靠。

2）有源中继器（Active Repeater）。输入光在中继器中被转变成电信号，如果信号已经减弱，则重新放大到最大强度，然后转变成光再发送出去。纯粹的光中继器不需要光电转换，因而可以以非常高的带宽运行。

3. 光端机

（1）光缆传输系统的组成。任何光缆传输系统均由以下三个基本部件组成，即光源或光发射器、光接收器及光缆。

1）光缆：它以玻璃或塑料为核芯，外面包裹反射层，再包上一涂层而构成。有多模光纤和单模光纤两类，主要特性是衰减和带宽。松套管光缆有是否铠装之分。

2）光源或光发射器：光发射器接收一个调制信号并且将其转换成一个光信号，然后将光脉冲（开/关）系列发送到光纤中去。目前常用的光发射器是激光器。发射器的 4 个基本特性是中心频率、光谱宽度、平均功率和调制频率。

3）光接收器：光接收器将接收到的光脉冲转变为电信号。目前常用的接收器为 PIN（Photo Intrinsic-Negative）型，为了使光纤传输正确，光发射器和光接收器均要设置成相同的光学频率。

光接收器的三个主要指标为灵敏度、位错误率（BER）和动态范围。习惯上将一个光发射器和一个光接收器称为一对光端机，它是实现远距离传输的必要设备。

（2）光端机的类别。目前，光端机有以 AM 调制和以 FM/PFM 调制的模拟光端机、非压缩式和压缩式数字光端机两大类。

1）数字光端机。数字非压缩式光端机在链路光功率预算内保持不变，即信噪比与光路损耗呈平坦直线关系，因此性能最好。但是，对于在单根光纤中传输大容量的视频，非压缩视频流会占用大量的频带，因此传输容量会受到限制，比较适合点到点的传输。数字视频压缩式传输最适合用于单根光纤的大容量视频传输，在各种压缩方法中，基于 MPEG2 的压缩图像质量最好。

2）模拟光端机。AM 调制是应用最早的光端机，也是最基本和最简单的光端机，目前一般用在短距离多模光纤视频传输中，其信噪比随距离变化而急剧变化。FM 调制和 PFM 调制都是基于 FM 调制，只不过 PFM 调制变化了信号频谱，使解调变得容易些。FM 调制以频宽换取了性能的提高，但其信噪比仍随距离而变化。

模拟光端机按其能提供传输视频、声音和数据的路数、传输的方向以及传输的距离，可分为各种各样的型号，可概括为：①仅传输单路视频（IV）或多路视频（4/8V）的装置；②能同时传输视频和声音（V＋A）的装置；③能同时传输视频和数据（V＋D）的装置；④能同时传输视频、声音和数据（V＋A＋D）的装置；⑤大容量传输装置（如 20V＋4D），有的产品有 64 路视频、32 路双向音频、32 路双向数据，最远传输距离达 66km；⑥机架式光纤收发器，提供数百路的传输。

（3）光端机的电路框图。光发射机及光接收机结构框图分别见图 3-33 和图 3-34。

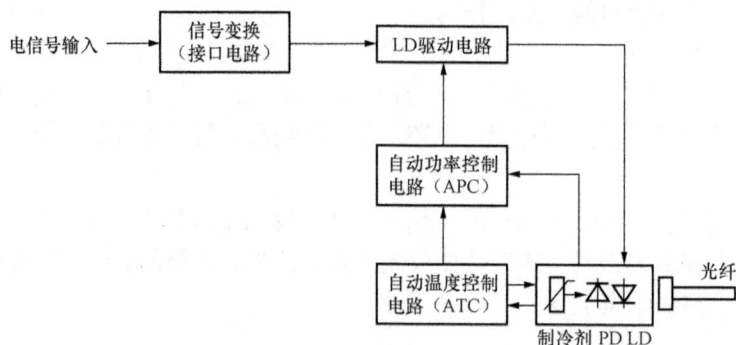

图 3-33　光发射机结构框图

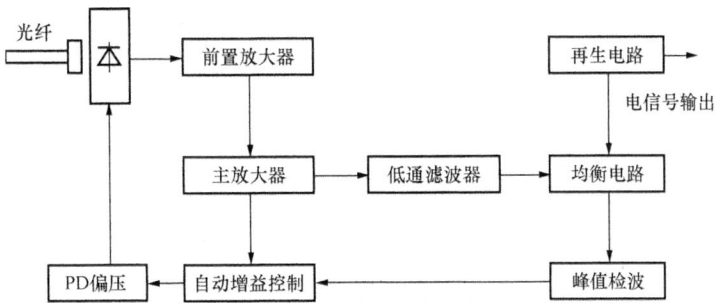

图 3-34 光接收机结构框图

（4）典型模拟光端机的性能参数。对于单路 V＋D＋A 传输光端机，其性能参数见表 3-7。

表 3-7 光 端 机 性 能 参 数

项　　　目	性能参数	项　　　目	性能参数
视频接口	BNC 插座	音频输入/输出阻抗	600Ω（非平衡）
视频带宽	50Hz～8MHz	光发射机工作波长	850、1310nm 或 1550nm
视频输入/输出阻抗	75Ω	光接收机工作波长	850、1310nm 或 1550nm
数据接口	D 型插座	接收机灵敏度	<−27dB/m（多模），<−36dB/m（单模）
数据信号	RS232、RS422、RS485、曼彻斯特码	FM 载波频率	70MHz
数据速率	300bit/s～19.2kbit/s	传输距离	<60km
音频接口	标准音频接口（或 D 型插座）	信号传输模式	单路视频信号，一路数据和音频双向传输
音频带宽	10Hz～15kHz		

（5）典型视频/音频/数据复用光端机的应用。OSD391 是一种非常灵活的 8 路 FM/FDM 视频光复用器，S 路视频 FM 载波点为 26～136MHz。同时，可以提供 8 路 FM 音频和 8 路 20kbit/s 数据，也可以选择 8 路数字音频和 8 路 DC 到 100kbit/s 数据。此外，还可选择反向传输 1 路视频、8 路音频和数据，当传输使用 1310nm 的激光器时，1310 激光器可以提供 3 种功率的发光 60 件和 2 种灵敏度的接收器件。通常使用两根光纤，每个方向使用一根光纤传输，但也可使用 WDM（波分复用器）实现单纤传输。当传输距离非常远时，可以使用 1550μm 的激光器代替 1310nm 的激光器，此时传输距离可以达到 120km（双光纤 8 路、单光纤 4 路），见图 3-35。

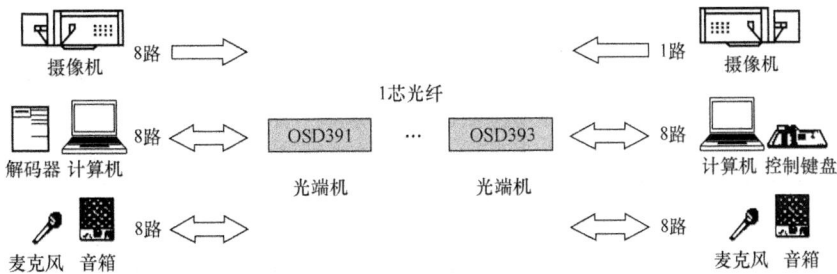

图 3-35 光端机的功能

第四节　显示设备与技术

视频监视器是监看图像的显示装置，在 CCTV 系统中可以仅有单台大屏幕监视器，也可能是由数十台监视器组成的电视墙；既可以是黑白监视器，但更多的应是彩色监视器；14in（1in＝2.54cm）以下的小屏幕监视器已被淘汰；未来，40in 左右的大型监视器、等离子体平板显示器或上百英寸的投影将会成为显示的主流。

一、监视器的分类

视频监视器的分类主要取决于显示图像的屏幕的分类。市面上的屏幕种类有电视屏幕、个人电脑显示器，以及视频监控系统的监视器。

屏幕又分为数种类型，如一般的 CRT 阴极射线管屏幕及新流行的液晶显示屏幕等。监视器的屏幕基本上分为发光型与非发光型。

二、CRT 显示器

CRT 显示器是一种使用阴极射线管（Cathode Ray Tube）的显示器，阴极射线管主要由五部分组成，即电子枪（Electron Gun）、偏转线圈（Deflection Coils）、荫罩（Shadow Mask）、荧光粉层（Phosphor）和玻璃外壳。

传统的阴极射线管（CRT）监视器和电视墙，其生产技术成熟、驱动方法简单、性能价格比好，在 14～29in 显示器件中居统治地位，但体积大、质量重、电压高，有使人眼易疲劳的闪烁等缺点。就应用而言，黑白监视器的水平清晰度达到 1000 线，而彩色监视器按其性能指标可分为以下类型：

（1）高档监视器。图像清晰度高，一般在 600～800 线以上。

（2）高质量监视器。图像清晰度一般在 370～500 线之间。

（3）图像监视器。清晰度为 300～370 线，被 CCTV 系统广泛使用。

（4）收监两用监视器。为普通电视机类，图像清晰度一般不超过 300 线。

CRT 显示器是目前应用最广泛的显示器之一。CRT 纯平显示器具有可视角度大、无坏点、色彩还原度高、色度均匀、可调节的多分辨率模式、响应时间极短等 LCD 显示器难以超过的优点，且现在的 CRT 显示器价格要比 LCD 显示器便宜不少。

1. CRT 显示器的工作原理

CRT 显示器中能够显示图像的玻璃外壳叫做荧光屏，它的内表面可以显示丰富的色彩图像和清晰的文字。CRT 显示器是用电子束来进行控制，并利用三原色原理，将丰富的色彩图像和清晰的文字画在荧光屏上。

（1）电子枪的工作。首先有赖于荧光粉层，在荧光屏上涂满了按一定方式紧密排列的红、绿、蓝（R、G、B）3 种颜色的荧光粉点或荧光粉条，称为荧光粉单元。相邻的红、绿、蓝荧光粉单元各一个为一组，组成像素。每个像素中都拥有红、绿、蓝三原色，根据三原色理论，就有了形成多种色彩的基础。

电子枪如同手枪一样，可以发射速度极快的电子束。由灯丝加热阴极，阴极发射电子，然后在加速极电场的作用下，经聚焦极聚成很细的电子束，在阳极高压作用下，获得巨大的能量，以极高的速度去轰击荧光粉层。这些电子束轰击的目标就是荧光屏上的三原色。为此，电子枪发射的电子束不是 1 束，而是 3 束，它们分别受 R、G、B3 个基色视频信号电压的控制，分别去轰击各自的荧光粉单元。

受到高速电子束的激发，这些荧光粉单元分别发出强弱不同的红、绿、蓝 3 种光。根据空间混色法（将 3 个基色光同时照射同一表面相邻很近的 3 个点上进行混色的方法）产生丰富的色彩，这种方法利用人们眼睛在超过一定距离后分辨力不高的特性，产生与直接混色法相同的效果。用这种方法可以产生不同色彩的像素，而大量的不同色彩的像素可以组成一张漂亮的画面，而不断变换的画面就成为可动的图像。显然，像素越多，图像越清晰、细腻，也就更逼真。

（2）画面的形成。电子枪同时激发数以万计的像素发光并形成画面的原理是利用了人们眼睛的视觉残留特性和荧光粉的余晖作用。也就是说，即使只有 1 支电子枪，只要 3 支电子束可以足够快地向所有排列整齐的像素进行激发，人们还是可以看到一幅完整的图像的。

要形成速度极快的扫描动作，还需要偏转线圈的帮助，通过它，可以使显像管内的电子束以一定的顺序周期性地轰击每个像素，使每个像素都发光，而且只要这个周期足够短，即对某个像素而言，电子束的轰击频率足够高，人们就会看到一幅完整的图像。这种电子束有规律的周期性运动叫做扫描运动。

（3）显示器的扫描方式。因为有大量排列整齐的像素需要激发，必然要求有规律的电子枪扫描运动才显得高效。通常，实现扫描的方式很多，如直线式扫描、圆形扫描、螺旋扫描等。其中，直线式扫描又可分为逐行扫描和隔行扫描两种。

逐行扫描是电子束在屏幕上一行紧接一行从左到右的扫描方式，是比较先进的一种方式；隔行扫描中，一张图像的扫描不是在一个场周期中完成的，而是由两个场周期完成。在前一个场周期扫描所有奇数行，称为奇数场扫描；在后一个场周期扫描所有偶数行，称为偶数场扫描。无论是逐行扫描还是隔行扫描，为了完成对整个屏幕的扫描，扫描线并不是完全水平的，而是稍微倾斜的。为此，电子束既要作水平方向的运动，又要作垂直方向的运动。前者形成一行的扫描，称为行扫描；后者形成一幅画面的扫描，称为场扫描。有了扫描，就可以形成画面。

为了在扫描的过程中保证 3 支电子束准确击中每一个像素，就要借助于荫罩，它是在荧光屏后面约 10mm 处厚度约为 0.15mm 的薄金属障板，其上面有很多小孔或细槽，它们和同一组的荧光粉单元（即像素）相对应。3 支电子束经过小孔或细槽后只能击中同一像素中的对应荧光粉单元，因此能够保证彩色的纯正和正确的会聚，人们也才可以看到清晰的图像。

至于画面的连续感，它则是由场扫描的速度来决定的，场扫描越快，形成的单一图像越多，画面就越流畅。而每秒钟可以进行多少次场扫描通常是衡量画面质量的标准，通常用帧频或场频（单位为 Hz）来表示，帧频越大，图像越有连续感。24Hz 场频是保证对图像活动内容的连续感觉；48Hz 场频是保证图像显示没有闪烁的感觉，这两个条件同时满足，才能显示效果良好的图像。其实，这跟动画片的形成原理是相似，一张张的图片快速闪过人的眼睛，就形成连续的画面，即变成动画。

2. CRT 的性能指标

（1）通频带（通带宽度）。这是衡量监视器信号通道频率特性的技术指标。因为视频信号的频带范围是 6MHz，所以要求监视器的通频带应大于或等于 6MHz。视频通道频响决定了监视器重视图像的质量。频带宽度越宽，图像细节越清楚，亦即清晰度越高。为保证图像重现的清晰程度，通常业务级规定频响为 8MHz，高清晰度监视器频响在 10MHz 以上。

（2）分辨率（清晰度）。监视器的重要指标，它表征了监视器重现图像细节的能力。分辨率用线数表示。在电视监控系统中，根据 GB 50198—1994《民用闭路监视电视系统工程技术规范》的规定，对清晰度（分辨率）的最低要求是：黑白监视器水平清晰度应大于或等于400 线；彩色监视器应大于或等于 270 线。通常，业务级规定中心不小于 600 线，高清晰度监视器大于 800 线。

（3）灰度等级。这是衡量监视器能分辨亮暗层次的一个技术指标，最高为 9 级，一般要求大于或等于 8 级。

3. CRT 的新技术

（1）纯平高频逐行扫描技术。新出现的纯平显示器是 CRT 显示器的新亮点，视觉感受会明显得到改善。此外，采用 100Hz 数码扫描可使图像画面更稳定、无闪烁。采用逐行扫描可提高垂直方向的清晰度，从而达到 1250 线的分辨率。

上述功能既可以纯监视器实现，也可以有此类性能的电视机 AV 端子来实现。以减少电磁辐射量、重视环保和健康的 TCO 标准将被普遍接受。未来，将出现具有 16:9 宽屏幕和 1000 线高分辨率的全数字式彩色监视器，支持 1920×1080i 显示格式，并带有网络地址和网络接口。

（2）高亮度技术。CRT 显示器的另一大进展是高亮度技术。已往在现实应用中一直存在着无法很好地兼顾图像和文本显示的问题：要亮一起亮，要暗一起暗。于是，一直以来，显示器在较为精细和稳定地显示高分辨率的文字的同时，对亮度的限制却使得所显示的图像和视频效果不能令人满意。

以飞利浦（Philips）公司为代表研制的显亮技术改变了这种状况。显亮技术的目的是智能捕获屏幕中的图像和视频区域，在将其"点亮"的同时又不影响文字区域的显示效果。高亮度显示器已经成了 CRT 显示器的一个主流发展方向。显亮技术是一项软/硬件结合的显示技术，由嵌在 CRT 显示器内部的集成电路和应用程序两部分组成，这两部分协同运行，提高选定区域或视窗内图片、视频影像的显示质量的同时，又不影响所选区域之外的文字显示效果。

目前，市场上的显示器普遍都有高亮功能，如三星的 MB（Magic Bright）技术，View Sonic的 Ultra Brite 高亮技术，梦想家的 OSD 单键"高亮引擎"等，连其他一些不太知名的品牌，也都在产品参数说明上指出自己具备"高亮画质显示"功能。这些高亮功能普遍是通过运用高亮度显像管所实现的，其中，有中华 MV 高亮度显像管、三星 Magic Bright 丹娜管、SONY高亮度特丽珑显像管、三菱 M2 高亮度显像管等。运用了高亮度显像管的显示器，一般都能为用户提供 3 种亮度模式，即 150lm 的文本模式亮度、200lm 的网络模式亮度和 330lm 的娱乐模式亮度，这克服了原有 CRT 显示器只有单一亮度模式不能适应多媒体应用的缺点，将亮度调节的主动权交给使用者，令用户能够随时根据自己的使用需要，在不同亮度下自由切换。

除了运用高亮度显像管实现亮度提升之外，个别厂商也有采用软件和显示芯片配合的途径来提供"点亮"，和 Philips 公司有异曲同工之处。

Philips 公司的显亮 3 拥有 3 级亮度、4 级锐度、共 12 挡明锐度。这样，用户可以根据自己的应用进行灵活多样的设置和调整。而且，通过对锐度的单独调节功能，还方便地解决了在显亮模式下文本文字会产生"拖尾"现象的弊端。除此 12 种模式之外，用户还能够根据喜好，进一步地选择锐度效果是"温和"还是"浓重"，图像灵敏度是"偏弱"还是"偏强"，从而更个性化地表现丰富的色彩和人的个性。

三、LCD 显示技术

LCD（Liquid Crystal Display）称为液晶显示屏，其主要原理是以电流刺激液晶分子产生点、线、面，配合背部灯管而构成画面。

1. LCD 显示器的工作原理

（1）液晶的物理特性。液晶的物理特性是：当通电时导通，排列变得有秩序，使光线容易通过；不通电时，排列混乱，阻止光线通过。因此，可以让液晶如闸门般地阻隔或让光线穿透。

从技术上简单地说，液晶面板包含了两片相当精致的无钠玻璃素材，称为 Substrates，中间夹着一层液晶。当光束通过这层液晶时，液晶本身会排排站立或扭转呈不规则状，因而阻隔或使光束顺利通过。

大多数液晶都属于有机复合物，由长棒状的分子构成。在自然状态下，这些棒状分子的长轴大致平行。将液晶倒入一个经精良加工的开槽平面，液晶分子会顺着槽排列，所以假若槽非常平行，则各分子也是完全平行的。

（2）单色液晶显示器的原理。LCD 技术是把液晶灌入两个列有细槽的平面之间。这两个平面上的槽互相垂直（相交成 90°）。也就是说，若一个平面上的分子南北向排列，则另一平面上的分子东西向排列，而位于两个平面之间的分子被强迫进入一种 90°扭转的状态。由于光线顺着分子的排列方向传播，因此光线经过液晶时也被扭转 90°。但当液晶上加一个电压时，分子便会重新垂直排列，使光线能直射出去，而不发生任何扭转。

LCD 是依赖极化滤光器（片）和光线本身。自然光线是朝四面八方随机发散的。极化滤光器实际是一系列越来越细的平行线。这些线形成一张网，以阻断不与这些线平行的所有光线。极化滤光器的线正好与第一个垂直，所以能完全阻断那些已经极化的光线。只有两个滤光器的线完全平行，或者光线本身已扭转到与第二个极化滤光器相匹配时，光线才得以穿透。

LCD 正是由这样两个相互垂直的极化滤光器构成的，所以在正常情况下应该阻断所有试图穿透的光线。但是，由于两个滤光器之间充满了扭曲液晶，因此在光线穿出第一个滤光器后，会被液晶分子扭转 90°，最后从第二个滤光器中穿出。另一方面，若为液晶加一个电压，分子又会重新排列并完全平行，使光线不再扭转，所以正好被第二个滤光器挡住。总之，加电将光线阻断，不加电则使光线射出。

然而，可以改变 LCD 中的液晶排列使光线在加电时射出，不加电时被阻断。但由于计算机屏幕几乎总是亮着的，所以只有加电将光线阻断的方案才能达到最省电的目的。

从液晶显示器的结构来看，显示屏都是由不同部分组成的分层结构。LCD 由两块玻璃板构成，厚约 1mm，其间由包含有液晶（LC）材料 5μm 的均匀间隔隔开。因为液晶材料本身并不发光，所以在显示屏两边都设有作为光源的灯管，而在液晶显示屏背面有一块背光板（或称匀光板）和反光膜。背光板是由荧光物质组成的，可以发射光线，其作用主要是提供均匀的背景光源。背光板发出的光线在穿过第一层偏振过滤层之后进入包含成千上万水晶液滴的液晶层。

液晶层中的水晶液滴都被包含在细小的单元格结构中，一个或多个单元格构成屏幕上的一个像素。在玻璃板与液晶材料之间是透明的电极，电极分为行和列，在行与列的交叉点上，通过改变电压而改变液晶的旋光状态，液晶材料的作用类似于一个个小的光阀。在液晶材料周边是控制电路部分和驱动电路部分。当 LCD 中的电极产生电场时，液晶分子就会产生扭曲，从而将穿越其中的光线进行有规则的折射，然后经过第二层过滤层的过滤在屏幕上显示出来。

（3）彩色 LCD 显示器的工作原理。彩色显示器还要具备专门处理彩色显示的色彩过滤层。通常，在彩色 LCD 面板中，每一个像素都是由 3 个液晶单元格构成，其中，每一个单元格前面都分别有红色、绿色、蓝色的过滤器。这样，通过不同单元格的光线就可以在屏幕上显示出不同的颜色。

LCD 克服了 CRT 体积庞大、耗电和闪烁的缺点，但也同时带来了造价过高、视角不广及彩色显示不理想等问题。CRT 显示可选择一系列分辨率，而且能按屏幕要求加以调整，但 LCD 屏只含有固定数量的液晶单元，只能在全屏幕使用一种分辨率显示（每个单元就是一个像素）。

CRT 通常有 3 个电子枪，射出的电子流必须精确聚集，否则就得不到清晰的图像显示。但 LCD 不存在聚焦问题，因为每个液晶单元都是单独开关的。这正是同样一幅图在 LCD 屏幕上如此清晰的原因。LCD 也不必关心刷新频率和闪烁，液晶单元要么开、要么关，所以，在 40～60Hz 这样的低刷新频率下显示的图像不会比 75Hz 下显示的图像更闪烁。不过，LCD 屏的液晶单元会很容易出现瑕疵。对 1024×768 的屏幕来说，每个像素都由 3 个单元构成，分别负责红、绿和蓝色的显示，所以共需约 240 万个单元（1024×768×3＝2359296），很难保证所有这些单元都完好无损。最有可能的是，其中一部分已经短路（出现"亮点"）或者断路（出现"黑点"）。所以说，并不是如此高昂的显示产品不会出现瑕疵。

LCD 显示屏包含了在 CRT 技术中未曾用到的一些东西。为屏幕提供光源的是盘绕在其背后的荧光管。有时，会发现屏幕的某一部分出现异常亮的线条，也可能出现一些不雅的条纹，一幅特殊的浅色或深色图像会对相邻的显示区域造成影响。此外，一些相当精密的图案（如经抖动处理的图像）可能在液晶显示屏上出现难看的波纹或干扰纹。

现在，几乎所有的 LCD 都使用薄膜晶体管（TFT）激活液晶层中的单元格。TFT LCD 技术能够显示更加清晰、明亮的图像。早期的 LCD 由于是非主动发光器件，速度低、效率差、对比度小，虽然能够显示清晰的文字，但是在快速显示图像时往往会产生阴影，影响视频的显示效果，因此，如今只应用于需要黑白显示的掌上电脑、呼机或手机中。

随着技术的日新月异，LCD 技术也在不断发展进步。目前，各大 LCD 显示器生产商纷纷加大对 LCD 的研发费用，力求突破 LCD 的技术瓶颈，进一步加快 LCD 显示器的产业化进程，降低生产成本，以达到用户可以接受的价格水平。

2. LCD 显示器的分类与特点

（1）LCD 显示器的分类。常见的液晶显示器按物理结构分为 4 种，即扭曲向列型（Twisted

Nematic，TN)、超扭曲向列型（Super TN，STN)、双层超扭曲向列型（Dual Scan Tortuosity Nomograph，DSTN)及薄膜晶体管型（Thin Film Transistor，TFT)。

1）TN 型采用的是液晶显示器中最基本的显示技术，而之后其他种类的液晶显示器也是以 TN 型为基础来进行改良。TN 型显示器广泛应用于入门级和中端的面板，在性能指标上并不出彩，不能表现 16.7M 的色彩，并且可视角度有天然痼疾。市场上看到的 TN 面板都是改良型的 TN＋film（补偿膜)，用于弥补 TN 面板可视角度的不足，同时，色彩抖动技术的使用也使得原本只能显示 26 万色的 TN 面板获得了 16.2M 的显示能力。

要说 TN 面板唯一胜过前面两种面板的地方，就是由于其输出灰阶级数较少，液晶分子偏转速度快，致使其响应时间容易提高。目前，市场上 8ms 以下的液晶产品均采用的是 TN 面板。总的来说，TN 面板是优势和劣势都很明显的产品，其价格便宜、响应时间能满足游戏要求、可视角度不理想和色彩表现不真实。

2）STN 型的显示原理与 TN 类似。不同的是，TN 扭转式向列场效应的液晶分子是将入射光旋转 90°，而 STN 超扭转式向列场效应是将入射光旋转 180°～270°。

3）DSTN 是通过双扫描方式来扫描扭曲向列型液晶显示屏，从而达到完成显示目的。DSTN 是由超扭曲向列型显示器（STN)发展而来的。由于 DSTN 采用双扫描技术，因此显示效果相对 STN 来说，有大幅度提高。

4）TFT 型的液晶显示器采用平面转换（In-Plane Switching，IPS)技术，俗称为 Super TFT，较为复杂，主要是由荧光管、导光板、偏光板、滤光板、玻璃基板、配向膜、液晶材料、薄膜式晶体管等构成。

首先，液晶显示器必须先利用背光源，也就是荧光灯管投射出光源，这些光源会先经过一个偏光板然后再经过液晶。这时，液晶分子的排列方式就会改变穿透液晶的光线角度，然后再经前方的彩色滤光膜与另一块偏光板。因此，只要改变加在液晶上的电压值，就可以控制最后出现的光线强度与色彩，这样就能在液晶面板上变化出不同色调的颜色组合。

IPS 也有响应时间较慢和对比度较难提高的缺点。16.7M 色、170°可视角度和 16ms 响应时间代表了现在 IPS 液晶显示器的最高水平。

（2）LCD 显示器的特点。

1）机身薄、节省空间。与比较笨重的 CRT 显示器相比，液晶显示器只要前者 1/3 的空间。

2）省电、不产生高温。它属于低耗电产品，可以做到完全不发热（主要耗电和发热部分存在于背光灯管或 LED)，而 CRT 显示器，因显像技术不可避免产生高温。

3）无辐射、益健康。液晶显示器完全无辐射，这对于整天在电脑前工作的人来说是一个福音。

4）画面柔和不伤眼。不同于 CRT 技术，液晶显示器画面不会闪烁，可以减少显示器对眼睛的伤害，眼睛不容易疲劳。

3. LCD 显示器的技术参数

（1）可视面积。液晶显示器所标示的尺寸就是实际可以使用的屏幕范围。例如，一个 15.1in 的液晶显示器约等于 17inCRT 屏幕的可视范围。

（2）可视角度。液晶显示器的可视角度左右对称，而上下则不一定对称。例如，当背光源的入射光通过偏光板、液晶及取向膜后，输出光便具备了特定的方向特性。也就是说，大多数从屏幕射出的光具备了垂直方向。如果从一个非常斜的角度观看一个全白的画面，我们可能会看到黑色或是色彩失真。

一般来说，上下角度要小于或等于左右角度。如果可视角度为左右 80°，则表示在始于屏幕法线 80°的位置时可以清晰地看见屏幕图像。但是，由于人的视力范围不同，如果没有站在最佳的可视角度内，所看到的颜色和亮度将会有误差。

现在，有的厂商就开发出各种广视角技术，试图改善液晶显示器的视角特性，如 IPS（In Plane Switching）、MVA（Multidomain Vertical Alignment）、TN＋FILM。这些技术都能把液晶显示器的可视角度增加到 160°，甚至更多。

（3）点距。一般，14in LCD 的可视面积为 285.7mm×214.3mm，它的最大分辨率为 1024×768，那么，点距就等于可视宽度/水平像素（或者可视高度/垂直像素），即 285.7mm/1024＝0.279mm（或者是 214.3mm/768＝0.279mm）。

（4）色彩度。LCD 比较重要的是色彩表现度。LCD 面板一般由 1024×768 个像素点组成显像，每个独立的像素色彩是由红、绿、蓝（R、G、B）3 种基本色来控制。大部分厂商生产出来的液晶显示器，每个基本色（R、G、B）达到 6 位，即 64 种表现度，那么，每个独立的像素就有 64×64×64＝262 144 种色彩。也有不少厂商使用了所谓的帧率控制技术（Frame Rate Control，FRC）技术以仿真的方式来表现出全彩的画面，也就是每个基本色（R、G、B）能达到 8 位，即 256 种表现度，那么，每个独立的像素就有高达 256×256×256＝16 777 216 种色彩。

（5）对比值。对比值是最大亮度值（全白）与最小亮度值（全黑）的比值。CRT 显示器的对比值通常高达 500:1，以致在 CRT 显示器上呈现真正全黑的画面是很容易的。但对 LCD 来说就不是很容易了，由冷阴极射线管所构成的背光源很难去做快速地开关动作，因此，背光源始终处于点亮的状态。为了要得到全黑画面，液晶模块必须完全把由背光源而来的光完全阻挡，但在物理特性上，这些组件并无法完全达到这样的要求，总是会有一些漏光发生。一般来说，人眼可以接受的对比值约为 250:1。

（6）亮度值。液晶显示器的最大亮度通常由冷阴极射线管（背光源）来决定，亮度值一般都在 200～250 cd/m^2 间。液晶显示器的亮度略低，会觉得屏幕发暗。虽然技术上可以达到更高亮度，但是这并不代表亮度值越高越好，因为太高亮度的显示器有可能使观看者眼睛受伤。

（7）响应时间。响应时间是液晶显示器的一个特殊指标。液晶显示器的响应时间指的是显示器各像素点对输入信号反应的速度，响应时间短，则显示运动画面时就不会产生影像拖尾的现象。这一点在玩游戏、看快速动作的影像时十分重要。足够快的响应时间才能保证画面的连贯。目前，市面上一般的液晶显示器，其响应时间与以前相比已经有了很大的突破，为 20～30ms。不过，随着技术的日益发展，LCD 和 CRT 的差距在逐渐缩小，一款液晶显示器的响应时间就已经缩短到了 5ms。

（8）数字接口。从理论上说，液晶显示器是纯数字设备，与电脑主机的连接也应该是采用数字式接口，采用数字接口的优点是不言而喻的。首先，可以减少在模数转换过程中的信号损失和干扰，减少相应的转化电路和元件；其次，不需要进行时钟频率、向量的调整。但目前市场上大部分液晶显示器的接口是模拟接口，存在着传输信号易受干扰、显示器内部需要加入模数转换电路、无法升级到数字接口等问题。而且，为了避免像素闪烁的出现，必须做到时钟频率、向量与模拟信号完全一致。

现在的时代其实还是模拟时代，而未来的时代从目前的发展趋势来看是数字时代。显示器智能化操作、数字控制、数码显示是未来显示器的必要条件。随着数字时代的来临，数字技术必将全面取代模拟技术，LCD 不久就会全面取代现在的模拟 CRT 显示器。

4. 液晶显示器的保养与维护

（1）LCD 对环境的要求。一般空气湿度保持在 30%～80%，显示器都能正常工作，但一旦室内湿度高于 80%后，显示器内部就会产生结露现象，其内部的电源变压器和其他线圈受潮后也易产生漏电，甚至有可能造成连线短路。因此，LCD 显示器必须注意防潮，长时间不用的显示器，可以定期通电工作一段时间，让显示器工作时产生的热量将机内的潮气驱赶出去。

（2）LCD 的清洁。如果发现显示屏表面有污迹，可用沾有少许水的软布轻轻地将其擦去，但不要将水直接洒到显示屏表面上，水进入 LCD 将导致屏幕短路。现在也有专用的液晶显示屏清洁剂可以购买。在使用清洁剂时也要注意，不要把清洁剂直接喷到屏幕上，它有可能流到屏幕里造成短路，正确的做法是用软布蘸上清洁剂轻轻地擦拭屏幕。

（3）避免进水。千万不要让任何带有水分的东西进入液晶显示器。当然，一旦发生这种情况也不要惊慌失措，如果在开机前发现只是屏幕表面有雾气，用软布轻轻擦掉就可以了；如果水分已经进入液晶显示器，那就把液晶显示器放在较温暖的地方，将里面的水分逐渐蒸发掉，如果发生屏幕"泛潮"的情况较严重时，最好请专业的技术服务人员，因为较严重的潮气会损害液晶显示器的元器件，导致液晶电极腐蚀，从而造成永久性的损害。

（4）避免长时间工作。液晶显示器的像素是由许许多多的液晶体构成的，过长时间的连续使用会使晶体老化或烧坏，损害一旦发生，就是永久性和不可修复的。一般来说，不要使液晶显示器长时间处于开机状态，不用时应关掉显示器，或运行屏幕保护程序，或就让其显示全白的屏幕内容等。

一定要注意，不用显示器时，一定要关闭显示器，或降低显示器的显示亮度。否则，时间长了就会导致内部烧坏或者老化。这种损坏一旦发生就是永久性和无法挽回的。另外，如果长时间地连续显示一种固定的内容，就有可能导致某些 LCD 像素过热，进而造成内部烧坏。

（5）避免强烈的冲击和振动。LCD 屏幕十分脆弱，所以要避免强烈的冲击和振动，LCD 中含有很多玻璃的和灵敏的电气元件，掉落到地板上或其他类似的强烈打击会导致 LCD 屏幕及其他一些单元的损坏。许多晶体和灵敏的电器元件在遭受撞击时会被损坏，要注意不要对 LCD 显示表面施加压力。

（6）不要私自拆卸 LCD 显示器。LCD 显示器同其他电子产品一样，在液晶显示器的内部会产生高电压。私自拆卸 LCD 显示器不仅有一定的危险性，还容易将 LCD 显示器的故障加大。具体规则是：永远也不要拆卸 LCD。即使在关闭了很长时间以后，背景照明组件中的 CFL 换流器依旧可能带有大约 1000V 的高压，这种高压能够导致严重的人身伤害。所以，永远也不要企图拆卸 LCD 显示屏，以免遭遇高压。未经许可的维修和变更会导致显示屏暂时，甚至永久不能工作。

5. 液晶显示器的新技术

（1）采用 TFT 型 Active 素子进行驱动。为了创造更优质画面构造，新技术采用了用独有 TFT 型 Active 素子进行驱动。异常复杂的液晶显示屏幕中最重要的组成部分除了液晶之外，就是直接关系到液晶显示亮度的背光屏及负责产生颜色的色滤光镜。在每一个液晶像素上加装上了 Active 素子来进行点对点控制，使得显示屏幕与传统的 CRT 显示屏相比有天壤之别，这种控制模式在显示的精度上，会比以往的控制方式高得多，所以就在 CRT 显示屏会上出现图像的品质不良、色渗以及抖动非常厉害的现象，但在加入了新技术的 LCD 显示屏上观看时，其画面品质却是相当赏心悦目的。

（2）利用色滤光镜制作工艺创造色彩斑斓的画面。在色滤光镜本体还没被制作成型以前，就先把构成其主体的材料加以染色，之后再加以灌膜制造。这种工艺要求有非常高的制造水准。但与同其他普通的 LCD 显示屏相比，用这种类型的制造出来的 LCD，无论在解析度、色彩特性还是使用寿命方面，都有着优异的表现，从而使 LCD 能在高分辨率环境下创造色彩斑斓的画面。

（3）低反射液晶显示技术。众所周知，外界光线对液晶显示屏幕具有非常大的干扰，一些 LCD 显示屏，在外界光线比较强时，因为其表面的玻璃板产生反射，而干扰到它的正常显示。因此，在室外一些明亮的公共场所使用时其性能和可观性会大大降低。目前，很多 LCD 显示器即使分辨率再高，其反射技术没处理好，由此对实际工作中的应用都是不实用的。单凭一些纯粹的数据，其实是一种有偏差的去引导用户的行为。而新款的 LCD 显示器采用的低反射液晶显示屏幕技术就是在液晶显示屏的最外层施以反射防止涂装技术，有了这一层涂料，液晶显示屏幕所发出的光泽感、液晶显示屏幕本身的透光率、液晶显示屏幕的分辨率、防止反射等这 4 个方面都但到了更好的改善。

（4）先进的连续料界结晶硅液晶显示方式。在一些 LCD 产品中，在观看动态影片时会出现画面的延迟现象，这是由于整个液晶显示屏幕的像素反应速度显得不足所造成的。为了提高像素反应速度，新技术的 LCD 采用目前最先进的 Si TFT 液晶显示方式，具有比旧式 LCD 屏快 600 倍的像素反应速度，效果真是不可同日而语。先进的连续料界结晶硅技术是利用特殊的制造方式把原有的非结晶型透明硅电极在以平常速率 600 倍的速度下进行移动，从而大大加快了液晶屏幕的像素反应速度，减少了画面出现的延缓现象。

现在，低温多晶硅技术、反射式液晶材料的研究已经进入应用阶段，也会使 LCD 的发展进入一个崭新的时代。而在液晶显示器不断发展的同时，其他平面显示器也在进步中，等离子体显示器（PDP）、场致发光阵列显示器（FED）和发光聚合体显示器（LEP）的技术将在未来掀起平板显示器的新浪潮。其中，最值得关注和看好的就是场致显示器，它具有许多比液晶显示器更出色的性能。

四、大屏幕投影系统

投影机和屏幕是大屏幕投影系统的关键，投影方式和投影环境的选择也相当重要。投影方式有前投、背投和组合拼接 3 种。投影机的主要类型有如下几种。

1. CRT 投影机

CRT 投影机是用高亮度显像管显示出彩色图像，再利用光学镜头将图像投射到屏幕上，它有极高的清晰度，但由于采用阴极射线管的方式发光，故亮度不高，亮度一般在 1250lm

以下。投影像管多为 7in CRT×3（RGB），清晰度模拟信号可达 600 线以上，数字信号最高达到 2500×2000 的像素水平。采用具有数字接口的投影机可显示电子地图，比较符合中央监控室的需求。

应用上的新亮点是以多台 CRT 投影组成的无缝拼接电视墙产品，如 SONY 公司产品点距为 0.21～0.24mm，分辨率达到 1600×1280。我国则事先研制出了 3.5in 投影管的高清晰度投影电视墙。4×4 彩色投影电视墙面积可达 $11.44m^2$，8000lm 的亮度，并拥有水平 150°、垂直 60°的视野角度。

2. LCD 投影机

LCD 投影机是利用（大功率金属卤素）投射光源和三原色液晶显示板而产生色彩鲜艳、对比度清晰的图像。现多采用 3 片 LCD 液晶成像器件，但图像清晰度不够高，清晰度模拟信号可达 450 电视线，数字信号在 1600×1280 像素以下，亮度则集中在 400～1200 lm 范围内，优点是体积小、便于携带、使用时不需要调整会聚，灯泡寿命为 3000h 左右。

3. DLP 投影机

DLP（Digital Light Processing，数字光处理）投影机是美国 TI 公司推出的数字化多媒体组合显示系统，是利用数字微镜器件 DMD（Digital Micromirror Device）反射成像实现的全数字化方式成像。DMD 技术是在 1cm×1.5cm 的芯片上集成 50 多万个微型铝镜，每个铝镜代表一个像素，而每个像素由一个专用存储单元控制以极高的频率开关微型铝镜，同时经过颜色再生，将光束投影到成像屏上，从而形成色彩丰富、真实清晰的投影图像，分辨率为 800×600 以上，水平视角达到 160°。因光利用效率达到 85%以上而有很高的亮度，而且有分辨率越高，有效反射面积越大，亮度也越高的特性。

（1）DigiVision 特点。

1）单屏图像中心和边缘亮度差在 5%以内；多屏拼接时屏与屏之间的亮度差在 5%以下；画面采用逐行扫描方式；刷新频率为 120Hz；显示画面稳定无闪烁感；工作电源为（120～240V）±10%；功耗为 200W，具有短路和过热保护功能。

2）采用无框架屏幕构造；实现只有 1.0mm 的极细光学拼缝；具有 BB 幕、UCS 幕、BlackScreen 幕、玻璃幕等多种屏幕可供用户选择，并能提供极高的屏幕均匀度和极强的背景光抑制能力。

3）消除了太阳效应，使单屏图像中心和边缘亮度均匀度达到 90%～95%；采用低功率、长寿命灯泡，降低用户运行成本；平均无故障时间（MTBF）大于 20 000h。

（2）DigiVision 技术关键。

1）数字优势：采用全数字技术，图像灰度等级达到 256 级；色彩达 16M 种；图像噪声消失；画面质量稳定。

2）反射优势：反射式器件的应用；使成像器件的总光效率达 80%以上；对比度和亮度的均匀性都非常出色；0.7in DMD：每个像素的面积为 14μm×14μm，间隔为 0.8μm，清晰度高、画面均匀。

3）色彩锐利：最新 DLP 光学以及数字控制电路系统投影机，在同类投影机行业中处领先地位，是目前世界一流水平的显示系统，可完全满足高层次用户的需求。

4）六轴调整：采用独特设计的六轴调整装置，更容易地实现图像几何、光学投影接缝的调整。

第五节　视频存储设备与技术

一、模拟式录像机

录像机是记录监控图像最有效的途径，有模拟式记录和数字式记录两大类。利用长时间录像模式可以减少不断更换与储存录像带的麻烦。模拟式又分为时滞式和实时型。

带式录像机具有图像没有经过任何处理、没有压缩、实时性强等特点，但目前新的视频监控系统中已经很少使用带式录像机。

1. 模拟式长时间录像机

长时间录像机最基本的特征是由伺服电动机直接驱动磁头，使其逐格地转动，每记录一幅图像，磁头就转动一格。长时间录像机的类别有：

（1）24 小时实时型录像机。24 小时实时型录像机回放时画面动作连续可观，技术上采用四磁头结构来抑制出现噪声，其分辨率已能达到黑白 350 线左右，彩色为 250～300 线。使用一盘 E-240 录像带，它可以每秒 16.7 帧的速度作 24 小时连续录像，也可以每秒 50 帧图像作 8 小时的连续录像，该录像机在与之相连的外部报警传感器被触发时，会从每秒 16.7 帧的方式自动转换成每秒 50 帧的记录方式，以完整地捕捉该报警事件。为了适应某些部门每周工作 5 天，每天工作 8 小时的需要，市场上出现了 40 小时连续录像机。

（2）24 小时时滞式录像机。24 小时时滞式录像机有 0.02～0.2s 的时间间隔，即从每秒 50 帧到每秒 5 帧，因此，在回放每秒 5 帧的录像带时，影像会有不连续感，从而给人以动画的效果。典型产品有 3、6、12h 和 24h 4 种时间记录方式；其水平分辨率在 3h 记录方式时黑白图像为 320 线；彩色图像为 240 线或 300 线，信噪比为 46dB，有一道声音信号。

对于可作 24 小时高密度录像的机型，其带速为 3.9mm/s，每秒钟可记录 8.33 帧画面，提高了录像密度，该类长时间录像机均带有报警功能。

2. 数字式长时间录像机

数字式长时间录像机工作时的时间间隔可以由用户选择，从每盒 E-180 录像带 3h 连续记录到间隔长达数秒钟记录一幅图像。长时间录像机中录像时间最长的是一盘录像带能记录 960h，其录像模式有 3、12、24、36、48、72、84、120、168、240、480、720、960h，并带有报警功能；其他长时数录像机还有 168h（7 天）、720h 等几种。一般，选择时间间隔以 5s 以内为好，彩色分辨率以 240 线为标准，但不少产品的分辨率已达到彩色 300 线，若要达到 500 线左右的水平分辨率，则需要采用 S-VHS 系统的长时间录像机。

二、硬盘录像机的一般概念

以视频矩阵、画面处理器、长时间录像机为代表的模拟闭路监控系统，采用录像带作为存储介质，以手动和自动相结合的方式实现现场监控。这种传统方法常有回放图像质量不能令人满意、远距离传输质量下降较多、搜索和检索不易、不便操作管理、影像不能进行处理等诸多缺陷。

因此，目前更多的是使用硬盘录像机取代模拟式闭路监视系统长时间录像机，同时，因为硬盘录像机内置的计算机功能有时也取代了原来模拟式闭路监视系统的视频矩阵主机、画面处理器等多种设备。

1. 硬盘录像机的定义

硬盘录像机（Digital Video Recorder，DVR）即数字视频录像机，相对于传统的模拟视频录像机，其采用硬盘录像，故常常称为硬盘录像机，也称为 DVR。它是一套进行图像存储处理的计算机系统，具有对图像/语音进行长时间录像、录音、远程监视和控制的功能。

硬盘录像机把模拟的图像转化成数字信号，因此也称数字录像机。它以 MPEG 图像压缩技术实时地储存于计算机硬盘中，存储容量大、安全可靠、检索图像方便快速、可以通过扩展增大硬盘及系统存储容量、可以连续录像几十天以上。

DVR 集合了录像机、画面分割器、云台镜头控制、报警控制、网络传输等 5 种功能于一身，用一台设备就能取代模拟监控系统一大堆设备的功能，而且在价格上也逐渐占有优势。DVR 采用的是数字记录技术，在图像处理、图像储存、检索、备份、网络传递以及远程控制等方面也远远优于模拟监控设备。DVR 代表了视频监控系统的发展方向，是目前视频监控系统的首选产品。

引领 DVR 迅速发展和普及的原因，一是全球性的数字化大潮；二是 IT 技术的快速发展，硬磁盘容量的极大提高，现单体硬盘容量已大到 500GB 甚至 1TG,而其价格却大幅度地降低，这造就了 DVR 的生存空间。同时，DVR 系统规模的大小可以进行裁剪，既能以标配一般硬盘作常规数量图像的记录，也能挂接超大容量的磁盘阵列，满足记录更多数量视频图像、延长录像时间的特殊需求。

DVR 系统的技术主要表现在图像采集速率、图像压缩方式、硬磁盘信息的存取调度、解压缩方案、系统功能等诸多方面。DVR 的应用非常广泛，包括银行柜员制和 ATM 机监控、证券部门、重要办公场所、机场候机大厅、购物广场、商业中心等诸多场合，也包括居住小区、婴幼儿监护、老年银发族护理等场所，能有效地改善或替代现有的模拟监控系统。

2. 硬盘录像机分类

目前，市面上主流的 DVR 采用的压缩技术有多种，而 MPEG-4、H.264、M-JPEG 是国内最常见的压缩方式；从压缩方式上分有软压缩和硬压缩两种，软压缩受到 CPU 的影响较大，多半做不到全实时显示和录像，故逐渐被硬压缩淘汰；从摄像机输入路数上分为 1、2、4、8、16、32 路，甚至更多路数；按系统结构可以分为两大类：基于 PC 架构的 PC 式 DVR 和脱离 PC 架构的嵌入式 DVR。

（1）PC 式 DVR。PC 式硬盘录像机（PC DVR）：这种架构的 DVR 以传统的 PC 机为基本硬件，以 WinXP、Vista、Linux 为基本软件，配备图像采集或图像采集压缩卡，编制软件成为一套完整的系统。PC 机是一种通用的平台，其硬件更新换代速度快，因而 PC 式 DVR 的产品性能提升较容易，同时，软件修正、升级也比较方便。PC DVR 各种功能的实现都依靠各种板卡来完成，如视音频压缩卡、网卡、声卡、显卡等，这种插卡式的系统在系统装配、维修、运输中很容易出现不可靠的问题，不能用于工业控制领域，只适合于对可靠性要求不高的商用办公环境。

（2）嵌入式 DVR。嵌入式硬盘录像机（EM-DVR）：嵌入式系统一般指非 PC 系统，其有计算机功能但又不称为计算机的设备或器材。它是以应用为中心，软硬件可裁减的，对功能、可靠性、成本、体积、功耗等有严格要求的微型专用计算机系统。简单地说，嵌入式系统集系统的应用软件与硬件融于一体，类似于 PC 中 BIOS 的工作方式，具有软件代码小、高度自动化、响应速度快等特点，特别适合于要求实时和多任务的应用。

嵌入式 DVR 就是基于嵌入式处理器和嵌入式实时操作系统的嵌入式系统，它采用专用芯片对图像进行压缩及解压回放，嵌入式操作系统主要是完成整机的控制及管理。此类产品没有 PC DVR 那么多的模块和多余的软件功能，在设计制造时对软、硬件的稳定性进行了针对性的规划，因此此类产品品质稳定，不会有死机的问题产生，而且在视音频压缩码流的储存速度、分辨率及画质上都有较大的改善，就功能来说丝毫不比 PC DVR 逊色。

嵌入式 DVR 系统建立在一体化的硬件结构上，整个视音频的压缩、显示、网络等功能全部可以通过一块单板来实现，从而大大提高了整个系统硬件的可靠性和稳定性。

硬盘录像机的主要功能包括监视功能、录像功能、回放功能、报警功能、控制功能、网络功能、密码授权功能和工作时间表功能等。

3. 硬盘录像机的特点

（1）硬盘录像机图像质量高，分辨率可达 768×576，高于录像机系统的图像。重放图像质量高，画面不会闪烁、抖动。

（2）数字化图像抗干扰性能强。适于远传，可以通过网络传输、系统共享。

（3）硬盘录像机根据输入图像多少可以同步显示、录取 1、4、9 路或 16 路摄像机的图像。

（4）硬盘录像机操作简单方便，采用视窗操作界面，易学。

（5）硬盘录像机通过串行通信接口连接现场解码器，可以对云台、摄像机镜头及防护罩进行远距离控制。

（6）数字录像机可存储报警信号前后的画面。系统可以自动识别每帧图像的差别，利用这一点可以实现自动报警功能。在被监视的画面中设立自动报警区域（如房间的某一区域、窗户、门等），当自动报警区域的画面发生变化时（如有人进入自动报警区域），数字监控录像机自动报警，拨通预先设置的电话号码，报警的时间就自动记录下来。报警区域的图像被自动保存到硬盘中。

4. 硬盘录像机的技术指标

（1）输入路数。指可同时输入摄像机的路数。一般多为 1、4、8、16、32 路，目前已有 64 路及更多路数的产品问世。

（2）图像压缩格式。指所采用的图像压缩格式及标志图像质量的图像清晰度。压缩技术的目的就是使最少的数据存储单元尽可能地去展示（视频图像、声音、内容等）多媒体信息，通过减少系统中传输及存储的视频信息容量，可以大大节省系统对软件的需求。压缩方法主要有两大类，一类是缩减帧间的余弦（只存储 1 帧内变化的信息）；一类是压缩每一帧视频图像（只存储 2 帧间变化的信息），因此压缩方法能将存储容量大幅缩减。

（3）硬盘容量/记录图像时间。硬盘容量的大小、所采用的压缩/解压缩方法及中央处理器的性能都直接影响到能够存储图像的数量或记录图像时间的长短。当然，还与计算机操作系统软件的管理能力相关。对 DVR 系统而言，目前每帧图像的容量多在 1.5～12K，标配硬盘容量为 250GB 或 320GB。

值是指出的是，单帧图像的容量（即占用多少 K 硬盘）是和图像清晰度及图像压缩比密切相关的，只有在相同的图像格式和相同的压缩方法时才具有可比性。由于数据压缩比有限，往往需要在录像时间长短及帧速率之间折中。

（4）回放显示速度。指已记录图像回放时的显示速度，直接影响到 DVR 可否被广泛应用。时滞和丢帧必须控制在允许的范围内，倘若回放显示速度过慢，则可能没有捕获到需要的监控图像，失去录像的意义，特别对于银行柜员制等的应用是绝对不能接受的。因此，系统设计时应尽可能采用 32 位 PCI 总线的压缩解压缩卡，以保证有较高的录像速率，而少使用 16 位 ISA 总线的视频处理设备。

（5）回放显示方式。指图像在回放时可能的显示方式。回放方式应灵活可选，既可以在同一个屏幕上做多画面回放，但为了做大画面观察，要求也能对指定的某一个画面做单道图像的回放。

数码监控录像机内置的双工多画面处理功能使之可独立地记录和监视多达 16 路的摄像机输入，无需外接多画面处理器或切换器；监视模式灵活可选，从而可在一台监视器上监看多种图像显示方式，如全屏、4 画面分割、9 画面分割、16 画面分割等，有的产品还能提供图像大小不等的 6、7、8、10、13 画面分割。

（6）图像显示速度。指输入图像多画面分割显示的速度。不少产品已可达到 16 路视频输入图像以每路每秒 25 帧的实时显示速度。

（7）分割显示方式。指多画面分割显示的方式，也就是同时显示摄像机输入图像的选择方式。例如，16 路摄像机的输入图像可任选一路在屏幕上作单一画面动态显示，也可在一个屏幕上同时显示 4（2×2）、9（3×3）台或 16（4×4）台摄像机的图像。显示格式还可有其他各种变化。

（8）动态分配功能。指有无对系统的总资源进行动态分配的功能，即在系统总资源数额定不变的情况下，根据应用的需要，赋予每路图像有不同的采集与录像速率，以保证重点所需。每台摄像机图像的清晰度可否有 360×280、720×280、720×560 等不同档次，可否对其进行选择。有的系统还可对每台摄像机的图像压缩比率进行选择，有低质量图像（1:40）、中等质量图像（1:30）、中高质量图像（1:20）、高质量图像（1:10）之分。事实上，很多 DVR 对图像分辨率、压缩率、图像回放每秒帧数及数据码流（2～6Mbit/s）都是可调的。

（9）图像检索。指图像的检索和查找智能化程度。以硬磁盘记录的图像，可以方便地按日期、时间、图像号码、摄像机号、报警事件序号等为索引快速进行，也能通过屏幕菜单操作。

（10）移动探测。指对输入摄像机的图像，可否定义图像的视频移动探测报警区域。当监视图像发生变化时产生报警。

（11）报警输入数。指有多少路常规的报警输入。在所接传感器发生报警时，有的系统可自动记录发生报警前几秒至发生报警后十几秒约 30s 的视频图像，从而能捕获并完整地记录下每一个报警事件。有的系统在发生报警时，不仅可显示对应报警发生处摄像机的图像，还能使该摄像机的云台运动到指定的预置位处。

（12）指定检索功能。指对录制的报警事件能否在回放时根据事件、时间或摄像机号快速检索到指定的文件；有的系统还允许图像回放时作 2 倍的放大观察和有平滑等图像处理功能，并且可以调整图像的色彩、对比度、亮度、饱和度，从而有助于识别人物、车牌等细节。

（13）云台控制。指可否对选定的 1 路云台进行控制，包括云台的上下左右移动、云台的旋转、变焦镜头的伸缩、云台和变焦镜头的预置位等。有时还要考虑可否远程遥控云台和镜头。

（14）远距离传送。指系统回放图像可否通过 PSTN、ISDN、DDN 线路或局域网 LAN 作远距离传送。

（15）密码保护。指进入系统时是否需要输入用户标识名 ID 和密码来完成注册，从而对系统提供保护。

（16）数据备份：指除硬盘外，还有何种大容量储存装置可用作图像的转存或备份，如数据磁带、DVD-RAM、CF（Campact Flash）卡等。

5. 硬盘录像机的图像质量及稳定性

（1）图像的清晰度。图像的清晰度是硬盘录像机的关键指标之一，这与所用摄像机的性能指标、图像采集卡所具有的图像采集分辨率以及所用的图像数据压缩方式、选用的图像压缩比、容许的存储容量等诸多因素有关。MPEG-4 压缩回放画面的清晰度最高为 352×288，每路每小时的数据量在 80～400MB（可变码流时可大大减少）。

MPEG-2 压缩回放画面的清晰度最高达到 704×576，但每路每小时的数据量在 500～800MB，比 MPEG-1 大得多。MPEG-4 压缩的压缩比高，图像质量也好，每路每小时的数据量一般在 60～180MB。

图像的清晰度重点应是图像回放的清晰度。在选定压缩方式后，应在首先满足图像回放清晰度的前提下，再去追求压缩比的提高。

（2）产品的稳定可靠性。对于 DVR 产品的稳定可靠性评价，涉及硬件、软件、操作系统、散热结构、错误操作、环境干扰等诸多因素，不能一概而论，需要作具体分析并采取措施。

1）有死机现象是许多数字产品早期致命的弱点。现在不少 DVR 产品中，都有硬件看门狗电路，以实现在操作系统发生故障导致死机后的自动启动，也有的采用每天半夜定时自启动一次的策略。

2）保证 DVR 产品有电压稳定的供电，或者 DVR 产品本身具有 180～250V 电压正常工作的能力。

3）基于 PC 机的 DVR 产品现多采用工业控制 PC 机，价格适宜，可用于一般场合。对于监控通道数量多、监控要求非常高的场合，更可采用服务器级的 PC 系统，常具有 UPS 不间断电源和海量磁盘阵列、支持硬盘热插拔的功能，系统的稳定可靠性大大提高。

4）嵌入类 DVR 产品多采用嵌入式 CPU 和嵌入式的操作系统（以 Linux 和 RTOS 居多），产品的硬软件都进行了专门的规划设计，系统的可靠性有保证。

5）通过设计，使之在系统操作过程中用户不能轻易地进入操作系统的界面，并屏蔽掉操作系统中非 DVR 需要的其他功能，通过封闭软驱和光驱来防止病毒的侵入，这样就可以提高基于 PC 机的 DVR 系统的稳定可靠性。

6）选择优质及工作可靠的硬盘是整个系统稳定可靠、存储数据安全的保证。DVR 系统中硬盘散热是否良好是另一关键，因为硬盘在高温条件下工作，不仅会缩短硬盘的使用寿命，更会使硬盘存储的出错概率大为增加。DVR 系统软件的设计应具备自动管理硬盘功能，保证硬盘组的稳定可靠。

三、硬盘录像机的使用方案

硬盘录像机与视频监控设备的组合应用如图 3-36 所示。

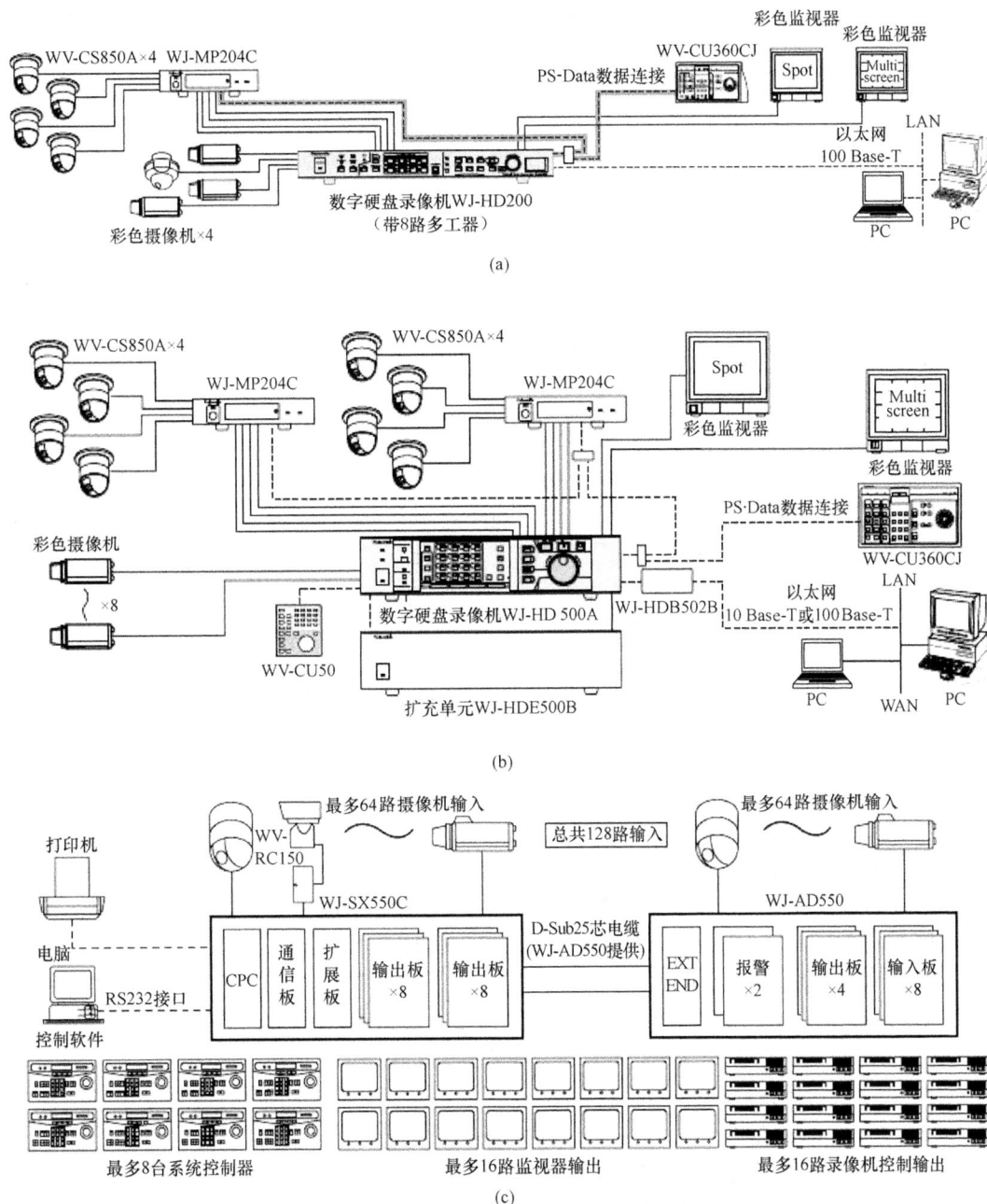

(a)

(b)

(c)

图 3-36　硬盘录像机与视频监控设备的组合应用

（a）小规模；（b）中规模；（c）大规模

图 3-36（a）所示为小规模的应用，使用一台数字硬盘录像机代替控制矩阵，能够完成 8 路摄像机的图像存储、切换并显示在 2 个监视器上。由于数字硬盘录像机自带画面分割器，因此，两个监视器的画面图可以做成主监视器加分监视器。

图 3-36（b）所示为中规模的应用，使用一台数字硬盘录像机代替模拟的控制矩阵，能够完成 16 路摄像机的图像存储、切换并显示在 4 个监视器上。由于数字硬盘录像机自带画面分割器，因此，4 个监视器的画面图可以做成主监视器加分监视器。同时，因为硬盘录像机有网络功能，所以也可以在网上远程登录与查看。

图 3-36（c）所示为大规模的应用，使用多台多回路数字硬盘录像机完成高达 128 路摄像机的图像存储，选用大型可扩展控制矩阵，将图像切换显示在多个监视器上。

四、硬盘录像机故障的分析与处理

在使用硬盘录像机的过程中，难免会遇到许多突发故障，对于平时工作正常的较新机器而言，其中大多数死机都是软件停止了响应造成的，只要强制关闭了这些停止响应的软件，硬盘录像机即可恢复正常工作。

1. 一般故障的分析与处理

（1）遭遇停电。在停电时，显示器、主机等会在一瞬间强行关闭。正在录制的图像资料会丢失，如果正在进行磁盘读写操作，则还有可能产生坏道。停电的瞬间电压波动还会冲击硬盘录像机硬件的芯片、电路、电阻等。为免不测，要给 PC 硬盘录像机时选配个质量好的电源，这样就能最大限度地从电源上减小电压波动对硬件造成的不良影响。停电后，关闭所有电源，以防下次来电时显示器和电源同时启动，这样会造成对硬件的不良损害。开机不要在启动时跳过磁盘检测，以检测有无产生坏道。一旦发现坏道，要用工具软件来修复或屏蔽坏道。最重要的是，选配一个 UPS 为硬盘录像机提供断电保护。

（2）电源陈旧。在给硬盘录像机升级时，如加装上新买的高倍速光驱，由于转速较高，耗电也大，增加了电源的负载，因此也会出现死机或重启的现象。原有电源没有考虑到现在的硬盘、显卡和高倍速的光驱等耗电量，因此电源的输出功率并不是太高，如果使用的是质量不高的电源，输出功率"缩水"，不能提供足够的电量。当系统中的设备增多、功耗变大时，劣质电源输出的电压就会急剧降低，最终导致系统工作不稳定而出现自动重启现象。另外，电源插座接触不良，电压起伏过大还有可能导致硬盘等设备的损坏。因此，更换一个大功率的优质电源，可以给硬盘录像机提供最安全的保障。

（3）自动关机。目前的主流主板对 CPU 有温度监控功能，一旦 CPU 温度过高，超过了主板 BIOS 中所设定的温度，主板就会自动切断电源，以保护相关硬件；另一方面，系统中的电源管理和病毒软件也会导致自动关机。

如果上述突然关机现象经常发生，则应先确认 CPU 的散热是否正常。开机箱，目测风扇叶片是否工作正常，再进入 BIOS 选项看风扇的转速和 CPU 的工作温度。如果是风扇的问题，就对风扇进行相关的除尘维护或更换质量更好的风扇；如果是电源老化或损坏，则可通过替换电源来确认，电源损坏就要换新的，以防烧毁硬件。

当然，也可能是中毒，此时，进入系统，从安装光盘中覆盖安装电源管理，再彻底查杀病毒。同时，要时刻更新杀毒软件病毒库，少用盗版碟，不在 PC 式硬盘录像机上做无关的操作。

（4）系统故障。进不了系统，启动画面静止，或显示"The disk is error"等提示。比较常见的原因是系统文件被修改、破坏，或是加载了不正常的命令行。此外，硬盘的故障也是原因之一。首先，要尝试能否进入安全模式。进入安全模式后，可以通过设备管理器和系统文件检查器来找寻故障，也可以重装驱动程序，系统文件受损可以从安装文件恢复。如果连安全模式都不能进入，则只能进行系统重装。

（5）系统死机。桌面被锁定或蓝屏，鼠标不能动，严重时连热启动都不行。除系统自身的 BUG 及各软件间的兼容性问题外，也可能是同时运行过多程序而导致进程阻塞，引发死机。

死机有真假，按下 Num Lock 键，指示灯有变化者为假死机。假死机可以同时按下 ALT＋CTRL＋DEL 键，在出现的任务列表里选定程序名后标注没有响应的项，单击结束任务。

真死机则通过冷启动解决。对于蓝屏，在按下 ESC 键无效后，按复位键。

（6）开机黑屏。PC 式硬盘录像机的开机要先通过电源供电，再由主板的 BIOS 引导自检，而后再对 CPU、内存、显卡、硬盘、光驱等进行检查，如果这中间哪一步出了问题，硬盘录像机就不能正常启动，甚至黑屏。

首先，确认显示器、主机电源等外部连线以及主机电源和主机电源接口的内部连线是否连接顺畅。显卡，内存由于使用时间过长，与空气中的粉尘长期接触，插口的氧化层会导致接触不良。此时可用酒精擦拭插口。

开机观察 CPU 是否工作正常，开机半分钟左右，用手触摸 CPU 风扇的散热片是否有温度。有温度，则 CPU 坏掉的可能性就可基本排除；没温度就整理一下 CPU 的插座，确保接触到位。这之后还没温度，就可能是 CPU 的问题了。

（7）设备松动老化。设备移动过程中受到很大振动常常会使机器内部器件松动，从而导致接触不良，引起硬盘录像机死机，所以，移动硬盘录像机时应当避免剧烈振动。

通常，在发现死机时也可检查各插板是否松动，可拔出重新再插一下，看是否为内存条松动、虚焊或内存芯片本身质量所致，应根据具体情况排除内存条接触故障，如重新拔插一下。如果是内存条质量存在问题，则需更换内存条才能解决问题。硬盘老化或由于使用不当造成坏道、坏扇区，这样机器在运行时就很容易发生死机。

（8）硬件资源冲突。如主板主频和 CPU 主频不匹配、老主板超频时将外频定得太高时，可能就不能保证运行的稳定性，从而导致频繁死机。这主要是由于兼容机各配件的匹配不好，因此，最好是采用专业生产厂家提供的硬盘录像机整机，切勿自行组装硬盘录像机。

有时，一些监控软件在有的微机上就不能正常启动甚至安装，其中可能就有软、硬件兼容方面的问题。有时是声卡或显卡的设置有冲突，从而引起异常错误。此外，其他设备的中断、DMA 或端口出现冲突，也可能导致少数驱动程序产生异常，以致死机。

解决的办法是，以安全模式启动，在"控制面板"→"系统"→"设备管理"中进行适当调整。对于在驱动程序中产生异常错误的情况，可以修改注册表。选择"运行"，键入"REGEDIT"，进入注册表编辑器，通过选单下的"查找"功能，找到并删除与驱动程序前缀字符串相关的所有"主键"和"键值"，重新启动。

（9）零部件选用不当造成死机。组装硬盘录像机时，如果使用质量低劣的主板、内存，甚至使用冒牌主板和旧的 CPU、内存，就会使机器在运行时很不稳定，因此发生死机也就在所难免。

由于 CPU 超频提高了 CPU 的工作频率，同时，也可能使其性能变得不稳定。究其原因，CPU 在内存中存取数据的速度本来就快于内存与硬盘交换数据的速度，超频使这种矛盾更加突出，加剧了在内存或虚拟内存中找不到所需数据的情况，这样就会出现"异常错误"。解决的办法比较简单，就是要让 CPU 回到正常的频率上。

内存容量越大越好，至少大于硬盘容量的 0.5%～1%。如出现这方面的问题，就应该换上容量尽可能大的内存条，或在原有的内存上再添加上新的内存条。

2. 由软件原因引起的死机

硬盘录像机死机除了上述一些硬件上的问题之外，也有不少是由软件引起的，具体原因如下：

（1）病毒感染。病毒是硬盘录像机操作的大患，它可以使硬盘录像机工作效率急剧下降，造成频繁死机、数据丢失、系统崩溃，甚至损坏主板、硬盘、CPU 等。因此，发现病毒时，需用杀毒软件来对硬盘录像机进行全面地查毒、杀毒，并做到及时升级杀毒软件。

（2）CMOS 设置不当。该故障现象很普遍，如硬盘参数设置、模式设置、内存参数设置不当等，都会导致硬盘录像机无法启动。如将无 ECC 功能的内存设置为具有 ECC 功能，这样就会因内存错误而造成死机。

（3）初始化文件遭破坏。由于 Windows 启动需要读取 System.ini，Win.ini 和注册表文件，如果存在 Config.sys，Autoexec.bat 文件，这两个文件也会被读取。只要这些文件中存在错误信息都可能出现死机，特别是 System.ini、Win.ini、User.dat、System.dat 这 4 个文件尤为重要。

（4）动态链接库文件（.DLL）丢失。在 Windows 操作系统中还有一类文件也相当重要，这就是扩展名为.DLL 的动态链接库文件，这些文件从性质上来讲属于共享类文件，也就是说，一个.DLL 文件可能会有多个软件在运行时需要调用它。

在删除一个应用软件时，该软件的反安装程序会记录它曾经安装过的文件并准备将其逐一删去，这时候就容易出现被删掉的动态链接库文件，同时还会被其他软件用到的情形，如果丢失的链接库文件是比较重要的核心链接文件，那么系统就会死机，甚至崩溃。这时，可用工具软件对无用的.DLL 文件进行删除，这样会避免误删除。

（5）硬盘剩余空间太少或碎片太多。由于一些应用程序的运行需要较大的内存和硬盘空间，如果硬盘的剩余空间太少，而机上的内存不多时，就需要用到虚拟内存，而虚拟内存则是由硬盘提供的，因此，硬盘要有足够的剩余空间，以满足虚拟内存的需求。因此，配备硬盘录像机时就要配置较大的硬盘，此外，还要养成定期整理硬盘、清除硬盘中垃圾文件的良好习惯。这不仅可避免因硬盘剩余空不够或碎片太多而造成死机，也可使平常操作时的速度提高。

（6）BIOS 升级失败。操作者应备份 BIOS，以防不测。但如果硬盘录像机系统需要对 BIOS 进行升级，那么在升级之前最好确定所使用 BIOS 版本是否与 PC 硬盘录像机相符。如果 BIOS 升级不正确或在升级的过程中出现意外断电，那么硬盘录像机系统就有可能无法启动。

所以，在升级 BIOS 前一定要搞清楚 BIOS 的型号。如果使用的 BIOS 升级工具可以对当前 BIOS 进行备份,那就应当把以前的 BIOS 在磁盘中拷贝一份。同时,看系统是否支持 BIOS 恢复,并且还要懂得如何恢复。

(7)软件升级不当。升级过程中,会对其中共享的一些组件也进行升级,但当其他程序可能不支持升级后的组件时,就会出现各种问题而导致死机。因此,在升级软件时也要注意操作,先明白升级软件的特点、性能及可能出现故障的排除方法等后再升级。

(8)滥用测试版软件。目前,市面上的一些测试版软件,以检测软件运行的可靠性和稳定性等,以便正式出版时再适当改进,因此,测试软件通常带有一些 BUG 或在某方面不够稳定,从而不能算为完全成熟的软件。所以,当对硬盘录像机并不十分在行的情况下,最好少用软件的测试版,以免使用后出现数据丢失的程序错误、死机或者是系统无法启动等故障,从而省去不必要的麻烦。

(9)非法卸载软件。由于现在硬盘录像机运行的软件非常多,人们喜欢经常下载、安装和卸载软件,这是不好的习惯。特别是不要把软件安装所在的目录直接删掉,如果直接删掉,则注册表及 Windows 目录中会有很多垃圾存在,久而久之,系统也会变不稳定而引起死机。因此,对于不是很必要的软件不要下载和安装。

(10)使用盗版软件。如今,盗版软件非常之多,几乎所有的软件都有被盗版,由于这些盗版软件可能隐藏着病毒,一旦执行,会自动修改系统,使系统在运行中出现死机。

(11)启动的程序太多。启动的程序太多会使系统资源消耗殆尽,而使个别程序需要的数据在内存或虚拟内存中找不到,从而出现异常错误,造成死机。因此,建议启动程序要少一些。

(12)非法操作。用非法格式或参数非法打开或释放有关程序也会导致硬盘录像机死机。因此,要牢记正确格式和相关参数,不要随意打开和释放不熟悉的程序。

(13)非正常关闭硬盘录像机。PC 式硬盘录像机大多都装用 Windows 系统,因此,关机时不要直接使用机箱中的电源按钮,否则会造成系统文件损坏或丢失,引起自动启动或运行中死机。这点非常重要,严重的话,会引起系统崩溃。因此,对于 PC 式硬盘录像机关机,除 PC 式硬盘录像机死机而无法程序关机外,平时都必须使用硬盘录像机上的"关闭系统"按钮来正常关机。

(14)内存中冲突。有时,PC 式硬盘录像机在运行各种软件时都正常,但是却会忽然间死机,而重新启动后运行这些应用程序又十分正常。这其实是一种假死机现象,出现的原因多是由于内存资源冲突。应用软件是在内存中运行的,而关闭应用软件后即可释放内存空间。但是,有的应用软件由于设计的原因,即使在关闭后也无法彻底释放内存,当下一个软件需要使用这一块内存地址时,就会出现冲突。

(15)病毒破坏。自从有了硬盘录像机以后,硬盘录像机病毒也应运而生。当网络成为当今社会的信息大动脉后,病毒的传播更加方便,因此时常干扰和破坏我们的正常工作。比较典型的就是曾对全球硬盘录像机造成严重破坏的"冲击波"病毒,发作时还会提示系统将在 60s 后自动启动。此外,有不少病毒能够自动重启硬盘录像机。

有时,可能是在与互联网联网时被人恶意侵入,并在硬盘录像机放置了木马程序。这样对方能够从远程控制硬盘录像机的一切活动,当然也包括让硬盘录像机重新启动。判断是否属于病毒破坏,可以使用最新版的杀毒软件及其病毒库进行杀毒。有的木马不容易清除,此时最好重新安装操作系统。

（16）系统文件损坏。当系统文件被破坏时，如 Windows2000 下的 KERNEL32.DLL、Windows XP FONTS 目录下的字体等系统运行时基本的文件被破坏，系统在启动时会因此无法完成初始化而强迫重新启动。对于这种故障，因为无法进入正常的桌面，所以只能覆盖安装或重新安装。

（17）定时软件或计划任务软件起作用。如果在"计划任务栏"里设置了重新启动或加载某些工作程序，则当定时时刻到来时，硬盘录像机也会再次启动。对于这种情况，可以打开"启动"项，检查里面有没有不熟悉的执行文件或其他定时工作程序，将其屏蔽后再开机检查。当然，也可以在"运行"里直接输入"Msconfig"命令选择启动项。

3. 由软件原因引起的故障

（1）市电电压不稳。一般，硬盘录像机的开关电源工作电压范围为 170～240V，当市电电压低于 170V 时，硬盘录像机就会自动重启或关机。因为市电电压的波动有时感觉不到，所以就会误认为硬盘录像机自动重启了。

解决方法：对于经常性供电不稳的地区，可以购置 UPS 电源或 130～260V 的宽幅开关电源来保证硬盘录像机稳定工作。专业型的硬盘录像机最好为 300～400V 电源。

（2）插排或电源插座的质量差，接触不良。市面上的电源插排多数质量不好，内部的接点均采用手工焊接，并且常采用酸性助焊剂，这样容易导致在以后的使用中焊点氧化引起断路或者相线和中性线之间漏电。因为手工焊接，且采用的磷黄铜片弹性差，用不了多长时间就容易失去弹性，从而致使与主机或显示器的电源插头接触不良而产生较大的接触电阻，在长时间工作时就会大量发热而导致虚接，这时就会表现为主机重新启动或显示器黑屏闪烁。还有一个可能是墙壁插座，多数墙壁插座的安装都不是使用专业人员，所以插座内部的接线非常不标准，经常使用大功率的电器时就很容易导致内部发热氧化虚接而形成间歇性的断电，从而引起硬盘录像机重启或显示器眨眼现象。

解决方法：

1）尽量不使用电源插排，直接用接线端子将电源与录像机螺钉连接。

2）一定要用电源插排时，要购买质量好的电源插排，因为其内部都是机器自动安装压接的，没有采用手工焊接。

3）对于使用墙壁插座的，出现问题时，可以将主机换一个墙壁插座试试，看是否存在同样的自动重启问题。

（3）硬盘录像机电源的功率不足或性能差。这种情况也比较常见，特别是为主机增添了新的设备，如更换了高档的显卡，增加了 DVD 刻录机及硬盘后，就很容易出现。当主机全速工作，如运行监控软件进行高速刻录或准备读取光盘，刚刚启动时，双硬盘对拷数据就可能会因为瞬时电源功率不足而引起电源保护而停止输出，但由于当电源停止输出后负载减轻，因此这时电源再次启动。因为保护后的恢复时间很短，所以表现就是主机自动重启。

还有一种情况是，主机开关电源性能差，虽然电压稳定，也在正常允许范围之内，但因为其输出电源中谐波含量过大，也会导致主机经常性地死机或重启。在这种情况下，即使用万用表测试其电压也是正常的，最好的办法是更换一台优良的电源进行替换排除。

解决方法：现换高质量大功率硬盘录像机电源。

（4）接入网卡或并口、串口、USB 接口接入外部设备时自动重启。这种情况一般是因为外设有故障，如打印机的并口损坏、某一脚对地短路、USB 设备损坏对地短路、网卡做工不标准等。当使用这些设备时，就会因为电源突然短路而引起硬盘录像机重启。

（5）主板的电源 ATX20 插座有虚焊，接触不良。这种故障不常见，但却存在，主要是在主机正常工作时，左右移动 ATX20 针插头，看主机是否会自动重启。同时，还要检查 20 针的电源插头内部的簧片是否有氧化现象，这也很容易导致接触电阻大，接触不良而引起主机死机或重启。有时还需要检查 20 针插头尾部的连接线，看是否都牢靠。

解决方法：

1）如果是主板焊点虚焊，则直接用电烙铁补焊即可。注意：在对主板、硬盘、显卡等硬盘录像机板卡进行焊接时，一定要将电烙铁良好接地，或者在焊接时拔下电源插头。

2）如果是电源的问题，最好是更换一台好的电源。

（6）CPU 问题。CPU 内部部分功能电路损坏。二级缓存损坏时，硬盘录像机也能启动，甚至还会进入正常的桌面进行正常操作，但当进行某一特殊功能时就会重启或死机，如画图、播放 VCD、玩游戏等。

解决办法：

1）试着在 CMOS 中屏蔽二级缓存（L2）或一级缓存（L1），看主机是否能够正常运行；如果屏蔽后能够正常运行，还是可以使用；不正常就更换 CPU。

2）直接用好的 CPU 进行替换排除。

（7）内存问题。内存条上某个芯片不完全损坏时，很有可能会通过自检（毕竟多数都设置了 POST），但在运行时就会因为内存发热量大而导致功能失效而意外重启。多数时候内存损坏时开机会报警，但内存损坏后不报警。此时，最好使用排除法，能够快速确定故障部位。

（8）光驱问题。光驱内部损坏时也会导致主机启动缓慢或不能通过自检，或在工作过程中突然重启。对于后一种情况，如果是在更换了光驱后出现，则很有可能是光驱的耗电量不同而引起的。

因为，虽然光驱的 ATPI 接口相同，但不同生产厂家其引脚定义是不相同的，如果硬盘线有问题时，就可能产生对某一牌子光驱的使用没有影响，但对其他牌子的光驱就无法工作的情况，这点需要注意。

（9）RESET 键质量有问题。如果 RESET 开关损坏，内部簧片始终处于短接的位置时，主机就无法加电自检。但是，当 RESET 开关弹性减弱或机箱上的按钮按下去不易弹起时，就会出现在使用过程中，因为偶尔的触碰机箱或者在正常使用状态下主机会突然重启。所以，当 RESET 开关不能按动自如时，一定要仔细检查，最好更换新的 RESET 按钮开关或对机箱的外部按钮进行加油润滑处理。还有一种情况，即因为机箱内的 RESET 开关引线在焊接时绝缘层剥离过多，再加上使用过程中多次拆箱也会造成 RESET 开关线距离过近而引起碰撞，从而导致主机自动重启。

4. 其他原因引起的故障

（1）散热不良或测温失灵。CPU 散热不良，经常出现的问题就是 CPU 的散热器固定卡子脱落、CPU 散热器与 CPU 接触之间有异物、CPU 风扇长时间使用后散热器积尘太多，这些情况都会导致 CPU 散热不良，积聚温度过高而自动重启；此外，CPU 下面的测温探头或 CPU 内部的测温电路损坏，或主板上的 BIOS 有 BUG，在某一特殊条件下测温不准，这些都会引起主机在工作过程中自动保护性重启；最后，在 CMOS 中设置的 CPU 保护温度过低也会引起主机自动重启。

（2）风扇测速失灵。当 CPU 风扇的测速电路损坏或测速线间歇性断路时，主板检测不到风扇的转速就会误以为风扇停转而自动关机或重启，但检查时可能看到 CPU 风扇转动正常，并且测速也正常。

（3）强磁干扰。不可小看电磁干扰，许多时候硬盘录像机死机和重启也是因为干扰造成的，这些干扰既有来自机箱内部 CPU 风扇、机箱风扇、显卡风扇、显卡、主板、硬盘的干扰，也有来自外部的动力线、变频空调甚至汽车等大型设备的干扰。如果主机的抗干扰性能差或屏蔽不良，就会出现主机意外重启或频繁死机的现象。

作 业 与 思 考 题

（1）镜头的组成有哪些？

（2）镜头的基本参数有哪些？介绍其中的主要三项内容。

（3）什么是焦距、视场角？

（4）镜头的其他参数有哪些？

（5）什么是光圈、快门、景深？

（6）叙述焦距、光圈、快门和景深之间的关系。

（7）镜头的控制有哪些？光圈自动控制有哪些？焦距的自动控制有哪些？

（8）常用镜头的种类有哪些？分别在什么场合使用？

（9）摄像机的一般性能指标有哪些？

（10）摄像机的智能化功能指标有哪些？

（11）摄像机安装套件有哪些？

（12）解码器与前端控制有哪些？

（13）视频矩阵控制器的功能有哪些？

（14）视频信号分配器的作用是什么？

（15）多画面处理器的作用是什么？

（16）叙述图像传输用同轴电缆的主要特性。

（17）通过光纤传送视频图像信号有何优势？

（18）监视器的种类主要有哪些？

（19）CRT 的性能指标有哪些？

（20）什么是纯平高频逐行扫描技术？

（21）什么是高亮度技术？

（22）LCD 显示器的分类有哪些？

（23）LCD 显示器的技术参数有哪些？

（24）CRT 投影机的特性有哪些？

（25）LCD 投影机的特性有哪些？

（26）DLP 投影机的特性有哪些？

（27）数字式长时间录像机的工作模式有哪些？

（28）什么是硬盘录像机？

（29）论述 PC 式与嵌入式 DVR 的相同点与不同点。

（30）硬盘录像机的特点有哪些？

（31）硬盘录像机的技术指标有哪些？

（32）硬盘录像机一般故障的分析与处理有哪些？

（33）由软件原因引起的硬盘录像机死机有哪些？如何处理？

（34）由软件原因引起的故障有哪些？如何处理？

（35）其他原因引起的故障有哪些？如何处理？

第 四 章

视频监控系统的先进技术与发展

第一节　视频监控系统的数字化

一、视频监控系统的数字化

模拟式视频监控系统有较大的局限性。这是因为视频图像大多采用同轴电缆传输，但同轴电缆模拟视频信号的传输对距离十分敏感，会受到距离的限制。当传输距高大于 1500m 时，信号容易衰减、畸变，并且易受干扰，使图像质量下降。同时，模拟视频监控系统无法联网，只能以点到点的方式监视现场，并且布线工作量也较大。模拟视频信号数据的存储需要大量录像带，且不易查找。为克服上述不足，并与信息技术同步发展，数字化的视频监控系统应运而生并得到了发展，正成为视频监控系统的主流。

1. 数字化视频监控的优点

（1）图像的传输。数字化视频可以在计算机网络上传输图像，基本上不受距离的限制，信号不易受干扰，图像的品质和稳定性得到了大幅度的提高。同时，采用数字视频监控系统运行是完全自动的，不需要人介入，即使发生电源故障，数字视频监控系统具有的自举功能将能继续电源中断时所做的事情，这样，系统的故障率大大降低，可靠性得到提高。

（2）系统的布线。数字化视频可以利用计算机网络联网，网络带宽可以重复使用，而无须重复布线。数字视频监控系统可提供远程访问能力，在任何一台计算机上都能观看到远端的视频图像，而模拟系统则是不可能远程观看到视频图像的。

（3）视频信号数字存储。数字视频监控系统的一个优点是取消了易遭破坏或磨损的视频录像带，而代之以数字化方式存储，经过压缩的视频数据能存储在计算机硬盘、磁盘阵列或保存在光盘中，既能够提高存储图像的清晰度，又能够快速检索到所存储的图像，查询十分简便快捷。

作为对比资料，普通制式录像带存储图像的分辨率一般为 240 线，最高也就 300 线，这与前端摄像机具有 480 线的图像分辨率显得不相称，致使从录像带放出的图像往往不够清晰，影响到使用的效果。相反，记录在硬磁盘上图像的分辨率能够达到近 500 线，图像的清晰度高。为了能看到所感兴趣的视频图像，仅需键入需要的时间值和摄像机号，几秒钟后通过搜索硬磁盘即可将结果显现在计算机的显示器屏幕上，根据需要，可以将其打印、在网上作 E-mail 发送，也可将其继续保存在硬盘或从硬盘中将其删除。

（4）图像和语音的传送。数字视频监控系统能够实现图像和语音的同步传送，获得与现场氛围一致的场景信息。

（5）系统使用的便利性。数字式监控主机因是模块式组合，故可以对系统大小作裁剪，在系统升级时可保留原有系统资源，具有通用性而不受厂家规格限制等优点。同时，只要是使用过 Internet 的人，都具备安装和配置数字视频监控系统的基本技能，从而节省系统安装、配置和培训所需要的时间。

（6）潜在效益大。数字视频监控系统的潜在效益和市场要比模拟视频监控系统大得多。

这是因为数字视频监控系统的远程访问能力提供了强有力的管理工具，可用于贵重物品的管理和重要人员有效时间的管理。一天 24 小时的远程可视能力也改善了监控系统值班人员的生活质量，只要将其 PC 机插入任何电话线，再拨通受口令保护的自己的数字视频服务器，就可以在任何地方实时看到你所想要看到的一切。

（7）适应技术发展的需要。从战略上考虑，模拟视频监控装置发展到今天已经快到极限，技术发展空间受到较大的限制，要满足未来更高的要求和更多的挑战，必须另辟蹊径。而数字化设备由于具有失真小、精度高、传输特性好、抗干扰性能强等特点和易于大规模生产的优势，故成为转型的必由之路和当然途径。

2. 数字监控系统与模拟监控系统的比较

监控系统的数字化简单而言就是接入、控制、网络、传输四大部分使用的设备和技术的数字化。完全数字化的基本标准就是各种数据的传输运行无障碍。

顶端控制可以跨地区、时间、协议、网段、网络等下传至下游设备，下游及底端设备可以同顶端一样反向传输，在双向、多向、定向传输的基础上可以控制流量、流速、传输时间、传输频率，使该部分的控制更加接近于数字化的有效理念，即网络规划与精密控制、执行相结合，所有的控制都可以由明确的数字数据加以表示，而不是由表面现象来判断。数字监控系统与模拟监控系统的比较见表 4-1。

表 4-1　　　　　　　　　　　　**数字监控系统与模拟监控系统的比较**

对比内容	数字监控系统	模拟监控系统
资料储存	数字信号	模拟信号
传输	可在 LAN、PSTN、ISDN、INTERNET 等各种网络上传输，信号失真小，可进行远程管理	每路视频线只传输 1 路视频信号，需专设视频网络，存在信号衰减、噪声引入、幅频相频偏移等问题。传输距离受到限制，不能进行远程管理
画面质量	画面清晰，分辨率高，具有自动校对功能，并可依各种方式随机检索图像	画面质量较低，并且只能按目标顺序查寻录影带
储存介质	大容量硬碟自动循环储存，可刻入光碟永久保存	需定期更换录影带，影像带耗费大且容易损坏
管理	可与智慧型大楼/小区域其他子系统集成在同一平台，方便管理	不易进行系统集成，管理、操作相对独立
报警的识别与处理	可方便地设置报警区域与报警条件，由计算机自动产生警报，并指挥相应的连动设备动作	需由值班人员目视发现异常情况，手动控制相应设备操作
系统配置	由电脑完成所有的监控功能，设备简洁、可靠性较高	由监视器、录影机、画面分割器及矩阵控制器等组成，设备繁多、可靠性较低
布线	摄像机的电缆只需连到最近的监控站，监控站扩充容易、施工简单、成本较低	每路视频信号均需单独连至中控室，系统扩充不易，施工困难且成本较高
工程费用	由于对硬件要求较低，故节省大量费用、工程费用较低	对硬件要求较高、工程费用较高

3. 数字化视频监控技术的难点

（1）视频图像数据的处理。视频图像数据压缩和解压缩的信息量巨大，需要可观的存储容量。例如，1 幅 640×480 中分辨度的彩色图像（24bit/像素），其数据量为每帧 7.37MB，如果以每秒 25 帧的速度播放，则视频信号的数码率高达 184Mbit/s。目前，适用于远程视频监控的图像压缩标准有 H.264 和 MPEG-4 等，两者的核心技术都是离散余弦变换 DCT 及运动补偿算法，它们的主要思想是通过减少每帧图像间时间上和空间上的冗余性及相关性信息来减少数据量。

低带宽传输实时视频图像与图像质量呈现矛盾。因此，找到更合适的压缩方法是一项永不过时的技术。

（2）视频传输对时间的敏感性。视频数据属于实时数据，这就要求视频数据能实时处理和传输，以确保数据的实时性和同步性。国际通信联合会 ITU 设计了一个实时传输协议 RTP（RealTime Transport Protocol）来解决传输实时性数据的难题，图像格式为 CIF（384×288）时，回放速率应至少达到 15 帧/秒以上。另外，尽管视频信息具有分布性，但在用户终端显示时必须保持同步，声音与视频也必须保持同步。

视频监控系统最主要的变化表现在两个方面，一方面是数字化，即传统模拟式电视监控报警系统正在向数字化的途径转变，虽然距全数字化目标尚有一定距离，但已经出现了数字式电视监控报警系统的雏形；另一方面是网络化，视频监控图像不仅能通过电话线远距离传送，也能通过局域网或 IP 网络作广域化传输，还能实现某些控制功能，从而使得原本狭义的和局域性的视频监控系统能扩展为广义的和全球化的系统。

二、DSP 技术

1. DSP 芯片

（1）DSP 芯片的概念。DSP（Digital Signal Processor）芯片也称数字信号处理器，是一种特别适合于进行数字信号处理运算的微处理器，其主要应用是实时快速地实现各种数字信号的处理算法。

DSP 是一种独特的微处理器，是以数字信号来处理大量信息的器件，其工作原理是接收模拟信号转换为 0 或 1 的数字信号，再对数字信号进行修改、删除、强化，并在其他系统芯片中把数字数据解译回模拟数据或实际环境格式。它不仅具有可编程性，而且其实时运行速度可达每秒数以千万条复杂指令程序，远远超过通用微处理器，是数字化电子世界中日益重要的电脑芯片。它的强大数据处理能力和高运行速度是其两大特色。

（2）DSP 芯片的特点。根据数字信号处理的要求，DSP 芯片一般具有如下主要特点：

1）在一个指令周期内可完成一次乘法和一次加法。

2）程序和数据空间分开，可以同时访问指令和数据。

3）片内具有快速 RAM，通常可通过独立的数据总线在两块中同时访问。

4）具有低开销或无开销循环及跳转的硬件支持。

5）快速的中断处理和硬件 I/O 支持。

6）具有在单周期内操作的多个硬件地址产生器。

7）可以并行执行多个操作。

8）支持流水线操作，使取指、译码和执行等操作可以重叠执行。

当然，与通用微处理器相比，DSP 芯片的其他通用功能相对较弱。

（3）DSP 芯片的应用。DSP 的广泛应用及快速发展，为数字信息产品带来了广阔的发展空间，并将支持通信、计算机和消费类电子产品的数字化融合。在无线领域，DSP 遍及无线交换设备、基站、手持终端和网络领域，并涵盖了从骨干基础设施到宽带入户的设备，包括 VoIP 网关、IP 电话、DSL 和 Cable Modem 等。

面向群体应用，DSP 在媒体网关、视频监控、专业音响、数字广播、激光打印等应用中表现出色；面向个人应用，DSP 在便携式数字音频和影像播放器、指纹识别和语音识别等应用中表现不俗。

针对嵌入式数字控制应用，DSP 极大地满足了工业界的需求，如数字变频电力电源设备、工业缝纫机等；DSP 也极大地满足了消费电子的需求，如空调、冰箱、洗衣机等。

2．DSP 技术用于摄像机

数字信号处理（DSP）摄像机不是对整个摄像系统的变革，通常仅限于在原模拟制式的基础上，引入部分数字化处理技术。

DSP 摄像机的工作原理框图如图 4-1 所示。

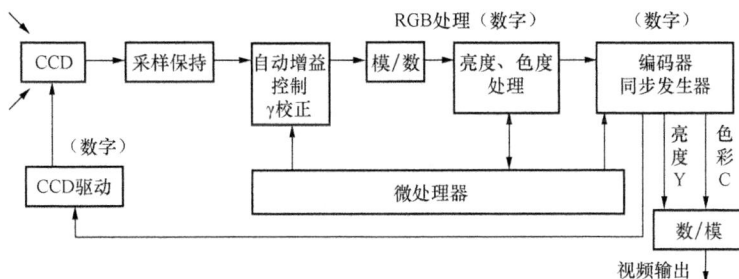

图 4-1　DSP 摄像机的工作原理框图

引入数字信号处理带来的主要优点是图像能更真实地还原景观。

（1）摄像机图像信息的深化处理。DSP 电路可以减小由摄像机彩色噪声引起的图像混叠，特别是用在拍摄网格状物体时效果更好。DSP 电路的作用还有数字光圈校正、数字拐点校正、执行数字动态图像检测、提高电子灵敏度和白平衡。

（2）背光补偿 BLC（Backlight Compensation）。采用了数字检测和数字运算技术使摄像机具有智能化背景光补偿功能。传统摄像机要求被摄景物置于画面中央并要占据较大的面积方能有较好的背景光补偿，否则，过亮的背景光可能会降低图像中心的透明度。

通常，普通摄像机的 AGC 工作点是通过对整个视场的内容作平均来确定的，但如果视场中包含一个很亮的背景区和一个很暗的前景目标，则此时确定的 AGC 工作点有可能对于前景目标是不够合适的，而背光补偿功能有可能改善前景目标显示状况。

DSP 摄像机则是将一个画面划分成 48 个正方形的小处理区域，并对每个小处理区域的平均亮度来进行检测，如果这些小处理区域的平均亮度差别过大，则通过先进的算法缩小这些区域的亮度差，使暗的景物能够较为清晰的重现而又不至于使图像亮部区域出现过载，这样即使是很小的、薄的或不在画面中心区域的景物均能清楚地在画面上呈现出来。

背光补偿方式有两种：①将全部图像区域亮度增强，使前景区域可以被观察到（BLC 功能）；②仅对前景进行亮度控制，背景的亮度保持不变。

（3）自动白平衡 AWB（Auto White Balance）。人的眼睛观察到的不同光线有着不同的色温。人的眼睛可以随着环境的不同，区分什么颜色是"白色"。然而，摄像机并没有这个能力。因此，数码摄像机需要一个参考点来定义"白色"，当这个参考点决定后，摄像机便能计算出其他颜色。

传统的摄像机因是对画面上的全部色彩作平均处理，这样如果彩色物体在画面上占据很大面积，那么彩色重现将不平衡，也就是不能呈现原始色彩。而 DSP 摄像机能自动跟踪白平衡，即可以检测和跟踪"白色"，并以数字处理功能再现原始色彩。

DSP 摄像机是将一个画面分成 48 个小处理区域，这样就能够有效地检测每个小处理区域是否有白色，即使画面上只有很小的一块白色，摄像机也能在任何条件下自动跟踪它，并以其作为基准对系统的白平衡进行调整，以数字运算处理功能来再现原始的色彩。

采用 DSP 后，摄像机的色温范围更广（1700～11 000K），而普通摄像机的色温只有（2500～9000K），如图 4-2 所示。

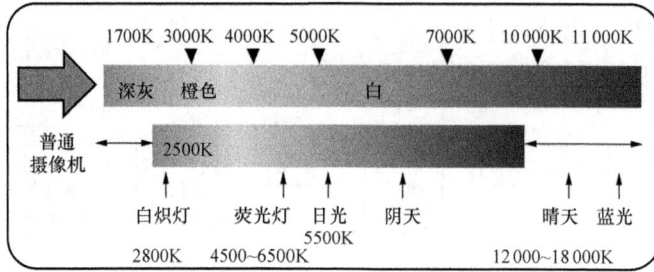

图 4-2　色温对比示意

（4）自动增益控制 AGC（Auto Gain Control）。所有的摄像机都有一个将来自 CCD 的信号放大到可以使用的视频放大器，其放大即有增益，等效于有较高的灵敏度，可使其在微光下灵敏，然而，在强光照的环境中放大器将过载，会使视频信号畸变。为此，需利用摄像机的自动增益控制（AGC）电路去探测视频信号的电平，适时地开启和关闭 AGC，从而使摄像机能够在较大的光照范围内工作，即在低照度时自动增加摄像机的灵敏度，从而提高图像信号的强度来获得清晰的图像。

（5）运动图像检测 MID（Motion Imagine Detection）。DSP 摄像机能作数字运动图像检测，将一个画面分成 48 个小块，并连续检测每一个小块的图像变化，一旦检测到有物体运动，即产生报警信号。同时，可以设定进行数字运动图像检测的小块区域和数量，也可调正小块的检测灵敏度。在这种工作方式下，要求背景和移动物体之间的对比度必须超过 5%，移动物体从图像一端到另一端的最小移动速度为 0.1s。

（6）3D 数码低照度降噪 3D-DNR（3 Dimension-Digital Noise Reduction）。DSP 摄像机有电子灵敏度增强及数字降噪功能。通过电子灵敏度增强和 AGC 技术可提高摄像机的灵敏度；数字降噪技术可降低图像的噪点，从而使重现的图像清晰可辨，信噪比能达到 52～60dB。

3D-DNR 噪声抑制滤波器能够有效消除噪声和提升图像质量，能通过 32dB 的 AGC，使获得更清晰的图像（3D：水平 X＋垂直 Y＋时间 T），如图 4-3 所示。

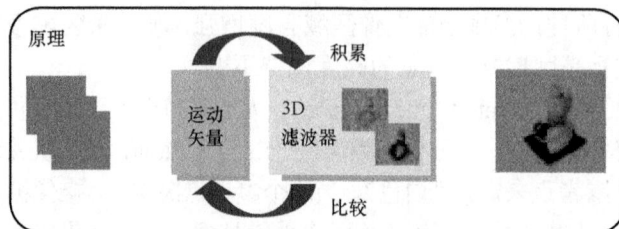

图 4-3　3D 数码降噪的工作流程

（7）无缝自动曝光 AE（Auto-Exposure）。自动适应亮度变化控制的自动曝光机制，可以将高亮的物体变黑，并使暗的物体变亮。

（8）数码慢快门 DSS（Digital Slow Shutter）。数码慢快门又称帧累积技术，在信号处理时，将多帧图像累积为 1 帧再进行输出，用以改善在照度很低的情况下，提升拍摄图像的亮度，从而提升对物体的识别能力。

（9）超强光抑制 HSBLC（Highlight Suppress Back Light Compensation）。通过 DSS 技术、3D-DNR 技术、AGC 控制机制，在低照度环境下不仅能使画面变得更亮，而且能优化移动物体，降低噪声，从而完美应用于低照度下的监控，如图 4-4 所示。将输入信号放大并自动减少低照度下的噪声后，使摄像机通过更低的快门速度充分曝光并通过累积帧亮度信号的方式使图像更清晰。

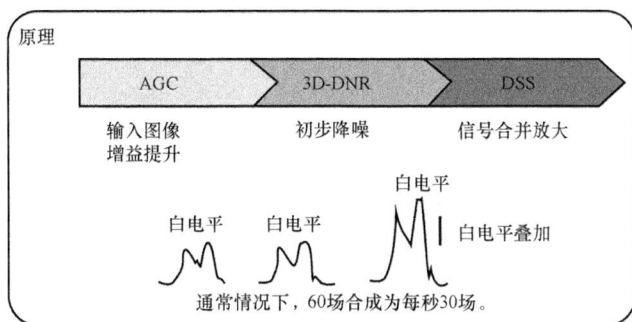

图 4-4 低照度环境下的监控示意

（10）宽动态 WDR（Wide Dynamic Range）。简单地说，宽动态就是场景中特别亮的部位和特别暗的部位同时都能看得特别清楚。宽动态技术是摄像机一直追求的目标。

DSP 摄像机有数字动态展宽电路，可以有效缩小宽动态范围图像的亮暗差别，使两个区域的不同亮暗图像可同时在监视器屏幕上清晰地显示出来。

原理：原图像的主体很暗，而后景较亮但也不甚清楚的状态下，通过高速快门与低速快门曝光、底纹修正、内部控制及勾边处理，输出较清晰的 WDR 图像。宽动态技术原理如图 4-5 所示。

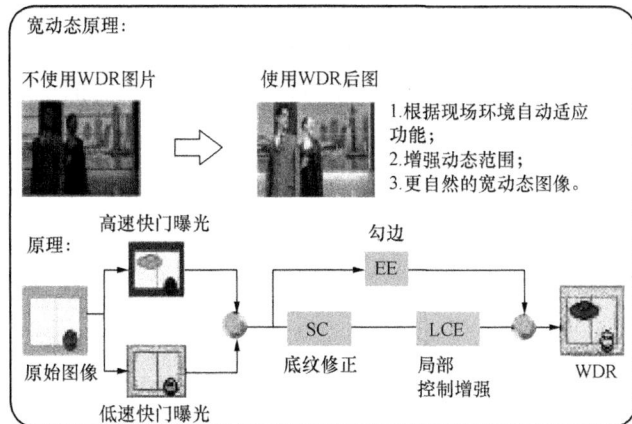

图 4-5 宽动态技术原理示意

宽动态的基本功能是在同一时间内，以不同的曝光速度捕捉到两幅清晰区域不同的图像，在这两幅图像中消除其中较差的像素，保留优质的像素，再将两者合成在一起。采用这种宽动态技术原理的摄像机种类有双倍速 CCD 传感器加 DSP 芯片和普通的 CCD 加上双快门。当在强光源（日光、灯具或反光等）照射下的高亮度区域及阴影、逆光等相对亮度较低的区域在图像中同时存在时，摄像机输出的图像会出现明亮区域因曝光过度成为白色，而黑暗区域因曝光不足成为黑色的情况，严重影响图像质量。摄像机在同一场景中对最亮区域及较暗区域的表现是存在局限的，这种局限就是通常所说的"动态范围"。

（11）屏幕菜单显示。DSP 摄像机能作屏幕菜单 OSD（On Screen Display）显示，为不同应用领域的 CCD 摄像机参数设定带来极大的方便。除 OSD 功能外，DSP 摄像机还内置可独立设定的 ID 识别码，以标明摄像机的编号和安装位置。

DSP-CCD 摄像机并不是真正意义上的数字化摄像机，因为它的输出信号仍是模拟视频信号，以便能与目前整个电视系统的其他模拟视频设备进行直接连。

三、网络摄像机

随着电子、通信等高新技术行业的快速发展，安防行业所应用的产品及技术在近几年突飞猛进，从简单的第一代模拟监控产品过渡到了第二代数字化监控产品，进而演变出了第三代网络化监控产品。网络视频包括网络摄像机、网络编解码等产品是现阶段国内安防行业应用的热点。

1. 网络摄像机的概念

网络摄像机是集视频压缩技术、计算机技术、网络技术、嵌入式技术等多种先进的 IT 技术于一体的数字摄像设备，通常包括 CCD 晶片、镜头、光学过滤器、影像感应器、视频压缩卡、Web 服务器、网卡等设备。采用嵌入式操作系统，无需计算机的协助便可独立工作。

网络摄像机有自己的 IP 地址，可直接与以太网连接。它支持很多网络通信协议，如 TCP/IP 等，局域网上的用户及 Internet 上的用户使用标准的网络浏览器，就可以根据 IP 地址对网络摄像机进行访问，以观看通过网络传输的实时图像。有授权的还可通过网络对镜头、云台进行控制，对目标进行全方位的监控。

先进的网络摄像机还包含很多其他更有吸引力的功能，如运动探测、电子邮件警报和 FTP 报警等。

网络摄像机的应用范围相当广泛，已逐渐成为安全防范、远程教学、远程展示、病房监护、社区服务等各方面广为采用的工具。尤其是在安全防范领域，网络摄像机以其优越的性能，再配以卓越的监控管理平台，使得安防系统的到了前所未有的发展，使网络化数字监控系统成为未来市场的发展趋势。

网络摄像机应用于安防领域中时，结合专业的监控管理平台软件，便可组成实用的网络化数字监控系统。

2. 网络摄像机在国内的发展历程

2000 年，国内市场零星出现过网络摄像机，当时多为台湾、韩国产品，且为 M-JPEG 的非实时方式，但无论从图像效果，还是配套条件看，市场的需求未成气候。

2002 年起，国内几大生产厂家在 MPEG-4 的 DVR 大幅增长的同时，开始了正式的网络视频产品市场应用宣传与推广，市场逐渐开始接受并适应了网络视频编解码器与模拟摄像机配套应用的方式。

2004 年，网络视频技术已经普遍被广大客户认可，并逐步开始大规模应用，这为网络摄像机的发展奠定了良好的技术基础和应用环境。

2005 年和 2006 年，在网络视频技术日渐成熟和网络视频服务器产品竞争日趋激烈的阶段，各主要厂商开始将网络视频技术转向网络摄像机，并逐步推出了各种型号的产品。现在，网络摄像机的型号种类比较繁多，网络视频编码技术也日趋显示出同质化趋势，因此，网络摄像机的工艺技术和集成技术将成为未来几年竞争的焦点。

3. 网络摄像机及其监控系统的特点

（1）网络摄像机的主要特点：

1）采用嵌入式系统，无需计算机的协助便可独立工作。

2）有独立的 IP 地址，可通过 LAN、DSL 连接或无线网络适配器直接与以太网连接。

3）支持多种网络通信协议，如 TCP/IP；局域网上的用户及 Internet 上的用户使用标准的网络浏览器就可以根据 IP 地址对网络摄像机进行访问。

4）可观看通过网络传输的实时图像。

5）通过对镜头、云台的控制，可对目标进行全方位的监控。

6）网络摄像机的主要用途是用于视频监控。

7）采用了视频压缩技术，从根本上解决了图像数字化和带宽之间的突出矛盾，算法的特点在于它实现了高质量视频图像的极高压缩比。

（2）网络摄像机组成的监控系统的优点。与以往的监控系统相比，采用网络摄像机的网络化数字监控系统具有很大的优势和强大的功能。

1）远端网络监视功能：通过以太网络即可直接实现远端监控，可多人同时监控多个点，即时传输图像，无距离限制，可使用光纤远距离传输图像。

2）大幅减少线材及成本：通过现有的以太网络即可直接将网络摄像机即插即用连接成远端监控系统，省去了布线的环节，即无距离限制，同时又可大幅减少线材及人力费用，从而降低了成本，特别适宜突发性非典疫区的临时远端监控。

3）集成 RS232/RS485 通信口便于扩充周边设备：用户可自行选择通信方式连接周边设备，如全方位云台等。

4）报警录像功能：可设定警报触发前后的录像，便于回放。

5）使用者需要权限及口令：设定不同等级的使用者权限，不同使用者可获得不同的监控图像信息。

6）画面设置功能：可依应用环境的不同自行设定显示画面的大小、解析度、压缩比等参数。

7）报警功能：配合网络摄像机的 I/O 端子，可设定报警功能，联动录像、警报器，发送电子邮件等。

8）系统扩充性高：可在现有的以太网上即插即用、随时随地增减网络摄像机，以扩大或减小监控区域或地区。

9）系统运行稳定：网络摄像机是嵌入式设备，其稳定性明显高于 DVR 和其他 CCTV 设备。

4. 网络摄像机的发展趋势

（1）高清晰图像需求。现阶段，成品销售的网络摄像机最大能够做到 D1，即 704×576

的分辨率，换算成像素即 40 多万。相比于动辄几百万，甚至上千万像素的民用数码摄像机来说，国内客户对于图像的清晰度有更高的期望值。目前，市场上的网络摄像机采用的是镜头、CCD 传感器、网络编码模块的集成体。这种网络摄像机的视频质量主要决定于镜头和 CCD 的品质，是市场上的主流产品。

另外，还有一些厂家将一体化摄像机和网络编码模块进行集成，从而形成了多种类型的网络摄像机。因为其优异的一体机性能，可以较明显的提升网络摄像机的图像品质，同时还可能兼具优秀的云台控制功能，如高速球形网络摄像机；当然，这种产品的成本也较高，属于较高端的产品定位。

另一种提升视频质量的途径则依赖于技术上的突破。目前，网络摄像机的实现机制是 A/D→D/A→A/D，历经两次模数转换，最终形成网络信号，如果能突破中间转换环节，则有望实现 A/D 直接到网络信号的转换，从而大大提高转换效率，降低成本，大幅提升画面品质。

以上两种方法是基于对视频源质量的改进实现的。除此之外，在网络视频编码技术上也仍有提升空间，目前市场上已经出现了高分辨率的网络编码模块，可以实现 1280×1024 的分辨率，只是帧率还无法做到满帧。这种技术的发展有赖于视频压缩芯片技术和视频压缩算法技术的发展。

（2）智能化需求。监控系统已经开始从企事业单位走向大众的日常生活，监控点数越来越多，因此单纯依靠人工方式去发现和检索大量的视频数据将会越来越难。尤其现在平安城市的建设如火如荼，公安系统作为最直接的用户将要面对整个城市的监控对象，人工很难实现 24 小时盯着屏幕监控整个城市的一举一动。举一个简单的例子，有一博物馆丢了一件物品，如果没有智能分析技术，我们只能把所有的录像文件全部看一遍才有可能找到线索。但如果引入智能分析技术，我们可以设定一个"移走规则"，则当指定区域内的物品消失后会自动报警，提前预防盗窃事件的发生。而智能分析技术还有很多可以提供类似的解决方案，包括"闯入规则"、"警戒线规则"及"人数统计"、"人脸识别"等。这些技术将有效提升监控系统的使用效益和效率。

从国外的市场经验以及人们对网络摄像机的期望看，智能分析技术和网络摄像机技术在同一个历史发展轨迹中找到了一个焦点。智能分析技术是国外一项已经较为成熟的技术，最先由美国国防部提出并开发实现。它改变了传统监控的被动防御地位，变被动为主动，对视频数据进行分析，并提出有用的信息以报警的形式反映给用户。网络摄像机则是第三代网络视频监控技术的最新代表，它完全集成了成像技术、视频编码技术，以及包括云镜控制技术在内的多项技术，是未来网络视频发展的重点。于是，在这样一个历史时期，网络摄像机将成为智能分析技术的最好载体。

（3）产品分类细化。网络摄像机最初的概念似乎只局限在枪式网络摄像机上，但随着技术的成熟和用户需求的日益明确化，网络摄像机也衍生出多种类型，并逐步细分市场。目前还可以看到红外一体化网络摄像机、枪式护罩型网络摄像机、快速球形网络摄像机、可变速球形网络摄像机以及无线网络摄像机、网络供电网络摄像机等多种产品。

网络摄像机正向着更加简便、更加易用的方向发展。例如，红外网络摄像机解决了夜间监控的问题；枪式护罩型网络摄像机实现了在恶劣的环境下的监控需求；快速和可变速网络摄像机一举解决了网络摄像机的云镜控制问题，同时其继承的优秀的球云台性能也使其可以在多种环境应用中胜任；无线网络摄像机则解决了在偏远或不便于搭建网络的环境下的网络监控，并一举解决了终端接入问题，而网络供电的网络摄像机则在简便易用的方向上迈进了一大步。目前，支持 PoE 功能的网络摄像机在国外的应用也较为广泛，预测在国内随着厂家推广力度和实际应用环境的改善，这种需求也将会越来越被重视。

（4）算法的改进。网络摄像机的核心技术是其视频编码技术。目前，网络摄像机主要包括通用 DSP 芯片技术和 ASIC 芯片技术两大实现方案。前者的灵活性较高，可以自定义系统功能，包括智能分析技术的引进，但需要厂家自己做算法；后者的开发难度较低，可以直接基于芯片做 PCI 接口开发，但算法优化空间较小，基本依赖于芯片本身。

目前，国外的网络摄像机产品使用的 M-JPEG 算法较多，这是一种把运动的视频序列作为连续的静止图像来处理的算法。这种压缩方式单独完整地压缩每一帧，在编辑过程中可随机存储每一帧，即进行精确到帧的编辑，不过，M-JPEG 压缩效率较低，存储占用的空间大到每帧 8～15K 字节，最好也只能做到每帧 3K 字节，因此对带宽占用较高。但是，也正因为如此，该算法的视频文件在国外获得法律认可，而用户则是通过牺牲其帧率来解决其带宽占用较高的缺陷的。

国内用户对带宽和帧率要求比较敏感，要求在低带宽下依然满足 25 帧的传输速率。因此，MPEG-4 算法尤其是 H.264 算法在国内大有市场。H.264 算法的压缩比为 MPEG-2 的 2～3 倍、MPEG-4 的 1.5～2 倍。因此，在 H.264 算法的优化上，各厂家都有很大的提升空间来满足客户对带宽占用的需求。

另外，针对行业客户的特殊应用环境，如水面监控、街道监控、广场监控等，需要满足对这些特殊监控对象的监控效果的优化要求，以解决水波浮动噪点、车辆高速运动拖影、人脸模糊等问题。这些也是网络摄像计算法优化中很重要的一个方面。

（5）平台整合的需求。作为一款监控终端产品，网络摄像机必然离不开后端平台软件的支持。因此，在系统软件功能、可应用规模、系统扩展性、系统稳定性以及操作人性化等方面将成为未来发展的主要竞争点。在现在的网络监控系统中，监控点数和系统用户数都成倍增长，系统级数也越来越多；一套大型网络监控平台是将成百上千个网络终端联合为一个整体的关键。

同时，在一个系统中不能只有网络摄像机一种产品，系统还应该兼容更多网络视频服务器、DVR 等产品系列。随着国内平安城市的建设，以及电信运营级产品品质要求理念的引入，系统平台应向着能够具有可网管、抗灾难、有预防、可恢复等方向发展。

（6）市场的发展方向。网络摄像机市场尚处于孕育开发期。厂商也在做将网络视频服务器的市场经验转移到网络摄像机上的努力。网络摄像机（无线网络摄像机除外）因其 100m 网线接入距离的限制，主要在室内环境中使用。预计在网吧、营业厅、连锁店、大厦、娱乐场所等这些平安城市首先重点建设的地方会有较广泛的应用。

随着网络摄像机技术的日益成熟稳定及价格的降低，网络摄像机有望进入民用市场。届时，网络摄像机的监控职能的概念可能变得模糊，人们将在更广泛的意义上应用网络摄像机。

5. 网络视频监控系统的应用案例

我国的高速公路发展迅速，已经形成了纵横交错的高速公路网，极大地促进了经济的发展。目前，我国高速公路通车总里程已达 3 万多 km，位居世界第 2，其中，16 个省的高速公路总里程已超过 1000km。基于此，对高速公路进行有效的管理，使其发挥最大的效益就非常有必要。可以采取各种方式来对高速公路进行管理和控制，最常用和最有效的方法就是对高速公路进行实时监控，随时了解和掌握高速公路当前的运转情况和状态。

（1）监控提出的更高需求。高速公路的监控是管理的主要手段。传统的模拟闭路电视监控系统经过多年的发展已经非常成熟，尤其在高速公路监控方面获得了极其广泛的应用。但是，随着高速公路的日益发展，也对监控提出了更高的需求，主要表现在：

1）各地的高速公路在完成路段联网的同时，也需要图像的联网。

2）监控系统采集到路段现场情况，不但要传输到路段中心，同时还需要传输到地区中心、省中心，有时还需要将不同路段的监控图像相互交换。

3）图像的路数要尽可能多，图像质量越清晰越好。

4）各级管理部门对图像的需求显著增加，需要随时了解和掌握高速公路的现场情况，以便作出相应的决策。这些部门位于不同的地理位置，以往的监控系统难以满足这些需要，且代价高昂。

（2）监控系统的发展。综上所述，网络化视频监控是高速公路视频监控系统发展的必然趋势，原因是：

1）通过网络可以将监控图像在网络内传输，不再需要考虑地理位置，只需建立必要的网络连接即可。由于当前政府管理部门已经基本建成办公网络，因此只需将监控图像传入办公网，就可以让领导了解现场情况。

2）图像远程传输容量摆脱了物理链路的限制，通过综合平衡，使系统的传输能力大大提高。

3）图像按需传输。用户可以选择性地观看指定地点的图像，而不需要观看的图像则没有必要传输，这样就不必占用带宽。

4）图像数字化后，在网络上即使经过多次传输也不会劣化，从而使图像质量有了根本性的保证。

综上所述，可以看到，网络摄像机是为了满足这些实际需要而产生的，尤其是为了满足宽带网络传输视频图像的需要。随着宽带网络逐步进入到大楼和家庭，网络摄像机也正迅速普及。

（3）高速公路监控系统。现代化高速公路的建设对高速公路管理提出了更高的要求，需要与之相适应的图像监控系统。以下为具体实施的一个高速公路监控系统：

1）监控前端采用若干台网络摄像机，它们被安装在公路重要路段，通过网络摄像机上的镜头采集到高速公路上的视频监控图像，然后再由网络摄像机完成视频压缩、数据处理、网络传输等功能。它们采集到的视频信号被处理成高清晰度的实时数字图像通过无线网络发送到监控中心，然后由监控中心发布到互联网上。

2）网络摄像机到监控中心的网络连接采用了无线局域网的方式，通过无线网桥实现了组网。无线局域网的优点是组网方便，摆脱了有线网络的线路铺设，施工方便、周期短、网络投资少、结构灵活。

3）后端用户可以通过网络观看网络摄像机采集到的这些视频图像。这些视频图像既可以提供给监控中心使用，也可以由监控中心发布到互联网上，供远端的管理部门观看，这样，管理部门便可以及时了解高速公路的现场情况，随时根据实际情况作出相应的决策。

采用视频监控软件可做到低成本的图像录制和分屏监看。

在欧美发达国家，高速公路高度发达，交通信息化也走在前列，具体采取了很多措施。提供主要公路的路段现场图像就是其中的一个主要方面，他们在全国主要公路路段设置了大量的网络摄像机，及时将道路的现场交通情况发布在互联网上，出行者在出行前，都可以在网上了解到行程中途经的公路的交通情况和当地的天气。美国 50 个州，每州都有一个专门的部门来负责这件事，因此在全国范围内，至少已经设置了几千台网络摄像机来监控高速公路的交通情况，并在互联网上发布，这在很大程度上满足了出行者的需要。

（4）所用网络摄像机的基本性能。用于高速公路的网络摄像机必须采用无线网络传输。摄像机在系列中属于高性能的产品，其集成度高、安全稳定、功能强大、有扩展性、适用于对图像质量要求高的高速公路的视频监控。网络摄像机的主要技术特点应达到下述要求：

1）高质量的图像。采用彩色 CCD 感应器，保证了图像的色彩和清晰度。图像分辨率达 512×576（PAL）或 512×480（NTSC）。

2）采用 MPEG-4 视频压缩算法，压缩比高，可以选择 5 挡压缩比率，可达每秒 25 帧（PAL）或 30 帧（NTSC）。

3）高灵敏度。灵敏度达 $2V_{p-p, max}/10k\Omega$。

4）局域网络和无线网络的双重支持。同时提供了 LAN 接口和 WLAN 接口，可以根据情况采取有线或无线的联网方式，灵活方便。

5）支持无线加密。支持 WEP64 位或 128 位加密算法。

6）支持多种通信协议，包括 HTTP、FTP、TCP/IP、UDP、ARP、ICMP、BOOTP、RARP、DHCP、PPPoE、DDNS 等。

7）管理简单。提供了以 Windows 为基础的管理程序和基于 Web 的管理界面。

8）采用低照度的夏普 CCD 图像感应器，并配合红外线增补镜头，能进行全天候的监看。

9）可通过自动的影像捕捉和 E-mail 或 FTP 上传的形式来通知异常情况。

10）可实现本地和远程的监看和录像，内嵌 DDNS 客户端，从而解决公网动态 IP 分配的寻址问题。

11）安装方便、维护简易，可通过现有的网络浏览器方便地做到随时随地监看。

12）网络传送带宽要求低，可用在家庭、办公室、医院、工厂等公共场合。

四、视频服务器

目前，网络视频服务器在视频领域中的应用主要是利用网络视频服务器构建远程监控系统。基于网络视频服务器的多通道数字传播技术具有传统的基于磁带录像机的模拟输出系统无可比拟的诸多优势。网络视频服务器采用开放式软硬件平台和标准或通用接口协议，系统扩展能力较强，能够与未来全数字、网络化、系统化、多通道资源共享等体系相衔接。

网络视频服务器是目前 CCTV 设备由模拟向数字过渡的最佳方案。而从长远来看，网络视频服务器的系统集成有巨大的潜在市场和深远的发展前景，因为从深层次来看，视频网络化、系统集成不仅是视频传输的问题，它还代表着未来视频应用的网络化和信息交互的应用发展趋势，是一种内容上更深层次的互动，具有广阔的发展潜力，是未来 3G、宽带业务的核心内容之一。因此，可以肯定，随着数字技术和网络技术的不断发展，网络视频服务器在视频领域中的应用将有更多的延伸。

1．网络视频服务器的概念

网络视频服务器 DVS（Digtal Video Server）又称数字视频编码器，是一种压缩、处理音视频数据的专业网络传输设备，由音视频压缩编解码器芯片、输入输出通道、网络接口、音视频接口、RS485 串行接口控制、协议接口控制、系统软件管理等构成，主要提供视频压缩或解压功能，完成图像数据的采集或复原等，是目前比较流行的基于 MPEG-4 或 H.264 的图像数据压缩通过 Internet 网络传输数据及音频数据的处理。

经过近几年的发展，目前已经由单功能的视频传输逐渐发展成为带 WIFI 网络、本地 SD 卡存储，USB 存储或 IDE 硬盘存储等；传输通道也从原来的单路逐渐发展成为单路 D1、2 路 HD1、4 路 CIF 和多路兼容的多菜单操作与管理的集成系统。

目前，网络视频服务器的通信方式也由原来单纯的有线网络逐渐发展成为有线与无线 WIFI（802.11a b g 通信协议）兼容，无线的传输距离也由原来的几十米（30～100m）发展成为目前的几十千米（30～50km）。

网络视频服务器与模拟摄像机连接到一起就构成了数字摄像机（又称 IP 摄像机），该产品是从模拟摄像机向 IP 摄像机过渡的一种中间产品。有的网络视频服务器带有存储功能，它与带有网络功能的硬盘录像机（DVR）在功能上已经十分接近，有逐渐融合的趋势。

2. 网络视频服务器的构成

网络视频服务器是一种实现音视频数据编码及网络传输处理的专用设备，同时也是一种压缩、存储、处理视音频数据的专用计算机。网络视频服务器由音视频压缩编码器、大容量存储设备、网络接口、音视频接口、RS422 串行接口、输入/输出通道、协议接口、软件接口、视音频交叉点矩阵等构成，同时提供外锁相和视频处理功能。

（1）音视频压缩编码器。由于模拟视频数据量非常大，通过数模转化后，数据量也很大，因此要利用成熟的编码技术，将视频数据在满足网络传输要求的技术指标下进行高压缩比的编码，以满足传输要求。

以往的网络视频服务器一般采用 M-JPEG 等编码器，用户无法实现更高的压缩码率，以适合于各种不同的网络环境，只能通过减低帧率实现效果一般的网络传输效果；目前的视频服务器一般采用 H.264 或 MPEG-4 等压缩编码器，用户可根据实际情况选择压缩码率和压缩结构，以适合于各种不同的播出场合，从而达到既节省硬盘空间，增加节目存储量，又能保证播出质量的目的。

（2）大容量存储设备。视频服务器使用高速、宽带的 SCSI 接口硬盘或最先进的 FC 接口硬盘作为视音频素材存储介质。同时，视音频数据的硬盘扩充也比较灵活。

（3）网络接口。由于以前的模拟产品的组网都主要通过建立昂贵的独立光纤实现网络传输，因此网络视频服务器的以太网接口可以方便地实现 IP 组网及数据传输。网络视频服务器主要采用 TCP/IP 等协议实现音视频数据、控制数据和状态检测信息等数据的网络传送。

视频服务器都带有网络接口，方便组网和实现数据共享。此外，还带有 FC 和以太网接口。FC 光纤网采用 IP 协议作为视频服务器之间快速、实时复制和移动素材的交换网络，以太网则用于传送控制数据和状态检测的信息。

（4）音视频接口。网络视频服务器都带有标准音视频接口和模拟监视视频接口，方便监视各通道的视频信号。输入/输出信号可以在模拟、分量和 SDI 中选择。一些新型的网络视频服务器采用动态流控制（Dynamic Stream Control，DSC）技术保证双向音频实时传输，视频帧率根据带宽自动调节，网络中断后自动连接技术。

（5）RS422/RS485 串行接口。网络视频服务器带有多个 RS422/RS485 串行通信接口，可通过通信线外接如云台、快球等各种外设。每个接口均可通过 RS422 通信线由外部计算机控制实现记录与播放。

网络监控视频服务器可配合计算机中控软件实现大系统组网方案，有的厂家网络视频服务器还提供开放的 SDK，供用户或第三方厂商开发和构建新的应用方式。

（6）输入/输出通道。视频服务器具备多通道输入/输出系统，使多路录入、播放能同时进行，实现多任务。

（7）协议接口。视频服务器除提供各种控制硬件接口外，还提供协议接口，如 RS422 接口除支持 RS422 的 Profile 协议外，还支持 Louth、Odetics、BVW 等通过 RS422 控制的协议。

（8）软件接口。视频服务器提供开放的软件接口，供用户或第三方厂商开发和构建新的应用方式。

（9）视音频交叉点矩阵。视频服务器内带视、音频交叉点矩阵，视、音频通道调度灵活，同时可保证技术指标不受损。另外，视频服务器提供外锁相和视频处理功能，方便构建专业化应用的视音频系统。

3. 网络视频服务器的特点

网络视频服务器具有传统设备所不具备的诸多特点，具体如下：

（1）功能简单的集成网络。将多通道、网络传输、录像与播放等功能简单集成到网络上，这点对目前的 H.264 网络型硬盘录像机而言也很容易实现。但是，两种产品的基本功能不同也导致其应用场合不同。目前，对于模拟阶段及第一代网络性能不好的设备而言，网络视频服务器可以提供较低成本的解决方案。将多通道、录制与播放等功能集于一体，传统设备中有多输入和多输出特性的设备是视音频切换矩阵，而具有录制和播放功能的设备是录像机，不言而喻，视频服务器在系统中可代替若干个录像机和 1 台小型切换矩阵。

（2）节约远程监控成本。网络视频服务器通过网络技术，可以在实现只要能上网的地方就可以浏览画面,采用配套的解码器则可以不需要计算机设备直接传输到电视墙等方式浏览，极大地节约了远程监控的成本。

（3）多协议支持。网络视频服务器的多协议支持与计算机设备进行完美的结合，形成了更大的系统集成网络，可完成数字化进程。

4. 视频服务器与硬盘录像机的区别

这里所说的硬盘录像机（DVR）指的是在传统 DVR 的基础上扩展了网络功能的 DVR 产品，这样使更多的用户可以进行访问，正是由于这种产品开发的理念，不论是带网络功能的 DVR 产品还是传统意义上的 DVR，其主要功能仍然是存储，这也决定了它的市场定位是小范围的网络环境，监控点也有限。而网络摄像机和视频服务器的主要功能侧重于网络传输，这里所说网络是一个大的概念，产品的设计定位在可适应不同的网络环境，如 LAN、WAN、INTERNET 或无线网络等，且不限制监控点的数量及用户访问的数量等。

从产品的应用来看，网络摄像机和视频服务器的着眼点在于远端监控，如道路交通、无人值守的变电站、油田生产管理、电信机房监控等领域，这些领域的监控点分散、距离较远、布线困难，如果要建立一个全新的系统，则可以直接选用网络摄像机；如果系统已有传统的监控前端，则可以采用视频服务器作为有效的补充，如果监控的范围是在小区域内，无需远端监控，则采用 DVR 会更为实际。

部分网络产品的制造商认为，DVR 只是一个过渡性产品，假使未来网络环境更为成熟、网络型产品的价格调整下来，则在后端电脑上随意安装一套软件就可实现远程监控。但也有一些安防业界内人士表示，这三种产品的应用范围各不相同，各自都有自己的生存空间，特别是在安防行业中，资料的安全是首要目标，因此 DVR 的存储功能仍然相当重要。

信息化时代的来临，人们对网络应用提出了更高的要求，网络摄像机和视频服务器可以在世界的任何一个角落透过 Internet 进行远端监控，从而免去了复杂的网络配置和布线工作，大大降低了工程成本，在远距离集中监控的环境中起到了不容忽视的作用。虽然网络摄像机和视频服务器为网络时代的代表性产品，但也还处在不断发展和改进的过程中，相信随着网络资源的不断完善，该产品也将进一步发挥出它的潜力。

五、监控管理平台软件

1. 通用视频监控系统软件

一般的控制主机供应商或硬盘录像机供应商提供的视频监控系统的软件通常包含监控、查询、控制、系统设置 4 个界面，可以定义为通用视频监控系统软件。这种视频录像监控软件各路的视频画质、分辨率、帧频率、存储时间等参数均可单独设置，可调节画面亮度、对比度、饱和度和色差，可同时对多路视频设置运动检测，各路视频检测区域的大小、灵敏度可单独调节，可触发报警信号；此外，还支持多种报警控制器、云台解码器、矩阵等控制协议。

（1）视频监视界面。视频监视界面主要完成实时查看监视图像及视频切换功能。系统可同时 4 画面实时回放，可同时切换 4 画面图像。

1）分屏显示用户可根据需要对监视画面进行分屏，选择单屏、4 分屏或全屏显示。

2）手动切换用户可根据需要通过对监控点的选择来实现监控画面的切换。

3）自动切换系统可自动对监控画面进行切换。用户选择画面自动切换，设置好每屏切换的时间，系统将隔相应的时间自动切换监控画面，当画面为 4 分屏时，则同时切换 4 画面图像。

（2）视频查询界面。视频查询界面主要完成对存储图像信息的查询回放。

1）条件查询用户可通过选择监控点，输入或选择日期和时间、播放区域等条件按帧频率进行方便、快捷的查询。

2）查询控制在查询回放时，用户可通过选择调节播放帧频率来控制查询回放的快进、慢放及正常播放；也可以按播放、快进、后退、暂停等键来实现对查询回放的控制。

（3）输出控制界面。输出控制界面主要完成对云台方向、变倍、光圈的控制。

1）云台控制：可以选择任意一路云台进行控制；用户可根据需要让云台向左、向右、向上、向下或调整云台方向。

2）镜头三可变控制：可以对任意一路摄像机进行镜头的变倍、变焦及光圈控制。

3）报警控制：对报警系统实施多媒体控制及实现报警联动功能。

4）输出控制：可实现对画面处理器、电话拨号器、网络设备等设施的控制。

（4）系统设置界面。系统设置界面主要完成对系统相关参数的设置，具体包括以下方面：

1）动态视频报警设置：可对监视图像设置动态视频报警，可设置报警区域的大小、灵敏度，可同时对多路视频同时设置动态视频报警。

2）视频信息显示设置：可对视频显示时是否叠加视频点、时间信息进行设置。

3）用户管理：实现对系统操作用户的信息管理。只有拥有管理员级权限的操作员才能对本模块进行操作。管理员可修改密码，也可增加、删除和修改其他用户，包括名称、工作部门和用户口令等信息。管理员可设置用户的操作权限进行授权，操作权限包括保存单帧图像，保存图像，报警记录查询，报警查询，背景音乐设置，电子地图查询，数据查询，用户管理，云台、电视控制等。

4）报警设置：把登记注册在本系统中的报警传感器的相关信息显示出来，用户可根据需要对每个报警传感器进行相关设置，同时可以更改每路报警传感器的报警声音，设定报警信息是否需要记录。此外，还可对每路报警传感器进行布防、撤防操作及设置报警传感器的生效时段。

5）背景音乐设置：可对系统运行时的背景音乐进行设置。用户可以在本模块中通过选择音乐文件确定所播放的背景音乐。

6）报警记录查询：可对保存的报警信息进行查询。信息内容包括报警地点、时间及处理时间方式等。

7）电子地图配置：能导入、导出完整的电子地图。在电子地图上设置摄像点及报警点，让操作者对监控点的布置一目了然。

（5）通用视频监控系统软件的功能。通用视频监控系统软件可以通过软硬件的设置和人工操作实现下列系统功能：

1）对云台、报警控制器、画面分割器的控制功能。

2）对外来报警信号的声光多媒体报警及联动报警功能。

3）背景音乐播放功能。

4）摄像机画面移动探测报警录像功能；每路图像均可设置视频移动探测报警录像、在每路视频图像范围内可任意设置移动探测区域、视频移动探测发生报警时自动联动报警录像、自动发送报警图像和报警信号。

5）摄像机动态检测功能；调节摄像机动态检测灵敏度的功能；对所有摄像机是否设置成动态检测的可选择功能。

6）实现对摄像机的彩色、黑白设置转换功能。

7）任意多画面实时回放功能，有的可同时回放所有摄像机图像；对图像的快放、慢放、快进、快退、暂停等回放功能。

8）按日期、时间、地点、摄像机序列号等方式检索的功能。

9）监视、录像、回放、传输、打印、备份可同时工作的多任务功能。

10）软件的加密及标准化功能。

11）可捕捉单帧图像打印及进行电子放大功能。

12）录像的帧视频率可调、回放图像幅面大小的可调功能。

13）防电磁干扰、抗震动功能。

2. 数字视频监控系统软件

一般情况下，网络摄像机可以单独使用，通过 IE 浏览器可以直接监看远端，但不能实现远端录像和报警，也无法实现多个网络摄像机的同屏监看，更不能对摄像机的镜头和云台进行控制。只有采用监控管理平台软件，组成网络化视频监控系统，才能充分发挥网络摄像机的优点。此类监控管理平台即为数字视频监控系统软件，它通常具有以下特点：

1）基于 TCP/IP：TCP/IP 是应用最广泛的数据通信标准，系统完全基于网络设计，所有数据采用 TCP/IP 网络协议打包传输。

2）开放式架构：支持不同厂家的各种安防设备。系统采用开放式架构设计，配以独特的硬件整合 SDK 技术，可以很容易地支持不同厂家的各种网络监控设备，包括网络摄像机、视频服务器、门禁控制器、可视电话等。

3）C/S（客户端/服务器）或 B/S（浏览器/服务器）软件结构可任意选用。服务器端功能为数据存储及平台的管理与控制；客户/浏览器端为系统功能调用，如监控值班室、人事部、保卫部、总经理室等。

4）运用各种 IT 技术。系统中运用了很多先进的 IT 技术，如编解码技术、数/模转换技术、数据库技术、网络技术及因特网技术等，提升了安防系统的能力和效率。

5）多媒体一体化管理。软件系统采用模块化设计，将影像系统、门禁系统、报警系统、巡更系统、语音系统等各安防子系统整合于同一系统平台，方便用户使用和管理。

6）任意组合任意监看。系统可以对安装在不同城市不同地区的所有摄像机画面根据使用要求随意组合成各种分割画面进行监看，也可以单独调用任意一个摄像机画面。

7）集中管理分散监控。系统采用中央集中管理、区域分散监控的架构，可轻松管理跨地区、跨城市及跨国的大型远程监控系统。

8）电子地图功能。能导入、导出完整的电子地图。在电子地图上设置摄像点及报警点，让操作者对监控点的布置一目了然。

六、运动检测技术

传统的视频监控系统大多只能在现场进行模拟电视监视，视频信息存储到录像带上，监控的地点多、录像时间长时，查询、检索复杂，录像带随时间和转录次数图像质量变差。编解码技术的发展使用户采用了数字视频监控系统，实时压缩多路视频，并存储到硬盘上，录像信息则以数字形式存放在硬盘上。而且，同时显示多路视频，巡回显示时不利于工作人员及时发现一些细小而隐蔽的安全隐患。

这时，需要对运动的物体进行及时的检测和跟踪，因此需要精确的图像检测技术来提供自动报警和目标检测，由此，运动检测技术（或称移动侦测技术）应运而生。

运动检测是指在指定区域能识别图像的变化，检测运动物体的存在并避免由光线变化带来的干扰。但是，如何从实时的序列图像中将变化区域从背景图像中提取出来，还要考虑运动区域的有效分割。

对目标分类、跟踪等后期处理是非常重要的，因为以后的处理过程仅考虑图像中对应于运动区域的像素。然而，背景图像的动态变化，如天气、光照、影子及混乱干扰等的影响，会使得运动检测成为一项相当困难的工作。

1. 运动检测原理

早期的运动检测（如 MPEG-1）是对编码后产生的 I 帧进行比较分析，通过视频帧的比较来检测图像变化是一种可行的途径。具体原理如下：MPEG-1 视频流由 3 类编码帧组成，分别为关键帧（I 帧）、预测帧（P 帧）和内插双向帧（B 帧）。I 帧按 JPEG 标准编码，独立于其他编码帧，它是 MPEG-1 视频流中唯一可存取的帧，每 12 帧出现 1 次。截取连续的 I 帧，经过解码运算，以帧为单位连续存放在内存的缓冲区中，再利用函数在缓冲区中将连续的 2 帧转化为位图形式，并存放在另外的内存空间以作比较之用，比较的方法有多种。此方法是对编码后的数据进行处理，而目前的 MPEG-1/MPEG-4 编码都是有损压缩，对比原有的图像肯定存在误报和不准确的现象。

目前常用的运动检测方法有以下 3 种：

（1）背景减除（Background Subtraction）。背景减除方法是目前运动检测中最常用的一种方法，它是利用当前图像与背景图像的差分来检测出运动区域的一种技术。它一般能够提供最完全的特征数据，但对于动态场景的变化，如光照和外来无关事件的干扰等特别敏感。最简单的背景模型是时间平均图像，大部分的研究人员目前都致力于开发不同的背景模型，以减少动态场景变化对运动分割的影响。

（2）时间差分（Temporal Difference）。时间差分（又称相邻帧差）方法是在连续图像序列中的 2 个或 3 个相邻帧间采用基于像素的时间差分并且阈值化来提取出图像中的运动区域。时间差分运动检测方法对于动态环境具有较强的自适应性，但一般不能完全提取出所有相关的特征像素点，在运动实体内部容易产生空洞现象。

（3）光流（Optical Flow）。基于光流方法的运动检测采用了运动目标随时间变化的光流特性，如通过计算位移向量光流场来初始化基于轮廓的跟踪算法，从而有效地提取和跟踪运动目标。该方法的优点是在摄像机运动存在的前提下也能检测出独立的运动目标。然而，大多数的光流计算方法相当复杂，且抗噪性能差，如果没有特别的硬件装置则不能被应用于全帧视频流的实时处理。

当然，在运动检测中还有一些其他的方法，如运动向量检测法，其适宜于多维变化的环境，能消除背景中的振动像素，使某一方向的运动对象更加突出地显示出来，但运动向量检测法也不能精确地分割出对象。

2. 运动检测的实现

（1）运动检测电路。海康威视作为国内著名的视音频编解码卡的生产商，在 DSP（数字信号处理器）上完成了 MPEG-4/H.264 实时编码，在给用户的 SDK 接口中，提供了有效的运动检测分析功能，其电路框图见图 4-6。

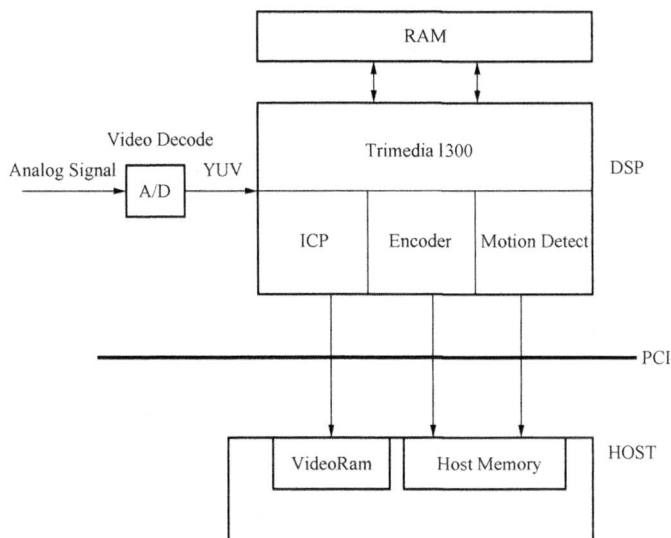

图 4-6 运动检测电路框图

1）信号输入处理模块：标准模拟视频信号（CVBS 彩色或黑白）是由亮度信号和色度信号通过频谱间置叠加在一起，经过 A/D 转换，将模拟信号转成数字信号，产生标准的 ITU 656 YUV 格式的数字信号，并以帧为单位送到编码卡上的 DSP 和内存中。

2）ICP（Image Coprocessor，图像协处理器）处理模块：YUV 数据在 DSP 中加上 OSD（字符时间叠加）和 LOGO（位图）等，复合后通过 PCI 总线送到显存中，以供视频实时预览用，还将复合后的数据送到编码卡的内存中，供编码使用。

3）Encoder（编码器）模块：将编码卡内存中的 YUV 数据送到 MPEG-4/H.264 编码器中，产生压缩好的码流，再送到主机内存中，供录像或网络传输使用。

4）Motion Detect（运动检测）模块：对编码卡内存中的以帧为单位的 YUV 数据进行处理。

（2）运动检测步骤。目前采用的是背景差分和时间差分相结合的一种帧差分的算法，即通过计算 2 个有一定时间间隔的帧的像素差分获得场景变化，具体检测步骤如下：

1）设置运动检测区域等参数：用户可以通过 SDK 中的函数，设置 1～99 个有效的矩形，还可以设置快速和慢速 2 种运动检测状态。快速检测是对每隔 2 帧的 2 帧数据进行差分运算；慢速检测是对相隔 12 帧以上的 2 帧数据进行差分运算。

2）启动运动检测功能：因为经过 A/D 转换后的数据是标准的 ITU 656 YUV 4:2:2 格式，而人眼又是对亮度最敏感，所以，为了简化算法、提高效率，一般直接对亮度（Y）值进行处理。在 CIF 格式下，整个画面的分辨率是 352×288（PAL），按 16×16 像素宏块大小来划分整个检测区域，宏块内的像素点是逐点从左到右、从上到下进行差分运算并得到宏块差分系数。整个检测区域则按 16×16 的宏块从左到右、从上到下进行扫描，最后计算出整个区域的差分系数。

3）返回运动检测结果：如果整个区域的差分系数大于设定的阈值，则置报警状态并实时将每个检测区域的宏块差分系数都返回。根据预先设置的快速和慢速 2 种检测状态，对画面进行不间断的分析处理，并返回结果，直到停止运动检测。如果整个区域的差分系数小于设定的阈值，则复位报警状态。

（3）运动检测的运用。这种基于帧差分算法的运动检测完全独立于编码，可以灵活地任意启动停止，即实现动则录，不动则不录。

配合其他接口函数，还可以实现预录像功能，即通常状态下只是进行画面预览监控和运动检测，编码后的数据不写入文件，只暂时写入一个 FIFO 缓冲区里，一旦发生运动检测报警，可以先将报警之前缓冲区的数据写入文件，然后再实时将编码后的数据写入文件，报警解除后，延时一段时间再停止写文件，转入写缓冲区状态，以实现运动检测报警的全过程录像。

这样既可以完整获取整个报警事件的过程，又可以节约系统的资源，在相同的存储空间下，可大大延长保存录像的时间。

3. 运动检测技术的评估

要对运动检测技术的性能进行评估并不容易，特别是在进行定量的分析时，必须提供一个用于比较、研究的标准视频序列，它应该包括突然场景变化、摄像机移动及光线明暗变换等特殊效果。

检测方案可用多种参数来评估，如检测成功率、检测失败率等。在实际应用环境中，可以通过调节阈值以获得较好的监测效果。此外，还可根据功能实现的方法分类，对软件和硬件两大类实现方法进行定性分析。

采用硬件来实现监测功能，不占用 CPU，且拥有较快的处理速度，因而可以采用一些较为复杂的算法以获得更为准确的监测结果和更好的实时性。譬如，有些摄像机内置的 VMD（Video Motion Detector，视频移动探测器）电路可以当报警探头使用。检测电路首先会将静态图像储存起来，之后，如果发现画面的变化量超过了预先设定的值，系统就会发出报警信号，以提醒安防人员或启动录像机。然而，硬件实现也意味着较高的成本，而且一旦系统对动态监测功能提出了更新更高的要求，那么原来的硬件系统只能弃而不用，必须采购新的硬件，造成浪费。

用软件实现的监测功能，如果用主机的 CPU 来完成数值计算，算法不能太复杂，而且计算量不宜太大，否则会影响监控系统其他功能（如显示、录像等）的实现。如果算法下载到 DSP 上运行，就可以解决这个问题，它的功能扩充非常容易，算法的优化不会造成不必要的浪费，此外，生成新的微码下载到 DSP 上，就可以提升性能，并且可以根据用户的不同需求提供一些个性化的功能组合。

第二节　前端设备的先进技术

一、低照度技术与低照度摄像机

目前，市场上标榜的低照度摄像机无论是厂商或是进口商，对低照度的定义众说纷纭，彩色摄像机从 0.000 4～1lx，黑白摄像机从 0.000 3～0.1lx 均有，这就是国内市场在 CCTV 产业的技术规格方面并无统一标准产生的问题。

实际上，照度能低到多少，不仅要看镜头的光圈大小（F 值），更要看是在什么条件限制下才能出现所标示的 lx 值，否则只是数字游戏。就光圈大小（F 值）而言，光圈越大则其所代表的 F 值越小，所需的照度越低。另外，电子灵敏度是否提高，单一画面累积帧数为多少、红外线是 ON 还是 OFF 等都会对低照度数值产生影响。

低照度摄像机在我国市场的演进简单分为白天彩色/晚上黑白、低速快门及超感度摄像机三个阶段。

1. 白天彩色/晚上黑白（昼夜型摄像机）

目前，此类摄像机在市场上仍有其特定的需求群，国内市场在美国缔佳推出 DIS888C 微光夜视摄像机 PC-360D 之前，夜视摄像机一直以此类型摄像机为主流产品。

昼夜型（COLOR/MONO）摄像机的照度在国内市场上最低标示数值甚至为 0lx，它是利用黑白影像对红外线敏感度较高的特点，在一定的光源条件下，利用线路切换的方式将影像由彩色转为黑白，以便于搭配红外线。

在彩色/黑白线路转换的技术演进过程中，早期的产品曾采用 2 个传感器（1 个用于彩色，1 个用于黑白）共用 1 组电路再行切换。

目前，此类摄像机已采用彩色 CCD 设计，在白天或光源充足时为彩色摄像机，当夜幕降临或光源不足时（一般在 1～3lx）即利用数字电路将彩色信号消除掉，成为黑白影像，且为了搭配红外线，也去掉了彩色摄像机不可缺的红外线滤除器，此种作法虽可在夜晚达到低照度的目的，但白天却有影像模糊、色彩不自然的缺点，并且摄像机的摄像距离会受到红外灯照射距离的限制。

为了弥补这一缺点，日本 SANYO 曾推出利用电动机控制滤光片开合（即随着彩色/黑白影像的切换，开合滤光片）的机种，但此机种似乎也已从市场中消失。然而，昼夜型摄像机是否属于低照度摄像机，仍具争议性。专家指出，真正的低照度摄像机应指摄像机本身（所采用的元件、技术）可达到的功能，而白天彩色/晚上黑白的摄像机因受限于 CCD 感度，本身并无法改变，只是利用线路切换及搭配红外光的方式将其功能提升，因此不能算是低照度摄像机。

2. 低速快门（SLOW/SHUTTER）

此类摄像机又称为（画面）累积型摄像机，它利用电脑记忆体的技术，连续将几个因光线不足而较显模糊的画面累积起来，形成一个影像清晰的画面，再运用 SLOWSHUTTER 技术将摄像机照度降低至 $0.008lx/F1.2$（×128），且画面能够累积的帧数（128 帧）属于甚至包括进口品牌在内的领先水平。此类型低照度摄像机适用于禁止红、紫外线破坏的博物馆，夜间生物活动观察，夜间军事海岸线监视等，适宜较静态场所的监视。

因此，通常认为，运用 SLOW SHUTTER 技术的摄像机才是真正的低照度摄像机；或者说，标准的低照度摄像机应为（画面）累积型摄像机。

3. 超感度摄像机（EXVIEW/HAD）

超感度摄像机又称 24 小时摄像机，为近几年较热门的机种，其彩色照度可达 0.05lx，黑白则可达 0.003～0.001lx（亦可搭配红外线以达 0lx）不仅能清晰地辨识影像，且画面实时连续。

此类型摄像机主要采用了 SONY 元件厂推出的 EXVIEW/HAD/CCD（超感 CCD），其运用专利技术将 CCD 每一画素的开口率提高，进而达到更低照度的要求。由于该 CCD 的制造成本高，而初期的装机总量不是很高，因此，相对的产品制造商研发此类摄像机的技术门槛也较高。

二、红外技术与红外摄像机

在视频监控系统工程中，过去很少应用红外灯，近年来，不但金库、油库、军械库、图书文献库、文物部门、监狱等重要部门采用，而且一般监控系统中也都广泛采用，甚至居民小区视频监控工程中也应用了红外灯。这说明人们对视频监控系统工程的要求越来越规范、越来越高，不但要求白天和夜间可见光照明监控，而且要求夜间实施隐蔽性监控。隐蔽的夜视监控，目前都是采用红外摄像技术。

红外摄像技术又分为被动红外摄像技术和主动红外摄像技术。被动红外摄像技术利用了任何物质在绝对零度以上都有红外光发射，人体和热机发出的红外光较强，其他物体发出的红外光很微弱的特性，因此利用特殊的红外摄像机即可实现夜间监控。但是，这种特殊的红外摄像机造价较高，而且不能反映周围环境状况，因此在夜视监控系统中不被采用，但在热象检测方面应用较多。

在夜视监控系统中经常采用主动红外摄像技术，即采用红外辐射"照明"，产生人眼看不见而摄像机能捕捉到的红外光，辐射"照明"景物和环境，应用低照度黑白摄像机，白天彩色、夜间自动变黑白摄像机或红外低照度彩色摄像机，以感受周围环境反射回来的红外光，从而实现夜视监控。

1. 红外摄像技术的概念

（1）红外光的光谱。光是一种电磁波，它的波长区间从几纳米（$1nm=10^{-9}m$）到 1 毫米左右。人眼可见的只是其中一部分，我们称其为可见光。可见光的波长范围为 380～780nm，可见光波长由长到短分为红、橙、黄、绿、青、蓝、紫光，波长比紫光短的称为紫外光，波长比红外光长的称为红外光。图 4-7 所示为光谱图及 CCD 感应光谱。

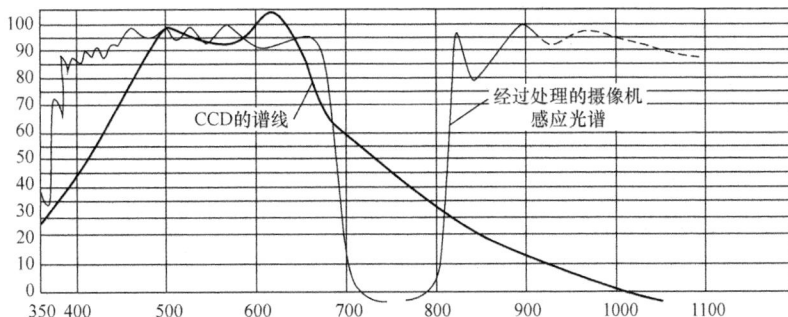

图 4-7　光谱图及 CCD 感应光谱

红色曲线是目前最先进的 CCD 感应光谱，过去的 CCD 通常只能感应到可见光区域（500～700nm）的影像，这种先进的 CCD 却能感应到可见光、红外光、远红外光（350～1100nm）的影像；但仅能感应到影像是不够的，还必须运用先进的数码电路技术对感应到的影像进行处理，才能输出高清晰的图像信号，这种技术能够将 CCD 感应到的微弱信号大幅度提升，但并不会过分放大原本已经很强的信号。

经过处理的摄像机感应光谱如图 4-7 中的黑色曲线所示，它均匀地覆盖整个光谱区域，700～800nm 是人眼最易受干扰的区域，所以图中已将这部分滤掉。

（2）用于红外光感的摄像机。摄像机最为核心的部件是 CCD 图像传感器。CCD 可以把外界的影像通过光学系统（镜头、滤光片）在图像传感器上成像。在传统的 Hyper HAD 结构中，有一个 OCL 镜头定位在 CCD 上的每一个像素，使光线集中地拍摄感光区域，令感光度提高。Exview HAD 技术在此基础上更进一步，使 OCL 拥有接近零间隙结构，从而消除了每个微型镜头拍摄时产生的无影区域，这令小孔累积层收到最大数量的光线。因此，改进的 Exview HAD 技术可以使 CCD 具有更高的感光度。

采用 Exview HAD CCD 的摄像机对外界光线的敏感程度会大大提高，在近红外区域，其感度更可以高到普通摄像机的 4 倍，即使在非常暗的环境下，这种摄像机通常可以看到人眼看不到的物体，对各种光照环境下均可表现出最佳的效果，特别是配合专用的红外照明设备，可以得到高清晰度的黑白图像，实现完全无光的情况下的 0 照度的监控。

可见，在波长为 760～1100nm 的近红外区域，如果配合合适波长的红外照明，就可以得到清晰的黑白图像。普通 CCD 黑白摄像机可以感受光的光谱特性，它不仅能感受可见光，而且能感受红外光。这就是利用普通 CCD 黑白摄像机配合红外灯可以比较经济地实现夜视的基本原理，而普通彩色摄像机的光谱特性不能感受红外光，因此不能用于夜视。

2. 红外灯照明技术

红外灯按其红外光辐射机理分为半导体固体发光（红外发射二极管）红外灯和热辐射红外灯两种，其原理及特性如下：

（1）红外发射二极管（LED）红外灯。由红外发光二极管矩阵组成发光体。红外发射二极管由红外辐射效率高的材料（常用砷化镓 GaAs）制成 PN 结，外加正向偏压向 PN 结注入电流激发红外光。光谱功率分布中，中心波长为 830～950nm，半峰带宽约 40nm，它是窄带分布，为普通 CCD 黑白摄像机可感受的范围，其最大的优点是可以完全无红暴（采用 940～950nm 波长红外管），或仅有微弱红暴（红暴为有可见红光）和寿命长。

红外发光二极管的发射功率用辐照度 $\mu W/m^2$ 表示。一般来说，其红外辐射功率与正向工作电流成正比，但在接近正向电流的最大额定值时，器件的温度因电流的热耗而上升，使光发射功率下降。红外二极管电流过小，将影响其辐射功率的发挥，但工作电流过大则将影响其寿命，甚至烧毁红外二极管。

当电压越过正向阈值电压（约 0.8V）时，电流开始流动，而且是一很陡直的曲线，表明其工作电流对工作电压十分敏感。因此，要求工作电压准确、稳定，否则影响辐射功率的发挥及其可靠性。辐射功率随环境温度的升高（包括其本身的发热所产生的环境温度升高）会使其辐射功率下降。红外灯，特别是远距离红外灯，热耗是设计和选择时应注意的问题。

红外二极管的最大辐射强度一般在光轴的正前方，并随辐射方向与光轴夹角的增加而减小。辐射强度为最大值的 50% 的角度称为半强度辐射角。不同封装工艺型号的红外发光二极管的辐射角度有所不同。

（2）热辐射红外灯。热辐射现象是极为普遍的，物体在温度较低时产生的热辐射全部是红外光，所以人眼不能直接观察到。当加热到 500℃ 左右时，才会产生暗红色的可见光，随着温度的上升，光变得更亮更白。在热辐射光源中通过加热灯丝来维持它的温度，供辐射连续不断地进行。维持一定的温度而从外部提供的能量与因辐射而减少的能量达到平衡。

辐射体在不同加热温度下，辐射的峰值波长不同，其光谱能量分布也不同。

根据以上原理，经特殊设计和工艺制成的红外灯泡，其红外光成分最高可达 92%～95%。国外生产的这种红外灯泡的技术性能为：功率 100～375W；电源电压 230～250V；使用寿命 5000 h、辐射角度 60°～80°。

普通黑白摄像机感受的光谱频率范围是很宽的，且红外灯泡一般可制成比较大的功率和大的辐照角度，因此可用于远距离红外灯，这是它最大的优点，其最大不足之处是包含可见光成分，即有红暴，且使用寿命短，如果每天工作 10h，5000h 只能使用 1 年多，考虑散热不够，寿命还更短。而对于客户而言，更换灯泡是麻烦和不愉快的事情。

为克服热辐射红外灯的缺点，可进行如下改进：首先是研制和应用了高通红外滤波钢化玻璃。波长越长，红暴越小，甚至可达到全无红暴，但是，红外光的效率越低，红外灯发热就越高。红外玻璃的波长可根据用户对红暴要求高低加以选择，一般而言，相同有效辐照距离时，对红暴要求越高，造价越高。红外玻璃经过钢化，可以耐受急冷急热的变化；在内部，红外灯泡由于可见光滤除的部分，转化产生热量，温度会很高，因此，在外部冷风及雨雪的突袭下，急冷而不致损坏。

为提高热辐射红外灯的寿命，采用了光控开关电路，以减小其工作时间；采用了变压稳压整流电路，使其发光功率得以充分发挥，而且提高了红外灯的寿命；而更重要的是考虑到灯丝冷阻非常小，如 100W 红外灯泡，灯丝热阻为 529Ω，这时的工作电流仅为 0.4348A，而冷阻仅 36Ω，红外灯接通电源瞬间为 6.39A，瞬时功达到 1470W，这一瞬间灯丝负荷过载达几十倍，这对灯丝寿命有非常大的影响。研制了灯丝保护电路后，相信红外灯灯泡的工作寿命会成倍增长。此外，实际中还增加了延时开关电路，以防环境的光干扰。

3. 红外技术的选择

红外技术的选择最重要的问题是系统性与成套性，即红外灯与摄像机、镜头、防护罩、供电电源等的系统性。在设计方案时，对所有器材综合考虑设计，把它作为一个红外低照度夜视监控系统工程来考虑。有的人买完了摄像机、镜头、防护罩、电源之后，甚至安装之后才去购买红外灯，这是不正确的。在考虑成套性时，特别要注意以下几个问题。

（1）使用黑白摄像机或特殊彩色摄像机。CCD 图像传感器具有很宽的感光光谱范围，其感光光谱不但包括可见光区域。还延长到了红外区域。利用此特性，可以在夜间无可见光照明的情况下，用辅助红外光源照明也可使 CCD 图像传感器清晰的成像。而普通彩色摄像机为了能传输彩色信号，从 CCD 器件的输出信号中分离出绿、蓝、红 3 种基色的视频信号，然后合成彩色电视信号，其感光光谱只在可见光区域。

随着技术的进步，出现了白天彩色/晚上黑白的摄像机，它采用 2 个 CCD 进行切换或采用 1 个 CCD 利用数位电路的切换来实现，但是存在黑白照度偏高、有的对彩色色彩有不利影响等缺点。红外低照度彩色摄像机的红外感度比一般摄像机高 4 倍以上，随着成本的降低，它将会成为发展趋势。

（2）选用低照度摄像机。摄像机的最低照度是当被摄景物的光亮度低到一定程度而使摄像机输出的视频信号电平也低到某一规定值时的景物光亮度值。测定此参数时，还应特别注明镜头光圈 F 的大小。例如，使用 $F1.2$ 的镜头，当被摄影景物的照度值低到 0.02lx 时，摄像机输出的视频信号幅值为标准幅值 700mV 的 50%～33%，此时称此摄像机的最低照度为 0.02lx/$F1.2$。

生产厂家通常会给出不同光圈 F 时的最低照度。当选择的摄像机最低照度高于红外灯要求时，红外灯的有效距离将受到一定影响。市场上出售的摄像机技术性能标出的最低照度有两种不正常情况，一种是摄像机制造商所标的最低照度是所谓的靶面照度，即 CCD 图像传感器上的光照度，它比景物照度低 10 倍左右；另一种是有个别摄像机制造商或销售商虚报最低照度。

目前，市场上比较经济的黑白摄像机，有的最低照度标为 0.01～0.02lx，但实际最低照度仅为 0.1～0.2lx，如果使用的红外灯要求摄像机的最低照度为 0.02lx，则必然影响红外灯的有效照射距离，而购买最低照度 0.02lx 的摄像机，价格可能比 0.1～0.2lx 摄像机至少高 1 倍。这时有两种选择，在摄像机上多花钱，在红外灯上就少花钱；在摄像机上少花钱，在红外灯上就多花钱。经验表明：室外，特别是距离较远时，选择前者是比较经济的。

（3）摄像机的尺寸规格。摄像机标称尺寸日趋小型化，目前市场上的摄像机尺寸规格有 1/2、1/3、1/4 in。摄像机尺寸大，接受的光通量就多；摄像机尺寸小，接受的光通量就少，如红外灯标称的有效距离是在 1/2 in 摄像机条件下试验的，如采用 1/3 in 或者 1/4 in 摄像机，有效距离也将受到一定影响。1/3 in 摄像机光通量仅为 1/2 in 摄像机光通量的 44%。

（4）对摄像机和镜头的功能要求。摄像机应具有自动电子快门功能、AGC 自动增益控制功能，镜头有自动光圈，以适应昼夜照度的变化。

（5）电源的设计与选用。视频监控系统前端设备的电源供应要统一考虑设计，特别是红外灯的电源供应。红外管的工作电流对供电电压十分敏感，而电缆长度不同，直流电压的衰减也不同。在多个红外灯与控制室的距离相差较远时，采用 12V DC 集中供电可使距控制室近的红外灯供电电压升高，距控制室远的红外灯供电电压降低。加之电源电压调整上的偏差，可能造成电压过高的红外灯寿命缩短甚至烧坏，而电压低的红外灯发射功率不足。

因此，应尽可能采用 220V AC 供电或配一对一的直流稳压电源，这种直流稳压电源有的在电网电压波动为 100～245V AC 时输出直流电压都是稳定的，以保证红外灯红外辐射功率都是稳定可靠的。

4. 红外技术的应用

随着视频监控系统工程技术的发展，购买红外灯用户的迅猛增加，但同时也出现不少问题。例如，某用户购买了十几个红外灯，反映一个都不亮，经过了解才知道，他采用的是普通彩色摄像机，而普通彩色摄像机是不感受红外光的；而有的用户说红外灯达不到标称的照射距离，实际上他们缺乏红外灯对摄像机、镜头、防护罩和供电系统系统性配套性要求的认识，在视频监控工程设计中没有作为一个红外低照度假夜视系统工程来总体考虑；有的用户对红外灯自以为了解，自行增加 12V DC 红外灯供电电压，以此增加红外灯的辐照功率，或采用不稳压直流电源给 12V DC 红外灯供电，最终造成红外灯烧毁；有的用户反映他们按红外灯要求的照度选配了摄像机，但在红外灯标称的照射距离内却不能获得清晰图像，而不知摄像机生产厂家给出的最低照度是标准状态下的，或有意无意地使用了含糊的最低照度概念，以所谓的靶面照度代替景物照度；此外，有的用户对摄像机照度之外影响获得清晰图像的因素，如摄像机和镜头的标称尺寸、镜头光圈 F、焦距 f、对摄像机功能要求等不十分了解。

因此，在红外技术的应用中，除了要考虑其系统性外，还要注意以下因素。在选择红外灯辐照距离时应留有余地，并应脱离一些认识的误区。

（1）摄像机给出的最低照度。摄像机标示的最低照度概念是指，摄像机产生的视频信号标称值为 1V，标准值为 0.7V，而最低照度时的视频信号值为 1/3～1/2 标准值。所以，摄像机在最低照度时的图像决不会如同白昼一样。

（2）最低照度时摄像机图像的清晰度。摄像机在最低照度时产生的图像清晰度是用电视信号测试卡进行测试的，其黑白相间的条纹，要求黑色反射率近于 0%，白色反射率大于 89.9%，而现场有时不具备这样的条件，如树叶和草地的反射率很低，反差很小，就不易获得清晰图像。

（3）摄像机光圈 F 值的影响。摄像机参数给出最低照度的同时，还要给出光圈 F 的要求值，而变焦镜头一般只给出 $1/F$ 的最大值，即光圈 F 的最小值（光圈实际尺寸的最大值），$F=f/D$，那么 D 为定值，在 f 焦距拉大 10 倍时，F 变得很大（即光圈实际尺寸变得很小）。光通量将受到很大影响。

在使用自动光圈镜头、自动增益控制或自动电子快门摄像机时，镜头光圈 F 值也会发生变化。例如，在摄像机近处有景物反射回强光给摄像机，或附近有灯光照射摄像机时，摄像机的灵敏度将减小，自动光圈的尺寸将被关小，光通量也将受到很大影响。

（4）防护罩对红外灯的影响。防护罩对红外灯的效果有影响。红外光在传输过程中，通过不同介质时，透射率和反射率也不同。不同的视窗玻璃，特别是自动除霜镀膜玻璃，对红外光的衰减也不同。

（5）红外灯的辐照距离参数。有的器材生产或销售商不给出红外灯的辐照距离，只给出功率数，这样对生产、销售商来说麻烦可能少一些，但这也是非常含糊的概念，因为功率消耗除转化为红外光能外，还有电源热损耗、电路热损耗、光源热损耗、滤光玻璃片红外光效率等。相同功率的红外灯，其辐照距离可能相差很远。

（6）红外灯的比较。随着红外夜视系统的迅速发展，红外灯生产供应厂家也会增加，且各厂家在技术、检测仪器设备等方面的条件也不同，因此使用时要多加比较，慎重选择。

使用红外灯前，首先要仔细阅读使用说明书，特别是保证人身设备安全的注意事项。检查配套性方面是否达到要求，应考虑到的影响因素是否考虑到，如未达到要求，则及时调整所用器材。

（7）红外灯的电压问题。用户不应擅自提高供电电压，因为在设计红外灯时，既要考虑到其辐照度的充分发挥，又要考虑到其安全可靠性。提高供电电压，可能使红外灯烧毁，更不应擅自拆改红外灯。一旦这样做，生产厂家可能不再负责维修。如果红外灯出现问题，则应与生产厂家或供货商联系。

三、宽动态技术与宽动态摄像机

从最初的真空管摄像机到现在的 CCD、CMOS、DPS（Digital Pixel System，数字图像传感处理系统）摄像机，摄像机应用的不断发展中出现了各种专用的摄像技术，宽动态技术便是其中之一。对于一些明暗反差强烈的特殊环境，普通摄像机针对图像的最"暗"与最"亮"部分的平衡调整能力非常有限，这时宽动态技术便能发挥其突出的作用。

1. DPS 宽动态技术

（1）发展宽动态技术的背景。在逆光情况下，一般都采用超宽动态摄像机。超宽动态摄像机的动态范围表示摄像机对图像的最"暗"和最"亮"的调整范围，动态范围越大，图像所表现的图层就越丰富、清晰，图像的色彩空间就更广，超宽动态摄像机适应逆光环境的能力也更大。

传统 CCD 摄像机在采集一幅图像的过程中只对整个图像采样一次，因此必然会出现对整个图像中明亮的区域曝光过度或较暗的区域欠曝光的现象。

尽管宽动态 CCD 摄像机与传统 CCD 摄像机相比，在技术上有了突破，现在已发展到第三代 CCD 宽动态摄像机，宽动态范围也达到了 160 倍，或者说 54dB。但有资料显示，CCD 宽动态摄像机的动态范围最多也只能达到 60dB。现在已经推出的基于 CMOS 的 DPS 技术宽动态摄像机，其宽动态范围一般能达到 95dB，最高能达到 120dB。

CCD 宽动态技术是采用特殊 DSP（数字信号处理）电路，对明亮部分进行最合适的快门速度曝光，再对暗的部分用最合适的快门速度曝光，然后将两个图像进行 DSP 处理重新组合，使明亮的部分和暗的部分都可以看得清楚。由于 CCD 感光特性的限制，摄像机宽动态范围最大仅达到 60dB，在技术上很难再有重大突破。

然而，由美国 Pixim 公司推出的基于 CMOS 的 DPS 技术，已经能使宽动态范围达到120dB，这也是松下第二代宽动态摄像机动态范围的 80 倍（即 48dB），第三代的 160 倍（即54dB）。在动态范围上，DPS 技术采用单一像素曝光和 ARM7 控制技术，相比于 CCD 的两次曝光成像有了更高的动态范围。从数值上来说，采用 DPS 技术的摄像机的动态范围可到达95dB，最高可至 120dB。在扩大动态范围的同时，DPS 也解决了 CCD 传感器在处理动态范围和色彩真实性上的不足，其色彩还原性更加真实，完全能够满足不同条件下不同客户的要求。使用这种技术的摄像机在数字图像传感器里每一个像素中都使用了一个模拟数字转换器（ADC），当捕捉到光信号时直接转化为数字信号，最大程度上降低了信号在排列中的衰减和干扰。

（2）DPS 宽动态技术的原理。20 世纪 90 年代，美国 Pixim 公司在斯坦福大学技术发展的基础上研发了一种新型的 DPS 图像拾取系统，此系统可以通过其超强的宽动态功能来获得高质量图片。源于斯坦福大学的 Pixim 的 DPS 成像技术，申请了 56 项专利，其中 42 项已经生效。Pixim 的 DPS 技术是目前唯一的直接以数字值表示光信号的图像抓取系统。CCD 和 CMOS 传感器以模拟值表示光信号，然后再将模拟值转换成数字值，DPS 则不存在模拟读出噪声。

在 DPS 技术中每个像素都有一个 ADC，每个像素的信息都是独立捕捉和处理的，同时使用了一个 32 位的 CPU 处理芯片 ARM7（或 ARM9）控制每个像素的曝光时间，使得模—数转换更精确。传感器可在曝光周期内对每个像素的光线进行多次和高速采样，并控制每个像素的曝光时间，在其达到最佳状态时存储像素信息，因此每个像素都经过了多次（0.8ms 内）无破坏性的单独采样。在像素被采集后，系统再对其进行处理，最终形成高质量的图像。DPS 系统形成的图像在水平和垂直分辨率上保持一致，任何角度都可以保证图像的高分辨率。

Pixim 公司称，DPS 技术中"每个像素都是一部摄像机"，在一幅图像中，曝光像素有数十万个，即使在最苛刻的光照条件下，也可捕捉到清晰、逼真的图像，再也不会因为阴影、眩光、反射和太阳光而使图像发暗或被破坏。因此，在 DPS 技术中，每个像素对应的光线都可以被优化曝光，最终形成高质量的图像。

（3）DPS 宽动态技术的特点。DPS 摄像机采用的是与"人眼—大脑"系统相同的工作模式，使图像传感器和图像处理器具有双向实时互动性。DPS 摄像机图像的摄取和处理过程类似于人眼和大脑的关系，在对图像进行处理和运算的同时，不断向图像传感器下达指令，不仅调整了曝光时间，而且改变了实际的图像捕捉算法，实现了智能化图像处理功能。

所以，在特定的图像特征和光照下，DPS 摄像机最终能提供更详尽、完整和真实的图像细节，从而获得最佳的图像效果。

Pixim 的专利 DPS 技术标志着摄像技术上的一个根本突破，以 CCD 为主流技术的摄像机必将受到 DPS 技术的巨大冲击。

DPS 技术的主要特点是对每个像素进行多次单独无损失采样，使动态范围增大，也即是说，宽动态摄像就是采用多次曝光技术平衡调整明暗图像画面，还原逼真现场的真实效果。

DPS 的核心技术是在每一个拾取的像素上都包含一个数模转换器 ADC，当 ADC 捕捉到光信号时便直接将其转换为数字信号并放大，这就最大限度地节省了无效的传输操作，降低了噪声，保证所获取图像的高质量，使得输出后的图像无任何拖尾和开花现象。

DPS 系统在整个图像的获取、传输和处理中，不论前端的拾取还是后端的处理，完全以数字化的形式进行，是真正纯数字化的图像传感系统。

DPS 技术在还原性的概念上，成像良好，图像质量高，采用 DPS 技术可使每个像素的曝光时间不同，从而使同一画面不同部分的曝光时间不尽相同。因此，整幅图像的任意点都可达到最佳图像显示的状态，能得到清晰的图像细节，更加接近真实场景的色彩还原。

2. DPS 宽动态摄像机

从前面的阐述可知，宽动态技术主要应用于强烈的明暗交差环境中，也可以理解为两个环境中，一个是过度曝光；另一个是过度偏暗。如在室内与室外交差环境中，摄像机安装于室内，要将室内外两个不同的环境表现清晰，必须采用宽动态技术才能达到还原图像的效果。

DPS 摄像机除与 CCD 摄像机有相同的高清晰度外，在色度、白平衡、轮廓补偿、垂直光斑等方面都充分体现出 DPS 摄像机突出的特色。用自身 OSD 可以设置多项功能和调整多项参数，以确保多种场合下的监控需求。以下是 DPS 摄像机的几个主要特点：

（1）最低照度。电子灵敏度提升最大 32 倍：1lx/*F*1.4（AGC ON 50IRE），0.75lx/*F*1.2（AGC ON 50IRE），0.01lx/*F*1.2。

（2）宽动态范围。典型值 95dB，最大值 120dB，36 调整级。

（3）背光补偿。背光补偿具有以下 4 个选项：

1）OFF。不设定背光补偿。

2）ON。通常全范围背光补偿。

3）1 SPOT。1 个区域背光补偿，通过设置可以选定背光补偿区域大小和位置。

4）2 SPOT。2 个区域背光补偿，通过设置可以选定 2 个背光补偿区域大小和位置。

（4）灵敏度提升模式。

1）OFF。初始模式没有灵敏度提升。

2）S/N。信噪比模式用于拍摄移动幅度小、有亮度变化的场景。

3）STD。这种标准模式可以在拍摄光线变化的场景时，抑制图像模糊和粗糙。

4）MOVE。运动模式用于街区或停车场等有光线变化和人物移动的场景。

5）SLOW SHUTTER。慢快门电子灵敏度，有×2、×4、×8、×16、×32 共 5 挡选择。

（5）增益模式。在选择 SENS UP ON 时，有 AGC 和 HYP AGC 两种增益模式可以选择，而在选择 SENS UP OFF 时，有以下 5 种增益模式可以选择：

1）AGC 模式。初始的自动优化灵敏度和噪波电平。

2）HYP AGC 模式。灵敏度高于 AGC 模式，但在较高灵敏度和光线较暗时，图像有噪波点。

3）LOW（低）。这种低固定模式的灵敏度低于较亮的场景。

4）MID（中）。这种中等固定模式的灵敏度介于 LOW 低和 HIGH 之间。

5）HIGH（高）。这种高固定模式的灵敏度用于较暗场景下，保持高灵敏度。

（6）自动白平衡调整模式。自动白平衡调整模式有以下 4 种。

1）ATW。初始设定自动调整。

2）ATW Ex。当色温范围高于 ATW 模式时选用，在通常的光源下，与 ATW 模式相比略有褪色。

3）AWC。这是所谓的 ONE PUSH 自动白平衡模式，使用一个白色靶子作基准自动调整白平衡。

4）MANUAL。手动调整 R 红增益和 B 蓝增益。在确定监控场景和目标后，选择一种最佳的白平衡模式，以保证色彩最好。

（7）色彩调整模式。在色彩调整方面，将广播级技术应用到视频监控摄像机。

1）COLOR BAR。自身带有彩条显示功能，辅助调整色彩，以保证最佳色彩。

2）CHROMA。色度补偿调节，用以调节图像色彩。

3）DETAIL。轮廓细节调整。

宽动态技术的出现弥补了普通摄像机在光线明暗交差成像的不足，但也存在缺点，毕竟宽动态技术是针对专一环境的专用功能。

往往是动态范围大的摄像机灵敏度较低，高灵敏度的摄像机动态范围相对较小。也就是说，目前宽动态摄像机在环境光线足够时完全能够满足环境的需求，呈现出高质量的图像，但在低照度情况下的使用状况并不理想，噪点过大。在夜间低照度的情况下，图像会出现类似雪花点的现象。

有时也会出现其他现象，如刚装上去调试好是正常的，而过段时间后画面会出现偏色，该现象与环境的影响或摄像机本身的设置都有关系。一般宽动态摄像机出现偏色都与白平衡有关，如果原本在调试时设置为自动跟踪白平衡图像，就会随着环境的变化而产生不同的白平衡效果，而将白平衡模式调整为自动白平衡即可解决。

另外，在安装过程中，安装的位置对图像也有偏差的影响，应尽量避免强光的反射点位置。这些都是宽动态摄像机安装调试要注意的事项。

3. DPS 宽动态技术的应用场合

优良的宽动态功能可使 DPS 摄像机在光线反差较大的环境中（特别从室内看室外时）看清全景中每个角落的细节，如安装了宽大玻璃窗的办公大楼大厅、银行、ATM 机、商店、机场等位于门口、窗口等处具有明亮背景光的监控场景。

而在道路交通系统中，利用 DPS 摄像机的宽动态功能实现强光抑制效果可以看清车牌。使用 DPS 摄像机的宽动态功能（可抑制强光，减小光源的光晕）与极宽的色温范围特性（即使在不同光线环境下仍能保存图像的原有色彩），也可将该摄像机用在街道监控系统中来监控车辆违规情况。

四、高清晰度技术与高清晰度摄像机

工程上对高清晰度摄像机没有严格的界定和分类，多以彩色图像像素达到 752×582 或图像水平分辨率达 480 线为相对认可标准。更有的达到 520 线甚至 800 线水准。高清晰度摄像机都有 DSP 数字信号处理。

1. 高清晰度技术

图像的清晰度主要取决于摄像机的水平分辨率和后端显示设备的解析能力，好的传输介质可以减少图像在传输过程中的信号衰减，而摄像机的清晰度主要取决于感光芯片的性能。

像素数是指 CCD 上感光元件的数量。摄像机拍摄的画面可以理解为由很多个小点组成，每个点就是一个像素。显然，像素数越多，画面就会越清晰，如果 CCD 没有足够的像素，那么拍摄出来的画面的清晰度就会大受影响，因此，理论上 CCD 的像素数量应该越多越好。但 CCD 像素数的增加会使制造成本以及成品率下降，而且在现行的电视标准下，像素数增加到某一数量后，再增加对拍摄画面清晰度的提高效果变得不明显，因此，一般 100 万左右的像素数对普通的监控场所已经足够。

单 CCD 摄像机是指摄像机里只有一片 CCD 并用其进行亮度信号以及彩色信号的光电转换，其中，色度信号是用 CCD 上的一些特定的彩色遮罩装置并结合后面的电路完成的。由于一片 CCD 同时完成亮度信号和色度信号的转换，因此难免两全，使得拍摄出来的图像在彩色还原上达不到专业水平的要求。

为了解决这些问题，可以选择以下 3 种技术方案：

（1）开发和研制同单位面积内放置更多感光元件的 CCD 芯片。目前监控领域还没有这样的 CCD 芯片出现，但随着科技技术的不断创新，新的高性能 CCD 芯片将会研制成功，这也是监控摄像机技术发展的必然趋势。

（2）在现有 CCD 芯片基础上，采用更高性能 DSP 的数字处理技术对图像进行优化处理。这个技术主要是为了增加了 DSP 处理信号的带宽，从而提高 DSP 的运算能力，达到图像的高清效果。这种技术是在原有 CCD 芯片的基础上进行改进，而没有在视频成像的核心技术上进行改进，因此无法令高清的效果有质的飞跃，如图 4-8 所示。

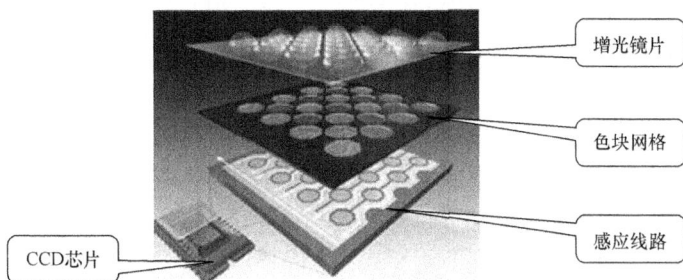

图 4-8　单 CCD 的物理结构

（3）使用 3 CCD 的摄像机。3CCD，顾名思义，就是 1 台摄像机使用了 3 片 CCD。我们知道，光线如果通过一种特殊的棱镜后，会被分为红、绿、蓝 3 种颜色，而这 3 种颜色正是电视使用的三基色，通过这三基色，就可以产生包括亮度信号在内的所有电视信号。如果分别用一片 CCD 接受每一种颜色并转换为电信号，然后经过电路处理后产生图像信号，这样就构成了一个 3CCD 系统，如图 4-9 所示。

图 4-9　3CCD 的工作原理示意

和单 CCD 相比，由于 3CCD 分别用 3 个 CCD 转换红、绿、蓝信号，拍摄出来的图像从彩色还原上要比单 CCD 来得自然，亮度及清晰度也比单 CCD 好。但由于使用了 3 片 CCD，3CCD 摄像机的价格要比单 CCD 高很多，所以只有专业用的摄像机才会使用 3CCD。

2. 高清晰度摄像机

（1）高清晰度摄像机的发展。由于 3CCD 摄像机的价格比较高，现在只有少数厂家推出了几款 3CCD 高清摄像机，目前市面上的摄像机主要使用的是单 CCD。而摄像机的水平分辨率只要高于 480 线，都可以称为高清晰摄像机。随着 CCD 的不断发展，摄像机的水平分辨率为 380 线→420 线→480 线→500 线→520 线→540 线；像素为 25 万→38 万→47 万。

目前的 3CCD 摄像机，其水平分辨率可达 1000 线，像素在 100 万以上。普通的 CCD→SUPER CCD→EX-VIEW CCD，芯片生产厂家不断推陈出新，摄像机的厂家也在新的芯片上进行产品研发。目前市面上出现的高清晰摄像机主要都是采用了更高性能的 DSP 数字优化产品。

（2）高清晰度摄像机产品。日本 SANYO 公司的 VCC-6592P/VCC-6594P 具有的创新图像电路实现了高解像度图像的拍摄。通过创新的视频信号处理技术，使水平电视线达到 520 线——比传统的高解像度摄像机高出 60 电视线，并达到 0.3lx 的低照度。

高清晰度低照度摄像机的应用面极广，有的还有 BNC 复合视频和 Y/C 双输出。Watec 美国公司的 WAT-202H 彩色摄像机更有 BNC、Y/C 和 S-Video3 种输出；SONY 公司的 SSC-DC338 使用 ExwaveHAD 芯片和 Smearlevels（垂直拖光效应消除），具有高清晰度（752×582 像素）、高分辨率（480 线）和高感光度（0.4lx/F1.2）特性，信噪比大于 50dB。

（3）高清晰度摄像机的特点。

1）高清摄像机的出现，大大提高了摄像机图像的清晰度，令图像的细节更加清晰和细腻。水平分辨率为 540 线的摄像机，成像效果比 480 线的摄像机清晰、锐利，如图 4-10 所示。所以，分辨率越高，摄像机的表现能力就越好。

（a）　　　　　　　　　　　　　　（b）

图 4-10　高清晰摄像机图像的清晰度对比

（a）高清晰度摄像机图像；（b）普通摄像机图像

2）高清晰摄像机还具有超强的灵敏度照度，它可以在黑暗的环境下取得更清晰的图像。这是普通摄像机无法实现的，如图 4-11 所示。

（a）　　　　　　　　　　　　　　（b）

图 4-11　高清晰摄像机图像的高灵敏度对比

（a）高清晰度摄像机图像；（b）普通摄像机图像

3）在黑暗的环境下，由于照度的问题，摄像机噪点的将会不可避免地增多，但高清晰摄像机采用了独特的数字降噪技术，可以令低照条件下的图像更清晰、悦目。

　　高清晰摄像机的数字降噪技术就是采用专业的视频信号处理技术，DSP 芯片通过检测和分析帧存储器中的图像信息，自动降低相对静止画面的增益幅度，该技术极大地消除了信号中的干扰噪声波，从而有效地提高了画面清晰度和洁净度，如图 4-12 所示。

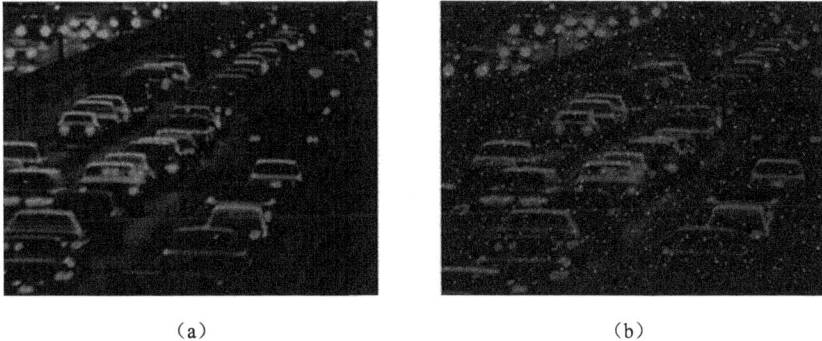

（a）　　　　　　　　　　　　　　　　　（b）

图 4-12　高清晰摄像机图像的高降噪对比

（a）高清晰度摄像机图像；（b）普通摄像机图像

　　3. 高清晰度技术的应用

　　（1）高清晰度技术的系统性。高清显示不仅需要高清晰的前端视频源，还必须要有好的显示设备进行图像还原。对于前端高清晰摄像机的图像，目前普通显示设备不能真正体现产品的高清图像质量。多年来，我们用的是 CRT 监视器显示，最多能显示 480i 节目元素，总的隔行扫描线为 525 线，480 行左右可见线。电子束的点距粗略（典型的是 0.8～0.9mm），因此，对更细节的东西无法分辨。

　　信息产业部在 2005 年公示的标准草案中写到，高清指标显示比例为 16:9，至少能解析 1080i 的数字信号，或扫描线数垂直和水平方向都必须达到 720p 的数字信号。而 1080i 为隔行扫描方式，每秒扫描 25 帧画面，行扫描频率相当高，就相当于模拟方式水平方向扫描线速为 1080 线。因此，1080i 数字信号格式的动态图像效果比传统 850 线模拟信号格式更清晰、流畅。

　　目前，很多监视器厂家生产的监视器线数都达到了高清的效果，所以选用高清晰摄像机时也必须选用显示线数高过摄像机的监视器，这样才能充分体现高清晰摄像机的图像效果。

　　（2）高清晰度技术的发展。高清晰摄像机的推广和使用中，用户切身感受到了高清晰摄像机带来的好处。高清晰的摄像机让监控的图像更加清晰和细腻，这样的摄像机已经基本满足普通监控的需求了；但是目前的高清晰摄像机的 CCD 总像素都仅有 47 万，对于一些需要更高像素画质的场合，如火车站广场的监控，既要求摄像机能大范围地控制人流的动向，又要求录像回放中对图像放大看清人流中某个人的脸部特征，所以 47 万像素的图像对于这样的图像处理是明显不行的，对于放大 2 倍以上的图像就更模糊了。而达到 100 万像素的 3CCD 摄像机，由于价格太高，因此还不是目前监控市场的主流。

　　随着国际市场和国内市场上监控系统的普及和大量使用，人们对图像的要求越来越高，最开始要求能看到图像，现在要看到清晰的图像，今后要能进行处理分析的高清晰图像。摄像机的研发周期也将会越来越短，作为摄像机核心技术的 CCD 芯片必将研发和推出更高像素的 CCD，以适合市场的需要。

五、采用先进技术的摄像机

1. 全方位快球摄像机

全方位快球摄像机又称快速球形摄像机（Dome Camera），俗称快球，它是 PTZ（Pan Tilt Zoom）组合式的一体化摄像系统，包括 CCD 摄像机、伸缩变焦光学镜头、全方位云台以及解码驱动器在内的全套摄像系统及附属的底座和外罩。由于内部包含全方位云台，因此称为全方位快球摄像机。

（1）一般结构与性能。目前，快球中的摄像机多数安装的是板机式 CCD 摄像机，但也有保留独立式摄像机的。在性能方面，快球摄像机实现了云台的快速和无级变速运动、云台及变焦镜头的精确预置定位、程序式的多预置位设定，甚至还有在云台运动过程中镜头快速自动聚焦的功能，从而使摄像系统具备部分自动跟踪功能，能跟踪移动物体，有的还有"隐私区域"（Privacy zones）或"遮罩区域"（Masking）隐藏功能，从而使整个摄像系统从单纯的功能型向智能型转变。

快速球形摄像机中的摄像机现多采用具有自动聚焦功能的 DSP 摄像机，摄像机的水平分辨率可根据需要选定，镜头以 6～24 倍的电动变焦镜头居多，可选带滤光片、自动光圈和预置位置式。室外机型为了能适应白天有太阳光、晚上为人造光源或无光源的变化，需要具有白天彩色/晚上黑白转换功能，晚上再辅以红外线灯。采用非球面镜头可以改善摄像机照度，降低摄像机对红外线的依赖程度。

（2）云台结构与性能。快速球形摄像机内的摄像机通过云台可作水平 360°、垂直 90°自动来回不停地回转，回转速度超过 90°/s 的称为高速，否则为快速。

快速球形摄像机中云台的旋转和倾斜运动，有的采用电动机驱动带动齿轮传动机构，较先进的采用微型步进电动机，可平稳实现如 100°/s 的高速直至 0.5°/s 的低速运行，它的转轴设计于中心点，故不会卡线。

采用高速电动机时，有定速运动和变速提升两种工作状态。水平旋转和垂直俯仰速度一般为 360°/s 和 120°/s，有的产品高达 400°/s。

（3）快速球形摄像机的控制性能。快速球形摄像机的控制方式有两类，一是影像传输线与控制信号线相分离的 RS485 传统型；另一类是影像与控制信号共用同一条同轴电缆的同轴视控单线传输型。

云台与镜头预置是球形摄像一体机特有的功能，以此可发挥相当广的用途，如可与报警输入功能搭配使用等。

另外，球形摄像机还具备巡扫功能，个别球形摄像机还具有自动对焦、镜头数位放大、标识摄像机名称与位置等附加功能。

快速球形摄像机中一般还有多个报警输入及继电器驱动输出端，以方便构成所需要的报警及联动应用装置，一般可与预置点搭配使用。

（4）快速球形摄像机的结构特点。

1）快速球形摄像机结构设计精巧，具有嵌入顶棚、吸顶安装、从顶棚悬吊、支架固定等不同的安装方式，有 3、6、9、12、14in 等不同规格。

2）快速球形摄像机具有外层表面防静电、防腐处理、不粘灰尘，而内层有镀铬、镀金、烟色玻璃、黑色不透明等各种外观新颖的球形外罩，因而具有很好的观察隐蔽性。

3）360°的旋转使其视野开阔，大范围的镜头变倍功能可让被观察景物拉近或拉远，预置定位和变速运动能实现快速定位，室外防护罩有风扇和加热器，现在已经成为较为理想的室内外监控装置，在公共性场合被广泛地采用。

实践证明，在图像质量、灯光要求、目标跟踪、操作控制等方面，快速球形摄像机应该是摄像设备的首选之一。

（5）快速球形摄像机不适用的场合。高速球并不适用于任何场合，高速快球受其自身构造因素的影响，在一些场合也并不适用。

目前，市场上绝大部分高速快球，其 CCD 尺寸均为 1/4in，这就决定了其光电转化效率要低于 1/3in CCD 的枪式摄像机；另外，由于高速球机的体积有限，而其又要容纳较大变倍的光学变倍镜头，这就决定了其光学变倍镜头的尺寸较小。再加上几乎所有的快球，其光学镜头均由若干组透镜组成，通过光线在这些透镜组之间的折射、反射等，从而达到相应的光学变倍倍数。显然，光线在镜头组中进行折射、反射时，会损耗一部分能量，因此最终进入 CCD 的光线也就较弱，这也会影响到光电转换的效率。

所以，对于照度不充足或要求昼夜均能清晰成像且在夜间无充足照明的场合，智能高速快球并不适用。例如，一些需要较大焦距（远焦 200mm 以上）和照度较差的环境中，如果配置云台＋高性能或大变焦镜头的摄像机，其效果就会优于高速智能快球。因此，对高速快球的应用也需根据实际的监控环境作出适当的判断。

在高速球选型方面，需要根据实际需要来选择，而避免一味地追求其高性能、全角度、高速旋转等性能，如图 4-13 所示。例如，当设计方案时，某监控点需要安装一快球，根据实际的安装和使用环境，确认该快球采用的是壁装或立柱安装时，则可选用非全角度（全角度即水平方向 360°、垂直方向 180°旋转）旋转的快球。而当壁装快球的水平旋转大于 180°或垂直选装大于 90°时，后端监视屏幕中出现将是墙壁或地面，而这类画面对监控来说，毫无意义。这类安装方式，完全可以选择水平 350°、垂直 90°旋转的经济型快球。

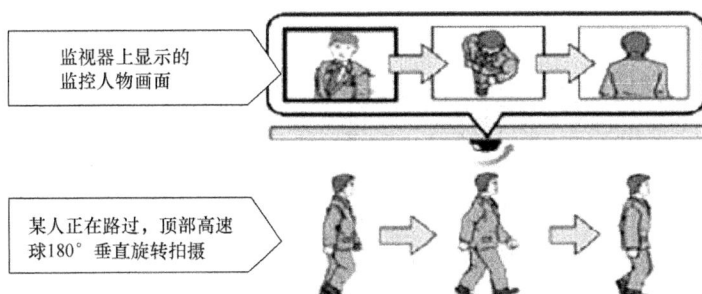

图 4-13　监控点 180°垂直旋转监控画面

恰当地选择快球，不仅可以达到同等监看效果的目的，同时也能够大幅降低系统成本。例如，从快球的构造来说，2 种快球的旋转角度相差仅 10°，但其成本由于旋转电动机的不同，其价格可相差 40%以上。因此，在快球的选择中，还需要考虑到监看距离、监看目标的特性，可以根据不同的监看距离选择不同光学变倍的设备。

（6）快速球形摄像机的典型产品。

1）松下公司的一体化 1/4in 超级动态摄像机 WV-CS850，直径为 12cm，云台可以手动分级在 0.1～120°/s 调节，在预置时则可以 300°/s 运动；其安装因基座和摄像机主体相分离而更方便，可进行彩色/黑白模式（手动或自动）切换，灵敏度分别为 1lx（彩色）和 0.06lx（黑白），信噪比为 50dB，有 220 倍变焦（22 倍光学、10 倍电子）能力，有 64 个预置位。该摄像机具有自学习功能，在执行一次巡逻路线后，可通过功能键自动调出执行该路线的巡逻；此外，还有以白板遮盖图像上私密区域的功能，在一次设定后将执行该功能直至解除为至。特别是有图像自动反转功能，始终保持图像为正像。该摄像机还有 4 路报警输入和 2 路报警输出，同时也有运动图像检测功能，还符合 IP52 国际防水防尘标准，是高水平的一体化摄像系统。

2）美国 Pelco 公司的 SPECTRA Ⅲ SE 快速球形摄像机采用 1/4 in 行间转移 CCD 芯片，水平清晰度大于 460 线，有 22 倍光学变焦和 10 倍数码变焦，用 3.6mm 广角镜头，视角为 54°；682.84mm 望远镜头，视角为 2.5°，最小照度为 0.08lx，信噪比大于 50dB，有预置位、标识、区域等现场情况及驱动装置的参数设置，可选择彩色/黑白自动转换摄像机、彩色摄像机及黑白摄像机，云台有从 0.1°/s 的极慢速方式到 360°/s 极快速方式的可变的扫描速度，云台有自动翻转功能，即可在垂直行程到底时旋转 180°。软件有窗口屏蔽功能和密码保护功能。

2. 低照度彩色摄像机

低照度摄像机也没有明确的定义，但一般认为彩色摄像机低于 0.1lx，黑白摄像机低于 0.01lx 就可以认为是低照度摄像机。低照度彩色摄像机主要有日夜两用型摄像机、Exview HAD 高感度 CCD 摄像机（红外线摄像机）、帧累积或称慢速快门型摄像机 3 种类型。

（1）采用双 CCD 的日夜型彩色摄像机。具有全光谱适应能力，日夜两用，白天以彩色图像成像，夜间则以黑白图像成像；彩色/黑白随照度变化自动转换。这样，即使在黑暗环境下仍能拍摄到有一定清晰度的图像，若与红外灯配合使用，则可实现零照度正常工作，从而能实现 24 小时全天候监控。

（2）使用单 CCD 的日夜型摄像机。能实现 24 小时连续摄像的方式，不论是在太阳下还是在夜间，均可摄得鲜明影像。有超过 400 线的高分辨率和优良的信噪比，并可拍摄高速移动物体影像。

日本 SONY 公司的 Exview HAD 高感度摄像机以聚光镜片来提升 CCD 对光的感应度。但是，这种 CCD 对红外光也有很高的灵敏度，在白天很容易造成摄像机色彩偏色，为了解决这种情况，通常会在摄像机前加滤色片过滤红外光，在白天取得更好的色彩效果。但使用滤色片过滤掉红外光以后，摄像机在晚上使用，特别是配合红外灯使用时，效果却也不理想。所以，常规的彩色/黑白转换型摄像机无法在白天和晚上都取得最好的观察效果。

BAXALL 公司在其 CDH6223 彩色/黑白转换型摄像机中采用自动双滤色片切换技术，在摄像机 CCD 前有两片滤色片，一片可以有效地过滤红外光，使得白天色彩更纯正；一片不过滤红外光，但在晚上使用时，可以保证摄像机照度更低。两块滤色片的位置可以通过遥控调节，或者由内部定时器控制定时切换，从而保证摄像机在白天和晚上都有最佳的观察效果。

日本 JVC 公司的产品 TK-S544，通过采用具有控制 CCD 储存时间方式的电子感应提升功能，对应有白天和夜间的自动光圈与灵敏度控制方式，是同轴多重型摄像机。

Philips 公司的 Dinion 高分辨率彩色摄像机具有 Nightsense 灵敏度提升技术，它将彩色图像转变为黑白图像，从而使摄像机的灵敏度提高 3 倍。台湾敏通公司的 63W1 摄像机则通过对黑暗区域作 8ms 的曝光、对明亮区域作 0.1ms 的曝光，使得黑暗区域和明亮区域都有完美的曝光，从而达到了 280:1 的宽动态范围 48dB，实现了星光模式 0.003 5lx、正常模式 0.5lx 的成像，成像效果好。

富士公司的 TCZ-799PM 摄像机采用 SONY 公司的第 5 代数字化 CCD，制造出新一代数字极低照度高灵敏度彩色摄像机。新的 DSP 技术使该摄像机能传送最佳的 AESC（自动电子灵敏度控制，控制范围达到 2000:1）、受频率分布图控制的 ABLC（自动逆光补偿），顺利完成 AE（自动曝光）控制、保证色彩重现的 AWB（自动白平衡），有连续可变 450 级的电子快门速度控制，水平分辨率达到 470 线、最低照度为 0.125lx。日本池野公司的 IK-205 号称是超夜视的彩色摄像机，其有 480 线的分辨率和 0.001lx 的低照度性能。

（3）帧累积型摄像机。利用电脑存储技术，连续将几个因光线不足而较显模糊的画面累积起来，成为一个影像清晰的画面。因使用数字电子控制方式，所以在 0.000 2lx 的极低照度下，画面仍维持彩色，但画面会延迟。

3．高光敏度红外影像摄像机

即夜视摄像机，是当今热门的摄像机机种，主要采用 SONY 公司的 Exview HAD CCD，其彩色照度可达 0.1lx，黑白可达 0.003lx，若搭配红外线灯，则照度可达 0lx。一般来说，红外线摄像机需要搭配红外线光源，主要有发光二极管 LED 和卤素灯两类红外线光源。

红外线的波长介于 700～1000nm，当红外线灯与黑白摄像机配合使用时，摄像机的波长曲线会由 400～700nm 延伸至 940nm，可提升摄像机的灵敏度及画质。产生红外光的方法主要有两种，一种是直接使用白炽灯或氙灯发出的红外光，实际使用时还要在灯上安装滤光片，即穿透率高达 98％的光学玻璃，只让红外线射出；另一种方法是使用红外 LED 或 LED 阵列来产生红外光。

美国 Watec 公司的 LCL-902HS 高灵敏度红外摄像机具有 570 线和 0.000 15lx 指标。现已出现红外光日夜两用型摄像机。波长为 880/940nm，室外型光学功率为 3.6～6.4W，无红斑而具隐蔽性。

红外线投射灯（IR Lamp）有不同的功率和波长，功率为 6～500W 不等，照射距离多在 100m 以内，但波长只有 730、840、940nm 三种。730nm 波长呈现一般红光；840nm 为隐约可见的红光，属于半覆盖型，由于光较接近摄像机最佳波长 880nm，故使用较多；而 940nm 则是完全覆盖的不可见光，要考虑红暴时应选用它，并配以低照度高信噪比的摄像机。红外线灯最佳的架设位置是与摄像机上下重叠，也可与摄像机并列平行。红外线灯可采用 CDS 光导管自动启闭的工作方式，当光度降到 35lx 时，CDS 开始启动，随着光度的下降逐渐补光；当光度降到 10lx 时，红外线完全开放，达到完全补光的效果。

红外照明灯的电气指标有：

（1）输入电压 120V AC、50/60Hz 或 230V AC、50Hz，输入电压开/关/由光电管控制。

（2）电力要求 120V AC 或 230V AC，电源线 3 芯接地，18Awg。

（3）红外线滤色镜带涂层的硼硅酸玻璃，厚度为 482μm。

（4）发送大约 0.01％的可见光；波长传送 775nm 及以下为≤1％；（775±25）nm 时为≤5％；875～1299nm 时，平均≥85％。

（5）使用额定电压时，平均寿命为 3500h（灯对电压变化很敏感）。

主动红外夜视系统的核心是红外灯作为主动红外发射器，还有称为接收器的 CCD 摄像机，其红外感应灵敏度比普通摄像机高出 5 倍以上，光学成像器件镜头要求针对红外夜视开发提高红外透过率，以解决红外线与可见光不同波长的成像焦点偏移过大的问题以及作为显示设备的监视器。

4. 一体化摄像机

镜头与摄像机自由组合的方式虽然灵活，但调节起来并不容易，为此而出现的内置镜头的一体化摄像机，日本称为 Box Camera 或 Integrated Camera，它向使用者提供一个操作方便、安装简单、功能齐全的产品。

内置镜头的一体化摄像机在图像处理和物理结构上有质的提高，主要表现在大都采用了数字处理技术，增加了内置的高倍变焦镜头，当前以 3.5～8mm 的镜头最为热门，机身与镜头一体化设计，体积小巧。为了提升产品附加价值，有的进而发展了自动对焦功能，或提供 IR 光源使得在夜间也能有清晰影像，或配置红外灯，或与快速球形机相结合，或与网络相联等。

三星公司的 SCC-421P 是 1/4in 内 22 倍光学变焦和 10 倍电子变焦的彩色摄像机，分辨率达到 480 线，最低照度为 0.02lx，以 12V DC 供电，摄像机本身具有屏蔽菜单和画中画功能。

Computar 公司的 GANZ 系列微型半球摄像机 ZC-D1000，内置 2～4mm、3～6mm、4～9mm 的高速 2 倍变焦镜头，物美价廉，也便于工程安装；SONY 公司的 FCB 系列采用 44 万像素的 1/4in Super HAD CCD，具有超强的虹外感光能力，最低红外光照度为 0.01lx，在无任何光源的黑暗环境中，图像依然清晰亮丽。带有 18 倍及 12 倍的数字变倍，总的变倍能力达到 18×12=216 倍。

5. 一体化带云台摄像机

一体化带云台摄像机包括摄像机、云台、变焦镜头、解码器、防护外罩的一体化装置，其运行平滑稳定、连续，有时也称为一体化监控定位系统，其关键技术为：

（1）驱动云台的马达性能。直流电动机（DC Motor）具备省电、体积小、平稳的特色，但成本较高；步进电动机（Srep Motor）有便宜和移动定位容易的特点，但移动速度慢且乎稳度较差；交流电动机（AC Motor）具备转速快和成本低廉的优点，但缺点是体积大、不易变速和不易操作。

（2）所采用的电路板型 DSP CCD 摄像机的性能。因其防护罩有加热、除霜、雨刷和隔热材料，故可于室外全天候工作。摄像机有标准分辨率、高分辨率及高分辨率低照度等档次供选择。

典型产品如 Pelco 公司的 Esprit 系列。Esprit 是一个高效的远程定位系统，它将摄像机、防护罩、云台和多协议解码器都集成在一起，Esprit 提供最平滑、最大定位范围的云台系统，包括 360°变速操作，水平转动最大 100°，垂直转动的范围为–90°～+40°。

6. 视频同轴遥控摄像机

视频同轴遥控摄像机不需要解码器和控制线，通过视频同轴电缆即可由摄像机的输出信号来控制 PTZ，以实现云台转动和镜头变倍功能。

日本池野（Ikeno）公司的 IK-220X 系列同轴视频控制摄像机，分辨率为 480 线、0.005lx/*F*1.2，其特点是采用一根视频线控制云台和镜头，而且不需要配置解码器。

7. 内置硬盘的摄像机

日本三洋公司的 DSR-C100P 硬盘录像摄像机，将 150 万像素摄像机与 HDD 硬盘录像机合二为一，高速录像可达 SXGA（1360×1024）格式，每秒 3 帧，逐行扫描制式，自带两种录像模式，影像输出 PAL/NTSC 可选。硬盘容量为 10.2GB，带有 RS232 接口和 USB 接口。

摄像机的重要性在于，它不仅在电视监控中举足轻重，其移动探测功能又使其成为报警系统的利器，更在通过图像的火灾探测中有着巨大的潜力。可以说，在一定程度上，摄像机将主宰安全保障系统的未来，由此，可移动摄像机图像能就地记录就显得更为可贵。

8. 光纤传输摄像机

日本池野（Ikeno）公司的 IK-120x 系列是 1/3in 摄像机，水平分辨率为 480 线、最低照度为 0.03lx，能感应 800～1000nm 红外。

此光纤传输摄像机的输出部分技术指标为：波长 850nm、距离 2.5km、单向接收 ST 接口、光纤线为 62.5/125μm；接收部分技术指标为：波长 850nm、12V DC、60mA、距离 2.5km、ST 光纤接口、BNC 和 FEMALE 信号接口、带宽 8MHz、光纤线为 62.5/125μm。

日本池野（Ikeno）公司的太阳牌（TAIYO）TCC-1500A 摄像机主要用于高速公路、机场、大型停车场等广域性场合的监控，配合有可升降及快速旋转的机械机构。

9. 微型化摄像机

微型化即超迷你型，体积微小，配合各种物品伪装可作秘密监视或景物窥视。Watec America 公司的产品让人耳目一新，对于许多特殊领域的应用而言，更是求之不得的佳品。LCL-622 纽扣摄像机，其尺寸为 22mm×25mm×l3mm，其他性能指数见表 4-2。

表 4-2　　　　　　　　　　　LCL-622 纽扣摄像机的性能指标

性能参数	LCL-622	性能参数	LCL-622
图像传感器	1/4inCCD	灵敏度	5lx@F2.6
有效像素	250K	信噪比	>46dB(AGC Off)
扫描系统	2:1 交叉	电子快门	1/50～10 000s
分辨率	330 线	电源电压	5V DC、160mA
焦 距	3.6mm 针孔镜头，水平角 69°	纽扣尺寸	ϕ12.5mm
同步系统	内同步	质量	约 5g
视频输出	复合视频，1.0V$_{p-p}$，75Ω		

微型球形摄像机 LCL-UF05，其尺寸为 459mm×35mm。

10. 红外探测一体化摄像机

日本 Optex 公司的隐蔽式摄像机（Covert Camera）DC-300 是带有摄像机（1/4in 彩色、330 线、30 万像素、2.5lx 或 1/3in 黑白、380 线、0.5lx）、带 LED 或者带有探测灯的室内/外被动红外探测器，探测灵敏度 0.3～1.5m/s，工作电压 12V DC、电流最大 150mA，摄像机角度调节范围为水平＋35°、垂直－5°～－45°（水平 0°），工作温度为－10～＋50℃，体积为193mm×88mm×85mm，质量为 450g。

11. 水下监控摄像机

英国 FV（Forward Vision）公司的 Micl-300 摄像一体机采用 6mm 不锈钢材料制成，密封符合 IP68 标准，具有防水功能，有 18 倍的光学变倍、直流电动机控制驱动云台非常平滑地低速运动（0.5～90°/s），摄像机在水平及垂直方向均可作 360°旋转，摄像前窗为平面而没有视频失真，64 个预置位定位精度准确，还可以通过马赛克效应对摄像图像中的特定场所进行屏蔽保护。

内置的 1/4in CCD DSP 摄像机，其像素为 768×494，视角为广角 48°、窄角为 2.7°，外壳为倾斜设计，俯视角度为 45°。云台控制兼容 Pelco、Vicon、Philips、AD、VCL、Vertex、Ernitech 等协议，交流 15V 供电，图像可标注 20 个字符。防水型日夜一体化摄像机还有 Discover 公司的 DIS-327HC（27 倍光学变倍）和 DIS-316HC（16 倍光学变倍），1/4in CCD、480 线、最低照度彩色 0.3lx、黑白 0.01lx。

12. 防爆型摄像机

主要应用于危险和恶劣环境。一种是以防爆防护罩与防爆云台组合而成，如英国 CO-EX 公司的 FECH 防爆防护罩（用 316L 不锈钢制造、O 形环在外部边缘处将其密封起来）和 FEPT 防爆云台（有 IP66 认证标准）；另一种是整机型，如日本池川公司的 IK-29DV，其最低照度 0.4lx/F1.2，清晰度为 480 线，3.8～8mm 镜头，有自动白平衡追踪等功能。

13. 智能化摄像机

美国 Futuretel 公司的智能摄像机 Smart Cam 是内置 MPEG2 编码器，并采用高速以太网络连接的专业视频监控摄像机，可产生 2.7～12Mbit/s 传输速率的视频图像，CPU 速度为 300MIPS，采用嵌入式 Linux 操作系统，可以内置的 40GB 硬盘存储图像 18h。

多台 Smart Cam 摄像机通过一台网络交换机而构成网络系统，用一条以太网线可同时传送和接收压缩后的视频图像及对摄像机的控制信号。摄像机为 1/4inCCD、765×596 像素（PAL）、480 线，星光模式灵敏度为 0.02lx，以微型步进电动机齿带驱动 PTZ，可通过鼠标点击实现云台转动和镜头变焦。

新西兰 Golden Wall 公司更推出智能自动跟踪一体化球，它是球形摄像机的升级换代产品，使用 Photocouple 完成先进的位置查找方式，既能任意定位，又能迅速锁定运动目标并追踪扫描，实现真正全方位无盲点监控。

第三节 后端设备的先进技术

一、数字视频矩阵

随着数字技术的高速发展及软硬件水平的提高，不断有高性能的 DSP 和高速的总线得到应用，从而使基于数字技术的视频矩阵方案能够得以实现。数字视频矩阵将是安防业中的一个新热点，也将是视频矩阵今后的一个发展趋势。

1. 视频矩阵的基本概念

（1）视频矩阵的基本功能和要求。作为视频矩阵，最重要的一个功能就是实现对输入视频图像的切换输出。准确概括就是将视频图像从任意一个输入通道切换到任意一个输出通道显示。一般来讲，一个 $M×N$ 矩阵即表示它可以同时支持 M 路图像输入和 N 路图像输出。这里需要强调的是，必须要做到任意，即任意的一个输入和任意的一个输出。

另外，一个矩阵系统通常还应该包括以下基本功能：字符信号叠加；解码器接口以控制云台和摄像机；报警器接口；控制主机及音频控制箱、报警接口箱、控制键盘等附件。对国内用户来说，字符叠加应为全中文，以方便不懂英文的操作人员使用，矩阵系统还需要支持级联来实现更高的容量；为了适应不同用户对矩阵系统容量的要求，矩阵系统应该支持模块化和即插即用（PnP），可以通过增加或减少视频输入、输出卡来实现不同容量的组合。

（2）视频矩阵的分类。按实现视频切换的不同方式，视频矩阵分为模拟矩阵和数字矩阵。

1）模拟矩阵：视频切换在模拟视频层完成，信号切换主要采用单片机或更复杂的芯片控制模拟开关实现。

2）数字矩阵：视频切换在数字视频层完成，该过程可以是同步的也可以是异步的。数字矩阵的核心是对数字视频的处理，需要在视频输入端增加 AD 转换，将模拟信号变为数字信号，而在视频输出端增加 DA 转换，将数字信号转换为模拟信号输出。视频切换的核心部分由模拟矩阵的模拟开关变成了对数字视频的处理和传输。

（3）数字视频矩阵的分类。根据数字视频矩阵的实现方式不同，数字视频矩阵可以分为总线型和包交换型。

1）总线型数字视频矩阵：顾名思义，总线型数字矩阵就是数据的传输和切换是通过一条共用的总线来实现的，如 PCI 总线，如图 4-14 所示。

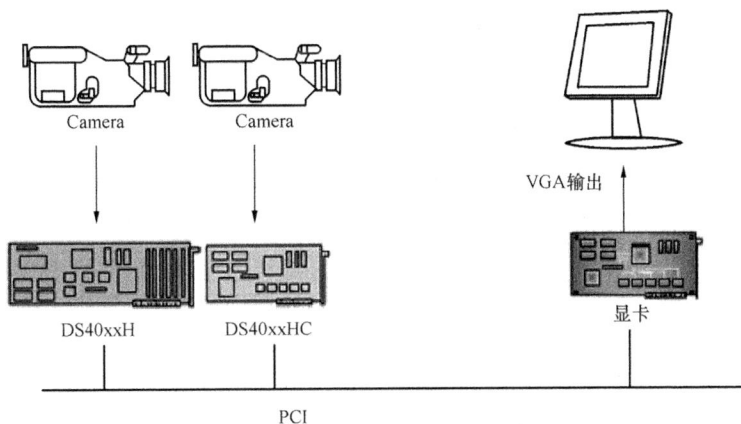

图 4-14　PC-DVR 构成的总线型数字矩阵

总线型矩阵中最常见的就是 PC-DVR 和嵌入式 DVR。对于 PC-DVR 来说，它的视频输出是 VGA，通过 PC 显卡来完成图像显示，通常只有 1 路输出（1 块显卡），2 路输出的情况（2 块显卡）已经很少；嵌入式 DVR 的视频输出一般是监视器，一些新的嵌入式 DVR 也可以支持 VGA 显示。在以上两个例子中，它们都可以实现 1 路视频输出（还可以进行画面分割），可以把这两款产品当作视频矩阵的一个特例，也就是一个只有 1 路视频输出的特殊情况。

2）包交换型数字视频矩阵：包交换型矩阵是通过包交换的方式（通常是 IP 包）实现图像数据的传输和切换，如图 4-15 所示。

包交换型矩阵目前已经比较普及，如已经广泛应用的远程监控中心，即在本地录像端把图像压缩，然后把压缩的码流通过网络（可以是高速的专网、Internet、局域网等）发送到远端，在远端解码后，再显示在大屏幕上。目前，包交换型数字矩阵有两个较大的局限性：延时大、图像质量差。

由于要通过网络传输，因此不可避免地会带来延时，同时为了减少对带宽的占用，往往都需要在发送端对图像进行压缩，然后在接收端实行解压缩，经过有损压缩过的图像很难保证较好的图像质量，同时编、解码过程还会增大延时。所以，目前包交换型矩阵还无法适用于对实时性和图像质量要求比较高的场合。

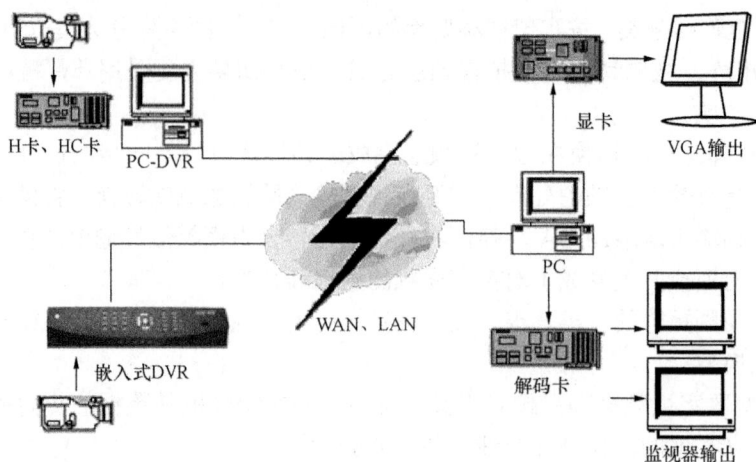

4-15 包交换型数字矩阵

2. 数字视频矩阵的特点

（1）成本优势。采用视频矩阵和 DVR 合二为一的结构，减少了中间环节及设备数量。

采用数字视频矩阵方案，只需一台设备就可以同时实现视频矩阵和 DVR 功能，从而大大地节省了成本。对矩阵的控制和 DVR 的控制集成在一起，方便灵活。

如果采用模拟矩阵，至少需要一台矩阵主机和一台 DVR 主机，安装调试复杂，除了 DVR 的成本外，还要为模拟矩阵付出高额的成本。此外，对于模拟矩阵的控制，可能还需要外接其他设备，如显示设备、矩阵控制器、矩阵控制键盘等，有些复杂的功能甚至需要专门的 PC 机来进行配置。

模拟矩阵的方案还需要视频信号的分配、复用设备来实现 DVR 的录像功能，而采用数字矩阵，则只需在 DVR 的基础之上增加简单的矩阵模块即可，成本相对低廉，且数字矩阵、录像系统的集成度高、稳定性增强，也降低了以后维护的成本。

（2）功能优势。采用视频矩阵的视频监控系统，配置灵活、功能强大、简单易用。

1）在模拟矩阵＋DVR 方案中，矩阵和 DVR 各自为政，需要分别控制，模拟矩阵提供的操作方式复杂，易操作性很差，且功能单一，如果要实现比较复杂的功能，需要很烦琐的操作流程；而采用数字矩阵，通过一个控制平台即可实现对切换矩阵和 DVR 的同时控制，操作界面可由二次开发商在 Windows 或 Linux 下自由开发，可以根据自己客户的需求定制应用程序及各种功能，所构建的系统完全取决于开发商自己的软件。

2）在数字矩阵中，可以完成基于对图像的数字处理：可以在实现视频切换的同时，对图像进行很多处理，如叠加字符、叠加图像、区域遮盖等，这些都是目前 DVR 所普遍具有的功能，但对于模拟矩阵，由于其核心是基于模拟信号的处理，因此在面对这些功能时，则显得力不从心。以字符叠加功能为例，模拟矩阵往往需要外接字符叠加芯片来实现，通常只能实现 ASCII 码，也就是英文字符的叠加，而能够实现汉字叠加的模拟则寥寥无几，更不用说同时支持简体、繁体，甚至日文了。至于图像叠加等功能，在模拟信号层基本是无法实现的。

3）数字矩阵可以提供更丰富的图像显示模式。传统的模拟矩阵只能进行最简单的 1:1 图像输出，而数字矩阵在此基础上还可以实现 $N \to 1$（通过对图像的缩放处理，可以实现多路图像在一个窗口显示）和 $1 \to N$（一个输入图像同时在多个输出端显示）的显示方式，甚至是画中画等高级功能。

（3）系统稳定性。数字矩阵＋DVR 的方案，系统集成度高、功耗低、稳定性高，而采用模拟矩阵方案，由于需要多台设备，因此出问题的概率则大大增加。

（4）发展空间大。模拟矩阵控制系统目前已经非常成熟，其产品的结构和功能在近几年，甚至是近十几年内都没有发生大的变化，可挖掘的潜力已经十分有限。

数字矩阵则完全不同，目前数字技术的发展日新月异、前途广阔。首先，随着硬件性能的提高，在高速总线方面，66M 的 PCI 总线已经很成熟和普及，如 PCI-E 或其他的高速串行总线也不断地提出；在芯片技术上，已经出现了 600、720M 甚至是 1GHz 的高性能 DSP，可以说，得益于硬件平台性能的不断提高，必然使数字矩阵的功能不断地提升，不断地向高端发展。

与此同时，软件的进步同样不可忽略，不断有新图像的压缩、处理算法提出，图像压缩的效率不断提高，也不断有更复杂、更智能的图像处理算法得到应用，如智能的移动检测、智能识别技术（人脸识别、指纹识别、车牌识别、签名识别）目前都已经有了比较成熟的应用，这些更高层次的图像处理技术，利用目前硬件平台已经可以应用到数字视频系统中。因此，随着软、硬件水平的飞速提高，数字矩阵的发展空间会非常广，无论是在性能上还是在功能上必然会全面超过模拟矩阵。

（5）二次开发简单、便捷。对于数字矩阵，操作界面可由二次开发商自由开发，并可根据客户自身的需求定制应用程序及各种功能，所构建的系统完全取决于开发商自己的软件。也就是说，只需通过一个 SDK 即可同时实现编码、解码和矩阵控制。新的 SDK 中，编码、解码部分和原有 SDK 中的编码、解码部分兼容，用户只需增加矩阵控制部分即可，极大地降低了用户进行二次开发的复杂性。同时，各种卡可以混插，便于对现有的工程进行维护和扩展。

3. 数字视频矩阵的应用举例

该数字视频矩阵解决方案是基于浙江海康威视已经推出的 HC 系列压缩卡、MD 系列矩阵解码卡来实现的。HC 卡负责系统的录像、预览、网络传输功能。MD 卡在实现原有解码卡的全部功能外，增加了矩阵输出，实现了视频矩阵功能；MD 卡也可以独立于 HC 卡，只作硬件解码卡使用，通过网络连接到远端的视频服务器，即可以是海康威视的板卡也可以是嵌入式设备，构成网络视频矩阵，同时具备多窗口画面分割功能，用户可以对解码图像做任意组合输出。新增加的同步功能，可以在各路解码器之间实现同步。

（1）DS4002MD 卡的主要参数。

1）操作系统支持：Windows2000/XP 及 Linux。

2）作为矩阵使用：每块卡支持 2 路矩阵输出，可稳定支持 4 路。

3）配合 HC 卡使用：可实现 64×4 的视频矩阵，同时保证 64 路实时压缩。

4）作为解码使用：每块卡支持 4 路解码（实时解码 4 路 CIF、4 路 2CIF 或 2 路 4CIF），2 路模拟输出，最高可支持 64 路解码，32 路模拟输出。

（2）DS4002MD 典型方案。

1）本地视频矩阵、实时录像系统。在该系统中，由 HC 卡构成 64 路 DVR 系统，2 块 MD 卡完成 4 路模拟输出，实现视频矩阵功能，如图 4-16 所示。

2）远程网络矩阵。由 16 块 DS4002MD 组成网络矩阵，同时支持 64 路网络解码和 32 路模拟输出，如图 4-17 所示。

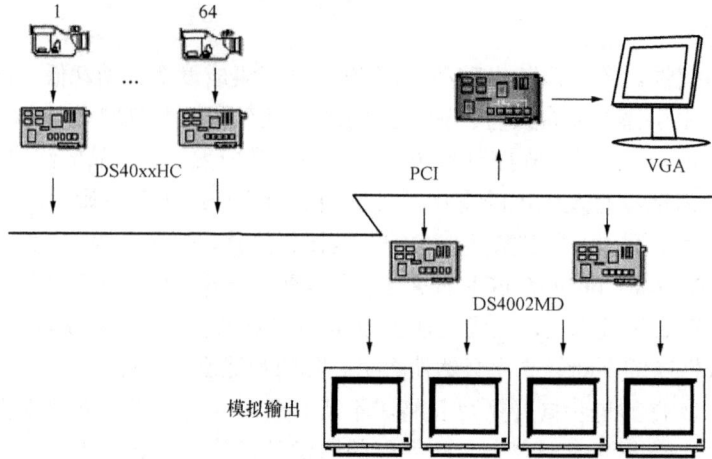

图 4-16　64×4 的数字视频矩阵＋实时录像系统

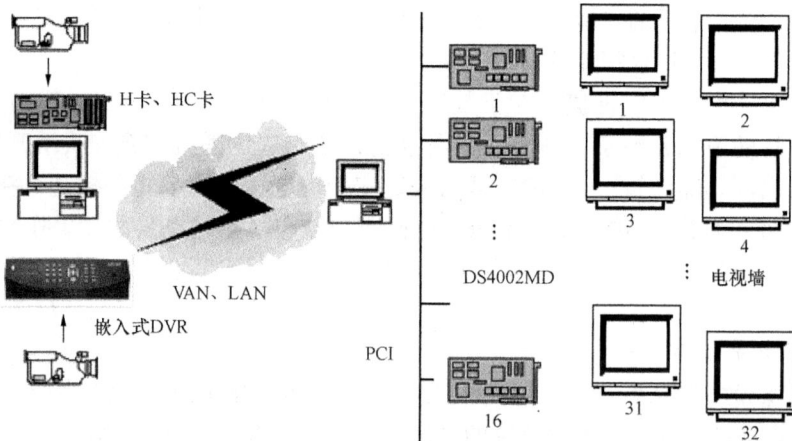

图 4-17　32 路视频输出的网络监控中心

二、远程监控传输技术

在视频监控系统中，所要传输的内容有影像、声音及控制讯号。在传输方式上，可以利用光纤或铜缆，传输速度的快慢跟传输介质及通道大小有绝对关系。无论是声音还是影像，都可以转变成数据，所以数字化为未来发展趋势。

1. 网络远程传输技术

（1）区域内的远监控传输。所谓区域内，指的是一个能够掌控的范围，如办公室、工厂等。若涵盖距离很远，即成为远端监控。远端监控又可分为：

1）有线监控：在远端监控领域里，常会用到光纤传输。

2）网络监控：是一个整合的体系，由不同的领域、不同地区的网路整合在一起。目前有 Ethernet、Fast Ethernet、Giga Ethernet Infrastructure3 种形式，这三者均采用 IP 模式，最大的不同是在于三者的传输速率，分别为 10Mbit/s、100Mbit/s、1000Mbit/s。

（2）图像格式的影响。图像格式会影响传送品质及速度。常见的影像格式有：

1）MPEG 系列：有 MPEG-1、MPEG-2、MPEG-3 等。MPEG 所呈现的影像漂亮且可将

影像压缩得较小，所以应用较多，但在英、法两国已无法成为法律证据，因为在一连串影像中，它只会取第一张作为 key frame，使得影像易遭修改，有失真之嫌。

2）M-JPEG：即 Motion-JPEG。因为它是会动的 JPEG 影像，所以效率很低，但最具有证据效果。

3）Wavelet：该压缩技术由美国 FBI 制造，因格子划分较小，所以影像表达较细腻，以目前的技术而言，一张画面大约 130 格，也可以作为证据用。

（3）网络连接方式。局端泛指中国电信、中国联通等网路，它可应用在 Peer-Peer 或 Internet 上。不同的频宽就有不同的传输速率及影像品质。

1）电话线（Telephone）：即使用调制解调器的电话拨号方式，一般只能应用于点对点（Peer-Peer），目前最大的频宽为 54kbit/s。

2）非对称宽带（ADSL）：也属于电话线的产品，是目前较热门的技术之一，上传速度为 640kbit/s，下载速度为 6～8kbit/s，因为其频宽较大，所以很多人都很想利用它来拨接上网，但其瓶颈是在于布建的速度太慢。

3）电缆调制调解器（Cable Modem）：它使用目前普遍使用的有线电视网络，上传速度为 512kbit/s，下载速度为 10Mbit/s。

4）ISDN：对于 ISDN 而言，没有所谓的 Up Load 或 Down Load，一律均为 128kbit/s，称为 2B1D，可以用来打电话或上网，价格低廉，目前多用于视讯会议等。

5）专线方式：即指 T1/E1、T3/E3 模式（T 代表"美规"、E 代表"欧规"）。T1 的频宽为 1.5Mbit/s，一般视其为专线，但严格说来，它并不算是专线。E1、T3、E3 的频宽分别是 2Mbit/s、45Mbit/s 及 34Mbit/s。频宽越大、传输速度越快，所能见到的画面品质就越佳。

6）OC-3/STM-1：这两种方式在光纤的世界里占有重要的地位。OC-3 代表"美规"，STM-1 代表"欧规"。它们的频宽是相对应的，而且是成倍数发展。例如，OC-3＝STM-1＝155Mbit/s，OC-12＝STM-4＝622 Mbit/s，以此类推。现在美国已经发展到 OC-192，未来的趋势不言而喻。所以，频宽越大的时候，监控市场就会朝着网路市场发展，而光纤所扮演的角色也就日益重要。

（4）Internet 视频监控系统。局端连线最简单的应用模式即是点对点模式。若把整个层面扩大，那么在远端监控里面最重要的就是 Internet。在 Internet 里，IP 地址、Web 摄像机、视频服务器、硬盘录像机 DVR 是不可或缺的，如果没有了这些东西，网络监控便毫无意义。

有了 IP 地址，便可以通过它去找到在远端所想要获得的信息。有了 Web 摄像机，便可透过视频服务器传递影像，甚至将影像储存在硬盘录像机 DVR，以便佐证之用。

目前，网络应用中所有问题的最大症结在于传输速度的快慢，这就是当宽频来临时，远端监控会变得可行，而传统监控会消失的原因。

（5）IP 与 ATM。ATM（Asynchronous Transfer Mode，非同步传输模式）是一种通过光纤网络来传递声音、影像的一种模式。声音的传递速度比影像快，所以通常会不同步到达。但非同步传输可让它们同时到，所以当它们在光纤内传递时，先将其结构转换，然后再同步化，即称为 SDH（Signalized Digital Hierarchy）。早期，ATM 的发展是为了电信事业，如今却被广泛地应用在视讯会议上。

IP 与 ATM 有许多不同点，主要体现在以下方面：

1）费用方面：架设一个 Giga Ethernet 只需几万，但若要架设 ATM，需花费上百万。

2）工作模式方面：IP 只能在 LAN 中作业，ATM 是两者皆可，但通常不用于 LAN 中。

3）传输方式：ATM 是将视频、声音、控制信号变成一样大小的单元，所以整个流量都很好控制，但 IP 无法将视频、声音、控制讯号变成一样大小的单元，所以常会有人未到、声先到的情况发生。

4）对远端监控而言，频宽越大越有利。把监控信息放在 IP 网络上是为了省钱，若放在 ATM 上监控，却会很有效率，而且是实时的。因为 ATM 完全符合 QoS（Quality of Service）的条件，如坚持影像张数、颜色稳定度、坚持影像品质、不互相干扰、可预期延持的时间。换言之，ATM 是为了 QoS 而产生的，而 IP 网路中最快的 Giga Ethernet 是为了接近 QoS 而产生的。

总之，传输的方式有多种，无论其前端、后端是什么，最重要的还在于频宽。现在若要解决该问题，唯一的方法便是使用光纤，配合 Giga Ethernet 或是 ATM。而发展光纤网络一定要数字化，因为数字不会因距离的变化有所衰减，频宽终因光纤设备的提升、普及越来越容易取得，也变得便宜。铜缆网路终因未来实行 FTTH（Fibre To The Home）而完全消失，传统监控最后一定会被 IP 网站监控所取代。

2. 微波远程传输技术

在视频监控工程中，经常遇到监控点和监控中心不在同一地区的情况，如金融系统的管理支行要监控各个储蓄所网点、公安系统的道路监控等。由于监控点和监控中心不在同一地点，因此常用的模拟式视频监控已不适用。目前，解决此类问题的方法有电话线传输、无线传输和光线传输等。

电话线传输由于受带宽的限制，图像不能时时；由于光纤造价高、施工难度大，因此不适于一般工程；无线传输其图像时时、费用低、维护方便，被广泛地应用在这一领域。

（1）微波图像传输系统。微波图像传输系统利用 L 波段将图像、声音和报警从监控点传到监控中心，它能传输 50km，图像时时清晰、声音清楚、报警准确；系统功率小（最大 1W）、传输方向性强；系统体积小、安装简单、维护方便。

系统主要技术指标有：

1）图像发射机。

传输频率：L 波段 1.0～8GHz、S 波段 2.2～8GHz；Ku 波段 10.75～2.75GHz。

频带宽：$B=20MHz$；调频频偏$\Delta f_{p-p}=16$ 调制方式；传输视距≤50km。

调制方式：图像—FM，伴音—FM；微分增益 3dB；微分相位 3°。

视频输入：$1V_{p-p}/75\Omega$；音频输入 $0.5V_{p-p}/1600\Omega$；输出阻抗 50Ω；功率：30～33dB。

2）天线。

天线增益：1 波段 21dB、S 波段 24dB、Ku 波段 34dB。

驻波比：≤1.5；极化方式为圆极化、线极化。

带宽：20MHz。

3）滤波放大器。

高频增益：≥35db 和 60dB。

高频噪声系数比≤1.5dB。

4）接收机。

接收系统：$U_s=10\mu V$（50Ω）；接收调频门限 $C/N≤6dB$；视频信噪比 $S/N>40dB$。

微分增益：3dB；微分相位≤2°

色度/亮度时延差：≤10μs；音频响应25Hz～15kHz。

接收机输入端：18V DC；接收机电压为160～240V AC。

（2）无线指令遥控系统。无线指令遥控系统是对摄像机、云台、镜头等的远程遥控。它可和多种矩阵主机相接，该系统控制灵活、操作简单，配合微波图像系统可组成无线电视监控网。

（3）微波远程传输系统的应用实例。

1）某银行远程监控系统。

用户要求：将各储蓄所的图像、声音、报警信号传到支行监控室进行集中监控；监控室能时时任意收看各储蓄所的图像、声音。储蓄所发生突发事件时，营业员按下紧急按钮自动切换图像、声音，自动录像并进行声光报警；监控室能和各储蓄所对话；行长在行长室通过副控能随时对各储蓄所进行服务态度、劳动纪律、储蓄人员多少等的检查，并可和某营业员对话。

实地考察：用户各储蓄点距行中心最近3km，最远30km。

设计方案：根据用户要求和实地考察结果实施的具体方案如下：各储蓄点装微波图像发射系统一套，接收端放在行中心监控室，行长室装副控系统一套，储蓄点通过微波图像发射系统将图像、声音、报警传到行中心监控室，监控室通过矩阵系统收看图像、收听声音及处理报警。将发射机和发射天线装在储蓄点最高点，把视频、音频和报警与发射机相接；将接收天线架到支行最高点，接收信号接入矩阵实现用户要求。

2）某公安局远程监控系统。

用户要求：能监控管区内重要路口的图像，并对路口可疑点进行特写录像；能监控管区内重要部位（看守所、政府大院等）的图像，并能对突发事件特写录像；局长室能随时查看各监控点的图像，并能控制监控点的云台、镜头等设备；夜晚在微弱的灯光下也能实现以上功能。

实地考察：用户监控中心距监控点最近3km，最远28km左右，站在最远点的最高处向公安局看，视野比较开阔。

设计方案：根据用户要求和实地考察结果，系统设计如下：在每监控点安装云台、具有夜视功能的摄像机、10倍可变镜头、防护罩等，同时装无线指令接收系统、微波图像发射系统，将云台等接入无线指令系统，视频信号则接入微波发射系统；在监控室装无线指令发射系统，对应每个监控点装微波图像接收系统，并将该系统接入矩阵系统；在局长室安装副控系统一套。安装过程中将天线尽可能地装到最高点，室外要做好防水处理。

第四节　视频监控系统的发展趋势

一、视频监控产品的近期发展趋势

不管是模拟监控还是数字监控，镜头都是必不可少的部件，其重要性不言而喻，其发展态势也备受关注。因此，在摄像机方面，高速球形摄像机功能更趋完善，也增添了不少人性化的设计；红外摄像机也会异常火爆，其技术得到了不断地提升。作为显示终端的监视器，虽然LCD在技术上不断完善，但CRT仍然占据着主导地位。

1. 镜头的发展趋势

随着我国平安城市建设的推进，摄像机市场一片繁华，同时也带动了镜头的发展。为了能在后端得到优质的监控画面，选择合适的镜头是至关重要的。随着整个监控行业的技术进步，镜头行业也出现了不少新的亮点。

　　为了搭配高分辨率的摄像机而开发了高清晰度、高品质镜头；为了适应晚间红外摄像机的使用而研发了红外镜头；为了呈现更好的监控效果而出现了非球面镜头等。在应用领域方面，室外用长焦镜头持续看涨。以往销量最多的会是室内用的小型变焦镜头，未来道路监控和高速公路用的大型长焦距及长焦距的变焦镜头的销量也急剧增加。

　　当前，镜头的整体情况是以红外、非球面、大变倍长焦镜头为主，而其发展趋势是：镜头与摄像机结合一体化，镜头与软件结合，实现解决镜头在室外抖动的情况。

　　2. 摄像机的发展趋势

　　作为整个视频监控系统的前端产品，摄像机是一个很成熟的行业。特别是在模拟摄像机领域，不管是一体化摄像机还是高速球形摄像机，其发展趋势一是继续追求高清晰；二是丰富功能，如低照度、宽动态，以适应更多使用场所；三是细分市场，开发出一些适宜特殊应用场合使用的个性化、人性化产品。

　　（1）快球摄像机发展迅速。在摄像机家族中，具备自动扫描、大视角监控的高速球形摄像机将成为最大的产品类型。在高速球形摄像机中，机芯和云台是最主要的两个部件，生产厂家一般选择的均是索尼、日立的机芯，而云台则是选择国产产品为主。在选择同样元器件的基础上如何开发出更优秀的产品，这就是厂家的后期开发能力的问题了。日系的机芯图像效果比韩系的高，高端设备商对元器件的选择要求严格，电路设计优良，可以体现在快球控制的平稳性及工作稳定性上。采用同样机芯的、实力较强的厂商对软件二次开发也更为完善，在图像自动控制方面显得更优秀。

　　目前，市场对快球的表现期望值越来越高，主要体现在图像质量，如清晰度、照度、宽动态、抗抖动等；视角范围，如更高光学变焦倍数、更远长焦距离等；稳定品质，故障率更低、安装更便捷、运行更可靠。

　　快球技术发展应该体现在两方面，一是摄像机机芯技术的改进；二是传输技术的改进，网络快球会越来越受重视。随着数字高清图像技术、图像分析技术及多码流技术的发展，具有多功能的智能型高速球形摄像机可能会变成主流。在具备了基本的快球功能的基础上，进行快球的人性化设计研究。

　　（2）红外摄像机发展成熟。为了适应夜间或一些光线很不充分的特殊场所，市场上出现了红外夜视摄像机。红外夜视摄像机综合了摄像、红外等多种技术，其配置的设备有摄像机、镜头、红外灯，这三者在整个红外夜视摄像机中肩负着不同的职责，缺一不可。红外灯担任着发光、反射光的角色，红外光发射距离取决于红外灯的功率，一般而言，功率越大，红外灯照明距离越远，但角度越小。从发光光源部分来讲，主要有卤素灯和 LED 红外灯，相对于卤素红外灯，LED 红外灯成本低，使用寿命长，是目前红外摄像机的主要发光源。但 LED 发光体的散热也是一个炙手的问题，尤其是大功率的 LED，如果散热处理得不好，设备的寿命将受到直接影响。

　　为兼顾白天和晚上能取得同样优秀的监控效果，市场上出现了双 CCD 的红外夜视系统，即一个彩色 CCD 在白天工作，一个黑白 CCD 在晚上工作。不过，由于价格较高，双 CCD 的夜视系统目前仅在高端市场应用。

　　如果要想获得较好的夜视效果，大孔径的镜头应是不二的选择。此外，由于可见光与非可见的波长不同，从而导致成像聚焦的位置不同，而红外镜头的出现可以解决白天与夜间焦点不同的困扰。红外夜视技术不是单项技术，它涵盖到方方面面的关键点，如果有哪一方面搞不清楚，就容易出问题，而在选用时，关键的是匹配问题，而不是技术问题。

由于红外夜视摄像机综合了多种技术，每一种技术的改进都可促进红外夜视摄像机的发展，如摄像机降噪技术的改进，镜头的高清晰度化，远距离、长寿命红外光源的出现，或者将其他夜视技术，如激光技术应用到监控领域等。不过，可以预计的是，红外热潮将延伸至每一种类型的摄像机，成为任何一种摄像机都可附加的功能，如网络摄像机、宽动态摄像机、快球等，将来，每一种摄像机都可冠上"红外"之名。

3. 监视器的发展趋势

监视器的功能其实很简单，就是把前端传回来的图像如实地呈现在人们的面前。但是，正是由于这种经常与人眼接触最多的缘故，人们也就要求监视器必须健康、环保，不伤害人眼，于是，LCD监视器越来越受到人们的青睐。

由于CRT监视器成熟、稳定，因此当前的监视器市场还是由其主导。特别是在逐行扫描技术的推广、降低功耗、更好地解决散热等方面的技术的逐渐运用，CRT监视器还会有很大的市场前景和占有量。

在技术上应用逐行扫描技术，相比传统隔行扫描技术的监视器，它消除了屏闪现象，不会造成用户的视觉疲劳。采用高性能的数字处理技术，具有自动设定降噪强度功能，可以在PAL和NTSC的动画、静止画面中去掉干扰信号。无论外部信号的好坏，都可以享受清晰不闪烁的画质。这种低噪声无闪烁专业监视器会大大改善夜间监控的画面质量，降低和消除光线变暗后的图像噪点，专门用于我国平安城市夜间发案率高和夜间道路监控的环境中，为城市监控增添了明亮的眼睛。

监视器虽然是一个很成熟的产品，不过其发展还是有可圈可点之处，LCD监视器由于其本身的弱点，如亮度低、延时、成本太高等，近期还不会对CRT监视器销量造成大的影响。LCD监视器的应用领域会越来越广，如车载方面的应用会成为亮点，技术方面应在亮度、延时等方面进行提高。

4. 视频监视系统的发展趋势

从目前监控市场的发展来看，数字化监控是大势所趋，但其发展并不是一蹴而就的，也就是说，模拟监控还有其发展的空间，但在将来，模拟监控会更好地与数字化产品接轨，甚至平稳地过度到数字监控领域。

二、视频监控设备的未来技术

自CCD问世以来，经过几十年的发展，其尺寸已由大于1 in变为1/4 in，单片CCD彩色摄像机的水平解像度已达480线，黑白机的灵敏度已达0.002lx，背光补偿由纯电子电路补偿发展到现在的双倍速CCD补偿，信噪比高达50dB；功能由单一摄像发展为可旋转、倾斜以及带多个预定位置的一体化摄像机等，功能越来越完善，技术已相当成熟。摄像机是闭路监控设备的龙头，由摄像机的技术进步带动监视器、录像机和控制设备的发展是深刻的，也是有目共睹的。所有这些进步均与现代科学技术发展同步。

由于人类的思维多样性和行动的千差万别，极小部分人危害社会公共安全的行为将继续存在，视频监控系统在社会共公安全领域仍将发挥着不可替代的作用，其应用范围将越来越大，其发展将和未来的科学技术水相同步，与现在的设备相比应该有质的飞跃。

1. 前端设备的未来

CCD将不会成为摄像机的关键器件，CCD摄像机将会沦为儿童的玩具，也可能在一些要求不高的场合见到它的身影。使用全息技术、雷达技术和图像处理技术的摄像机将被广泛使用，所摄取的图像也将更加完美，清晰度会有质的飞跃，具体说来应该具有如下特点：

（1）用不可见光作光源。未来的摄像机将使用雷达技术滤掉可见光，自身发出一种特殊波段的不可见光波则作为光源，这些光波到达普通目标时，将有95%以上的能量被反射，一部分反射波被摄像机的天线所接收，摄像机再把这些反射波转换为图像信号，从而完成摄像过程。因为它们不需要可见光源，可以同时使用在有光和无光的场合，所以将大大扩展其应用范围，克服现在的摄像机受光照条件限制而产生的所有缺点，如照度、背光补偿等。

（2）镜头与云台消失。由于摄像机不依靠可见光作为光源，因此不需要光学镜头收集光线，各种灵巧的接收天线将被安装于被监控场所各处，完成类似于现在的镜头功能。既然未来的摄像机将用天线取代现代的光学镜头，那么云台作为现代监控工程中用作扩展摄像机监视范围的重要辅助器件，在未来的监控系统中将毫无作用，因为那时的摄像机通过接收天线的安装位置和改变摄像机的功率即可解决全景覆盖问题，因此不需要转动摄像机的位置来摄取某处的特定图像；此外，因为所摄取的图像为三维立体图像，放像设备又具有高信噪比的局部高倍电子放大功能，因此云台和光学变焦功能都将没有存在的必要。

（3）三维立体图像。由于摄像机依靠天线接收目标的反射波而成像，因此只要把这些光的波长控制在一定范围，使其对常见尺寸的目标产生衍射，这些衍射波的反射波到达摄像机的接收天线后，使摄像机能够收集目标被遮挡部分的信息，从而达到摄取目标全方位图像信息的目的，再通过全息技术处理，最后即可得到目标的三维图像。

这种技术的实现可能先以在目标的各种不同方位安装接收天线作为过渡。现在视频监控工程中的遮挡问题将成为历史，在未来的闭路监控工程中将不存在遮挡，摄像机的发射功率也将成为衡量摄像机档次的主要技术指标。

在一个宽广、多柱的室内停车场只要安装一台功率足够的摄像机，将可看到任意角落的图像，不留任何死角，真正做到明察秋毫。在未来的监控工程中所要做的必要工作将是解决在摄像机有效射程中的不让监看部分的屏蔽问题，即在这些部分涂上透明的吸波材料，使它们对摄像机天线的反射能量在摄像机接收灵敏度之下。

摄像机所摄取的三维图像具有极强的现场感，通过带图像处理技术的放像机回放时能使观察者身临其境。摄像机所摄取的图像的回放和处理任务将落到放像机上。

（4）自动存储图像信息。这种摄像机具有较大容量的内存，可以自动存储最近一年的图像信息；同时，这些存储器也可以随时更换，以便在调看其存储图像信息时不影响其正常储存。

（5）智能化功能更强。这种摄像机将继承现有摄像机的动态检测功能，根据需要，可以设定为只有目标进入监视区才存储图像信息或设定为只记录动态图像，省去静态图像，以充分利用存储空间。由于它已经具备移动检测功能，所以它可以取代现在的移动报警器，实现报警功能。在装有监控设备的场合不需要再装报警系统。

（6）可接多个监听头。它可以接多达几十个监听头，将音频信号和视频信号同时存储，回放时自动指示音频信号来自哪个监听头，还可以根据需要选取某一监听器的声音。可见，未来的摄像机与现代摄像机有很大的不同，它由发射天线和接收天线及信号处理存储部分组成，发射天线只有一只，接收天线可以有多只，天线和处理部分可以分离。安装摄像机就是安装天线，处理存储部分可以安装在控制室。

2．后端设备的未来

（1）监视器。摄像机的变化将导致监视器的相应变化，监视器将向超薄型和高清晰度方向发展，可以同时输入数字信号和模拟信号。

（2）放像机。由于摄像机已具备图像信息存储功能，现在的录像机将不被使用。提取图像的任务主要由放像机完成。放像机具有强大的图像处理功能，只要将摄像机的存储器连接到放像机上，操作放像机就可以任意截取特定时段的图像。它还可以选取任意局部图像（包括位置和大小）进入高倍电子放大，放大的同时噪声被很好地抑制。

观看三维图像时，只要选取要看的区域，通过调节操纵杆，就可观看任意角度的图像，结合高倍电子放大功能，人体从面部的毛孔到鞋跟的皮纹都能看得清清楚楚，更不用说钞票的面值。当然，提取相应的音频信号更是最基本的功能。

（3）监控工程的未来。未来监控工程的安装将变得轻松自如，摄像机的数量将大大减少，一个大型广场也许只要一台大中型功率的摄像机就足以看清每个角落。

在室内安装时，关键的工作是选择好发射和接收天线的位置，在不让被监看的目标上涂上透明的吸波材料，省去了调焦对方位的烦琐工序。

控制室的设备也将更加简洁，值班人员的劳动强度也将大大减小，不需频繁的云台镜头操作等。在室外安装省却了麻烦的防护系统，只要装好避雷装置即可。

作 业 与 思 考 题

（1）数字化视频监控的优点有哪些？

（2）数字监控系统与模拟监控系统有什么区别？

（3）数字化视频监控技术的难点有哪些？

（4）什么是 DSP 技术，用于摄像机时能改变哪些性能？

（5）什么是网络摄像机，其主要特点有哪些？

（6）网络摄像机组成的监控系统的优点有哪些？

（7）举一个网络视频监控系统的应用实例，并列举其优点。

（8）什么是网络视频服务器，其主要特点有哪些？

（9）视频服务器与硬盘录像机的区别在哪里？

（10）通用视频监控系统软件有哪些人机界面，功能是什么？

（11）什么是运动检测技术，其主要用途是什么？

（12）什么是低照度技术？低照度摄像机有哪些类型？

（13）什么是红外技术？如何使用红外摄像机？

（14）什么是宽动态技术，它有什么优点？主要用在什么场合？

（15）什么是高清晰度技术？高清晰度摄像机有什么特点？主要用在什么场合？

（16）什么是全方位快球摄像机，其主要结构与性能有哪些？主要用在什么场合？

（17）什么是一体化摄像机和一体化带云台摄像机？主要用在什么场合？

（18）什么是数字视频矩阵？有什么特点？主要用在什么场合？

（19）远程监控传输技术有哪些？主要用在什么场合？

（20）视频监控产品的近期发展有哪些趋势？想象一下视频监控产品未来的主要技术。

第 五 章

视频监控系统的工程设计

第一节　视频监控系统工程设计的内容

视频监控系统设计的设计阶段与其他的工程设计一样，通常分为方案设计、初步设计和施工设计三个阶段。

一、方案设计阶段

在方案设计阶段，主要是规划视频监控系统设计的大致功能和主要目标，并提出详细的可行性报告。这项工作一般是业主和设计院共同完成的。

规划楼宇设备监控系统功能和目标的主要依据，是用户的需求与当前视频监控系统技术和设备实现其需求的可能性。

可行性报告的内容一般包括：

（1）用户的需求分析。

（2）技术上与经济上的可行性分析。

（3）系统硬件基本配置。

（4）系统软件基本功能要求。

（5）系统基本估价与预算。

这些文件的使用者为视频监控系统建设单位（用户或业主）的主管人员、上级审查人员，因此，必须用较为专业的术语阐述用户需求、技术和经济的合理性，以便于项目被审批。

此外，这些文件可以形成设计任务书，用于初步设计的招标文件的编写和设计条件图的设计。

二、初步设计阶段

初步设计阶段可分成两个部分：一部分是设计院根据业主和有关方面对方案设计的要求所作的能够为业主招标使用的招标图纸和技术规格书，通常称为招标设计；另一部分是作为视频监控系统的承包商向业主及其委托人作的投标图纸和技术方案，通常称为投标设计。

1. 初步设计的招标设计阶段

初步设计的招标设计阶段应向业主或用户提供以下设计成果：

（1）技术规格书。该工程项目的技术规格书又称为技术方案说明书，其内容包括：

1）系统的功能、组成、监控点数及其分布要求。

2）系统网络结构要求。

3）系统硬件选型要求。

4）系统软件的功能要求。

5）系统供电等要求。

6）线路敷设方式及其他要求。

（2）基本图纸。所提供的基本图纸内容应包括：

1）视频监控系统的系统图。

2）视频监控系统的平面分布图。

3）视频监控系统基本点数分布表。

这些文件的使用者为视频监控系统投标单位（工程公司或系统集成商）的技术设计人员，因此，必须用专业的术语阐述用户的需求、系统的组成和要求实现的功能、系统软硬件的选型要求，以及供电和线路敷设等技术需求，以便于投标单位能够在同一技术水平要求下进行投标设计。

2．初步设计的投标设计阶段

在初步设计的投标设计阶段，应向用户或业主提供以下技术资料：

（1）技术投标书。投标人提供的该工程项目的技术投标书又叫技术方案，其内容至少包括：

1）所配系统的功能、组成、监控点数及其分布。

2）所配系统的网络结构。

3）所配系统的硬件选型及其配置。

4）所配系统的软件功能及其组态和调试。

5）系统的供电解决方案（包括正常和备用电源）。

6）线路的敷设方式及其合理化建议。

7）附件中要附上所选系统主要设备的技术说明书。

（2）设计图纸。投标人提供的基本设计图纸内容应包括：

1）带位号的视频监控系统的系统图。

2）带位号的视频监控系统的设备布置与平面布线图。

3）带设备型号的系统点位表。

4）设备表和材料表。

这些文件的使用者为视频监控系统建设单位（用户或业主）的技术人员、工程评标专家，因此，必须用专业的术语阐述投标者所提供的系统和设备能够在多大程度上满足用户的需求，所提供的系统是如何组成的、能够实现的硬件和软件功能、所提供系统的软硬件的具体技术指标、在工程上如何解决供电和线路敷设，并针对招标书中的不足之处给出的合理化建议。

这些文件的目的是使视频监控系统建设单位的技术人员和工程评标专家能够在技术层面认同投标单位的设计，并将此工程交由投标方实施。

三、施工图设计阶段

通常，施工设计是在选定系统具体设备后进行的，目前极少部分由设计院作最后的施工图设计，大多数是由有资质的系统工程商或产品供应商作施工图设计。因此，有时称为详细设计。

1．文件内容

设计者提供的设计文件主要用于实际施工，因此，内容要比初步设计时的投标设计丰富得多，文件的种类也要多得多。目前，施工图主要包括：

（1）图纸封面与图纸目录。

（2）设计说明书。

（3）设备一览表与设备表、材料表。

（4）监控系统图。

（5）控制流程图。

（6）电视墙柜正面/柜内布置图。

（7）单元接线图与端子接线图。

（8）电缆表。

（9）平面布线图。

（10）设备安装图。

2. 文件用途

这些文件的使用者为：①视频监控系统建设单位（用户或业主）的技术人员，用于审查工程实施的可能性；②工程监理，用于在整个工程实施过程中监督材料的进场、施工是否规范；③相关的其他专业的施工技术人员，用于了解与这些专业的交叉和配合情况；④本承包商的施工工人和技术人员，用于指导工人的槽管、线缆施工、设备安装，指导技术人员的设备调试和系统联调。

因此，工程施工图必须用较为专业的术语、标准的工程语言及图例符号描写整个工程的施工过程。告知使用者所提供系统的组成，各个控制功能之间是如何转换的，各个设备安装在什么位置、如何安装，系统的线槽和线缆是如何敷设的，哪些设备与哪些设备通过何种线缆连接的等。

由于在施工中的大多数使用者是承包商的施工工人，因此，这些施工图必须叙述详尽，能够让使用者按图施工。

第二节　视频监控系统工程设计的要点

智能建筑中，视频监控系统的设计要点是：根据建设者对系统功能的要求和投资，确定系统的技术和系统组成，包括系统是传统的视频监控系统还是多媒体视频监控系统，是黑白还是彩色系统及图像分辨率等；根据系统组成，确定设备配置；根据建筑平面特点，确定摄像机和其他设备的安装位置；按照监视目标和周围环境条件，选择摄像机的品种和防护措施；按照摄像机的分布和环境特征，确定传输线的敷设方式；最后还要考虑视频监控系统与建筑智能化系统的其他自系统（建筑设备自动化系统、通信自动化系统、办公自动化系统）的适应性。

一、摄像机及附属设备的选择

1. 摄像机的选择

摄像机是视频监控系统最前端的设备，它的性能直接影响到整个系统的运行。视频监控系统按摄像器件划分为电真空摄像器件（即摄像管）摄像机和固体摄像器件（CCD 器件、MOS 器件）摄像机两大类。

目前，因固体摄像器件摄像机具有惰性小、灵敏度高、抗强光照射、几何失真小、均匀性好、抗冲振、没有微音效应、小而轻、寿命长、图像质量好的特点，故其正朝着小型化、轻量化、廉价化方向发展，并在智能建筑的视频监控系统中得到了大量应用。黑白摄像机的水平分辨率不得低于 400 线，彩色摄像机的水平分辨率不得低于 300 线，同时应考虑摄像机的供电电压、照度、信噪比等技术指标。

2. 摄像机镜头的选择

镜头是安装在摄像机前端的成像装置，它分为定焦距和变焦距两种。一般来说，当监视固定目标时，可选用定焦距镜头；当需要改变监视目标的观察视角或视角范围较大时，宜选用变焦距镜头和遥控云台；当视距小而视角大时，可选用广角镜头，如电梯轿箱内的摄像机镜头就应选用水平视场角大于 70°的广角镜头。

监视目标逆光摄像时，宜选用具有逆光补偿的摄像机；监视目标亮度高低相差较大或昼夜使用的摄像机，应选用自动光圈或电动光圈镜头；当需要遥控时，可选用具有光对焦、光圈开度、变焦距的遥控镜头；需要隐蔽安装的摄像机，宜采用针孔镜头或棱镜镜头。总之，摄像机镜头的选择除考虑应用场合、环境、价格和机械安装等因素外，更重要的是需考虑镜头成像的规格与摄像机靶面规格应一致。

3. 摄像机云台的选择

云台是承载摄像机进行水平和垂直方向转动的装置，一般根据被监视目标的观察范围，确定云台水平和垂直方向的转动角度。在智能建筑中，一般云台采用室内型，不加防雨和防冻装置。云台的使用电压有交流电压和直流电压，并结合控制器的类型和系统中其他设备统一考虑。

交流型云台适用于定速操作；直流型适用于变速操作，其速度快，特别适用于带预置的系统；云台的控制方式大多采用有线遥控方式，分为"$N+1$"线和总线两种控制形式。在智能建筑中，一般采用"$N+1$"线控制形式。

4. 黑白、彩色摄像机的选择

彩色摄像机比黑白摄像机价格高、维修费用高，因此，如果被观察目标本身没有明显的色彩标志和差异时，最好用黑白摄像机。

5. 摄像机的安装

摄像机一般安装在监视目标附近且不易损坏的地方，目的是不影响现场设备运行和正常的活动，智能建筑中，摄像机一般安装在主要出入口或重要场所，安装高度以 2.5～5m 为宜；电梯轿箱内安装在其顶部，与电梯操作器成对角，且摄像机的光轴与电梯的两壁及天花板构成 45°角；摄像机的镜头要避免逆光和强光直射。

二、信号传输的设计

在视频监控系统中，主要分为图像信号和控制信号。图像信号是由摄像机流向监控中心；控制信号则由控制中心流向摄像机，对摄像机的镜头和光圈、云台等进行控制。

1. 图像信号的传输

图像信号分为视频基带信号和射频信号，其传输线有同轴电缆（不平衡电缆）、平衡对称电缆（电话电缆）和光缆。平衡对称电缆和光缆一般用于长距离传输；对于智能建筑，一般采用同轴电缆传输视频基带信号的传输方式。

当采用 75-5 同轴电缆，且一般传输距离为 300m 时，应考虑使用电缆补偿器；如采用 75-9 同轴电缆时，摄像机和监视器间的距离在 500m 以内则可不加电缆补偿器。对于图像信号远传时，通常采用光缆或其他传输线并利用射频形式传输。

2. 控制方式的设计

视频监控系统应具有对电动云台、电动变焦镜头、防护罩和电源的控制功能。控制中心与受控中心间的距离及受控设备的多少决定视频监控系统的控制方式。

（1）当摄像机数量少，控制距离不超过 500m 时，宜采用直接控制方式，并用多芯电缆传输控制信号。这种方式控制线的数量多、施工量大。

（2）当摄像机数量少，控制项目较少，控制距离在 1000m 以内时，可采用间接控制方式。这种方式控制线数量也较多。

（3）由于 PC 机技术的极大进步，现已将数字技术广泛应用于传统的模拟视频监控领域，这就是数据编码微机控制方式。这种方式采用串行码传输控制信号，只需 2 根系统控制线，不仅适用于大中型系统的控制及长距离传输，还可以用软件将监控与报警系统兼容起来。

（4）当控制距离在 300～500m 时，来自摄像机的视频信号及来自控制器端的控制信号可共用 1 条同轴电缆，这就是同轴视控方式。这种方式虽能节省控制线，但目前此类设备较昂贵，设计时要综合考虑。

3. 传输线路的设计

智能建筑中视频监控系统图像信号的传输一般是基带视频采用同轴电缆传输，控制信号也为基带形式，因此，传输线路的设计应满足路由短捷、安全可靠、施工维护方便的条件。

尽量避开恶劣或磁场强的环境或易使管线损伤的地段，与其他管线不要交叉。在线路敷设方式上，对于扩建、改建工程，可采用明敷设，并采用钢管、PVC 管或线槽保护电缆；对于要求管线隐蔽或新建工程则可用暗管敷设，暗敷设一般采用钢管或 PVC 管保护；一般情况下，管的利用率为 25％～30％，线槽利用率最大为 40％，同时钢管或金属线槽还要可靠接地。

三、线缆的选择与选型

1. 电源线

电视监控系统中的电源线一般都是单独布设，在监控室安置总开关，以对整个监控系统直接控制。一般情况下，电源线是按交流 220V 布线，在摄像机端再经适配器转换成直流 12V，这样做的好处是可以采用总线式布线且不需很粗的线。当然，在防火安全方面要符合规范（穿钢管或阻燃 PVC 管），并与信号线相隔一定距离。

有的小系统也可采用 12V 直接供电的方式，即在监控室内用 1 个大功率的直流稳压电源对整个系统供电。在这种情况下，电源线就需要选用线径较粗的线，且距离不能太长，否则就不能使系统正常工作。

电源线一般选用 RVV2×0.5、RVV2×0.75、RVV2×1.0 等。

2. 视频电缆

视频电缆选用 75Ω 的同轴电缆，通常使用的电缆型号为 SYV-75-3 和 SYV-75-5。它们对视频信号的无中继传输距离一般为 300～500m，当传输距离更长时，可相应选用 SYV-75-7、SYV-75-9 或 SYV-75-12 的粗同轴电缆（在实际工程中，粗缆的无中继传输距离可达 1km 以上）；当然，也可考虑使用视频放大器。一般来说，传输距离越长，信号的衰减越大；频率越高，信号的衰减也越大，但线径越粗，则信号衰减越小。

长距离无中继传输时，视频信号的高频成分被过多地衰减而使图像变模糊（表现为图像中物体边缘不清晰，分辨率下降），而当视频信号的同步头被衰减得不足以被监视器等视频设备捕捉到时，图像便不能稳定地显示了。

视频同轴电缆的外导体用铜丝编织而成。不同质量的视频电缆，其编织层的密度（所用的细铜丝的根数）也不相同，如 80、96、120、128 编等。

3. RS485 通信转换

RS485 通信的标准通信长度约为 1.2km，如增加双绞线的线径，则通信长度还可延长。实际应用中，用 RVVP2×1.0 的两芯护套线作通信线，其通信长度可达 2km。

4. 音频电缆

音频电缆通常选用 2 芯屏蔽线，虽然普通 2 芯线也可以传输音频，但长距离传输时易引入干扰噪声。在一般应用场合下，屏蔽层仅用于防止干扰，并于中心控制室内的系统主机处单端接地，但在某些应用场合，也可用于信号传输，如用于立体声传输时的公共地线（2 芯线分别对应于立体声的 2 个声道）。

常用的音频电缆有 RVVP2×0.3 或 RVVP2×0.5。

5. 控制电缆

控制电缆通常是指用于控制云台及电动三可变镜头的多芯电缆，其一端连接于控制器或解码器的云台、电动镜头控制接线端，另一端则直接接到云台、电动镜头的相应端子上。由于控制电缆提供的是直流或交流电压，且距离一般很短（有时还不到 1m），基本上不存在干扰问题，因此不需要使用屏蔽线。

常用的控制电缆大多采用 6 芯电缆或 10 芯电缆，如 RVV-6/0.2、RVV-10/0.12 等。其中，6 芯电缆分别接于云台的上、下、左、右、自动、公共 6 个接线端；10 芯电缆除了接云台的 6 个接线端外，还包括电动镜头的变倍、聚焦、光圈、公共 4 个接线端。

四、图像的处理与显示的设计

视频监控系统的核心设备为主控台，它不仅要完成对图像信号的处理与显示，而且还要对有关设备实施控制。它是多种设备的组合，且根据系统功能要求来决定，一般主要有视频切换器、控制键盘、录像机、电源等设备。目前，随着计算机技术的应用，多媒体计算机用作控制台的主控设备也很常见。

1. 图像的处理

视频监控系统对所传输的图像信息具有切换、记录、重放、加工和复制等功能。视频切换器能手动和自动编程，它将所有视频信号在指定的监视器上进行固定或时序显示，也可以进行图像混合、画面分割、字幕叠加等处理。在用于安防的视频监控电视系统中，视频切换器应具有与报警控制器联网的接口，当报警发生时切换出相应部位的摄像机图像，并能进行记录和重放，以便分析处理所发生的事故。

2. 图像的记录及重放

视频监控系统采用录像机实现记录和重放功能，这种录像机的特点是能长时间录像（目前普遍使用 24 小时录像），因为这种方式可以快速重放所记录的画面，而且具有遥控功能，系统可以对录像机远距离操作，或利用系统中的控制信号自动操作录像机。目前，一些智能大楼中多采用多媒体计算机进行数字录像。

3. 图像的显示

监视器是视频监控系统的终端显示设备。监视器的选择应根据整套系统的技术性能指标及使用目的来选择。选择彩色监视器或黑白监视器时应与系统的摄像机一致，屏幕的大小应根据控制中心的面积和监视人数进行选择。监视器的清晰度应相当于或高于摄像机的清晰度，以充分发挥摄像机的性能。监视器的数量根据实际工程需要，应与摄像机数量成适当比例。一般，重点部位监视器与摄像机的比例不小于 1:3，非重点部位的比例不小于 1:8。

五、监控室及接地设计

1. 监控室的设计

监控室不仅是视频监控系统设备聚集的场所，更是整个智能大楼安防系统的监视和控制中心，所以，监控室设计的好坏直接影响整个系统的使用。

设计监控室时，应满足以下要求：

（1）监控室应尽量靠近监控目标，并设置在环境噪声小和电磁干扰小的场所。

（2）监控室地面应光滑平整、不起尘，尽量采用架空活动地板，以方便布线。

（3）监控室内温度宜为 16～30℃，湿度为 30%～70%，使用面积根据设备容量确定在 12～50m² 。

（4）室内设备的排列便于维护和操作，以满足电缆进线和电缆弯曲半径的要求，并符合安全消防的要求。

（5）室内设备布局尽量避免阳光直射。

（6）应配专用的电源和接地设施。

2. 供电与接地设计

视频监控系统应由可靠的交流回路单独供电，摄像机由控制中心集中供电，以防止突然断电而影响整个系统，也为今后的工程维修及管理创造条件。

系统接地宜采用一点接地方式；采用专用接地方式时，接地电阻不大于 4Ω；当系统采用联合接地时，接地电阻不大于 1Ω。

总之，在现代智能建筑中，完善的安全防范设施是为人们提供舒适、便利及安全保障的可靠基础。除视频监控系统外，安全防范系统还包括防盗报警系统、电子巡更系统、访客对讲系统和车库管理系统等。随着技术的发展，安全防范系统正在向系统集成的计算机综合管理模式发展。因此，设计视频监控系统时，要综合考虑安全防范各子系统间的关系，从建筑物的使用性质及功能，行业要求及将来的发展情况考虑，进行统一规划和设备选择。

第三节　视频监控系统设计方案案例

通常，视频监控系统规模都不大，其功能也相对简单，但其适用的范围非常广。闭路视频控制系统所监视的对象多种多样，可以是人、商品、货物或车辆，也可以是大厦、小区的门口、楼道等，它可以与防盗报警系统或出入口控制系统组合，构成综合保安监控系统。

一、中小型视频监控系统

1. 简单的定点监控系统

最简单的定点监控系统就是在监视现场安置定点摄像机（摄像机配接定焦镜头），通过同轴电缆将视频信号传输到监控室内的监视器。例如，在小型工厂的大门口安置 1 台摄像机，并通过同轴电缆将视频信号传送到厂办公室内的监视器（或电视机）上，管理人员就可以看到哪些人上班迟到或早退，离厂时是否携带了厂内的物品，若再配置 1 台录像机，还可以把监视的画面记录下来，供日后检索查证。

这种简单的定点监控系统适用于多种应用场合。当摄像机的数量较多时，可通过多路切换器、画面分割器或系统主机进行监视。以某著名外企总部为例，该总部曾多次丢失高档笔记本电脑，后来，在其各楼层的所有 12 个出口都安装了定点摄像机，并配备了 3 台四画面分割器和 24 小时实时录像机后，有效地杜绝了上述失盗现象。此外，某招待所也采用了这种简单的定点监控系统，在 1～6 层客房通道的两端各安装 1 台定点黑白摄像机，加上大门

口、门厅、后门、停车场 4 个监视点共计 16 台摄像机，再配置 1 台 16 画面分割器、1 台
29 英寸大屏幕彩电和 1 台 24 小时录像机，便构成了完整的监控系统。

　　监视的点数增加会使系统规模变大，但如果没有其他附加设备及要求，这类监控系统仍
可归属于简单的定点系统。以某超市的视频监控系统为例，由于该超市的营业面积较大（上
下两层总计约 16 000m²），货架较多，一共安装了 48 台定点黑白摄像机。这 48 台摄像机的信
号被分成了 3 组，分别接到了对应的 16 画面分割器、17 英寸黑白监视器和 24 小时录像机。
图 5-1 所示为该超市视频监控系统的构成。

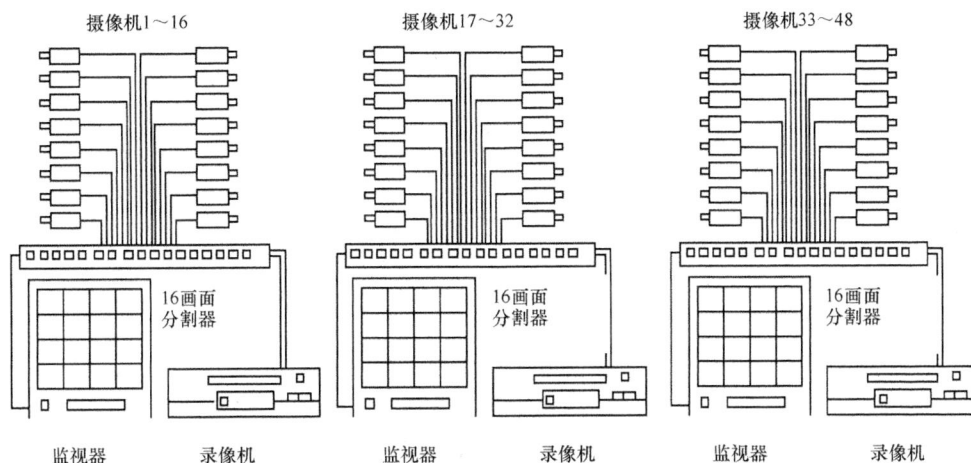

图 5-1　某超市视频监控系统的构成

2. 简单的全方位监控系统

　　全方位监控系统是将上述定点监控系统中的定焦镜头换成电动变焦镜头，并增加可上下
左右运动的全方位云台，使每个监视点的摄像机可以进行上下左右的扫视，其所配镜头的焦
距也可在一定范围内变化（监视场景可拉远或推进）。云台及电动镜头的动作由控制器或与系
统主机配合的解码器来控制。

　　最简单的全方位监控系统与最简单的定点监控系统相比，前者在前端增加了 1 个全方位
云台及电动变焦镜头，在控制室增加了 1 台控制器，如 SP3801；另外，从前端到控制室还需
多布设 1 条多芯（10 芯或 12 芯）控制电缆。

　　以某小型制衣厂的监控系统为例，在其制衣车间安装了 2 台全方位摄像机，在厂长办公
室内配置了 1 台普通电视机、1 台切换器和 2 台控制器，当厂长需要了解车间情况时，只需
通过切换器选定某台摄像机的画面，并通过操作控制器使摄像机对整个监控现场进行扫视，
也可以对某个局部进行定点监视。

　　在实际应用中，并不一定使每一个监视点都按全方位来配置，通常仅是在整个监控系统
中的某几个特殊的监视点才配备全方位设备。例如，在上述某招待所的定点监控系统中，也
可考虑将监视停车场情况的定点摄像机改为全方位摄像机（更换电动变焦镜头并增加全方位
云台），再在控制室内增加 1 台控制器，就可以把对停车场的监视范围扩大，既可以对整个停
车场进行扫视，也可以对某个局部进行监视。特别是当镜头推进时，还可以看清车牌号码。
图 5-2 所示为增设 1 个全方位监视点的闭路监控系统的结构。

摄像机

云台

16画面分割器

监视器　　　录像机　　　控制器

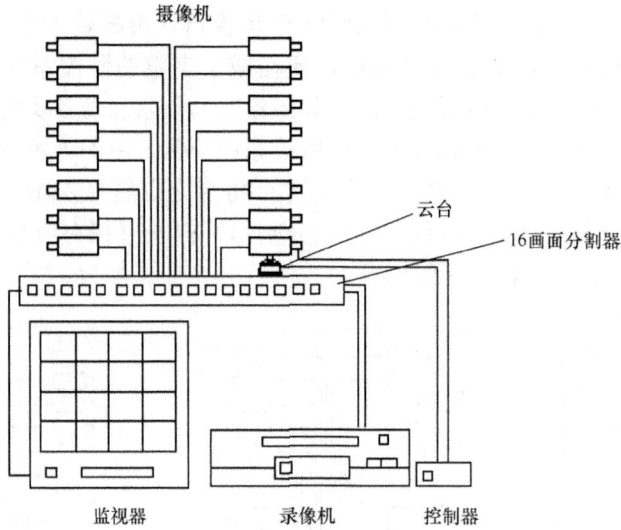

图 5-2　增设 1 个全方位监视点的闭路监控系统的结构

3. 具有视频矩阵切换主机的监控系统

一般来说,当视频监控系统中的全方位摄像机数量达到 3~4 台以上时,就可考虑使用小型系统主机。虽然用多台单路控制器或 1 台多路(如 4 路或 6 路)控制器也可以实现全方位摄像机的控制,但这样所需的控制线缆数量较多且线缆的长度将过长,很容易造成云台及电动镜头动作迟缓甚至不动作,整个系统也会显得凌乱。

使用视频矩阵切换主机会增加整个监控系统的造价,这是因为视频矩阵切换主机的造价比普通切换器高,而与之配套的前端解码器的价格也比普通单路控制器高。但是,视频矩阵切换主机集成了报警探测器模块,可以方便地将防盗报警系统与视频监控系统整合于一体。当有探测器报警时,该视频矩阵切换主机还可自动地将主监视器画面切换到发生警情的现场摄像机所拍摄的画面。图 5-3 所示为采用视频矩阵切换主机的视频监控系统的结构。

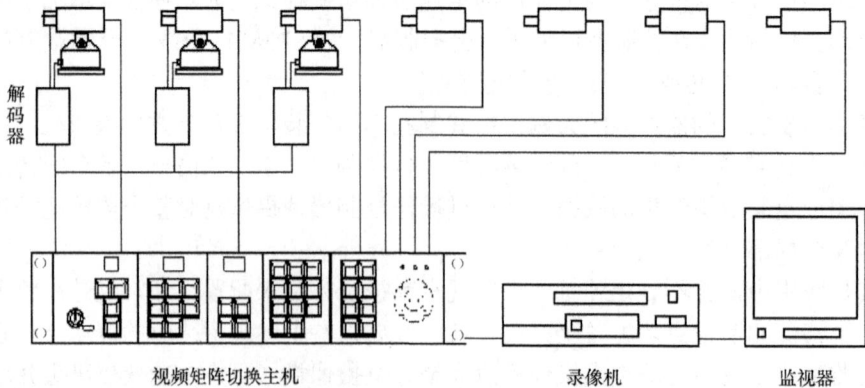

解码器

视频矩阵切换主机　　　　　录像机　　　监视器

图 5-3　采用视频矩阵切换主机的视频监控系统的结构

4. 具有声音监听的监控系统

有的视频监控系统除了进行视频监控外,还经常需要对现场声音进行监听,如银行柜员制监控系统。为此，在原有的视频控制系统基础之上，还应增加声音监控的子系统。要实现声音监控，就是要增加监听头，以实现对声音信号的采集，并通过音频电缆将声音信号传输到控制中心，以便进行监控。

对于简单的一对一结构（摄像机—录像机—监视器），只要增加监听头及音频传输线，即可将视音频信号一同显示、监听并记录。对于切换监控的系统来说，则需要配置视音频同步切换器，它可以从多路输入的视音频信号中切换并输出已选中的视频及对应的音频信号。

二、大中型视频监控系统

大中型视频监控系统设置的监视点数很多，除了定点监视点外，还包含了大量的全方位监视点。视频监控系统还经常与防盗报警系统集成为一体。控制系统的中心控制室汇集了大量的视频和语音信号，因此，控制中心需要安装多个视频和语音处理设备进行信号集中控制管理。

1. 大中型视频监控系统的特点

从原理上说，大中型视频监控系统与前面介绍的小型视频监控系统相同，都是由摄像部分、传输部分、控制部分及显示和记录部分四大块组成。

相对于小型视频监控系统，大中型视频监控系统具有以下特点：

（1）系统规模大。前端摄像机的数量及中心控制端设备的数量都很多，中心控制室的场面也很庞大，往往还要安装一面庞大的监视器墙，能同时显示出大小不等的十几个甚至几十个实时监控现场的画面。另外，还在很多相关部门设有分控系统，有时还会与防盗报警系统或门禁刷卡系统联动。

（2）复杂程度高。作业难度大、传输条件恶劣，使得十几个点的监控系统比普通超市或写字楼中的几十个甚至上百个点的监控系统的施工与调试还难。

2. 多主机多级视频监控系统

常规的视频监控系统一般只有1台视频矩阵切换主机，即使是大中型系统，也只是增加摄像机的数量和分控系统的数量。但是对某些特殊应用的场合，这种单台视频矩阵切换主机加若干台分控器的实现方法是不能满足用户需要的。

以某大型工厂的监控系统为例，用户要求在其每一个相对独立的厂区都安装1套视频监控系统，各厂区内有独立的监控室，管理人员可以对本系统进行任意操作控制。而整个工厂还要建立1个大型监控系统，将各厂区的子系统组合在一起，并设立大型视频监控中心，在该中心可以任意调看某一厂区中某个摄像机的图像，并对该摄像机的云台及电动变焦镜头进行控制。这就提出了由各厂区的多台视频矩阵切换主机共同组成大型视频监控系统的要求。

由于各视频矩阵切换主机的内部结构和工作原理相同，因此，相对于普通的视频矩阵切换主机来说，这种多主机系统的各个主机都增加了地址标识码，可以被上一级主机选调，各摄像机的图像则经过二级或三级切换被选调到主中心控制室的监视器上。图5-4所示为多级视频矩阵切换主机连接控制系统。

随着智能大厦、智能小区的不断建设，视频监控系统的应用越来越广。要掌握好视频监控技术，关键是掌握系统的工作原理、组成结构及各子系统常用设备的特性，此外，还要认真理解各种中小型视频监控系统的设计方案。

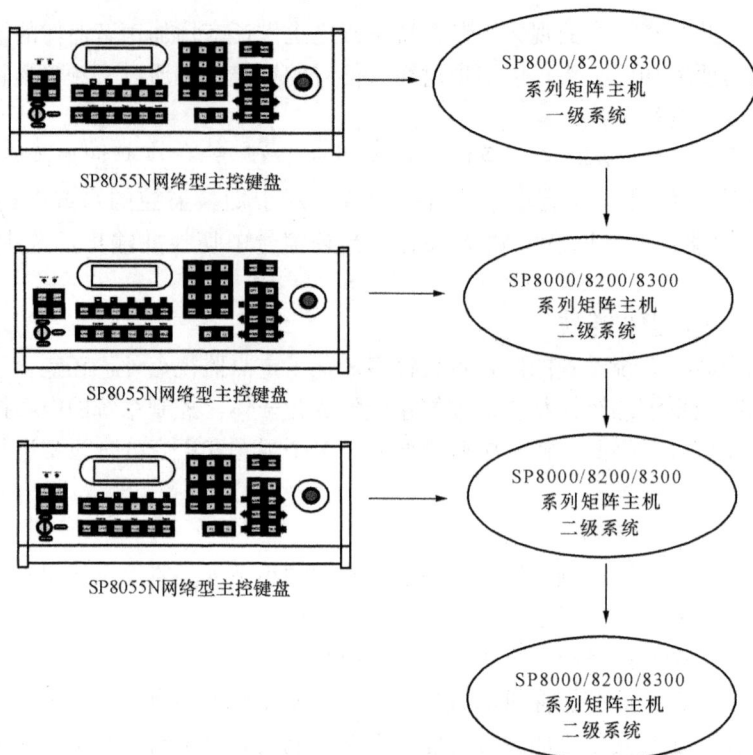

图 5-4　多级视频矩阵切换主机连接控制系统

视频监控技术发展很快，作为技术人员，必须及时掌握各种新技术、新安装工艺，并将新技术引入到设计方案中，这样才能为用户提供技术先进、造价合理的视频监控方案。

第四节　视频监控系统实施与故障解决

一、监控系统施工中应注意的问题

1. 安装

（1）注意方式：

1）室外安装严禁摄像机瞄准太阳或光源较强的发光物体，否则会造成图像模糊或产生光晕。

2）不要让摄像机淋雨或在潮湿的地方使用。

3）不要在超出温度、湿度或电源规格的状态下使用摄像机。

（2）连接方式：

1）直流 12V 的电源极性分清后再连接。

2）使用计算公式计算摄像机与电源线之间的最大电缆长度。

（3）视频电缆：

1）采用 75Ω 同轴电缆。

2）摄像机与监视器间同电缆的长度。由于电缆质量因制造商而异，因此，如果采用最大长度，则应在进行最后安装前先验明视频质量。

2．接线

（1）接线方式：

1）不要将同轴电缆扭变成半径小于电缆直径 10 倍的曲线。

2）不要使用卡钉电缆，即使圆钉也不要使用，否则会引起误差。

3）不要积压或加紧电缆，否则会使电缆的阻抗改变而降低图像质量。

（2）图像干扰。如果图像有表 5-1 中所述现象，则应查找原因，采取措施避免或补偿。

表 5-1　　　　　　　　　　　　　　　产生图像干扰的判断

干　扰	现　象
随机信噪比	图像上有"雪花"
单项干扰	图像中有纵、斜、人字形或波浪状条纹，即"网纹"
电源干扰	图像中有上下移动的黑白间置的水平横条，即"黑白滚道"
脉冲干扰	图像中有不规则的闪烁、黑白麻点或"跳动"

二、监控部分可能出现的故障现象

在监控系统进入调试阶段、试运行阶段及交付使用后，有可能出现这样那样的故障现象，如不能正常运行、系统达不到设计要求的技术指标、整体性能和质量不理想，以及一些"软毛病"等。这些问题对于一个监控工程项目，特别是一个复杂的、大型的监控工程项目来说，是在所难免的。

1．前端部分常见的故障

（1）摄像机无图像输出：

1）检查电源是否接好，电源电压是否足够，极性是否正确。

2）BNC 接头或视频电缆是否接触不良。

3）镜头光圈是否打开。

4）视频或直流驱动的自动光圈镜头控制线是否接对。

（2）摄像机图像质量不好：

1）镜头是否有指纹或太脏。

2）光圈是否调好。

3）视频电缆接触不良。

4）电子快门或白平衡设置有无问题。

5）传输距离是否太远。

6）电压是否正常。

7）附近是否存在干扰源。

8）在电梯里安装时要与电梯保证绝缘，以免受干扰。

9）CS 接口是否接对。

（3）室外护罩的故障现象：

1）电源工作不正常，更换电源（220V AC 变 24V AC）。

2）确认电源接线、控制接线均无误，且线路无断线等故障。

3）先接通主 24V AC 电源，才能使雨刷、除箱等生效。

2. 控制部分常见的故障

（1）解码器常见故障：

1）接通电源，电源指示灯不亮：检查电源有否加到接线柱；电源保险丝是否损坏。

2）通电即烧保险：检查接线端子的公共端（com）有没有错；云台输出电压选择有否选对。

3）电源灯亮但无法控制：信号线是否接对，有无接错；控制时信号灯闪烁否；有否正确编码。

4）控制不灵乱转：检查控制码信号线有无接错；同一条信号线控制线是否过长；同一条信号线是否串（并）接过多的解码器。

（2）分割器常见故障：

1）电源工作不正常，引起分割器死机；更换电源。

2）接入 BNC 头视频线接触不良，造成画面跳动。

3）由于误设程序，造成分割器工作混乱；重新设置。

4）使用录像时接错回放口，无法回放。

5）使用单工分割器是只能录而无法回放的，双工、半双工才行。

（3）显示器常见故障：

1）电源工作不正常；更换电源（220V AC 变 12V DC）（注意：一定要按前面板 Power 开机键，并观察指示灯是否亮）。

2）注意视频输入来源是否正确（正常时应为 VIDEO 输入）。

3）接入 BNC 头视频线接触不良，造成画面跳动或无图像。

3. 电源和部件质量引起的故障

（1）电源不正确引发的设备故障。电源不正确大致有如下几种可能：供电线路或供电电压不正确，功率不够（或某一路供电线路的线径不够、降压过大等），供电系统的传输线路出现短路、断路、瞬间过压等，特别是因供电错误或瞬间过压导致设备损坏的情况时有发生。因此，在系统调试中，供电前一定要认真严格地进行核对与检查，绝不能掉以轻心。

（2）连接线路引发的系统故障。由于某些设备（如带三可变镜头的摄像机及云台）的连接线路很多，若处理不好，特别是与设备相接的线路处理不好，就会出现断路、短路、线间绝缘不良、误接线等问题而导致设备损坏、性能下降。在这种情况下，应根据故障现象冷静地进行分析，判断在若干条线路上是由于哪些线路的连接有问题才会产生那种故障现象。这样就可把出现问题的范围缩小。

值得指出的是，带云台的摄像机由于全方位的运动，时间长了会导致连线的脱落、挣断，因此，要特别注意这种情况下的设备与各种线路的连接应符合长时间运转的要求。

（3）设备或部件本身的质量问题。从理论上说，各种设备和部件都有可能发生质量问题。但从经验上看，纯属产品本身的质量问题多发生在解码器、电动云台、传输部件等设备上。

值得指出的是，某些设备质量方面可能没有出现不能使用的问题，但在某些技术指标上却达不到产品说明书上给出的指标。因此，必须对所选的产品进行必要的抽样检测，如确属产品质量问题，最好的办法是更换该产品，而不应自行拆卸修理。

除此之外，最常见的是由于对设备调整不当产生的问题。例如，摄像机后截距的调整是非常细致和精确的工作，如不认真调整，就会出现聚焦不好或在三可变镜头的各种操作中发生散焦等问题。另外，摄像机上一些开关和调整旋钮的位置是否正确、是否符合系统的技术要求、解码器编码开关或其他可调部位设置的正确与否都会直接影响设备本身的正常使用，进而影响整个系统的正常性能。

4. 设备和部件连接引起的故障

设备（或部件）与设备（或部件）之间连接不正确产生的问题大致包括以下几个方面：

（1）阻抗不匹配。阻抗不匹配主要表现在同轴电缆与摄像机、同轴电缆与显示器、同轴电缆与分配器、同轴电缆与硬盘录像机、同轴电缆与光端机等的连接阻抗不匹配。

（2）通信接口或通信方式不对应。这种情况多半发生在控制主机与解码器或控制键盘等有通信控制关系的设备之间，也就是说，选用的控制主机与解码器或控制键盘等不是一个厂家的产品。所以，对于主机、解码器、控制键盘等，应选用同一厂家的产品。

（3）驱动能力不够或超出规定的设备连接数量。例如，某些画面分割器带有报警输入接口，在其产品说明书上给出了与报警探头、长延时录像机等的连接图。如果再将报警探头并连接至画面分割器的报警输入端，就会出现探头的报警信号既要驱动报警主机，又要驱动画面分割器的情况。在这种情况下，往往会出现驱动能力不足的问题，表现出的现象是，画面分割器虽然能报警，但出于输入的报警信号弱而工作不稳定，从而导致对应发生报警信号的那一路摄像机的图像画面在监视器上虽然瞬间转换为全屏幕画面却又丢掉（保持不住），而使监视器上的图像仍为没报警之前的多画面。

解决类似上述问题的方法有：①通过专用的报警接口箱，将报警探头的信号与画面分割器或视频切换主机相对应连接；②在没有报警接口箱的情况下，自行设计加工信号扩展设备或驱动设备。

三、视频信号的输出和分配可能出现的问题

1. 监视器上出现黑白杠并滚动

视频传输中，最常见的故障现象表现在监视器的画面上出现 1 条黑杠或白杠，并且向上或向下慢慢滚动。在分析这类故障现象时，要分清产生故障的两种不同原因，分清是电源的问题还是地环路的问题。一种简易的方法是，在控制主机上，就近只接入 1 台电源没有问题的摄像机输出信号，如果在监视器上没有出现上述的干扰现象，则说明控制主机无问题。接下来可用 1 台便携式监视器就近接在前端摄像机的视频输出端，并逐个检查每台摄像机，如有，则进行处理；如无，则干扰就是由地环路等其他原因造成的。

2. 监视器上出现木纹状的干扰

监视器上出现木纹状的干扰，轻微时不会淹没正常图像，而严重时图像就无法观看了（甚至破坏同步）。这种故障现象产生的原因较多也较复杂，大致原因：

（1）视频传输线的质量差。视频传输线的质量不好，特别是屏蔽性能差（屏蔽网不是质量很好的铜线网，或屏蔽网过稀而起不到屏蔽作用），监视器上会出现木纹状的干扰。与此同时，这类视频线的线电阻过大，因而造成信号产生较大衰减也是加重故障的原因。此外，这类视频线的特性阻抗不是 75Ω，以及参数超出规定也是产生故障的原因之一。由于产生上述的干扰现象不一定就是视频线不良而产生的故障，因此在判断这种故障原因时要准确和慎重。

只有当排除了其他可能后，才能从视频线不良的角度去考虑。若真为电缆质量问题，则最好的办法当然是把所有这种电缆全部换掉，换成符合要求的电缆，这是彻底解决问题的最

好办法。

（2）供电系统的电源不洁净。供电系统的电源不洁净会引起的监视器上出现木纹状的干扰。这里所指的电源不洁净，是指在正常的电源（50Hz 的正弦波）上叠加有干扰信号，而这种电源上的干扰信号多来自本电网中使用晶闸管的设备。特别是大电流、高电压的晶闸管设备，对电网的污染非常严重，这就导致了同一电网中的电源不洁净。例如，本电网中有大功率晶闸管调频调速装置、晶闸管整流装置、晶闸管交直流变换装置等，都会对电源产生污染。这种情况的解决方法比较简单，只要对整个系统采用净化电源或在线 UPS 供电就基本上可以解决。

（3）系统有很强干扰。系统附近有很强的干扰源，监视器上会出现木纹状的干扰。这可以通过调查和了解而加以判断。如果属于这种原因，则解决的办法是加强摄像机的屏蔽，以及对视频电缆线的管道进行接地处理等。

（4）视频电缆线的问题。由于视频电缆线的芯线与屏蔽网短路、断路造成监视器上会出现木纹状的故障。这种故障的表现形式是在监视器上产生较深较乱的大面积网纹干扰，以致图像全部被破坏，形不成图像和同步信号。这种情况多出现在 BNC 接头或其他类型的视频接头上，即这种故障现象出现时，往往不会是整个系统的各路信号均出现问题，而仅仅出现在那些接头不好的路数上。只要认真逐个检查这些接头，就可以解决。

（5）传输线的特性阻抗不匹配。由于传输线的特性阻抗不匹配，监视器上会出现木纹状的干扰。这种现象的表现形式是在监视器的画面上产生若干条间距相等的竖条干扰，干扰信号的频率基本上是行频的整数倍。这是由于视频传输线的特性阻抗不是 75Ω 而导致阻抗失配造成的。也可以说，这种干扰现象是由视频电缆的特性阻抗和分布参数都不符合要求而引起的。解决的方法一般靠始端串接电阻或终端并接电阻的方法来解决。另外，值得注意的是，在视频传输距离很短时（一般为 150m 以内），使用上述阻抗失配和分布参数过大的视频电缆不一定会出现上述的干扰现象。解决上述问题的根本办法是在选购视频电缆时，一定要保证质量，必要时应对电缆进行抽样检测。

（6）传输线引入了空间辐射干扰。由传输线引入空间辐射干扰后，监视器上会出现木纹状的干扰。这种干扰现象的产生，多数是因为在传输系统、系统前端或中心控制室附近有较强的、频率较高的空间辐射源。这种情况的解决办法，一是在系统建立时，应对周边环境有所了解，尽量设法避开或远离辐射源；二是当无法避开辐射源时，对前端及中心设备加强屏蔽，对传输线的管路采用钢管并良好接地。

四、其他可能发生的故障

1. 云台的故障

（1）云台运转不灵。云台在使用后不久就运转不灵或根本不能转动是云台的常见故障。这种情况出现的原因，除产品质量的因素外，一般还包括以下几项：

1）只允许将摄像机正装的云台在使用时采用了吊装的方式。在这种情况下，吊装方式导致了云台运转负荷加大，故使用不久就会导致云台的转动机构损坏，甚至烧毁电动机。

2）摄像机及其防护罩等的总重量超过了云台的承重。特别是室外使用的云台，防护罩的重量往往过大，因此常会出现云台转不动（特别是垂直方向转不动）的问题。

3）室外云台因环境温度过高、过低，防水及防冻措施不良而出现故障甚至损坏。

（2）云台无法操作。距离过远时，操作键盘无法通过解码器对摄像机（包括镜头）和云台进行遥控。这主要是因为，距离过远时，控制信号衰减太大，解码器接收到的控制信号太弱。这时，应该在一定的距离上加装中继盒，以放大整形控制信号。

2. 监视器的故障

（1）监视器的图像对比度太小。监视器的图像对比度太小、图像淡。这种现象如不是控制主机及监视器本身的问题，就是传输距离过远或视频传输线衰减太大。在这种情况下，应加入线路放大和补偿装置。

（2）图像清晰度不高。图像清晰度不高、细节部分丢失，严重时会出现彩色信号丢失或色饱和度过小。这是由于图像信号的高频端损失过大，以 3MHz 以上频率的信号基本丢失造成的。而其中可能的原因有：①传输距离过远，而中间又无放大补偿装置；②视频传输电缆分布电容过大；③传输环节中在传输线的芯线与屏蔽线间出现了集中分布的等效电容等。

（3）色调失真。这是在远距离的视频基带传输方式下容易出现的故障现象，其主要原因是传输线引起的信号高频段相移过大。这种情况下应加装相位补偿器。

3. 控制器的故障

（1）操作键盘失灵。这种现象在检查连线无问题时，基本上可确定为操作键盘死机而造成。键盘的操作使用说明上一般都有解决死机的方法，如整机复位等方式，可用此方法解决；如无法解决，则可能是键盘本身已坏。

（2）主机对图像的切换不干净。这种故障现象的表现是，在选切后的画面上叠加有其他画面的干扰，或有其他图像的行同步信号的干扰。这是由于主机或矩阵切换开关质量不良，达不到图像之间隔离度的要求所造成的。如果采用的是射频传输系统，也可能是系统的交扰调制和相互调制过大而造成的。

一个大型的、与防盗报警联动运行的电视监控系统是一个技术含量高、构成复杂的系统。各种故障现象虽然都有可能出现，但只要把好所选用的设备和器材的质量关，严格按标准和规范施工，一般不会出现大的问题，即使出现了，只要冷静分析和思考，不盲目地大拆大卸，就可较快地解决问题。

作 业 与 思 考 题

（1）视频监控系统设计的设计阶段有哪些？

（2）可行性报告的内容包括哪些？

（3）技术规格书的内容包括哪些？

（4）技术投标书的内容包括哪些？

（5）施工图设计阶段文件的内容包括哪些？

（6）视频监控系统工程设计的要点分别是什么？

（7）摄像机及附属设备如何选择？

（8）摄像机的选择包括哪些？

（9）摄像机镜头的选择包括哪些？

（10）摄像机云台的选择包括哪些？

（11）信号传输设计的内容包括哪些？

（12）监控室设计的内容包括哪些？

（13）供电与接地设计的内容包括哪些？

（14）监控系统施工中应注意哪些问题？

（15）前端部分常见的故障包括哪些？

（16）控制部分常见的故障包括哪些？

（17）电源和部件质量引起的故障包括哪些？

（18）设备和部件连接引起的故障包括哪些？

（19）视频信号的输出和分配可能出现的问题包括哪些？

（20）云台的故障包括哪些？

（21）监视器的故障包括哪些？

（22）控制器的故障包括哪些？

第 六 章

入 侵 报 警 系 统

第一节 入侵报警系统的组成

一、一般概念

1. 入侵报警系统的基本组成

当不法分子入侵防范区域，试图从事非法活动时，能够及时将入侵信息告知值班人员的技术系统称为入侵报警系统。入侵报警系统是在一个受保护的设施、范围探测入侵者或防止抢劫等威胁，并在本地或远处发出警示信号。

入侵报警系统一般包括前端设备、传输设备和控制/显示/处理/记录设备。前端设备包括一个或多个探测器；传输设备包括电缆或数据采集和处理器（或地址编辑解码器/发射接收装置）；控制设备包括控制器或中央控制台，控制器/中央控制台应包含控制主板、电源、声光指示、编程、记录装置及信号通信接口等。

报警系统可以分为两大类，一类是独立和专门的报警系统，由报警探测器、报警控制主机和（或）报警监控中心三级组成，其基本结构如图 6-1 所示；另一类则是非独立的报警系统，其从属于 CCTV 系统或门禁控制系统；报警探测器的输出信号被送往 CCTV 系统或门禁控制系统的报警输入端口，并由它们完成对报警信号的接收、处理、复核、联动和上传，这实际上实现了报警系统与 CCTV 系统的集成或报警系统与门禁控制系统的集成，系统基本结构如图 6-2 所示。

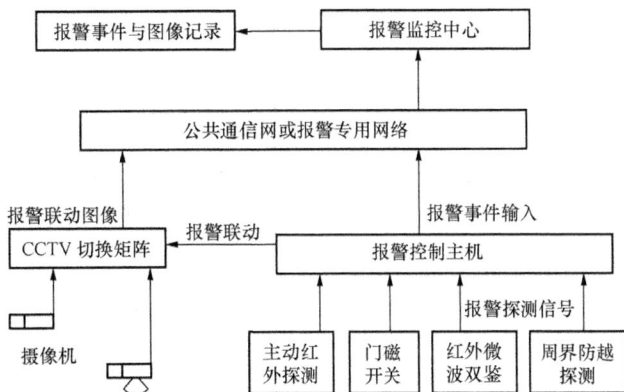

图 6-1 独立入侵报警系统的基本结构

2. 入侵报警系统组成的基本概念

入侵报警系统通常由探测器、信号传输信道和报警控制器组成。

（1）探测器。探测器俗称探头，其作用是将入侵探测信号变成能在信道中传输的电信号。常用的探测器有被动红外探测器、主动红外探测器、微波—被动红外双技术探测器、玻璃探测器等。

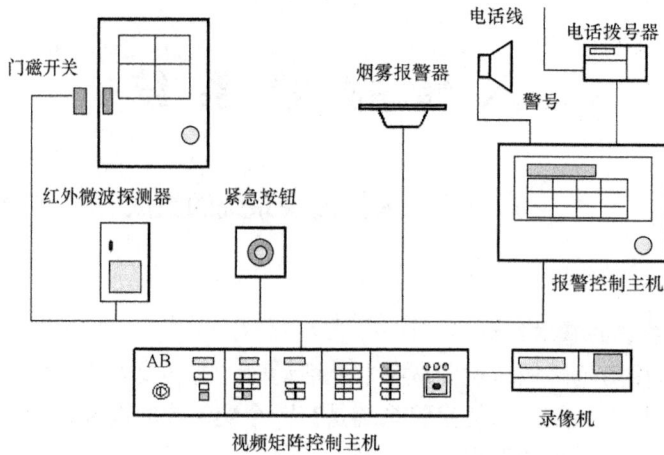

图 6-2　非独立入侵报警系统的基本结构

（2）信号传输信道，即传输信号的媒介，其作用是将由探测器发出的携有报警地址的电信号及时准确地传至报警控制器。信道分有线信道和无线信道。有线信道有双绞线、电话线、同轴电缆、光缆等；无线信道即在自由空间传播的无线电波。

全国无线电管理委员会分配给报警系统专用的无线电频率有 3 组，见表 6-1，并规定了发射功率在 1W 以内，经批准最大不超过 10W。

表 6-1　　　　　　　　　　　　　入侵报警系统的无线电频率　　　　　　　　　　　　MHz

组　　别	频率 1	频率 2	频率 3
第 1 组	36.050	36.075	36.125
第 2 组	36.350	36.375	36.425
第 3 组	36.650	36.675	36.725

1999 年 1 月 1 日起又有两个微功率频率开始使用，即 315.0～316.0MHz、430.0～432.0MHz，并限定无线报警设备所发射的电场强度在距设备 3m 处不得超过 6000μV/m。

（3）报警控制器。能接收由信道传送的携有报警住处的电信号，经信号处理后，发出场光报警，并显示出报警部位的装置叫做报警控制器。

在实际应用中，往往是多个探测器由一个报警控制器所控制；探测器、信道、报警控制器即构成了最简单的报警系统。

根据需要，报警控制器还可以和各报警中心连接（如有多个设防单位的入侵报警系统都连到了公安局），这就组成了一个更大的报警系统，即报警网。

二、入侵报警系统的基本内容

用物理方法和电子技术，自动探测发生在布防监测区域内的侵入行为，产生报警信号，并辅助提示值班人员发生报警的区域部位，显示可能采取的对策，此即入侵探测报警系统。

1. 入侵探测器

根据所要防范的场所和区域，选择不同的报警探头。一般来说，门窗可以安装门磁开关；卧室、客厅安装红外微波探头和紧急按钮；窗户安装玻璃破碎传感器；厨房安装烟雾报警器；

报警控制主机安装在房间隐蔽的地方，以便布防和撤防。报警主机可以进行编程，对报警单元的常开、常闭输出信号进行判别，确认相应区域是否有报警发生。对于小区安防和金融单位，还需要安装电话拨号器，当意外发生时，通过电话线路传送报警信息给公安、消防部门或房屋主人。

（1）热感红外线探测器。任何物体因表面热度的不同，都会辐射出强弱不等的红外线。因物体的不同，其所辐射的红外线波长也有差异。热感红外线探测器即用此方式来探测人体。红外探测主要用来探测人体和其他一些入侵的移动物体，当人体进入探测区域时，稳定不变的热辐射被破坏，产生一个变化的热辐射，红外传感器接收后放大、处理，并发出报警信号。由于暖气、空调等电器影响，红外传感器会产生误报，因此设备中又添加了微波探测器。

（2）微波物体移动探测器。利用高频无线电波的多普勒频移来作为侦测手段，适合于开放式空间或广场。微波是一种频率非常高的无线电波，波长很短，容易被物体反射，因此，根据入射波和反射波的频率漂移，就可以探测出入侵物体。

红外微波探头是报警系统中常用的设备之一，其工作原理集红外和微波于一身。当红外和微波探测器同时有报警信号时，探头才会有报警输出，从而降低了误报的可能。红外微波探头有多种型号，对应不同的探测距离，有的探测一个扇型区域，有的探测一个狭长地段（如走廊），有的是360°探测，一定要根据具体需要选择合适的型号，这样才能达到良好的效果。探测器的灵敏度一般是可以调节的。

（3）门磁开关探测器。门磁开关是一种使用广泛、成本低、安装方便，而且不需要调整和维修的探测器。门磁开关分为可移动部件和输出部件。可移动部件安装在活动的门窗上；输出部件安装在相应的门窗上，两者安装距离不超过 10mm。输出部件上有两条线，正常状态为常闭输出；门窗开启超过 10mm 时，输出转换成为常开。

（4）玻璃破碎探测器。它利用压电式微音器，装于面对玻璃的位置，由于只对高频的玻璃破碎声音进行有效的检测，因此不会受到玻璃本身的振动而引起反应。

（5）超声波物体移动探测器。超声波物体移动探测器需要一个能够发送超声波及另一个负责接收的换能器，也有接收及发射换能器共存在一个本体上的。平常发射用的换能器发送出一固定频率的超声波，散布在侦测的空间中，如果有一物体反射回来的超声波，其频率就会发生偏移，借此检测出是否有物体移动。该探测器容易受到震动和气流的影响。

（6）红外对射探测器。红外对射探头是利用光束遮断方式的探测器，当有人横跨过监控防护区时，遮断不可见的红外线光束而引发警报，常用于室外围墙报警。它总是成对使用：一个发射；一个接收。发射机发出一束或多束人眼无法看到的红外光，以形成警戒线，有物体通过时，光线被遮挡，接收机信号发生变化，放大处理后报警。红外对射探头要选择合适的响应时间：太短容易引起不必要的干扰，如小鸟飞过，小动物穿过等；太长会发生漏报。通常以 10m/s 的速度来确定最短遮光时间。若人的宽度为 20cm，则最短遮断时间为 20ms，大于 20ms 报警，小于 20ms 不报警。

（7）烟雾报警探测器。烟雾报警探测器有光电式和离子式两种。前者利用烟雾遮挡光路发出报警；后者则利用自身的传感器，感应空气中的离子浓度。不同的传感器感知不同的气体（如煤气），常用的是为了防火而设的探测碳离子浓度的烟感探头。

2. 报警控制器

报警控制器又叫做警报接收与处理主机，或也称为防盗主机，它是报警探头的中枢，负责接收报警信号、控制延迟时间、驱动报警输出等工作。它将某区域内的所有防盗防侵入传感器组合在一起，形成一个防盗管区，一旦发生报警，则在防盗主机上可以一目了然地反映出区域所在。

报警控制器目前以多回路分区防护为主流，视系统规模不同，防区数最多为 2~100 回路，优越的系统更可显示出警报来源是该区域内的哪一个报警传感器及所在位置，以方便采取相应的接警对策。现代的防盗主机都采用微处理器控制，内有只读存储器和数码显示装置，普遍能够编程，并有较高的智能。

（1）报警控制器的作用。报警控制器的作用就是接收探测器输入的信号（收集看到的和听到的信息），根据设置的状态判断是否发出报警（事先设置工作状态），驱动警号现场发出警报，或远程通信报告警情。主要表现为：

1）以声光方式显示报警，可以人工或延时方式解除报警。

2）对所连接的入侵传感器，可依需要而设置成布防或撤防状态，也可以程序编写控制方式和防区回路性能。

3）可接多组密码键盘，可设置多个拥护密码，保密防窃。

4）遇有警报时，其报警信号可以经由通信线路，以自动或人工干预方式向上级部门或保安公司转发，以快速沟通信息或者组网。

5）可程序设置报警联动动作，即遇有报警时，防盗主机的编程输出端可通过继电器触点闭合执行相应的动作。

6）电话拨号器同警号、警灯一样，都是报警输出设备；不同的是，警灯、警号输出的是声音和光，电话拨号器则是通过电话线把事先录好的声音信息传输给某个人或某个单位。

高档防盗主机有与闭路电视监控摄像的联动装置，一旦在系统内发生警报，则该警报区域的摄像机图像将立即显示在中央控制室内，并且能将报警时刻、报警图像、摄像机号码等信息实时地加以记录；若是与计算机联机的系统，则可以报警信息数据库的形式储存，以方便快速地检索与分析。

（2）报警控制器的一般功能：

1）防区输入能力：多个防区、多种防区类型。一个防区是可独立区分的，并具有一定的响应方式的防护区域。

2）控制能力：布防（外出布防、留守布防）、撤防、防区旁路。

3）输出能力：警号、通信。

（3）报警控制器一般功能的设定：

1）编程。设定报警控制器的各项功能：①防区编程，设定防区、防区类型，大型主机还要设定防区子系统属性；②使用者编程，设定可授权使用的用户（密码、遥控装置等）；③通信编程，设定通信方式、通信对象电话号码、通信格式等；④其他编程，警号时间设定、联动输出设定等。

2）编程方式多采用固定编程定义，人工选择键盘输入，多数支持计算机遥控编程。

（4）报警控制器的其他功能：

1）状态指示：布撤防状态、报警状态、防区状态。

2）防破坏能力：防区线末电阻监控、控制器防拆、后备电源自检。

3）编程设置：掉电可保存设置（EEPROM）。

3. 视频移动探测报警

视频移动探测报警装置用于检测闭路电视摄像机视野范围内的运动。它通过检测视频信号亮度等级的变化来触发报警，就其技术而言，有模拟式视频运动探测器和数字式视频运动探测器两大类，其主要性能如下：

（1）可令多个摄像机进行视频报警。

（2）检测区域可单独地进行开或关，以适应特殊时间段各出入口、大厅、停车场等的要求。

（3）发生紧急事件时，保安人员可走进一个已知的检测区域触发报警，以便寻求帮助。

（4）可以有不同的检测方式：

1）标准方式。在定义区域内的任何变化均可触发报警。

2）方向方式。允许在某个方向发生变化而不报警，但如果往另一相反方向的变化则发生报警。

3）防守方式。存储一幅图像在存储器内，并与活动图像进行比较，只有当这幅图像发生变化或观察被阻碍时才发生报警。

（5）有透射补偿校正功能，其作用是标定监视区域各位置的物体大小容差。

视频移动探测装置不同于红外线或超声波运动追踪器，它可用来分析引起警报的原因。

4. 报警系统的安装与操作

如果报警探头的12V电由报警主机供给，需要通过探头数量计算功耗，而不应使主机超负荷工作。另外，由于12V直流电远距离传输时带来的压降影响，因此传输线不可太细和太远，要保证探头端所获得的电压足够大。

如果距离较远，那么探头的电源最好就近供给，以免线路损耗而导致探头不能正常工作。由于红外探测器对热源敏感，因此安装时应尽量避免对着通风口、暖气、火炉、冷冻设备的散热器；微波探测器对活动物体敏感，安装时不能对着窗帘、风扇、水管等，以免发生误报。

探测器都有环境要求，安装时要考虑是在室内还是在室外，如果在室外，则应考虑是否要加防水外壳，以免损坏探测器。

在报警主机和探测器内，一般都有防拆开关。为了防止恶意破坏，在安装调试时，应把防拆开关也连接到报警回路中。

报警系统连好后，首先通电测试，由系统操作员更改必要的进入、退出延时时间及防区报警模式，并测试警号、警灯是否正常。有条件最好进行模拟实验，以保证各个防区正常工作。

在系统交接后，使用人员应立即改变出厂设置的密码。

日常操作中，特别是布防时，要确定防区指示灯不闪烁（防区内无人）再布防，一般不要强制布防，否则很容易报警（报警主机不能分辨是工作人员还是盗贼，只要有活动物体，就会报警）。

通过报警主机可以把防区分为三类：即时报警、延时报警和24小时防区。即时报警是在布防状态下，探测器一旦触发报警主机就有响应；延时报警是在布防状态下，探测器虽然触发，但报警主机并不马上响应，而是进入延时状态（延时时间可以编程设置），超过延时时间尚未撤防，主机才报警；24 小时防区连接的通常是烟雾探测器或玻璃破碎探测器，不管主机是在布防状态还是在撤防状态，只要探测器有输出，主机就报警。

撤防要及时，要在进入延迟时间之内输入密码，否则主机会把你当作不速之客。警铃大作只会吓一跳，不会有太大问题，但触发了其他设备（如电话拨号器）而引起公安机关无谓的行动，造成的后果就不好解决了。

较好的报警主机有"旁路"功能，即撤防某一路，使其暂时不报警，而其他防区正常工作。

5. 与视频系统的联动

入侵报警系统通常独立工作，也可以与视频监控系统配合使用，使报警探测器与摄像机、录像机联动，以构成一个更完善的系统。

报警系统和视频监控系统联合使用是最方便的，特别是一个大的监控区域，保安人员不可能迅速赶到现场，也不能分身去多个地方，如果连接有闭路监视系统，就可以坐在控制室里观察报警现场的情况，查看是否有罪犯侵入，如果有，可以打开录像机记录，通知公安部门报警，或根据具体情况采取紧急措施。

三、探测器的分类与性能

目前，探测器的产品种类繁多，主要有红外探测器、微波探测器、双鉴探测器、玻璃破碎探测器、震动探测器、特种探测器等。

1. 入侵探测器的分类

（1）按探测器的探测原理划分。按探测器的探测原理分为机械型（开关、震动）、声波型（声音、超声波、次声）、光线型（红外、微波、激光）、物理型（电磁、电缆）、视频运动型等单技术入侵探测器和多种技术复合入侵探测器。

（2）按工作方式划分。按工作方式分为主动和被动探测报警器。被动探测报警器工作时，不需向探测现场发出信号，而对被测物体自身存在的能量进行检测。正常时，在接收传感器得到稳定信号；当出现情况时，稳定信号被破坏而发出报警信号。主动探测报警器工作时，探测器要向探测现场发出某种形式的能量，经反射或直射在传感器上形成一个稳定信号；当出现异常情况时，稳定信号被破坏，产生报警信号。

（3）按警戒范围划分。按警戒范围分为点型、线型、面型、空间型。点型入侵探测器警戒的是某一点，当这一监控点出现危害时发出报警信号；直线型入侵探测器警戒的是一条线，当这条警戒线上出现危害时发出报警信号；面型入侵探测器警戒范围为一个面，当警戒面上出现危害时发出报警信号；空间型入侵探测器警戒的范围是一个空间的任意处，当该处出现入侵危害时发出报警信号。

（4）按报警信号的传输方式划分。按报警信号的传输方式分为有线型和无线型。探测器在检测到非法入侵者后，以导线或无线电两种方式将报警信号传输给报警控制主机。有线型与无线型的选取由报警系统或应用环境决定。所有无线探测器无任何外接连线，内置电池均可正常连续工作 2～4 年。

（5）按使用环境划分。按使用环境分为室内型和室外型。室外型产品主要防范露天空间或平面周界；室内型产品主要防范室内空间区域或平面周界。

（6）按探测模式划分。按探测模式分为空间型和幕帘型。空间型防范整个立体空间；幕帘型防范一个如同幕帘的平面周界。幕帘型分为单幕帘、双幕帘和四幕帘 3 种。

入侵探测器的分类谱系如图 6-3 所示。

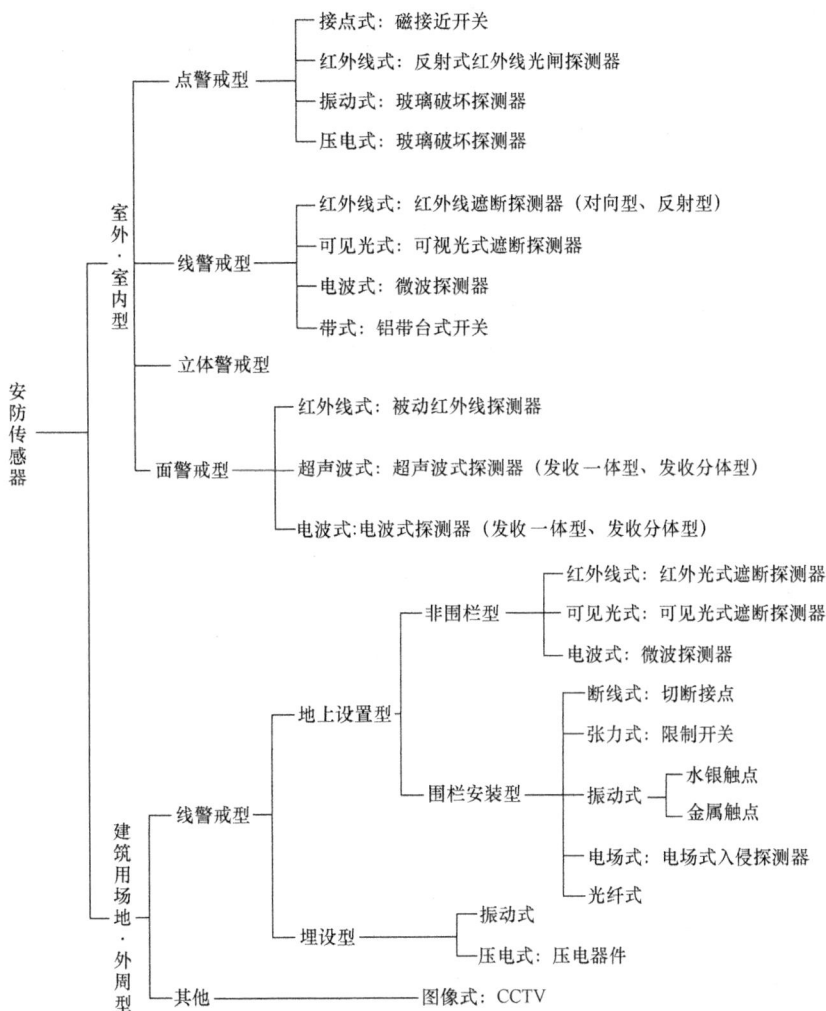

安防传感器
- 室外·室内型
  - 点警戒型
    - 接点式：磁接近开关
    - 红外线式：反射式红外线光闸探测器
    - 振动式：玻璃破坏探测器
    - 压电式：玻璃破坏探测器
  - 线警戒型
    - 红外线式：红外线遮断探测器（对向型、反射型）
    - 可见光式：可视式遮断探测器
    - 电波式：微波探测器
    - 带式：铝带台式开关
  - 立体警戒型
  - 面警戒型
    - 红外线式：被动红外线探测器
    - 超声波式：超声波式探测器（发收一体型、发收分体型）
    - 电波式：电波式探测器（发收一体型、发收分体型）
- 建筑用场地·外周型
  - 线警戒型
    - 地上设置型
      - 非围栏型
        - 红外线式：红外光式遮断探测器
        - 可见光式：可见光式遮断探测器
        - 电波式：微波探测器
      - 围栏安装型
        - 断线式：切断接点
        - 张力式：限制开关
        - 振动式
          - 水银触点
          - 金属触点
        - 电场式：电场式入侵探测器
        - 光纤式
    - 埋设型
      - 振动式
      - 压电式：压电器件
  - 其他 —— 图像式：CCTV

图 6-3　入侵探测器的分类谱系

2. 入侵探测器的功能

入侵报警探测器需要根据被防范场所的不同地理特征、外部环境及警戒要求选用合适的探测器，以达到安全防范的目的。

入侵探测器应有防拆、防破坏等保护功能。当入侵者企图拆开外壳或信号传输线断路、短路或接其他负载时，探测器应能发出报警信号。

入侵探测器还要有较强的抗干扰能力。在探测范围内，任何小动物或长为 150mm、直径为 30mm 的具有与小动物类似的红外辐射特性的圆筒大小的物体都不应使探测器产生报警；探测器对于与射束轴线成 15°或更大一些的任何外界光源的辐射干扰信号应不产生误报；探测器应能承受常温气流和电磁波的干扰，还应能承受电火花的干扰。

入侵探测器通常由传感器和前置信号处理电路两部分组成。一般根据不同的防范场所选用不同的信号传感器（如气压、温度、振动、幅度传感器等），来探测和预报各种危险情况。

3. 入侵探测器的性能指标

（1）探测范围。探测范围是指一只探测器警戒（监视）的有效范围。它是确定入侵报警系统中采用探测器数量的基本依据。不同种类的探测器，由于对入侵探测的方式不同，其探测范围的单位和衡量方法也不相同，一般分为以下两类：

1）探测面积：即一只入侵探测器有效探测的面积。点型入侵探测器均以有效探测的地面面积来表示其保护范围，单位为 m^2。

2）探测空间：即一只入侵探测器有效探测的空间范围。空间探测器通常用视角和最大探测距离两个量来确定其保护空间。

（2）可靠性。可靠性是入侵探测器最重要的性能指标，通常用其误报率来衡量。误报（贻误、错误报警）是指入侵探测器的漏报与监视警戒状态时的虚报。

1）漏报：入侵探测器的漏报是指保护范围内发生入侵而入侵报警系统不报警的情况，这是入侵报警系统及其产品不允许的，应严格禁止。

2）虚报：虚报是指入侵探测器保护范围内没有发生入侵而入侵报警系统报警的情况。

3）误报率：误报的严重程度用误报率的大小来衡量，误报率越小越好。误报率是指入侵报警系统和系统中各装置在规定条件下，在规定的期限内发生误报的次数，通常以百万小时的误报次数来表示，即

$$误报率＝误报次数/100 万 h$$

（3）灵敏度。灵敏度是指入侵探测器响应入侵事件产生的物理量（压力、温度、辐射光、红外线等）的敏感程度。

（4）其他性能指标：

1）稳定性：入侵探测器在一个周期时间内探测能力的一致性。

2）可维修性：入侵探测器可以修复的易难程度。

3）寿命：入侵探测器耐受各种环境条件的能力，其中包括耐受各种规定气候条件的能力、耐受各种机械干扰条件的能力和耐受各种电磁干扰的能力。

4）电气指标：功耗、工作电压、工作电流、工作时间。

第二节 探测器的原理与应用

入侵探测器俗称探头，又称报警探测器，一般安装在监测区域现场，主要用于探测入侵者的移动或其他不正常信号。

一、开关型入侵探测器

开关型入侵探测器由开关型传感器构成。该探测器由开关的通断来控制报警与否。不论是常开型还是常闭型，当其状态改变时均可直接向报警控制器发出报警信号，再由报警控制器发出声光警报信号。

开关型入侵探测器属于点控制型探测器，是一种结构比较简单，使用也比较方便、经济的探测器。

开关型入侵探测器的基本工作原理如图 6-4 所示。启动报警控制器发出报警信号的方式有两种：一种是开路报警方式；另一种是短路报警方式。

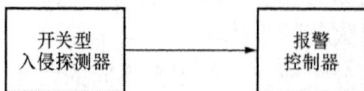

图 6-4 开关型入侵探测器的基本工作原理

常用的开关型入侵探测器：磁控开关、微动开关、紧急报警开关、压力垫或用金属丝、金属条、金属箔等来代用的多种类型的开关。它们可以将压力、磁场力或位移等物理量的变化转换为电压或电流的变化。

开关型入侵探测器通常用于对门窗、柜台、展橱、保险柜等防范范围仅是特定部位的入侵探测器。

1. 微动开关入侵探测器

微动开关入侵探测器是通过开关的闭合或断开（即控制电路的导通或断开）来触发报警的常用的开关探测器，其报警方式有两种：开路报警方式；短路报警方式。

（1）工作原理。由于入侵者的进入，产生外部作用力使其内部的动合触点接通或动断触点断开，进而发出报警信号。这种开关做成一个整体部件，需要靠外部的作用力通过传动部件带动，将内部簧片的触点接通或断开。

最简单的一种微动开关是如图 6-5（a）所示的两个触点的按钮开关。只要按钮被压下，A、B 两点间即可接通；压力去除，A、B 两点间即断开。

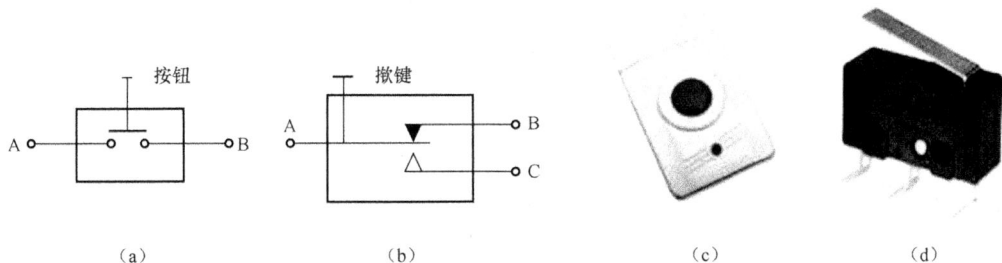

图 6-5 微动开关

（a）2 个触点；（b）3 个触点；（c）紧急按钮；（d）微动开关

微动开关由开关和动合与动断触点组成。图 6-5（b）所示的 3 个触点的揿键开关。A、B 两点间为动断接触；A、C 两点间为动合接触。

（2）应用特性。微动开关的优点是结构简单、安装方便、价格便宜、防震性能好、触点可承受较大的电流，而且可以安装在金属物体上；缺点是抗腐蚀性、动作灵敏度不如磁性开关。

2. 磁性开关入侵探测器

磁性开关又称为磁控开关、磁控管开关或磁簧开关，它由永久磁铁块和干簧管两部分组成。干簧管是一个内部充有惰性气体（如氮气）的玻璃管，其内装有 2 个金属簧片，以形成触点 A 和 B。

（1）工作原理。一般将干簧管安装在门框或窗框等固定部位或物体上，而将磁铁安装在门或窗等可能移动的部位或物体上，如图 6-6 所示。

由于入侵者的进入，产生作用力使外部磁力远离作为开关元件的干簧管，

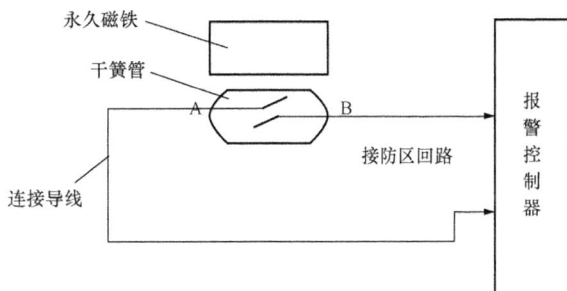

图 6-6 磁性开关的工作原理

从而使其内部触点断开或闭合，发出报警信号。

使用时，通常把磁铁安装在被防范物体（如门、窗等）的活动部位（门扇、窗扇），干簧管则安装在固定部位（门框、窗框），其安装示意如图6-7所示。

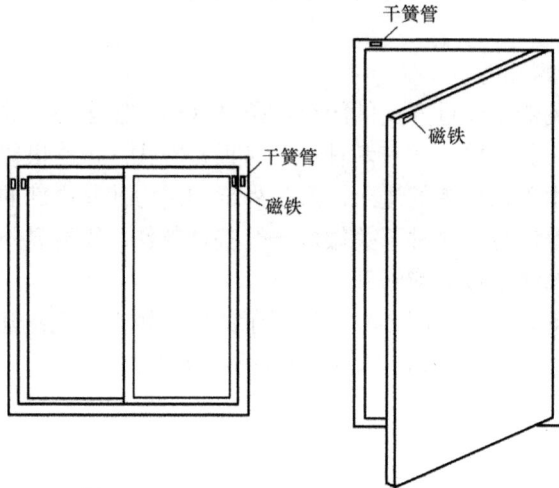

图6-7 磁性开关安装示意图

磁性开关有嵌入型、表面粘贴型等各种安装方式，如图6-8所示，适合于钢质、本质、塑钢门窗的防范，价位低、可靠性好，但功能单一。

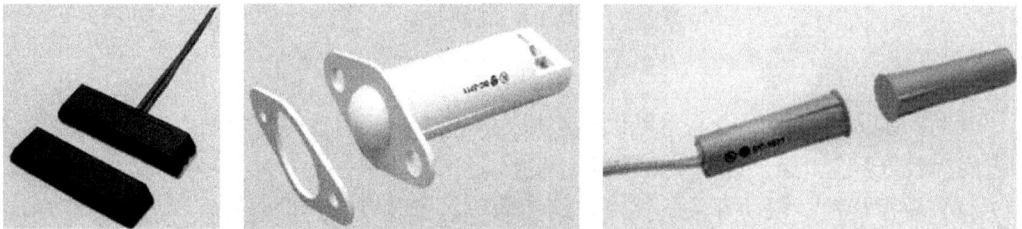

图6-8 磁性开关的常见形式

（2）磁性开关的主要性能指标：

1）缝距（mm）：见图6-9，缝距从几毫米到几十毫米不等。

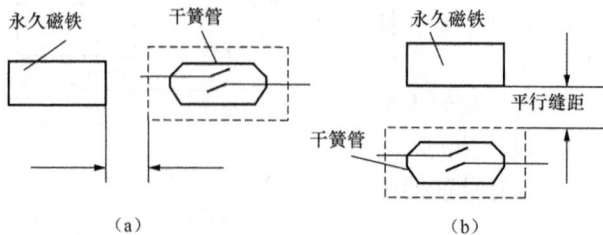

图6-9 磁控开关的缝距

（a）端至端缝距；（b）平行缝距

2）开关形式：单刀单掷（闭路）、单刀单掷（开路）和单刀双掷型。

3）额定电流（A）。

4）开关件尺寸（mm）。对于外观为圆柱形的开关件，有直径和长度的尺寸之分；对于外观为长方形的开关件，有长度、宽度和高度的尺寸之分。

5）磁石件尺寸（mm）。对于外观为圆柱形的磁石件，有直径和长度的尺寸之分；对于外观为长方形的磁石件，有长度、宽度和高度的尺寸之分。

6）安装方式：分为表面型安装方式（S）和隐藏型安装方式（R）。

（3）磁性开关的主要特点：

1）一个好的磁性开关，其磁控管的金属簧片要有较好的弹性且易于吸合；同时，磁铁的磁性必须要有足够的强度和寿命，以易于安装且减少误报。

2）要经常注意检查永久磁铁的磁性是否减弱，否则会导致开关失灵。

3）一般普通的磁性开关不宜在钢、铁物体上直接安装，这样会使磁性削弱，从而缩短磁铁的使用寿命。

4）磁性开关有明装式（表面安装式）和暗装式（隐藏安装式），应根据防范部位的特点和要求选择。

5）磁性开关的触点工作的可靠性和寿命。一般其可靠通断的次数可达 10^8 次以上。

6）由于磁性开关的体积小、耗电少、使用方便、价格便宜、动作灵敏（触点的释放与吸合时间约为 1ms）、抗腐蚀性能好，比其他机械触点的开关寿命长，因此得以广泛应用。

（4）应用特性。其优点是结构简单、安装方便、价格便宜、动作灵敏、抗腐蚀性好；缺点是触点可承受的电流小、防震性能不如微动开关。

安装时，干簧管一般装在固定门框或窗框上，永久磁铁则装在活动的门窗上。要注意磁性开关的吸合距离，且不宜在钢、铁物体上直接安装，如图 6-10 所示。使用时，定期检查干簧管触点和永久磁铁的磁性。

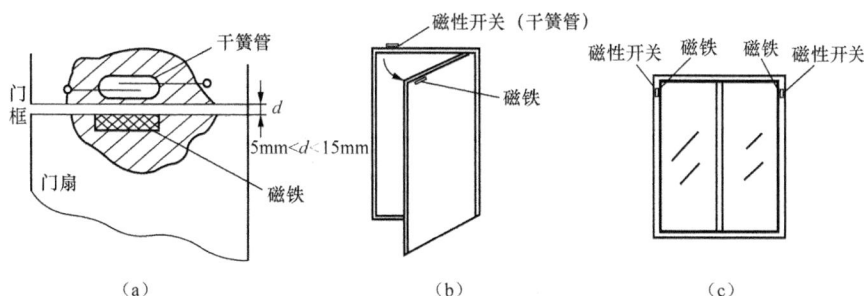

图 6-10 磁性开关的安装

（a）磁性开关安装示意；（b）门上安装；（c）滑窗上安装

3. 其他开关型入侵探测器

（1）压力垫。压力垫由两条平行放置的具有弹性的金属带构成，中间有几处用很薄的绝缘材料（如泡沫塑料）将两块金属条支撑着绝缘隔开，如图 6-11 所示。两块金属条分别接到报警电路

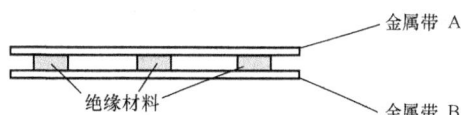

图 6-11 压力垫

中，相当于一个触点断开的开关。

压力垫通常放在窗户、楼梯和保险柜周围的地毯下面。当入侵者踏上地毯时，人体的压力会使两根金属带相通、终端电阻短路，从而触发报警，如图 6-12 所示。

图 6-12　利用压力垫报警

开关型探测器结构简单、稳定可靠、抗干扰性强、易于安装维修、价格低廉，从而获得了广泛的应用。

（2）紧急报警开关。当在银行、家庭、机关、工厂等各种场合出现入室抢劫、盗窃等险情或其他异常情况时，往往需要采用人工操作来实现紧急报警。这时，就可用紧急报警开关。

紧急报警开关可以是按钮开关、脚挑式开关或脚踏式开关。此外，可以用金属丝、金属条导电性薄膜等导电体的断裂来代替开关，还可以制成带有开关的防抢钱夹。

实际应用中，可以自己组装形成开关型探测器，如用细金属丝等做开关探测器，用拉线开关做开关探测器，用水银开关做开关探测器，用压力垫开关做开关探测器等。

能够探测固定物体位置被移动的传感器称为移动探测器。这里所要探测的是相对的移动，如放置在桌面上的物体被移开了桌面、停放的车辆被开动或搬动了等。

移动探测器最适合于如文件柜、保险箱等贵重、机要特殊物件的保护，也适宜于与其他系统结合使用，以防止盗贼破墙而入。移动探测器的有效性与应用的正确与否有很大关系。它常常用来对某些一般情况下有人员在活动的保护区内的特殊物件提供保护。

探测被警戒的物体是否发生移动，必须找到移动所能够产生的物理量变化，现在所采取的探测方法有机械方法、光学方法、电磁方法及震动探测法。

二、红外入侵探测器

1. 红外探测基础

红外线探测器是利用物体产生红外辐射的特性实现自动检测的传感器。

在物理学中，我们已经知道，可见光、不可见光、红外光及无线电等都是电磁波，它们之间的差别只是波长（或频率）的不同而已。图 16-13 所示为各种不同的电磁波按照波长（或频率）排成的波谱图，称之为电磁波波谱。

从图 6-13 中可以看出，红外线属于不可见光波的范畴，其波长一般为 0.76～600μm（称为红外区），而红外区通常又可分为近红外（0.73～1.5μm）、中红外（1.5～10μm）和远红外（10μm 以上），在 300μm 以上的区域又称为亚毫米波。

红外辐射是由于物体（固体、液体和气体）内部分子的转动及振动而产生的。这类振动过程是物体受热而引起的，只有在绝对零度（−273.16℃）时，一切物体的分子才会停止运动。所以，在绝对零度时，没有一种物体会发射红外线。换言之，在常温下，所有的物体都是红外辐射的发射源。例如，火焰、轴承、汽车、飞机、动植物，甚至人体等都是红外辐射源。

（1）红外辐射的性质。红外线和所有的电磁波一样，具有反射、折射、散射、干涉及吸收等性质，但它的特点是热效应为最大。红外线在真空中的传播速度 $c=3\times10^8$m/s，而在介

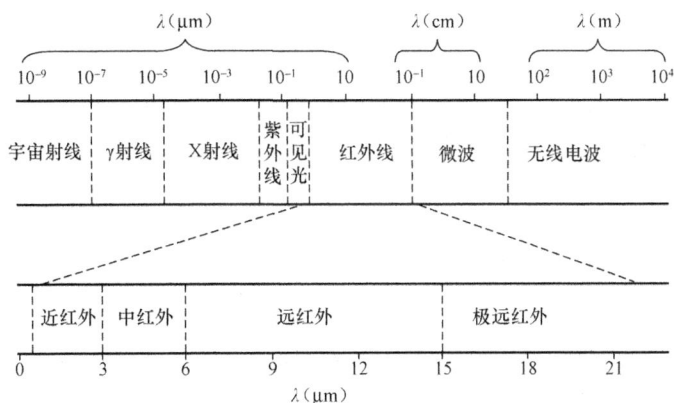

图 6-13　电磁波波谱

质中传播时，介质的吸收和散射作用将使其产生衰减。

金属对红外辐射的衰减非常大，一般金属材料基本上不能透过红外线；大多数的半导体材料及一些塑料能透过红外线；液体对红外线的吸收较大，例如，薄至 1mm 的水对红外线的透明度很小，当厚至 1cm 时，水对红外线几乎完全不透明了；气体对红外辐射也有不同程度的吸收。例如，大气（含水蒸气、二氧化碳、臭氧、甲烷等）就存在不同程度的吸收，它对波长为 1～5μm、8～14μm 之间的红外线是比较透明的，对其他波长的透明度就差了。此外，介质的不均匀、晶体材料的不纯洁、有杂质或悬浮小颗粒等，都会引起对红外辐射的散射。

实践证明，温度越低的物体辐射的红外线波长越长。由此，在工业上和军事上根据需要有选择地接收某一定范围的波长就可以达到测量的目的。

（2）红外探测的原理。红外探测器是一种能探测红外线的器件。从近代测量技术的角度来看，能把红外辐射转换成电量变化的装置称为红外探测器。按其工作原理可分为两类，即热敏探测器和光子探测器。

热敏探测器是利用红外辐射的热效应制成的，其主要类型有热释电型、热敏电阻型、热电偶型和气体型。其中，热释电探测器探测率最高、频率响应最宽，所以该探测器备受重视，发展很快。

一些晶体受热时，在晶体两端会产生数量相等而符号相反的电荷，这种由于热变化而产生的电极化现象称为热释电效应。

凡是有自发极化的晶体，其表面会出现面束缚电荷，而这些面束缚电荷平时被晶体内部的自由电子和外部来自空气中附着在晶体表面的自由电荷所中和，其自发极化电矩不能表现出来，因此在常态下呈中性。

如果交变的辐射通过光敏元件照射在极化晶体上，则晶体的温度就会变化，晶体结构中的正负电荷重心相对移位，自发极化也发生变化，晶体表面就会产生电荷耗尽。电荷耗尽的状况正比于极化程度，即晶片的自发极化强度及由此引起的面束缚电荷的密度均以同样频率发生周期性变化。如果面束缚电荷变化较快，而自由电荷来不及中和，则在垂直于自发极化矢量的两个端面间会出现交变的端电压。

人体都有恒定的体温，一般在 37℃ 左右会发出 10nm 左右特定波长的红外线；被动式热释电红外探头就是靠探测人体发射的红外线而进行工作的。红外线通过菲涅尔滤光片增强后聚集到热释电元件，这种元件在接收到人体红外辐射变化时就会失去电荷平衡，向外释放电荷，后经检测处理后就能产生报警信号。

（3）红外探测器的基本结构。红外探测器是由光学系统、敏感元件、前置放大器和调制器等组成。

热释电红外探测器包含两个互相串联或并联的热释电元件，而且制成的两个电极化方向恰好相反，环境背景辐射对两个热释电元件几乎具有相同的作用，使其产生释电效应相互抵消，于是传感器无信号输出。

当人体进入检测区时，因人体温度与环境温度有差别，故有信号输出；若人体进入检测区后不动，则温度没有变化，传感器也没有输出，所以这种传感器能检测人体或动物的活动。

被动式热释电红外探测器的结构及内部电路如图 6-14 所示。传感器主要由外壳、滤光片、热释电元件 PZT、场效应管 FET 等组成。

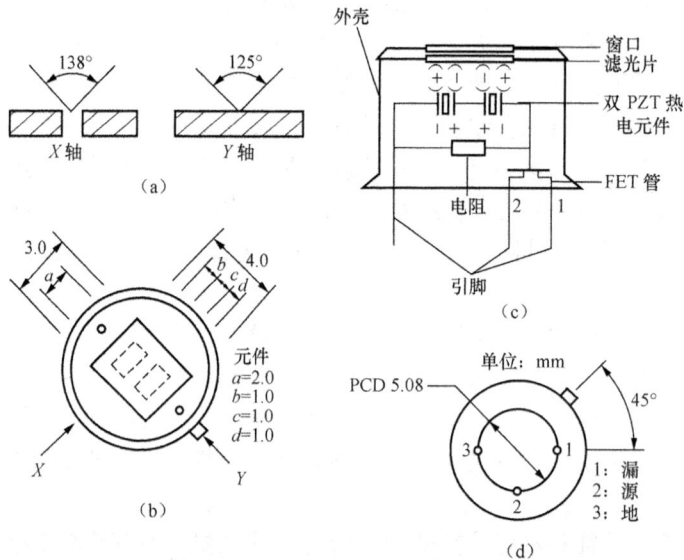

图 6-14　被动式热释电红外探测器的结构及内部电路
(a) 视场图；(b) 顶视图；(c) 侧视图；(d) 底视图

滤光片设置在窗口处，组成红外线通过的窗口。滤光片为 6mm 多层膜干涉滤光片，可很好地滤除太阳光和荧光灯光的短波长（约 5mm 以下）。

热释电元件 PZT 将波长在 8～12mm 的红外信号的微弱变化转变为电信号，为了只对人体的红外辐射敏感，在它的辐射照面通常覆盖有特殊的菲涅尔滤光片，从而使环境的干扰受到明显的抑制作用。

菲涅尔透镜根据菲涅尔原理制成，它把红外光线分成可见区和盲区，同时又具有聚焦作用，从而使被动式热释电红外探测器（PIR）灵敏度大大增加。

菲涅尔透镜具有折射式和反射式两种形式，其作用：一是聚焦，即将热释的红外信号折射（反射）在 PIR 上；二是将检测区内分为若干个明区和暗区，使进入检测区的移动物体能以温度变化的形式在 PIR 上产生变化热释红外信号，这样，被动式热释电红外探头就能产生变化电信号。

如果在热电元件上接上适当的电阻，则当元件受热时，电阻上就有电流流过，在两端就可得到电压信号。

（4）热释电红外探测器的特点。被动式热释电红外探测器具有本身不发任何类型的辐射、隐蔽性好、器件功耗很小、价格低廉的优点。但是，被动式热释电红外探头也有缺点，如：①信号幅度小，容易受各种热源、光源干扰；②穿透力差，人体的红外辐射容易被遮挡，不易被探头接收；③易受射频辐射的干扰；④环境温度和人体温度接近时，探测和灵敏度明显下降，有时造成短时失灵；⑤主要检测的运动方向为横向运动方向，对径向方向运动的物体检测能力比较差。

2. 主动式红外探测器

红外入侵探测器分为主动式红外探测器和被动式红外探测器两种。

（1）主动式红外探测器的基本原理。主动式红外探测器由主动式红外发射器和接收器两个部件构成。主动式红外发射器发出一束经调制的红外光束，投向红外接收器后，形成一条警戒线。当目标侵入该警戒线时，红外光束被部分或全部遮挡，接收机接收信号发生变化而报警。

因此，主动式红外探测器又称为红外对射探测器、光束遮断式感应器（Photoelectric Beam Detector，PBD），其基本构造包括瞄准孔、光束强度指示灯、球面镜片、LED 指示灯等；其探测原理是利用红外 LED 发射二极管发射红外线，再经光学镜面做聚焦处理使光线传至很远距离，再由红外接收器接受，当光线被遮断时就会发出警报。红外线是一种不可见光，而且会扩散，投射出去会形成圆锥体光束。因为红外接收器为热释电传感器，所以必须是脉动式红外光束。因此，这些对射无法传输很远的距离，通常在 500m 以内。

利用光束遮断方式的探测器当有人横跨过监控防护区时，因遮断不可见的红外线光束而引发警报，因此常用于室外围墙报警，且总是成对使用：一个发射；一个接收。发射机发出一束或多束人眼无法看到的红外光，形成警戒线，有物体通过时，光线被遮挡，接收机信号发生变化，放大处理后便报警。

红外对射探测器要选择合适的响应时间：太短容易引起不必要的干扰，如小鸟飞过，小动物穿过等；太长会发生漏报。通常以 10m/s 的速度来确定最短遮光时间。若人的宽度为20cm，则最短遮断时间为 20ms，大于 20ms 报警，小于 20ms 不报警。

红外对射探测器主要应用于距离较远的围墙、楼体等建筑物，与红外对射栅栏相比，其防雨、防尘、抗干扰等能力更强，在家庭防盗系统中主要应用于别墅和独院。

目前，常见的主动式红外探测器有两光束、三光束、四光束，距离为 30～300m 不等；也有部分厂家生产远距离多光束的"光墙"，其主要应用于厂矿企业和一些特殊的场所。

在家庭应用中，使用最多的是 100m 以下的产品，在这个距离中，红外栅栏和红外对射探测器均可使用：如果安装于阳台、窗户、过道等，就选用红外栅栏；如果安装于楼体、院墙等，就应选用红外对射探测器。在选择产品时，只能选择大于实际探测距离的产品。

（2）主动式红外探测器的组成。主动式红外探测器由发射和接收装置两部分组成，如图6-15 所示。

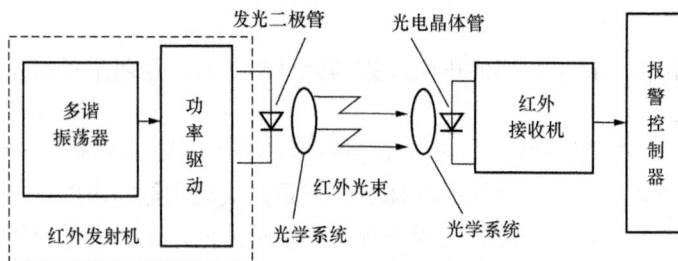

图 6-15 主动式红外探测器的基本组成

分别置于收、发端的光学系统一般采用的是光学透镜，它起到将红外光聚焦成较细的平行光束的作用，以使红外光的能量能集中传送。红外发光管一般置于发端光学透镜的焦点上，而光敏晶体管则置于收端光学透镜的焦点上，如图 6-16 所示。

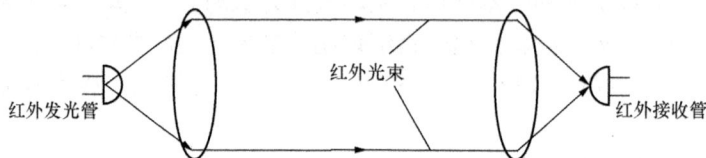

图 6-16 利用光学透镜将红外光聚集成束

实际中，通常采用调制的红外光源，因为这种方式具有两个优点：①可以降低电源的功耗；②使红外探测器具有较强的抗干扰能力，提高了工作的稳定性。

（3）主动式红外探测器的防范布局方式。主动式红外探测器可根据防范要求、防范区的大小和形状的不同，分别构成警戒线、警戒网、多层警戒等不同的防范布局方式。

根据红外发射机及红外接收机设置的位置不同，主动式红外探测器又可分为对向型安装方式及反射型安装方式两种。

1）对向型安装方式。对向型安装是指红外发射机与红外接收机对向设置，一对发射、接收机之间形成一束红外警戒线，如图 6-17（a）所示；对向型安装也可采用多组红外发射机与红外接收机对向放置的方式，这样可以用多道红外光束形成红外警戒网（或称光墙），如图 6-17（b）所示。

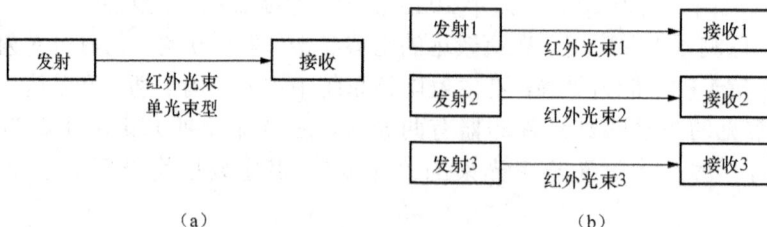

（a） （b）

图 6-17 对向型安装方式

（a）单光束型；（b）多光束型

对向型安装还可采用如图 6-18 所示的其他形式的多光束组合而成的警戒网。

根据警戒区域的形状不同，只要将多组红外发射机和红外接收机合理配置，就可以构成不同形状的红外线周界封锁线，如图 6-19 所示。

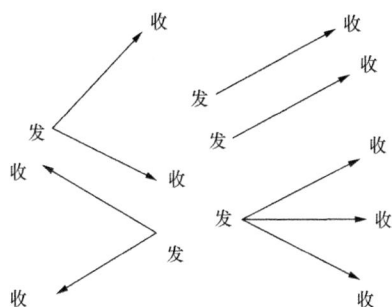

图6-18 其他形式的多光束组合而成的警戒网

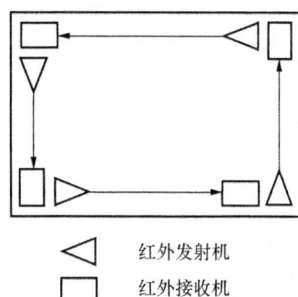

◁ 红外发射机

□ 红外接收机

图6-19 四组红外收、发机构成的周界警戒线

当需要警戒的直线距离较长时，也可采用几组收、发设备接力的形式，如图6-20所示。

图6-20 用接力方式加长探测距离

目前使用较多的双光束主动式红外探测器的防范布局方式如图6-21所示，在多组红外发射机与接收机一起使用时，应注意消除图中虚线所示的射束的交叉误射。

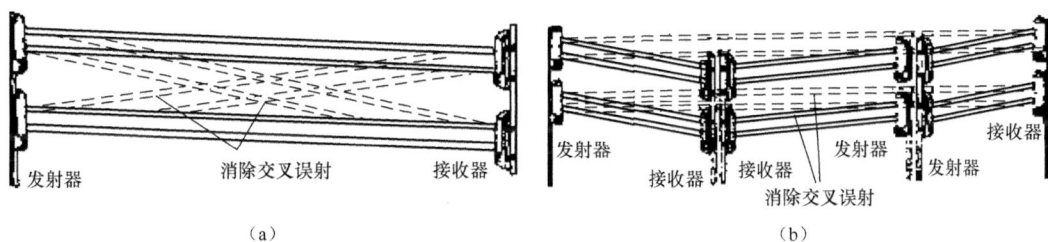

（a）

（b）

图6-21 双光束主动式红外探测器的防范布局方式

（a）射束层叠使用法；（b）长距离使用法

2）反射型安装方式。反射型安装是指接收机不直接接收发射机发出的红外光束，而是接收由反射镜或其他类型的反射物（如油漆墙、石灰墙、门等）反射来的红外光束，如图6-22（a）所示；采用这种方式可以使红外光束绕过发射机、接收机之间的障碍物，而且还可以通过反射镜的多次反射，将一条红外光束警戒线变为一条光束的警戒面，如图6-22（b）所示。

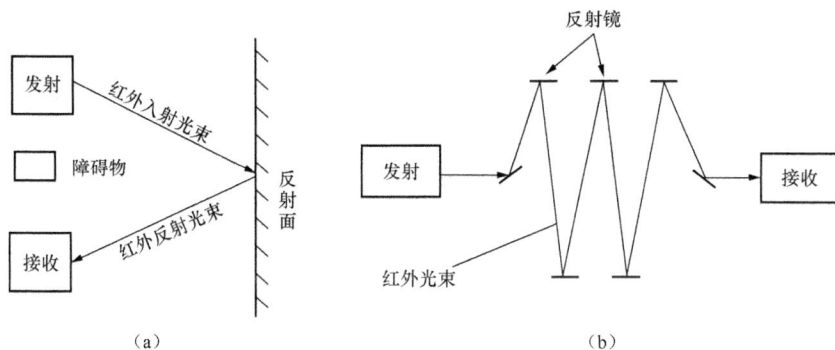

（a）

（b）

图6-22 反射型安装方式

（a）反射型安装方式；（b）利用反射安装方式所形成的红外警戒面

采用这种方式，一方面可缩短红外发射机与接收机之间的直线距离，便于就近安装、管理；另一方面，也可通过反射镜的多次反射，将红外光束的警戒线扩展成红外警戒面或警戒网。

要注意的是：采用反射型安装方式时的累计探测距离将小于采用对向型安装方式时的直线探测距离，因此，实际安装时应留有充分的余地。

（4）红外对射探测器的主要特点：

1）属于线控型探测器，其控制范围为一线状分布的狭长空间。

2）主动式红外探测器的监控距离较远，可长达百米以上。

3）探测器具有体积小、质量轻、耗电省、操作安装简便、价格低廉等优点。

4）主动式红外探测器用于室内警戒时，工作可靠性较高；用于室外警戒时，受环境气候影响较大。

5）由于光学系统的透镜表面裸露在空气之中，因此极易被尘埃等杂物所污染。

6）由主动式红外探测器所构成的警戒线或警戒网可因环境不同而随意配置，使用起来灵活方便。

（5）红外对射探测器的安装：

1）支柱式安装。较为流行的支柱有圆形和方形两种，早期较为流行的是圆形截面支柱；如今，方形支柱在工程界越来越流行，因为探测器安装在方形支柱上没有转动，且不易移动。此外，有广泛的不锈钢、合金、铝合金型材可供选择也是方形支柱的优势之一。

在工程上还有另外一种做法是选用角钢作为支柱，如果不能保证走线有效地穿管暗敷，而让线路裸露在空中，则这种方法是不可取的。

支柱的形状可以是 1 字形、Z 字形或者弯曲形，这由建筑物的特点及防盗要求而定，关键在于支柱的固定必须牢固，没有移位或摇晃，以利于安装、设防和减少误报。

2）墙壁式安装。现在，防盗市场上处于技术前沿的主动式红外探测器制造商能够提供水平 180°全方位转角，仰俯 20°以上转角的红外探测器，如 ALEPH 主动式红外探测器 HA、ABT、ABF 系列的产品便可支持探头在建筑物外壁或围墙、栅栏上直接安装。

3）安装注意要点：①线路不能明敷，必须穿管暗设，这是探测器工作安全最起码的要求；②安装在围墙上的探测器，其射线距墙沿的最远水平距离不能大于 30m，这一点在围墙以弧形拐弯的地方需特别注意；③配线接好后，今需用万用表的电阻挡测试探头的电源端端子，确定没有短路故障后方可接通电源进行调试。

（6）红外对射探测器的工程调试：

1）投光器光轴调整。打开探头的外罩，把眼睛对准瞄准器，观察瞄准器内影响的情况，探头的光学镜片可以直接用手在 180°范围内左右调整，用螺钉旋具调节镜片下方的上下调整螺栓，镜片系统有上下 12°的调整范围，反复调整使瞄准器中对方探测器的影响落入中央位置。

调整过程中，注意不要遮住光轴，以免影响调整工作。

投光器光轴的调整对防区的感度性能影响很大，因此一定要按照正确步骤仔细反复调整。

2）受光器光轴调整。按照与"投光器光轴调整"一样的方法对受光器的光轴进行初步调整。此时，受光器上红色警戒指示灯熄灭，绿色指示灯长亮，而且无闪烁现象，这表示套头光轴重合正常，投光器、受光器功能正常。

受光器上有两个小孔，上面分别标有"＋"和"－"，用于测试受光器所感受的红外线强度，其值用电压来表示，称为感光电压。将万用表的测试表笔（红"＋"、黑"－"）插入测量受光器的感光电压。反复调整镜片系统，使感光电压值达到最大。这样，探头的工作状态即达到了最佳状态。

需要注意的是，四光束探测器有两组光学系统，需要分别遮住受光器的上、下镜片，调整至上、下感光电压值一致为止。较古老的四光束探测器，其两组光学系统是分开调节的，由于涉及发射器和接受器两个探头共4个光学系统的相对应关系，调节起来相当困难，因此需要仔细调节，处理不当就会出现误报或者防护死区。新的四光束探测器已把两个部分整合为一体调节，工程施工也更加容易。

3）遮光时间调整。在受光器上设有遮光时间调节钮，一般探头的遮光时间在50～500m/s间可调。探头在出厂时，工厂将探头的遮光时间调节到一个标准位置上，在通常情况下，这个位置是一种比较适中的状态，都考虑了环境情况和探头自身的特点，所以没有特殊的原因，也无须调节遮光时间。

因设防的原因需要调节遮光时间，以适应环境的变化。一般而言，遮光时间短，探头敏感性就好，但对于像飘落的树叶、飞过的小鸟等的敏感度也强，误报警的可能性就会增多；遮光时间长，探头的敏感性降低，漏报的可能性增多。工程师应根据设防的实际需要调整遮光的时间。

4）红外对射探测器与防盗主机的连接。探头设定后，将防拆开关接入防区输入回路中，连线完毕，盖上探头的外壳，拧紧紧固螺栓。要求在防盗主机上该防区警示灯无闪烁、不点亮，防区无报警指示输出，表示整个防区设置正常。否则，要对线路进行检查，重新对探头进行调试，对防区状态进行确定。

（7）红外对射探测器的日常维护。日常工作中，由于探测器长期工作在室外，因此不可避免地受到大气中粉尘、微生物及雪、霜、雾的作用，长久以往，在探测器的外壁上会堆积一层粉尘样的硬壳，在比较潮湿的地方还会长出一层厚厚的薜苔，有时小鸟也会把排泄物拉到探测器上，这些东西会阻碍红外射线的发射和接收，造成误报警。

日常维护，通常是在一个月左右蘸上清洁剂清洗干净每一个探测器的外壳，然后擦干。除了清洁探测器外壳，每隔一个月要做一次发炮实验，以检验防盗系统的报警性能。

3. 被动式红外探测器

被动式红外探测器不需附加红外辐射光源，本身也不向外界发射任何能量，而是由探测器直接探测来自移动目标的红外辐射。

被动式红外探测器是只有红外线接收器的探测系统。当被防范范围内有目标入侵并移动时，将引起该域内红外辐射的变化，而红外探测器能探测出这种红外辐射的变化并发出报警信号。

在使用中，把探测器放置在所要防范的区域里，那些固定的景物就成为不动的背景，背景辐射的微小信号变化为噪声信号，由于探测器的抗噪能力较强，噪声信号不会引起误报，因此红外探测器一般用在背景不动或防范区域内无活动物体的场合。

（1）被动式红外探测器的原理。被动式红外移动探测器的原理是：利用光学系统将各防护区的红外辐射聚集到红外敏感元件上，由于人体表面温度与周围环境温度存在差别，因而人体的红外辐射强度和环境的红外辐射强度也就存在差异，在人体移动时，会穿越一些防护区，红外敏感元件就会检测到一系列的信号变化，从而触发报警。

1）被动式红外探测器的组成。被动式红外探测器主要由光学系统、红外传感器（或称热传感器）及报警控制器等部分组成，如图 6-23 所示。

图 6-23　被动式红外报警器的基本组成

红外传感器的探测波长范围为 8～14μm，由于人体的红外辐射波长正好在此探测波长范围之内，因此能较好地探测到活动的人体。

红外传感器又称为热传感器，它是被动式红外探测器中实现热电转换的关键器件，通常采用的是热释电传感器，且分为单波束型被动式红外探测器及多波束型被动式红外探测器两种。

2）单波束型被动式红外探测器（PIR）。单波束型被动式红外探测器采用反射聚焦式光学系统。它是利用曲面反射镜将来自目标的红外辐射汇聚在红外传感器上，如图 6-24 所示。

这种方式的探测器警戒视场角较窄，一般仅在 5°以下，但作用距离较远，可长达百米，因此又可称为直线远距离控制型被动式红外探测器，如图 6-25 所示。它适合用来保卫狭长的走廊和通道，以及封锁门窗和围墙等。

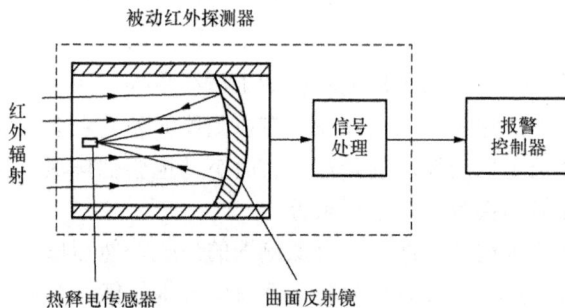

图 6-24　采用反射式光学系统的被动式红外报警器

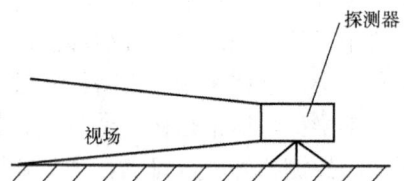

图 6-25　单波束型被动式红外探测器的探测范围

3）多波束型被动式红外探测器（HR）。多波束型被动式红外探测器采用透镜聚焦式光学系统。它是利用特殊结构的透镜装置，将来自广阔视场范围的红外辐射经透射、折射、聚焦后汇集在红外传感器上。多波束型被动式红外探测器中有两个关键性元件，一个是菲涅尔透镜；另一个是热释电传感器。人体有恒定的体温，与周围环境温度存在差别。当人体移动时，这种差别的变化通过菲涅尔透镜被热释电传感器检测到，从而输出报警信号。

目前，多采用性能优良的红外塑料透镜——多层光束结构的菲涅尔透镜。菲涅尔透镜有两个作用：一是将热释的红外辐射折射或反射到热释电传感器上；二是将探测区域分成若干个明区和暗区。某种 3 层结构的多视场菲涅尔透镜组的结构如图 6-26 所示。

红外透镜的镜头有一般的广角镜头式，也有形成垂直整体形幕帘式及小角度长距离视场与大角度近距离视场的组合式等。图 6-27 所示为其中的几种。

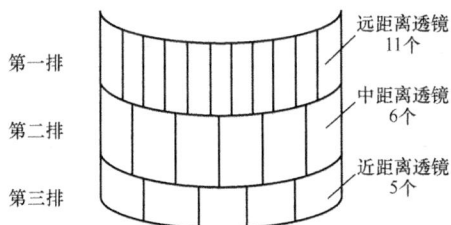

图 6-26　多视场菲涅尔透镜组的结构

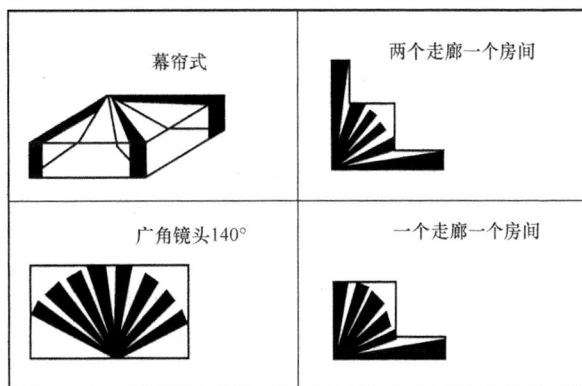

图 6-27　不同规格的红外透镜镜头

多波束型被动式红外探测器的警戒视场角比单波束型被动式红外探测器的警戒视场角大得多，水平视场角可大于 90°，垂直视场角最大也可达 90°，但其作用距离较近，只有几米到十几米。一般来说，视场角增大时，作用距离将减小。因此，多波束型被动式红外探测器又称为大视角短距离控制型被动式红外探测器。

（2）被动式红外探测器的主要技术措施。早期的被动式红外移动探测器因为技术与生产工艺的原因，容易发生误报。目前，改进的产品采用了多项新技术和新工艺，包括温度补偿技术、使用双元（或四元）红外传感器、交替极性脉冲计数技术、智能模糊逻辑分析真实移动识别（TMR）专利技术，改进的菲涅尔透镜和采用表面贴片工艺等多项防误报技术，从而有效防止了因为环境温度改变、射频干扰和气流等各种因素造成的误报。

1）温度补偿技术。一般情况下，人的体温总是比环境温度高得多。当入侵者运动时，传感器接收到红外的变化信号幅度较大而触发报警。当附近环境温度升高到与人体温度接近时，入侵者运动时传感器接收到的红外变化信号幅度就很小，这样有可能由于信号小于触发阀值而不会报警。这时，必须进行温度补偿。

第一种方案：线性温度补偿，这是常规的温度补偿，其特性是呈线性递增形式，如图 6-28 所示。

由图 6-28 可看出，电路的增益随环境温度的上升而上升，当环境温度接近人体温度时，增益也上升到较高值，确实可以起到灵敏度补偿的作用。但在环境温度上升到人体温度之上时，随着温差逐渐增大，补偿仍然继续增加，这就会使当环境温度与人体温差较大时灵敏度增加得太高而容易产生误报。

第二种方案：非线性温度补偿，其温度补偿特性呈抛物线形式，如图 6-29 所示。

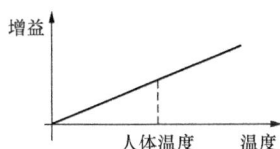

图 6-28　线性补偿特性

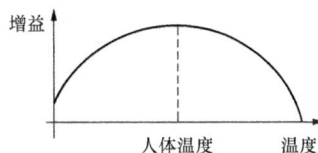

图 6-29　抛物线补偿特性

由图 6-29 可看出，电路的增益随环境温度的上升呈抛物线规律变化，这就可以做到在温度发生不同变化时，探测器的灵敏度基本可以维持稳定而达到一个最佳状态。采用了这种温度补偿特性的探测器可以在环境温度从－10℃到＋50～＋55℃的范围内变化，或是环境温升速率在一分钟内变化 0.56℃时也不会产生误报。还有的探测器甚至可以容许环境温度在－10～＋65℃时变化。

2）脉冲计数方式。最初的探测器中，通常采用的是单个红外光敏元件，只要接收的红外线强度超过预设值，就会发出报警信号。但是，这种方式误报率太高，改进的方式是增加脉冲计数方式。

脉冲计数分为模拟脉冲计数和数字脉冲计数。模拟脉冲计数是指探测单元计量红外输出信号超过阈值的时长，如果探测器的输出超过阈值的时间长度达到预设值，就会引发一个报警信号。脉冲计数一般都有 1～3 级可调。脉冲计数为 1 级时，探测器灵敏度极高；脉冲计数为 3 级时，探测器灵敏度较低，但防误报能力较强。数字脉冲计数是指探测器通过数字计数，计量入侵者从一开始所触发扇区触发沿的个数，并根据事先设置的数字脉冲计数个数而触发报警信号。

3）多元红外光敏元件。目前多采用多元红外光敏元件及脉冲计数方式，这样能够非常容易地过滤干扰、减少误报。其中，常见的是双元红外光敏元件和四元红外光敏元件。

双元红外光敏元件是指把两个性能相同、极性相反的热释电传感器光敏元件整合在一起的探测器，通常称为双元探测器，如图 6-30 所示。

四元红外光敏元件是指把 4 个性能相同、极性相反的热释电传感器光敏元

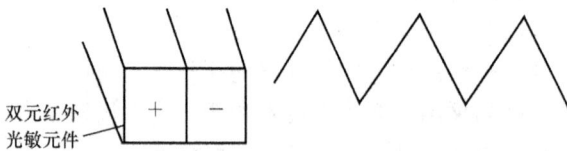

图 6-30　双元红外光敏元件与常规脉冲计数方式

件整合在一起的探测器，通常叫做四元探测器。这种设计方式又进一步提高了被动式红外探测器的防小动物、宠物引起误报的能力，如图 6-31 所示。

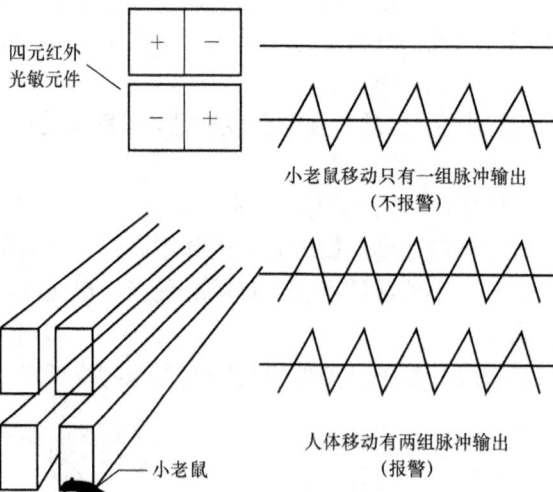

图 6-31　四元红外光敏元件与数字脉冲计数方式

4）其他防干扰措施。包括：①采用表面贴片技术的防射频干扰的措施；②在菲涅尔透镜的镜片上采取滤白光技术的防白光干扰的措施；③采用防宠物的菲涅尔透镜；④在被动式红外探测器中内置微处理器。

（3）被动式红外移动探测器。其灵敏度、防误报能力与可靠性都有较大提高，完全可以胜任绝大多数环境下的各种应用需要。目前，通常有 4 种可选择的透镜，即广角、长距离、超广角和防宠物。图 6-32 所示为被动式红外探测器透镜的选择与探测范围。

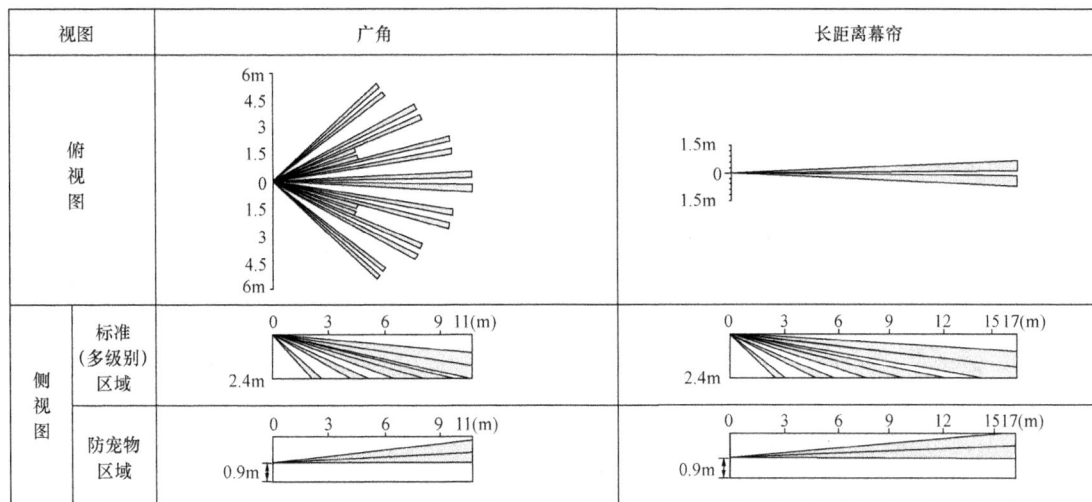

图 6-32 被动式红外探测器透镜的选择与探测范围

1）室内用被动式红外探测器。室内用被动式红外探测器的主要特性有：

标准防护范围：15m×15m。

交替极性脉冲计数：1 或 3 个脉冲可选，以此仅在一定时间内记录到数个这样的脉冲才触发报警。

温度补偿：采用抛物线补偿曲线，使得在低温和高温等不同温度环境中，灵敏度保持一致，且稳定性不变。

电磁干扰防护能力：大于 30V / m / 1GHz。

带垂直角度调整刻度：—12°～＋2°可调，以此改变俯角。

2）室外用被动式红外探测器。室外用被动式红外探测器的主要特性有：

防护范围：分别对应 120°宽束和长距离的窄束。

室外模式：均有日/夜间模式，有全天候防水外壳。

防护模式：透过调节主板位置及改变透镜方向可选择普通模式或防宠物模式。

灵敏度：有可分挡调节的灵敏度。

防误报措施：以双重屏蔽感光专利技术克服了因户外日光干扰导致的高误报率，消除了由杂乱光引起的误报。

（4）方向式幕帘红外探测器。幕帘式红外探测器也称为幕帘式电子栅窗或电子窗帘。它适用于门窗及阳台的保护，并在门窗的内侧安装，以其发出的电子束可取代铁窗栅封住住户的门和窗，一旦有人破窗而入穿越了此 60cm 的电子束，就将立即产生报警。

这种双束被动式红外探测器使用了方向分析技术，通过微处理器执行模糊分析控制，并采用窄带技术，当其在探测范围内收到从外部入侵的信号，如入侵者从窗口爬入或从门进入时，则立即报警，而当居住者在室内活动时，却不会触发报警。若装在阳台顶下，则可以判别主人从屋内出来不报警，判别窃贼从阳台入侵而报警，从而省去了住户"设防"与"撤防"，以及易产生误报的麻烦。安装在高 2.5m 处时，可防范宽 1m×6m 的区域；底层住宅和平顶楼的顶层均应安装。

（5）被动红外栅栏式探测器。这种探测器安装高度为 4m，在 12～100m 远处，有小于 0.5m 或 1m 宽度的两条鉴别波束，在南方环境温度与人体温度接近时，被动红外鉴别能力较差，它适于北方环境温度与人体温度差别较大的地区应用，特别适用于独门独户的别墅围墙的防范。

（6）被动式红外探测器的主要特点：

1）被动式红外探测器属于空间控制型探测器。

2）由于红外线的穿透性能较差，因此在监控区域内不应有障碍物，否则会造成探测"盲区"。

3）为了防止误报警，不应将被动式红外探测器探头对准任何温度会快速改变的物体，特别是发热体。

4）被动式红外探测器亦称为红外线移动探测器。一般应使探测器具有最大的警戒范围，使可能的入侵者都能处于红外警戒的光束范围之内，并使入侵者的活动有利于横向穿越光束带区，以提高探测的灵敏度。

5）被动式红外探测器的产品多数都是壁挂式的，需安装在离地面约 2～3m 高的墙壁上。

6）在同一室内安装数个被动式红外探测器时，也不会产生相互之间的干扰。

7）注意保护菲涅尔透镜。

（7）被动式红外探测器的安装使用要点。由于被动式红外探测器属于一种微弱信号检测设备，因此安装时必须注意一些细节方面的问题，如高度、灵敏度等。正确安装一个被动式红外探测器，必须掌握以下几个方面的信息：首先应了解探测器的性能特点，其次要合理确定安装的位置，最后必须仔细调试。被动式红外探测器的安装使用要点如下：

1）根据说明书确定正常的安装角度。安装高度不是随意选取的，它会影响探测器的灵敏度和防小宠物的效果。一个探测器装在 2m 高度的位置和 2.5m 高度的位置，当移动物体从地面移动时，切割明区和暗区的频率是不一样的。

2）不宜面对玻璃门窗。被动式红外探测器正对玻璃门窗会有两个问题：一是白光干扰，虽然，PIR 对白光具有很强的抑制功能，但毕竟不是 100% 的抑制，因此避免正对玻璃门窗，可以避免强光的干扰；二是避免门窗外复杂的环境干扰，如人群流动、车辆等。

3）不宜正对冷热通风口或冷热源。被动红外探测器的感应作用与温度的变化之间具有密切的关系。冷热通风口和冷热源均有可能引起探测器的误报，对有些低性能的探测器，有时通过门窗的空气对流也会造成误报。

4）不宜正对易摆动的物体。易摆动的物体将会使微波探测器起作用，因此同样可能造成误报。故注意非法入侵路线、安装探测器的目的是防止犯罪分子的非法入侵；在确定安装位置之前，必须考虑建筑物主要出入口。实际上，防止出入口、截断了非法入侵线路，也就达到了目的。

5）合理的选型。被动式红外探测器具有多种型号，从 6m 到 60m，从单红外到三红外，从壁挂式到吸顶式的都有，因此，所要安装的探测器必须考虑防范空间的大小、周边的环境、出入口的特性等实际状况，有时还要考虑更换菲涅尔透镜来满足要求。

（8）被动式红外探测器的调试要点。将探测器安装完后，调试探测器是最后所要做的工作。被动式红外探测器的调试方法有两种。

1）步测：即调试人员在警戒区内走 S 形的线路来感知警戒范围的长度等参数。微波灵敏度和红外灵敏度通过步测的方法要分别调整，过高或过低的灵敏度都将影响防范效果。有时，由于季节变换，冬季和夏季应分别对灵敏度进行调整。此外，调试时要注意，微波灵敏度一定不能过大，因为微波只有穿透性。

2）仪表测量：有的探测器有背景噪声电压输出接口，因此可用万用表的电压来测试；当探测器处在警戒状态下时，其静态背景噪声的输出电压的大小表示干扰源的干扰程度，以此判断这一位置是否合适安装。

各种品牌在红外处理方面具有其独特的方法，因此在使用安装前，必须仔细阅读说明书，最重要的是通过实际工作经验的积累，对探测器的特性有更深刻的了解，从而更好地发挥被动红外探测器的作用。

三、微波入侵探测器

1. 微波探测基础

微波是波长为 1mm～1m 的电磁波，因而它具有以下性质：①可定向辐射，空间直线传输；②遇到各种障碍物易于反射；③绕射能力差；④传输特性好；⑤介质对微波的吸收与介质的介电常数成比例，水对微波的吸收作用最强。

（1）微波振荡器与微波天线。微波振荡器是产生微波的装置，微波波长很短、频率很高（300MHz～300GHz）。构成微波振荡器的器件有速调管、磁控管或某些固态器件。小型微波振荡器也可以采用体效应管。

为了使发射的微波具有尖锐的方向性，天线应具有特殊的结构。常用的微波天线如图 6-33 所示，其中喇叭形天线如图 6-33（a）、图 6-33（b）所示；抛物面天线如图 6-33（c）、图 6-33（d）所示。

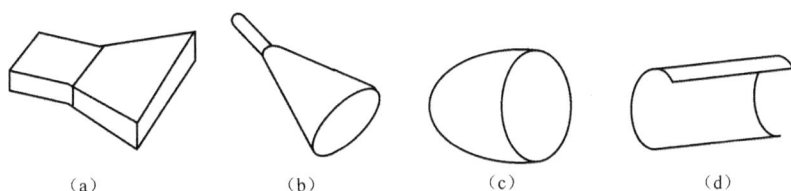

（a）　　　　　（b）　　　　　（c）　　　　　（d）

图 6-33　常见的微波天线

（a）扇形喇叭天线；（b）圆锥喇叭天线；（c）旋转抛物面天线；（d）抛物柱面天线

（2）微波传感器的组成。微波传感器是指利用微波特性来检测一些物理量的器件或装置。根据上述原理，微波传感器可分为反射式微波传感器和遮断式微波传感器两类。

1）反射式微波传感器就是指通过检测被被测物反射回来的微波功率的大小或经过的时间间隔来测量被测物的位置、厚度等参数。

2）遮断式微波传感器是通过检测接收天线接收到的微波功率的大小来判断发射天线与被测天线之间有无被测物或被测物的位置与含水量等参数。

微波传感器的敏感元件是微波场，它的其他部分可视为一个转换器和接受器，如图 6-34 所示。图中，MS 为微波源；T 为转换器；R 为接收器。

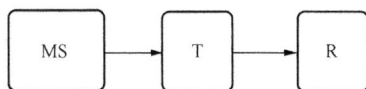

图 6-34　微波传感器的构成

转换器可以是微波场的有限空间，被测物即处于其中。

如果 MS 与 T 合二为一，则称为有源微波传感器；如果 MS 与 R 合二为一，则称为自振式微波传感器。

（3）微波传感器的特点：

1）实现非接触测量。可以进行活体检测，且大部分测量不需要取样。

2）测量速度快、灵敏度高，可以进行动态检测和实时处理，便于自动控制。

3）可以在恶劣的环境条件下进行检测，如高温、高压、有毒、有放射线的环境条件。

4）便于实现遥测与遥控。

5）零点漂移和标定尚未很好解决，使用时外界因素影响较多，如温度、气压、取样位置等。

2. 雷达式微波探测器

用于入侵探测的微波式探测器共两种类型：雷达式微波探测器和微波墙式探测器。

雷达式微波报警器又称多普勒式微波报警器，它是一种将微波发、收设备合置的微波报警器，工作原理是利用无线电波的多普勒效应实现对运动目标的探测。

雷达式微波报警器的监测范围为一个三维空间，其水平辐射角为 60°～90° 控制面积可达数百平方米。因此，它是一个面积型入侵探测器。

（1）多普勒效应。多普勒效应是以发现者克里斯蒂安·多普勒（Christian Doppler）的名字命名的。多普勒是奥地利物理学家和数学家，他于 1842 年首先发现了这种效应。当一列鸣着汽笛的火车经过时，火车汽笛的声调由高变低，这是因为声调的高低是由声波振动频率的不同决定的：频率高，声调听起来就高；反之，声调听起来就低。

为了理解这一现象，就需要考察火车以恒定速度驶近时，汽笛发出的声波在传播时的规律，其结果是声波的波长缩短，好像波被压缩了，因此，在一定时间间隔内传播的波数就增加了，这就是观察者为什么会感受到声调变高的原因；相反，当火车驶向远方时，声波的波长变大，好像波被拉伸了。因此，声音听起来就显得低沉。定量分析得到 $f_1=(u+v_0)/(u-v_s)f$，其中，v_s 为波源相对于介质的速度；v_0 为观察者相对于介质的速度；f 为波源的固有频率；u 为波在静止介质中的传播速度。当观察者朝波源运动时，v_0 取正号；当观察者背离波源（即顺着波源）运动时，v_0 取负号。当波源朝观察者运动时 v_s 取负号；当波源背离观察者运动时 v_s 取正号。从上式可知，当观察者与声源相互靠近时，$f_1>f$；当观察者与声源相互远离时，$f_1<f$。

因此，多普勒效应就是指当发射源（声源或电磁波源）与接收者之间有相对径向运动时，接收到的信号频率将发生变化。利用这个特性就可以探测出运动目标，实现报警传感功能。

（2）雷达式微波探测器的组成及原理（见图 6-35）。

如果微波探测器发射信号的频率 f_0 为 10GHz，光速 c 为 $3×10^8$m/s，则对

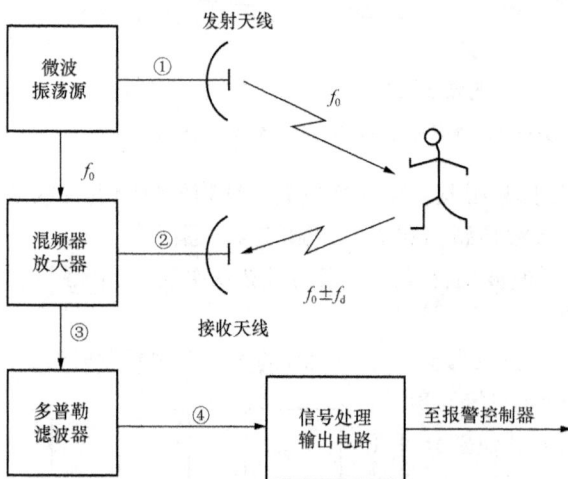

图 6-35　雷达式微波探测器的组成及原理

应人体的不同运动速度 v 所产生的多普勒频率见表6-2。

表6-2 对应人体不同运动速度所产生的多普勒频率

v（m/s）	0.5	1	2	3	4
f_d（Hz）	33.33	66.67	133.33	200	266.67
v（m/s）	5	6	7	8	9
f_d（Hz）	333.33	400	466.67	533.33	600

从表6-2中看出，人体在不同运动速度下产生的多普勒频率是处于音频频段的低端，只要能检出这一较低的多普勒频率，就能区分出是运动目标还是固定目标，从而完成检测人体运动的传感报警功能。

由上分析看出，由于雷达式微波探测器的基本原理与多普勒雷达相同，因而才有雷达式之称。

（3）雷达式微波探测器的主要特点。微波探测器发射的微波信号频率一般为9GHz左右，它受气候条件、环境变化的影响较小，并且对非金属物体具有穿透性，所以，微波探测器可以安装在伪装物的深处，具有非常好的隐蔽性。但同样因为微波的穿透性，又有可能造成误报，因此，在选型与安装时应注意微波探测器的控制范围和指向性，把探测区域限制在规定的范围之内。

1）雷达式微波探测器对警戒区域内活动目标的探测是有一定范围的，其警戒范围为一个立体防范空间，控制范围较大，可以覆盖60°～95°的水平辐射角，面积可达几十至几百平方米，探测区域如图6-36所示。

2）微波探测器的发射能图与所采用的天线结构有关，如图6-37所示。

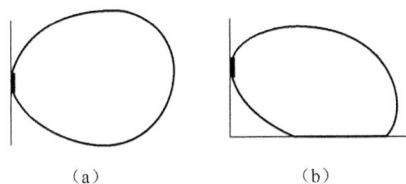

图6-36 雷达式微波探测器的探测区域
（a）水平区域；（b）垂直区域

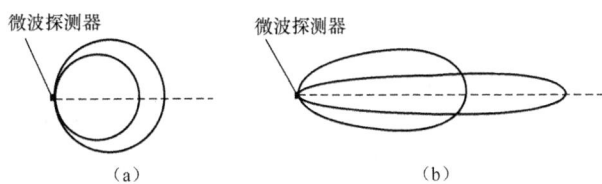

图6-37 微波场形成的控制范围能图
（a）采用全向天线；（b）采用定向天线

雷达式微波探测器的发射天线与接收天线通常采用收、发共用的形式。

3）微波对非金属物质的穿透性既有好的一面，也有坏的一面。通常是将报警探测器悬挂在高处（距地面1.5～2m），探头稍向下俯视，使其方向指向地面，并把探测器的探测覆盖区限定在所要保护的区域之内。这样可将穿透性能造成的不良影响减至最小，如图6-38所示。

图6-38中，探测范围A显然比探测范围B更可靠，因为探测范围B超出了规定范围，容易产生误报。

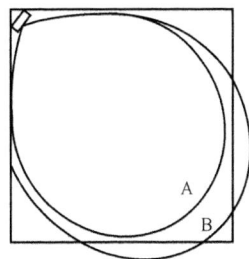

（4）雷达式微波探测器的安装使用要点：

图6-38 微波探测器的安装

1）雷达式微波探测器属于室内应用型探测器。

2）在监控区域内不应有过大、过厚的物体，特别是金属物体。

3）微波探测器的探头不应对准可能会活动或发生位移的物体，如门、窗、电扇等。

4）微波探测器不应对准日光灯、水银灯等气体放电灯光源。因为气体放电灯在闪烁时，其中的电离气体会成为微波的运动反射物而造成误报警。

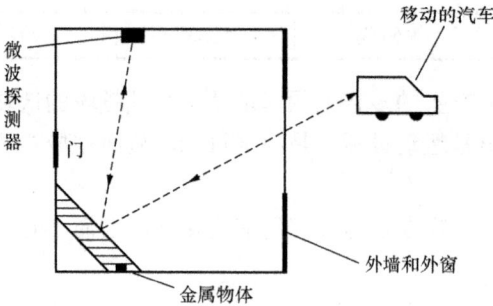

图 6-39　微波探测器的不当设置

5）当在同一室内需要安装两台以上的微波探测器时，它们之间的微波发射频率应当有所差异（一般相差 25MHz 左右），而且不应相对放置，以防止交叉干扰而产生误报警。

6）微波探测器不应对着大型金属物体或具有金属镀层的物体，如金属门、金属柜等，否则，这些物体可能会将微波反射出规定区域，如当有人、车等在控制区外走动时将产生误报，如图 6-39 所示。

3.　微波墙式探测器

微波墙式探测器主要用于周界防范，其工作方式类似于主动红外对射式入侵探测器，不同的是用于探测的波束是微波而不是红外线。另外，这种探测器的波束更宽，呈扁平状，像一面墙壁，所以防范的面积更大。这种探测器在使用时，应注意使墙式微波波束控制在防范区域内，不向外扩展，以免误报。

（1）微波墙式探测器的组成及基本工作原理。微波墙式报警器又称微波阻挡式报警器，它是将微波发、收设备分置的微波报警器，主要由微波发射机及发射天线、微波接收机及接收天线，以及报警控制器组成。它的工作原理是利用场干扰原理或波束阻断原理，当发射与接收天线之间有阻挡物时，微波的正常传播会受到破坏，从而判断有入侵者。因此，微波墙式探测器是一种将微波收、发设备分置的利用场干扰原理或波束阻断式原理的微波探测器，其基本组成如图 6-40 所示。

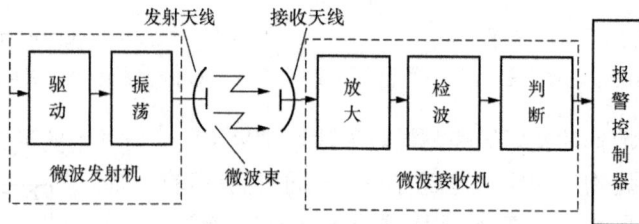

图 6-40　微波墙式探测器的基本组成

在微波发射机与接收机之间的微波电磁场形成了一个看不见的警戒区域，该区域是一个长达几百米，宽 2～4m，高 3～4m 的三维空间，似一堵大墙，所以常称为微波墙。实际使用中，一般将微波发射机、接收机安装在桩柱上或墙上，发射机和接收机之间应无障碍物，特别是体积较大的金属物件，以及不应有其他干扰源。

（2）微波墙式探测器的主要特点：

1）微波墙式探测器一般采用脉冲调制的微波发射信号，其优点包括：①电源耗电少，便于使用备用电源，也可延长备用电池的使用寿命；②放大器相对频带窄、机内噪声小；③抗干扰性较强。

2）工作可靠性较好，只要安装得当，误报漏报率就较低。

3）由于在微波接收机与发射机之间形成一道无形的墙，因此是一种很好的周界防范报警设备。它适用于露天仓库、施工现场、飞机场、监狱、劳改场或博物馆等大楼墙外的室外周界场所的警戒防范工作，也可用来警戒展览馆、机要大楼等室内的狭长走廊，以防坏人进入重要场所。

（3）微波墙式探测器的安装使用要点：

1）当防范区具有比较开阔、平坦和直线性较好的外周界线时，根据微波射束的直线传播特性，适宜采用两个相对方向发射的微波射束组成一面警戒墙。

2）当防护区的外周界线平直度较差、曲折过多或地面高低起伏不平时，不宜采用微波墙式探测器。

3）使用中，通常采用 L 形托架将微波收、发机安装在墙上或桩柱上，收、发机之间要有清晰的视线，如图 6-41 所示。

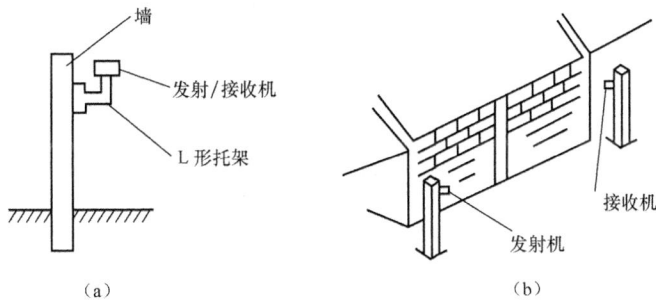

图 6-41　微波墙式探测器的安装

（a）侧视图；（b）主视图

4）户外使用时，可根据防范区域外周界的形状，合理布局几组对向放置的收、发机，并注意各设备之间的间隔，如图 6-42 所示。图中 T（TRANSMITTER）代表发射机，R（RECEIVER）代表接收机。

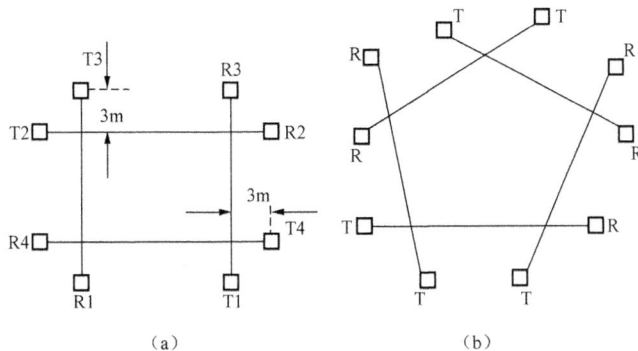

图 6-42　微波墙式探测器的布局

（a）四边形布局；（b）多边形布局

四、激光入侵探测器

1. 激光探测基础

激光，又称"镭射"、"莱塞"，英文名称 LASER（Light Amplification by Stimulated Emission of Radiation），即通过受激使发射光扩大。

激光探测器具有各种不同的类型，都是将外来的能量（电能、热能、光能等）转化为一定波长的光，并以光的形式发射出来。激光探测器由激光发生器、激光接收器及其相应的电路所组成。

激光具有高亮度、高方向性、高单色性和高相干性的特点，应用于测量和加工等方面，可以实现无触点远距离的测量，且速度快、精度高，测量范围广，抗光、电干扰能力强，因此得到了广泛的应用。

（1）激光的形成原理。激光是媒质的粒子（原子或分子）受激辐射产生的。

原子的运动状态可以分为不同的能级，当原子从高能级向低能级跃迁时，会释放出相应能量的光子。同样的，当一个光子入射到一个能级系统并为之吸收时，会导致原子从低能级向高能级跃迁；然后，部分跃迁到高能级的原子又会跃迁到低能级并释放出光子。这些运动不是孤立的，而往往是同时进行的。当创造一种条件，如采用适当的媒质、共振腔、足够的外部电场，则受激辐射得到放大比受激吸收要多，那么总体而言，就会有光子射出，从而产生激光。

若原子或分子等微观粒子具有高能级 E_2 和低能级 E_1，且在 E_2 和 E_1 能级上的分布数密度为 N_2 和 N_1，则在两能级间存在着自发辐射跃迁、受激辐射跃迁和受激吸收跃迁三种过程。

原子在得到外界能量后，由低能级向高能级跃迁的过程叫做原子的激发。处于激发状态的原子能够很快地跃迁到低能级上去，同时辐射出光子。这种处于激发状态的原子自发地从高能级跃迁到低能级上去而发光叫做原子的自发辐射。原子自发辐射的光是一系列不同频率的光子的混合。对于光源的大量原子来说，这些光子的频率只服从于一定的统计规律。

处于高能级的原子在外界作用的影响下发射光子而从高能级跃迁到低能级的发光现象叫做原子的受激辐射。受激辐射跃迁所产生的受激辐射光与入射光具有相同的频率、相位、传播方向和偏振方向。因此，大量粒子在同一相干辐射场激发下产生的受激辐射光是相干的。受激辐射跃迁几率和受激吸收跃迁几率均正比于入射辐射场的单色能量密度。当两个能级的统计权重相等时，两种过程的几率相等。

在热平衡情况下，$N_2 < N_1$，所以受激吸收跃迁占优势，光通过物质时通常因受激吸收而衰减。外界能量的激励可以破坏热平衡而使 $N_2 > N_1$，这种状态称为粒子数反转状态。在这种情况下，受激辐射跃迁占优势。光通过一段长为 l 的处于粒子数反转状态的激光工作物质（激活物质）后，光强增大 eGl 倍。G 为正比于（$N_2 - N_1$）的系数，也称为增益系数，其大小还与激光工作物质的性质和光波频率有关。一段激活物质就是一个激光放大器。

如果把一段激活物质放在两个互相平行的反射镜（其中至少有一个是部分透射的）构成的光学谐振腔中，则处于高能级的粒子会产生各种方向的自发发射。其中，非轴向传播的光波很快逸出谐振腔外；轴向传播的光波却能在腔内往返传播，当它在激光物质中传播时，光强不断增长。如果谐振腔内单程小信号增益系数 G 大于单程损耗 δ，则可产生自激振荡。

当工作物质产生受激辐射时，受激辐射光在两反射镜之间作一定次数的往返反射，而每次返回时都经过建立了粒子数反转分布的工作物质，这样使受激辐射一次又一次地加强，一般把激光在共振腔内往返放大的过程称为振荡放大。通过这样几十次、几百次的往返，直至能获得单方向的强度非常集中的激光输出为止。可见，原子受激辐射的光是一系列相同频率的光子的集合。

（2）激光的特点：

1）高方向性。高方向性就是高平行度，即光束的发散角小。激光束的发散角已达到几分甚至小到 1″，所以通常称激光为平行光。

2）高亮度。激光在单位面积上集中的能量很高。一台较高水平的红宝石脉冲激光器亮度可达 1015W／（$cm^2 \cdot sr$），比太阳的发光亮度高出很多倍。这种高亮度的激光束会聚后能产生几百万摄氏度的高温。在这种高温下，就是最难熔的金属，在一瞬间也会熔化。

3）单色性好。单色光是指谱线宽度很窄的一段光波。用 λ 表示波长，$\Delta\lambda$ 表示谱线宽度，则 $\Delta\lambda$ 越小，单色性越好。

在普通光源中，最好的单色光源是氪（Kr86）灯：$\lambda=605.7nm$，$\Delta\lambda=0.00047nm$；而普通的氦氖激光器所产生的激光：$\Delta\lambda=632.8nm$，$\Delta\lambda<10\sim8nm$。

从上面数字可以看出：激光光谱单纯，波长变化范围小于 $10\sim8nm$，与普通光源相比，缩小了几万倍。

4）高相干性。相干性就是指相干波在叠加区得到稳定的干涉条纹所表现的性质。相干性有时间相干性和空间相干性。普通光源是非相干光源，而激光是极好的相干光源。时间相干性是指光源在不同时刻发出的光束间的相干性，它与单色性密切相关，单色性好，相干性就好；空间相干性是指光源处于不同空间位置发出的光波间的相干性，一个好的激光器有着无限的空间相干性。

由于激光具有上述特点，因此，利用激光可以导向；可以做成激光干涉仪，以测量物体表面的平整度、物体长度、速度及转角；还可以切割硬质材料等。

（3）激光器的种类与结构。激光器的种类很多，按其工作物质可以分为气体、液体、固体、半导体激光器。

1）气体激光器。气体激光器的工作物质是气体，其中有各种惰性气体原子、金属蒸气、各种双原子和多原子气体、气体离子等。

气体激光器通常是利用激光管中的气体放电过程来进行激励的，主要有氦氖激光器、二氧化碳激光器等。气体激光器中的光学共振腔一般由一个平面镜和一个球面镜构成，球面的半径要比腔长大一些，如图 6-43 所示。

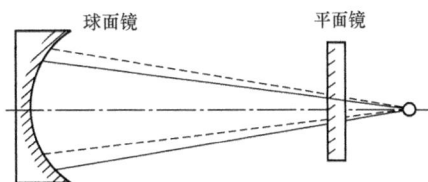

图 6-43　平凹腔

2）固体激光器。固体激光器的工作物质主要是掺杂晶体和掺杂玻璃，最常用的是红宝石（掺铬）、钕玻璃（掺钕）及钇铝石榴石（掺钕）。

固体激光器常用的激励方式是光激励（简称光泵），即用强光去照射工作物质（一般为棒状，在光学共振腔中，它的轴线与两个反光镜相垂直），使之激发起来，从而发出激光。

3）半导体激光器。半导体激光器最明显的特点是体积小、质量轻、结构紧凑。一般，气体和固体激光器的长度至少为几厘米，长的达几米以上。但半导体激光器本身却只有针孔那么大，它的长度还不到 1mm，将它装在一个晶体管模样的外壳内或在它的两面安装上电极，其质量不超过 2g，因此，使用起来十分方便。

半导体激光器的工作物质是某些性能合适的半导体材料，如砷化镓（GaAs）、砷磷化镓（GaAs-P）、磷化铟（InP）等。其中，砷化镓应用最广，将它做成二极管形式，如图 6-44 所示，其主要部分是一个 PN 结，在 PN 结中存在导带和价带，如果把能量加在"价带"中的电子上，此电子就被激发到能量较高的导带上。若注入的能量很大（通常以电流激励来获得），就可以在导带与价带之间形成粒子数的反转分布，于是，在注入的大电流作用下，电子与空穴重新复合，这时能量就以光子的形式释放出，最后通过谐振腔的作用，输出一定频率的激光。

半导体激光器的效率较高，可达 60%～70%，甚至更高一些。但它也有一些缺点，如激光的方向性较差、输出功率较小、受温度影响较大等。

2. 激光入侵探测器

（1）激光入侵探测器的原理与组成。激光入侵探测器属于主动入侵探测器类，主要由激光发射机和激光接收机组成。

当被探测的目标侵入所防范的警戒线时，激光发射机和接收机之间的激光束被遮挡，能够响应被遮挡的激光束，并进入报警状态的装置称为激光探测器。

激光发射机由激光发射器、调制激励电源及相应的方向调整机构组成；激光接收机由激光接收器、光电信号处理器及相应的支撑机构组成，如图 6-45 所示。激光发射机发射出的激光束定向强、方向性好、频率单一、相位一致，是其他光源无可比拟的。该机以不可见调制激光光束（单束或多束）形成警戒线，并采用遮挡报警的方式对周界、平面和立体空间进行封闭布防。

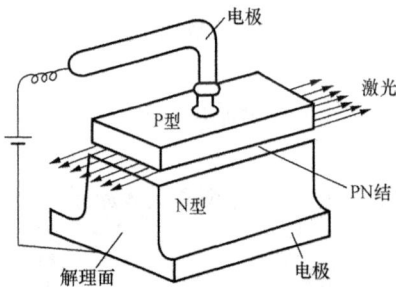

图 6-44 砷化镓激光器

图 6-45 激光发射机

在防护区域的始端设置激光发射机，将其发射出的定向强激光束直接射向接收端。在接收机通过光电器件将接收到的光信号转换成开关量信号，并经鉴别器处理。当确认信号正常时，内部显示绿灯，保持监视状态；而当光束被遮断时，信号失常，内部显示红灯，同时输出报警信号，从而实现对激光束所经过的全路程的监控。

（2）激光入侵探测器的特点。主动激光入侵探测器具有探测距离远、灵敏度高、误报率低、防范性强、安全可靠、隐蔽性好、抗干扰性强、对其他设备无干扰、检修调试十分方便、维护简便、布设灵活、探测距离远、适应各种恶劣自然气候情况、受环境影响小等优点。

1）探测距离远、误报率低。激光束的方向性极好、光能集中、传输效率高。激光束发射功率密度大、发散角小、光束集中、方向性好，在使用同等功率器件的条件下，目标接收处激光束的功率密度是红外发光二极管光束功率密度的数百甚至几千倍。因而，在同样气候条件下，激光的传输衰减远小于其他同类探测器，穿透雨雾能力强，探测距离可达数百米至几千米，从而保证远距离的正常工作和减少恶劣天气时的误报率。

2）闭路传输、无相互干扰。激光束属于闭路传输，因而不存在红外对射探测器在直线上连续布设或者邻近系统互相干扰的问题，可以长大距离连续直线布设或近距离交叉布设。同样，也不存在红外光泄漏而干扰周围其他敏感红外设备的问题。

3）抗外界杂散光和电磁干扰的能力强。合理的光接收器和高功率密度发射器使得该系统具有很强的抗干扰能力。利用激光束的单色性极好、光斑大小可控的优势，可以使系统在严重干扰的环境下正常工作。

4）防范性强。因激光系统不存在直线连续布设和小角度布设时相互干扰的问题（遇长大距离时，采用激光中继器进行接续），因而可以根据需要在重要地段实施连续/交叉布防。激光系统可实施多道独立光束平面分布，因而可组成十分严密的警戒平面。连续布设无串扰各光束独立防范，遮挡任一束均报警，因而可组成十分严密的警戒平面、立体布设，可以十分隐蔽地固定设防，也可以临时流动设防或动态设防。

5）现场调试快捷、检修方便。此类产品若配套专用激光定位仪，则可随时检测各处光斑的位置。传播过程中何处有树枝、叶子等障碍物遮挡，转折或接收处光斑偏离中心的方向和远近，都可以直接判定，因而能够准确迅速地指导调整工作。

6）使用寿命长、维护成本低。充分利用激光系统的特点，可降低购置设备的费用，减少施工量及对环境美观的影响；激光管的更换方便、维护成本低。

7）系统稳定、可靠性好、灵敏度高，整体采用钢、铝材质。系统机械结构精密，激光系统及光学部件按精密仪器加工，内部结构稳定。系统安装全面、牢固可靠。激光入侵探测系统固定在钢管及焊成一体的法兰盘座上，并用化学锚固的方法安装于水泥基础上。除了内防护罩防风沙和雨水外，还加有外防护罩分离固定，因而可以隔断大风对系统机构稳定性的影响。

8）微功耗节能设计，工作电流小于 $50\mu A$。外接 12V DC 的直流电源供电，可在 $-40℃\sim$ $+70℃$ 的环境下正常工作，无需任何电加热器。

9）灵敏度高，激光报警系统输出为无电位触点，可与其他各种系统兼容。

10）防宠物、小动物干扰，误报平极低。激光入侵探测器响应时间在 5～1000ms 之间可调（同类主动探测器响应时间在 50～500ms 之间），可根据设备安装的不同现场环境调整响应时间，适应环境范围更广。

五、超声波入侵探测器

声波是一种机械振动波，其频率范围很宽，除包括频率从 20～20 000Hz 范围内能引起人耳听觉的可闻声波外，还包括频率高于 20 000Hz 的超声波和频率低于 20Hz 的次声波。

利用人耳听不到的超声波段的机械振动波来作为探测源的探测器就称为超声波探测器。超声波入侵探测器是利用超声波技术构造的探测器，同时也是专门用来探测移动物体的空间型探测器。

1. 超声波探测基础

振动在弹性介质内的传播称为波动，简称波。人们能听到的声音是由物体振动产生的，其频率在 20Hz～20kHz 范围内，称为音频。超过 20kHz 称为超声波；低于 20Hz 称为次声波。超声波的频率可以高达 9^{11} Hz，而次声波的频率可以低达 9^{-8} Hz。声波频率范围分布如图 6-46 所示。

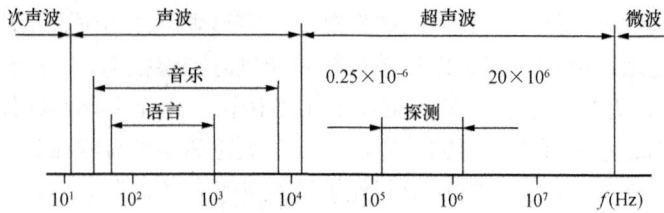

图 6-46　声波频率范围分布

检测常用的超声波频率范围为几十千赫兹至几十兆赫兹。

（1）超声波的传播。超声波是一种在弹性介质中的机械振荡，由于声源在介质中的施力方向与波在介质中的传播方向不同，声波的波型也不同。通常有纵波、横波和表面波三种。

1）纵波：质点振动方向与波的传播方向一致的波。

2）横波：质点振动方向垂直于传播方向的波。

3）表面波：质点的振动介于横波与纵波之间，并沿着表面传播的波。

横波只能在固体中传播；纵波能在固体、液体和气体中传播；表面波随深度增加衰减很快。

为了测量各种状态下的物理量，应多采用纵波。

纵波、横波及其表面波的传播速度取决于介质的弹性常数及介质密度。气体中声速为 344m/s；液体中声速为 900～1900m/s。

当纵波以某一角度入射到第二介质（固体）的界面上时，除有纵波的反射、折射外，还发生横波的反射和折射，在某种情况下，还能产生表面波。

（2）超声波的反射和折射。当超声波由一种介质入射到另一种介质时，由于在两种介质中传播速度不同，因此在介质面上会产生反射、折射和波形转换等现象。

声波从一种介质传播到另一种介质，在两个介质的分界面上一部分声波被反射；另一部分透射过界面，在另一种介质内继续传播。这两种情况即称为声波的反射和折射。

由物理学知，当波在界面上产生反射时，入射角 α 的正弦与反射角 α' 的正弦之比等于波速之比；当波在界面处产生折射时，入射角 α 的正弦与折射角的正弦之比等于入射波在第一介质中的波速 c_1 与折射波在第二介质中的波速 c_2 之比。

（3）超声波的衰减。声波在介质中传播时，随着传播距离的增加，能量逐渐衰减，其衰减的程度与声波的扩散、散射及吸收等因素有关。

声波在介质中传播时，能量的衰减决定于声波的扩散、散射和吸收。在理想介质中，声波的衰减仅来自于声波的扩散，即随声波传播距离的增加而引起声能的减弱。散射衰减是固体介质中的颗粒界面或流体介质中的悬浮粒子使声波散射。吸收衰减是由介质的导热性、黏滞性及弹性滞后造成的，介质吸收声能并转换为热能。

介质中的能量吸收程度与超声波的频率及介质的密度有很大关系。介质的密度 ρ 越小，衰减越快，尤其在频率高时衰减更快。在空气中，通常采用频率较低（几十千赫兹）的超声波。在固体、液体中则采用频率较高的超声波。

利用超声波的特性，可做成各种超声波传感器（它包括超声波的发射和接收），配上不同的电路，则可制成各种超声波仪器及装置，应用于工业生产、医疗、家电等行业中。

2．超声波探测器的工作原理

（1）超声波探测器的组成。超声波探测器是利用超声波在超声场中的物理特性和各种效应而用电信号将超声感知的器件，其主要元件是利用各种效应研制的换能装置，有时称作超声波换能器。因而，有时将探测器和换能器混称为传感器。

超声波换能器有时也称为超声波探头。超声波探头是完成超声波探测的中心器件，按其工作原理可分为压电式、磁致伸缩式、电磁式等，其中，压电式最为常用。

压电式超声波探头常用的材料是压电晶体和压电陶瓷，这种传感器统称为压电式超声波探头。它是利用压电材料的压电效应来工作的：逆压电效应将高频电振动转换成高频机械振动，从而产生超声波，可作为发射探头；而利用正压电效应，将超声振动波转换成电信号，可用作接收探头。

（2）压电式超声波发生器。压电式超声波发生器就是利用压电晶体的电致伸缩现象制成的。常用的压电材料为石英晶体、压电陶瓷锆钛酸铅等。在压电材料切片上施加交变电压，使它产生电致伸缩振动，从而产生超声波。

根据共振原理，当外加交变电压频率等于晶片的固有频率时将产生共振，这时产生的超声波最强。压电式超声波发生器可以产生 10kHz～100MHz 的高频超声波，产生的声强可达 $10W/cm^2$。

（3）磁致伸缩超声波发生器。磁致伸缩效应的大小即伸长缩短的程度，不同的铁磁物质其情况不相同。镍的磁致伸缩效应最大，它在一切磁场中都是缩短的。如果先加一定的直流磁场，再加以交流电时，它可工作在特性最好的区域。

磁致伸缩超声波发生器把铁磁材料置于交变磁场中，使它产生机械尺寸的交替变化，即机械振动，从而产生超声波。

磁致伸缩超声波发生器是用厚度为 0.1～0.4mm 的镍片叠加而成的，片间绝缘以减少涡流电流损失，其结构形状有矩形、窗形等。磁致伸缩超声波发生器的材料除镍外，还有铁钴钒合金（铁49％、钴49％、钒2％）和含锌、镍的铁氧体。

磁致伸缩超声波发生器只能用在 10kHz 的频率范围以内，但功率可达 10^5W，声强可达 $10^3W/cm^2$，能耐较高的温度。

（4）超声波的接收。在超声波技术中，除了需要能产生一定频率和强度的超声波发生器以外，还需要能接收超声波的接收器。一般的超声波接收器是利用超声波发生器的逆效应而进行工作的。

当超声波作用到压电晶体片上时，使晶片伸缩，则在晶片的两个界面上产生交变电荷。这种电荷先被转换成电压，经过放大后送到测量电路，最后记录或显示出结果。它的结构和超声波发生器基本相同，有时就用同一个超声波发生器兼作超声波接收器。

磁致伸缩超声波接收器是利用磁致伸缩的逆效应而制成的。当超声波作用到磁致伸缩材料上时，使磁致材料伸缩，引起其内部磁场（即导磁特性）的变化。根据电磁感应，磁致伸缩材料上所绕的线圈获得感应电动势，并将此电动势送到测量电路及记录显示设备。它的结构也与发生器相似。

3．多普勒式超声波入侵探测器

超声波探测器的应用有两种基本类型。当超声发射器与接收器分别置于被测物两侧时为透射型，透射型可用于遥控器、防盗报警器及接近开关等；当超声发射器与接收器置于同侧时为反射型，反射型可用于接近开关，测距、液位或料位，金属探伤及测厚等。

超声波探测器根据其结构和安装方法的不同可分为两种类型，即多普勒型超声波探测器和声场型超声波探测器。

（1）多普勒式超声波探测器的原理。将两个超声波换能器安装在同一壳体内，即收、发合置型，其工作原理是基于声波的多普勒效应，故通常又称为多普勒型超声波探测器。

多普勒式超声波探测器是利用超声对运动目标产生的多普勒效应构成的报警装置。声波与电磁波的多普勒效应原理完全相同，即在超声波发生器与探测目标之间有相对运动时，接收的回波信号频率会发生变化。

如超声波发射器发射 $25 \sim 40 \mathrm{kHz}$ 的超声波充满室内空间时，超声波接收器将接收从墙壁、天花板、地板及室内其他物体反射回来的超声能量，并不断地与发射波的频率加以比较。当室内没有移动物体时，反射波与发射波的频率相同，不报警；当入侵者在探测区内移动时，超声反射波会产生大约 $\pm 100 \mathrm{Hz}$ 多普勒频移，接收机检测出发射波与反射波之间的频率差异后，即发出报警信号。

（2）多普勒式超声波探测器的组成。超声波探测器主要由发射机、接收机和信号处理电路几部分组成。将发射机与接收机合置的多普勒型超声波探测器的基本组成如图 6-47 所示。

（3）多普勒式超声波探测器的应用。超声波收、发机通常装在天花板或墙上，其发射的超声波能场的分布有一定方向性，一般是面向防范区呈椭圆形的能场分布，控制面积可达几十平方米，如图 6-48 所示。

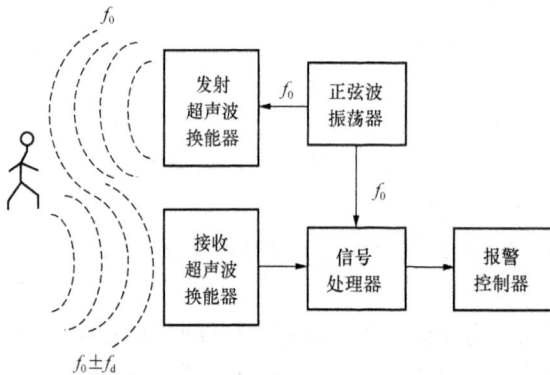

图 6-47　多普勒型超声波报警器的基本组成

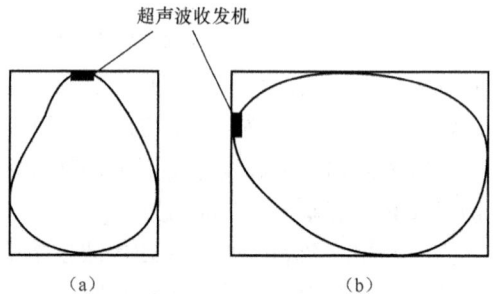

图 6-48　超声波能场的分布
（a）安装在天花板上；（b）安装在墙壁上

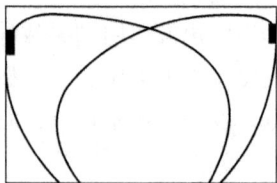

图 6-49　安装两个超声波收、
发机的情况

为了减少探测盲区，在较大的防范区也可安装多个超声波收、发机，并使各个收、发机的能场相互重叠，以减小盲区。图 6-49 所示为安装两个超声波收、发机的情况。

4．声场型超声波探测器

将两个超声波换能器分别放置在不同的位置，即收、发分置型，其工作原理不同于一般的多普勒效应，通常称为声场型超声波探测器。

（1）声场型超声波探测器的原理。超声波声场型探测器是将发射器和接收器分别安装在不同位置。超声波在密闭的房间内经固定物体（如墙、地板、天花板、家具）多次反射，布满各个角落。由于多次反射，室内的超声波形成复杂的驻波状态，有许多波腹点和波节点。波腹点能量密度大，波节点能量密度低，从而造成了室内超声波能量分布的不均匀。

当没有物体移动时，超声波能量处于一种稳定状态；当改变室内固定物体分布时，超声能量的分布将发生改变。而当室内有一移动物体时，室内超声能量发生连续变化，接收器接收到连续变化的信号后，就能探测出移动物体的存在；变化信号的幅度与超声频率和物体移动的速度成正比。

（2）声场型超声波探测器的应用。声场型超声波探测器是将超声波收、发机分开放置，如图6-50所示，其工作原理与前述的多普勒超声波探测器有所不同。

收、发机分置的超声波探测器，其控制空间可达几百立方米。由于可以采用数对以至十几对收、发机并联使用的方式，故还可以警戒更大范围的空间。同时，也可根据房间的大小分别采用一发、一收、一控；三发、三收、一控和六发、三收、一控等多种不同的布局系统，如图6-51所示。

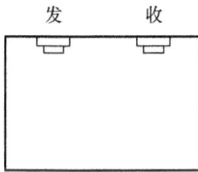

图6-50　声场型超声波探测器的能场分布

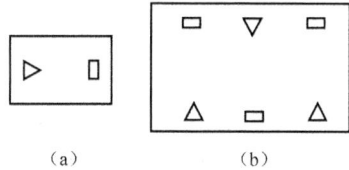

图6-51　声场型超声波探测器的布局
（a）一发一收；（b）三发三收
▷—超声波发射机；□—超声波接收机

因声场型超声波探测器不是以多普勒效应为原理，故其探测灵敏度与移动人体的运动方向无关；而多普勒型超声波探测器的探测灵敏度则与移动人体的运动方向有关，即当入侵者向着或背着超声波收、发机的方向行走时，因可使超声波产生较大的多普勒频移，故探测灵敏度也就较高。

5. 超声波探测器的主要特点及安装使用要点

（1）超声波探测器属于空间控制型探测器。

（2）室内的密封性应较好。

（3）房间的隔音性能要好。

（4）超声波对物体没有穿透性。

（5）安装位置。

（6）环境介质的影响。

六、声波类入侵探测器

声波类入侵探测器是指警戒范围为一个空间的报警器，一般用在空间入侵探测。当这个警戒空间任意处的警戒状态被破坏时，即发生报警信号。

1. 声控入侵探测器

声控入侵探测器是用驻极体声传感器把声音信号变成电信号，经前置放大送报警控制器处理后发出报警处理信号，也可将报警信号放大以推动喇叭和录音机，以便监听和录音。

利用由声电传感器做成的监听头对监控现场进行立体式空间警戒的探测系统通常称为声控探测器。声控探测器主要用来探测入侵者在防范区域室内的走动或进行盗窃和破坏活动（如撬锁、开启门窗、搬运、拆卸东西等）时所发出的声响，并以探测声音的声强来作为报警的依据。这种探测系统比较简单，只需在防护区域内安装一定数量的声控头，把接收到的声音信号转换为电信号，并经电路处理后送到报警控制器，当声音的强度超过一定电平时，就可触发电路发出声、光等报警信号，其基本组成如图6-52所示。

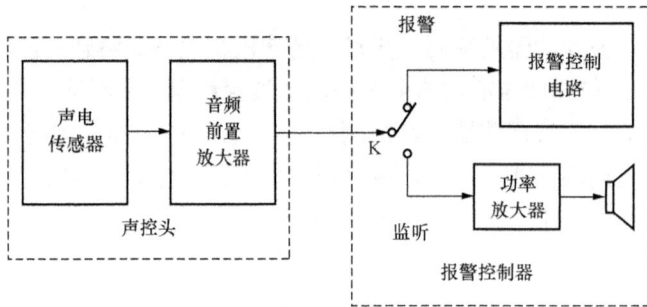

图 6-52　声控报警器的基本组成

由图6-53可看出，声控报警系统主要是由声控头和报警监听控制器两部分组成。声控头置于监控现场，控制器则置于值班中心。

声控探测器属于空间控制型探测器，它与其他类型的探测器一样，一般也设置有报警灵敏度调节装置；采用选频式声控报警电路可进一步解决在特定环境中使用声控报警器误报的问题。

2. 声发射入侵探测器

声发射入侵探测器用于监控某一频带的声音发出报警信号，而对其他频带的声音信号不予响应。主要监控玻璃破碎声、凿墙、锯钢筋声等入侵时的破坏行为所发出的声音；玻璃破碎声发射入侵探测器通常也用驻极体传话器作为声电传感器。

当玻璃破碎时，发出的破碎声由多种频率的声响构成，主要频率为10～15kHz的高频声响信号；当锤子打击墙壁、天花板的砖、混凝土时会产生一个频率为1kHz左右的衰减信号，大约持续5ms；锯钢筋时产生频率约3.5kHz、持续时间约15ms的声音信号。

七、振动探测器

振动探测器是以探测入侵者的走动或进行各种破坏活动时所产生的振动信号作为报警的依据。当入侵者进入防范区域实施犯罪时，总会引起地面、墙壁、门窗、保险柜等发生振动，此时可以采用可感受振动信号的传感器来感受入侵时发生的振动信号。以这些振动信号来触发报警的探测器就称为振动探测器。

振动报警探测器是探测安全防范现场可能产生的振动源的装置。振动的产生有多种方式，如敲击、电钻钻动、锯割振动等。各种振动方式产生的信号波形和频率是不相同的，因此，要根据现场防范时可能产生的振动类型来选择相应类型的振动报警探测器。各种类型的振动会引起不同的振动波，如图6-53所示。

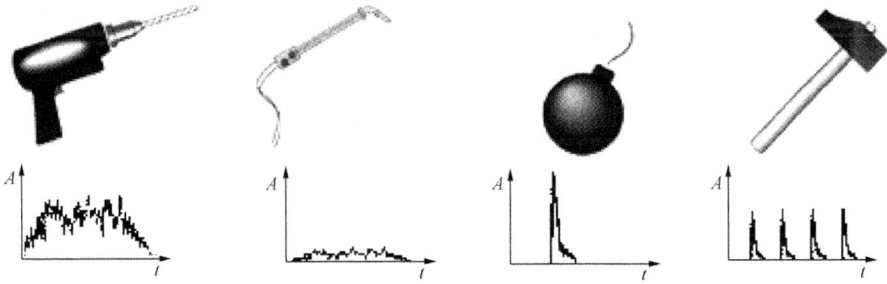

图 6-53　不同类型的振动引起的振动波

1. 振动探测器的基本工作原理

振动探测器的基本工作原理如图 6-54 所示。

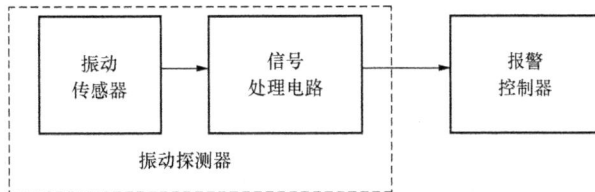

图 6-54　振动探测器的基本工作原理

振动传感器是振动探测器的核心组成部件。常用的振动传感器有位移式传感器（机械式）、速度传感器（电动式）、加速度传感器（压电晶体式）等。振动探测器基本上属于面控制型探测器，可用于室内报警，也可以用于室外的周界报警。

机械式常见的有水银式、重锤式及钢球式。当直接或间接受到机械冲击振动时，水银珠、钢珠、重锤都会离开原来的位置而触发报警。

电动式是利用电磁感应原理，把振动能量转化为电信号。电动式的基本结构由永久磁铁、线圈或导体等组成。

压电式是利用压电晶体的压电效应，将振动转化为电荷，从而输出电信号。

下面介绍常用的机械式振动探测器、惯性棒电子式振动探测器、电动式振动探测器、压电晶体振动探测器及电子式全面型振动探测器等多种类型。

2. 机械式振动探测器

机械式振动探测器可以看作是一种振动型的机械开关，其类型有多种，图 6-55（a）所示为其中的一种。A、B、C 为 3 根垂直放置的金属杆，D 为 1 个圆球，A′、B′、C′为 3 块镶嵌在球体上的金属片。平时，圆球表面与 3 个金属杆的顶端接点 A、B、C 相接触，其接线如图 6-55（b）所示。将上述组件封装在同一壳体内，即可形成一种特殊结构的触点常闭的开关——振动传感器。当直接或间接受到机械冲击振动时，圆球会离开原来的位置而触发报警。

另外，还有一种结构极为简单的机械式振动传感器。在一块金属板上有一个圆孔，在圆孔中心悬有一根细圆金属棒，棒与板孔之间留有一定的空隙，如图 6-56 所示。当直接或间接受到机械冲击振动时，金属棒与孔板会接触而触发报警。

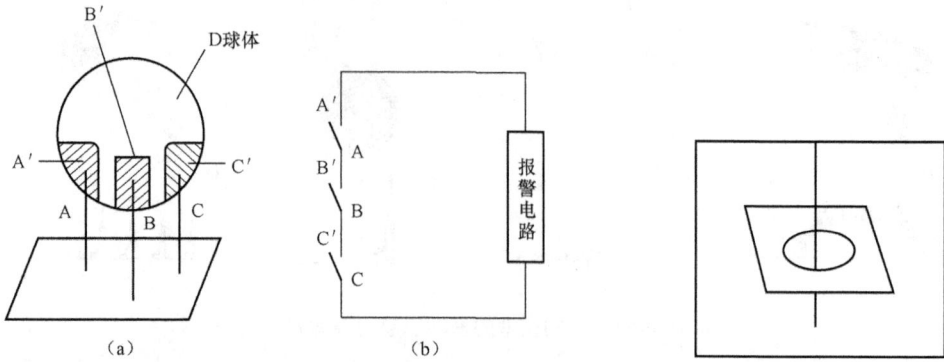

图 6-55 机械式振动探测器的结构及与报警电路的连接示意　图 6-56 另一种形式的机械式振动传感器

(a) 机械式振动探测器的结构；(b) 报警电路的连接

3. 惯性棒振动探测器

惯性棒振动探测器的结构如图 6-57 所示，它适用于各种环境。

惯性棒振动探测器在安装时要注意使探测器上标明的 D 或 N 方向垂直向下。D 方向的交叉金属架呈 60°，灵敏度较低；N 方向的交叉金属架呈 90°，灵敏度较高。

4. 电子式全面型振动探测器

电子式全面型振动探测器是指该探测器可以探测到由各种入侵方式，如爆炸、焊枪、锤击、电钻、电锯、水压工具等所引发的振动信号，但对在防范区内人员的正常走动则不会引起误报。它包含了对振动频率、振动周期和振动幅度三者的分析，三组感应器感应三种不同的振动方式，从而有效地探测出非法入侵所产生的振动，但却抑制了环境的干扰因素，其信号分析原理如图 6-58 所示。

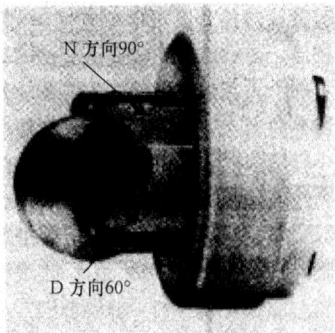

图 6-57 惯性棒振动探测器的结构　　图 6-58 电子式全面型三合一振动探测器的信号分析原理

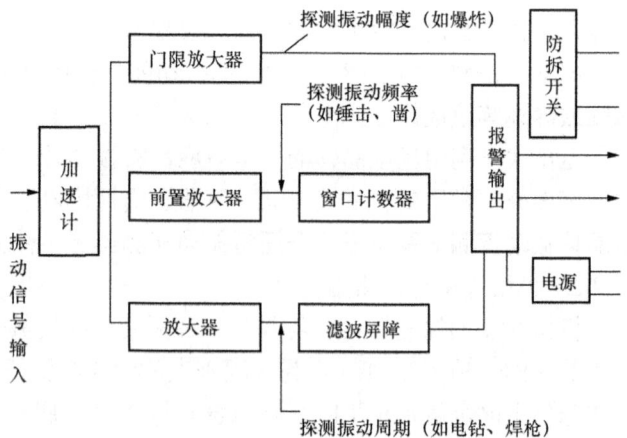

5. 电动式振动探测器

电动式振动探测器的结构如图 6-59 所示。

当外壳受到振动时，就会使永久磁铁和线圈之间产生相对运动。由于线圈中的磁通不断地发生变化，根据电磁感应定律，在线圈两端就会产生感应电动势，此电动势的大小与线圈中磁通的变化率成正比。

将线圈与报警电路相连,当感应电动势的幅度大小与持续时间满足报警要求时,即可发出报警信号。

电动式振动探测器对磁铁在线圈中的垂直加速位移尤为敏感,因此,当安装在周界的钢丝网面上时,其对强行爬越钢丝网的入侵者有极高的探测率。

6. 压电晶体振动探测器

在超声波探测器一节中得知,压电晶体的压电效应是指压电晶体可以将施加于其上的机械作用力转变为相应大小的电压,即模拟的电信号。此电信号的频率及幅度与机械振动的频率及幅度成正比。利用压电晶体的压电效应做成的压电式加速度传感器用于探测振动时,通常称为压电晶体振动探测器,其适用的范围也很广。

压电式加速度传感器主要由压电元件、质量块、预压弹簧、基座及外壳等组成。整个部件安装在外壳内,并用螺栓加以固定。压电晶体和质量块为环形,通过螺母对质量块预先加载,使之压紧在压电晶体上。传感器基座与被测对象牢牢地紧固在一起,输出信号由电极引出,如图 6-60 所示。

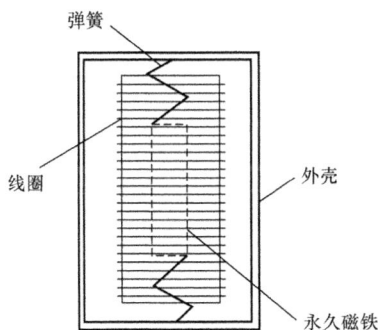

图 6-59 电动式振动探测器的结构   图 6-60 压电式加速度传感器的结构

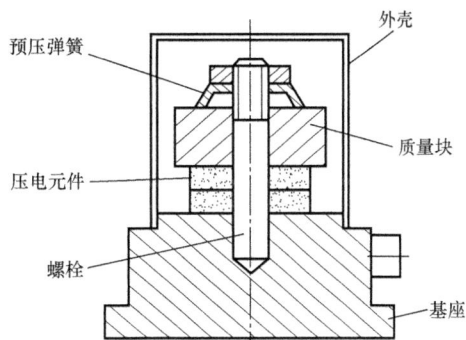

当传感器感受振动时,因为质量块相对被测体质量较小,因此,质量块感受与传感器基座相同的振动,当加速度传感器和被测物一起受到冲击振动时,压电元件受质量块与加速度方向相反的惯性力的作用,根据牛顿第二定律,此惯性力是加速度的函数。

同时,惯性力作用于压电晶体上,因而产生电荷,其输出电荷与加速度成正比。因此,测得加速度传感器输出的电荷便可知加速度的大小。

7. 振动探测器的安装使用要点

振动探测器基本上属于面控制型探测器,振动入侵探测器通常用来保护银行柜员机(或保险柜、箱等),金库的墙体(埋入墙体或安装于墙面),玻璃(可装于玻璃窗或玻璃墙上),天花板(探测天花板振动)等。电动式振动探测器主要用于室外掩埋式周界报警系统中。

安装时,注意与被测物刚性连接。振动式探测器安装要牢固,安装位置必须远离振动源。

在室外应用时,埋入地下的传感器应与其他埋入地下的物体,如树木、电线杆等保持适当距离。此外,还要注意冻土地带和土质松软的泥沙地带会降低其探测能力。

八、多技术探测器

为了克服单一技术探测器的缺陷,进一步提高探测器的性能,可将两种或以上不同技术原理的探测器探测技术整合在一起，只有当两种或以上探测技术的传感器都探测到人体移动时才报警。这种同时运用多探测技术的探测方式组成的探测器称为复合式探测器。使用两种技术的探测器称为双技术探测器或双鉴器，三种技术的称为三鉴器；四种技术的称为四鉴器。

多技术探测器是以"相与"的关系来触发报警，即只有当两种或以上探测器同时或者相继在短暂的时间内都探测到目标时，才可发出报警信号。

1. 多技术探测器的发展

在某些情况下，单技术探测器的误报率相当高。由表 6-3 可以看出误报的情况。为了解决误报的问题，一方面应该更加合理地选用、安装和使用各种类型的探测器；另一方面是要不断提高探测器的质量，生产出性能稳定、可靠性较高的产品。

表 6-3　　　　　　　　　　　　　　环境因素对探测器的影响

因　　素	红　外	微　波	超　声　波
振动	问题不大	有问题	问题不大
被大型金属物体反射	除非是抛光金属面，一般没问题	有问题	极少有问题
对门、窗的晃动	问题不大	有问题	注意安装位置
对小动物的活动	靠近则有问题，但可改变指向或用挡光片	靠近有问题	靠近有问题
水在塑料管中流动	没问题	靠近有问题	没问题
在薄墙或玻璃窗外侧活动	没问题	注意安装位置	没问题
通风口或空气流	温度较高的热对流有问题	没问题	注意安装位置
阳光、车大灯	注意安装位置	没问题	没问题
加热器、火炉	注意安装位置	没问题	极少有问题
运转的机械	问题不大	注意安装位置	注意安装位置
雷达干扰	问题不大	靠近有问题	极少有问题
荧光灯	没问题	靠近有问题	没问题
温度变化	有问题	没问题	有些问题
湿度变化	没问题	没问题	有问题
无线电干扰	严重时有问题	严重时有问题	严重时有问题

目前，仅从提高某一种单技术探测器的可靠性方面来努力是不容易达到要求的，只有采用双技术复合探测器才可较好地解决这一问题。

1973 年，日本首先提出双技术探测器的设想，直到 20 世纪 80 年代初才生产出第一台微波—被动红外双技术探测器。

人们对几种不同的探测技术进行了多种不同组合方式的试验，如超声波—微波双技术探测器、双被动红外双技术探测器、微波—被动红外双技术探测器、超声波—被动红外双技术探测器、玻璃破碎声响—振动双技术探测器等，并对几种双技术探测器的误报率进行了比较，比较结果见表 6-4。

表 6-4	几种探测器误报率的比较							
项　目	单技术探测器				双技术探测器			
报警器种类	超声波	微波	声控	被动红外	超声波—被动红外	被动红外—被动红外	超声波—微波	微波—被动红外
误报率	421				270			1
可信度	最低				中等			最高

由表 6-4 可看出，微波—被动红外双技术探测器的误报率最低，约为其他几种类型的双技术探测器的 1/270、各种单技术探测器误报率的 1/421。实践证明，把微波与被动红外两种探测技术加以组合是最为理想的一种组合方式，因此，该探测技术获得了广泛的应用。

市面上常见的双鉴探测器以微波＋被动红外居多，另外还有红外＋空气压力探测器和音频＋空气压力的探测器等产品。玻璃破碎双技术探测器也是应用较多的一种双鉴器。

2. 微波—被动红外双技术探测器

微波—被动红外双技术探测器实际上是将这两种探测技术的探测器封装在一个壳体内，并将两个探测器的输出信号共同送到与门电路去触发报警。与门电路的特点是：当两个输入端同时为"1"（高电平）时，其输出才为"1"（高电平），即只有当两种探测技术的传感器都探测到移动的人体时才可触发报警。微波—被动红外双技术探测器的基本组成如图 6-61 所示。

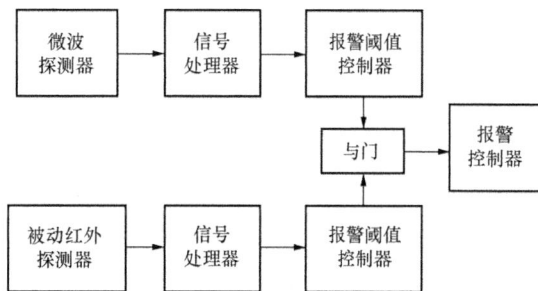

图 6-61　微波—被动红外双技术探测器的基本组成

（1）微波—被动红外双技术探测器新技术。为进一步提高微波—被动红外双鉴器的工作可靠性，目前常采取下列技术措施。

1）采用 IFT 技术，IFT 技术称为双边独立浮动阈值技术，如图 6-62 所示。

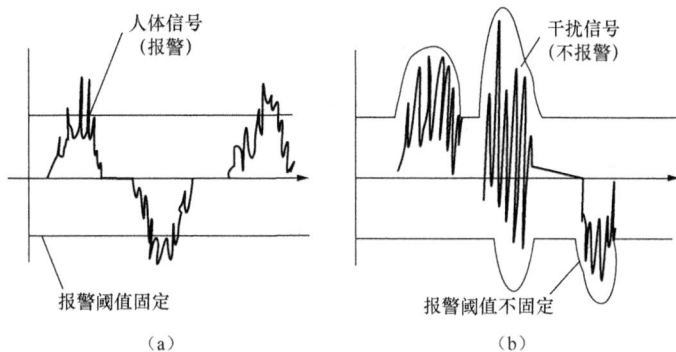

图 6-62　IFT 技术——双边独立浮动阈值技术

（a）采用 IFT 技术后；（b）未采用 IFT 技术

2）设置微波监控功能，同时采用 IFT 技术，组成四鉴探测器。微波监控功能专门用来

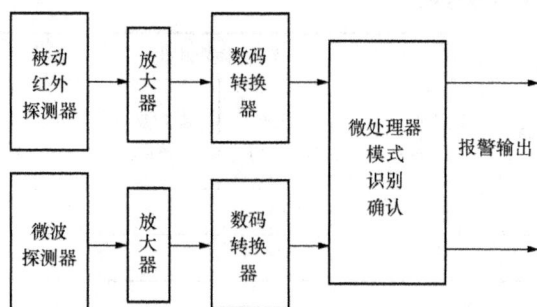

图 6-63　三鉴探测器的基本原理框图

监控微波探测器的工作是否正常。

3）采用微处理器智能分析技术，组成三鉴探测器，基本原理框图如图 6-63 所示。

4）设置几种微波工作频率供选择。

5）采用 K—波段微波技术。

6）采用双电子温度补偿措施。

7）采用白片菲涅尔透镜。

8）使用电子滤波器。

9）增加俯视区反射镜式光路系统。

10）进一步提高双鉴器抗射频干扰的能力。

（2）K—波段微波技术。采用 K—波段微波技术主要有以下优点：

1）K—波段微波信号的波长短，可将微波信号局限在室内。这无疑可以进一步减少潜在的误报因素，如图 6-64 和表 6-5 所示。

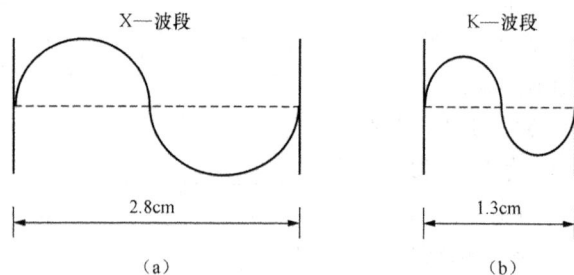

图 6-64　X—波段微波与 K—波段微波的比较

（a）X—波段微波频率波长（10.52GHz）；（b）K—波段微波频率波长（24.1～24.2GHz）

表 6-5　　　　　　　　　　　微波信号受到墙壁和窗户阻挡后的典型衰减值

阻挡物 波　段	微波信号被实心墙壁阻挡	微波信号被带框架的玻璃墙面阻挡
X—波段	85	20
K—波段	96	60

2）可以实现微波视区成型技术——当调整 K—波段微波的探测灵敏度时，微波视区形状始终保持不变。

通常，在安装双鉴器时，为获得准确的探测性能及良好的抗误报能力，一般都需要将微波探测器的灵敏度调小一些(因一般出厂缺省设置是在最大处)，以使微波信号不致到达室外。图 6-65 中以一个 11m 长的房间为例，对在微波探测器灵敏度的调整过程中采用 3 种微波天线所形成的微波视区的变化情况进行了比较。图中，细线所示为红外探测视区，粗线所示为微波探测视区。

（3）微波—被动红外双技术探测器的安装使用要点：

1）双技术探测器的价格比单技术探测器高些，且价格正日趋降低，但其可靠性远高于

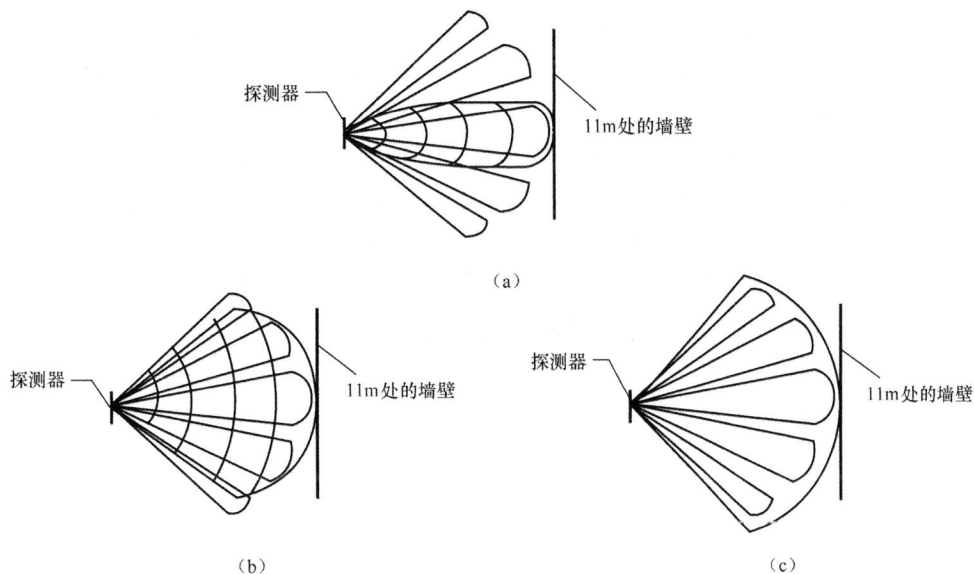

图 6-65　3 种微波天线所形成的微波视区的变化情况

（a）采用 X—波段平板微波天线的微波视区；

（b）采用 X—波段波导式微波天线的微波视区（如 DT-400）；

（c）采用 K—波段小巧的波导式微波天线的微波视区（如 DT-700）

单技术探测器。

2）安装时，要使两种探测器的灵敏度都达到最佳状态是比较难做到的。

3）单技术的微波探测器对物体的振动（如门、窗的抖动等）往往会发生误报警，被动红外探测器对防范区域内任何快速的温度变化或温度较高的热对流等也往往会发生误报警。而双鉴器可集两者的优点于一体，取长补短，对环境干扰因素有较强的抑制作用，因而对安装环境的要求不十分严格。通常，只要按照使用说明书的要求进行安装即可满足防范要求，安装和使用都更为方便。

3．超声波—被动红外双技术探测器

采用与微波—被动红外双鉴器相同的原理，将超声波与被动红外两种探测技术组合在一起，并将两个探测器的输出信号共同送到与门电路去触发报警，就构成了超声波—被动红外双技术探测器。

为了降低误报率，安装时同样应着重考虑避开同时能引起两种探测器误报警的环境因素。例如，超声波—被动红外双鉴器就不适于安装在通风好、空气流动大的位置。因为这一环境因素不仅会使室内超声波的能量分布发生变化而导致超声波探测器的误报警，同时也会因空气流动所引起的背景物体的温度发生变化而引起红外探测器的误报警。

不过，因超声波不会穿过墙壁或窗门探测，所以对室外的一切移动物体不会造成误报警。在这一点上优于前一种双技术探测器。

4．一体式和分体式双技术探测器

（1）一体式技术探测器。将两种探测器装在同一壳体内，并通过与门电路处理后实现报警的双技术探测器就构成了一体式双鉴器。

多数双鉴器是将两种探测器组合做在同一外壳体内。在安装这种探测器时，应尽量使两种探测器都处于最佳工作状态，但这往往很难做到，而只能兼顾。例如，微波探测器对径向移动的物体最敏感，而被动红外探测器对横向移动的物体反应最快，所以在安装微波—被动红外双鉴器的探头时，就应使其正前方向与入侵者最有可能穿越的方向成45°。

为了进一步提高探测率和灵敏度，一部分双鉴器把两种探测器做在两个外壳体内，并分别设置在不同位置，再将两个探测器输出的信号送到与门电路，这样就构成了所谓的分体式双鉴器。例如，分体式微波—被动红外双鉴器的两个探头一般均安装在两个相互垂直方向的位置上，这样就能使二者都处于最佳工作状态。当然，安装这种双鉴器的工作量将增加。

（2）分体式双技术探测器。如果将两种探测器分别安装在两个壳体内，并放置在室内的不同位置，最终再将两个探测器的输出信号送到与门电路处理后再实现报警。这样的双技术探测器就构成了分体式双鉴器。

采用分体式双鉴器，虽然在安装上增加了麻烦，但优点是可以进一步提高双鉴器的探测率。因为无论是超声波多普勒型探测器还是微波多普勒型探测器，二者均对面向或背向探测器的径向移动有着最大的探测灵敏度，而被动红外探测器则对横向穿越光束控制区的移动人体有着最大的探测灵敏度。如果安装时将这两种探测器的径向安排成相互垂直的状态，如图6-66所示，则对移动人体的探测灵敏度将会提高。

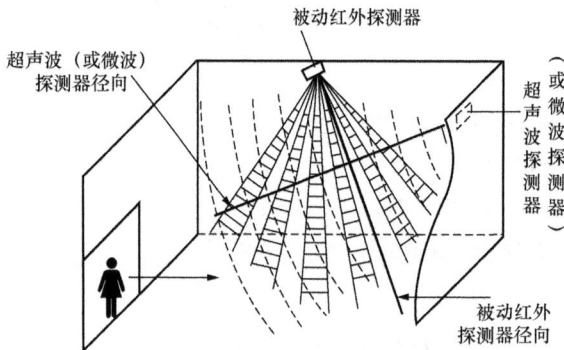

图 6-66 分体式双鉴器的最佳安装位置

九、次声波入侵探测器与玻璃破碎探测器

1. 次声波入侵探测器

次声波入侵探测器的工作原理与声发射入侵探测器相同，即采用低通滤波器滤去高频和中频音频信号，放大低频信号而报警。

（1）次声波的产生。次声波是频率低于20Hz的声波，属于不可闻声波。

经实验分析证明：当敲击门、窗等处的玻璃（此时玻璃还未破碎）时，会产生一个超低频的弹性振动波，这时的机械振动波就属于次声波的范围，而当玻璃破碎时，才会发出一高频的声音。

除此之外，以下讲述的其他一些原因也同样会导致次声波的产生。

一般的建筑物，通常其内部的各个房间（或单元）是通过室内的门、窗户、墙壁、地面、天花板等物体与室外环境相互隔开的，这就造成了房间内部与外部的环境在温度、湿度、气压、气流等方面存在着一定的差异。特别是对于那些门、窗紧闭且封闭性较好的房间，其室内外的这种环境差异就更大。

当入侵者试图进室作案时，必定要选择在这个房间的某个位置打开一个通道，如打碎玻璃，强行进入，或在墙壁、天窗顶棚、门板上钻眼凿洞，打开缺口；或强行打开门窗等才能进入室内。由于前述的因室内外环境不同所造成的气压、气流差，致使打开的缺口或通道处的空气受到扰动，从而造成一定的流动性。此外，在门、窗强行被推开时，因具有一定的加速运动，造成空气受到挤压也会进一步加深这一扰动。上述这两种因素都会产生超低频的机械振动波，即次声波，其频率甚至可低于10Hz。

产生的次声波会通过室内的空气介质向房间各处传播，并通过室内的各种物体进行反射。由此可见，当入侵者在打碎玻璃强行入室作案的瞬间，不仅会产生玻璃破碎时的可闻声波和相关物体（如窗框、墙壁等）的振动，还会产生次声波，并在短时间充满室内空间。

（2）次声波探测技术。与探测玻璃破碎高频声响相似的原理，采用具有选频作用的声控探测技术，即可探测到次声波的存在，其简化框图如图 6-67 所示。

图 6-67 探测次声波的原理框图

所不同的是，由声电传感器将接收到的包含有高、中、低频等多种频率的声波信号转换为相应的电信号后，必须要加一级低通放大器，以便将次声波频率范围内的声波取出，并加以放大，再经信号处理后，达到一定的阈值即可触发报警。

（3）次声波入侵探测器。房屋通常由墙天花板、门、窗、地板同外界隔离。由于房屋里外环境不同，强度、气压等均有一定差异，一个人想闯入就要破坏这些空间屏障，因室内外的气压差，在入口处会产生气流扰动，发出一个次声；另外，由于开门、碎窗、破墙产生加速度，则内表面空气被压缩产生另一次声，而这次声频率大约为1Hz。

两种次声波在室内向四周扩散，先后传入次声探测器，而只有当这二次声强度达到一定阈值后才能报警。只要外部屏障不被破坏，在覆盖区域内部开关门窗、移动家具、人员走动，都低于阈值，不会报警。这种特定环境下，如果采用其他超声、微波或红外探测器都会导致误报。

2. 玻璃破碎探测器

玻璃破碎探测器是专门用来探测玻璃破碎的一种探测器。当入侵者打碎玻璃试图作案时，即可发出报警信号。玻璃破碎探测器可分为两种类型，即声控型单技术玻璃破碎探测器和双技术玻璃破碎探测器。

（1）声控型单技术玻璃破碎探测器的基本工作原理。声控型玻璃破碎探测器的工作原理与前述的声控探测器很相似，其组成框图如图 6-68 所示。

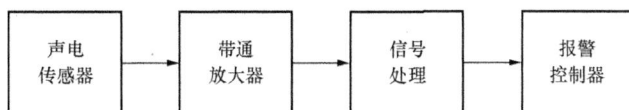

图 6-68 声控型玻璃破碎探测器的组成框图

玻璃破碎时发出的响亮而刺耳的声响，其频率处于 10～15kHz 的高频段范围之内。将带通放大器的带宽选在 10～15kHz 的范围内，就可将玻璃破碎时产生的高频声音信号取出，从而触发报警。但对人的走路、说话、雷雨声等却具有较强的抑制作用，从而可以降低误报率。

（2）声控—振动型双技术玻璃破碎探测器。声控—振动型双技术玻璃破碎探测器是将声控探测与振动探测两种技术组合在一起，只有同时探测到玻璃破碎时发出的高频声音信号和敲击玻璃引起的振动时才能输出报警信号。

因此，与前述的声控型单技术玻璃破碎探测器相比，声控—振动型双技术玻璃破碎探测器可以有效地降低误报率、增加探测系统的可靠性，它不会因周围环境中的其他声响而发生误报警。因此，可以全天候（24h）地进行防范工作。

（3）次声波—玻璃破碎高频声响双技术玻璃破碎探测器。这种双技术玻璃破碎探测器的性能与前一种声控—振动型双技术玻璃破碎探测器相比，又有了进一步的提高，是目前较好的一种玻璃破碎探测器。

3. 玻璃破碎探测器的主要特点及安装使用要点

（1）玻璃破碎探测器适用于一切需要警戒玻璃防碎的场所。

（2）安装时，应将声电传感器正对着警戒的主要方向。

（3）安装时，要尽量靠近所要保护的玻璃，并尽可能地远离噪声干扰源，以减少误报警。

（4）可以用一个玻璃破碎探测器来保护多面玻璃窗。

（5）窗帘、百叶窗或其他遮盖物会部分吸收玻璃破碎时发出的能量。

（6）探测器不要装在通风口或换气扇的前面，也不要靠近门铃，以确保工作的可靠性。

（7）专用的玻璃破碎仿真器可对探测灵敏度进行调试和检验。

（8）不同种类的玻璃破碎探测器安装位置不同。

不同种类的玻璃破碎探测器，根据其工作原理的不同，有的需要安装在窗框旁边（一般距离框 5cm 左右），有的可以安装在靠近玻璃附近的墙壁或天花板上，但要求玻璃与墙壁或天花板之间的夹角不得大于90°，以免降低其探测力。

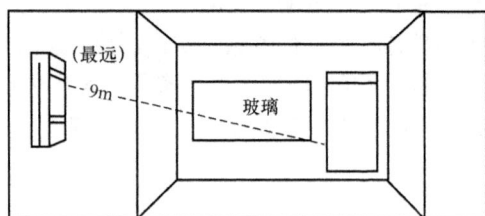

图 6-69　玻璃破碎探测器的安装位置

（9）复合型的双鉴器。次声波—玻璃破碎高频声响双鉴式玻璃破碎探测器的安装方式较为简易，可以安装在室内任何地方，只需满足探测器的探测范围半径要求即可，其安放位置如图 6-69 所示。

十、视频移动探测器

视频移动探测器是将电视监视技术与报警技术相结合的一种新型安全防范报警设备。它是用电视摄像机作为遥测传感器，通过检测被监视区域的图像变化而报警的一种装置。由于是通过检测因移动目标闯入摄像机的监视视野所引起的电视图像的变化，所以又称为视频运动探测器或移动目标探测器。

1. 视频移动探测器的工作原理

（1）视频移动探测器的探测原理。视频移动探测器的工作原理非常简单，如果在摄像机视野范围内有物体运动，则它们必然会引起视频信号对比度的改变，通过对有一定时间间隔的两个图像进行比较，就能判断出在这段时间内在这台摄像机的视野范围内是否有警报发生。对于金融系统和文博场馆内要害部位的安全防范，特别是在下班期间，这是一种既方便又可靠的适用途径。在发生紧急事件时，保安人员也可走进任何一个检测区域来触发报警，以便寻求帮助。

视频移动探测器原理虽然简单，但因光照变化、摄像机抖动和雨雪等自然现象也会引起对比度的改变，进而引发报警。为了避免此类情况的发生，从设计上要采取一系列措施来抑制误报，并能据以分析引起警报的原因，这是与红外线或超声波运动追踪器所不同的。

（2）视频移动探测器的探测方法。

1）视频移动探测器以事先用摄像机拍摄下的一幅监控目标图像作为标准，并与随后一段时间的摄像机图像进行分析对比，在对比图像的改变后迅速作出反应。即使图像的对比度在测量中只改变 0.01%，高指标系统仍可判断出来，且测量速度很快，最快时 100ms 可测比 2.5 幅半屏图像，基本达到实时。

2）用户可以调整每个探测区的大小、形状、位置和灵敏度，有的还可通过逻辑操作和时间函数与其他的探测区域相连，从而可以设定在某一方向上的警报标准。

3）用户可选择测量时间段（如从 40ms 到 10s 分为几挡），并以此时间段得到的结果进行结论分析，从而将缓慢运动的物体和快速运动的物体区分开来，这样，高性能的视频移动探测器可让用户根据非常复杂的监控环境来设定相应的警报标准，并保证了极高的可靠性；有的装置还可对探测到的运动物体进行跟踪。用户也能很方便地将它连接到警报图像存储记录系统。

2. 视频移动探测器的分类

（1）模拟式视频报警探测器。模拟式视频报警探测器是通过检测被摄景物亮度电平的变化来触发报警的，其不足之处是因具参与比较的信息量较少，准确性稍差，且抗干扰能力较差，故易发生误报和漏报。模拟式视频报警控制器一般只限于在室内且完全静态或稳定的环境中使用。

（2）数字式视频探测控制器。数字式视频报警探测器的处理电路将摄像机摄取的正常情况下的图像视频信号进行数字化处理，并加以存储，不断地将摄像机在担任警戒工作中实时摄取的图像信号进行实时数字化图像处理，也不断地将实时摄取的数字化图像信号与原存储的正常数字化图像信号加以比较、分析，处理。当检测到监视区域内有移动目标时，图像信号发生变化，此时即可发出报警信号。同时，还可增加报警现场图像存储、记录和给出报警点语音提示等多种辅助功能。

3. 视频移动探测器的性能

（1）探测区域。可以在摄像机图像中指定多个（如 64 个）独立的探测区域，每个探测区域可以是任意形状的大小不同的面积，以适应不同的探测要求。此外，对每个探测区域的检测灵敏度参数也可进行设置，还可定义目标与背景之间总的对比度变化。

（2）"布撤防"设置。每个探测区域可单独地作"布防"或"撤防"设置，以适应各出入口、大厅、停车场等检测区域特殊时间段的作业要求。

（3）报警信息。在警报探测到后 40ms 内发出警报信号，包括警报发出位置、摄像机编号等辅助信息。

（4）补偿校正。视频报警探测器具有透射补偿校正功能，用来标定监视区域各位置的物体大小容差。

（5）警报图像的储存。每个探测器可储存不同警报发生时刻的 4 个图像或同一警报发生时的 4 个过程图像。

4. 视频移动探测器的方式

视频移动探测器可以有下列多种不同的探测触发报警方式，见图 6-70。

（1）标准触发报警方式。在定义区域内的任何变化均可触发报警，如在监控区域中设置 A 和 B 两个传感区，并把敏感度调节到所需水平，则当运动物体出现在传感区 A 或 B 中时，

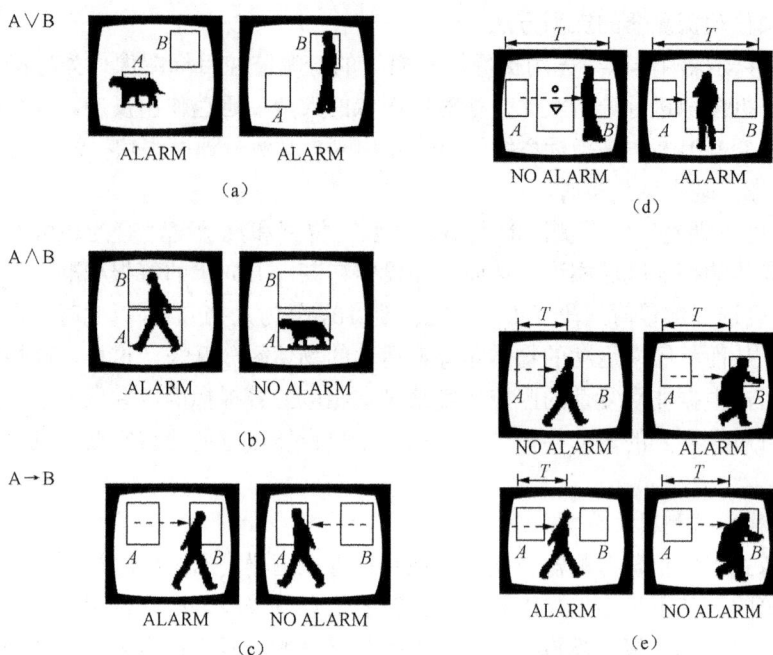

图 6-70　多种不同的探测触发报警方式

（a）区域报警；（b）目标大小报警；（c）运动方向报警；（d）运动速度报警；（e）方向与速度复合报警

警报就被触发；逻辑关系是（A∨B）。

（2）根据目标大小确定警报标准。传感区域上下排列，两个传感区域不一定要同样大小，如果只侦测到运动目标出现在一个传感区中，则不会触发警报，只有当目标同时出现在两个传感区中时，才会触发警报；逻辑关系是（A∧B）。

（3）根据目标运动方向确定警报标准。只有当运动目标先出现在 A 中，再出现在 B 中时，警报才被触发，如果方向相反，则不会触发，而且只需调换传感区，就能轻易地改变追踪方向；逻辑关系是（A→B）。

（4）根据目标运动速度确定警报标准。传感区设置于重点防卫部位的两侧，当运动物体出现在任一传感区（A 或 B），而超过设定时间（0.1～10s）还未出现在另一传感区时，报警即被触发。

（5）根据目标运动方向和速度确定警报标准。同时设定方向和速度两种不同标准。第一种情况是运动目标在特定的时间内先出现在 A 中，又出现在 B 中，警报即可触发，这样可消除运动过快或过慢而引起的警报；第二种情况是运动目标在特定时间内经过 A 区，而未经过 B 区，警报即触发。

十一、新技术型入侵探测器

随着电子技术和数据处理技术的发展，各种新技术型入侵探测器开始进入安全防范工程系统中，并且在警戒范围为一个面的面型入侵探测和周界入侵检测中发挥着越来越重要的作用。

周界入侵检测报警系统是安全防范技术的一大重点装备。它基于声、光、电、应力等物理作用，已有多种方案、各具技术特色的产品可供选择。目前，国内安防产品市场占主流地位的周界入侵检测产品当属主动红外光束阻挡原理的对射系统。但这类产品本质上具有不可忽视的缺点：受气候环境影响的误报、周期性维护工作量偏大、围墙弧形及凹凸设计的制约、防区布置过于直观等，促使我们转而关注主动红外对射系统以外不同原理周界入侵检测报警系统产品的技术发展。

1. 泄漏电缆入侵探测器

泄漏电缆入侵探测器又称为泄漏电缆电场畸变入侵探测器，它是一种特制的同轴电缆，铜导线包围着绝缘材料，绝缘材料外面则用两条金属散层以螺旋方式交叉缠绕并留有孔隙，电缆最外面为聚乙烯保护层。当入侵者进入探测区时，空间电磁场的分布状态发生变化，因而接收电缆收到的电磁能量发生变化，这个变化量就是入侵信号，经过分析处理后可使报警器动作。泄漏电缆探测器可全天候工作，抗干扰能力强，误报漏报率都较低，适用于高、长周界的安全防范场所。

（1）泄漏电缆入侵探测原理：

1）无线电"漏泄场"的建立。对射频同轴电缆按特定要求采取疏编、开缝、穿孔、开槽等工艺方式对其外导体屏蔽层施以连续且有规则的"破坏"，即能制造出泄漏电缆。由此故意引起射频同轴电缆中传输的无线电信号能量发生泄漏，并在泄漏电缆径向长度的周围建立起一种均匀且连续的无线电电磁场，称为"漏泄场"。借助"漏泄场"，泄漏电缆为无线电信号在"限定空间"中的传输提供了一种类似长天线作用的传输媒介，构成沿泄漏电缆狭长区域内的无线电传输通道，据此可实现无线电收发讯机与馈体泄漏电缆之间两个可逆方向上完全等效的电磁能量的交换（或称"耦合"），从而得以可靠地实现某些"限定空间"（井巷、隧道、山洞、地下道等处）的无线电双向通信。

2）泄漏电缆的传输衰减及耦合效率。泄漏电缆是无线电漏泄场原理周界入侵检测技术的关键部件。泄漏电缆的设计关键是内导体、外导体、绝缘体和外护套的结构尺寸、材质、结构均匀性、空气介质比率、屏蔽形式和光电覆盖率等，其主要电气特性是内、外导体直流电阻、分布电容、电感电阻比、传输衰减、耦合效率、表面转移阻抗及其特性阻抗等。无论何种设计，最终着眼点主要是追求较小的传输衰减和较高的耦合效率。

泄漏电缆的传输衰减是电缆材质和工艺结构的函数，主要表征为：随内、外导体电阻成正比地增加；随电缆的特性阻抗成正比地减少；随介质的功率因子成正比地增加；随介质的介电常数呈平方根函数；随外导体的光电覆盖率成反比地增加。

泄漏电缆的耦合效率涉及电磁场理论。经电磁耦合理论推导并加以适当近似得知，由屏蔽形式所决定的表面转移阻抗和转移导纳是耦合效率的关键因数，比较直观的主要表征为：随单位长度外导体开孔面积（大小、数目）成正比地增加；随外导体开孔（缝）纵向长度成正比地增加；随开孔的圆周长度成平方关系增加；随电缆直径大小成平方关系降低。

泄漏电缆比较重视其结构工艺，各国制造商均拥有不同的专利技术。较典型的有英国的疏编技术、美国的螺旋管特征开孔技术、德国的纵向开缝技术、日本的八字开槽技术等。

在实际应用中，为了补偿泄漏电缆在径向长度上传输衰减随距离按对数规律逐渐增大的影响，国际上大部分用作周界入侵传感器的商品泄漏电缆均采用沿电缆径向长度逐渐增加开孔尺寸的工艺措施。这种措施常常被称作耦合能量分级技术，用以获得耦合能量分级型泄漏电缆，其确切的制造细节通常申请为专利。

（2）泄漏电缆入侵探测器。泄漏电缆作为周界入侵检测传感器应用时，通常采用埋地敷设方式。埋地敷设方式可取得隐形连续覆盖周界防区和免维护的实用效果。

实验研究表明：采用两根平行敷设的泄漏电缆，一根接入发信机，另一根接入受信机，则入侵者进入两根电缆中间区域时，处在"漏泄场"中的人体对无线电射频能量的散射，将引起受信机端口接收信号电平的波动。采用各种信号分析手段检测出这个变动，即可对入侵者在防护周界范围内作出定性和定位判断。在各种泄漏电缆周界入侵防范系统中，均采用泄漏电缆作为入侵检测传感器。

泄漏电缆的一端接入发信机后，无线电射频能量在泄漏电缆内部一方面以同轴波模式向电缆终端传输；另一方面通过电缆外导体开孔的表面沿电缆径向长度以准 TEM 波模式向前方传播（可称为表面波）。同轴波模式的传输速度和传输衰减决定于同轴电缆的结构参数，基本上与安装环境无关；表面波模式的传输速度和传输衰减则与安装环境有关，如果泄漏电缆以埋地方式安装，则与地面以上空气环境中的安装相比，表面波的传输速度减慢且传输衰减增大。上述沿电缆长度上存在着的表面波是一种近场波，其作用场仅距电缆若干公尺，这种电磁漏泄场的能量将随其与电缆纵向距离的增大而迅速衰减，直至消失。这意味着泄漏电缆作为入侵检测传感器应用时，仅包含一个有限距离的检测区域，对无线电空间秩序不构成有害的干扰源。

（3）泄漏电缆入侵探测器的典型应用：

1）单电缆方案。早期出现的泄漏电缆应用于周界入侵防范系统的技术方案仅采用单根泄漏电缆。在电缆始端接入无线电发信机，另一端接入受信机即构成了最简单的系统。发信机在泄漏电缆周围形成的漏泄场首先与入侵者本体发生耦合，再次耦合回复到泄漏电缆并传输抵达受信机。此方案中的入侵信号需经两次耦合再经传输方可抵达检测端，其检测灵敏度极低、实用价值不高，初期实验只能捕获仅距泄漏电缆 10cm 左右且巨大的入侵目标。

2）双电缆方案。采用两根泄漏电缆平行敷设，在第一根电缆的一端接入发信机激励馈体，在第二根电缆的一端接入受信机以检测处理入侵信息特征，即构成了双电缆系统。两根电缆一发一收，只存在一次耦合，只需检测识别入侵者本体在漏泄场中对既有信号的影响即可捕获入侵目标。此方案与单电缆方案相比，检测灵敏度大大提高，已可满足实际应用需要。大部分泄漏电缆周界入侵检测系统均采用双电缆方案。

在某些场合，为了横向拓宽入侵检测区域的宽度或辨别入侵行为的方向，也可在双电缆方案的基础上再布置一根或多根相平行敷设的泄漏电缆，即变相衍生为多电缆方案。

3）正向耦合方案。在双电缆方案的基础上，将两根电缆上分别接入发信机和受信机，并将它们分别布置在传输通道两端即构成了正向耦合方案。正向耦合方案具有下列特点：传输通道上，发信机源信号经耦合到收信电缆后的行进方向与发信电缆上源信号的行进方向相同，在受信机端口引起相位变化的同相叠加，形成一定程度的固定反射；此固定反射对埋地泄漏电缆环境（如土壤湿度变化）较为敏感，由此，如不采取相应技术措施，则可能成为虚假入侵报警的因素；泄漏电缆本身传输衰减的大小与入侵位置无关，因而对受信机端检测量的动态范围影响不大。

4）反向耦合方案。在双电缆方案的基础上，两根电缆上分别接入的发信机和受信机，并布置在传输通道的同一端即构成了反向耦合方案。反向耦合方案具有下列特点：泄漏电缆本身传输衰减的大小与入侵位置相关，因而要求增大受信机端检测量的动态范围，这也相应增加了入侵信号正确判决的难度；通常采用耦合能量分级型泄漏电缆或大直径低损耗型泄漏电缆可有效减小受信机端检测量的动态范围。实际应用中，反向耦合方案的使用较为普遍。

5）脉冲波方案。在单电缆方案的基础上，发信机输出时序脉冲波，受信机完成发射脉冲和具有入侵信息特征的反射脉冲两者之间的时间延迟识别检测，并据以判定入侵位置即构成了脉冲波方案。脉冲波方案具有下列特点：①提高了单电缆基本方案的实用性；②要求射频宽带窄脉冲高速传输，且瞬时脉冲功率较大，可能对邻近无线电系统形成干扰；③对泄漏电缆性能要求较高，趋向于采用大直径低损耗型泄漏电缆。

6）连续波方案。无论在单电缆还是双电缆方案的基础上，发信机输出连续载波，受信机完成具有入侵信息特征的接收信息检测，并据以判定入侵部位即可构成连续波方案。连续波方案具有下列特点：①对射频带宽、功率无严格要求，简化了电子部件、器件等级；②对入侵位置不能提供精确定位，仅适用于完整段落区域入侵信息的判定；③对较长周界宜作分段并标记地址码的技术处理。

7）单电缆—单极天线耦合方案。采用单根泄漏电缆埋地，按圆环形布置敷设，其一端接入发信机，圆心处设单极天线并连接受信机，受信机完成具有入侵信息特征的接收信息检测，并据以判定入侵部位即构成了单电缆—单极天线耦合方案。单电缆—单极天线耦合方案具有下列特点：①仅适用于开阔地带，多应用在重要机场、导弹库、生化武器库、火药库等重要场合；②仅需布置单根电缆，但其连续性不允许中断；③对发射功率有严格要求；④单极天线应置于圆环形中心位置，其位置偏离度将影响接收入侵信息的均匀度。

（4）泄漏电缆入侵探测技术的发展方向。泄漏电缆周界入侵防范系统与各种不同原理的周界系统相比，在服务特性方面有其独特的优势。自泄漏电缆周界入侵防范技术问世以来直至进入21世纪，美国、英国、加拿大等国不断涌现的上百篇专利文献详尽记载了其技术进步过程，但在我国，罕见自主知识产权文献的发表，且这类系统在国内民品安防市场的占有率也不高。究其原因，最主要的是泄漏电缆成本偏高，影响其推广使用。研究开发低成本经济型适用性泄漏电缆首要关注的技术进步发展方向。在充分消化泄漏电缆周界入侵传感器机理的基础上，售价堪与SYV-5同轴电缆相当的泄漏电缆在理论上存在极大可行性。

2. 电子围栏式入侵探测器

电子围栏式入侵探测器也是一种用于周界防范的探测器，主要由脉冲电压发生器、报警信号检测器及前端的电围栏三大部分组成。当有入侵者入侵时，触碰到前端的电子围栏或试图剪断前端的电子围栏时，电子缆线产生的非致命脉冲高压能有效击退入侵者，同时会发出报警信号。这种探测器电子围栏上的裸露导线，接通由脉冲电压发生器发出的高达1万V的脉冲电压（但能量很小，一般在4J以下，对人体不会构成生命危害）时，即使入侵者戴上绝缘手套，也会产生脉冲感应信号，使其报警，其构成系统如图6-71所示，具有防水、抗寒、防晒性能，且不受气候干扰。

电子缆线可垂直或倾斜安装，从而提供一个更广阔的物理屏障，以防入侵者挖掘或攀爬，并可以接入视频运动探测及跟踪系统，通过摄像机探测和跟踪目标，且每个入侵报警的视频画面都可以记录在系统硬盘上，供事后查验用。

电子围栏式入侵探测器符合公安部关于GA 247—2000《监所周界高压电网装置》的要求。

（1）电子围栏式入侵探测器的主要技术指标。

1）电网输入为正弦交流50Hz，额定电压220V；电网输出额定电压应为交流3000～6000V（有效值），输入电压为180～240V；电网应能正常工作，最大输入电压不应超过250V；在主

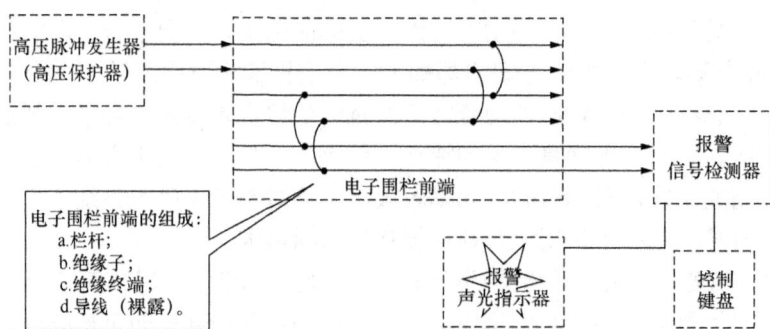

图 6-71 电子脉冲式周界阻挡报警系统示意

电源断电的情况下，后备电源能保证正常启动；预警状态时，应保证其高压输出；备用电源能保证高压电网装置正常工作时间不少于 4h。

2）具有多路多段短路、断网、触网检测声光报警功能。原则上每面墙为一段，每段又分为 4 挡或 5 挡线，最小系统为 4 段。另外，可根据现场具体情况和客户要求增加段数。

3）金属线网架应采用能承受 150kg 重量经防腐处理的金属支架；倾斜角度根据实际要求应在 90°～135°之间；金属线与线间距应在 150～200mm 之间。通常使用 5mm×50mm×50mm 的镀锌角铁作为网线支架。

4）高压绝缘子为 P10 型，耐压为 10kV。高压网线使用 16mm² 的铝绞线；沿海高盐地区用含稀土材料的铝绞线；用 4 根或 5 根导电金属线组成金属线网路。

（2）现场线缆的安装施工。

1）三角支架的安装：三角支架的底部离地面的高度不得小于 4m，每个支架用 3 个 ϕ12mm 的膨胀螺栓固定于墙上。两个支架间间距为 4～6m，且所有支架的上平面应保持在同一平面上。

2）高压绝缘子的安装：每个支架上安装 4 个 P10 型绝缘子，绝缘子本体要求与水平面垂直；头部向上，且要求头部上的槽沟与墙面平行。

3）放铝绞线及线的固定：首先要选好分段点的位置，从此点开始向下一分段点的位置放出 5 根同长度的铝绞线。每根铝线先固定好一头，然后分别将每根线放在此段内每个支架绝缘子相应的一侧，每根铝绞线放到相应的位置后，在第 10 个三角支架的位置处用紧线器分别把每根线拉紧，而后将此段内的铝线放在相应瓶头顶的槽口内，并用扎线扎紧、扎好。

4）扎线方法：扎线用铝绞线截取，长度为 1.7～2.3m。截取后的铝绞线每根又可分成 5～6 根，然后将每根铝线盘成直径为 5～8cm 的小圆盘备用。首先，以扎线的中心为准，在瓶头槽口处的铝绞线上绕上 1～3 圈；其次，再以扎线的一头为准，以逆时针的方向在绝缘子大小头的中部绕上 1 圈半后，把剩余的扎线密绕到铝绞线上 5 圈。最后，扎线的另一头以相反的方向把线扎好，方法同上。

5）分段点的安装施工方法：首先，在适当的位置选好分段点，即在两个支架之间、高压箱之上，用隔断绝缘子将两根在相同位置上的网线连接好。两根网线要分别穿入隔断绝缘子的对应远端的圆孔中，网线拉紧后绝缘子的受力方向应该是向中心挤压。若两根铝线只是分别穿入临近端的圆孔内，则绝缘子的中心受力方向就会承受向两边的拉力，从而极易将绝缘子从中间拉断。

（3）室外高压控制箱的安装及接线。高压控制箱用 10～12mm 的膨胀螺栓固定，每只箱子用 4 个。箱子的底面与地面的间距应大于 4m，安装后箱子要保持水平。高压控制箱的中心应在割断绝缘子的铅锤线上，如图 6-72 所示。

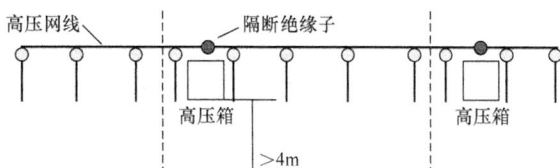

图 6-72　高压控制箱的安装

1）接线方法：每报警段接线方法如图 6-73 所示，高压引出线用 16mm² 的铝绞线，其中的一端要套上铜铝型接线鼻（采用铜铝型线鼻的目的是防止接头处氧化），并用压线钳将其压紧，然后将线鼻套入高压箱的铜接线柱上，

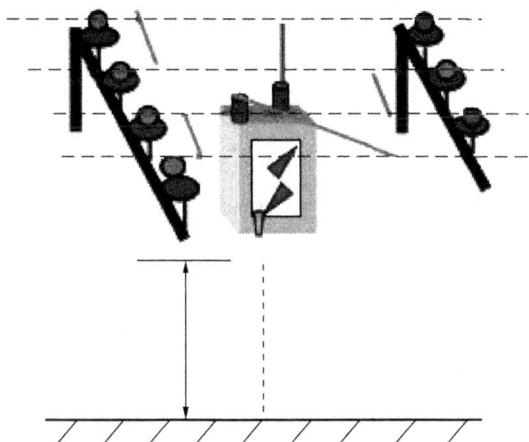

图 6-73　高压控制箱的接线

并用铜螺母压紧；另一端同网线连接，如图 6-73 所示。

2）接地线的技术参数要求：接地电阻应小于 4Ω，接地角铁应埋在监所围墙的外侧，并把接地盘元用电焊焊在接地角铁上，方向沿墙而上，此外接地盘元应作防锈处理。

3）通信线及电源线的布线要求：通信线采用截面积不小于 0.75m² 的双绞线；电源线采用截面积不小于 0.75m² 的单根多股镀锌铜线；报警灯的电源线采用截面积为 0.75m² 单根多股镀锌铜线。以上用线都要穿在截面积适当的 PVC 管里，PVC 管每 0.6m 用一管卡固定。

3. 其他新技术型入侵探测器

（1）振动传感电缆型入侵探测器。振动传感电缆型入侵探测器是在一根塑料扩套内装有三芯导线的电缆两端分别接上发送装置与接收装置，并将电缆做成波浪状或其他曲折形状固定在网状的围墙上。当有入侵者触动、破坏网状围墙而使其振动并达到一定强度时，就会产生报警信号。这种入侵探测器精度极高，漏报率和误报率几乎为零，可全天候使用，适用于网状的周界围墙防范。此外，还具有防风沙等影响误报的能力，可用于检测翻越护栏或割盗护栏的入侵者。

驻极体振动电缆是一种经过特殊亢电处理后带有永久预置电荷的介电材料，利用驻极体材料可以制作驻极体话筒。驻极体电缆又称张力敏感电缆或麦克风式电缆，其基本结构和普通的同轴相似，只不过它是一种经过特殊加工处理过的同轴电缆。在制作同轴电缆时，对填充在其内、外导体之间的电介质进行了静电偏压，使之带有永久性的预置静电荷。

当驻极体电缆受到机械振动或因受压而变形时，在电缆的内外导体之间就会产生一个变化的电压信号，此电压信号的大小和频率与受到的机械振动力成正比。与外电路相连就可以检测出这一变化的信号电压，并可检测到较宽频域范围内的信号。由于驻极体电缆传感器的工作原理和驻极体麦克风相类似，故又称为麦克风电缆。使用时，通常将驻极体电缆用塑料带固定在栅栏或钢丝网面上，其一端与报警控制电路相连，另一端与负载电阻相连。

当有入侵者翻越栅、网或切割栅、网时，电缆因受到振动而产生模拟信号电压，继而触发报警。

此外，由于驻极体电缆实际上就是一种精心设计的特制麦克风，因此利用它可以把入侵者破坏或翻越栅网、触动振动电缆时的声响以及邻近的声音传送到中心控制室进行监听，从而用来判断是否有入侵。

（2）应力传感电缆型入侵探测器。应力传感电缆型入侵探测器是将传感电缆安装于围栏上，将作用于传感电缆的机械应力转化为电信号，然后由控制器中的数字及模拟信号分析器对信号进行处理，通过对输入信号的频率、幅度、时序及其他参数的分析，来甄别是真实的入侵还是误报警，并决定是否由继电器触点输出报警信号。传感电缆长度可达 600m。

应力式周界防越报警系统在周界防越探测系统中引入了一个更为先进的设计思想，它利用普通的 RVVP 四芯电缆或原有铁栅栏、铁丝网作传感电缆（传输媒介），将作用于传感电缆的机械应力转化为电信号，再通过控制器中的数字分析单元和模拟分析单元进行信号处理，并对输入信号的频率、幅度、时序和其他电子参数经微处理器进行计算分析，从而得出准确无误的报警信号。

机械应力是指人体或物体撞击电缆（传输媒介）时，电缆局部发生应变，应用效果如同振动电缆，即当有人触摸电缆而产生冲击力时将报警；但两者又有较大差异，主要体现在抗干扰能力上。

应力式电缆的传感方式是作用于传感电缆上的机械撞击力使其发生局部形变，而自然界中雨、风、沙等施加在电缆上的撞击力远小于人体的撞击力，很难使电缆发生形变，因而不会触发报警，而雷声或其他强噪声所造成的空气振动更无济于事，这就是与其他周界防范技术的主要区别。

该系统独特的理论及智能控制，使产品可靠性高，误报率低，可在恶劣气候条件下正常工作，价格适中，安装施工简便，易安装于任何网围栏、铁丝网、铁刺网、墙壁或地下，以及蛇腹形地段等。

对于不同的使用条件及环境，可通过机内的蓝色 DIP 开关方便地设置灵敏度。调节 3 只红色 DIP 开关，可调整频率值，这适用于不同的传输媒介（铁丝网、围栏、电缆）。在最高灵敏度状态下，轻弹电缆即可报警，且在雨、风沙、雷等自然现象发生时也不会造成系统误报。由于采用普通 RVVP 四芯电缆作传感电缆，因此使系统简便经济。

（3）电磁感应振动电缆型入侵探测器。电磁感应式振动电缆的基本结构是聚乙烯护套内上、下两部分空间有两块近于半弧形并充有永久磁性的韧性磁性材料。它们被中间的两根固定绝缘导线支撑着分离开来。两边的空隙正好是两磁性材料建立起来的永久磁场，空隙中的活动导线是裸体导线。当此电缆受到外力的作用而产生振动时，导线就会在空隙中移动而切割磁力线，因电磁感应在导线中便会感生出一种电信号。此信号由处理器（又称接口盒）进行选频、放大，然后将 300～3000Hz 的音频信号通过传输电缆送给控制器。当此信号超过预定的阈值时，便立刻触发报警电路报警，并可通过音频系统监听电缆受到振动时的声响。

控制器可制成多个区域，多区域分段控制可以使目标范围缩小，报警时便于查找。例如，一个四方形的院子一般不用一根电缆将其围起来，因为有人爬墙时不易判断是哪个部位。一般可采用多段传感电缆来敷设，分多个控制区域来控制。

电磁感应式振动电缆安装简便，可安装在原有的防护栅网、围墙、房顶等处，而不需要挖地槽。因电缆易弯曲，且布线方便灵活，故特别适宜在地形复杂的周界布防 c 振动电缆传感器为无源的长线分布式。

（4）光纤传感器入侵探测器。随着光纤技术的不断发展，传输损耗不断降低，传输距离不断加大，且价格下降，加上技术性能上的独到优点，光纤报警器在安全防范工作中的应用也越来越广泛。

光纤传感器周界报警系统原理较为简单，其基本组成包括红外光发射器、光导纤维及红外光接收器。红外发射器内的发光二极管发射脉冲调制的红外光，此红外光沿光纤向前传播，最后到达光接收器，并把经光电检测后的信号送往报警控制器，从而构成一个闭合的光环系统。

根据防范的不同场合和要求，光纤可以构成各种形状，环置于需要防范的周界处的适当位置；当入侵者侵入时，必定会破坏光纤而使其断裂，这时就会因光信号的中断而触发报警。

由于光纤极细，细如发丝，因此可以很方便地进行隐蔽安装，如可将光纤隐蔽在周围防御的钢丝网中，当有入侵者切断钢丝或因攀登、翻越钢网而造成光纤断裂时，通过报警控制器即可发出报警。此外，也可以把透明的光纤埋在用纸、塑料或纺织纤维等物制成的壁纸里；或放在墙皮中，如可在墙上刻一些凹槽，把光纤放置其内，外表再用灰浆抹平。同样，也可以把光纤藏在房间的门板里，当入侵者凿墙打洞或撕裂壁纸时，均会因破坏光纤而发出报警信号。

（5）平行线电场畸变入侵探测器。平行线电场畸变入侵探测器主要由传感器线支撑杆、跨接件和传感器电场信号发生接收装置构成，其主要用于户外周界报警。通常，沿着防范周界安装数套电场探测器即可组成周界防范系统。信号分析处理器常采用微处理器，信号分析处理程序可以分析出入侵者和小动物引起的场变化的不同，从而将误报率降到最低。

（6）多普勒雷达技术的移动目标探测器。目前，国内的远距离周界报警普遍采用震动电缆报警系统。该系统价格昂贵、维护困难、易被破坏，且恢复系统需要很长时间。此外，震动报警电缆系统只能显示某段防护地域而发出报警，并不能反映入侵目标的活动状况。如果想了解报警的实际情况，必须安装摄像机复核系统，这样又大大增加了安全系统的投资和维护费用，而且在夜间下雨天或大雾天气，摄像机复合系统也不能发挥作用。

多普勒移动目标探测器是利用现代多普勒雷达技术在 X 波段采用相干地面探测技术生产的第 4 代多普勒雷达，是目前世界上科技含量最高的防盗报警系统。

多普勒雷达技术不受白天、夜间、雨天或大雾天气的限制，具有跟踪扫描、显示目标轨迹的功能，可以随时发现进入警戒区域的人员及车辆。当发现闯入者，警卫人员借助于多普勒移动目标探测器还可以看到闯入者的移动方向及位置。

多普勒移动目标探测器系统可以在 500m 范围内探测行人或移动车辆，可按扫描扇区 60°、120°、360°划分，并可警戒直径 1km 范围内的重要目标。系统可以在半径为 7km 的范围内探测行人，在半径为 15km 的范围内探测轻型移动车辆，在半径为 25km 的范围内探测重型移动车辆或坦克。扫描扇区为 10°~359°，可以警戒直径为 50km 的范围内的重要目标，测量距离误差小于 25m，方向误差小于 0.5°，系统可以同时锁定 60 个运动目标，直接显示一路目标的距离、方位及行进速度。由于多普勒雷达具有声音提示功能，因此操作人员可以通过声音提示分辨目标的种类。

多普勒移动目标探测器的特点：

1）机动性强，可以安装在固定地点来保护重要设施，也可安装在汽车上进行机动侦察，同时还可临时架设，5 分钟就可投入使用。

2）能够在极恶劣的天气和能见度极低的条件下工作；可全天 24 小时不间断运行。

3）可以制成电子模拟地图，将当地的地形图扫描后存入计算机内；当报警点出现后，系统可以显示报警点的实际位置。

4）可跟踪多个目标，该设备可采用边扫描边跟踪的方法同时跟踪多个目标，并生成和显示目标轨迹；系统可设置报警区域，当有人进入报警区域时，系统会立即报警，值班人员可以不用 24 小时监视屏幕；系统结构牢固、操作简单，设备可承受恶劣条件的运输，抗尘土、防潮湿。

十二、入侵探测器的汇总与比较

1. 开关点控探测器

对于门窗、柜台、展橱、保险柜等防范范围仅是某特定部位使用的入侵探测器为点型入侵探测器，该探测器通常有开关型和振动型两种。开关点控探测器的特性见表 6-6。

表 6-6   开关点控探测器的特性

名　　称	适应场所	主要特点	适宜的工作环境和条件	不适宜的工作环境和条件	宜选下列技术器材
磁开关入侵探测	各种门、窗、抽屉等	体积小、可靠性好	非强磁场存在情况，门窗缝不能过大	强磁场存在环境，门窗缝隙过大的建筑物	在铁制门窗使用时，宜选用铁制门窗专用磁开关

2. 周界（线控）探测器的比较

直线型入侵探测器是指警戒范围为一条线束的探测器。当这条警戒线上的警戒状态被破坏时，探测器即发出报警信号。最常见的直线型报警探测器有红外入侵探测器及激光入侵探测器。周界（线控）探测器的比较见表 6-7。

表 6-7   周界（线控）探测器的比较

名　　称	适应场所	主要特点	适宜的工作环境和条件	不适宜的工作环境和条件	宜选下列技术器材
主动红外入侵探测器	室内、室外（一般室内机不能用于室外）	红外线，便于隐蔽	室内周界控制；室外"静态"干燥气候	室外恶劣气候；收发机视线内有可能遮挡物	双光束或四光束鉴别技术
阻挡式微波探测器	室内、室外周界控制	受气候影响较小	无高频电磁场存在场所；收发机间不能有可能遮挡物	收发机间有可能遮挡物；高频电磁波（微波频段）存在场	报警控制器宜有智能鉴别技术
振动电缆探测器	室内、室外均可	可与室内外各种实体周界配合使用	非嘈杂振动环境	嘈杂振动环境	报警控制器宜有智能鉴别技术
泄漏电缆探测器	室内、室外均可	可随地形变化埋设	两探测电缆之间无活动物体；无高频电磁场存在场所	高频电磁场干扰环境	报警探测器宜有智能鉴别技术

3. 面控式入侵探测器的比较

面控式入侵探测器的警戒范围为一个面，当警戒面上出现入侵目标时即能发出报警信号。面控式入侵探测器的比较见表 6-8。

表 6-8 面控式入侵探测器的比较

名 称	适应场所	主要特点	适宜的工作环境和条件	不适宜的工作环境和条件	宜选下列技术器材
电动式振动探测器	室内、室外均面控制	灵敏度高、被动式	远离振源	地质板结的冻土地或土质松软的泥	所选用报警控制器需有信号比较和鉴别技术
压电式振动探测	室内、室外均可；多用于墙壁或天花板上	被动式	远离振源	时常引起振动或环境过于嘈杂的场所	智能鉴别技术
声探—振动玻璃破碎双鉴器	室内；用于各种可能产生玻璃破碎的场所	误报警少（与单技玻璃破碎探测器相比）	日常环境噪声	环境过于嘈杂的	双—单转换型；智能鉴别技术

4. 空间式入侵探测器的比较

空间式入侵探测器是指警戒范围是一个空间的报警器。当这个警戒空间任意处的警戒状态被破坏时，即发出报警信号。空间式入侵探测器的比较见表 6-9。

表 6-9 空间式入侵探测器的比较

名 称	适应场所	主要特点	适宜的工作环境和条件	不适宜的工作环境和条件	宜选下列技术器材
被动红外入侵探测器	室内空间型；有吸顶式、壁挂式、楼道式、幕帘式等	被动式（多台交叉使用互不干扰）、功耗低、可靠性较好	日常环境有噪声；温度在 15～25℃ 时探测效果最佳	背景有热变化，如冷热气流、强光间歇照射等；背景温度接近人体温度；强电磁场干扰场合；小动物频繁出没的场合	自动温度补偿技术；抗小动物干扰技术；防遮挡技术；抗强光干扰技术；智能鉴别技术
微波—被动红外双鉴器	室内空间型；有吸顶式、壁挂式、楼道式等	误报警少（与被动红外入侵探测器相比）、可靠性较好	日常环境有噪声；温度在 15～25℃ 时探测效果最佳	现场温度接近人体温度时，灵敏度下降；强电磁场干扰情况；小动物出没频繁的场合	双单转换型；自动温度补偿技术；防遮挡技术；抗小动物干扰技术；智能鉴别技术
声控单技术玻璃破碎探测器	室内空间式；壁挂式等	被动式；仅对玻璃破碎等高频声响敏感	日常环境有噪声	环境嘈杂，附近有金属打击声、汽笛声、电钟声等高频声	智能鉴别技术
微波多普勒型入探测器	室内空间型；壁挂式	不受声、光、热的影响	可在环境噪声较强，光变化、热变化较大的条件下工作	防范现场不适宜有活动物和可能活动物；不适宜简易房间或临时展厅使用；不适宜在高频（微波段）电磁场环境使用	平面天线技术；智能鉴别技术
声控—次声波玻璃破碎双鉴器	室内空间型（警戒空间要有较好的密封性）	误报警少（与单技术玻璃破碎探测器相比）、可靠性较高	密封性较好的室内	简易或密封性不好的室内	智能鉴别技术

第三节　报警控制主机及其功能

一、报警控制主机的基本作用

1. 控制主机在入侵报警系统中的地位

小型入侵报警系统由前端报警探测设备和报警控制主机二级连接而成；大型入侵报警系

统则由前端探测设备、报警控制主机、警报监控中心三级，以及报警信号传输系统组成，必要时还需附加上对报警确认用的声音或图像复核装置。

整个系统要求能稳定可靠地工作，杜绝漏报警，并最大限度地减少误报警。

报警控制主机也称报警控制器。系统基本连接如图 6-74 所示，其底层是各种探测器，负责探测有无人员的非法入侵，报警控制主机接收到报警信号后，按设置程序执行警报的就地处理，并发出声光报警信号，同时与监控系统实现联动，以控制现场的灯光并记录报警事件和相应的视频图像，之后再将相关信息上传到报警监控中心，由报警管理计算机在报警管理软件的指挥下执行整个系统的管理功能。

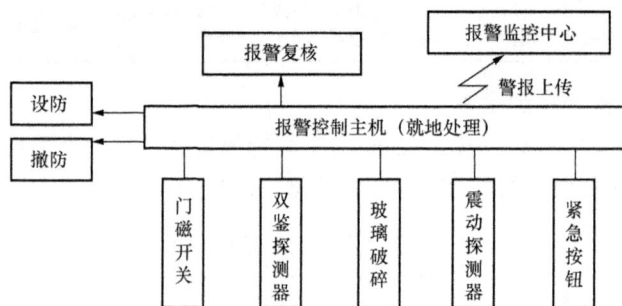

图 6-74　报警控制器功能及连接框图

2. 入侵报警系统的构建过程

入侵报警系统的构建过程是在对建筑物平面及各功能区进行分析之后，安装布置红外微波双鉴、门磁、玻璃破碎、震动、紧急按钮等多种探测器组合的探测装置，再配上报警控制主机，即可建成局部范围的防盗报警系统，以负责监视该范围内外各个点、线、面和整个区域的侦测任务。

每个报警控制主机可有数十个防区，所有防区可以编程为多种防区类型之一，主机板上还固定了几个常用的防区。每个前端探测器均带有地址码，所有报警信号均使用编码方式以总线制方式传输，此外，还可采用双绞线、电缆、光缆等不同线缆进行传输。有的系统为了增加传输线路的保密性和防破坏性，还对报警信号重新编码后才传送。报警控制主机在接收到由前端传送来的报警信号后，能立即显示出报警区域的地址，并产生声光报警。

在此基础上，如若再配上以有线为主、无线为辅的报警传输手段，用于将各处报警控制主机过滤后的报警信号近距离或远距离地传送到报警监控中心，则可实现与报警监控中心相连通，从而使警报能上传到报警中心和接收报警中心下达的指令，以此即可组成大范围联网型报警系统。

报警监控中心应能与计算机联网使用，能识别传输线路短路、断路等故障原因，并提示报警故障信息，而当遇到停电、计算机故障等情况时，也应能脱离计算机独立工作。

二、报警控制主机的基本功能

1. 报警控制的基本概念

（1）布防与撤防。正常状态下，监视区的探测设备处于撤防状态，不会发出报警；而在布防状态，如果探测器有报警信号向报警控制主机传来，就立即报警。报警控制主机既可手动布防或撤防，也可以定时自动对系统进行自动布防和撤防。

（2）布防后的延时。如果布防时人员尚未退出探测区域，则报警控制器能够自动延时一段时间，等人员离开后布防才生效，这是报警控制主机的布防延时功能。

（3）防破坏。如果有人对报警线路和设备进行破坏而使线路发生短路或断路、设备被非法撬开情况时，报警控制主机会发出报警，并能显示线路故障信息；任何一种情况发生都会引起报警控制主机报警。

（4）微机联网功能。报警控制主机具有通信联网功能，可使区域性的报警信息能上传送到报警监控中心，由监控中心的计算机来进行资料分析处理，并通过网络实现资源的共享及异地远程控制等多方面的功能，从而大大提高了系统的自动化程度。报警响应软件应具有Windows界面、多媒体工作方式，并可以附加电子地图；报警信号也可以设置成不同级别的警情，并由计算机自动进行处理。

2. 报警控制主机的基本功能

报警控制器设置在安全控制中心，它是报警系统的主控部分，主要向报警探测器供电，接收报警探测器送出的报警电信号，并对此信号进行进一步的处理。报警控制器通常又称为报警控制／通信主机。报警控制器多采用微机进行控制，用户可以在键盘上完成编程和对报警系统的各种控制操作，功能很强，使用也非常方便。

防盗报警控制器功能包括驱动外围设备、系统自检功能、故障报警功能、对系统的编程等。防盗报警控制器能接受的报警输入有：

（1）瞬时入侵：为入侵探测器提供瞬时入侵报警。

（2）紧急报警：接入按钮可提供24h的紧急呼救，不受电源开关影响，能保证昼夜工作。

（3）防拆报警：提供24h防拆保护，不受电源开关影响，能保证昼夜工作。

（4）延时报警：实现0～40s可调进入延迟和100s固定外出延迟。

凡4路以上的防盗报警器必须有3种报警输入。由于入侵探测器有时会产生误报，因此，控制器对某些重要部位的监控，常采用声控和电视复核。

3. 报警控制主机的基本性能

（1）入侵报警控制器应能直接或间接接收来自防盗探测器发出的报警信号，同时发出声、光报警并指示入侵发生的部位。声光报警信号应能保持到手动复位，复位后，再有入侵报警信号输入时，应能重新发出声光报警信号。

（2）入侵报警控制器能向与该机接口的全部探测器提供直流工作电压。

（3）入侵报警控制器应有防破坏功能，当连接入侵探测器和控制器的传输线发生断路、短路或并接其他负载时，应能发出声、光报警信号。报警信号应能保持到引起报警的原因排除后，才能实现复位；而在该报警信号存在期间，如有其他入侵信号输入，仍能发出相应的报警信号。

（4）入侵报警控制器能对控制的系统进行自检，检查系统各个部分的工作状态是否处于正常工作状态。

（5）入侵报警控制器应有较宽的电源适应范围，当主电源电压变化±15%时，不需调整仍能正常工作。主电源的容量应保证在最大负载条件下连续工作24h以上。

（6）入侵报警控制器应有备用电源。当主电源断电时能自动转换到备用电源上，而当主电源恢复后又能自动转换到主电源上。转换时，控制器仍能正常工作，不产生误报。备用电源应能满足系统要求，并连续工作24h。

（7）入侵报警控制器应有较高的稳定性，在正常大气条件下连续工作 7 天而不出现误报、漏报。

（8）入侵报警控制器应在额定电压和额定负载电流下进行警戒、报警、复位，并循环 6000 次，而不允许出现电的或机械的故障，也不应有器件的损坏和触点粘连。

（9）入侵报警控制器平均无故障工作时间分为 3 个等级：A 级 5000h；B 级 20000h；C 级 60000h。

（10）入侵报警控制器的机壳应有门锁或锁控装置（2 路以下例外），机壳上除密码按键及灯光指示外，所有影响功能的操作机构均应放在箱体之内。

三、报警控制主机的控制

1. 报警控制器的分类

（1）报警控制器的一般划分：

1）按系统规模的不同，报警控制器可分为小型、中型和大型报警控制器。

2）按防范控制功能的不同，报警控制器又可分为仅具有单一安全防范功能的报警控制器（如防盗、防入侵、防火报警控制器等）和具有多种安全防范功能（防盗、防入侵、防火、电视监控、监听等）控制功能为一体的综合型多功能报警控制器。将各种不同类型的报警探测器与不同规格的报警控制器组合起来，就能构成适合于不同用途、警戒范围大小不同的报警系统网络。

3）按信号的传输方式不同，报警控制器可分为具有有线接口的报警控制器和具有无线接口的报警控制器，以及有线接口和无线接口兼而有之的报警控制器。

4）按报警控制器的安装方式不同，报警控制器又可分为台式、柜式和壁挂式。

5）按报警控制器的容量不同，可分为单路或多路报警控制器，而多路报警控制器则多为 2、4、8、16、24、32 路。

6）按用户的管理机制及对报警的要求不同，警戒可组成独立的小系统、区域互连互防的区域报警系统和大规模的集中报警系统。

（2）小型报警控制器。对于一般的小用户，其防护的部位很少，如银行的储蓄所，学校的财会、档案室，较小的仓库等，都可采用小型报警控制器。小型控制器的一般功能包括：

1）能提供 4～8 路报警信号、4～8 路声控复核信号，功能扩展后，能从接收天线接受无线传输的报警信号。

2）能在任何一路信号报警时发出声光报警信号，并能显示报警部位及时间。

3）有自动/手动声音复核和电视、录像复核。

4）对系统有自查能力。

5）市电正常供电时能对备用电源充电；断电时能自动切换到备用电源上，以保证系统正常工作。另外，还有欠压报警功能。

6）具有 5～10min 延迟报警功能。

7）能向区域报警中心发出报警信号。

8）能存入 2～4 个紧急报警电话号码，发生报警情况时，能自动依次向紧急报警电话发出报警信号。

（3）区域报警控制器。对于一些较大的工程系统（如高层写字楼、高级住宅小区、大型的仓库、货场等），当其要求防范的区域较大，防范的点也较多时，可选用区域性的入侵报警控制器。

　　区域报警控制器具有小型控制器的所有功能，而且有更多的输入端，如有 16、24 路及 32 路的报警输入，24 路的声控复核输入，8～16 路电视摄像复核输入，并具有良好的并网能力。

　　区域报警控制器的输入信号使用总线制。探测器根据安置的地点，统一编码；探测器的地址码、信号及供电由总线完成，从而大大简化了工程安装。每路输入总线上可挂接 128 个探测器，且总线上有短路保护，当某路电路发生故障时，控制中心能自动判断故障部位，而不影响其他各路的工作状态。

　　当任何部位发出报警信号后，能直接送到控制中心，并在报警显示板上，电发光二极管显示报警部位，同时驱动声光报警电路，及时把报警信号送到外设通信接口，按原先存储的报警电话，向更高一级的集中报警控制器、报警中心或有关主管单位报警。

　　在接受信号的同时，控制器可以向声音复查电路和电视复核电路发出选通信号，通过声音和图像进行核查。

　　（4）集中报警控制器。在大型和特大型的报警系统中，主要由集中报警控制器把多个区域报警控制器联系在一起。集中报警控制器能接收各个区域报警控制器送来的信息，同时也能向各区域报警控制器送去控制指令，直接监控各区域报警控制器监控的防范区域。集中报警控制器还能直接切换出任何一个区域报警控制器送来的声音和图像复核信号，并根据需要，用录像记录下来。

　　由于集中报警控制器能和多个区域报警控制器联网，因此具有更大的存储容量和更先进的联网功能。

　　2．报警控制器的控制

　　将探测器与报警控制器相连并接通电源就组成了报警系统。在用户已完成对报警控制器编程的情况下（或直接利用厂家的默认程序设置），操作人员即可在键盘上按厂家规定的操作码进行操作。只要输入不同的操作码，就可通过报警控制器对探测器的工作状态进行控制。

　　报警系统主要有以下 5 种工作状态：布防（又称设防），撤防，旁路，24 小时监控（不受布防、撤防操作的影响），系统自检、测试。

　　（1）布防状态。布防（又称设防）状态是指操作人员执行了布防指令后，该系统的探测器开始工作（开机），并进入正常警戒状态。

　　（2）撤防状态。撤防状态是指操作人员执行了撤防指令后，该系统的探测器不能进入正常警戒工作状态，或从警戒状态下退出，使探测器无效。

　　（3）旁路状态。旁路状态是指操作人员执行了旁路指令，防区的探测器就会从整个探测器的群体中被旁路掉（失效），而不能进入工作状态，当然就不会受到对整个报警系统布防、撤防操作的影响。在报警系统中，可以只将其中一个探测器单独旁路，也可以将多个探测器同时旁路。

　　（4）24 小时监控状态。24 小时监控状态是指某些防区的探测器处于常布防的全天候工作状态，一天 24 小时始终担任着正常警戒（如用于火警、匪警、医务救护用的紧急报警按钮，感烟火灾探测器，感温火灾探测器等）。它不会受到布防、撤防操作的影响。

　　（5）系统自检、测试状态。这是在系统撤防时操作人员对报警系统进行自检或测试的工作状态。如可对各防区的探测器进行测试，则当某一防区被触发时，键盘就会发出声响。

3. 报警控制器的防区布防

不同厂家生产的报警控制器，其防区布防的种类或名称在编程表中不一定都设置得完全相同，但综合起来看，大致可以有以下几种防区的布防类型。

（1）按防区报警是否设有延时时间来分。主要分为两大类：瞬时防区和延时防区。

（2）按探测器位置和防范功能的不同来分。按探测器安装的不同位置和所起的防范功能不同来分，可分为以下几种：

1）出入防区：主要对进出防区进行探测防范。

2）周边防区：主要对内部防区之外的周边进行防范。

3）内部防区：接于该防区的探测器主要用来对室内平面或空间的防范，且多采用被动红外探测器、微波—被动红外双技术探测器等。

4）日夜防区（或称日间防区）：对于白天和夜间，区分不同情况进行探测防范。

5）火警防区：用于消防报警系统的辅助探测防范。

6）24 小时报警防区：接于该防区的探测器 24 小时都处于警戒状态，不会受到布防、撤防操作的影响，一旦触发，立即报警，没有延时。

除火警防区属于 24 小时报警防区外，还有像使用振动探测器和玻璃破碎探测器、微动开关等来对某些贵重物品、保险柜、展示柜等防被窃、被撬的保护；或在工厂车间里对某些设备的监控保护，如利用温度或压力传感器来防止设备过热、过压等的保护；或用于突发事件、紧急救护的紧急报警按钮等。

（3）按主人外出的不同布防情况来分。按用户的主人外出还是逗留室内的不同布防情况来分，可分为 4 种类型：

1）外出布防：有进入延时，对全部防区有效，无旁路防区，用于外出无人的情况。

2）留守布防：有进入延时，对内部防区无效，旁路内部防区，用于室内有人的情况。

3）快速布防：无进入延时，对内部防区无效，旁路内部防区，用于夜晚休息的情况。

4）全防布防：无进入延时，对全部防区有效，无旁路防区，用于长期外出无人的情况。

这 4 种布防状态全部都有外出延时，防止主人设防后来不及退出而引发报警。设防时，只需在控制键盘上执行不同的操作码即可实现。

4. 报警控制主机实例分析

某公司的 VISTA-120 报警控制主机有 9 个基本接线防区，可扩充多达 128 个防区，并划分为 7 个用户级别，可记录 224 宗事件。来自报警探头的所有报警信号连入 VISTA-120 报警主机后，主机电脑就可监控、显示及处理这些报警信号，并可控制 1 路或多路继电器作灯光、录像、警号等控制，以实现报警联动功能。

主机可以通过密码对任何一个防区进行布防和撤防，并联入 110 报警网。防盗控制主机 VISTA-120 能通过其串口模块联入 CCTV 系统，其功能指标如下：

（1）防区特性：

1）9 个可编程基础 4 线制防区，3 个键盘紧急按钮，挟持防区。

2）防区 9 可设置响应时间 10ms 或 350ms。

3）防区可扩展到最多 128 个，并可使用无线或总线扩展。

（2）控制性能：

1）可以划分成 8 个子系统及 3 个公共子系统，相当于有了 8 台相对独立的主机。

2）可选择使用 4146 布撤防开关锁或无线按钮控制。

3）4285 电话接口模块（VIP）使之可以通过电话进行系统遥控。

4）有 224 条事件记录，可通过遥控编程下载或直接从键盘上查看。

5）150 个 7 级用户密码。

（3）通信性能。内置拨号器，可存储 2~4 个电话号码，报警时自动拨号通告指定的电话、手机或呼机，具有 RS232 串口通信能力。

（4）通信格式。有 ADEMCO3＋1、3＋2、4＋1、4＋2，ADEMCO4＋2 特快，Radionics/SESCOA3＋1/4＋1、4＋2，ADEMCO CONTACT ID 等格式。

（5）电气性能。12V DC、750mA，有过流保护、12V DC7AH 蓄电池备份。

（6）输出性能。报警输出 12V DC / 2A，最多支持 96 个继电器输出。

（7）电脑遥控编程。使用 4130PC（DOS 版）或 COMPASS（WINDOWS 版）遥控编程软件。

（8）门禁控制。可以与 PASSPIONT 门禁系统进行互相控制，自身也具有简单的门禁功能。

（9）时间表控制功能。可以实现时间调度表自动控制功能。

（10）报警控制键盘。采用控制键盘，有 2 行 32 个可变字符显示，可为每一个防区编制描述符，软按键，具有背光显示及声音提示，内置发声器和状态指示灯；用于具有下载功能的主机时，可显示下载信息。

（11）报警管理软件。VISTA-120 报警主机通过管理软件，由电脑对报警主机进行实时监控。通过软件的设置，可以任意设置防区类型，单独旁路、禁用防区，自定义任意数量的报警区域（包括公共区域），每个区域可包含任意数量的报警点，可按时间监控和操作各区域的布撤防、报警点等，也可控制旁路报警点，还可以把主机防区设置为巡更点及执行巡更操作。

第四节　报警监控中心及信号传输

一、报警监控中心

各个区域的报警控制主机都通过直接连接、公众电信网络、报警专用网络连接到报警监控中心。所有子系统共用报警监控中心的局域网报警响应与管理系统。

报警监控中心是对报警信号进行集中管理的地方，可以通过串口或局域网将中心内的多台大型报警响应主机连接起来，以识别各报警控制主机传来的报警信号，并在软件中转换为便于操作人员识别的报警信号。

1. 报警监控中心的管理功能

报警监控中心内置一个极为灵活的电子地图系统，中心操作人员可以利用电子地图实现任意关系的地图、平面图、示意图、楼层图等，或将现有的地图资源充分利用；同时，中心也支持扫描仪扫描的图形。可以在地图上任意放置各种类型的图标，且图标可以不同的颜色和动态来表示其当前状态。而通过显示板监控界面，可灵活安排进行集中监控。无论通过地图还是显示板方式，都可以直接通过鼠标点击图标的方式来进行控制。

报警监控中心可以根据不同的报警状态，以自定义的声音通告和提醒操作人员注意。此外，也可设置在规定的警情发生时由电脑自动处理，以减轻操作人员的负担。通过对操作员的分级、分业务管理，能够完全控制每一个操作员在系统中的行为能力。同时，在系统数据库的安全方面，系统会自动检查数据的完整性和对数据库进行自动维护，即使在数据库遭到意外破坏时，仍可以利用修复功能来恢复，还可以设定系统自动备份报警记录等功能，从而做到万无一失。

报警监控中心具有完善的事件记录系统，系统中发生的各种事件（如报警事件、报警现场图像、操作日志等）都将被详细地记录。

对这些记录可以采用各种方式去检索，如可以按顺序、事件、时间、区域等进行快速查询。

2. 报警监控中心的信号接收与处理设备

报警监控中心根据不同的报警系统规模，具有不同的信号接收与处理设备，通常包括接收机、局域网、报警响应服务器、打印机、警号警灯、微机及其软件平台和电子地图，如图6-75所示。

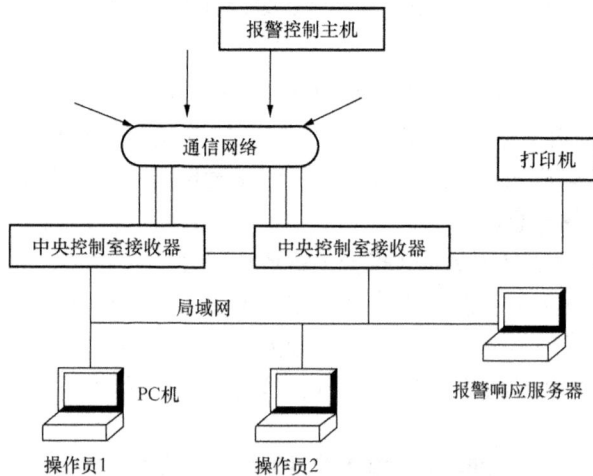

图 6-75　报警监控中心的设备及结构

二、报警信号的传输信道

系统报警信号的传输就是把探测器中的探测电信号送到控制器去进行处理、判别，以确认有无入侵行为。探测器报警信号的传输信道通常是指将电信号从探测器传输到控制器的信道；通常有两种方法，即有线传输和无线传输。

1. 有线传输

（1）双绞线传输。

1）报警信号：在小型防范区域内，往往把探测器的电信号直接用双绞线送到入侵报警控制器。双绞线经常用来传送低频模拟信号和频率不高的开关信号。

2）音视频信号：在发送端先将视频信号转换成平衡信号，并进行适当的预加重，就可用双绞线来传输图像信号，而在终端把电话线送来的平衡信号再转换成不平衡信号，然后对信号进行补偿，以还原出传输图像。

（2）同轴电缆传输。当传输声音和图像复核信号时，常用音频屏蔽线和同轴电缆。音频线和同轴电缆传输具有传输图像好、保密性好、抗干扰能力强的优点。

用同轴电缆传输图像和音频信号时，通常有两种方式。

1）一根电缆传送 1 路信号。这种方式电路简单、价格便宜，一般可用于较短距离的信号传输，如图 6-76 所示。

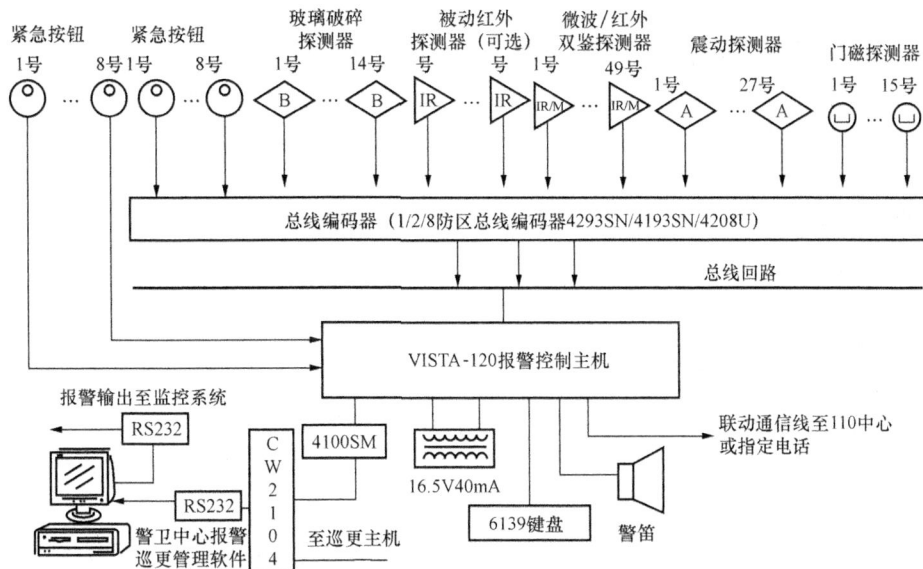

图 6-76 入侵报警系统信号的传输示意

2）选用 1 根电缆传送多路信号（如用 400MHz 可送 24 路信号）。前端的探测信号在传输前先进行调制，调制到 80～400MHz 的载频上，到达终端后再解调还原出原先的探测电信号，经信号处理后，发出报警信号或通过录像机进行记录。一般可用在几千米距离的传输中。

（3）光缆传输。音、视频图像也可通过光缆进行传输，其特点是传输距离远、传输图像质量好、抗干扰、保密、体积小、质量轻、抗腐蚀和容易敷设，但造价较高。

2. 无线传输

入侵探测器与无线报警发射机组成无线报警探测器，这两部分可以是各自独立分开的，使用时再将它们之间用有线方式相连（限制在 10m 之内），也可以是组装在一起的，成为合二为一的一个部件。

无线传输是探测器输出的探测电信号经过调制，用一定频率的无线电波向空间发送后，被报警中心的控制器所接收。而控制中心将接收信号分析处理后，即可发出报警信号和判断出报警部位。

全国无线电管理委员会分配给报警系统的无线电频率为：

（1）36.050、36.075、36.125MHz。

（2）36.350、36.375、36.425MHz。

（3）36.650、36.675、36.725MHz。

声音和图像的复核信号也可以用无线方法进行传输。首先，在输入端将声音复核信号和图像信号上变频，把各路信号分别调制在不同的频道上，然后在控制中心将高频信号解调，还原出相应的图像信号和声音信号，经多路选择开关选择需要的声音和图像信号后进行监控或记录。

三、入侵报警系统的网络系统

入侵报警系统是指由入侵探测器、报警控制器、上一级接警中心组成的对特定区域或对象构成防止入侵的报警控制系统，它们之间采用的可能是有线传输或是无线传输方式。报警系统信号的传输是指从报警控制器到报警监控中心的传输。

对于入侵报警系统而言，系统之间报警信号的传输是至关重要的。报警需要分秒必争抢时间，这就决定了报警系统信号的传输必须是充分利用公众电信网或报警专用网络的机制。最常用的经济方式是以电话线传输。

1. 入侵报警控制系统的分类

根据系统中所采用的传输线路不同，入侵报警系统基本上可以分为四大类：

（1）利用专线传输的有线报警控制系统。

（2）利用公用电话网传输的联网报警控制系统。

（3）利用专用无线信道传输的无线报警控制系统。

（4）将上面各种信道组合在一起的混合型报警控制系统。

可见，一般本地监控系统才会是仅仅利用专线传输的有线报警控制系统，只要联网，必然要成为其他系统的一部分。其中，最重要的是利用公用电话网传输的联网报警控制系统。

2. 利用公用电话网传输的联网报警系统

此系统可方便地利用现有的城市或各单位、部门的程控电话交换网来作为传输网络，既适用于市公安局、公安分局、派出所辖区组织报警网，也适用于银行、宾馆、饭店、工厂及所有有电话交换设备的企事业单位内部组织报警网，只要有电话线的地方就可与中心联网，因此组网、施工简便，且节省费用。

它具有及时可靠的自动报警、接警功能，是预防和打击盗窃、抢劫、火灾等案情的发生，提高快速反应能力的高技术电子安全防范系统。

（1）电话线传输的基本原理。在小型报警控制器与区域报警中心进行联网时，可借用公用交换电话网，通过电话线传输探测电信号。首先，对报警系统的各探测器进行编码，当探测器出现报警信号后，小型报警控制器按原先输入的报警电话号码发出相应的拨号脉冲，并接通与报警中心的电话；然后，小型报警控制器通过接通的电话线向报警中心发出探测电信号和相应的探测器识别码，报警中心即能马上发现哪个探测器在哪个部位发出报警信号。

采用这种方式传输信号时，探测电信号较正常通话优先，即在传输探测电信号时线路不能通话，而当正常通话时，如果传入探测电信号，则通话立即中断，送出探测电信号。

（2）电话线传输的基本方式。根据报警信号在电话线中传输的信息不同，基本上可分为两类：录音语音信号电话自动报警和数字信号电话自动报警。

1）录音语音信号电话自动报警：在该方式中，报警信号是将事先录好的人说话的或模拟人说话的录音语音报警信号送入电话线，再传输至接警中心。

2）数字信号电话自动报警：在该方式中，报警信息在电话线中是以数字信号的方式传输的。不仅速度快、准确，且单位时间内传输的信息量也较大，效率也高，便于接警中心快速处理。同时，该方式还具有报警资料，便于存储、分类、归档、查询、统计等优点。

（3）电话线传输的主要功能与特点：

1）运用计算机技术组网，依靠电话线传输报警信号，组网简单易行、灵活方便、范围广、容量大、自动化程度高。

2）功能全面、适应性强，可以组成多功能的安全报警网。

3）当防范现场出现警情时，可实现自动拨号报警，接警中心自动接警。报警信号传输速度快、信息全面、准确具体。

4）报警控制器与中心接警计算机之间具有双向通信能力，报警控制器与接警接收机之间采用双向应答方式工作。

5）密码操作，安全可靠。

6）可编程操作，灵活方便、实用性强。

7）具有防破坏功能和电源备份功能。

3. 混合型防盗报警控制系统

混合型入侵报警控制系统可以根据防范区域的大小、防范报警要求等级及防范报警的功能等方面进行合理配置，可将有线传输及无线传输的报警控制器及其系统有机地组合在一起，从而构成一个本地、区域、集中有线无线混合的报警控制联网系统。

图6-77所示为报警信号有线传输的几种网络结构。

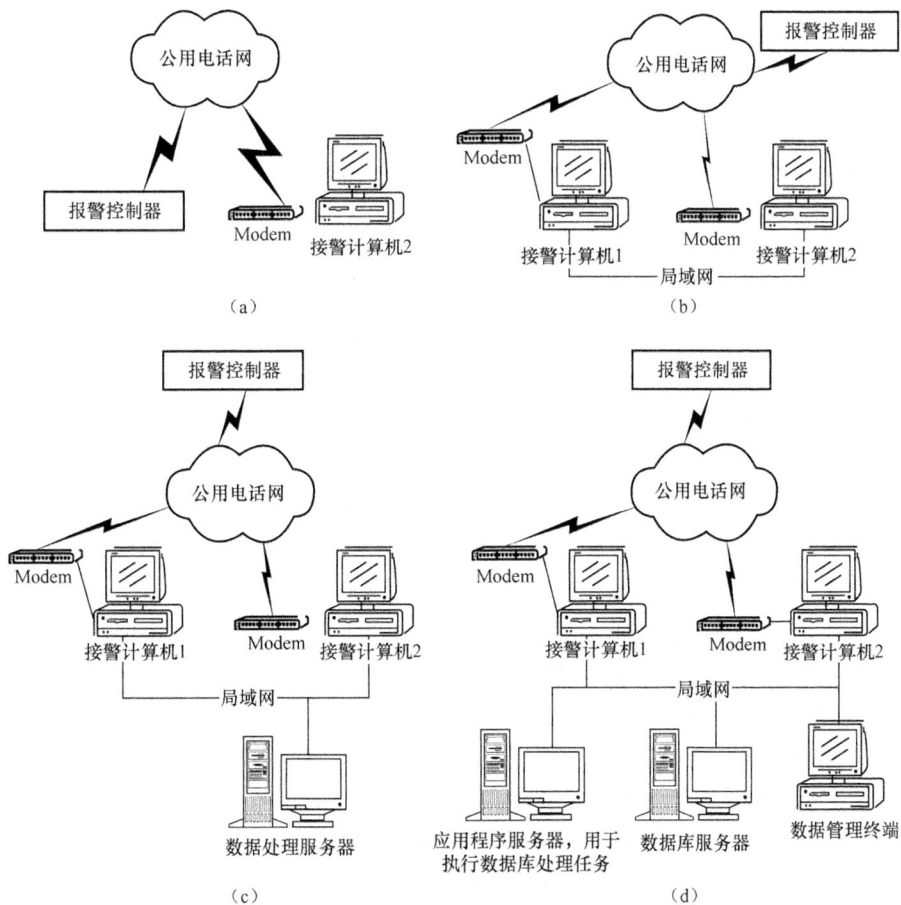

图 6-77　报警信号有线传输的几种网络结构

（a）对等同方案图；（b）局域网方案图；（c）网络服务器方案图；（d）分布式系统方案图

无线图像监控报警系统利用微波远程传输系统作为视频、报警信号的传输通道，将安装在几千米或几十千米以外的监控点上的监控点现场图像和是否有非法侵入状况传回监控中心，如图 6-78 所示。

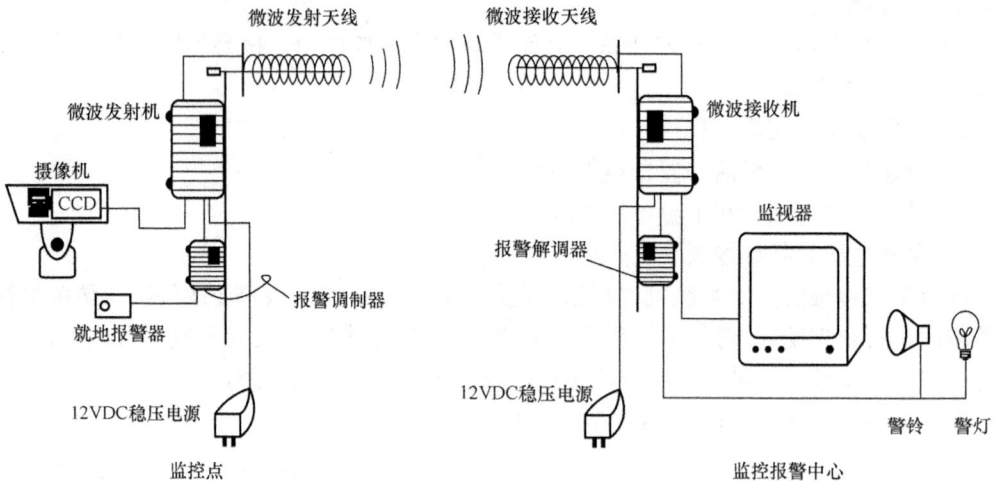

图 6-78　远程报警微波图像监控系统

白天，监控系统处于工作状态，报警系统可以撤防处于待机状态；夜间，监控系统和报警系统同时处于工作状态，一旦发生非法侵入或其他意外事件，报警系统就会立刻发生反应，将报警信号和现场图像通过微波声像传输系统迅速传送到中心，监控中心收到报警信号后，声光报警器发出的急促报警可以使值勤保安人员争取时间迅速采取行动制止非法侵害。

第五节　误报警原因分析及对策

一、误报警的产生原因分析

1. 误报警的定义

没有出现危险情况而报警系统发出报警信号即为误报警。因此，报警系统的误报率是指在一定时间内系统误报警次数与报警总次数的比值。一般该值都在 95％以上。

国外将误报警定义为实际情况不需要警察而使警察出动的报警信号。其中，不包括那些因恶劣自然气候和其他无法由报警企业及用户操纵的特殊环境引起的报警信号。美国 UL 标准规定，每一报警系统每年最多只能有 4 次误报警。

2. 误报警产生的原因

（1）报警设备故障或质量不佳引发的误报警。报警产品在规定的条件下、规定的时间内不能完成规定的功能即称为故障。故障的类型有损坏性故障和漂移性故障。损坏性故障又包括性能全部失效和突然失效，通常是由元器件的损坏或生产工艺不良（如虚焊等）而造成；漂移性故障是指元器件的参数和电源电压的漂移所造成的故障。事实上，环境温度、元件制造工艺、设备制造工艺、使用时间、储存时间及电源负载等因素都可能导致元器件参数的变化，进而产生漂移性故障。

无论是损坏性故障还是漂移性故障，二者都将使系统误报警，要减少由此产生的误报警，选用的报警产品就必须符合有关标准的要求。

（2）报警系统设计不当引起的误报警。选择好设备是系统设计的关键；报警器材因有适用范围和局限性，故选用不当就会引起误报警。例如，震动探测器靠近震源就容易引起误报警；电铃声和金属撞击声等高频声有可能引起单技术玻璃破碎探测器的误报警。因此，要减少报警，就必须选择好报警器材。

设备器材安装位置、安装角度、防护措施及系统布线等方面设计不当也会引发误报警。例如，将被动红外入侵探测器对着空调、换气扇安装，室外用主动红外探测器没有适当的遮阳防护，报警线路与动力线、照明线等强电线路间距小于 1.5m 时未加防电磁干扰措施，都有可能引起系统的误报警。

（3）环境噪扰引起的误报警。由于环境噪扰引起的误报警是指报警系统在正常工作状态下产生的误报警。例如，热气流引起的被动红外入侵探测器的误报警、高频声响引起的单技术玻璃破碎探测器的误报警、超声源引起的超声波探测器的误报警等。

减少此类误报警较为有效的措施有：①采用双鉴探测器，当两种不同原理的探测器同时探测到目标时，报警器才发出报警信号，此类双鉴探测器有微波/被动红外双鉴器、声音/振动玻璃破碎双鉴器等；②在报警装置中采用 CPU 和数字处理技术、设置噪声门槛阈值、增加防宠物功能、提高报警装置的智能化程度，以在一定程度上降低环境噪扰引起的误报警。

（4）施工不当引起的误报警：

1）没有严格按设计要求施工。

2）设备安装不牢固或倾角不合适。

3）焊点有虚焊、毛刺现象，或屏蔽措施不得当。

4）设备的灵敏度调整不佳。

5）施工用检测设备不符合计量要求。

（5）用户操作不当引起的误报警。用户使用不当也可能引起报警系统的误报警。例如，未插好装有门磁开关的窗户被风吹开；工作人员误入警戒区；不小心触发了紧急报警装置；系统值机人员误操作；未注意工作程序的改变等都可能是导致系统误报警的原因。

二、降低误报率的措施与途径

1. 采用双鉴式探测器

为了降低采用单一探测原理装置易产生的误报，途径之一是采用双鉴式，也就是基于两种技术原理的复合式报警探测器。据统计，双鉴探测器与单技术探测器相比，误报率相差 400 倍。此外，更可以两次信号核实的自适应式双鉴探测器或以两组完全独立的红外探测器双重鉴证来减少误报。有的还推出了微波＋红外＋IFT（双边独立浮动触发阈值）＋微波监控（微波故障指示）的四鉴探测器。

2. 采用智能微处理器技术

采用智能微处理器技术可进一步降低误报率，使探测装置智能化。

（1）探测器内装微处理器。探测器内装有微处理器，能够智能分析人体移动速度和信号幅度，即根据人体移动产生信号的振幅、时间长度、峰值、极性、能量等信号，与 CPU 内置的移动/非移动信号特性数据库作比较，如果不符合特性，则立即将其排除；如果属移动信号，则再进一步分析移动的类型，从而作出是否输出报警或者等待下一组信号的决断。

（2）微处理器故障自动转换。在双鉴器内，当一种传感器技术发生故障时，能自动转换到以另一种传感器技术作单技术探测器。有些产品还采用灵敏度均一的菲涅尔光学透镜与 S-

波段微波相结合来使探测器能准确地区分人与动物的移动。

（3）微处理器温度补偿。对于被动红外探测器，以微处理器控制数字式温度补偿，实现温度的全补偿，并有非常理想的跟踪性，从而可克服因温度升降而导致的误报和漏报。同时，采用全数字化探测方案，即被动红外传感器上的微弱模拟信号不经模拟电路作放大和滤波等处理，而是直接转换为数字信号，再输入到功能强大的微处理器中，并在软件的控制下完成信号的转换、放大、滤波和处理，从而获取不受温度影响和没有变形的高纯度、高精度及高信噪比的数字信号，之后再通过软件对信号的性质及室内背景的温度与噪声量作进一步分析，最终决定是否报警。此措施提高了探测器对环境的适应性。此外，对于因工作原理造成的误报漏报，还可采取下述有利于提高可靠性的措施。

1）由使用单一式或双式热电器件改为使用 4 个、8 个等多个器件。对于因背景温度变化、其他不规则光等造成的同时向多个器件输入信号的情况，可采用进行消除处理的误报解除技术。另外，还可利用多个器件减少因老鼠等小动物造成的误报。

2）排除任何瞬间的误报原因为目的。在一定时间内，只有检测出多个检测脉冲时才报警。一般情况下，探测区域由几条线形警戒区（敏感光带）构成，入侵者在警戒范围内要通过几条感光带时才有效。因此，也有的设定 2～6 个脉冲。

3）灵敏度自动调整功能。夏天，背景温度与人体表面温度之间的差别较小，考虑到探测灵敏度下降的问题，有的探测器可以根据周围温度情况自动调整探测灵敏度。

4）提高信息处理的精确度。一般情况下，热电器件的信号输出为 1 个功率。不过，现在已研制出一种新的热电器件，即在一个热电器件中配置几个器件，能把一个个器件信号分别独立地取出来。利用这种新型器件，就可以根据一个个输出电子和时间差信息，按照独特的算法处理原则进行探测判断。有了这种高可靠性传感器，就能使误报、漏报减少到最低程度。

（4）增加防宠物功能。三维柱形光学系统技术能将影像按高度分解，以供探测器作数字化分析。这种目标特征影像识别（TST）技术能够区分人与宠物，同时不损失探测灵敏度。TST 技术使探头允许宠物在防护区域内自由活动，甚至可以爬到家具上。

3. 工艺和技术上的改进

可以在制造工艺和技术开发上作改进，以提高检测能力。一些高可靠性低价位的新型探测技术始终在开发之中，例如微功耗的防盗雷达扫描技术等。

（1）密封处理。在含红外源探测器中，对红外源作全密封处理，从而能够防止气流干扰。

（2）自动调整报警阈值。有的探测器能自动调整报警阈值，通过具有可调脉冲数来减少误报和漏报，以克服各类电磁波对其的干扰。例如，采用双边独立浮动阈值技术 IFT，仅当检测到频率为 0.1～10Hz 的人体信号时，才将报警阈值固定在某一数值，超过此数值则触发报警；对非人体信号，则视为干扰信号，此时报警阈值随干扰信号的峰值自动调节但不给报警信号。

有的探测器装有精密的电子模拟滤波器来消除交流电源干扰或用电子数字滤波器来减少电子干扰，更有通过在高频率的动态数字采样后，由微处理器软件来分辨射频/电磁干扰，并将干扰与移动信号相分离。

（3）四元热释电传感器。有的探测器采用四元热释电传感器或独特的算法使之具有防止小动物触发误报的机制和功能。

（4）防遮盖功能。有独特的防遮盖功能，在 1m 内发生的遮盖或破坏探测器企图都将触发报警，探测器的球形硬镜片能增大所封锁的角度和范围，准确接收任何方向的信号。

（5）多功能探测器。将微型摄像机与探测传感器相结合形成多功能探测器，将更为全面有效。例如，由带针孔镜头的扳机式 CCD 摄像机与双元红外及微音监听器构成的产品。

（6）多工作频率微波探测器。有 3 个微波工作频率可供选择，如 10.515、10.525、10.535GHz。这样在某一区域内安装多只微波探测器时，便不会产生同频干扰。

此外，采用 K 波段（24GHz）微波探测可有效地降低微波的穿透能力，减少环境干扰，既提高了灵敏度，也降低了误报。

4. 对外部环境的修正与改进

主动红外对射光束被遮断式探测器利用了波长为 0.72～1.5μm 的近红外线在大气中衰减小，而且由于它偏离了可见光区域，因此有在黑夜也不引人注目的特征。为提高可靠性，需对下述各种外部干扰采取对策。

（1）对树叶、鸟等飞来物。采用同时遮断几条光束的报警方式。即遮断一条光束时不报警，当同时遮断 2 条光束或把 4 条光束当做一对光束同时遮断时才报警。采用这种方法可以防止因小动物飞来而发生的误报。

（2）对自然光源和人工光源。如果太阳光、雷光等自然光源和水银灯、车头灯等人工光源照射到受光器上，那么，接收投射光的受光部便使用经过特殊波形处理的脉冲波形的红外线，对投光器发射的红外光进行频率识别，通过这种方法排除因其他不规则光造成的误报。

（3）对雾、雨等造成的衰减。由于下雾或下雨等，使红外线发生不规则反射，因此，使受光灵敏度产生很大的剩余。具体来说，就是将通常的受光量切断 75%，也能保持警戒。在距离方面，通常具有 10～20 倍的剩余。另外，在有霜、凝结水珠等现场还放置了投受光器；此外，有的还在固定柱的红外线透射部分使用了按规定温度工作的加热器。

（4）对相互干扰。在建筑用场地周围警戒时，由于多段警戒和长距离直线警戒使投射的红外光进入另一警戒范围，从而造成了误报、漏报。对于这种情况，应该在改变各个投光器的调制频率后，由受光器进行识别。因此，要准备能够切换为几种频率的通道，并努力提高各个通道的隔离技术。

5. 避免或减少各种因素对探测器的影响

环境干扰及其他因素引起假报警的情况见表 6-10，对应选择合适的方式可避免或减少各种因素对探测器的影响。

表 6-10　　　　　　　　　环境干扰及其他因素引起假报警的情况

环境干扰及其他因素	超声波报警器	被动式红外报警器	微波报警器	微波—被动红外双技术报警器
振动	平衡调整后无问题，否则有问题	极少有问题	可能成为主要问题	没有问题
湿度变化	若干	无	无	无
温度变化	少许	有问题	无	无（被动红外已温度补偿）
大件金属物体的反射	极少	无	可能成为主要问题	无

环境干扰及其他因素	超声波报警器	被动式红外报警器	微波报警器	微波—被动红外双技术报警器
门窗的抖动	需仔细放置、安装	极少	可能成为主要问题	无
帘幕或地毯	若干	无	无	无
小动物	接近时有问题	接近时有问题	接近时有问题	一般无问题
薄墙或玻璃外的移动物体	无	无	需仔细放置	无
通风、空气流动	需仔细放置	温度差较大的热对流有问题	无	无
窗外射入的阳光及移动光源	无	需仔细放置	无	无
超声波噪声	铃嘘声、听不见的噪声可能有问题	无	无	无
火炉	有问题	需仔细放置、设法避开	无	无
开动的机械、风扇、叶片等	需仔细放置	极少（不能正对）	安装时要避开	无
无线电波干扰、交流瞬态过程	严重时有问题	严重时有问题	严重时有问题	可能有问题
雷达干扰	极少有问题	极少有问题	探测器接近雷达时有问题	无

第六节　入侵报警系统的设计

一、入侵报警系统的设计要点

入侵报警系统一般由入侵探测器、入侵报警控制器和接警中心（硬件加软件）组成。它的最简形式是本地（家庭、单位等）报警系统，该系统的组成部分为入侵探测器、本地报警控制器，以及声光报警器（可以是报警控制器内含，也可以是外接方式）。

复杂的入侵报警系统可以有上千个入侵探测器，接警系统则由分散在各地（各区域）的入侵报警控制器与报警中心的接警机组成。中心接警机有警情通报、时间显示、信息存储、报警、输出等功能，并有带地址码报警输出至 PC 机；PC 机中的数据库将提供报警单位（地区），报警时间，报警类别，报警单位的信息（地址、电话、单位负责人或联系人），具体报警点和该点使用入侵探测器。同时，内有预警，可通知处警，以及处警后汇报和消案，处理结果的存储以及处警人员和处警时间及详细情况。

复杂系统常常还有与电子地图 GIS 的联动，与 GPS 系统的联动，与 CCTV、门禁、巡更等系统的联动。

1. 对入侵报警系统的技术要求

（1）入侵报警控制器的要求。入侵报警控制器是入侵报警系统的关键设备，它是我国强制认证的产品（即属 3C 认证），GB12663—2001《防盗报警控制器通用技术条件》对该类产品的功能、环境适应性（包含气候和机械环境适应性和电磁兼容适应性），以及安全性均有明确的要求。

入侵报警控制器应是在入侵报警系统中实施设置警戒、解除警戒、判断、测试、指示、传送报警信息及完成某些控制功能的设备。入侵报警控制器按防护功能分为 A、B、C 三级：A 级为较低保护功能级；B 级为一般防护功能级；C 级为较高防护功能级。

（2）气候和机械环境的适应性要求。入侵报警控制器应能承受以下环境条件的影响：GB/T 15211—1994《报警系统环境试验》中 51 严酷等级 4 的高温环境；GB/T 15211—1994 中 52 严酷等级 6 的低温环境；GB/T 15211—1994 中 56 严酷等级 4（工作）、2（寿命）的恒定湿热环境；GB/T 15211—1994 中 54 严酷等级 1（工作）、2（寿命）的机械振动环境；同时，试验中功能正常，不应产生漏报警和误报警。

（3）电磁兼容适应性要求。入侵报警控制器应能承受以下电磁干扰的有害影响：GB/T 176262—1998 中严酷等级 3 的静电放电干扰；GB/T 176263—1998 中严酷等级 3 的射频电磁场干扰；GB/T 176264—1998 中严酷等级 3 的电快速瞬变脉冲群干扰；GB/T 176265—1998 中严酷等级，电源线不超过 3，直流、信号、数据、控制及其他输入线不超过 2 的浪涌（冲击）干扰；GB/T 1762611—1998 中严酷等级 40%UT10 个周期的电压暂降，0%UT10 个周期的短时中断干扰；同时，试验中功能正常，不应产生漏报警和误报警。

（4）对入侵报警控制器的安全性要求。入侵报警控制器的安全性要求包含电源线、绝缘电阻、抗电强度、过压运行、过流保护、泄漏电流、防过热、温升及阻燃要求等。

（5）其他项目要求。结合实际情况，还可以选择以下要求：

1）入侵报警控制器的气候和机械环境适应性属于一般要求，对于真正严酷的条件，如高温、严寒、海洋性（湿热高、咸）、化工场地等还应采取措施。

2）工作在强力振动和冲击时，还应采取措施。

3）入侵报警控制器电磁适应性也属于一般要求，对于雷击、外界电磁干扰强的区域还需加强防护。

4）GB 12663—2001 只注意了外界对入侵报警控制器的干扰和影响，而没有注意到入侵报警控制器对外界的干扰，特别是在组成系统时对其他设备的干扰，以及应采取何种措施使其减弱影响。同时，应注意入侵报警控制器，特别是键盘外接线缆等的对外干扰。

5）GB 12663—2001 没有提到外壳保护等级产品可能的防护等级，应注明室内、室外、高尘、强雨等。

2. 对入侵报警控制器的传输要求

（1）入侵探测器与入侵报警控制器的信号传输要求。传输方式一般有有线、无线、有线＋无线。例如，有线有 4 路、6 路、8 路、16 路等；无线有 4 路、6 路、8 路、16 路等；有线＋无线有 8 路无线＋8 路有线及 4 路无线＋4 路有线。

（2）入侵探测器加编码器通过总线向入侵报警控制器传输。其优点是省布线、省工时；为了可靠使用，常常还应增加短路保护器，最好是 1 路 1 个短路保护器，也有的 1 个短路保护器可接 4 路或 8 路等。短路保护器又称短路隔离器，其可避免 1 路短路而造成总线整个瘫痪。

（3）入侵报警控制器与接警中心的传输方法。

1）电话拨号传输方式：目前有很多成熟产品，尤其适宜单位用，因为它技术成熟、安装简便、系统运行比较稳定可靠，是目前国内外大量采用的一种联网报警方式。若有内部电话交换机，其优点更为突出。但其缺点有：①大家已比较清楚方法；②易破坏电话线；③用公共电话网会产生电话费，一般居民的经济承受能力有限；④系统容量较大的接警中心应备有多根电话线，一般的配置中至少2根电话线，每200~300户报警用户应增1根电话线，报警信号接警机应有相应输入电话线口。

2）总线制传输方式：总线制联网报警方式目前常用于大中型小区和单个封闭系统（如博物馆、银行、商业大厦、医院等单位），其优点是系统占线短、通信速度快、可统一布线、挂上总线方便等；缺点是总线制是一种巡检方式，从第1个到最后1个需要时间，所以，一个控制器最多挂128个地址码，而双总线制可以挂256个地址码。1根总线挂太多会影响时间（一般为1s）的要求。

同时，应注意以下几点：①传输距离，RS232：<100m；RS485：1~15km，这与线径、屏蔽、传输速率、传输格式、可靠程度等相关；②为保持通信无误，一般采用总线分配器和集中控制器等设备的方法，进行系统隔离和适当延长传输距离；③RS485总线和CAN总线结合型，这是目前较好的一种传输方式。系统主干通信网络使用CAN总线，其传输速度快、距离远。系统分支网络用RS485总线，其施工方便、节省用户投资。将CAN总线和RS485总线的优缺点互补起来，这种方式是目前较先进的方式。

3）专用宽带网报警联网方式：目前多家单位（银行、博物馆、商业大厦、工厂、学校等）均有自己的专用宽带网。将专用宽带网联网报警有很好的前景，因为目前入侵报警信号是中低速率，即信息较小的一类信息。对宽带网而言是较少的信息量，也是宽带网的应用开发。目前，宽带网追求图像、语言、数据三网合一，入侵报警信号仅仅是数据信息中的一部分。

4）利用因特网报警联网方式：其最大的优点是利用公共网，构建起来非常方便，且地区大、设点方便，其适宜少用和偶尔用；缺点是：①泄漏报警信号，重要地方不能使用或不推荐使用；②这种网络环境，病毒和黑客攻击非常容易；③网络拥堵时，系统会不稳定和不可靠。

5）电力线网：电力线入侵报警系统20年前就已采用，甚至电力系统用高压电力网传数据也非常成熟，其缺点是电力线上的干扰信号特别多、特别强，所以目前较少使用。

6）有线电视网：用一个频点传输入侵报警信号，目前虽有产品，但使用不广。其主要缺点是在大容量系统中困难多多，且该系统不能用巡检方式。目前用主叫方式，且发收两端握手应答方式才能可靠接收。

7）无线专用网：适用于已建的无线专用网（如公安专网、公交专网等）。

8）无线公用网：可利用已建的GSM、CDMA、COPO、WGSM、WCDMA等公用网传输，优点是布点方便、成本低、组网不花钱。

9）有线公网和无线公网：优点是双网合用，先有线，有线有问题时转无线，从而大大提高了可靠性。

二、接警中心的设计

1. 接警中心的建立模式选择

接警中心的建立模式选择有以下几种。

（1）简单接警中心：一种组成为标准接警机、PC机、显示器、打印机、软件等；另一种组成为接警板卡、PC机、显示器、打印机、软件等。

（2）复杂的接警中心：如博物馆、银行与金库、大型商场、宾馆，以及电视监控系统、卫星定位系统、电子地图、门禁系统等。有的智能化系统中还有安全防范系统（内含入侵报警系统、周界防范系统、门禁系统、电视监控系统、电子巡更系统等）。

一般，在智能化系统中有楼宇自控系统、火灾报警系统、安全防范系统、通信系统、综合布线、集成系统等。

2. 入侵报警控制器传输的信息接收设计

（1）各入侵报警控制器传输信息的内容。

1）各种报警信息，如瞬时报警、防拆报警、防破坏报警、延时报警、紧急报警、传递延时报警、胁迫报警等。

2）设置警戒（设防）/解除警戒（撤防）信息；隔离（旁路）/暂时隔离（暂时旁路）信息。

3）复位信息、时间信息、故障信息、防拆/防破坏信息、更改有效用户密码事件信息、传输故障信息、修改编程信息。

4）主电源掉电信息、备用电源欠压信息。

上述信息中，有些基本信息一定要传输，有些信息可向远程监控站（接警中心）传或不传（即留在控制器内），有些信息则留在控制器内。

（2）入侵报警控制器程序的修改和编辑。接警中心有修改和编辑前方入侵报警控制器程序的能力。目前，我国入侵报警控制器的编程为现场解决，而国外大部分则是接警中心通过电话线对前方入侵报警控制器进行编辑，这样可节省大量时间、人力、交通，并提高了编程的效率和正确性。

3. 接警中心（中控室）的数据库设计

（1）存储能力规划。一般的入侵报警系统要求大于31天（1个月）的信息存储能力。存储的内容有三大块：入侵报警控制器传来的信息；接警中心（中控室）工作人员操作的信息（全过程）；接警中心（中控室）与处警人员的交接信息。

存储信息量和种类要能满足分清责任时能起法律作用的信息，所以，信息的实时性、不可修改性等均是非常必需的。存储方式有硬盘、数据磁带和语音磁带等。

（2）接警中心（中控室）的数据库规划。接警中心（中控室）的数据库资料包括：用户的档案资料（名称、负责人、通信联系、防护等级）；用户所在位置图及防护的点位；处警的预案；可用警力的配置、通信和交通的保障；到报警点的预见时间；气象、环境等信息。

（3）数据检索方式规划。完整的数据和各种检索方式均能方便实施，打印出来的数据能达到法律和办案的高度。具体检索方式有：各用户名、流水账（按时间顺序排列）；某个用户、某个时段的信息；某几个用户、某个时段的信息；某个时段、全体用户的全信息；某个时段、个别用户的全信息；某个时段、全体用户的个别信息；某个时段、个别用户的个别信息；为办案所需的某种检索。表格应简明扼要、内容应完整；系统应有时间校正功能，以达到系统统一的时间。

作 业 与 思 考 题

（1）入侵报警系统的基本组成包括哪些内容？

（2）入侵探测器的分类、功能及其指标包括哪些？

（3）报警控制器的分类、功能包括哪些？

（4）与视频系统的联动包括哪些内容？

（5）开关型入侵探测器的有几种？原理分别是什么？分别适用于什么场合？

（6）开关型入侵探测器的安装方式有几种？有哪些注意事项？

（7）谈谈你所了解的开关型入侵探测器，并列出其主要技术指标。

（8）红外入侵探测器有几种？原理分别是什么？分别适用于什么场合？

（9）红外入侵探测器的安装方式有几种？有哪些注意事项？

（10）谈谈你所了解的开关型入侵探测器，并列出其主要技术指标。

（11）微波入侵探测器有几种？原理分别是什么？分别适用于什么场合？

（12）微波入侵探测器的安装方式有几种？注意事项有哪些？

（13）谈谈你所了解的微波入侵探测器，并列出其主要技术指标。

（14）激光入侵探测器的原理及特点是什么？适用于什么场合？

（15）谈谈你所了解的激光入侵探测器，并列出其主要技术指标。

（16）超声波入侵探测器有几种？原理分别是什么？分别适用于什么场合？

（17）超声波入侵探测器的安装方式有几种？有哪些注意事项？

（18）谈谈你所了解的超声波入侵探测器，并列出其主要技术指标。

（19）声波类入侵探测器有几种？原理分别是什么？分别适用于什么场合？

（20）谈谈你所了解的声波类入侵探测器，并列出其主要技术指标。

（21）振动入侵探测器有几种？原理分别是什么？分别适用于什么场合？

（22）振动入侵探测器的安装方式有几种？有哪些注意事项？

（23）谈谈你所了解的振动入侵探测器，并列出其主要技术指标。

（24）多技术探测器有几种？

（25）微波—被动红外双技术探测器的原理是什么？其安装使用要点有哪些？

（26）次声波—玻璃破碎高频声响双技术探测器的原理是什么？其安装使用要点有哪些？

（27）视频移动探测器的工作原理是什么？如何使用？

（28）泄漏电缆入侵探测器的工作原理是什么？如何使用？

（29）电子围栏式入侵探测器的工作原理是什么？如何使用？

（30）振动传感电缆型入侵探测器的工作原理是什么？如何使用？

（31）应力传感电缆型入侵探测器的工作原理是什么？如何使用？

（32）电磁感应振动电缆型入侵探测器的工作原理是什么？如何使用？

（33）光纤传感器入侵探测器的工作原理是什么？如何使用？

（34）平行线电场畸变入侵探测器的工作原理是什么？如何使用？

（35）报警控制主机的基本作用、基本功能有哪些？

（36）报警控制器的分类有哪些？适用于什么场合？

（37）报警监控中心的基本作用、基本功能有哪些？

（38）报警信号的传输信道有哪些？适用于什么场合？

（39）入侵报警系统的网络系统的基本作用、基本功能有哪些？

（40）误报警产生的原因有哪些？如何避免？

（41）入侵报警系统的设计要点有哪些？

（42）为防止光束遮挡型探测器的误报，在实施时要采取何种措施？

（43）为提高主动式红外探测器的抗噪能力，在使用时要注意哪些方面？

（44）激光探测器使用的激光器的种类，如何能够提高其探测距离？

（45）被动式红外探测器的主要特点及安装使用要点有哪些？

（46）为什么选用微波—被动红外双技术探测器？

（47）玻璃破碎探测器的主要特点及安装使用要点有哪些？

（48）主动式红外探测器的主要特点及安装使用要点有哪些？

（49）振动探测器的主要特点及安装使用要点有哪些？

（50）微波探测器的使用和安装方式有哪些？

（51）对入侵控制器的一般功能要求有哪些？

（52）对入侵控制器的一般性能要求有哪些？

（53）入侵报警系统的组网模式有哪些？

第 七 章

门 禁 控 制 系 统

第一节 门禁控制系统概述

GB 50348—2004《安全防范工程技术规范》中对门禁控制系统的定义是：利用自定义符识别或/和模式识别技术对出入口目标进行识别并控制出入口执行机构启闭的电子系统或网络。通俗地讲，采用现代电子与信息技术，在出入口对人或物这两类目标的进、出进行放行、拒绝、记录和报警等操作的控制系统，即称为门禁控制系统。

视频监控系统和入侵报警系统并不能主动阻挡非法入侵，其作用主要是在遭受非法入侵后，及时发现并由人工来处理，即被动报警；门禁控制系统则可以将没有被授权的人阻挡在区域外，主动保护区域安全。门禁控制系统是确保智能建筑的安全、实现智能化管理的简便有效的措施，越来越受到人们的青睐。

一、门禁控制系统的组成

门禁控制系统主要涉及安全学和数据管理学两门科学。安全学的内容包含持卡人的身份识别、授权、定位和门控等；数据管理学则指对持卡人数据资料库以及进出、报警等事件的管理。出入口的门禁控制系统是新型现代化安全管理系统，它集微机自动识别技术和现代安全管理措施为一体，涉及电子、机械、光学、计算机技术、通信技术、生物技术等诸多新技术，是重要部门出入口实现安全防范管理的有效措施。适用各种机要部门，如银行、宾馆、机房、军械库、机要室、办公间、智能化小区、工厂等。

在数字技术网络技术飞速发展的今天，门禁技术得到了迅猛的发展。门禁系统早已超越了单纯的门道及钥匙管理，现已逐渐发展成为一套完整的出入管理系统，在工作环境安全、人事考勤管理等行政管理工作中发挥着巨大的作用。

在门禁控制系统的基础上增加相应的辅助设备可以进行电梯控制、车辆进出控制、物业消防监控、保安巡检管理、餐饮收费管理等，真正实现区域内的一卡智能管理。

1. 门禁控制系统的组成结构

门禁控制系统是一个典型的计算机逻辑控制系统，由识读部分的输入设备（显示和标明身份凭证、读取身份凭证的识别装置）、管理与控制部分的控制设备（核对身份凭证的控制单元、接收控制单元指令并输出控制信号的输出单元）、执行部分的动作设备（执行控制信号的电控锁和报警器开关）组成，用计算机管理，并使用网络通信协议将这些设备连接在一起，如图 7-1 所示。

（1）身份标识凭证。身份标识凭证就是包含有允许进出入通道身份的信息载体，通常分为编码识别与特征识别两大类，并应用于进出门禁的人员和物品上，如图 7-2 所示。

身份标识凭证比较典型的有卡片、密码和生物信息等。在这里，作为系统的部件更多的是指卡片，因此又称为另类开门钥匙。经常会在卡片上打印持卡人的个人照片，使开门卡、胸卡合二为一。

目前，身份标识凭证常用的是密码和卡片（磁卡、ID 卡、IC 卡）。而通过检验人员生物

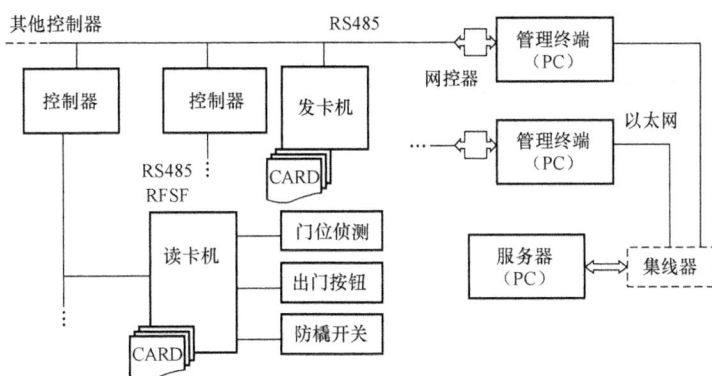

图 7-1 门禁控制系统的组成

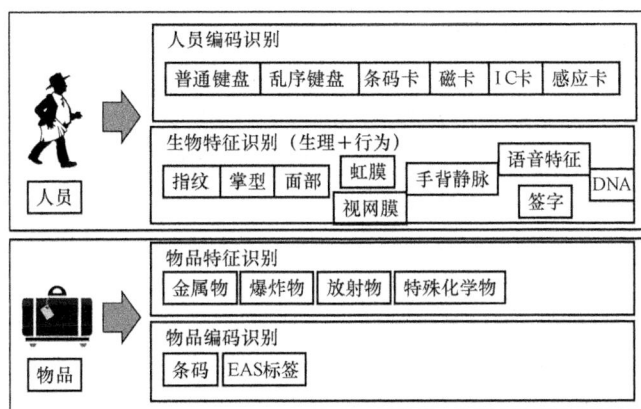

图 7-2 身份标识凭证

特征等方式来识别的生物识别技术的使用也越来越多，通常有指纹型、掌型、虹膜型、面部识别型。因人类生物特征的差异性，故生物识别的安全性最好，但识别装置识别率受使用环境的影响大。此外，生物识别涉及使用者的隐私，故仍存在争议。

（2）标识识别装置。标识识别装置（通常称为门禁读头）是门禁系统的输入设备，其作用是将标识码识别出来，再按一定的格式发送出去。该装置通常是与标识类型一一对应的，但也有少数可以混合识别，如指纹仪带 IC 卡读写模块，也有 IC 卡门禁读头可以识别多种类型的卡片的。无论读头是何种类型，其输出格式均为 Weigand 格式。

标识识别装置一般有读取人工输入的密码信息的输入设备——键盘；读取卡片中数据信息的输入设备——读卡器；读取生物特征信息的输入设备——生物识别仪。

（3）控制设备。控制设备通常是门禁控制器，它是门禁系统的核心部分，相当于计算机的 CPU，它负责整个系统的输入、输出信息的处理、储存和控制等。

控制器是门禁控制系统的关键设备，它可保存人员信息（身份标识码），当人员通过标识识别装置（刷卡或按指纹等）时，标识识别装置将标识码按一定通信方式（Wg26/32/34 或 RS485）送到控制器中，控制器则根据其存储的信息判断是否给电控锁加电（开门），同时保留记录。

（4）执行设备。电控锁就是门禁系统中的执行设备，是锁门执行部件。用户应根据门的材料、出门要求等需求选取不同的锁具。通常，锁具主要有以下几种类型：

1）电磁锁。电磁锁断电后是开门的，符合消防要求，并配备多种安装架以供顾客使用。这种锁具适用于单向的木门、玻璃门、防火门及对开的电动门。

2）阳极锁。阳极锁又称为电插锁，安装在门框的上部，为断电开门型，符合消防要求。与电磁锁不同的是，阳极锁适用于双向的木门、玻璃门、防火门，而且它本身带有门磁检测器，可随时检测门的安全状态。

3）阴极锁。一般的阴极锁为通电开门型，适用于单向木门。安装阴极锁时一定要配备UPS 电源，因为停电时阴极锁是锁门的。

（5）通信网络及管理软件。通信网络将不同的控制器及管理计算机连接起来，以便计算机实现管理。

管理软件分配人员一个特定的标识号，并保证人员与标识号真实对应（发卡、指纹采集等）。根据管理的需要，再将人员信息（标识号）通过通信的方式送到控制器中（权限下载）进行状态及记录采集与处理（根据通信方式不同，处理方法有很大差异）。

管理软件安装在管理终端和服务器内，可对进出人员进行实时监控，对各门区进行编辑，对系统进行编程，对各突发事件进行查询及人员进出资料进行实时查询。

（6）其他设备。

1）出门按钮：按一下即打开门的设备，适用于对出门无限制的情况。

2）门磁：用于检测门的安全/开关状态等。

3）电源：整个系统的供电设备，分为普通式和后备式（带蓄电池的）两种。

4）遥控开关：紧急情况下进出门使用。

5）玻璃破碎报警器：意外情况下开门使用。

2. 门禁控制系统的工作原理

（1）门禁控制系统的基本工作原理。当软、硬件安装设置完毕后，将授权好的标识卡或密码发放给被授权人；同时，管理人员将各被授权人的信息通过软件加载到各个控制器上；当被授权人来到门口在读卡器上读卡时，读卡器将所读取的标识卡或密码资料传输到控制器上，此时，控制系统根据读到的卡上资料，对该卡进行逻辑判断，如为有效卡，控制器即发出开锁指令至电锁，电锁处于开锁状态，被授权人推门进入，在系统所设置的延时时间段内如没推门进入，则门锁自动处于关闭状态，须重新刷卡方可进入。

（2）门禁控制系统的基本特点。每一个被授权人均持有一个独立的标识卡或密码，这些标识卡和密码可以随时从门禁系统中取消；标识卡一旦丢失即可使其失效，而不必像使用机械锁那样，需重新配制钥匙或更换门锁。

门禁系统可以用程序预先设置其中一些人进入的优先权，一部分人可以进入某一些门，而另一部分人只可以进入另一组门；这样，就能在智能大厦内控制谁可以去什么地方，谁不可以去什么地方。

所有装有门禁设备的门，其全部活动都可以用打印机或计算机记录下来，为管理人员提供系统运转的详细记载，以备事后分析。

门禁系统仅凭几个管理人员就能控制智能建筑（含住宅小区）重要的出入口，从而节省了人员，提高了效率，也确保了安防效果。

3. 门禁控制系统的发展

出入口门禁控制系统是对出入口通道进行控制管理的系统，它是在传统的门锁基础上发展起来的。传统的机械门锁仅仅是单纯的机械装置，无论结构设计多么合理，材料多么坚固，人们总能用通过各种手段把它打开。在出入人很多的通道（如办公室、酒店客房），钥匙的管理很麻烦，钥匙丢失或人员更换都要把锁和钥匙一起更换。为了解决这些问题，就出现了电子磁卡锁和电子密码锁。这两种锁的出现从一定程度上提高了人们对出入口通道的管理程度，使通道管理进入了电子时代。

随着这两种电子锁的不断应用，它们本身的缺陷就逐渐暴露。磁卡锁中信息容易复制、卡片与读卡机具之间磨损大、故障率高、安全系数低；密码锁中密码容易泄露，又无从查起，安全系数很低。同时，该类产品由于大多采用读卡部分（密码输入）与控制部分合在一起安装在门外，因此很容易被人在室外开锁。这个时期的门禁系统还停留在早期不成熟阶段，因此，当时的门禁系统通常称为电子锁，应用并不广泛。

近几年，随着感应卡技术、生物识别技术的发展，门禁系统得到了飞跃式的发展，进入了成熟期，并相继出现了感应卡式门禁系统、指纹门禁系统、虹膜门禁系统、面部识别门禁系统、乱序键盘门禁系统等各种技术的系统，它们在安全性、方便性、易管理性等方面各有特长，其应用领域也越来越广。

二、门禁控制系统各部分的功能

1. 识读部分的功能

（1）识读部分应能通过识读现场装置获取操作及钥匙信息并对目标进行识别，应能将信息传递给管理/控制部分处理，也可接受管理/控制部分的指令。

（2）系统应有识别率、误识率、拒认率、识读响应时间等指标，并在产品说明书中列举出。

（3）对识读现场装置的各种操作及接受管理/控制部分的指令等应有对应的指示信号。

（4）采用一定的识别方法，如编码识别、特征识别；采用一定的识别方式，如一人/一物与一个识别信息对应、一类人员/物品与一个识别信息对应。识别方法与方式操作简单、识读信息可靠。

2. 管理与控制部分的功能

管理与控制部分是门禁控制系统的管理控制中心，也是门禁控制系统的人机管理界面。

（1）控制功能。

1）系统的管理/控制部分传输信息至系统其他部分的响应时间应在产品说明书中列举出。

2）接收识读部分传来的操作和钥匙信息，与预先存储、设定的信息进行比较、判断，对目标的出入行为进行鉴别及核准；对符合出入授权的目标，向执行部分发出予以放行的指令。

3）设定识别方式、出入口控制方式，输出控制信号。

4）处理报警情况，发出报警信号。

（2）管理功能。

1）对系统操作（管理）员的授权管理和登录核准进行管理，应设定操作权限，使不同级别的操作（管理）员对系统有不同的操作能力；应对操作员的交接和登录系统有预定程序；B、C防护级别的系统应将操作员及操作信息记录于系统中。

2）事件记录功能。将出入事件、操作事件、报警事件等记录存储于系统的相关载体中，并能形成报表以备查看。A 防护级别的管理/控制部分的现场控制设备中，每个出入口的记录总数不小于 32 个；B、C 防护级别的管理/控制部分的现场控制设备中，每个出入口的记录总数不小于 1000 个。中央管理主机的事件存储载体应根据管理与应用要求至少能存储不少于 180 天的事件记录。存储的记录应保持最新的记录值。事件记录采用 4W 格式，即 When（什么时间）、Who（谁）、Where（什么地方）、What（干什么）。其中，时间信息应包含年、月、日、时、分、秒。

3）事件阅读、打印与报表生成功能。经授权的操作（管理）员可将授权范围内的事件记录、存储于系统相关载体中，以便进行检索、显示和/或打印，并可生成报表。

4）实现扩展的管理功能（如考勤、巡更等），以及与其他控制及管理系统的连接（如与防盗报警、视频监控、消防报警等的联动）。

3. 执行部分的功能

执行部分接收管理/控制部分发来的出入控制命令，在出入口做出相应的动作和/或指示，实现门禁控制系统的拒绝与放行操作和/或指示。

执行部分由闭锁部件或阻挡部件，以及出入准许指示装置组成。通常采用的闭锁部件和阻挡部件有各种电控锁、电动门、电磁吸铁、电动栅栏、电动挡杆等；出入准许指示装置主要是发出声响和/或可见光信号的装置。

出入口闭锁部件或阻挡部件在出入口关闭状态和拒绝放行时，其闭锁部件或阻挡部件的闭锁力、伸出长度或阻挡范围等应在其产品标准或产品说明书中明示。

出入准许指示装置可采用声、光、文字、图形、物体位移等多种指示，且该装置的准许和拒绝两种状态应易于区分而不致混淆。

从收到指令至完成出入口启/闭过程（即完成一次启/闭）的时间应符合要求，并在其产品标准或产品说明书中明示。

出入口开启时，通过人员和/或物品的通过时限和/或数量应在其产品标准或产品说明书中明示。

三、门禁控制系统的分类

1. 按进出识别方式分类

门禁控制系统按进出识别方式可分为密码、卡片和生物特征三大类。

（1）密码识别。通过检验输入密码是否正确来识别进出权限。输入的代码与系统中预先存储的代码相比较，两者一致则开门。这类产品又分两类：一类是普通型；一类是乱序键盘型。

1）普通型：优点是操作方便、无须携带卡片、成本低；缺点是同时只能容纳有限几组密码、密码容易泄露、安全性差、无进出记录、只能单向控制。

2）乱序键盘型（其键盘上的数字不固定，不定期自动变化，以防止窥视和盗窃按键方式而破解密码）：优点是操作方便、无须携带卡片、安全系数稍高；缺点是密码容易泄露、安全性不高、无进出记录、只能单向控制、成本高。

（2）卡片识别。通过读卡或读卡加密码的方式来识别进出权限。卡片读出式门禁控制系统也称为刷卡机，其应用最为普及，特点是以各类卡片作为信息输入源，经读出装置判别后决定是否允许持卡人出入。

卡片种类又分为磁卡、条码卡和射频卡。

1）磁卡：优点是成本较低，一人一卡（＋密码），安全性一般，可联微机，有开门记录；缺点是卡片、设备有磨损，寿命较短，卡片容易复制，不易双向控制，卡片信息容易因外界磁场而丢失，从而使卡片无效。

2）条码卡：优点是成本较低，一人一卡（＋密码），安全性一般，可联微机，有开门记录，可以随时启用，随时弃用；缺点是卡片容易复制，不易双向控制。

3）射频卡：优点是卡片与设备无接触，开门方便安全，寿命长，理论数据至少10年，安全性高，可联微机，有开门记录，可以实现双向控制，且卡片很难被复制；缺点是成本较高，卡片容易被盗用。

（3）生物特征识别。通过检验人员生物特征等方式来识别进出。生物特征识别系统包括指纹识别、掌纹识别、面部识别、视网膜识别、虹膜识别、声音识别、签名识别、DNA识别等多种识别方式，具有唯一性的特点。其优点是安全性极好，无须携带卡片；缺点是成本很高，识别率不高，对环境要求高，对使用者要求高（如指纹不能划伤，眼不能红肿出血，脸上不能有伤，或胡子的多少），使用不方便（如虹膜型和面部识别型，其安装高度位置一定，但使用者的身高却各不相同）。

一般人认为生物识别的门禁系统很安全，其实这是误解，门禁系统的安全不仅是识别方式的安全，还包括控制系统部分的安全、软件系统的安全、通信系统的安全、电源系统的安全。整个系统为一个整体，哪方面不过关，整个系统都不安全。例如，有的指纹门禁系统，其控制器和指纹识别仪是一体的，安装时应装在室外，这样一来，控制锁开关的线就露在室外，很容易被人打开。

2. 按设计原理分类

门禁系统按设计原理或其硬件构成模式可分为以下三类：

（1）控制器自带读卡器（单门一体机）。这种设计又叫做读卡器控制器一体化式，其缺陷是控制器需安装在门外，因此，部分控制线必须露在门外，有的入侵者不用卡片或密码便可以开门。所以，该设计安全性小，通常不建议采用。

一体型出入口控制系统的各个组成部分通过内部连接、组合或集成在一起，实现了出入口控制的所有功能。一体型结构和组成框图如图7-3所示。

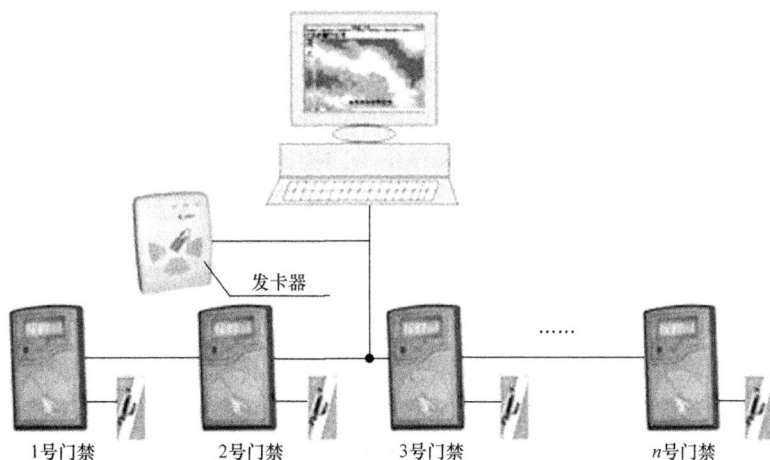

图7-3　一体型结构和组成框图

该控制系统主要面向低端门禁市场，并分联网型和非联网型，ID 卡为主。非联网型：属简易型门禁，功能单一；联网型：又分为专用一体门禁机和考勤门禁机，分工上开始从单一门禁功能转向考勤功能。

（2）控制器与读卡器分离（分离式门禁机）。门禁主控制器（主控）与读头分离，安全系数增加、功能强大；控制器出现双门、四门、八门、十六门等系列控制器；读头与控制器之间的协议以 W26、W34、RS485 等协议为主，且感应器的通信标准化。

这类系统的控制器安装在室内，仅读卡器输入线露在室外，其他所有控制线均在室内，且读卡器传递的是数字信号，因此，若无有效卡片或密码，任何人都无法进门。这类系统应是用户的首选。

（3）分级式（分体式门禁）。分体型出入口控制系统的各个组成部分，在结构上有分开的部分，也有通过不同方式组合的部分。分开部分与组合部分之间通过电子、机电等手段连成一个系统，以实现出入口控制的所有功能。

该类门禁强化了主控模块与分控模块的分工协作要求，以适应更多更复杂的门禁控制要求。由原来主控与读头分离的方式变化为主控＋分控＋读头模式。

以上三类结构的变化为：①安全性要求的变化，从单个一体化的设备转为主控与感应器分离的形式；②通信方式的变化，从原来 RS485 转变到 TCP/IP 通信，提供实时监控能力；③分工协作的变化，主要用来适应大规模门禁需求的增加，提高了门禁大规模应用的能力。

3. 按应用技术分类

（1）单控门禁机。对仅需控制闲杂人员进出，且要求安装简单、价格低廉的写字楼和小型办公场所，此款是最好的选择。

（2）感应门禁、考勤一体机。要提供考勤又要控制闲杂人员出入并查询进出时间的场所则适用此款。

（3）指纹门禁、考勤一体机。追求高档、高安全性、讲究形象的场所则适用此款。

（4）多门主控分离式门禁管理控制设备。适合需要完全掌握人员进出记录并分析、统计、打印，同时，对进出人员的进出时间和进出口的权限需要各种设置和控制需求的用户，并适合于各种复杂环境下的门禁管理及一卡通应用扩展。

4. 按通信方式分类

门禁系统按其管理/控制方式或系统通信方式可分为以下两类：

（1）独立控制型。独立控制型又叫单机控制型，读卡器安装在门外，单门控制器安装在门内。独立控制型门禁控制系统，其管理、控制部分的全部显示、编程、管理、控制等功能均在 1 个设备（门禁控制器）内完成。系统由单门控制器、读卡器、卡片、电控锁、门禁专用电源及出门按钮组成。一般根据所使用的卡片选择正确的读卡器型号，如 EM 卡片选择 EM 读卡器，Mifare 卡片选择 Mifare 读卡器。

这类产品是最常见的，适用于小系统或安装位置集中的单位。通过单门控制器就可以完成发卡、删除卡等操作，简单实用。根据需要，可以外接 1 个韦根读卡器，用于刷卡开门。

在需要进行出入控制的门上设置独立的门禁系统，可实现出入口的控制。该类门禁适于安装在需独立设置门禁控制的场合，如大厦内的办公室、设备间等，其优点是投资小、通信线路专用；缺点是一旦安装好就不能方便地更换管理中心的位置，不易实现网络控制和异地控制。

（2）联网控制型。联网控制型又叫网络型，其系统由控制器、读卡器、管理计算机、门禁管理软件、485 转换器、卡片、电控锁、门禁专用电源及出门按钮组成。其中，控制器可以是门禁一体机、单门控制器、二门控制器或四门控制器。

联网控制型出入口控制系统，其管理与控制部分的全部显示、编程、管理、控制功能不在 1 个设备（门禁控制器）内完成。其中，显示/编程功能由另外的设备完成。

联网控制型出入口控制系统的控制器与电脑联网，便于实时监控各个门区人员的进出情况，即时掌握报警事件；模块化操作，便于进行系统设定、卡片人员管理、进出资料打印及出勤管理；快速进行流程控制设定和自动 DI / DO 设定，使门禁系统成为高度智能化管理系统。

联网控制型门禁适合安装在安全性要求高，尤其是需要对各个控制门区人员进出进行实时监控的场合。在需要对特定区域门各个出入口进行实时门禁控制与管理，且出入口（门）数量不太多、空间分布相对集中的情况下，应采用小型联网门禁系统。

（3）数据载体传输控制型。数据载体传输控制型门禁控制系统由控制器、读卡器、管理计算机、门禁管理软件、卡片、电控锁、门禁专用电源、出门按钮及网络交换机组成。其中，控制器可以是门禁一体机、单门控制器、二门控制器或四门控制器。

数据载体传输控制型门禁控制系统与联网控制型门禁控制系统的区别仅在于数据传输的方式不同，其管理与控制部分的全部显示、编程、管理、控制等功能不是在 1 个设备（出入口控制器）内完成。其中，显示/编程工作由另外的设备完成。设备之间的数据传输通过对可移动的、可读写的数据载体的输入、导出操作完成。

设备之间的数据传输通过有线和/或无线数据通道及网络设备实现，其通信方式采用的是网络常用的 TCP/IP 协议。这类系统的优点是，控制器与管理中心是通过局域网传递数据的，管理中心位置可以随时变更，不需重新布线，很容易实现网络控制或异地控制。

采用多阶层连接方式，可连接几千台控制器，控制上万台控制器与电脑联网，便于实时监控各个门区人员的进出情况，即时掌握报警事件。模块化的操作，便于进行系统设定、卡片人员管理、进出资料打印及出勤管理，快速进行流程控制设定和自动 DI / DO 设定，使得门禁系统真正成为高度智能化管理系统。

在需要对分布在某一区域的多个出入口进行实时门禁控制与管理，且出入口（门）数量比较多、空间分布相对分散的情况下（大型建筑内所有重要出入口），应采用大型联网门禁系统。

该类门禁适合安装在安全性要求高，尤其是需要对各个控制门区人员的进出进行全面实时监控的场合，适于大系统或安装位置分散的单位使用，其缺点是系统通信部分的稳定依赖于局域网的稳定。

四、门禁控制系统的防护等级

系统的防护级别由所用设备防护面外壳的防护能力、防破坏能力、防技术开启能力及系统的控制能力、保密性等因素决定。

GA/T 394—2002《出入口控制系统技术要求》将门禁控制系统的防护级别分为 A、B、C 三个等级，并列出了推荐采用的系统各组成部分的防护级别的分级方法。

1. 识读部分的防护级别

系统识读部分的防护能力分级与相应要求见附表 A.1。

（1）外壳防护能力。有防护面的，外壳通常要求具有 GB 4208—2008《外壳防护等级（IP

代码)》中的相应防护等级要求。

（2）保密性。采用电子编码作为密钥信息的，对密钥量和识别率提出具体的数量要求；采用图形图像、人体生物特征、物品特征、时间等作为密钥信息的，对密钥差异性和误识率提出具体的数量要求；同时，对防复制和破译使用的个人信息识别载体的防复制功能作出不同级别的要求。

（3）防破坏。对有防护面的设备，防钻、防锯、防撬、防拉做出不同的抵抗时间要求，通常用防破坏能力描述。防破坏能力是指，在系统完成安装后，具有防护面的设备（装置）抵御专业技术人员使用规定工具实施破坏性攻击，即出入口不被开启的能力，一般以抵御出入口被开启所需要的净工作时间表示。

（4）防技术开启。对有防护面的设备，防误识开启、防电磁场做出不同的抵抗时间要求，通常用防技术开启能力描述。防技术开启能力是指在系统完成安装后，具有防护面的设备（装置）抵御专业技术人员使用规定工具实施技术开启，如各种试探、扫描、模仿、干扰等方法使系统误识或误动作而开启，即出入口不被开启的能力，一般以抵御出入口被开启所需要的净工作时间表示。

2. 管理/控制部分的防护级别

系统管理/控制部分的防护能力分级与相应要求见附表 A.2。

（1）外壳防护能力。有防护面的，外壳通常要求具有 GB 4208—1993 中的相应防护等级要求。

（2）控制能力。通常根据防护级别的不同，对防目标重入控制、多重识别控制、复合识别控制、异地核准控制有不同的要求。

（3）保密性。主要是对防调阅管理与控制程序、防当场复制管理与控制程序作出了不同的要求。

3. 执行部分的防护级别

系统执行部分的防护能力分析与相应要求见附表 A.3。

（1）外壳防护能力。有防护面的，外壳通常要求具有 GB 4208—2008 中的相应防护等级要求。

（2）控制出入的能力。通常对执行部件的机械锁定部件的（锁舌、锁栓等）电磁铁作为间接闭锁部件的，电磁铁作为直接闭锁部件的，以及阻挡指示部件的（电动挡杆等）作出不同的强度要求。

第二节　密码输入比对门禁控制系统

该类系统以输入代码的正确与否来作为是否开门允许出入的判据，有面板固定式键盘和乱序键盘两种不同类型的键盘。

一、键盘

键盘主要用于输入代码，以完成开门、报警、触发继电器和过程控制，它同时也用来建立系统和对用户代码数据库进行编程。

1. 固定键盘

固定式键盘上，数字 0～9 的位置是固定不变的，输入密码时，易于被人窥视而仿冒，故现在仅与刷卡机配套使用。

　　另外，由于对门禁控制系统的编程也是通过键盘读出器完成的，因此该电路需有发送显示和输入接受双向功能。

　　2. 乱序键盘

　　乱序键盘由触摸式键盘、状态指示灯及实现乱序的电路组成。从原理上讲，实现乱序并不难，由微处理器芯片或单片机程序产生均匀分布伪随机数序列获得乱码，之后将其定格显示于键盘位置即可。

　　乱序键盘上的 10 个数字在显示键盘上的排列方式不是固定的，而是随机的，每次使用时在每个显示位置的数字都不同，这样就避免了被人窥视而泄露密码的可能，既方便又实用。当然，乱序键盘输入密码与刷卡两者并用是最为理想的。

二、键盘门控系统

　　乱序键盘式门禁控制系统的安装及连线如图 7-4 和图 7-5 所示，该系统包括乱序键盘、控制主板、门锁和安装在门上的报警感应头。

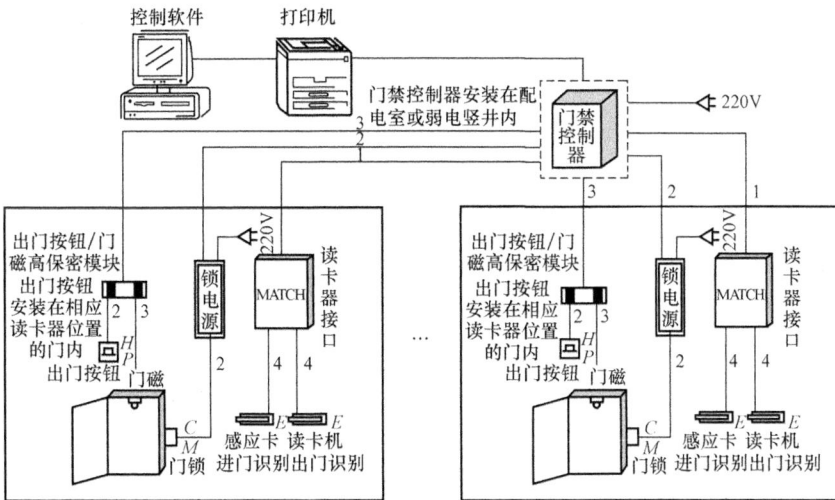

图 7-4　门禁系统安装图

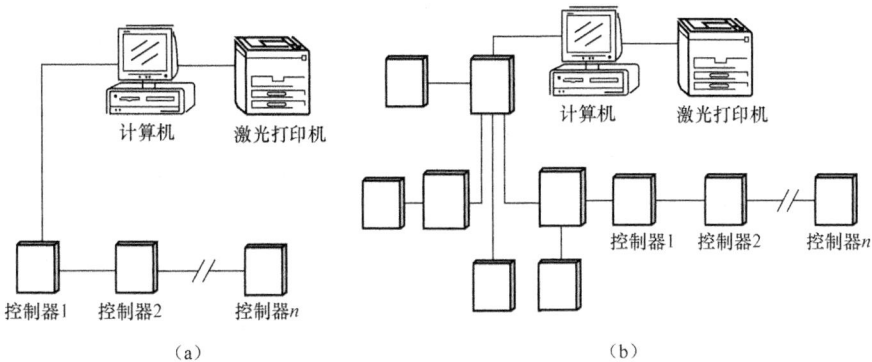

（a）　　　　　　　　　　　　　（b）

图 7-5　门禁系统连线图

入门控制用乱序键盘、门锁和安装在门上的报警感应头是实现门控的三大要素，三者缺一不可，每个受控门均需安装1套。

1. 控制主板

系统的核心是控制主板，依控制门数量的多少而有不同的规格，如有仅控制2个门的M2板、控制8个门的M8板、控制16个门的M16板及控制64个门的M64板。该板上有与锁具、乱序键盘连接用的多个接线槽，也有用以标识系统运行状态的指示灯和打印机接口。

2. 乱序键盘

乱序键盘反面有1个8位的DIP开关，其中，1~4位为乱序键盘的标识名，也就是受控制门的代号，取值为1~16。每个乱序键盘在出厂时均置为ID1，即控制门1，但如果该门装有进入和出去均受控制的双乱序键盘，则对门1使用ID1和ID9；同样，对门2也使用ID2和ID10；依次类推，第5位是MRT（MEAN RESPONSE TIME），用于改变击键的平均响应时间；第6位TAMP必须置成ON状态，以保证乱序键盘被拆时有报警功能；第7、8两位则用于测试目的。

乱序键盘和门禁控制系统控制主板之间的连线采用18号和22号带屏蔽的四芯双绞电缆。其中，黑线和红线向乱序键盘提供电源，而绿色和白色线对则用于乱序键盘和系统之间的数据通信。采用22号电缆时，从乱序键盘到系统的最大距离是750ft；若采用18号电缆，则该距离可增至1500ft。如果在1个门的入口和出口侧各安装1个乱序键盘并用同样的电缆，则上述的传输距离值应减少一半。此外，为了减少电磁干扰，从乱序键盘到控制主板的连接电缆不宜和控制锁具的电缆组合在一起。

乱序键盘带有1个视线限制器，即使有人站在使用者旁边也无法看到实际输入的数字，如果连续3次输入无效密码，键盘将锁定一分钟，不允许输入密码。

3. 请求出门装置

有人进门之后，间隔一很短时间，门将自动锁上，如果保安区域内的人员需要出门，则需使用安装在门内的请求出门装置。该装置可有两种类型，一种为按钮、接近传感器、移动式传感器、嵌入门内开关等；另一种是在门内也装1个乱序键盘，使得入门和出门均需输入用户密码，以实现门的双向控制。

4. 供电保障系统

供电保障系统包括交流供电电源和不间断电源UPS后备，它们和控制主板组合在同一控制盒内。

5. 门控报警信号

门控报警信号的产生和输出在门禁控制系统中安装有报警装置，当检测到有未经允许的出入，以及门被强行打开或保持开门状态时间过长等情况，将产生报警信号。对于侵入检测，通常是监视室内运动传感器或被侵入保安区域的周界门窗。

系统使用1个DTLM模块来监管报警输入电路，也就是监视门开关或其他的报警传感器，在每个被监视输入处各安装1个传感器，门禁控制系统以每秒100次的速率对报警输入电路阻抗作模拟测量，倘若数值有2%以上的改变，则认为受到侵入而产生报警信号。

在门禁控制系统的控制主板上还有报警继电器，该报警继电器可被常规报警、胁迫报警、防拆报警、事故报警4种报警类型触发。

6. 系统扩展与联网功能

采用网络转接器，通过它可由 RS485 接口与最多 16 台门禁控制器相连。对于构造更大的系统，可以使用多个网络转接器，但整个系统中的出入口控制器最多不能超过 64 个。

第三节　卡片识别门禁控制系统

一、门禁卡的分类

门禁系统所用的卡片依卡片工作方式的不同，分别有磁卡、条码卡、集成电路智能卡等接触式卡和非接触式感应卡两大类。

1. 门禁卡的特点与应用

（1）磁卡。因磁卡的价格低，故早期的门禁大部分采用此类卡。加上全国银行卡目前大部分采用磁卡，其使用用户群目前已局限于某些特定的金融系统。

（2）条码卡。与磁卡一样同期并行于安防门禁中，目前，其作用已基本从门禁市场弱化，而广泛应用于物流等行业，基本上只作为商品等身份识别用。

（3）接触式 IC 卡。因其触点容易损坏、难以维护、频繁使用错误较高，故目前主要应用在酒店门锁上，使用范围行业化。

（4）非接触式 ID 卡。这是一种非接触式智能卡，以其无机械磨损、容易维护、方便使用、价格低廉等优点，现已成为智能卡潜力最大的新军而倍受业界瞩目，其应用规模普及较快，广泛应用于门禁市场。但由于其为识读卡，因此应用范围还有一定的局限性。

（5）非接触式 IC 卡。为可读可写的逻辑加密卡，随着全球化工业的发展，其价格快速逼近 ID 卡，但因其安全性高、读写方便等特点，目前已广泛应用于校园一卡通、企业一卡通等大规模智能卡应用的场所，不仅使门锁的安全性、可靠性大大提高，还弥补了因 ID 卡在应用的功能性扩展上带来的不足。

由于磁卡、接触式 IC 卡对本身的工作有一定的寿命期，再加之识别过程中操作者的动作和所需时间明显多于非接触式卡，因而，虽然磁卡、接触式 IC 卡、读卡器在门禁系统的应用中还有一部分市场，但从发展趋势上看，除宾馆锁外，磁卡、IC 卡、读卡器已在逐步快速地退出门禁系统市场。势必将全面取代磁卡、IC 卡市场的是目前发展势头正旺的非接触式 ID 卡和 IC 卡。

2. 接触式卡与非接触式卡

接触式卡必须与读卡机实际碰触，而非接触式卡则可借助于卡内的感应天线，使读卡机以感应方式读取卡内资料，两者的比较见表 7-1。

表 7-1　　　　　　　　　　　接触式卡与非接触式卡的比较

比 较 项 目	接 触 式 卡	非 接 触 式 卡
存储器	最高可达 32kbit	最高只有 8kbit
安全性	高	较低
成本	—	2 倍于接触式卡
读取速度	2~3s	150~200μs
使用寿命	1 万次读取	10 万次读取

非接触式卡统称为感应卡，该类卡又分为射频感应卡 RFID、Mifare 智能卡等多种。

IC 卡全称为集成电路卡（Integrated Circuit Card），又称智能卡（Smart Card），其可读写、容量大、有加密功能、数据记录可靠、使用更方便，广泛应用于一卡通系统、消费系统、考勤系统等，目前主要有 PHILIPS 的 Mifare 系列卡。

ID 卡全称身份识别卡（Identification Card），它是一种不可写入的感应卡，含固定的编号，主要有台湾 SYRIS 的 EM 格式、美国 HID、TI、MOTOROLA 等各类 ID 卡。

感应式门禁系统利用射频等感应辨识技术，感应距离中长距离为 40～300cm。感应式门禁系统工作流程框图如图 7-6 所示。

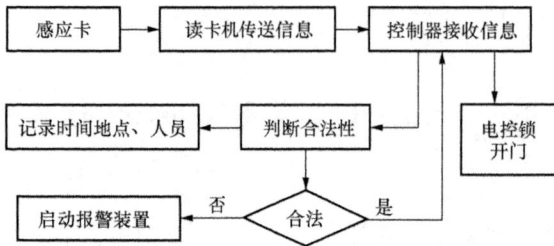

图 7-6 感应式门禁系统工作流程框图

3. 感应卡的一般特点

感应卡的外观分为名片型 1.8mm 厚卡，0.7、0.8、1.1mm 薄卡及匙扣、手表、鸳鸯、肖像卡等多种异形卡，但各类卡内部结构大致相同，都是由 1 个电感线圈 L、谐振电路和 IC 芯片组成。IC 芯片是感应卡中存储识别号码及数据的核心元件，被封装在一块 3mm×6mm 或 4mm×8mm 的超薄电路基片上，最低启动工作电压为 2～3V，最大工作电流 2μA；芯片内设置有限压开关功能，当芯片在强力电磁场内产生的感应电压超过 5～7V 时，限压开关开启，对过压电荷进行泄放，因此卡片不会有电气损坏。天线用来发射和接收电磁波，收发信息的电感线圈 L 由极细的自黏漆包线在专用设备上制成脱胎线圈。感应卡将射频识别技术和 IC 卡结合起来，解决了无源（卡中无电源）和免接触这一难题，是电子器件领域的一项重大突破。

整个感应卡系统根据工作频率的不同可分为高频、中频及低频系统。

低频系统一般工作在 100～500kHz；中频系统工作在 10～15MHz 左右；高频系统则可达 850～950MHz，甚至 2.4～5GHz 的微波段。高频系统应用于需要较长的读写距离和高的读写速度的场合，如高速公路收费等系统，但天线波束较窄、价格较高；中频系统在 13.56MHz 的范围，这个频率用于门禁控制和需传送大量数据的场合；低频系统用于短距离、低成本的应用中，如多数门禁控制。

根据射频卡的不同，可分成三种：可读写卡（RW）、一次写入多次读出卡（WORM）和只读卡（RO）。RW 卡一般比 WORM 卡和 RO 卡贵得多；WORM 卡是用户可以一次性写入的卡，写入后数据不能改变，且该卡比 RW 卡便宜；RO 卡存有 1 个唯一的号码，不能逐改，从而保证了安全性，同时该卡最便宜。

感应式门禁系统的工作原理如图 7-7 所示。

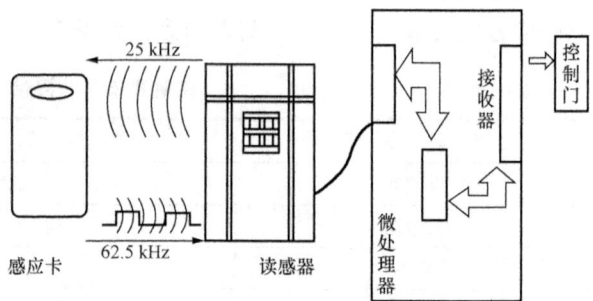

图 7-7 感应式门禁的工作原理

4. 感应卡的工作频率

对于 RFID 系统来说，它的频段是指读写器通过天线发送、接收并识读的标签信号频率范围。从应用概念来说，射频标签的工作频率也就是射频识别系统的工作频率，它直接决定系统应用的各方面特性。在 RFID 系统中，系统工作就像平时收听调频广播一样，射频标签和读写器也要调制到相同的频率才能工作。

射频标签的工作频率不仅决定着射频识别系统的工作原理（电感耦合还是电磁耦合）、识别距离，还决定着射频标签及读写器实现的难易程度和设备成本。RFID 应用占据的频段或频点在国际上有公认的划分，即位于 ISM 波段。典型的工作频率有 125、133kHz，13.56、27.12、433、902～928MHz，2.45、5.8GHz 等。

按照工作频率的不同，RFID 标签可以分为低频（LF）、高频（HF）、超高频（UHF）和微波等不同种类。不同频段的 RFID 工作原理不同，LF 和 HF 频段 RFID 电子标签一般采用电磁耦合原理，而 UHF 及微波频段的 RFID 一般采用电磁发射原理。目前国际上广泛采用的频率分布于 4 种波段，低频（125kHz）、高频（13.54MHz）、超高频（850～910MHz）和微波（2.45GHz）。每一种频率都有它的特点，且被用在不同的领域，因此要正确应用，就要先选择合适的频率。

低频段射频标签简称为低频标签，其工作频率范围为 30～300kHz，典型工作频率有 125kHz 和 133kHz。低频标签一般为无源标签，其工作能量通过电感耦合方式从阅读器耦合线圈的辐射近场中获得。低频标签与阅读器之间传送数据时，低频标签需位于阅读器天线辐射的近场区内。一般情况下，低频标签的阅读距离小于 1m。低频标签的典型应用有动物识别、容器识别、工具识别、电子闭锁防盗（带有内置应答器的汽车钥匙）等。

中高频段射频标签的工作频率一般为 3～30MHz，典型工作频率为 13.56MHz。该频段的射频标签，因其工作原理与低频标签完全相同，即采用电感耦合方式工作，所以宜将其归为低频标签类中。另一方面，根据无线电频率的一般划分，其工作频段又称为高频，所以也常将其称为高频标签。鉴于该频段的射频标签可能是实际应用中最大量的一种射频标签，因而只要将高、低理解成为一个相对的概念，即不会造成理解上的混乱。为了便于叙述，即将其称为中频射频标签。中频标签一般也采用无源设主，其工作能量同低频标签一样，也是通过电感（磁）耦合方式从阅读器耦合线圈的辐射近场中获得。标签与阅读器进行数据交换时，标签必须位于阅读器天线辐射的近场区内。中频标签的阅读距离一般情况下也小于 1m。中频标签由于可方便地做成卡状，因此广泛应用于电子车票、电子身份证、电子闭锁防盗（电子遥控门锁控制器）、小区物业管理及大厦门禁系统等。

超高频与微波频段的射频标签简称为微波射频标签，其典型工作频率有 433.92、862（902）～928MHz 及 2.45、5.8GHz。微波射频标签可分为有源标签与无源标签两类。工作时，射频标签位于阅读器天线辐射场的远区场内，标签与阅读器之间的耦合方式为电磁耦合方式。阅读器天线辐射场为无源标签提供射频能量，将有源标签唤醒。相应的射频识别系统阅读距离一般大于 1m，典型情况为 4～6m，最大可达 10m 以上。阅读器天线一般均为定向天线，只有在阅读器天线定向波束范围内的射频标签可被读/写。由于阅读距离的增加，应用中有可能在阅读区域中同时出现多个射频标签的情况，因此提出了多标签同时读取的需求。目前，先进的射频识别系统均将多标签识读问题作为系统的一个重要特征。超高频标签主要用于铁路车辆自动识别、集装箱识别，此外，还可用于公路车辆识别与自动收费系统中。

5. 感应卡的应用

以当前技术水平来说，无源微波射频标签比较成功的产品相对集中在 902～928MHz 工作频段上。2.45GHz 和 5.8GHz 射频识别系统多以半无源微波射频标签产品面世。半无源标签一般采用纽扣电池供电，具有较远的阅读距离。微波射频标签的典型特点主要集中在是否无源、无线读写距离、是否支持多标签读写、是否适合高速识别应用，读写器的发射功率容限、射频标签及读写器的价格等方面。对于可无线写的射频标签而言，通常情况下写入距离要小于识读距离，其原因在于写入要求更大的能量。微波射频标签的数据存储容量一般限定在 2kbits 以内，再大的存储容量似乎没有太大的意义，从技术及应用的角度来说，微波射频标签并不适合作为大量数据的载体，其主要功能在于标识物品并完成无接触的识别过程。典型的数据容量指标有 1kbits、128bits、64bits 等。由 Auto-ID Center 制定的产品电子代码 EPC 的容量为 90bits。微波射频标签的典型应用包括移动车辆识别、电子闭锁防盗（电子遥控门锁控制器）、医疗科研等行业。

不同频率的标签有不同的特点。例如，低频标签比超高频标签便宜、节省能量、穿透废金属物体的能力强、工作频率不受无线电频率管制约束，最适合用于含水成分较高的物体，如水果等；超高频作用范围广、传送数据速度快，但比较耗能、穿透力较弱、作业区域不能有太多干扰，适用于监测港口、仓储等物流领域的物品；高频标签属中短距识别，读写速度也居中，产品价格也相对便宜，一般应用在电子票证一卡通上。

目前，不同的国家对于相同波段使用的频率也不尽相同。欧洲使用的超高频为 868MHz，美国则为 915MHz，日本目前不允许将超高频用到射频技术中。

目前，实际应用中比较常用的是 13.56、860～960MHz、2.45GHz 等频段。近距离 RFID 系统主要使用 125kHz、13.56MHz 等 LF 和 HF 频段，技术最为成熟；远距离 RFID 系统主要使用 433、860～960MHz 等 UHF 频段，以及 2.45、5.8GHz 等微波频段，目前还多在测试当中，没有大规模的应用。

我国在 LF 和 HF 频段 RFID 标签芯片设计方面的技术比较成熟，HF 频段方面的设计技术接近国际先进水平，已经自主开发出符合 ISO14443 Type A、Type B 和 ISO15693 标准的 RFID 芯片，并成功地应用于交通一卡通和第二代身份证等项目中。

二、射频感应卡门禁

1. 射频感应卡

射频感应卡（RFID）非接触、防水、防污，能用于潮湿恶劣的环境中，使用时无需有刷卡动作，且感应速度快，可节省识别时间，大大方便了人们的操作使用；感应卡片上用来储存资料的 IC 芯片不容易仿造，即使频繁地读写也不必担心接触不良或资料抹掉，并且因具备隔墙感应特性而具有隐秘性，现已成为门禁控制市场的主流之一。

射频感应卡的工作原理是：感应卡内的电路在很短的时间内将从天线接收的电波经由滤波电路转换成直流电源，再经过直流升压电路提升至芯片的工作电压，以推动芯片将烧在内部存储器中的 ID（Identification）号码读出，再以 FSK 调频方式把资料依序载入电波之中，同时依程序设定的方式加入一些随机检查码。透过驱动电路将标识码由天线发射出去，并持续工作到感应卡脱离读卡机的电磁场感应范围为止，如图 7-8 所示。

一种工作方式是采用发射和接收频率不同的工作方式。一般，接收频率皆为发射频率的一半。例如，美国 Motorola 公司产品的发射频率为 125kHz、全双工工作，接收频率为 62.5kHz，

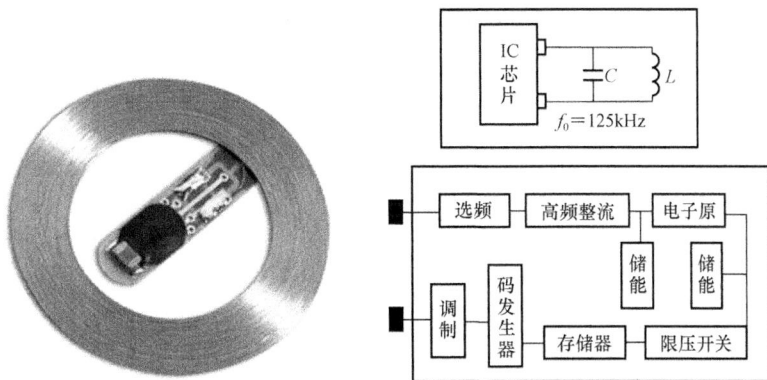

图 7-8 射频感应卡的结构与原理

感应卡一旦进入感读范围，则马上发射回返信号，而此回返信号和激发电磁场同时存在；这两组电磁场的频率偏差量可保证在一定的范围内，不论感应卡存在于任何环境之中，皆可维持良好的效果。大部分制造商皆采用这种设计来制造射频标识码（RFID）辨识系统。

美国 HID 公司的射频感应卡可以读取远达 8ft（英尺，1ft＝0.3048m）的距离，可用于活动车辆的门禁读取标牌，也可以粘贴上标签，或者直接用图像打印机打印图像，在一张卡上完美融合感应技术和照片识别功能，或者同时结合磁条技术，印制磁条，如图 7-9 所示。

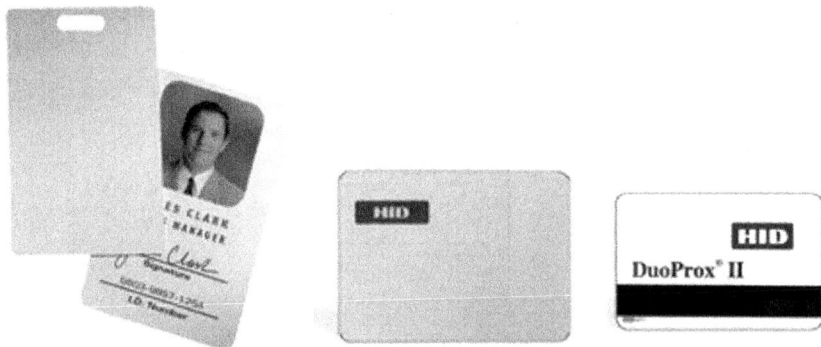

图 7-9 射频感应卡

2. 感应式读卡器

读卡器用于对感应卡内数据的读取，目前多用专用读卡模块来处理，如图 7-10 所示。读卡器中内含发射与接收天线、发射电路、接收电路、滤波放大电路、解译电路和通信接口等，其工作方式是由发射电路透过发射天线提供一组水滴状的激发磁场，感应卡如果进入激发磁场的范围，就会马上开始动作，利用激发磁场反射有内部编码的回返信号，接收天线收到此信号后便将编码内容解译出来，同时查核此编码是否正确，如果编码正确，则由通信接口送出，提供给控制器运用。感应卡读卡机的技术规格见表 7-2。

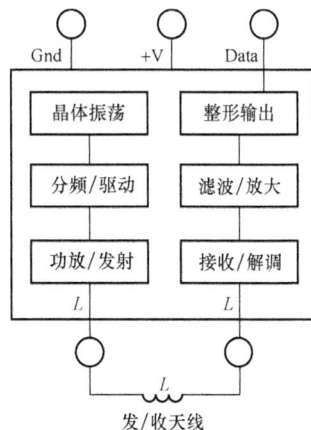

图 7-10 射频感应卡读卡模块

公司名	MOTOROLA		HID	
读卡机型号	ASR-603	ASR-602	ProxPro	MaxiProx
工作频率（kHz）	125/62.5	125/62.5	125	125
读出范围（cm）	12.7	71	14～23	46～61
电源（V DC）	4～16	12～24	10～28.5	14～28.5
电源（mA）	64	1000	100～160	1500
输出	ABA Tradk 2, Weigand	ABA Tradk 2, Weigand	ABA Tradk 2, Weigand	ABA Tradk 2, Weigand
尺寸（cm×cm×cm）	11.4×4.3×2.15	28.4×28.4×4.6	12.7×12.7×2.54	30.5×30.5×2.54

表 7-2 　　　　　　　　　　　　　　感应式读卡机的技术规格

三、Mifare 智能卡门禁

1. Mifare 智能卡

Mifare 是 Philips Electronics 公司所拥有的 13.56MHz 非接触式辨识技术，其以独特的 32bit 序号编程，与众不同之处是具备执行升幂和降幂的排序功能，简化了资料读取的过程。

Mifare 智能卡遵循 ISO 14443 标准的 TypeA，是目前广泛较应用的系统。Mifare 智能卡的标准读卡距离是 2.5～10cm，1 张 Mifare 卡有 16 个分隔的区块，除第一个区块用作卡片其他部分的目录（Directory）外，其余的 15 个区块可用来储存资料，最多可提供 15 种不同的应用，从而具备一卡多用的特点。但是，Mifare 卡的资料是不能加密的，其芯片示意图和内部原理框图如图 7-11 所示。

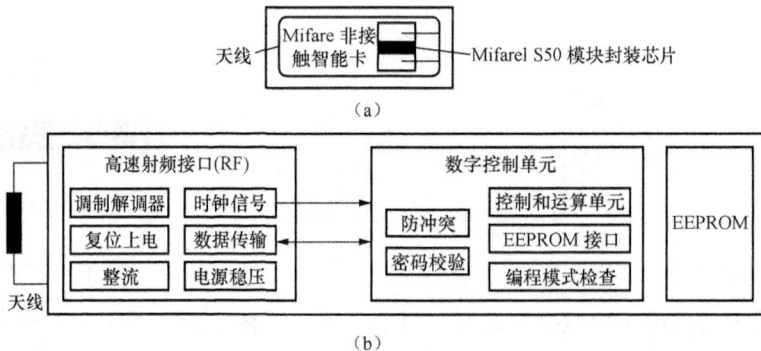

图 7-11　Mifare 智能卡芯片示意和内部原理框图

(a) 非接触式智能卡结构示意；(b) Mifarel S50 芯片内部原理框图

Philips 公司的 Mifare 芯片主要由天线、高速射频接口、ASIC 专用集成电路三部分组成。天线是有 4 组绕线的线圈，适于封装到卡片中，它相当于 LC 串联谐振电路，在读卡机固定频率电磁波的激励下产生共振，从而为卡工作提供电源。高速射频接口对天线接收信号中产生的电压进行整流和稳压，并具有时钟发生信号和复位上电等功能。射频接口还调制、解调从读写设备传输到非接触式 IC 卡的数据和从 IC 卡传输到读写设备的数据。

ASIC 专用集成电路由数字控制单元和 8kbit 的 EEPROM 组成。数字控制单元包括防碰

撞、密码校验、控制与算术单元、EEPROM
接口、编程模式检查五部分。

EEPROM 分为 16 个扇区，每个扇区
由 4 块（块 0、块 1、块 2、块 3）组成。
除第 0 扇区的块用于存放厂商代码不可更
改外，每个扇区的块 0、块 1、块 2 为数据
块，用于存放数据；块 3 为控制块，包括
密码 A、存取控制、密码 B。每个扇区的
密码和存取控制都是独立的，可以根据实
际需要设定各自的密码和存取控制，因此，
1 张卡可以同时运用在 16 个不同的系统
中，即一卡多用，见图 7-12。

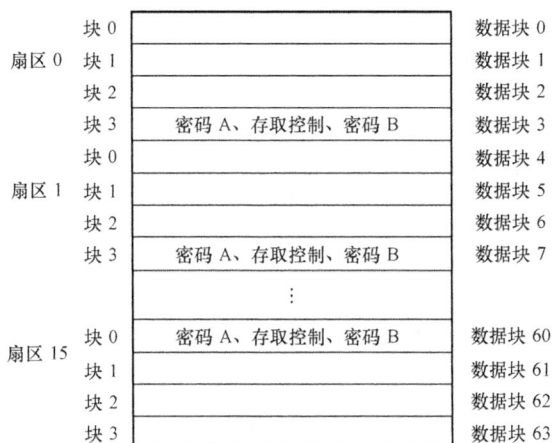

图 7-12　感应卡内 F-FPROM 扇区分布图

2. Mifare 智能卡读卡器

读卡器提供了与 PC 机、非接触式智能卡的接口（如图 7-13 所示），它只需 6～8V 的电源即可工作。读卡器与 PC 机的接口为标准 RS232（接口 1）。CM200 是 Mifare 公司提供的集成模块，包括接口部分和 RF。它是作为微处理器的外部设备设计的，是智能卡与微处理器之间通信的桥梁。RF 工作频率为 13.56MHz，与天线频率相匹配。

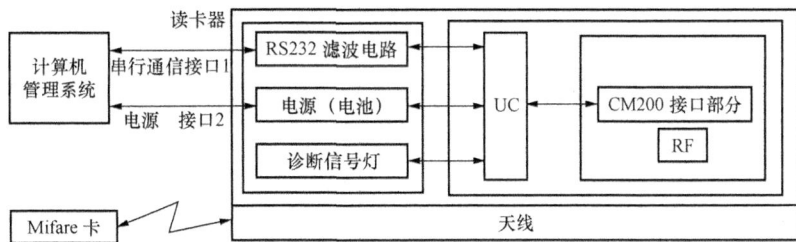

图 7-13　Mifare 智能卡读卡器的结构

当读写器向智能卡发一组固定频率的电磁波（13.56MHz）时，卡片内的天线（相当于 LC 串联谐振电路）频率与读写器发射频率相同，在电磁波的激励下，LC 谐振电路产生共振，从而使电容内有了电荷，在这个电容的另一端，接有 1 个单向导通的电子泵，可将电容内的电荷送到另一个电容内存储。当所累积的电荷达到 2V 时，此电容作为电源为其他电路提供工作电压，将卡内数据发射出去或接取读写器的数据，这样就解决了卡内无源的问题。读写器对卡进行安全验证后，对卡进行操作，读写数据或进行数据加减，并将相应数据通过通信口存入计算机管理系统数据库。

3. 智能卡与读写器的通信流程及软件设计

读写器与智能卡的通信波特率是定义好的，当有卡片进入读卡器的操作范围时，读写器将以特定的协议与其通信，从而确定该卡是否为 Mifare 射频卡，即验证卡的类型。当有多张卡进入读写器操作范围时，防冲突机制会从其中选择一张进行操作，未选中的则处于空闲模式等待下一次选卡，该过程会返回被选卡的序列号；选定要处理的卡片后，读写器就确定要访问的扇区号，并对该扇区密码进行密码校验，在 3 次相互认证之后就可以通过加密流进行通讯（在选择另一扇区时，则必须进行另一扇区的密码校验），继而对各个数据块进行读、写、

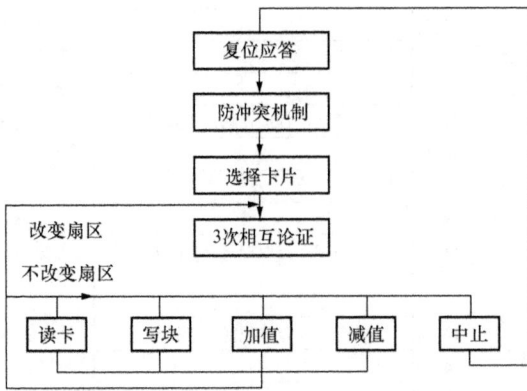

图 7-14 非接触式 IC 卡与读写器的通信流程

加、减等操作，如图 7-14 所示。

4. Mifare 卡与射频感应卡比较

Mifare 智能卡用于休斯公司的 HID 门禁系统时，在具备 HID 读卡机后，需配上 HID Mifare 的卡片编程器，将 HID 门禁控管的资料编程到仍未使用过的卡片区块内。全部或部分的 32bit 插卡选号码（Card-Select Number，CSN）被转换成 Wiegand 的形式而作为门禁使用。目前已出现了双频率的卡片产品，该类卡包含了 125kHz 和 13.56MHz Mifare 的芯片和天线，当与 125kHz 的读卡机并用时，它可提供较长的可读感应范围，又有 Mifare13.56MHz 频率的附加弹性设计来辅助。

Mifare 卡和感应卡的异同见表 7-3。

表 7-3 **Mifare 卡和感应卡的异同**

比较项目	Mifare 卡	接近（Proximity）卡
可读范围（in）	1～4	3～30
读取频率（MHz）	13.56	0.125
资料储存容量（bit）	8k	85
应用区块	16 个不同应用	1 个单独应用
规格	开放性规格	专利规程

非接触式 IC 智能卡的产品选择还有 LEGIC 等，具体比较见表 7-4。

表 7-4 **非接触式 IC 智能卡的产品比较**

厂家	LEGIC Identsystems Ltd				Philipa/Mikon		
读写模块	LEGIC				Mifare		HITAC
参数	SM05	SM100	SM400	RFSU	MMM	MCM	HTI
频率（MHz）	13.56	13.56	13.56	13.56	13.56	13.56	0.125
读感应卡距离（cm）	5	10	60	1000	2	10	70
写感应卡距离（cm）	5	10	60	1000	2	10	20

注 LEGIC 产品提供一套芯片，包括 LEGICSmart 微处理控制器及 LEGICASIC，采用 13.56MHz 非接触式智能卡存取控制技术/一卡多应用技术，非常适合于替代 125kHz（0.125MHz）的 RFID 系统。

第四节 生物特征识别门禁控制系统

从开门控制方式上讲，用卡片和钥匙开门是用"你拥有的东西"作识别，用密码开门是用"你知道的东西"作识别，而用视网膜等生物特征开门则是用"你的一部分"作识别。人体生物特征识别系统是以人体生物特征作为辨识条件，有着"人各有异、终身不变"和"随身携带"的特点。因此，具有无法仿冒与借用、不怕遗失、不用携带、不会遗忘、有个体特征独特性、唯一性、安全性的特点，适用于高度机密性场所的安全保护。

人体生物特征识别系统主要类别有生理特征（如指纹、掌纹、脸像、虹膜等）和行为特征（如语音、笔迹、步态等）两大类。

一、人体生物特征识别的应用指标

应用生物识别技术，必须考虑以下几个指标：

1. 一般应用指标

（1）可靠性。可靠性是识别技术应用的基础，与识别技术机理有着密不可分的关系。可靠性衡量了识别特征中蕴含的信息，以及这些信息的可靠性。一般而言，识别特征蕴涵的信息量越丰富，区分能力越强，可靠性就越好。

（2）稳定性。稳定性是指识别特征是否会随着环境和时间的变化而发生变化，是否能够保持同一不变。

（3）采集安全性。采集安全性是目前国际上非常重视的一个问题，它主要考量识别特征的收集是否会对人体造成伤害。一般而言，人脸、声音和虹膜识别这种非接触式的采集方式较之指纹、掌纹、视网膜等直接接触的采集方式要安全得多。

（4）便利性。便利性，一方面是指特征便于携带、不易丢失、防伪防盗性能好；另一方面也是指识别特征采集过程中对人的要求。一般而言，直接接触采集方式的生物识别技术都需要人主动配合，采集时间也较长。这类生物识别技术的便利性较之非接触式生物识别技术要差。

（5）响应速度。响应速度一般是指单次生物特征识别所需要的时间。一般而言，系统的响应速度与应用架构有着密切关系。例如，在不同的指纹、人脸库中进行一次查询，系统的响应时间也不相同。为了比较不同生物识别技术的响应速度，通常可以用 1:1 比对所需要的时间来进行衡量。

2. 识别性能指标

生物识别技术的性能一般用误识率和拒识率两个参数来衡量。所谓误识率是指识别错误的样本占识别总数的比率；拒识率是指没有被正确识别的样本占总样本的比率。各类生物识别技术的比较见表 7-5。

表 7-5 各类生物识别技术的比较

识别技术	可靠性	稳定性	采集安全性	便利性	响应速度	识别性能
指纹	中	中	中	高	较高	高
人脸	中	中	高	高	较高	高
声音	差	差	高	高	较高	差
虹膜	高	高	较高	较高	较高	高
视网膜	高	高	低	高	较快	较高

考虑安防系统本身的特点，识别特征采集的安全性、使用的便利性、系统的响应速度是非常关键的。在这些方面，人脸、指纹非常有优势。例如，现有的基于生物识别技术的门禁系统多采用指纹、人脸作为识别特征。

另一方面，在安防系统中使用生物识别系统，必须充分利用现有的安防设备，使对现有系统的改造尽可能小，成本造价尽可能低。

二、人体生理特征识别

1. 指纹比对识别

指纹识别系统是以生物测量技术为基础，利用人类的生物特性——指纹来鉴别用户的身份。由于指纹的特殊性，指纹识别具有高度的保密性和不可复制性。指纹识别技术的应用已有 100 多年的历史，至今仍然被认作是几种可靠的识别方法之一。指纹是每个人所特有的东西，即使是双胞胎，两人指纹相同的概率也小于 10 亿分之一，而且在不受损伤的条件下，一生都不会有变化。近些年来，由于自动化技术的发展，指纹识别系统也有了很大的改进。

（1）指纹识别技术。指纹识别技术主要涉及 4 个功能，即读取指纹图像、提取特征、保存数据和比对。

第一步，通过指纹读取设备读取人体指纹的图像，取到指纹图像之后，要对原始图像进行初步的处理，使之更清晰。

第二步，指纹辨识软件建立指纹的数字表示——特征数据。这是一种单方向的转换，可以从指纹转换成特征数据，但不能从特征数据转换成为指纹，而两枚不同的指纹不会产生相同的特征数据。软件从指纹上找到被称为"节点"（minutiae）的数据点，也就是那些指纹纹路的分叉、终止或打圈处的坐标位置，这些点同时具有 7 种以上的唯一性特征。因为通常手指上平均具有 70 个节点，所以这种方法会产生大约 490 个数据。有的算法把节点和方向信息组合产生了更多的数据，这些方向信息表明了各个节点之间的关系，也有的算法还处理整幅指纹图像。总之，这些数据通常称为模板，保存为 1K 大小的记录。无论它们是怎样组成的，至今仍然没有一种模板的标准，也没有一种公布的抽象算法，而是各个厂商自行其是。

最后，通过计算机模糊比较的方法，把两个指纹的模板进行比较，计算出它们的相似程度，最终得到两个指纹的匹配结果。

指纹比对通常采用特征点法，应用于出入口控制的这类系统都依赖于对指纹模式识别和计算机数据处理技术。抽出指纹上凸状曲线的分歧或指纹中切断的部分（端点）等特点来识别。为了提高可靠性，系统对手的摆放位置及指纹分析与比较的精度要求很高。

这类系统通常用在登记注册有 2000 枚指纹左右的情况下，辨识时间一般需 1s 左右，错误拒绝发生率小于 1%，错误接受发生率小于 0.0001%。因此，指纹识别系统将会有更加广泛的应用。

（2）指纹识别器。指纹识别器是指纹识别技术的具体应用，分为验证（Verification）和辨识（Identification）两类。验证是将现场指纹与已登记的指纹进行一对一的比对；辨识则是在指纹数据库中找出与现场指纹相匹配的指纹，即一对多匹配。指纹的用途很广，包括门禁控制、网络网际安全、金融和商业零售等。

指纹识别器可接入门禁系统的读卡器接口，使系统完全兼容使用。此外，可选用感应卡加指纹识别认证用户身份，或感应卡加指纹识别加密码方式，进而做到高保密、高安全。使用时，只需在面板的键盘上或无接触式读卡器上输入身份证号码，同时扫描指纹，即可控制门的开启。

指纹识别器通常采用嵌入式指纹识别屏，通过光学采样对比方式，全方位识别角度，使用十分方便，其特点是解决了因切割、玷污及膨胀因素造成的图像变形，不会对指纹图像识别产生影响。

指纹识别器的常见指标为：用户容量 4500 个；识别时间小于 0.5s；影像格式为 224×288；解析度为 500DPI/8bit 映像点；工作频率为 125kHz；接口标准有 Wiehand、DATA/CLOCK、RS232/RS485；错误拒绝率（拒真率 FRR）为 0.01；错误接受率（认假率 FAR）小于 10 万分之一。

（3）指纹识别门禁。以指纹识别作为基础的指纹门禁机，如美国 Identix 门禁产品 FingerscanV20 即使用 Identicator 公司的 IDSafe 生物测定技术，输出门锁控制信号。

指纹登录为单次抓拍，典型需时 5s，指纹特征大小典型值为 300B，可登录用户数近万个，其锁控输出和多路继电器输出信号可通过 RS～485、RS～232、TTLI/O、威根卡 I/O 传送，也能通过以太网或拨号调制解调器以 300～56kbit/s 的速率传送。其技术规范为验证时间 1s，登记指纹一次需 0.5s，指纹特征大小 300B，记录容量 8000 组，波特率为 300～56kbit/s，可登记用户标准 512 个，可扩展至 32 000 个用户，ID 号为 1～9 位数字或读卡机输入。

门控有锁控输出、延迟开关、3 路辅助输出、4 路辅助输入，通信方式可选 RS485、RS232、TTI、Wiegand、以太网或 Modem，读卡机输入可选威根（Wiegand）卡、HID 卡、磁卡、条码卡，电源为 12V DC，质量为 2 磅（0.908kg）。

部分指纹门禁控制器单机可以独立工作，使用模式如图 7-15 所示，也可多台联网使用。

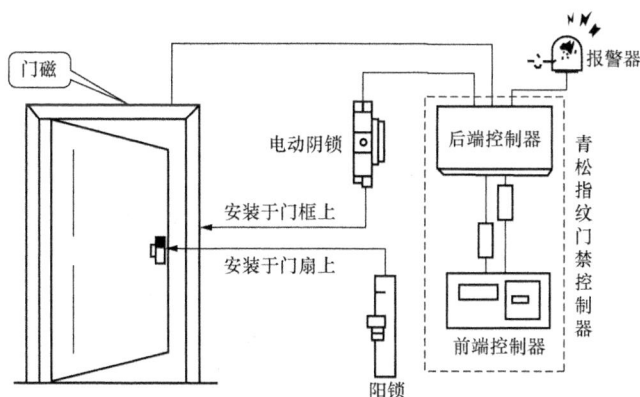

图 7-15　指纹门禁

2. 掌形比对识别

人类手掌的立体形状如同指纹一样，每个人都互不相同，因此可以作为身份确认的识别特征。利用每个人手形的不同作为识别条件的识别技术称为掌形比对识别技术。对掌形（手形）进行识别的设备是建立在对人手的几何外形进行三维测量的基础上的。

（1）手掌形状的生理独特性。手掌特征是指手的大小和形状，它包括长度、宽度、厚度及手掌和除大拇指之外的其余 4 个手指的表面特征。掌形比对识别是以三维空间测试手掌的形状、四指的长度、手掌的宽度及厚度、各手指的两个关节部分的宽与高等作为辨别的条件来实现识别功能。

通常以俯视得到手的长度与宽度数据，从侧视得到手的厚度数据，最终将得到的手轮廓数据变换成若干个字符长度的辨识矢量，作为用户模板存储起来。

（2）掌形识别技术。掌形识别侵入性小，节省资源，只需 9 个字节（72 位）即可与门禁系统结合，应用面广。

首先，掌形辨认门控系统必须获取手掌的三维图像，而这与通过普通的摄像机类似。红外线与电视遥控器相似，红外线照在手掌上（手掌是由 32000 个像素组成的），CCD 图像排列系统获取手掌图像，然后图像经过分析确定每个手指的长度、手指不同部位的宽度及靠近指节的表面和手指的厚度。总而言之，从图像分析可得到 90 多个掌形的测量数据。

接着，这些数据被进一步分析，进而得出手掌独一无二的特征，从而转换成 9 字节的模板进行比较。例如，一般来说，中指是最长的手指，但如果图像表明中指比其他手指短，那么掌形辨认门控系统就会将此当作手掌的一个非常特殊的特征。这个特征很少见，因此系统就将此作为该人比较模板的一个重点对比因素。

为了测量这些特征，掌形检测系统将光束通过一对镜面反射照向手掌（俯视及侧视），并投射到一个反射镜面，然后送入接受传感器，最终结果映像经过数字化作为一个手形样本被存储到设备的存储器中。通常，此类设备足以存储 1 万以上的样本。

要使用这类设备，使用者必须提供一个经有效编码的卡或位数的 PIN（个人身份码），并将手放在测试板上，调准放在测试板上的手指的位置等待扫描。为帮助使用者将手调到合适的位置，有的仪器上装了 LED，平时常亮，只有手的摆放合乎要求时，LED 熄灭才可以进行扫描。扫描后，将扫描结果与原先储存在计算机中的样本比较，从而实现识别功能。

注册过程与识别过程相似，只不过对注册者的手要检测 3 次，然后将 3 次检测结果取平均值来构成样本。尽管测试板上定位标志最适合用于右手的检测，但将左手放于测试板上的掌形中也可以实现注册与检测。

（3）掌形识别技术的应用。当系统新设置一个人的信息时，将建立一个模板，连同其身份证号码一起存入内存。这些模板是作为将来确认某人身份的参考模板用的。当人们使用该系统时，要输入其身份号码。模板连同身份号码一起传输到掌形辨认门控系统的比较内存。使用者将手放在上面，系统就产生该手的模板。这个模板再与参考模板进行比较确定两者的吻合度。比较结果被称为得分。两者之间的差别越大，得分越高；反之亦然。如果最终得分低于设定的拒绝分数极限，那么使用者身份被确认；反之，使用者被拒绝进入。

经检测表明，该类设备错误拒绝发生率约为 0.03%（经 3 次检测），而错误接受发生率为 0.1%（经 1 次检测）。系统完成 1 次识别需要 1s，完成一次注册约需要 60s。

3．人像脸面比对识别

人脸是比对人体特征时最有效的分辨部位；你只要看上某人一眼，就可以有对此人基本特征的认识。人像脸面识别的特征有眼、鼻、口、眉、脸的轮廓（头、下巴、颊）的形状和位置关系，以及脸的轮廓阴影等。它有非侵犯性系统的优点，可用在公共场合特定人士的主动搜寻，也是今后用于电子商务认证方面的利器之一，各国都在竞相努力，并已经在 ATM 自动取款机、机场的登机控制、司法移民及警察机构、巴以加沙地带出入控制系统等开始应用。

美国"9·11"事件后，公共场合的安全已成为国际性课题，反恐怖活动的需求刺激和推动了此项技术的发展。

（1）人脸识别技术的优势。人脸识别作为一种新兴的生物特征识别技术，与虹膜识别、指纹扫描、掌形扫描等技术相比，人脸识别技术在应用方面具有独到的优势：

1）使用方便、用户接受度高。人脸识别技术使用通用的摄像机作为识别信息获取装置，以非接触的方式在识别对象未察觉的情况下完成识别过程。

2）直观性突出。人脸识别技术所使用的依据是人的面部图像，而人脸无疑是肉眼能够判别的最直观的信息源，方便人工确认、审计。

3）识别精确度高、速度快。与其他生物识别技术相比，人脸识别技术的识别精度处于较高的水平，而误识率、拒认率较低。

4）不易仿冒。在安全性要求高的应用场合，人脸识别技术要求识别对象必须亲临识别现场，他人难以仿冒。人脸识别技术所独具的活性判别能力保证了他人无法以非活性的照片、木偶、蜡像来欺骗识别系统。这是指纹等生物特征识别技术所很难做到的。例如，用合法用户的断指即可仿冒合法用户的身份而使识别系统无从觉察。

5）使用通用性设备。人脸识别技术所使用的设备为一般的 PC、摄像机等常规设备，由于目前计算机、闭路电视监控系统等已经得到了广泛的应用，因此，对于多数用户而言，使用人脸识别技术无需添置大量专用设备，从而既保护了用户的原有投资，又扩展了用户已有设备的功能，从而满足了用户安全防范的需求。

6）基础资料易于获得。人脸识别技术所采用的依据是人脸照片或实时摄取的人脸图像，因而是最容易获取的。

7）成本较低、易于推广使用。由于人脸识别技术所使用的是常规通用设备，价格均在一般用户可接受的范围之内，与其他生物识别技术相比，人脸识别产品具有很高的性能价格比。

概括地说，人脸识别技术是一种高精度、易于使用、稳定性高、难仿冒、性价比高的生物特征识别技术，具有极其广阔的市场应用前景。

（2）人脸识别过程。人脸识别的过程大致可以分为如下几步：

1）人脸检测（Face Detection）：即从各种不同的场景中检测出人脸的存在并确定其位置。在大多数的场合中，由于场景较复杂，人脸的位置预先是不知道的，因而首先必须确定场景中是否存在人脸，如果存在人脸，再确定图像中人脸的位置。脸部毛发、化妆品、光照、噪声、面部倾斜和人脸大小变化，以及各种各样遮挡等因素都会使人脸检测问题变得更为复杂。人脸检测的主要目的是在输入的整幅图像上寻找人脸区域，把图像分割成两个部分——人脸区域和非人脸区域，从而为后续的应用作准备。

2）人脸表征（Face Representation）：即采取某种表示方式表示检测出的人脸和数据库中的已知人脸。通常的表示法包括几何特征（如欧氏距离、曲率、角度）、代数特征（如矩阵特征矢量）、固定特征模板、特征脸、云纹图等。

3）人脸识别（Face Identification）：即将已检测到的待识别的人脸与数据库中的已知人脸进行比较匹配，从而得出相关信息。这一过程的核心是选择适当的人脸的表征方式与匹配策略，系统的构造与人脸的表征方式密切相关。通常，或是选择全局的方法或是选择基于特征的方法进行匹配。显然，基于侧面像所选择的特征和基于正面像的特征是有很大的区别的。

4）表情分析（Expression Analysis）：即对待识别人脸的表情信息（快乐、悲伤、恐惧、惊奇等）进行分析，并对其加以归类。

5）生理分类（Physical Classification）：即对待识别人脸的生理特征进行分析，得出其种族、年龄、性别、职业等相关信息。显然，完成这一操作需要大量的知识，因此通常是非常困难和复杂的。

（3）人脸识别技术的作用。

1）维护国家和公共的安全。基于视频的实时人脸识别系统，使用视频图像的比对，已经能够较好地满足安全、公安部门的需求。人脸识别系统所具备的高速自动识别能力很大程度上将公安、安全部门从以往的"人海战术"中解脱出来，大大提升了整个国家、社会的安全防范水平，从而达到了威慑犯罪、惩治罪犯、维护社会稳定、保障国家安全的目的。

2）对传统数字监控的提升。目前，数字监控系统业内广泛采用主流的 MPEG 4、H.264编解码标准。但是，由于现行系统着眼于监控场景的记录，而缺乏对图像的进一步分析理解，因而存在着先天性不足，从而影响了系统的进一步推广使用。

概括地说，现有数字监控系统面临着四大难题：①确定监控场景中是否有人；②对监控对象难以跟踪；③确定当前监控对象的身份；④视频检索效率极低、难度大，无法基于人脸图像等 AV 对象进行智能化检索。

不难看出，上述 4 个问题正是人脸识别的研究范畴及应用领域，因此，如果能够实现人脸识别技术与现有数字监控系统的有机结合，将可以有效地解决目前数字监控系统存在的四大难题。

可以预见，随着人脸识别技术的进一步发展，在不远的将来，人脸识别技术将实现与数字监控系统的进一步融合，并最终成为数字监控系统的标准功能。

3）对门禁/出入控制系统的完善。门禁及出入控制系统的核心在于人的身份鉴别与核查，从而确保合法用户能够顺畅地进入受控区域，使非法用户被拒之门外。

在典型应用环境下，人脸识别技术的识别精度可以达到与指纹识别技术相当的程度，而其用户友好性明显高于其他几种生物特征识别技术，其价格适中和优越的性能更能获得用户的认可。同时，人脸识别技术可以实现与数字监控系统的无缝集成，从而为门禁/出入控制系统提供良好的审计、核查机制，大大地提高系统的安全性和易用性。

（4）人脸识别技术。用于安全防范的人像辨识机产品是以 PC 机和 Windows 操作系统为平台的有保密性的专用机，其基本结构如图 7-16 所示。

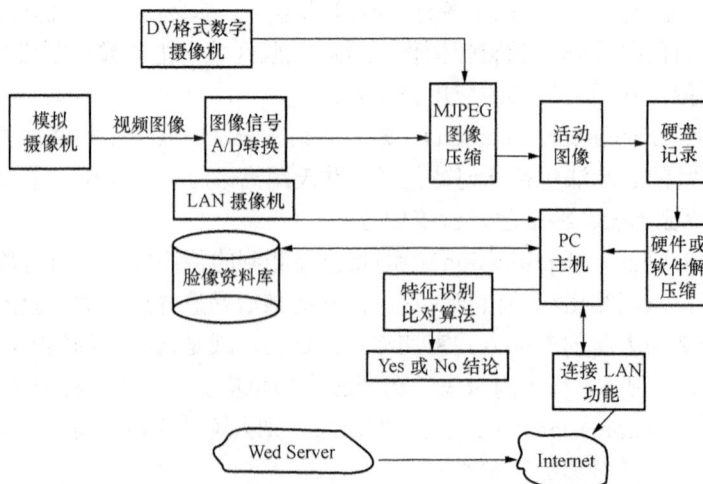

图 7-16　安全防范用人像辨识机的基本结构

1）图像采集输入与压缩处理模块。在出入通道由正面隐蔽摄像机自动摄下多幅三维头部、脸部图像，左右两侧设置对称的低功率激光扫描仪，不断地描绘人的脸部轮廓。面像检测分为参考模板、人脸规则、样本学习、肤色模型及特征子脸等方法。

2）图像数据库存储模块。在 PC 机硬盘容量为 400GB 时，存储容量开始可定为 5000 个图像，未来应用最大可达 100 000 个图像。

3）人脸活动图像与数据库存储画像比对判别模块。比对算法及比对速度是系统可否适用的关键。要求最大在 3s 内完成三维立体图像的拍摄。面像比对目前主要有面像特征向量和面纹模板两种描述方法。

4）符合程度报警模块。面像识别采用局部特征分析（Local Feature Analysis，LFA）算法，以确认面像身份或提出身份选择。可设置不同的阈值，根据比对符合的特征点数给出不同的报警等级。

5）图像网络传输模块。

（5）人脸识别技术实例。美国产品智能面部捕捉系统 Face Capture 利用先进的小波算法，结合专有的仿生识别技术，可以在各种环境下快速准确地发现、追踪并捕捉所有出现在镜头前的人类面孔。

1）智能面部捕捉系统的特点：

①弥补了现有监控技术（模拟监视系统、DVR 硬盘录像系统）中监视画面人脸部分模糊不清，特别是在不同分辨率下放大后人面特征不够明显、不够清晰的不足。

②依照所有进出人员的顺序，将全部人员的面部记录在案。

③系统可方便地按照时间和地点快速查询进出人员的面部"照片"。

④根据需要，面部捕捉系统可以升级到面部自动识别。

2）工作流程包括：

①面孔侦测：发现单个或多个人员的面孔（即使背景很复杂）。

②分割处理：从监视图像中，自动地将侦测到的多个人员头像分离、割取出来。

③跟踪能力：实时追踪现场人员的面孔，以捕捉其各个角度的头像。

④图像评估：对"采集"到的面孔图像自动评估和改善，并选取出最"适合"的头像。

⑤压缩存储：经系统优化压缩后，将捕捉到的面孔"照片"依照时间顺序存入系统数据库，每幅仅占 4.5kB（以 80G 硬盘来计，可存储 1300 万人次以上的头像）。

3）Face Capture 人面捕捉过程。系统核心的计算方法是基于对人类面部的深入研究，经过仿生科学下复杂的数学变换和计算，可得出如下认识：

①所有的人类面部头像都可以统类为"标点"，或称为"结点"，这些结点跟人类面部的骨骼解剖结构紧密相关。

②在复杂的场景中，快速准确地判定哪一部分是人的头像，是经过复杂的数学计算得出的结果。利用现代视频帧间移动检测和分析技术，对确定为面部的部分进行不断地"追踪"，同时不断地将其"分割"出来，保存入数据库。

③在人群中，这种分析和"追踪"还必须同时考虑"抓取"和"追踪"的时间安排，以确保发现和抓取所有的面部，且不受光照、皮肤纹理、眼镜、年龄、面部表情、发型、姿势等的影响，因为它是基于面部的本质形状和特征。

④即使是检索重放的录像画面，Face Capture 系统也可以连续地对整屏画面进行分析：当有与人类头部相似的物体出现时，软件会运用多种不同的计算法来确认是否是人类的面孔

以及它出现在画面中的位置。这些计算法足以快速、准确地发现和处理同时出现的多张面孔。

⑤一旦有面孔发现，它就会被从背景里独立抽出来，用一系列前期加工处理的机理来弥补和调整尺寸大小、光线照明、面部表情和姿势。

4. 视网膜比对识别

视网膜是一些位于眼球后部的十分细小的神经，它是人眼感受光线并将信息通过视神经传给大脑的重要器官，其功能同胶片有些类似；用于生物识别的血管分布在神经视网膜周围，即视网膜四层细胞的最远处。

（1）视网膜的生理独特性。人体的血管纹路也具有独特性，人视网膜上的血管的图样可以利用光学方法透过人眼晶体来测定。如果视网膜不被损伤，从 3 岁起就会终身不变。每个人的血管路径差异很大，所以被复制的机会很少。在 20 世纪 30 年代，研究就得出了人类眼球后部血管分布唯一性的理论；进一步的研究的表明，即使是孪生子，这种血管分布也具有唯一性，除患有眼疾或严重的脑外伤外，视网膜的结构形式在人的一生中都相当稳定。

（2）视网膜识别技术。同虹膜识别技术一样，视网膜扫描可能是最可靠、最值得信赖的生物识别技术，但其运用的难度较大。

通常，这类系统使用一束低度的发自红外线发光二极管的光束环绕着瞳孔中心进行扫描。根据扫描后得到的不同位置所对应的不同反射光束强度来确定视网膜上的血管分布图样。这种方法在不具备生物活体时无法反应，因此不可能伪造。但在戴眼镜或患某种眼病（如白内障）时无法进行识别。

视网膜扫描设备要获得视网膜图像，则使用者的眼睛与录入设备的距离应在半英寸之内，并且在录入设备读取图像时，眼睛必须处于静止状态；使用者的眼睛在注视一个旋转的绿灯时，录入设备从视网膜上可以获得 400 个特征点，同指纹录入比较，指纹只能提供 30～40 个特征点用来录入，从而创建模板和完成确认。

在注册过程中，当进行扫描时，使用者必须注视检测器中用于校准的目标至少 0.2s。通常，经过几次这样的扫描，按一定规律将几次扫描结果结合起来，从而建立起使用者的参考图样数据，然后将这些数据存储于系统的存储器中。

进行识别检测时，只需做一次类似的扫描，全过程大约需要 6s，包括输入 PIN（个人识别码）。目前也有不需要输入 PIN 的识别模式。工作在这种模式下，由于识别时要对所有已注册的记录进行搜索，从而使检测过程的时间加长，每搜索 100 个样本约需额外增加 1s。

（3）视网膜识别技术的应用。由此可见，视网膜扫描技术的录入设备的认假率低于0.0001%（100 万分之一）。当然，其他一些生物扫描录入技术也能达到 0.0001%的认假率（FAR），并且拒假率的水平也会不断提高。FAR 拒假率是指系统不正确地拒绝一个已经获得权限的用户。使用视网膜录入技术的场合，如一些军事设施，10%的拒假率是一个十分令人头疼的问题。即使是这样，它仍然是提供安全度的重要组成部分。当然，在销售领域，一些对拒假率的不真实的描述是一个十分难处理的问题。

5. 虹膜比对识别

虹膜是人的眼睛中环绕瞳孔周围的彩色环状物，由相当复杂的纤维组织构成，其细部结构在人出生之前就以随机组合的方式决定下来了。每一个人的虹膜都是唯一的，孪生兄妹的虹膜图案也不可能相同。虹膜图案也非常稳定，除非受到外伤，否则虹膜图案永远不会改变。因此，虹膜识别具有比其他生物识别方式更高的识别可靠性。在这一点上，指纹、掌形、声音和面部特征识别都无以企及。

虹膜识别技术就是利用人眼虹膜的终身不变性和差异性来识别人的身份的技术。

（1）虹膜识别技术简介。眼睛的虹膜是由相当复杂的纤维组织构成，其细部结构在出生之前就以随机组合的方式决定下来了。虹膜识别技术将虹膜的可视特征转换成一个 512 个字节的 Iris Code（虹膜代码），该代码模板被存储下来，以便后期识别所用。512 个字节，对生物识别模板来说是一个十分紧凑的模板，但它对从虹膜获得的信息量来说是十分巨大的。

一般通过一个距离眼睛 3in 的精密相机来确定虹膜的位置。当相机对准眼睛后，识别算法逐渐将焦距对准虹膜左右两侧，以确定虹膜的外沿，这种识别方法会受到眼睑的阻碍。识别算法同时将焦距对准虹膜的内沿（即瞳孔），并排除眼液和细微组织的影响。

单色相机利用可见光和红外线，红外线定位在 700～900mm 的范围内（这是 IR 技术的底线，美国眼科学会在对 macular cysts 的研究中使用同样的范围）。在虹膜的上方，识别算法通过二维 Gabor 子波的方法来细分和重组虹膜图像。

由于虹膜代码是通过复杂的运算获得的，并能提供数量较多的特征点，因此虹膜识别技术是精确度最高的生物识别技术，具体描述如下：人类中产生相同虹膜的概率是 1:1078；误识别率为 1:1 200 000；两个不同的虹膜产生相同的虹膜代码的可能性为 1:1052。

（2）虹膜识别技术的特点。虹膜识别技术与相应的算法结合后，可以达到十分优异的准确度。即使全人类的虹膜信息都录入到一个数据中，出现认假和拒假的可能性也相当小。但是，如何把虹膜图案转换成代码，一直是虹膜识别技术应用的最大障碍。目前，很多生产虹膜识别设备的厂商都是以 1993 年 John Daugman 博士的专利和研究为基础的。

在直径为 11mm 的虹膜上，Daugman 的算法用 3.4 个字节的数据来代表每平方毫米的虹膜信息，这样，一个虹膜约有 266 个量化特征点。而一般的生物识别技术只有 13～60 个特征点。266 个量化特征点的虹膜识别算法在众多虹膜识别技术资料中都有讲述。在算法和人类眼部特征允许的情况下，Daugman 指出，通过他的算法可获得 173 个二进制自由度的独立特征点，这在生物识别技术中，所获得特征点的数量是相当大的。虹膜识别技术将虹膜的可视特征转换成一个 512 个字节的虹膜代码，这个代码模板被存储下来，以便为实际的识别所用。

（3）在门禁系统中的应用。虹膜识别系统不仅可以作为独立的门禁系统来使用，还可以配合智能卡、考勤软件等使用，使其可靠性更高、功能更强。

为丰富生物识别技术中唯一的 1:N 比对工作运行模式，该虹膜识别技术还能将诸如智能卡（包括 HID iCLASS 和 DESFire 等）、密码键盘或其他身份标识物等传统安防系统架构的特点集于一身。

虹膜识别系统作为一款生物识别门禁控制产品，其产品的设计关键是要保障安全。因此，缺乏实用经验，盲目追求高自动化、智能化等，都不能达到产品应该达到的安全标准。

6. DNA 识别技术

DNA 识别系统即识别人类的遗传基因，一般可通过检测人类的血液、泪液、精液、汗液、毛发及身体的任一单个细胞来得到。已知的几十亿人口中，非直接生物遗传的人体 DNA 没有一个相同的，这就为识别系统带来很大的可靠性。

但是，由于门禁控制系统的实时性要求，DNA 识别技术短期内无法应用到门禁控制系统中。

三、人体行为特征识别

1. 签字识别技术

利用签名来确认一个人的身份早已获得广泛的应用（如在金融业中已应用多年）。尽管伪造者能够造出在外形上非常相像的签名，但不太可能正确复制笔画的速度、笔顺、笔运、笔压等，因此系统就可以利用这些参数来进行识别。

自动笔迹识别系统正是根据笔迹的一些动力学特征来进行识别的，如笔迹的走向、速度、加速度等。对这些数据的统计分析表明，每个人的签名都是独特的，并且自身可保持一致性。这些数据可通过安装在书写工具或签字板上的传感器来获得。

2. 语音识别技术

语音识别技术是利用每个人所特有的声音为辨别条件。人们的发音方式取决于多种因素，包括地理影响、声带和嘴形。通过让某人重复说一套单字或短语，便可获得他的声波纹模板。

语音自动识别系统的应用是与数据自动处理分不开的。语音中可用于识别的特征包括声波包络、声调周期、相对振幅、声带的谐振频率等。这几种方式都可以用于安全检测，而且都有较好的发展前景。

将被检测人的语音特征与事先早已注册的样本进行对比可进行识别。但语音特征可受感冒及环境噪声等的影响发生错误判断；另外，好的录音也可能蒙骗该系统。

第五节　门禁控制器与管理系统

一、控制器的组成与功能

1. 门禁控制器的组成

门禁控制器是一个具有输入和输出接口连接读卡器等输入设备和电控锁等被控设备的设备。

控制器有一个几兆的存储器，并可进行内存扩展。所有的卡片、时间区、继电器控制和报警输入监控设置都存储在相应的存储器中，这些设置不会因控制器的断电而丢失。当控制器与网络的联网中断时，控制器可独立工作，将数据记录到自己的存储器中。一旦恢复与服务器的通信，控制器及时将中断期间的信息送到网络中的服务器的数据库，服务器则将更新后的数据下载到每个相应的控制器。

控制器具有 RS485 通信口、RS232 通信口或 TCP/IP 接口，可以满足与就地读卡器、服务器的通信需要，并通过以太网实现门禁系统的控制器与服务器的通信。控制器与网络服务器实时通信，可随时更新服务器数据库的数据。

2. 门禁控制器的功能

门禁控制器一般可以有多个输入接口分别连接多个读卡器等输入设备，目前一般为韦根（Wiegand）接口，同时提供与其他识别技术（如掌型机、指纹机）设备的接口，从而为用户的应用集成提供更多的选择。此外，它们也提供多个开关量输入点和输出点，可以分别接入门磁、出门按钮和电磁锁等外部设备，以控制锁的闭合或开启。通过增加输入 / 输出模块，每个控制器可控制增加输入和个输出点，不必更换现有读卡器和卡片，也不必重新施工布线即可扩充系统的容量。

对于控制器的接地保护，只需把控制器外壳接入本地公共接地端即可。

二、管理主机的组成与功能

1. 门禁管理主机的组成

门禁管理主机是门禁控制系统的管理与控制中心，是接收从识别装置发来的目标信息，指挥、驱动执行机构动作，以及出入目标的授权管理的人机界面。

因此，门禁管理系统主机通常是装有控制与管理软件平台的计算机网络系统。它能够完成诸如出入目标的出入行为鉴别及核准，When、Who、Where、What 等的记录、存储及报表的生成，系统操作员的授权管理，出入口控制方式的设定，非法侵入、系统故障的报警处理，扩展的管理功能及与其他控制及管理系统的连接，如考勤、巡查等功能，以及与防盗报警、视频监控、消防等系统的联动。

2. 门禁管理主机的功能

成熟的门禁控制系统能够实现的功能是根据用户需求的变化而变化的，但基本上包括下列内容。

（1）对通道进出权限的控制。对通道进出权限的管理主要有进出通道的权限、进出通道的方式和进出通道的时段等几个方面。

1）进出通道的权限：即对每个通道设置哪些人可以进出，哪些人不能进出。

2）进出通道的方式：即对可以进出该通道的人进行进出方式的授权；进出方式通常有密码、读卡（或生物识别）、读卡（或生物识别）＋密码三种方式。

3）进出通道的时段：即设置可以进出该通道的人在什么时间范围内可以进出。

（2）对通道进出控制的管理。根据系统软件包的不同，可实现的管理功能也各有差异。

1）实时监控功能：系统管理人员可以通过人机接口实时查看每个门区人员的进出情况（有的系统同时有照片显示）、每个门区的状态（包括门的开关状态、各种非正常状态报警等），也可以在紧急状态打开或关闭所有的门区。

2）出入记录查询功能：系统可储存所有的进出记录、状态记录，可按不同的查询条件查询，且配备相应的考勤软件即可实现考勤与门禁的一卡通。

3）异常报警功能：在异常情况下可以实现微机报警或报警器报警，如非法侵入、门超时未关等。

（3）对通道进出控制的特殊功能。根据系统的不同，门禁系统还可以实现以下特殊功能：

1）反潜回功能：即持卡人必须依照预先设定好的路线进出，否则下一通道刷卡无效。本功能可防止持卡人尾随别人进入。

2）防尾随功能：即持卡人必须关上刚进入的门才能打开下一个门。本功能与反潜回实现的功能相同，只是方式不同。

3）防胁迫功能：即持卡人在被胁迫时，可以以一种方式刷卡进门，但同时发出报警，以便于在确保被挟持人安全的前提下，保证通道的安全。

4）消防报警联动功能：出现火警时，门禁系统可以自动打开所有电子锁让里面的人随时逃生。

5）视频监控联动功能：通常指监控系统自动在人刷卡时（有效/无效）录下当时的情况，同时也可将门禁系统出现警报时的情况录下来。

6）逻辑开门功能：简单地说，就是同一个门需要几个人同时刷卡（或其他逻辑方式）才能打开电控门锁。

7）电梯控制系统：即在电梯内部安装读卡器，用户通过读卡对电梯进行控制，无须按任何按钮。

8）网络设置管理监控功能：大多数门禁系统只能用 1 台微机管理，而技术先进的系统则可以在网络上任何一个授权的位置对整个系统进行设置监控查询管理，也可以通过 Internet 网上进行异地设置管理监控查询。

三、门禁控制系统的软件功能

门禁控制系统的操作平台就是其系统软件。系统软件运行在个人电脑上，执行对各门禁点的监控、设置、数据库管理、事件查询存档、报表、系统运行监视等管理工作。该软件通常按系统的规模不同分为单机版和网络版等不同规格。

1. 授权

授权分两种，一种是操作授权；一种是出入授权。通常，后一种是依附在前一种的完成之后获得的。

（1）操作授权。系统在开始配置时必须设立操作人员的权限和相应的授权，即什么人可以在什么时间得到什么级别的操作和查询权力。

（2）出入授权。系统将出入目标的识别信息及载体授权为钥匙，并记录于系统中。同时，应能设定目标的出入授权，即何时、何出入目标、可出入何出入口、可出入的次数和通行的方向等权限。

在网络型系统中，除授权、查询、集中报警、异地核准控制等管理功能外，对本标准所要求的功能而言，均不应依赖于中央管理机是否工作。

2. 时间

时间也可分两种，一种是系统的响应时间；一种是对时间的计量。

（1）系统响应时间。系统的下列主要操作响应时间应小于 2s：

1）除工作在异地核准控制模式外，从识读部分获取一个钥匙的完整信息开始，至执行部分开始启闭出入口动作的时间。

2）从操作（管理）员发出启闭指令始，至执行部分开始启闭出入口动作的时间。

3）从执行异地核准控制后到执行部分开始启闭出入口动作的时间。

（2）计时。相对计时的一致性，体现了一个系统中多个带有独立计时的设备之间的计时差异。因为各个带有独立计时的设备在采集某一个目标的出入事件信息时，会将其时间信息附加在该信息上，这样会形成该目标在系统内的行动轨迹。

1）系统校时。系统中与事件记录、显示及识别信息有关的计时部件应有校时功能；在网络型系统中，运行于中央管理主机的系统管理软件每天宜设置向其他的与事件记录、显示及识别信息有关的各计时部件的校时功能。

2）计时精度。非网络型系统的计时精度不低于 5s/d；网络型系统的中央管理主机的计时精度不低于 5 s/d，其他的与事件记录、显示及识别信息有关的各计时部件的计时精度不低于 10 s/d。

3. 报警

报警分两种，一种是系统的自身故障引起的报警；一种是对控制对象异常引起的报警。

（1）自检和故障指示。系统及各主要组成部分应有表明其工作正常的自检功能，B、C 防护级别的还应有故障指示功能。

（2）报警。系统报警功能分为现场报警、向操作（值班）员报警、异地传输报警等。报警信号的传输方式可以是有线的和/或无线的，而报警信号的显示可以是可见的光显示和/或声音指示。

发生以下情况时，系统应报警：

1）连续若干次（最多不超过 5 次，具体次数应在产品说明书中规定）在目标信息识读设备或管理/控制部分上实施操作时。

2）未使用授权的钥匙而强行通过出入口。

3）未经正常操作而使出入口开启。

4）强行拆除和/或打开 B、C 防扩级别的识读现场装置。

5）C 防护级别的网络型系统的网络连线发生故障。

发生以下情况时，系统可报警：

1）防护面上的部件受到强烈撞击。

2）出现窃取系统内信息的行为。

3）遭受工具破坏。

4. 指示与显示

系统及各部分应对其工作状态、操作与结果、出入准许、发生事件等给出指示。指示可采用可见的、出声的、物体位移和/或其组合等易于被人体感官所觉察的多种方式。

（1）发光指示与显示。发光指示信息通常采用下列颜色区分。

1）绿色：用以显示"操作正确"、"有效"、"准许"、"放行"等信息；也可以显示"正常"、"安全"等信息。

2）红色：以频率为 1Hz 以下的慢闪烁（或恒亮）显示"操作不正确"、"无效"、"不准许"、"不放行"等信息；也可以显示"不正常"等信息。以频率为 1Hz 以上的快闪烁显示"报警"、"发生故障"、"不安全"、"电源欠压"等信息。

3）黄色和橙色：如果使用，则用以显示提醒、显示、预告、预警等。

4）蓝色：如果使用，则用以显示"准备"、"已进入/已离去"、"某部分投入工作"等信息。

（2）发声指示与显示。报警时的发声指示应显示区别于其他发声；非报警的发声指示应是断续的，如采用发声与颜色、图形符号复合指示，则应同步发出和停止。

（3）图形符号指示与显示。图形符号指示与显示所采用的图形符号应符合 GA/T 74—2000《安全防范系统通用图形符号》和相关标准的规定。

5. 应急开启

系统应具有应急开启的方法，如可以使用制造厂特制的工具采取特别方法局部破坏系统部件后，使出入口应急开启，且可迅速修复或更换被破坏部分；也可以采取冗余设计，增加开启出入口的通路（但不得降低系统的各项技术要求），以实现应急开启。

6. 软件及信息保存要求

（1）除网络型系统的中央管理机外，对本标准所要求的功能而言，需要的所有软件均应保存到固态存储器中。

（2）具有文字界面的系统管理软件，其用于操作、提示、事件显示等的文字必须是简体中文。

（3）除网络型系统的中央管理机外，系统中具有编程单元的每个微处理模块均应设置独立于该模块的硬件监控电路，以实时监测该模块的程序是否工作正常。当发现该模块的程序工作异常后，3s 内应发出报警信号和/或向该模块发出复位等控制指令，使其投入正常工作。此操作不应影响系统时钟的正常运行，也不应影响授权信息及事件信息的存储。

（4）当电源不正常、掉电或更换电池时，系统的密钥（钥匙）信息及各记录信息不得丢失。

四、门禁控制系统常用的通信技术

联网控制型系统中编程/控制/数据采集信号的传输可采用有线加/或无线传输方式，且应具有自检、巡检功能，以对传输路径的故障进行监控。具有 C 级防护能力的联网控制型系统应有与远程中心进行有线和/或无线通信的接口。

目前，门禁控制系统的技术将同时向 IT 方向发展，由于 TCP/IP 通信协议具有优势：实时响应和管理、方便的扩展性，因此，TCP/IP 协议将成为门禁控制系统与 IT 兼容的协议的主流。预计门禁控制系统未来的通信方式中，TCP/IP 占 78%、无线通信占 22%、RS485 占 14%、其他（RS232、RS485、RS422 转 TCP/IP、TCP/IP 无线数据传输、CAN等）占 1%。

1. RS485 通信技术

（1）RS485 通信方式。多台控制器通过 RS485 通信总线（必须用双绞线或网线的其中一组）将控制器通过手牵手串联的方式，一根总线接到 RS485 转换器（集线器）上，再接到计算机串口上，以实现一台计算机（软件）对多台控制器的管理和通信。理论上的距离为 1200m，但建议控制在 800m 以内，若能控制在 300m 以内，则效果最佳。如果距离超长，则可以选购 485 中继器（延长器）。

（2）RS485 控制器的优点。成本较低，单独组网，不会受到其他设备的共用网络的干扰，适合布线距离远、点位比较分散的单点应用场所。

（3）RS485 控制器的缺点。

1）组网数量有限，一般在 1000 台以内最多，设备越多，网络越复杂，受到的干扰也越大。组网范围有限，一般只能在几百米范围内。

2）通信速度比较慢，对于过万人、数百个门的系统，上传权限、下载记录等操作速度就较慢。

3）点位多时，实时性不够，大量黑名单下或白名单上下传时间太长，速率不能满足大批用户或集团式用户的需求等。

2. TCP/IP 通信技术

（1）TCP/IP 通信方式。控制器的接入方式和局域网的 HUB 与计算机网卡的接入方式一样，适合规模型标准的、网络布点量大的智能楼宇、办公楼、工厂企业等。随着目前网络技术的发展，智能卡机具网络化已成为一种趋势，非常适合大中型企业或集团单位应用的实时性要求。

（2）TCP/IP 控制器的特点。采用国际标准的流行通信协议，先进性和性能都较好，不易被淘汰；组网数量无限制，组网范围广，可以跨地区，甚至跨国界；通信速度快，适合过万人、过百门的门禁系统；通信质量稳定，不容易受到外界的干扰。如果用户已经有局域网等网络，则可以不用重新铺设网络，仅利用现有网络组网即可。

3. 其他通信技术

（1）RS232 通信或不联网型。主要适合单个小型办公场地或安全性不高的场所，其产品主要集中于低端应用市场。

（2）无线网络通信。优点是省却了布线麻烦；缺点是安全性、抗干扰性差、通信速率易受周边建筑物的影响而降低。其主要应用于酒店门锁或办公写字楼比较集中或安装布线不方便的场所。

第六节 门禁控制系统的其他装置

一、电子锁的种类与选用

电子锁又称电锁，它是门禁控制系统的重要组成部分，也是门禁控制系统的执行机构和关键设备。如果把门禁控制系统比作一个人，那么电子锁就好比人的手和脚，关系着整个门禁控制系统的稳定性。如果一个门禁系统的控制器和读卡器都完好，而电子锁的质量有问题，那么同样会引起门打不开等情况，进而影响工程的验收和使用。

1. 电子锁的种类

目前常见的电子锁有磁力锁（外挂式、嵌入式、自动门专用）、电控锁、静音锁、机电灵性锁、剪力锁、电插锁、无框玻璃门锁、阴极锁、玻璃锁扣等。

（1）电磁锁。电磁锁又称磁力锁，它是一种依靠电磁铁和铁块之间产生的吸力来闭合门的电锁。电磁锁是断电后开门型，这种方式符合消防要求。根据安装的门型和开门方式的不同，电磁锁分为防水型、室内型和嵌入型，如图 7-17 所示。

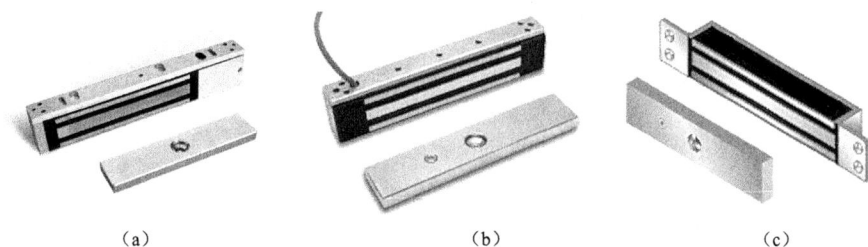

图 7-17 电磁锁

(a) 防水型；(b) 室内型；(c) 嵌入型

通常，生产厂商配备多种安装架以供用户使用，一般为外开门安装、内开门安装和嵌入式安装。这种锁具适于单向的木门、玻璃门、防火门及对开的电动门。

有些电磁锁是带门状态（门磁状态）输出的，在接线端排上，除电源接线端子外，还有COM、NO、NC 3 个接线端子，这些接线端子可以根据当前门是开着还是关着，输出不同的开关信号给门禁控制器作判断。例如，门禁的非法闯入报警、门长时间未关闭等功能都依赖这些信号作判断，如果不需要这些功能，门状态信号端子就可以不接。

电磁锁的优点是性能比较稳定，返修率低于其他电锁；安装方便；不用挖锁孔；只用走线槽；用螺钉固定锁体即可。电磁锁的缺点在于，它一般装在门外的门槛顶部，而且外露，因此美观性和安全性都不如隐藏式安装的电插锁。此外，价格和电插锁差不多，有的会略高一些。

由于吸力有限（常用的是 280 力的），这种力度有可能被多人同时，或者力气很大的人忽然用力拉开。所以，电磁锁通常用于办公室内部等一些非高安全级别的场合。有的安全场合，如监狱，如果用到电磁锁，会定作抗拉力 500MPa 以上拉力的电磁锁。

（2）阳极锁。阳极锁又称电插锁，它也是断电开门型。按照消防要求，火灾时，大楼会自动切断电源，电锁应该打开，方便人员逃生，所以大部分电插锁是断电开门的。

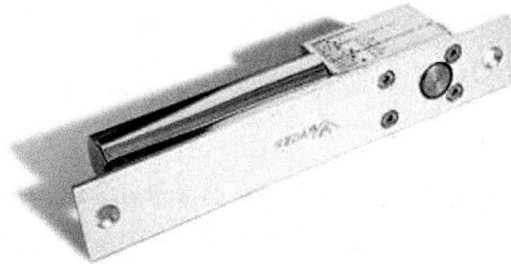

图 7-18　电插锁

阳极锁一般安装在门框下方。与电磁锁不同的是，阳极锁适用于双向的木门、玻璃门、防火门，而且它本身带有门磁检测器，可随时检测门的状态，如图 7-18 所示。

一般的电插锁上设有关门延时设置。所谓带延时控制，就是锁体上有拨码开关，可以设置关门的延时时间。通常可以设置为 0、2.5、5、9s。每个厂家的锁分几挡延时，略有不同。该延时和门禁控制器及门禁软件设置的开门延时不同。门禁控制器和门禁软件设置的是"开门延时"，或称"门延时"，即指电锁开门多少秒后自动合上。

电锁自带的延时是关门延时，即指门到位多久后，锁头下来，锁住门。一般门禁系统都要求门一关到位，锁头就下来，把门关好。所以，电锁延时缺省设置成 0s。而有的门，地弹簧不好，门在关门位置前后晃荡几下，门才定下来，这时如果设置成 0s，锁头还没有来得及打中锁孔，门就晃荡过去了，门在晃荡时会把已经伸出来的锁头撞歪，因此，这种情况下就可以设置一个关门延时，使门晃荡几下后稳定下来，锁头再下来关闭门。

阳极锁按连接线分为两线电插锁、四线电插锁、五线电插锁、八线电插锁。

1）两线电插锁：有两条电线，红色和黑色，红色接电源＋12V DC，黑色接 GND。断开任意一根线，锁头缩回，门打开。两线电锁，设计比较简单，没有单片机控制电路，锁体容易发热，冲击电流较大，且属于价格比较低的低档电插锁。

2）四线电插锁：有两条电线，红色和黑色，红色接电源＋12V DC，黑色接 GND。此外，还有两条白线，即门磁信号线，以反映门的开、关状态。它通过门磁，根据当前门是开还是关，输出不同的开关信号给门禁控制器作判断。例如，门禁的非法闯入报警、门长时间未关闭等功能都依赖这些信号作判断，如果不需要这些功能，则门磁信号线可以不接。

四线电插锁采用单片机控制器，发热良性，带延时控制，带门磁信号输出，属于性价比好的常用型电锁。

3）五线电插锁：原理和四线电插锁的原理相同，只是多了一对门磁的相反信号，用于一些特殊场合，正式场合反倒麻烦，工程师要测试该用哪一对。该锁中，红黑两条线是电源。此外，还有 COM、NO、NC 3 条线，NO 和 NC 分别和 COM 组成两组相反信号（一组闭合信号；一组开路信号）。门被打开后，闭合信号变成开路信号，开路信号的一组则变成闭合信号。

4）八线电插锁：原理和五线电插锁相同。只是除了门磁状态输出外，还增加了锁头状态输出（即锁头是否伸出来），会有信号反馈回来。

电插锁的优点是隐藏式安全、外观美观、安全性好、不容易被撬开和拉开；缺点是安装时要挖锁孔，比较辛苦。

对于那些玻璃门没有门槛（即门框也是玻璃的），或者玻璃门面的顶部没有包边的，需买无框玻璃门附件来辅助安装。

（3）阴极锁。阴极锁又称电锁口，它是使用较多的一种，一般安装在门框上，替换普通锁的门框部分，配合各种机械门锁使用，如图 7-19 所示。使用阴极锁保留原锁功能可以降低成本并使安装简单。

图 7-19 阴极锁

一般的阴极锁为通电开门型，适用于单向木门。安装阴极锁一定要配备 UPS 电源，因为停电时阴极锁是锁门的。

阴极锁适用于带有球锁的各种门，如办公室木门、家用防盗铁门特别适用于带用阳极机械锁，且又不希望拆除的门体。当然，阴极锁也可以选配相匹配的阳极机械锁。

阴极锁大多是通电开锁，通常使用锁控器 NO 接点，通电开锁，断电上锁。

图 7-20 电控锁

（4）电控锁。电控锁通常使用锁控器 NO 接点，通电开锁，断电上锁；脉冲开锁时间必须和锁具相匹配；可选择是否带机械锁部分；适用于金库、枪库、资料库等；大多用于防盗门、防火门、防爆门、通道门等金属门，也用于小区单元门、银行储蓄所二道门等场合，并可用门内锁上的旋钮或者钥匙打开，如图 7-20 所示。

电控锁的缺点是冲击电流较大；对系统稳定性的冲击大；开门时的噪声比较大；安装不方便；经常需要专业的焊接设备点焊到铁门上；施工时开门延时不能长，只能设置在 1s 以内，如果时间过长，则有可能引起电控锁发热损坏。

针对这些缺点，特设计了新款的静音电控锁，简称静音锁或电机锁，是驱动一个小电动机来伸缩锁头，而不再利用电磁铁原理。

2. 电子锁的选用

在门禁控制系统工程中，电子锁的选配直接影响门禁控制系统的使用效果。因此，必须针对不同的门和客户不同的需求来选配不同的电子锁，同时根据门的材料、出门要求等选取不同的锁具。

（1）不同的门有不同的选配方式。防盗门可以选择电控锁、静音锁、机电灵性锁、外挂磁力锁、剪力锁；栅栏门可以选择外挂磁力锁、嵌入式磁力锁或电插锁；不锈钢门可以选择电插锁或剪力锁；门扇无框玻璃门可以选择电插锁配合无框玻璃门夹或玻璃锁扣；全无框玻璃门（玻璃墙的门）可以选择无框玻璃门锁；木门可以选择机械锁配合阴极锁使用；感应自动门门禁控制最好选择自动门专用磁力锁，也可以选择阳极锁，但要考虑门和锁的启动时间的配合。

（2）门锁的选择要考虑门的用途。办公楼大门要选择可以频繁使用的锁还要考虑噪声等方面的要求，所以，电插锁和磁力锁都很适合；办公室的门要考虑长时间停电而不会导致开门，紧急情况可以用机械钥匙开锁，所以阴极锁比较合适，如果不用看记录也可以直接选择智能门锁；小区门口的栅栏门要考虑防水和防破坏，因此用嵌入式磁力锁比较合适；当然，磁力锁的防水也不是绝对的，最好能做好防水措施，同时要把门调到最佳状态，避免摔门而使磁力锁受到损坏。

（3）门锁的选用取决于门的状况。锁的使用情况很大程度上取决于门的状况，如白钢门如果回位不准或不稳就会导致门锁不锁，或门锁被撞坏；防盗门如果变形，也会使电控锁或磁力锁工作不正常。电动开锁不同于手动开锁，首先必须要保证门的开关自如，才是门禁正常使用的基础。

（4）减少干扰和延长寿命的方法。电子锁是应用最广泛的锁具。但因为电子锁在其控制线上有电噪声和干扰，而它又与门禁控制系统中的继电器相连，因此有可能会对系统的正常运行产生干扰，在极端的情况下甚至可能使系统失效。

为了减少干扰，一种措施是不要将锁具控制电缆和报警电缆等系统用线缆组合在一起；另一种措施是在连接电控锁的两条连线上跨接一个金属氧化物压敏电阻（MOV），以降低电噪声；最安全的解决办法是在门禁控制系统和电锁电源之间采用一个隔离继电器。

3. 电子锁的安全形态

电子锁分为断电开门与断电闭门两种安全形态。电子锁的安全形态实质上是指门禁控制系统的运行机制，是指主要保护者是人还是财产。因此，在实际应用中应考虑选用下列哪一种运行机制。

（1）断电关门（Fail-Secure）。用以保障财产安全的失电时保安机制，即当电源故障时锁具处于锁住状态。对于保障财物安全的场合，这种机制较为理想，但需有一把机械式钥匙才能出门或者坐等电源的恢复。

断电关门又称为送电开门，正常闭门情况下，锁体并未通电，而呈现"锁门"状态，经由外接的控制系统（如刷卡机、读卡机）对锁进行通电时，通过内部的机械动作而完成"开门"过程，如阴极锁。

断电关门（锁）适用于金库等一些财产保险性较高的门禁场合，可以将电子机械锁和阴极锁一起搭配锁心使用，一旦人员有危险时，还可以使用旋扭或钥匙开门。

（2）断电开门（Fail-Safe）。用以保障人员安全的失电时可出入机制，即当电源故障或后备电池值下降时，锁具处于开锁状态，从而在紧急状态下还能够出入，如电影院停电时人员的疏散。

断电开门又称为送电关门，正常闭门情形下，锁体持续通电而呈现"锁门"状态，经由外按的控制系统（如刷卡机、读卡机）对锁进行断电操作时，通过内部的机械动作而完成"开门"过程，如磁力锁。

断电开门（锁）符合消防要求，大多火灾发生的原因都是电线走火，火灾现场的热度可以使金属门锁的机件熔化而无法开门逃生。断电开门（锁）的好处是，一旦电线走火而引发停电，则断电开门（锁）自动开启，里面的人可以轻易地开门逃生。

二、电子锁的选购

1. 电磁锁的选购

（1）基本鉴别。外观要精致，表面不能有明显划伤或者锈迹。此外，磁力锁的关键是其耐拉力，这个需要专业的设备才能测量出来，所以只有安装好后，用手突然用力的方式拉一拉，拉不开视为正常。但是要注意，安装电磁锁锁体时吸合要吻合，吸铁不要安装得过紧，否则会影响耐拉力。

选配锁具时，首先要先分清 90°开门（单向开门）和 180°开门（双向开门）两种情况：180°开门的肯定使用电插锁；90°开门的可以使用磁力锁、电控锁、阴极锁、玻璃门夹锁、电插锁等。闭门器是根据门的质量决定的，门的质量由门的体积及材质决定。支架则根据美观、安全及方便性选择。

（2）技术指标鉴别。标准性的合格磁力锁，一般都提供 12V 和 24V 两种输入电压（单线圈和双线圈之差），它们通过跳线来进行选择和切换。判断一把磁力锁的优劣，有以下几种方式：

1）看电路板：劣质的磁力锁电路板印刷粗糙、布局异常简单，没有使用压敏电阻（也就是突波器，一般有 2 个），且只有 1 组电压输入。

2）测电阻：先把磁力锁的 12V 及 24V 的切换跳线拔掉（注意：无需通电），一般均有 4 个接线柱（跳线处），测其红、黑两条线，电阻在 50Ω 左右的为佳。

3）通电后测电流数值：把磁力锁通 12V 电压后测其电流值，与标注值相符者为佳。280kg 的磁力锁一般在 400～450mA 的为佳，若小于 450mA 就不够拉力；若通 24V 电压时，其标注值或实际值应为 200mA。

4）绝缘值：标准合格的磁力锁，其锁体的绝缘值应为无穷大的为好，具体数值应在 50MΩ 以上；具体测试位置为截钢片与锁体输出线（任一条）。

5）截钢片的垂直度：截钢片原则上要尽量减少用手触摸或沾有污迹，合格的磁力锁截钢片的垂直度及平行度越标准越好。截钢片电镀的好坏要以截钢片上有无氧化痕迹。

6）截钢片距离：主要关注截钢片的厚度应在 0.35mm 为最佳，目前市面上的使用较多的是 0.5mm 的截钢片；锁体上截钢片的排列越紧密越好，注意观察截钢片的排列当中不要出现渗胶现象。

7）灌胶检查：磁力锁的胶体不能出现气泡，应平坦整齐、无裂痕、角度方正。

8）无残磁：一般磁力锁的锁片采用纯铁制造，但大部分的锁片为 99%的纯铁，所以要具备去残磁功能，装有凸出的橡胶垫，起到缓冲作用，有防残磁装置的锁会降低 35 公斤（1 公斤力＝9.8 牛顿）左右的拉力；若采用 99.9%纯铁的产品，则无需防残磁装置即可基本上排除残磁的产生，而且拉力充足。

9）LED 二极管：特指指示灯及信号输出的锁具，一般会在锁的电源正负极处加上此二极管晶体，此番处理明显表露锁具的材料不过关，而在此做的一些保护工作，是防止正负极接错或冲击门禁机等。

10）锁体外壳的工艺处理：锁体外壳一般采用氧化拉丝或氧化喷砂，尤以氧化喷砂、细砂为优；拉丝应整齐、喷钞应均匀、外壳钢体切割面应平整。

11）高低压：低压时，锁具仍然能工作，但拉力降低；高压时锁体会发烫，此时应注意温升的情况，温升超过 20℃的伪劣品，一般在 1h 内即可得出温升数据。

12）酸度测试：用弱酸涂在锁体截钢片上，好的锁体 45min 后才会发生氧化，而差的一般在 15min 即出现氧化。另外，可以将锁体泡在水中，24h 内发黑的伪劣品。

13）光洁度：把小水滴滴在锁体截钢片上，观察其流动是否顺畅、是否拖泥带水，顺畅者其光洁度为优。

14）锁体电镀：注意关注锁体边角位置的电镀质量，出现皱纹、发暗者的锁体电镀不过关。

15）输出线：两芯的为无信号输出电锁；五芯的为带门位侦测输出电锁。

2. 电插锁的选购

（1）基本鉴别。锁面要有金属光泽，不能有明显的划伤，待机电流为 300mA 左右，动作电流要低于 900mA。长时间通电后，表面略热，但不至于烫手。

电插锁弹起的力度要充分，压下去后锁头能自动弹起而有力，最好能进行 4000 次通断测试，如果发现过程中锁头无力或弹起不到位，甚至弹不起来，则视为不合格。

两线的电插锁，内部结构非常简单，只是一个电流驱动电磁线圈的机构，其工作电流大，发热严重到一定时会损坏电锁。多线的电插锁是带单片机控制的，电锁的运行电流受单片机智能控制，因此锁体不会太热，而且具备延时控制功能和门磁检测功能；延时控制功能适宜地弹簧不好的门使用，门磁监控功能可以为控制器提供门开闭状态的实时监控功能。尽管有些功能未必用到，但是有单片机控制的电锁和无单片机控制的电锁，二者的品质和稳定性是不一样的。因此，电插锁一般建议选购多线的。

（2）技术指标鉴别。电插锁有碰珠和磁感应两种，目前碰珠已基本退出了市场。判断一把磁感应电插锁的优劣，可以从以下几个方面入手：

1）插销的直径：以 15～16mm 为宜。

2）高低压：电插锁一般可在 10～18V 之间工作，个别厂家还可做到 28V，对锁体进行供电，可不断加压，以测试其耐高压值，测试其在高压时的温升，不能超过 20℃，一般在 5min 左右即可测出。锁具在启动时耗电较大，待机时耗电降则低一半多。

3）把电插锁反方向工作，插销朝上运动时，听其声音清脆为好，沉闷为劣；要求能承受 500～1000g 以上的下压质量。

4）回复力：在已弹出插销的中间位置施加 200～300g 的加力（力的方向为插销的垂直方向），插销必须正常工作；可用手拍锁具，以测试插销的弹出灵活度及回复力。

5）导向：在插销出口处是否带有塑料套圈，其起到导向作用；并观察插销是否有倾斜、偏向。

6）断磁路：移开主锁体下端的磁片，锁具插销必须保持不动（移开距离必须大于 5cm），此法用来测试断磁时锁具的工作情况。劣质的锁具只要在磁路当中加上一厚纸片，即可使锁具工作（收回插销）。

7）温度保险丝：不具备温度保险丝的锁具，当温度升高到一定值时缺乏保护就会造成锁具烧坏或引起更严重的后果，而具备了温度保险丝的锁具能够在一定值时中断锁电的电源；这类温度保险丝共分两种，一种是普通保险丝，熔断后必须更换此保险丝；另一种是带复位功能的，中断后，等待一定的时间后可以恢复正常。

8）开关信号：开关信号一般是无源信号，但无源信号易受干扰，所以还有一种为带光耦合功能的开关信号。

三、电子锁的安装

1. 外开木门的安装

（1）安装步骤：

1）用螺钉旋具打开盖板，再用六角扳手打边板，准备安装。

2）拿出安装纸板，将纸板沿着虚线折叠后放到所需装锁的位置，然后把需要打孔的地方做上记号后打孔。

3）将内六角螺栓插入继铁板中，把橡胶垫置于两片金属垫之间，然后套在内六角螺栓上，再将继铁板插入门上打的 3 个孔中，同时把螺栓从门的另一面插入，并利用六角扳手将继铁板锁在门上。

4）把边板用两个半圆头螺栓固定在先前打孔的门框上（固定在边板的长形孔中）。注意不要将边板锁紧，让其能前后能移动，以利于安位置的修正。

5）修正边板的位置使边板与吸附板（继铁板）的位置合适，以使锁主体能与继铁板紧密地接触。在安装继铁板时，不要将其锁紧，而让其能轻微摇摆，以利于和锁主体自然地结合。

6）固定锁主体与边板锁紧边板的半圆头螺栓后，再锁上所有的沉头螺栓，然后卸下半圆头螺栓，在适当的位置钻孔以便接线，最后用六角扳手把锁主体锁在边板上。

7）按照说明书的指示接线。

8）盖上盖板，把小铝柱体塞进锁主体的螺栓孔中。

（2）正确的安装图。图 7-21 所示为典型的外开门外置式的安装式样。

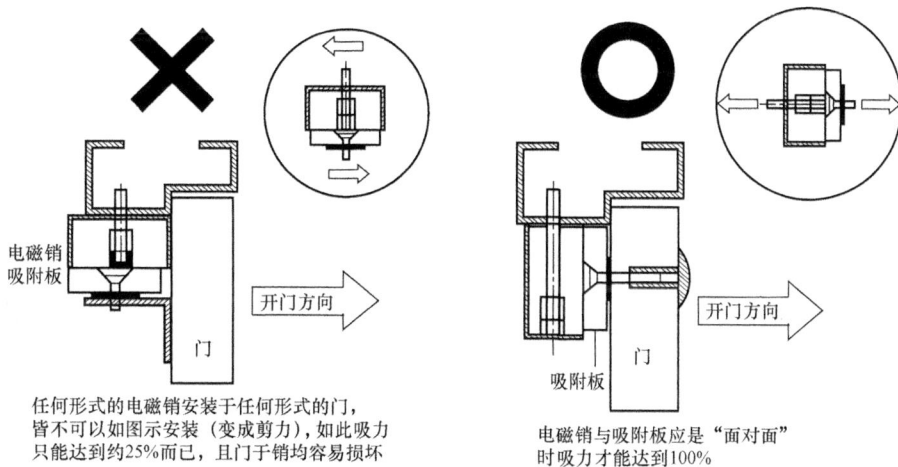

电磁锁吸附板

开门方向

门

任何形式的电磁锁安装于任何形式的门，
皆不可以如图示安装（变成剪力），如此吸力
只能达到约25%而已，且门于锁均容易损坏

吸附板

开门方向

门

电磁锁与吸附板应是"面对面"
时吸力才能达到100%

图 7-21　典型的外开门外置式的安装式样

2. 内开门的表面安装

（1）安装配件。内开门作表面安装时，需要有辅助配件来协助安装，通常选用富有装饰性的优质进口铝材来制作这种安装配件，即 Z&L 支架。每套 Z&L 支架含 3 块铝材配件。其中，较长的一块 L1 配给锁主体使用；另外两块较短的 Z2、Z3 配给继铁板用。Z2 安装在门上的，边上有 5 个沉孔，用于固定在门上；Z3 用于固定继铁板，边上有 3 个孔，且中心孔应与继铁板的中心孔对齐。

（2）安装步骤：

1）先将 Z&L 支架中的 L1 支架放在装锁的位置上，再用 M5×25 的自攻螺栓固定于门框或墙面上。

2）用六角扳手将锁主体锁在 L1 支架上。

3）对应于 L1 支架的位置把 Z2 支架固定在门上。

4）将继铁板插入 Z1 的 3 个孔中假固定，然后将门关好，使磁铁和继铁板紧密吻合，从而确定 Z1、Z2 的衔接位置（Z1 与 Z2 的相对位置可以根据门的厚度进行调节）。

5）将 Z1、Z2 锁紧，然后将继铁板用 M8×25 的内六角螺栓固定于 Z1 上（将螺栓、铁板、垫圈、橡胶垫圈依次穿入）。

6）如果是双扇门，则可以用 2 个 Z &L 支架。

（3）正确的安装图。图 7-22、图 7-23 所示为典型的内开门内置式安装式样与安装方法。

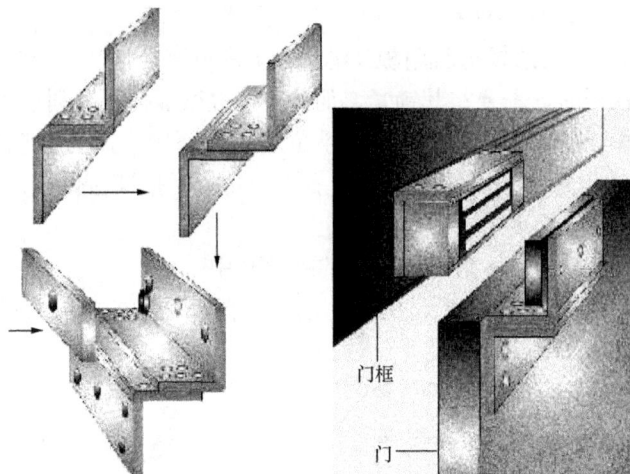

图 7-22　典型的内开门内置式安装式样

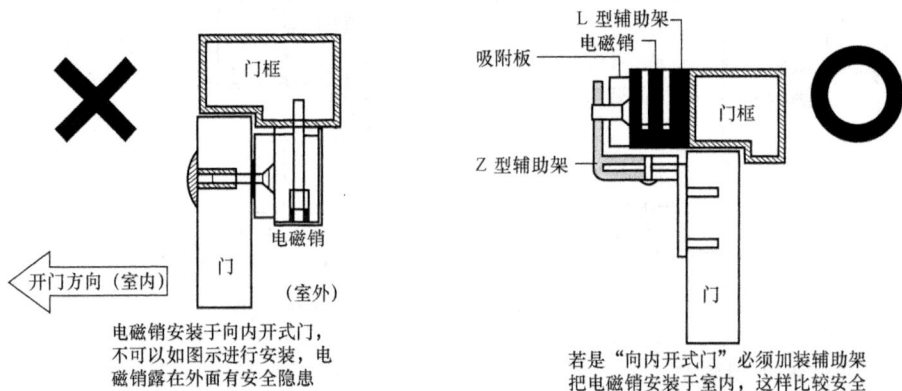

图 7-23　典型的内开门内置式安装方法

3．嵌入式的安装

嵌入式也称埋入式或内置式，内开门与外开门的嵌入式安装方法一致，如图 7-24 所示。

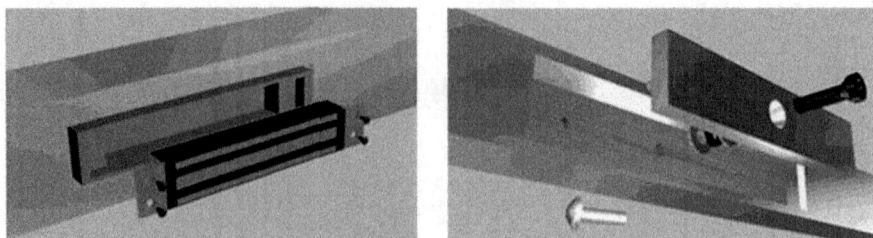

图 7-24　典型的嵌入式安装方法

注：安装时，门挡边的尺寸应稍大于所选锁的尺寸。

对于木门来说，如果门挡边的尺寸够埋入锁主体，则安装将非常简单，只需挖一个合适的槽，锁埋进后锁上螺栓即可，一般的施工人员见锁就会安装。铝合金门的门框一般都是空心的，针对这一特点，可以使用以下两种安装方法。

（1）内衬木块法。在门框里放入一块大小合适的木头作衬，再锁螺栓。该方法取材方便、安装简单，实际安装中大多采用这种方法。

（2）安装配件法。此种方法主要利用自制的配件，如四孔铁板和 U 形铁，可以使安装更加简便。

4. 玻璃门的安装

（1）有包框的玻璃门的安装。可以采用特制的适合安装在玻璃门上的磁力门锁在有铝合金（或其他材料）包框的玻璃门上安装，通常可以与嵌入式安装一样，无论门是内开式、外开式还是双开式自由门都可以安装。

安装时要注意，玻璃门需要装有铝合金包框，因锁吸和距离要求小于 6mm，所以要求门边到门框的距离小于 6mm；地弹簧需采用品质稳定的，否则会影响锁的定位。

（2）无框玻璃门的安装。一般的锁具很难安装在玻璃门上，即使有些锁可以安装，但也会影响整个门的美观。此时，可以使用与电磁锁配合的安装配件，轻松地安装，而且美观可靠。

1）利用 U 形支架安装。没有包框的玻璃门需要有配件来辅助安装。安装方法与普通门的表面安装方法基本相同，只是在第三步安装继铁板时有所不同，如图 7-25 所示。

把 U 形槽连同橡胶缓冲垫及不锈钢垫片（放在锁螺栓的一边）套在玻璃门上，后用无头内六角螺栓锁在玻璃门上，最后把继铁板固定在 U 形槽上。对于不同的玻璃门厚度及不同型号的电磁锁，可以选用不同型号的安装用 U 形支架。

2）利用 AB 架来安装。先把 AB 架用玻璃专用胶（或双面胶带）固定在玻璃门上，然后再把继铁板固定在支架上。安装方法如图 7-26 所示。

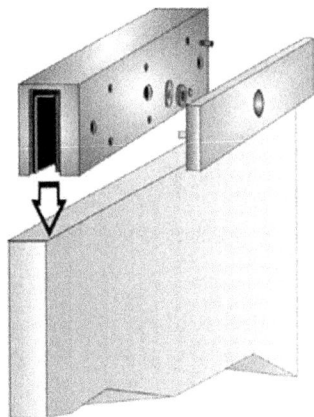

图 7-25　U 形支架的安装方法

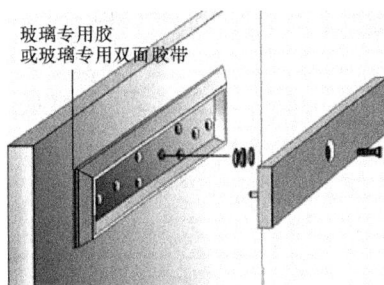

图 7-26　利用 AB 架的安装方法

5. 安装和保养注意事项

安装前认真阅读安装说明书，并注意不要在继铁板或锁主体上钻孔，不要更换继铁板固定螺栓，不要用刺激性的清洁剂擦拭电磁锁，不要改动电路。

磁力门锁的保养与其他锁类相比较为简单，只要保持继铁板和锁主体表面无杂质即可，因此应定期用非蚀性的清洁剂擦拭其表面。

6. 安装时常见的故障及其分析（见表 7-6）

表 7-6　　　　　　　　　玻璃门安装时常见的故障及其分析

问题故障	可能的原因	解决方法
门无法锁上	（1）无电源供应； （2）电源线松动	（1）检查供电电源； （2）将电源线锁紧
抗拉力不够	（1）电源供电功率不足； （2）门严重变形或磁力门锁安装不良，导致继铁板与锁主体接触面积缩小； （3）继铁板或锁主体表面有杂质	（1）使电源输出达到锁的正常工作状态； （2）调整门或重新装锁； （3）清除杂质
磁簧开关输出错误	（1）继铁板和锁主体没有完全接触； （2）磁簧开关位置不对； （3）外接负载电量超过磁簧开关的最大承受力	（1）调整二者的位置； （2）与供应商联系； （3）重新调整电量

四、其他附属装置

1. 请求出门装置

除了锁具外，门禁控制系统还会在门框上部安装门磁开关来检测门的开关状态，此外，在门内还可安装出门控制按钮等。有人进门之后，间隔一很短时间，门将自动锁上，如果保安区域内的人员需要出门，就需使用安装在门内的请求出门装置，该装置有两种类型，一种为按钮、接近传感器、移动式传感器、嵌入门内开关等；另一种是在门内也装一个读卡设备，使得入门和出门均需识别，以实现门的双向控制。

2. 供电保障系统

包括交流供电电源和不间断电源 UPS 后备，它们和控制主板组合在一个控制盒内。

第七节　门禁控制系统的设计与实施

一、门禁控制系统的组织与管理

任何功能齐全的门禁控制系统都是实现对 3W 的控制，其功能均是认可或者拒绝何人（Who）于何时（When）出入哪个门（Where），同时根据需要提供多种多样的管理功能。

1. 门禁控制系统的组织

门禁控制系统的组织就是确定系统如何运行、对哪些用户将允许其出入、允许出入门的日期和时间范围、哪些门控制出入等信息，对此作详尽的说明并妥善地加以组织，主要步骤如下：

（1）门禁控制系统的管理员指定。首先要指定门禁控制系统管理员，其职责包括输入编程方式、加入、变更或删除出入门人员以及建立程序系统等。

（2）分配出入者权限。对每个出入门者，指定其类别并赋予一个号码。确定出入者类别是为了指定其允许出入的地点、时间等信息。类别指定大多遵循相同职位级别者同属一类的一致化原则，或者按工作性质及部门来分类，如公司中有管理部、人事部、生产部、销售部、工程部等不同的部门。对每个出入者赋予一个号码则是为了对何人何时进出了何处的事件加以记录，一般系统允许的用户标识号码为 4 位，取值为 0～9999，如果有更多的用户，则系统需增加扩展板。

（3）建立出入区域（ACCESS ZONE）表。对允许出入门的用户建立一个出入区域（ACCESS ZONE）表，该表组成如图 7-27 所示。其中，有效日期是指定每个星期中的哪几天是允许出入的，以及遇到假日是否仍可出入。

可预编排 32 个节假日，在节假日时自动屏蔽平时所有功能，并自动执行节假日程序，持卡人经特定通道在特定时间区内进出所保护的区域。此外，还有限制使用的访客卡，可将访客卡编程为只能使用 1～254 次（不限日期）

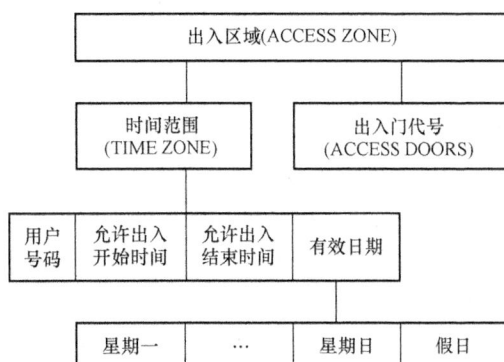

图 7-27　用户出入区域表

或 1～254 日（在此日期内不限次数），同时有系统报告功能，可提供详尽的系统状态报告，将所有正常及非法操作记录在案。

（4）程序控制。以此表编制程序并存入系统的存储器中即可实现预定的出入门控制作业。

2. 出入门管理法则

出于管理上的需要，对受控制的门可能会要求有不同的出入方式，这可通过系统提供的管理命令实现。主要管理命令有：

（1）进出双向控制（PASSBACK CONTROL）。用户必须经由安装门口处的刷卡机或键盘输入代码方能进入保安区域；同样，若要从保安区域内出门，也需要经由安装在门出口处的装置。这种控制方式有助于防止多个人同时进入保安区域，而其中有人没有向系统注册登记，也允许系统跟踪和报告何人位于保安区域内，由此，系统就能控制在保安区内的用户人数。

（2）多重控制（Multi-Access CONTROL）。即在允许用户进入保安区域后，需再次向另一键盘输入密码方能进入受严格控制的内部区域。这用于保安性要求甚高的场合。

（3）二人出入法则（2-PERSON ACCESS-RULE）。即要求有两人在场方能进入保安区域或从保安区域出来，以增强出入控制的安全级别。

（4）使用次数控制（USE-COUNT CONTROL）。对于每个用户规定能够进出的最大次数，一旦达到此最大次数，该用户将不允许再出入或该用户将被删除。

（5）缺席法则（ABSENTEE RULE）。规定每个用户未进入保安区域的缺席天数的最大值，一旦达到该缺席值，则不允许再出入或该用户将被删除。

（6）临时出入日期（TEMPORARY DAY）控制。规定未来一段时间内用户可以出入的天数，一旦达到截止日期，该用户将不能再出入或将被删除。

二、门禁控制系统的设计

1. 门禁控制系统的设计步骤

（1）现场勘察。在平面图上标明各防护区的位置，注明各防护区的出入限制防护级别，仔细了解每个防护区的各出入口的现场情况及通道门体的结构情况。

（2）制订系统设计方案，具体包括

1）根据勘察结果整理出勘察报告；确定系统的主要识读模式。

2）制订每个出入口的控制方案，选定执行部件（电控锁具），明确控制管理模式（单/双向控制、防返传控制、复合识别、多重识别、防胁迫、异地核准等）。

3）标明控制器及其他现场设备的安装位置；确定出入口管理中心所在防区（应是最高级别防区）的位置。

4）设计控制网络，绘制网线走向图；给出系统电源的设计方案及火灾发生时的人员疏散方案。

5）绘制系统图，列出设备清单，写出系统说明。

（3）隐蔽工程设计。执行部分的输入电缆在该出入口的对应防护区、同级别防护区或高级别防护区外的部分，应具有相应的抗拉伸、抗弯折性能，需使用镀锌钢管加以保护，连线应能与隐蔽工程连接。

2. 门禁控制系统工程设计的图纸内容

（1）门禁控制系统原理图。门禁控制系统原理图又称门禁系统图或门禁控制系统控制原理图，其主要是描述系统中系统识读部分、系统管理与控制部分、系统执行部分的组成及其相互关系。

在方案设计阶段，可以仅提供其系统示意的描述。在施工图阶段，必须进行符合实际条件的定量描述，有时必须对设备、线缆等编制代号，以成为带设备编号、电缆规格与编号的门禁系统图。

（2）门禁控制系统平面图。门禁控制系统平面图通常与其他弱电系统的平面图复合而出。平面图主要标明各防护区的位置，注明各防护区的出入限制防护级别，描述每个防护区的各出入口的控制情况，标示系统中系统识读部分、系统管理与控制部分、系统执行部分的安装位置及相互关系，标明各部分之间的电缆走向和管线敷设方式。

在方案设计阶段，可以仅提供其相互位置与走线示意的描述。在施工图阶段，必须进行符合实际条件的定量表示，要明确电缆走向和管线敷设方式所用的材料和方法。有时必须对设备、线缆等编制代号，以成为带设备编号、电缆规格与编号的门禁控制系统平面图。

（3）门禁控制系统接线图。门禁控制系统接线图描述的是系统中系统识读部分、系统管理与控制部分、系统执行部分每个部件之间的端子到端子的连接方式。这份图纸只有在施工图阶段才提供。

许多门禁控制系统的接线图是以门禁控制器或门禁控制箱为中心联入读卡器、门锁、门磁开关和出门按钮的接线图。这种图中的设备与电缆必须带有编号，而且与前面所列的图纸中的设备编号和电缆编号一致。

绘制门禁控制系统接线图需要注意的是，因为每个设备有唯一的编号，所以每个设备必须都出现在相应的接线图中。相类似的图纸在合用一份图纸时，必须在说明中列表说明。

（4）门禁控制系统安装图。门禁控制系统安装图描述的是系统中系统识读部分、系统管理与控制部分、系统执行部分的每个设备的安装方式、方法和所用材料，如读卡器安装图、门锁和锁具安装图、门磁开关和出门按钮安装图。这份图纸只有在施工图阶段才提供。

绘制门禁控制系统安装图同样需要注意的是，因为每个设备有唯一的编号，所以每个设备必须都有相应的安装图。相同设备的安装图合用一份图纸时，也必须在说明中列表说明。

三、门禁控制系统设计中要考虑的问题

1. 关于受控区、防护面的问题

出入口所限制出入的对应区域就是它（它们）的受控区。具有相同出入限制的多个防护区互为同级别受控区。而比某受控区的出入限制更为严格的其他受控区为相对于该防护区的高级别受控区。

（1）多门门禁控制器的安装位置。如果管理与控制设备采用电位和/或电脉冲信号控制和/或驱动执行部分，则某出入口的与信号相关的接线与连接装置应置于该出入口的对应受控区、同级别受控区或高级别受控区内，如图7-28所示。

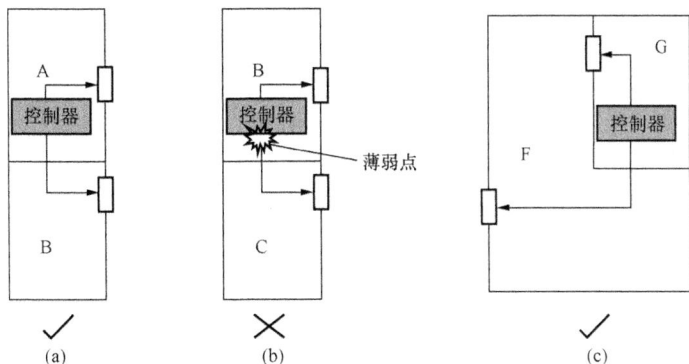

图7-28 多门门禁控制器的安装位置

（a）A、B为同级别受控区；（b）B、C为非同级别受控区；（c）G为高级别受控区

（2）电控锁连接线的防护。执行部分的输入电缆在该出入口对应的受控区、同级别受控区或高级别受控区外的部分应具有相应的抗拉伸、抗弯折性能，需使用镀锌钢管加以保护。因此，尽量用单门控制器，如图7-29所示。

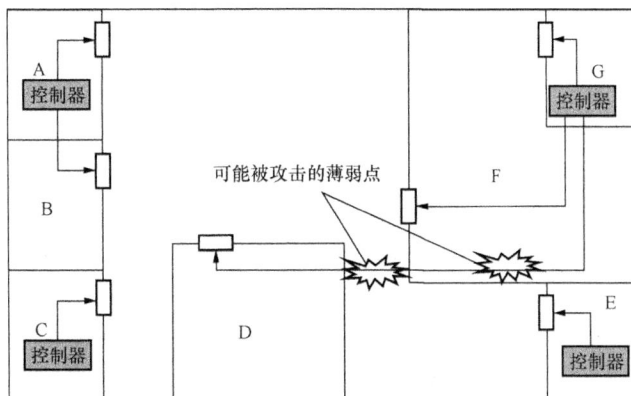

图7-29 电控锁连接线的防护

（3）防护面问题。设备完成安装后，在识读现场可能受到人为破坏或被实施技术开启，因而需加以防护设备的结构面，强化对位于防护面设备的防破坏、防技术开启等方面的要求，弱化非防护面设备在这方面的要求，如图7-30所示。

例如，位于某出入口防护面的读卡器在遭到破坏性攻击1分钟后，该读卡器已完全损坏，但犯罪分子在随后的40分钟内一直未能将出入口打开，而位于另一个出入口防护面的一体化门禁机得设计得非常坚固，犯罪分子用了8分钟才将它破坏，但在随后的1分钟内就把出入口打开。可见，前者的防破坏能力强于后者的防破坏能力。

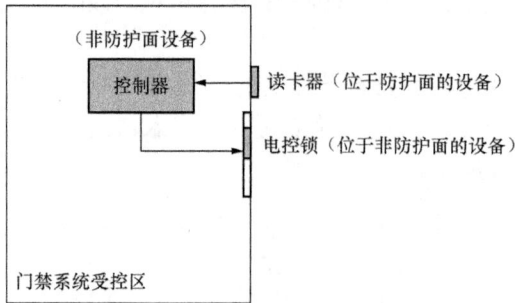

图 7-30　门禁控制系统中的防护面

2. 安全性问题

（1）紧急险情下的安全性。如果系统应用于人员出入控制，且通向出口或安全通道方向为防护面，则系统需与消防监控系统连接，在发出火警时，人员不使用钥匙也应能迅速安全通过。

Security 为安全的社会属性，Safety 则为安全的自然属性。以防入侵、防盗窃、防抢劫、防破坏、防爆炸等为目的的安全技术防范系统主要针对的是 Security；而防火、防目标被非人为因素伤害等是 Safety 涉及的问题。当同时出现这两种安全问题时，大多数情况下应优先解决 Safety 问题。这是设计系统与产品时的基本原则。

（2）通过目标的安全性。系统的任何部分、任何动作及对系统的任何操作都不应对出入目标及现场管理、操作人员的安全造成危害。

在生物特征识别中，指纹、掌形识别等需人体直接接触的识读装置就不如面部、虹膜识别这类不需人体直接接触的识读装置安全，因为直接接触的识读装置的接触面若不能及时清洁，就有可能成为某些传染性疾病传播的媒介。

直接担负阻挡作用的执行机构，其启闭动作本身必须考虑出入目标的安全，如电动门的关闭动作必须等待出入目标安全离开时方可进行；挡车器必须等待车辆离开方可落下挡车臂等。

出入口控制系统强调的是空间的隔离，以保证 Security；而紧急疏散及消防系统强调的是能快速逃离，以保证 Safety。在 Safety 优先的原则指导下，出入口控制系统的设计操作必须满足紧急疏散及消防的需要。

四、门禁控制系统的施工、调试

1. 门禁设备的安装

（1）位于防护面的设备。安装的重点是要保证安装后的防护性能不下降，即安装后应能适应环境的变化，且工作可靠。识读装置的安装位置应方便使用，符合人体的习惯；感应式读卡器的安装，距地高度应不大于 1.5mm；明装式读卡器应具有良好的密封性及机械强度。读卡器应安装在便于调试、维修的地方，且要遵循其特定的安装要求。

（2）现场控制器。系统现场控制箱的安装位置应具备良好的防潮、防尘、防腐蚀性能，使其在无特殊通风除湿设施的配线间（弱电竖井）内能长期正常工作。此外，一定要安装在该出入口的对应防护区、同级别防护区或高级别防护区内，并要注意电源的安全性。

（3）执行机构（电控门锁）。与被控对象（门）统一考虑，检查是否达到防护级别要求；检查应急开启方案是否有效；检查是否符合消防安全要求。

电磁门锁应具备有良好的防潮防腐性能，并具有足够的机械强度。

2. 施工时的注意事项

（1）合理安排读卡器布线路由。系统读卡器采用 RS485 总线结构时，一个控制器下的读卡器可以手牵手连接。因此，可以利用该产品的特点在布线时进行简化，在施工阶段设计好路由，如巡更读卡器可以通过开楼板的方式进行连接。

（2）弱电井控制器模块与箱体分开安装。在给系统调试前需对门控制器进行预先编程。为了不影响施工进度及后期调试工作的顺利进行，在弱电井施工时，先安装好各种设备的箱体，方便线缆、线槽布放工作的进行，同时，工程师可以在办公室对控制器进行预先调试，并进行编号，从而减少系统联机调试时的工作量。

（3）屏蔽线缆接地及总线终端电阻连接。接地及总线终端电阻连接问题是比较容易忽视的，如果施工中没有注意，必将影响系统的调试及运行。屏蔽线缆的屏蔽层必须连接到控制器的指定位置，终端电阻需按照 RS485 总线的要求进行连接。

3. 门禁系统的测试

门禁系统的测试无非是网络系统测试、功能检查测试和消防连动检查测试。其中，功能检查测试是工作量最多和最繁杂的测试。

在一些特殊情况下，如火警、紧急停电时，需保证门禁系统能按设计的能力运行，保证人员疏行及紧急出入，此测试主要是对上述功能进行检测。

（1）功能检查测试。调试设备包括测试用卡 A（已授权卡）、测试用卡 B（未授权卡）、紧急按钮测试棒、机械锁钥匙、一字形硬物（硬币或一字形螺钉旋具）。

调试步骤一般分为下列 4 步，完成后选择不同的门重复这些步骤：

1）将测试卡 A 靠近读卡器，读卡器指示灯变绿，同时发出清脆的"哗"声，门锁立即打开，数秒（可调）后恢复红色。

2）测试卡 B 靠近读卡器，读卡器指示灯闪动，同时发出低哑的"哗"声，并立即恢复正常红色，门锁维持锁定状态，表示读卡器部分正常。

3）将测试棒插入紧急按钮测试孔，相应门锁动作，表示紧急按钮正常，门锁也正常（只用于部分防火门）。

4）按动按钮，相应门锁动作，表示按钮正常，门锁也正常。

（2）消防连动检查测试。在火警或其他紧急状态时，分 4 类门进行测试：

1）普通单门：门禁系统正常时，利用控制中心门禁控制软件开锁或闭锁，在控制软件上点击相应门锁图标进行开锁或闭锁操作，锁相应动作为正常；断电时，单门锁为闭锁状态，在外用钥匙开锁，内部用一字形硬物（硬币或一字形螺钉旋具）开锁，能开门为正常。

2）机房单门：门禁系统正常时，利用控制中心门禁控制软件开锁或闭锁，在控制软件上点击相应门锁图标进行开锁或闭锁操作，锁相应动作为正常；断电时，单门锁为闭锁状态，在外用钥匙开锁，内部用应急出门钥匙盒内的钥匙开锁，能开门为正常。

3）普通双门：门禁系统正常时，利用控制中心门禁控制软件开锁或闭锁，在控制软件上点击相应门锁图标进行开锁或闭锁操作，锁相应动作为正常；断电时，门锁自动开锁为正常。

4）电梯防火门：门禁系统正常时，利用控制中心门禁控制软件开锁或闭锁，在控制软件上点击相应门锁图标进行开锁或闭锁操作，锁相应动作为正常；将紧急按钮测试棒插入紧急按钮测试孔（模拟按下玻璃掣电话状态），电锁应开启，表示紧急按钮与门锁均正常；断电时，门锁自动开锁为正常。

（3）非法开门调试。不使用门禁控制软件、开门按钮、读卡器开门，而是使用钥匙、门把手及不正常手段开门均属非法开门，控制中心门禁控制软件将弹出图形界面，读卡器图标字符变成红色并闪动。

（4）门禁读卡器作为巡更站设置时的调试。将门禁读卡器在工作站上设置成巡更站，并进行巡更计划编辑，以检测是否能够达到要求；或选定一些巡更站，并进行巡更计划编辑，以检测是否能够完成新增的巡更站。

4. 故障分析举例

（1）识别部分故障：

1）将有效卡靠近读卡器，蜂鸣器响一声，LED 指示灯无变化，不能开门。可能原因：①读卡器与控制器之间的连线不正确；②线路严重干扰，读卡器数据无法传至控制器。

2）将有效卡靠近读卡器，蜂鸣器响一声，LED 指示灯变绿，但门锁未打开。可能原因：①控制器与电控锁之间的连线不正确；②给电锁供电的电源不正常（电锁要求单独电源供电）；③电控锁故障；④锁舌与锁扣发生机械性卡死。

3）将有效卡近读卡器，蜂鸣器响一声，门锁打开，但读卡器指示灯灭。可能原因：①控制器与电控锁共用一个电源，电锁工作时反向电势干扰，导致控制器复位；②电源功率不够，致使控制器、读卡器不能正常工作。

（2）通信部分故障：门禁系统连接好以后，用软件测试主控制器不能与计算机通信。可能原因（以 TCP/IP 为例）：①控制器上跳线开关不处于 IP 方式；②控制器至计算机或网络扩展器的距离超过了有效长度；③IP 地址设置不正确。

（3）软件故障：门禁控制器使用一直正常，某一天突然发现所有的有效卡均不能开门（变为无效卡）。可能原因：①操作人员将门禁控制器设置了休息日（在休息日所有的卡都不能开门）；②操作人员将门禁控制器进行了初始化操作或其他原因导致控制器执行了初始化命令。

作 业 与 思 考 题

（1）门禁控制系统的组成有哪些？

（2）门禁控制系统各部分的功能有哪些？

（3）门禁控制系统的工作原理和分类有哪些？

（4）门禁卡的特点与应用有哪些？适用于何种场合？

（5）接触卡与非接触感应卡的一般特点有哪些？

（6）射频感应卡的特点有哪些？适用于何种场合？

（7）感应式读卡器的特点有哪些？

（8）Mifare 智能卡的特点有哪些？适用于何种场合？

（9）Mifare 卡与射频感应卡的比较。

（10）生物特征识别门禁控制系统的特点有哪些？

（11）人体生物特征识别的应用指标的特点有哪些？适用于何种场合？

（12）指纹比对识别的特点有哪些？适用于何种场合？

（13）掌形比对识别的特点有哪些？适用于何种场合？

（14）人像脸面比对识别的特点有哪些？适用于何种场合？

（15）视网膜比对识别的特点有哪些？适用于何种场合？

（16）虹膜比对识别的特点有哪些？适用于何种场合？

（17）人体行为特征识别有哪些？适用于何种场合？

（18）门禁控制器的功能有哪些？

（19）门禁管理主机的功能有哪些？

（20）门禁控制系统的软件功能有哪些？

（21）门禁控制系统常用的通信技术有哪些？

（22）电子锁的种类有哪些？适用于何种场合？

（23）电子锁的选用要注意什么？

（24）电子锁的安全形态有哪些？要注意什么？

（25）电磁锁的选购要注意什么？

（26）电插锁的选购要注意什么？

（27）电子锁的安装步骤与内容有哪些？

（28）门禁控制系统的组织与管理要注意什么？

（29）门禁控制系统工程设计的图纸内容有哪些？

（30）门禁设备的安装要注意什么？

（31）门禁系统的测试步骤与内容有哪些？

（32）如何加强 IC 卡系统的安全技术？

（33）如何建立一个具有防胁迫报警功能的门禁系统？

（34）如何克服电控锁产生的干扰？

（35）建立一个门禁控制系统需要的出入门管理法则有哪些？

（36）独立型门禁系统是如何组成的？有何特点？

（37）小型联网门禁系统是如何组成的？有何特点？

（38）大型联网门禁系统是如何组成的？有何特点？

第 八 章

智能卡与一卡通系统

第一节 停车场管理系统

随着人们生活水平的提高，车辆的数量急剧增加，这样将使得停车场车位不足的矛盾日益突现，因此，急需提高停车场的管理水平，并配备车位检测和空位显示系统；同时，由于车辆的价值档次也明显提高，防止车辆在停车场内被盗窃和被破坏的呼声也将随之高涨，这些因素都使得停车场管理的重要性越来越受到重视。

停车场管理系统是对车辆出入提供监控、管理和收费。未来的核心技术是车辆的自动监控、识别与自动判别。

一、停车场管理系统的基本概念

1. 停车场的类型

（1）平面停车场。平面停车场系统因其主要采取非接触式 IC 卡读卡方式，因此也称作感应式停车场系统。目前，我国的停车场仍以平面停车场为主，一般建于建筑物的地下层，此外，也有不少以公共区域（如广场、道路边等）作为停车场的，其次就是酒店、企事业、工厂等单位自己规划设计的停车场。

（2）机械式立体停车场。机械式停车场是指停车场完全由机械停车设备，如曳引驱动机、导向轮、载车板、横移装置、控制柜、召唤操作盘、升降回转装置、搬运器等构成，可分为升降横移类、垂直循环类、水平循环类、多层循环类、平面移动类、垂直升降类、简单升降类等类型。因其停车方式多样独特，故具有很强的应用性。

机械式立体停车场的主要优点有占地面积小、选型多样、可具体结合场地特点设计，也可与其他方式相结合来实施，自动化程度高、操作使用方便、管理和维护较为容易，并具有定量存车的特点。

（3）智能立体停车库。智能立体停车库系统又称垂直升降式停车系统或电梯式立体停车库系统。它是集设备、操作、安全、监控、维护、管理为一体的智能化系统，触摸屏式的人机界面使操作和使用也极为方便；同时，系统还具备智能化管理及收费系统，其高度的智能检测和完善的服务体系可实现零故障运行。

它最大的特点是独创的分时控制功能，可实现分时段、分层停车控制，从而有效地提高车位利用率。通过键盘密码和 IC 卡即可实现汽车的存取、收费过程，操作简单、存取方便，并且可以与城市停车收费系统连接，实现全市停车收费一卡通，此外，还可加装监视系统与地区监控联网。另一种模块化智能型立体车库也开始趋于成熟，不仅实现了全模块化设计，采用了智能控制技术，还充分利用了太阳能技术、能量蓄积（节能）技术。

模块化智能型立体车库不再是一个整体建筑，它由独立的模块组合而成，如停车位、升降装置、智能载车器等分散的零部件，修建时只要像搭积木一样把各个零部件组装起来，就可得到一个标准的立体车库，具有节省时间、成本低等优点。

（4）遥控停车场管理系统。遥控停车场管理系统的特点是不受停车位置及方向的限制，只要在遥控距离内即可控制开门及抬杆；遥控器携带方便、价格低廉、安装简单。该系统的主要原理是在栏杆机控制箱及电动门控制器安装遥控接收卡及存储器卡，使用时，只要遥控器的密码正确即可对系统进行控制。其产品经历了拨码式→脉冲式→循环式的发展过程，目前已日趋成熟。遥控停车场管理系统已广泛用于欧洲许多停车场及私人住宅。

2. 停车场管理系统的类型

停车场至少有一个入口和一个出口。根据停车场的规模和停车数量，对停车场的管理也有仅供内部免费停车、用户长期租用泊车位停车和公共收费停车之分，并实施不同的管理策略。

（1）停车场管理系统的基本功能。停车场管理系统实质上是一个以非接触式 IC 卡或 ID 智能卡为车辆出入停车场凭证，并用计算机对车辆的收费、车位检索、保安等进行全方位智能门禁管理的系统。一方面，它有门禁控制系统的属性，凭证对车辆进行放行、拒绝、记录、报警等控制功能；另一方面，它有停车场的管理属性，为车库驻车提供快捷方便、行车引导、车位管理、收费管理等管理功能。

1）在智能停车场管理系统中，持有月租卡和固定卡的车主在出入停车场时，经车辆检测器检测到车辆后，将非接触式 IC 卡或 ID 卡在出入口控制机的读卡区掠过，读卡器读卡并判断该卡的有效性，同时将读卡信息送到管理计算机和收银计算机处，计算机自动显示对应该卡的车型和车牌，且将此信息记录存档，同时开启道闸给予放行。

2）临时停车的车主在车辆检测器检测到车辆后，按自动出卡机上的按键取出一张临时 IC 卡或 ID 卡，并完成读卡、摄像，计算机存档后放行。在出场时，在出口控制机上的读卡器处读卡，计算机上显示出该车的进场时间、停车费用，同时进行车辆图像的对比，在收费确认自动收卡器收卡后，道闸自动升起放行。

3）停车场管理系统具有强大的计算机网络数据处理功能，管理处的计算机能对整个系统的各项参数进行修改设定，能够采集各收银处计算机的数据资料，对发卡系统发放的各类 IC 卡进行管理，且能够打印统计报表。

（2）停车场管理系统的出入管理流程。停车场管理系统的出入管理流程如图 8-1 所示。

1）系统通过智能计数系统统计出停车场内的车位数，如有空余车位，电子显示屏会显示"欢迎光临"；若无空位，则显示"车位已满"。

2）车辆到达时，系统将自动进行语音提示，指导用户使用停车场。如为零散用户，司机可按出票机的取票键。出票机自动打印出有本车入场信息的纸票或卡片，由司机取走；如为固定用户，则可以使用系统提供的卡片，如普通卡、贵宾卡、免费卡。

3）读卡器将在车辆经过时，自动读放在车上的感应卡或司机出示的感应卡。如信息无误，地感探测器通过地感线圈 1 感应到车辆并通知栏杆控制器，这时栏杆控制器自动将栏杆提起予以放行。同时，控制器启动摄像机工作，并对拍摄的图像进行捕获。地感线圈 2 与栏杆控制器通信，并具有防砸功能。地感线圈 3 为复位线圈，当车辆通过时，栏杆自动下落。

4）在出口处，临时用户到收费亭读卡，电脑自动核费、收款、收卡；固定用户则读卡后自动核费。同时，摄像机启动，抓拍图像并与入场图像进行对比，无误后予以放行。

在距停车场入口处一定距离处设有读卡装置，要求持卡车辆在适当距离内出示感应卡。在入口处一定距离安有防撞挡板和发卡机，当持卡车辆进入时，司机在入口处停车或缓行，感应卡距离读卡器有近距离（30～80cm）或远距离（0.3～6m）的 RF 射频识别卡两类。

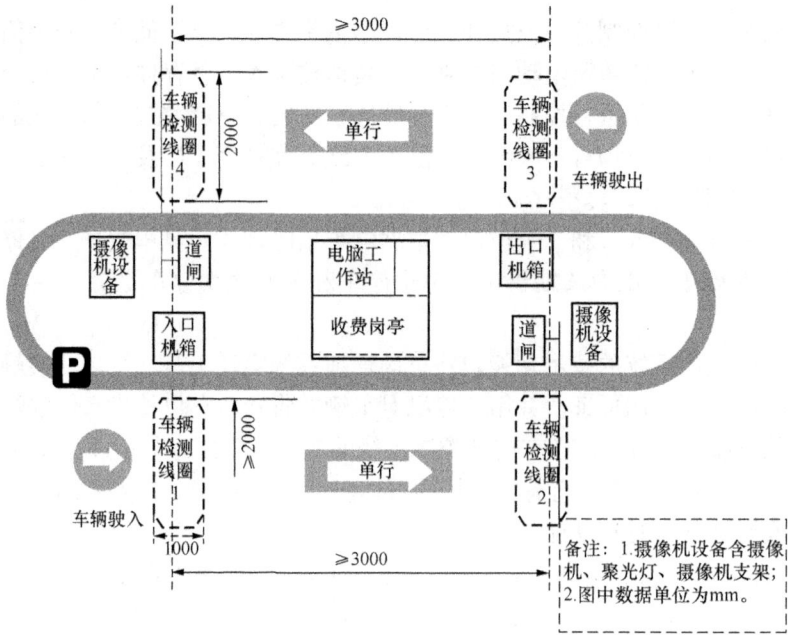

图 8-1　停车场管理系统的出入管理流程

　　只要驶入感应距离内,感应卡就将被读卡装置识别,在确认后将次出入事件自动记录在中央控制主机的存储器里,自动落下防撞挡板,让车辆通过,否则车辆将无法强行通过防撞挡板而进入停车场内。在车辆驶过之后,系统将自动关闭,等待下一次出入过程。在出口处也有一套类似的装置及收费系统,用以实现对车辆驶出和计费的管理。

　　3. 停车场管理系统的基本组成

　　基本的停车场管理系统由入口子系统、车辆停放引导子系统、出口子系统、收费管理子系统和视频监控子系统组成。可以根据停车场的规模和实际需要,对上数字系统进行拆减,但是至少应有入口子系统、出口子系统和收费管理子系统 3 个子系统。

　　(1) 停车场入口子系统。入口子系统主要由入口票箱(内含感应式 IC 卡读卡器、出卡机、车辆传感器、入口控制板、对讲分机)、挡车器、车辆检测线圈及彩色摄像机组成。车辆接近停车场时,在入口处将会看到停车场车位模拟显示板或场内剩余车位数显示。仅当场内车辆未满时,方才允许车辆驶入;在车场满员无空车位时,入口将显示"车辆已满、车辆禁止驶入"的信息,不再受理车辆的入场停放,并自动关闭入口处读卡系统,不再发卡或读卡。

　　1) 临时车进入停车场时,设在车道下的车辆检测线圈检测到车辆,入口处的票箱显示屏用灯光提示司机按键取卡,待显示屏显示后,司机按键,票箱内发卡器即发送一张 IC 卡,经输卡机芯传送至入口票箱出卡口,并完成读卡过程。同时,启动入口摄像机,摄录一幅该车辆图像,并依据相应卡号,存入收费管理处的计算机硬盘中。司机取卡后,自动路闸起栏放行车辆,车辆通过车辆检测线圈后自动放下栏杆。

　　2) 月租卡车辆进入停车场时,设在车道下的车辆检测线圈检测到车辆,司机把月租卡在入口票箱感应区 15cm 距离内掠过,入口票箱内 IC 卡读写器读取该卡的特征和有关信息,并判断其有效性;同时,启动入口摄像机,摄录一幅该车辆图像,并依据相应卡号,存入收费管理处的计算机硬盘中。若有效,则自动路闸起栏放行车辆,车辆通过车辆检测线圈后自动放下栏杆；若无效，则灯光报警，不允许入场。

（2）车辆停放引导子系统。停车场内每个停车位各安装一个车位检测器，当有车辆驶入该车位时，检测器检测到车辆后发出一组控制信号，并送往入口处安装的车位模拟显示牌，使对应该车位的 LED 发光管变为红色，表示该车位已被占用，同时将剩余车位总数显示值减1；当车辆进入停车场后，可根据空位号将车辆引导至空停车位；当车辆驶出停车位后，车位检测器检测不到车辆，即发出控制信号，将车位模拟显示牌上对应位置的 LED 发光管自动变为绿色，剩余车位总数加 1。

（3）停车场出口子系统。出口部分主要由出口票箱（内含感应式 IC 卡读写器、车辆感应器、出口控制板、对讲分机）、自动路闸、车辆检测线圈及彩色摄像机组成。

1）临时车驶出停车场时，在出口处，司机将非接触式 IC 卡交给收费员，收费员在收费所用的感应读卡器附近晃一下，同时启动出口摄像机，摄录一幅该车辆图像，并依据相应卡号，存入收费管理处的计算机硬盘中，电脑根据 IC 卡记录信息自动调出入口图像进行人工对比，并自动计算出应交费后通过收费显示牌显示，提示司机交费。收费员收费及图像对比确认无误后，按确认键，电动栏杆升起。车辆通过埋在车道下的车辆检测线圈后，电动栏杆自动落下，同时，收费电脑将该车信息记录到交费数据库内。

2）月租卡车辆驶出停车场时，设在车道下的车辆检测线圈检测到车辆，司机把月租卡在出口票箱感应器 15cm 距离内掠过，出口票箱内 IC 卡读卡器读取该卡的特征和有关 IC 卡信息，判别其有效性。同时，启动出口摄像机，摄录一幅该车辆图像，并依据相应卡号，存入收费管理处的计算机硬盘中，收费处计算机则自动调出入口图像进行人工对比。若收费员确认无误并且月租卡有效，则自动路闸起栏放行车辆，车辆感应器检测车辆通过后，栏杆自动落下；若无效，则报警，不允许放行。

（4）收费管理子系统。收费管理子系统由收费管理电脑（内配图像捕捉卡）、IC 卡台式读写器、报表打印机、对讲主机系统及收费显示屏组成。

收费管理电脑除负责与出入口票箱读卡器、发卡器通信外，还负责对报表打印机和收费显示屏发出相应的控制信号，同时完成同一卡号入口车辆图像与出场车辆车牌的对比、车场数据的采集下载、读取 IC 卡信息、查询打印报表、统计分析、系统维护和月租卡发售功能。停车场每一刻的所有动作都能如实地记录、整理、统计。管理者可随时查询、打印整个停车场的收款情况，某岗位收款情况，某操作员收款情况，存车量，某卡的进出次数、时间及卡内余款等。

小型停车场的收费系统大多将收费站设在出口通道，车主取车通过出口通道时将车卡交于管理人员或插入读卡机，人工或自动计算出停车费用，车主缴纳费用后，由管理人员控制自动闸杆打开放行。

对于大型停车场或出口通道较多的停车场，也可由几个收费站组成收费站系统；收费站也可设在停车场内，收费过程与出口收费系统相同。此外，还可有将硬币或纸币送入收款机的全自动收费系统，属于无人收费站，收费站设在停车场内车辆必经之处，具有友好的操作界面，只需插入停车卡，便会自动计算并显示出停车金额，付款后自动打印出收据，之后即可将车开出停车场。

出口收费管理系统适用于小型停车场，而中央收费系统和全自动收费管理系统则适用于大型或流量大的停车场。

（5）视频监控子系统。为及时了解停车场的内部情况，对停车场进行统一管理，防止发生意外事件，可在停车场安装电视监控系统。在停车场主要通道安装定焦彩色黑白自动转换摄像机，白天为彩色，夜晚照度不足时自动转为黑白。另外，可将停车位划为若干个防区，每个防区各安装定焦低照度摄像机，以对所有停车位进行监视。

视频监控子系统的另一个功能是对进入停车场的车辆进行拍照，在同一个卡出场时，系统调出此卡对应的入场拍照档案进行对比。

二、停车场管理系统的主要设备

1. 停车场入口子系统的设备

（1）挡车器。挡车器有时也称为自动挡车道闸或道闸，是停车场的关键设备。挡车器的闸杆具有双重自锁功效，能抵御人为抬杆。除此之外，更有发热保护、时间保护、防砸车保护、自动光电耦合等先进功效。

挡车器有起落式栏杆（高档型采用液压传动）、开闭式车门（平移门）、升降式车挡（有手臂式和地槽式）等类型。

一般，对挡车器的控制方式有 3 个途径：

1）值班员通过设置在值班室的"升"、"降"、"停"按钮操作。

2）值班员通过遥控器操作实现控制。

3）通过控制器实现刷卡认证通过后，自动控制挡车器的升降。

由于要长期地频繁动作，因此挡车器的机械特性显得十分重要。一般，挡车器采用精密的四连杆机构使闸杆做缓启、渐停、无冲击的快速平稳动作，并使闸杆只能在限定的 90°范围内运行；另外，采用精密的全自动跟踪平衡机构使任意位置静态力矩为零，从而可最大限度地减小驱动功率和延长机体寿命；箱体采用防水结构及抗老化的室外型喷塑处理可保证坚固耐用，且外壳不容易褪色。

闸杆防砸车功能是指在汽车通过栏杆时栏杆不能落下，栏杆也可保持打开状态，而不必每过一辆车动作一次，从而避免了停车高峰期的堵车现象。

（2）地感线圈。为了能够自动探测到车辆的位置和到达情况，需要在路面下安装（埋）地感线圈以感应正上方的车辆。当汽车经过地感线圈的上方时，地感线圈产生感应电流并传送给车辆检测器，车辆检测器输出控制信号后给挡车器或主控制器。

地感线圈也称电磁检测器，其埋于地下，用于探测有无车辆驶过。它是收费系统感知车辆进出停车场的"眼睛"。地感线圈一般采用独特的数模转化技术，具有可靠性与灵敏度，使之抗干扰能力强，不怕任何恶劣环境，以保证电脑能够得到可靠的信息，系统能够安全准确地运行。

一般情况下，在停车场入口设置两套车辆检测器和地感线圈。在入口票箱旁设置一套检测器，当检测到车辆驶入信号收到出卡按钮被按动信号时，票箱内置吐卡机自动发卡。另外，在入口处挡车器闸杆的正下方设置一个地感线圈，直接和挡车器的控制机构连锁，防止在闸杆下有车辆时，由于各种意外造成的闸杆下落而将车辆砸伤。在出口处的闸杆下，一般只需设置一个防砸车的地感线圈即可。

（3）读卡器。读卡器是沟通智能卡与系统的关键设备。使用时司机只需将卡伸出窗外轻触读卡器即可，此后读写工作便告完成，设备做出准入的相应工作。每一个持卡者驾车出入停车场时，读卡机会正确地按照既定的收费标准和计算方式进行收费。车辆进入停车场时，系统会自动关闭该卡的入库权限，同时赋予该卡出库权限，只有该车驶出后才能再次进入，从而防止利用一张卡重复进入，称为防迁回（Anti-Passby）措施。

停车场的读卡器与门禁控制系统中的感应卡读卡器相同。根据所用的卡片感应距离的不同，分为短距离、中长距离和远距离读卡器。

1）短距离读卡器一般采用 ID 卡或 IC 卡，通用性好，感应距离一般为 5～10cm。

2）中长距离读卡器采用加大读卡器的感应天线和发射功率，卡片采用常规的 ID 卡和 IC 卡，距离可以达到 1m 左右，但这种读卡器的价格比较高。

3）远距离读卡器不断发出超低功率的射频信号或微波信号，并接收从感应识别卡上送回的识别编码信息，将这编码信息反馈给系统控制器，其自有的电子系统可在 1～5m 内，对车速达 320km/h 的高速车辆提供遥控接近控制。其发出的超低功率满足 FCC 要求，可方便地安装于入口门岗处等位置，可应用于不同气候与环境。

（4）入口信息设备：

1）车位模拟显示牌：对停车场的每个停车位用双色 LED 发光管指示。红色表示占用，绿色表示空位。

2）对讲系统：每一读卡机都装有对讲系统，工作人员可以此指导用户使用停车场。

停车场入口系统如图 8-2 所示。

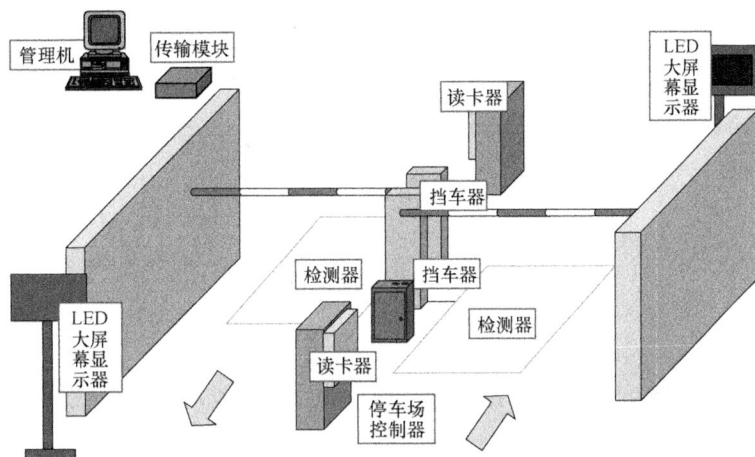

图 8-2　停车场入口系统立体示意图

2. 车辆停放及辅助引导子系统

（1）停车车辆检测器。用于检测停车场的车位占用情况。有使用超声波的车位检测器产品（可控制 64 路），也有采用地感线圈和红外检测后回传给控制器实现的，还有联网停车车位检索控制器等产品。

（2）防盗电子栓。对固定车主的泊车位，加设一套高码位遥控器与检测器并行工作，使检测器同时具有守车功效，车主泊车上码、取车解码。防盗电子栓如同一条无形的铁链将车拴住，若无解码取车则报警系统即时启动，有效防止车辆被盗。

（3）视频监控系统。为方便及时了解停车场内部情况，对停车场进行统一管理，防止发生意外事件，可在停车场安装电视监控系统。在停车场主要通道安装定焦彩色黑白自动转换摄像机，白天为彩色，夜晚照度不足时自动转为黑白。另可将停车位划为若干个防区，每个防区各安装定焦低照度摄像机，可对所有停车位进行监控。

（4）彩色摄像机。车辆进入停车场时，自动启动彩色摄像机，记录车辆外形、色彩、车牌号等信息，存入计算机，供识别之用。同时需配备相应的辅助设备，如照明灯等。

3. 收费子系统

小型停车场的收费系统大多将收费站设在出口通道，车主取车通过出口通道时将车卡交与管理人员或插入读卡机，人工或自动计算停车费用，车主缴纳费用后，由管理人员控制自动闸杆打开放行。

对于大型停车场或出口通道较多的停车场，也可由几个收费站组成收费站系统。收费站也可设在停车场内，收费过程与出口收费系统相同。此外还有可将硬币或纸币送入收款机的全自动收费系统，属于无人收费站。收费站设在停车场内车辆必经过之处，具有友好的操作界面，只需插入停车卡，便会自动计算并显示出停车金额，付款后自动打印出收据。收费子系统示意图如图 8-3 所示。

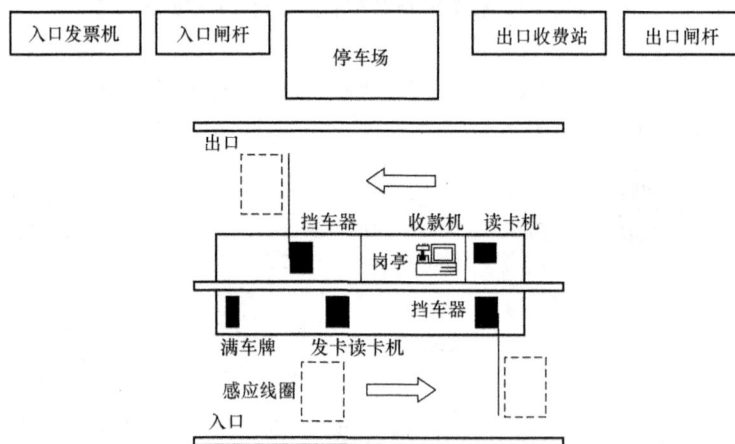

图 8-3　出口收费站布局

出口收费管理系统适用于小型停车场，而中央收费系统和全自动收费管理系统适用于大型或流量大的停车场。

1）收费金额电子显示屏：以汉字形式显示停车时间、收费金额或卡上余额、卡有效期等。

2）财务管理系统：停车场每一刻的所有动作，都能如实地记录、整理、统计。管理者可随时查询和打印整个停车场收款情况、某岗位收款情况、某操作员收款情况、存车量、某卡的进出次数、时间、卡内余款等。

4. 出口验票子系统

车辆驶入出口通道时，地下车辆感应器感应到车辆，出口验票系统将判断车辆是否缴费，同时出口处前的摄像机将该车车牌摄下送入车牌识别系统，在与入口处记录号牌自动比对无误后，出口闸杆自动打开允许车辆驶出。车辆驶出后控制闸杆放下，阻止下一辆车驶出。出口验票机设有对讲系统，车主可通过对讲机与管理人员联系，解决随时发生的问题。

1）出口验票系统主要由出口验票机、出口闸杆、车辆探测器组成。

2）车牌识别系统：由车牌识别控制主机和出入口各一个摄像机组成，它利用入口处摄像机加辅助光照明拍摄下驶入车辆的车牌号，并存入控制主机硬盘中，当车辆驶出时，出口处摄像机再次拍摄车辆的车牌号，并与硬盘中所存停车车牌号比对，判断无误后，方能驶出停车场。当然若能实现车牌与车型及颜色的复合识别则更加安全，还能防止车主以"调包"方式将自己的车开入而将别人的车开出这种窃车作案。

三、停车场管理系统的先进技术

1. 车位显示系统

整个智能停车场系统是一个全电脑管理系统，它需要实时检测各车位情况，为此可在每个车位设置一个检测器，通过信号处理器接入车位监测管理子系统，经管理软件分析后将当前的最佳停车车位显示在车位显示屏上，同时车位提示灯开启并闪亮，提示司机在此停车。如果车位检测器检测到车库内已无空缺车位，则车位显示屏显示"车库满位"字样，出票机也显示"车库满位"字样，即不再允许车辆进库。

2. 防盗系统

防盗系统是一套在各个车位加装的高码位遥控器，它与车位检测器并行工作。当司机入库停好车后，操作遥控器便给车辆上码；当司机准备出库取车时，操作遥控器给车辆解码。如无解码取车，则报警系统工作并联动相关报警器或启动监视系统进行录像，防止车辆被盗。

3. 影像对比系统

影像对比系统由摄像机、视频捕捉卡、图像处理器等组成。当车辆进库刷卡或取票时，抓拍控制器工作，启动摄像机摄录一幅该车辆图像并连同司机所持的卡或票的信息一并存入系统数据库内。当车辆出库验卡或验票时，抓拍控制器再次工作，并启动摄像机摄下车牌号图像，然后与系统数据库内的信息进行比较。若信息吻合，则自动路闸起栏放行车辆；否则，提示信息不予放行并自动报警。

4. 防砸车机制

1）第一级防砸车机制：当车辆正常驶过并停留在道闸栏杆下时，系统会自动探测到。不论车辆停留多长时间，挡杆也不会落下，避免因为停留时间过长挡杆下落而砸到车辆。

2）第二级防砸车机制：一般在停车场发生的砸车事件，都不是砸到第一辆车，而是砸到紧跟在后面的第二辆车。当第一辆车正常通过道闸栏杆时，后边的车辆欲跟进，而此时道闸已经探测到合法车辆正常通过，挡杆已开始下落，同时第二辆车刚好到达挡杆下，于是就发生了砸车事故。而自动道闸中可以正确识别此类情况，当发现第二辆车（非法车辆）到达时，挡杆不能下落，即使挡杆落到一半也会自动抬起，不会砸到通过车辆。

3）第三级防砸车机制：当有车辆非法冲关时，本系统的挡杆因受外力，还可以横向弹开。

四、停车场管理系统的发展

1. 停车场系统的现状

停车场根据其使用对象可划分为内部停车场和公用停车场两大类。

内部停车场主要面向该停车场的固定车主与长期租借车位的单位、公司及个人。一般多用于各单位自用停车场、公寓及住宅小区配套停车场、写字楼及办公楼等大楼的地下车库，长期车位租借车场与花园别墅小区等。此种停车场的使用者对设施使用的时间长，对车场管理的安全性要求严格，对停车场设备的可靠性及处理速度要求较高。

公用停车场主要为临时性散客提供服务，有"收费"和"免费"之分。公用停车场常见于大型公共场所，如车站、机场、体育场馆、商场等地方。车场设施使用者通常是临时一次性使用者，数量多、时间短。要求车场管理系统运营成本低廉，使用简便，设备牢固可靠，可满足收费等商业处理要求。一些大型的公用停车场往往有多个出入口，还要求各出入口和收费处的计算机联网。

自 20 世纪 80 年代末国内安装第一套停车场管理系统以来，我国停车场技术大致先后经历了以下几个过程：接触式 ID 卡简易停车场管理系统→接触式停车场管理系统→非接触式ID/IC卡兼容停车场管理系统→非接触式卡带车辆图像对比停车场管理系统和远距离RFID感应卡不停车停车场管理系统等。

我国停车场系统经过近 20 年的发展，整体水平已大为改观，生产厂家已达数百家，而且涌现出一大批优秀的国产品牌。位居行业领先的生产厂家有珠三角地区的捷顺、富士、车安、创通、披克、红门等；长三角地区的杭州立方、西图、汉军、中矿、朗通等；北方地区还有欣码威、北京蓝卡、西泰克等。这些国产品牌占据我国停车场业绝大部分的市场。但因为产品成熟度、技术水平还无法满足更高要求，所以通常只用在住宅小区、中低档写字楼等领域，而机场、宾馆等高档停车场大部分还使用进口或进口组装的高档产品。

2. 停车场系统各部分的发展

（1）识读部分的发展。识读部分的硬件部分主要是读卡器，如停车场对于临时停车用户则还要配备自动出票/卡机。有资料报道，目前已经出现指纹识别自动出票/卡机，即司机采集指纹后，出卡机发出一张卡。

从简单的接触式卡（磁卡/ID 卡等），到感应式 IC 卡，再到远程 RFID 卡。车辆身份识别也从过去单一识别到多种识别方式结合，如智能卡和车牌识别相结合，极大地提高了停车场的安全。目前，停车场管理系统涉及的识读卡主要有 ID、IC、RFID 三种。

ID 卡是一种不可写入的感应卡，只含固定编号，主要有瑞士 EM 卡和美国 HID、TI、MOTOROLA 等各类 ID 卡。因为其不可写入，所以密级较低，只能被应用于低级别的应用系统。

IC 卡全称集成电路卡，又称智能卡（Smart Card），工作频率 13.56 MHz，可读写、存储容量大，有加密功能，数据记录可靠，使用方便，难以伪造或非法改写，是一种理想的电子识别设备。它的缺点是仍然需要近距离读卡，因而降低了识别处理速度。目前主要有 Mifare 系列卡。

RFID 技术是一种利用电磁波进行信号传输的识别方法，被识别的物体本身应具有电磁波的接收和发送装置。RFID 系统工作频段为 900MHz～2.4GHz 级。按卡的制造工艺，可分为反向散射卡和声表面波（SAW）卡；按识别范围又可分为近距离 RFID 卡和远距离 RFID 卡。近距离 RFID 卡采用反向散射技术，它的识别范围一般在 0.3～0.6m。由于识别距离稍短，在识别时仍需持卡人在读卡设备前出示识别卡。远距离 RFID 卡则可以最大限度地发挥非接触识别技术的优点。由于采用声表面波技术，拓展了卡的识别范围，提高了识别速度，特别有利于缓解高峰时期交通阻塞。

目前，停车场管理系统使用的 RFID 卡已经实现近、中距离射频读卡，并逐步朝远距离方向发展。据了解，现在市场上已经出现 3G 远距离射频卡，其识读距离可以在 2～15m。RFID 卡识别技术继承了 IC 卡技术的优点，保密性高、不可伪造。同时省去了刷卡过程，提高了识别速度。由于在识别系统中不存在活动机械装置，杜绝了塞卡现象的发生，从而极大地提高了可靠性。对收费停车场，识别系统的可靠性就意味着停车场的可靠性。因此，只读式 RFID 非接触识别卡就成为了停车场管理系统中理想的识别技术。系统附有图像比对功能的话，进出车道还会配置摄像机。

（2）出入控制部分的发展。出入控制部分的作用包括：控制读卡器及对识读信息完成比对；进口车道还要控制出票机是否出票、读取车辆检测器信号、控制道闸栏杆升降。其最重要的还有与停车场管理计算机连接，上传读卡和控制信息、接收计算机授权信息和控制信号。

停车场通道控制器最初采用 8 位 51 单片机，如今已经能够采用到 32 位 ARM7、ARM9 处理器，以及 64 位工控机。软件方面从汇编、FoxPro、VB 等，到最新的 DotNet、C 语言，从过去的结构化设计，到现在面向对象、分层、模块化设计。目前，已经出现 ARM9＋Linux 技术平台开发的停车场系统，有效地解决了大型车场系统、多车场管理、网络化、分级集成控制的要求，这将停车场管理行业带入了一个新的应用层次。

（3）控制管理收费部分。控制管理收费部分的硬件主要是管理计算机。管理计算机以 RS485 方式与停车场通道控制器连接，负责对停车场各控制器间的协调与管理，包括用户授权、参数设置、信息交流与分析、命令发布以及停车场收费管理等。系统一般联网管理，集管理、保安、统计及商业报表于一体，可以独立工作构成停车场管理系统，也可通过上位服务器与其他出入口系统相连，集成到一个更大的一卡通系统中。

（4）系统管理服务器部分。该部分是大型停车场系统的核心，其统一管理各出入口的管理计算机，将授权用户下载到各出入口管理机，再存储到通道控制器上；同时负责各个出入口收费的协调和裁决。如果有一卡通系统，则实现与上位一卡通服务器连接，实现整个建筑的一卡通功能等。

一个完备的系统，停车场管理计算机或上位管理服务器和管理软件还要控制车辆停泊引导系统、车场防盗系统、车位检测系统、停车场状态显示系统等辅助设备。

如果系统还包括图像比对功能，则还会配有图像输入视频卡和图像比对软件，进口摄像机将进车道图像摄下并存入到管理计算机，当车驶入出车道时又被出车道摄像机摄取图像，两幅图像除比对车牌号外，还可比对车型、颜色等。以往一般采用人工比对，现在已有自动比对软件，可通过驾驶员的感应卡识读＋车牌号比对＋车型比对来协同控制道闸升起，决定车辆是否可被允许驶出。

3. 停车场系统性能与功能的发展

（1）产品性能的发展。产品稳定性是生产厂家、工程商和用户都非常关注的问题。停车场是耐用消费品，可能使用 10 甚至 20 年，其稳定性如没有保证，不仅给工程商安装、维护带来许多麻烦，而且给最终用户带来诸多不便，同时也会增加生产厂家的售后服务成本。

安全性，对车辆管理和管理者收费都很重要，无论月卡还是临时卡都要收费。之所以淘汰人工填卡的收费方式，就是因为人工收费存在漏洞。

方便性，一方面使操作者容易使用，另一方面使停车用户驶车畅通无阻。

另外，产品功能、性能参数能否符合未来 5 年的发展需要、产品外形美观、人性化设计等都是选购停车场产品或解决方案时需要考虑的细节。

关注产品稳定性、安全性，不可避免要提到售后服务。目前停车场的基层使用者（保安）对停车场系统的基本功能缺乏了解，对计算机不熟悉，自处理能力弱，对系统的软故障不能有效解决，如读卡机通信不通、图像软件不拍照等基本故障。可见，对系统使用人员进行操作培训也非常必要，如设备的使用规范流程和软硬件基本故障的排除方法等，都有必要进行现场指导。据了解，尽管绝大多数厂家对外宣称或向购买者承诺能够提供完善的售后服务，但真正能将售后服务落实到位的厂家却很少，甚至有部分厂家根本不具备售后服务的能力，这也是停车场产品购买者通常愿意选择知名品牌的原因之一。

（2）功能的多样化发展。停车场系统开发完善的功能包括图像对比、车牌识别、引导系统、车辆防窃系统、车辆到位检测系统等，实现停车场系统功能多样化。能有效地管理停车场车位，可以防止车位被误用、抢占、车辆被盗，是高档住宅、商厦、酒店、办公楼及机场等停车场车位管理的好帮手。

停车场引导系统分为区位引导和车位引导（针对具体某个停车场而言，而非城市片区的区位引导）。区位引导通常是通过地感方式检测该区位还有多少车位，在每个区位入口处的显示屏显示车位数目，每驶离一辆车显示屏就显示增加一个车位，进入一辆车就减少一个车位。车位引导则可告诉用户具体停在哪个车位，通过引导屏和车位指示灯引导车辆停放在合适的空车位上，配合入口处的 LED 车位引导显示屏和车库内的车位显示屏，用户可以很方便地找到空车位，减少了用户寻找空车位的麻烦。同时，还可以起到车位监测和报警的作用，例如在设定的时间内，被分配的临时车位上没有车辆停入，则系统自动发出报警信息，以提醒保安员前去察看。

车牌识别系统通过地感线圈和车辆检测器来探测车辆的存在，并触发摄像机拍照，不论大车、小车都可以探测到。自动扫描照片信息，并自动得出车牌号码。目前，停车场从业人员普遍反映，对车牌识别不太关注，尤其是早期停车场系统，根本没有车牌识别。一方面是当年该技术不成熟，使用效果不太理想，即使到今天依然存在识别效果不到位等缺点。另一方面是这项技术价格偏高，投资方和使用人都会有所顾虑，所以一般场合的停车场可能不会采用该技术。

从停车场系统使用车牌识别技术原理上看，行业内普遍采用点阵加色阶分析计算或者DISP 模块处理识别技术，但是无论哪种技术都对车牌本身的洁净度和光线的反光度有较高的要求，尤其是在北方下雪天气，车牌很容易被部分遮盖，因此，就目前情况看，车牌自动识别技术本身还需要进一步完善，才能够更好地满足市场的需求。车牌识别这项技术主要使用在高端停车场和部分大型停车场，如机场、政府停车场等。深圳科松电子有限公司大客户服务中心经理周涛分析，随着车牌定位算法、车牌字符分割算法和光学字符识别算法的渐趋成熟，车牌自动识别系统会越来越多地被停车场系统所采用。

4. 停车场系统发展中存在的问题

（1）系统成本价格偏高。一套先进的成熟停车场产品价格普遍偏高。购买时感觉价格难以承受，所以有时候只能选择功能简单或价格偏低的产品。可见，性价比是大家比较关注的热点问题之一。

目前市面上大部分停车场产品都实现了相当程度的技术升级，功能也逐渐完善，同时价格相比初入市场时低很多。再次，停车场非快速消费品，而是耐用消费品，可能使用较多年，售后服务时间长，工程安装、维护过程多，加上该类型产品非批量生产，这些都将导致停车场生产成本增加，产品价格偏高。

（2）个性化服务偏低。个性化需求增强，产品、方案设计相应多样化。停车场系统非同于电视机等大众化产品，搬回家就可以直接使用。不同客户对停车场的需求不一样。例如，内部使用小型停车场和大型停车场存在较大差别，内部使用停车场功能、收费都很简单，规模小，车位少，引导、显示等功能都不是那么重要，而大型停车场不仅规模大，对车位、收费、显示、引导功能要求多，系统安装、管理软件等方面也有较高要求。

通常，大的房地产公司都对停车场系统提出诸多个性化要求，因而厂家、工程商需要根据不同客户的需求对停车场进行个性化设计。

选购停车场系统、产品，还需要注意产品的可扩展性、延续性、兼容性等。停车场方案设计和选购时应该考虑产品的稳定性，系统结构是否先进，功能、参数能否符合未来 5 年的发展需要，考虑生产商的规模和长期发展策略等。停车场系统在方案设计阶段，既要有前瞻性考虑，也要考虑到技术的成熟性，要选择最具有技术代表性和技术成熟的停车场管理系统，要根据项目情况按需选择需要的功能模块，不必面面俱到，保证 3～5 年技术不落后。另外，细节设计也非常重要，例如，停车场控制器应选择具备防雷保护电路设计的产品，道闸应配置可靠的、高灵敏度可调节型车辆检测器，以保证防砸车功能的实现，考虑到收费保安一般文化程度较低，监控软件界面的通俗、易用，也是非常重要的。

（3）技术升级困难。目前，许多停车场系统生产企业技术能力不足。停车场系统正处于技术革命阶段，是未来发展趋势之一。停车场技术升级，关键是核心技术的开发或升级。

部分厂家的产品软、硬件本身有缺陷，如工作站与服务器长时间运行后容易出现联网掉线，界面上看起来很正常，事实上已经脱机；另外，基于 Windows 的工作站经常被一些操作人员用来玩游戏，这些问题给系统使用管理带来很多麻烦。或许系统开发厂家可以借鉴嵌入式硬盘录像机的方式，采用 ARM＋Linux 技术来构建停车场管理系统。

收费软件问题，如停车场收费不能按照既定费率计算、不能按不同的停车场收费标准调整费率，目前客户通常要求停车场软件可设置多种费率，可以由使用人实时调整。在收费窗口内可以显示常用的收费费率，如标准收费、餐饮车辆、娱乐车辆、免费车辆、会议车辆、出租车辆等。部分厂家产品则更多地考虑到系统的易用性，实现傻瓜式收费标准设置，具备多套收费标准模板方便用户直接套用，可通过进出按时段限制收费，实现价格调整车辆进出峰谷期等。

（4）缺少规范性。工程商在停车场系统实施过程中主要遇见的问题是工程施工的规范性，如该接地没有接地，参数设置、走线不科学。产品安装过程中，地感线的长度是多少、绕线多少圈都会影响停车场系统的整体运行效果。其次，程序的完善性、功能方面的问题，如系统软件与界面显示脱节。部分停车场界面看起来似乎正常运行，事实上可能已经脱机。

目前已有厂家所提供的产品界面能同步反映软件功能，即只要坐在电脑面前监看画面就可以马上知晓道闸是否正常运行。经常有停车用户不熟悉智能停车场系统的工作流程，出现跟车冲闸、忘记取卡、不刷卡、丢卡等，也会发生操作员不按操作流程操作，手工放行未刷卡车辆导致车辆出场异常等，因此，规范管理人员、使用人员的操作流程非常重要。

5. 停车场系统使用的发展

（1）定期维护和保养。停车场系统产品大部分在室外使用，需要具备防湿、防高温等功能，若产品质量不过关，使用寿命会降低。出卡机需要定时清洗。对于智能卡停车场管理系统，数据库的定期备份、系统日常维护也非常重要，经常有用户因不重视维护，导致计算机出现硬件故障后停车场系统不能及时恢复工作，甚至丢失历史记录。

（2）市场潜力的发展。不论是停车场系统生产厂家、工程商/集成商，还是用户，都一致反映未来停车场的市场潜力巨大。相关统计数据显示，我国汽车年增长速度为20%左右，一辆汽车通常需要2个停车场位，即家里需要一个，出行在外需要一个，如此看来停车场增长速度应与汽车增长速度同步才能满足实际需求，但事实上我国停车场增长速度远远滞后于汽车增长速度。

业内人士称，按照现在轿车进入家庭的发展速度测算，到2010年，我国将需新增数百万个停车位。另外，沿海及发达城市已经有这种消费意识，对停车场的需求认识也越来越清晰，同时也建立了一定比例的智能停车场系统。未来的一段时间内，需求量还会增加。由于内地人工劳动力成本相对低廉，且地广人稀，内地城市对停车场的认识尚有待于提高。在未来的10年内，人们的意识将会得到提高，同时对停车场的需求也会越来越多。

（3）多元化发展。随着技术的提高，停车票的介质逐渐多元化，出现了包括远距离微波卡、条码票、晶片硬币、信用卡、手机、智能卡等。在未来，JAVA技术、车位预定、手机付费、车位引导、车牌识别、远距离读卡、车辆反向查询系统等，都将是停车场系统的发展趋势。

车辆反向查询系统为客户解决了大型停车场寻车的烦恼，节省时间，轻松寻车，提高效率。在停车场各区域设置刷卡器，停车客户只需携带停车卡到该区域点的刷卡器刷卡，则停车客户到达区域点的时间及区域点的情况被储存在反向寻车系统服务器中。在停车场的各个入口处安装一台触摸屏式电脑将区域点的刷卡器中的信息读入电脑，通过电脑中安装的管理软件，查询客户的停车情况。并把区域点的读卡时间、读卡次数以及停放车线路在触摸屏上显示，一目了然。有效地帮助客户以最快的速度找到车。

（4）与其他系统融合、集成。与其他系统集成，如与门禁等系统集成应用。门禁系统里有读卡器，对车辆同样起到基本的管理作用。车辆引导系统、停车场视频监控和视频识别相融合，随着视频识别技术的提高，通过视频信号进行车辆识别、车号识别，从而为用户提供精确的引导服务将逐步得到应用。

（5）系统的网络化、模块化发展。智能停车场系统已经成为智能建筑的一个重要子系统，并且正与智能建筑的其他子系统进一步高度集成。智能停车场管理系统采用先进技术和高度自动化的机电设备将机械、电子计算机和自控设备以及智能IC卡技术有机地结合起来，通过电脑管理可实现车辆出入管理、自动存储数据等功能，实现脱机运行并提供一种高效管理服务。

新型的智能停车场将生活理念和建筑艺术、信息技术、计算机电子技术等现代高科技完美结合，提供的是一种操作简单、使用方便、功能先进的人性化系统。它依靠高科技，以人为本，采用图形人机界面操作方式，提供了一种更加安全、舒适、方便、快捷和开放的智能化、信息化生活空间，促进了人文环境的健康发展。

停车场大型化，系统将越来越大，如10进10出；同时，每个特定的区域将会统一化，甚至全区、全市联网都有可能。这就要求停车场必须具备一定程度的网络化。

第二节　电子巡更系统

传统的巡更是基于巡更人员手工记录完成，在需要巡更的地方安装上一个信箱样的盒子（巡更点），每个巡更人员到达后，在纸上记录自己到达的时间、名字及相关信息，然后投入盒子。平时管理人员通过检查盒子里的小纸条，来考察巡更人员的工作考勤情况。

以前巡更人员通过传统的签到方式来记录巡更工作，今天需要一种科学的、客观的、严谨的、借助高科技手段来实现一整套巡更管理工作的最佳解决方案。

一、电子巡更系统的基本概念

电子巡更系统通过先进的移动自动识别技术，将巡逻人员在巡更巡检工作中的时间、地点及情况自动准确记录下来。它是一种对巡逻人员巡更巡检工作进行科学化、规范化管理的全新产品。是治安管理中一种人防与技防科学整合的管理方案。任何一种有时限、频次管理要求的场合都可以应用它。

1. 电子巡更系统的组成与应用领域

（1）电子巡更管理系统的组成。电子巡更管理系统由以下四部分组成。

1）巡更器：巡更器又叫数据采集器，由巡逻人员在巡更巡检工作中随身携带，用于将到达每个巡更点的时间及情况记录下来。

2）巡更点：巡更点又叫信息标识器，是安置在巡逻路线上需要巡更巡检地点的电子标识。

3）通信座：通信座又叫数据下载转换器，用来将巡更器中存储的巡更数据下载到 PC 机上。

4）管理软件：管理软件是用于管理整个电子巡更系统的软件，通常分为单机版和行业性网络版两种。

（2）电子巡更管理系统的应用领域。

1）高级物业管理，仓库、工厂的保安巡逻。

2）长话局线路、油田输油管线及野外设备的巡检。

3）医院病房的病人护理监视。

4）公用电话亭的取币及维护。

5）邮政信箱的开启及维护。

6）边境巡逻。

7）高压气罐或其他危险物品的使用及维护（需用防爆型巡更棒）。

8）酒店客房服务管理。

9）巡逻、巡视管理。

10）安全防火巡检。

11）路牌广告的巡查与管理。

12）公路、桥梁的巡查管理。

2. 电子巡更系统的工作过程

电子巡更系统的工作程序如下：在巡更点上安装信息钮，巡更人员巡逻时，手持巡更机（或称为巡更棒）到各点，在信息钮上触碰一次，巡更机便读取信息钮数据。完成整个巡逻任务后，到监控中心，管理人员通过软件把手持巡更机（棒）内存储的信息传回到电脑，对巡更数据进行分析并生成打印报表，以备查验。

电子巡更系统是利用先进的碰触卡技术开发的管理系统，可有效管理巡更员巡视活动，加强保安防范措施。系统由巡检纽扣、手持式巡更棒、巡更管理软件等组成。

在确定的巡更线路设定合理数量的检测点并安装巡检纽扣，巡检纽扣无需连线，且防水、防磁、防震，数据存储安全，适合各种环境安装。以手持式巡更棒作为巡更签到牌，不锈钢巡更棒坚固耐用、抗冲击；同时，巡更棒中可存储巡更签到信息，便于打印历史记录。软件用于设定巡更的时间、次数要求以及线路走向等。

巡检时巡更员手持不锈钢巡更棒，按规定时间及线路巡视，到达巡更检测点只需轻触安装在墙上的巡检纽扣，即可将巡更员巡检日期、时间、地点等数据自动记录在巡更棒上。巡逻人员完成巡检后，根据需要将巡更棒插入传输器，所有巡逻情况会自动下载至电脑。管理人员可以随时在电脑中查询保安人员巡逻情况、打印巡检报告，并对失盗失职现象进行分析。

电子巡更系统由电脑采集器、电脑阅读器、个人标识钮、地点标识钮、情况标识钮、计算机及软件和打印机构成。当保安人员巡查时，首先用电脑采集器触一下代表其个人的个人标识钮，电脑采集器被声明为此保安人员携带。保安人员巡查各个重要地点时用电脑采集器触一下现场的地点标识钮，电脑采集器精确地记录当时的日期、时间、地点等信息，如果保安人员发现有必要记录一些情况则用电脑采集器触一下代表各种情况的情况标识钮，最后通过电脑阅读器把电脑采集器中的日期、时间、地点、人物和事件等信息传递给计算机，通过相应的软件处理成各种报告，供管理者查阅，使管理者对部下及管区工作了如指掌。

二、电子巡更系统的分类

1. 在线式和离线式系统

（1）离线式电子巡更系统。保安值班人员开始巡更时，必须沿着设定的巡视路线，在规定时间范围内顺序达到每一巡更点，以信息采集器触碰巡更点处的信息钮。如果途中发生意外情况时，及时与保安中控值班室联系。

组成离线式电子巡更系统，除需 1 台 PC 电脑及 Windows 操作系统外，还应包括信息采集器、信息钮和数据发送器 3 种装置。

（2）在线式电子巡更系统。在线式电子巡更系统可以与报警系统或者门禁系统合用一套装置，因为在某个巡更点的巡查可以视为一个已知的报警。

在线式电子巡更系统可以由入侵报警系统中的警报控制主机编程确定巡更路线，每条路线上有数量不等的巡更点，巡更点可以是门锁或读卡机，视作为一个防区。巡更人员走到巡更点处，通过按钮、刷卡、开锁等手段，以无声报警表示该防区巡更信号，从而将巡更人员到达每个巡更点的时间、巡更点动作等信息记录到系统中。在中央控制室，通过查阅巡更记录就可以对巡更质量进行考核，这样对于是否进行了巡更、是否偷懒绕过或减少巡更点、增大巡更间隔时间等行为均有考核的凭证，也可以此记录来判别发案大概时间。倘若巡更管理系统与闭路电视系统综合在一起，更能检查是否巡更到位以确保安全。监控中心也可以通过对讲系统或内部通信方式与巡更人员沟通和查询。

2. 接触式和非接触式系统

由上述得知，电子巡更系统主要分为离线式和在线式两种。离线式主要是以感应式为主，另外还有接触式、条码式。

（1）接触式巡更系统。接触式巡更系统，也叫信息钮式巡更产品，它是利用美国 DALLAS 公司的 Touch Momery 技术和 IButton 技术。巡更棒和巡更点全金属材质设计，TM 卡的优点在于它的号码是全球唯一的，使用寿命在 15 年以上，耐高温、不怕明火，耐腐蚀、抗酸碱，不受电磁干扰，识读无误差，抗破坏、防雨雪，物理性能坚固，一般在恶劣的环境下非常适用；其缺点是由于这种系统需要"接触"，因此一些弊端就显现出来：一是巡更机（巡更棒）与信息钮必须非常准确地接触才能读取信息，操作不方便，尤其在晚上，光线不好，不易找准；二是信息钮外露的金属外壳易受污染，造成接触不良，导致不能有效地采集信息；三是外露的信息钮容易遭到破坏。

（2）非接触式巡更系统。非接触式巡更系统，或称感应式巡更系统，可以将巡更点浅埋入墙体，具有读卡不用接触、密封防水、耐用抗摔等优点。

非接触巡更点有圆片形、圆片带孔形和钉子形几种，安装方式主要有：

1）螺栓固定法：用于圆片带孔型片，可在墙上打孔安装膨胀螺栓固定，优点是巡更点明显；缺点是易受破坏。

2）埋入法：可将巡更点埋入墙内，深度小于4cm，用于钉子形及柱形钮；对于柱形卡打一个5mm的孔将卡埋入，外面可用水泥固定。优点是不易破坏；缺点是巡更点不够明显。

接触式与非接触式巡更系统的比较见表8-1。

表8-1　　　　　　　　　　　　　　接触式与非接触式巡更系统比较

比 较 项 目	非 接 触 式	接 触 式
巡更点使用环境要求	低：−40～85℃能适应恶劣环境	高：在雨雪冰尘等环境下无法使用
巡更点安装方便性	方便：多种安装方式	复杂：需可靠固定
巡更点抗破坏性	很好：可埋入墙内	不好：因必须外装，易受破坏
巡更点造价	低：用量大、厂家多	较高：因用量减少，单价较高
巡更点通用性	好：各种非接触卡格式可选	差：生产厂家较少、应用领域少
巡更机坚固性	好	好
巡更机防水性	好	好
巡更机电池使用寿命	长	长
巡更机损坏率	低	触头故障率高
巡更机一卡通应用	可方便组成一卡通系统	接触卡不通用
巡更机使用方便性	使用连接线与计算机通信	需要通信座与计算机通信
巡更系统价格	低	整个系统价格高
统计报表查询功能	好	好

三、电子巡更系统的性能

1. 电子巡更系统的一般要求

（1）品质要求。由于巡更巡检产品的特殊应用性，与安防其他产品有着极大的不同。它是一种用来管理和监督巡逻人员的产品，极易受到使用者强烈的对抗。在一些管理手段不强的工作环境中，巡逻人员会用摔击、淋水、火烧、高低温、电磁干扰等恶劣手段进行故意破坏，造成机器不能正常使用。因此，在设计巡更产品时应尽量将此类因素考虑进去，将巡更棒及巡更点标识做到更坚固、更耐用、更稳定。当然，巡更产品没有绝对不怕人为破坏的，要使其使用稳定还需要管理者对巡更人员进行教育管理。

（2）防破坏要求。巡更机产品从本质上是用于管理巡更人员的，因此可能会产生对抗性，易受到使用者的蓄意破坏。低素质用户可能会把巡更机浸入水中，然后谎称下雨淋湿的，从而逃脱责任，或者故意摔打巡更机。

从使用环境看，巡更机通常是野外使用，环境差，一般设计的电子产品根本无法适用。对巡更机的要求是完全防水，可在水下应用，抗摔，2m以下不能摔坏，低温下能正常工作，电池寿命长，可防止恶意耗电操作，因此，对巡更机的防破坏要求很高。

（3）安装要求。用户选择巡更巡检产品时，还要考虑将来巡更应用的环境和巡更点的安装方式，如果安装条件好或是在室内设置巡更点，可以不考虑读卡式巡更机。感应式巡更点可适合表面安装和浅埋藏式安装方式，接触式巡更点可表面固定安装。

要是在室外使用，如果采用浅埋藏巡更点的安装方式，则只能考虑感应射频式巡更设备。

若考虑裸露安装巡更点，那么应尽量考虑使用接触式的巡更机，因为接触式的巡更点材质是不锈钢，抗腐蚀、抗人为破坏、抗干扰、耐高低温。

（4）操作软件要求。巡更巡检管理系统，应该具备操作简单，方便完成巡更机通信，实现线路设置、巡检地点、巡检线路及巡逻人员显示等功能。

1）操作简单、人性化强。用户可以查询巡更记录、自动依据线路要求进行考核，方便地查询出计划执行情况，如准时、早到、未到、漏检等。

2）系统设置方便简单。可以自动采集卡号，批量导入，重复读取巡检器记录等功能，如果用户已经将信息钮/感应射频卡安装到现场，只需要沿线巡查一遍，计算机即可自动分析出钮号，进行地点名称设置即可应用。

3）自动报表：系统可以依据历史记录或是计划考核结果，自动以各种直观的饼形图条形图等方式显示出来，用户可一目了然地了解工作人员巡检情况。

2. 电子巡更系统的功能

电子巡逻管理系统是对保安人员巡逻工作的管理系统。保安人员必须按照规定对需要巡更的地点进行巡查，记录设施情况，巡查完成后，通过系统可打印出工作报告，是物业加强保安人员管理的最佳工具。

（1）配置站点。在已有配置站点的基础上，最终巡逻站点的阅读容量可进行扩展，用户可给已编号的巡逻站点赋名，可使数据记录器在输出报告时显示站名。

可自动显示下一站要读取的巡逻站名，自动导向只在有序巡逻方式中使用，当一个巡逻站的数据被读取后，记录器显示屏将显示下一个巡逻站的名称。

（2）巡逻路线编制。可执行多条独立巡逻路线，巡逻路线是巡逻站的依次排列，将这一巡逻路线编入数据记录器，能使它正确地记录预期的巡逻数据，并相应输出报告。用户可根据需要选择各种巡逻路线。

1）有序巡逻：巡逻表格中，巡逻站的数据必须按照已编入的次序来记录，如果所有巡逻站的数据均被记录，但没有依次进行，则报告将显示顺序出错（Sequence Errors）；如某个已编入的巡逻的数据未被记录，报告将显示漏检（Missed Station）。该巡逻方式还允许使用者设定巡逻站之间的时间限制，如果发生早检和迟检，报告将显示这一情况。带有液晶显示屏的数据记录器可以设置自动导向（Auto Pilot）功能，如果该功能被设置，则数据记录器将显示下一个巡逻站的名称。

2）随机巡逻：在随机巡逻中，巡逻站可以任意顺序记录（除第一站外），第一站必须首先被记录，且所有编入站都须被记录，如果发生某编入的巡逻站未被记录，则报告将显示漏检。这种方式的巡逻无时间限制，无自动导向显示。

3）任选巡逻：在本巡逻表格，对多少巡逻站必须被记录和对何种路线巡逻都无限制（除第一站外），第一站必须首先被记录，报告中不会出现出错信息。巡逻站之间无时间限制，无自动导向显示。

（3）密码识别与代码显示：

1）密码识别。系统向使用者指定一个或多个密码，任何一个要产生报告或要对数据记录器编程的人员都必须有一个密码，它是保证系统安全可靠的重要一环。

2）代码显示。事件代码用户根据实际情况，可编制多种事件代码输入。无限制的巡逻员识别代码使用本功能可使用户识别巡逻员。该功能仅适用于数据记录器，使用时记录器将提示巡逻员在开始巡逻时输入本人的代码。显示用户设置的事件。当巡逻到第一站开始记录时，将显示输入巡逻员代码的提示。这时，巡逻员必须输入其代码才能继续巡逻。

（4）巡逻报告显示。数据记录器可产生4种不同形式的报告，即一次巡逻报告、汇总报告、特定时间和日期的巡逻报告及特定巡逻路线的巡逻报告。

1）一次性巡逻报告。本报告是系统常用的形式，它可以将未输出的巡逻报告一次性全部输出，同时提供每一次巡逻的详细情况。

2）汇总报告。该报告将向用户提供系统中所存储的所有巡逻报告的概况，报告将显示巡逻开始的时间与日期、巡逻路线号、巡逻情况，但不提供每次巡逻的详细情况。

3）特定时间和日期巡逻报告。选择可使用户通过输入开始巡逻的时间和日期来产生该巡逻报告，输入的时间和日期必须正确；为了获得正确的巡逻开始时间，最好先输出一份汇总报告。

3. 电子巡更系统的发展

产品的发展趋势必然是朝着完美的方向发展，一个完美的巡更系统应具有下列主要特点：

（1）采用感应卡技术，便于使用和维护。

（2）防水密封设计，以便野外和特殊场合使用。

（3）抗摔设计，最好采用金属壳体，尤其是用于保安巡逻的巡更机。

（4）尽可能缩小体积、减轻质量，手机状的便于携带和使用。

（5）感应距离不能太近，方便使用。

（6）功耗应尽可能低，电池容量应尽可能大，无需经常换电池或充电，便于使用。

（7）数据存储应高度可靠，最好采用无电保存技术，避免掉电或电磁干扰造成数据丢失。

（8）数据存储容量应尽可能大，不必频繁上传数据，还可以起到数据安全备份的作用。

（9）软件应傻瓜化操作，以方便用户使用、降低服务成本。

（10）软件应具有排班核查功能，以方便用户工作考核。

（11）产品应多样化，以适应不同的用户需求。

四、电子巡更系统的安装

1. 施工准备

（1）材料准备。

1）主设备：主要包括系统主机、充电器、计算机（内置管理软件）、打印机、不间断电源等。

2）传输部分（在线式系统）：包括分线箱、电线电缆等。

3）终端设备：主要包括巡更点、巡更棒、数据采集器等设备。

上述设备材料应根据设计要求选型，必须附有产品合格证、质检报告、安装及使用说明书等，并经国家 3C 认证，具有 3C 认证标识；如果是进口产品，则需提供进口商品商检证明。设备安装前，应根据使用说明书进行全部检查方可安装。

4）镀锌材料：镀锌钢管、镀锌线槽、金属膨胀螺栓、金属软管。

5）其他材料：塑料胀管、机螺栓、平垫、弹簧垫圈、接线端子、钻头、焊锡、焊剂、绝缘胶布、塑料胶布、各类接头等。

（2）机具设备。

1）工具：手电钻、冲击钻、梯子、水平尺、拉线、线坠、克丝钳子、剥线钳、电工刀、电烙铁、一字改锥、十字改锥、尖嘴钳、偏口钳。

2）仪表：250、500V 绝缘电阻表。

（3）作业条件。

1）机房内土建工程应内装修完毕，门、窗、门锁装配齐全完整。

2）机房内、弱电竖井、建筑内其他公共部分及外围的布线线缆沟、槽、管、箱、盒施工完毕。各预留孔洞、预埋件的位置，线管的管径、管路的敷设位置等均应符合设计施工要求。

2. 安装

（1）分线箱安装。

1）箱体板与框架应与建筑物表面配合严密。安装在地面预留洞内的箱体应能使地面盖板遮盖严密、开启方便。严禁采用电焊或气焊将箱体与预埋管口焊在一起。

2）安装明装壁挂式分线箱时，找准标高进行钻孔，埋入胀管螺栓进行固定。要求箱体背板与墙面平齐，其高度有设计要求时，以设计要求为准；无设计要求时，底边应距地面 1.4m。

（2）线缆敷设。

1）布放线缆应排列整齐、不拧绞，尽量减少交叉，交叉处粗线在下、细线在上。

2）管内穿入多根线缆时，线缆之间不得相互拧绞，管内不得有接头，接头必须在线盒（箱）处连接。

3）线管出线终端口与设备接线端子之间必须采用金属软管连接，软管长度不得超过 1m，并不得将线缆直接裸露。

4）所敷设的线缆两端必须做标记，屏蔽电缆的屏蔽层均需单端可靠接地。

（3）终端设备安装。

1）安装前应按图纸核对巡更点的位置及数量，并读取巡更点的 ID 码。

2）巡更点的安装高度应符合设计或产品说明书的要求，如无特殊说明，则一般安装高度为 1.4m。对于离线式系统，巡更点应安装于巡更棒便于读取的位置。

3）对于离线式巡更点，安放时可以用钢钉、固定胶或直接埋于水泥墙内（感应型巡更点），且埋入深度应小于 5cm，巡更点的安装应与安装位置的表面平行。感应型巡更点的读取距离一般在 10～25cm，只要巡更棒能接近即可。

4）安装巡更点的同时应记录每个巡更点所对应的安装地点，所有的安装点应与系统管理主机的巡更点设置相对应。

（4）机房设备安装。

1）设备在安装前应进行检验，设备外形尺寸、设备内主板及接线端口的型号和规格应符合设计规定，备品备件齐全。

2）按照图纸连接巡更系统主机、计算机、UPS、打印机、充电座等设备。

3）设备安装应牢固、紧密，紧固件应作防锈处理。

4）安装的设备应按图纸或产品说明书要求接地，其接地电阻应符合设计要求。

5）安装系统软件的计算机硬件配置不应低于软件要求。

6）安装系统软件的计算机操作系统应符合系统软件的要求。

7）按照软件安装说明书和帮助安装软件。

3. 系统调试

（1）运行巡更系统管理软件，进行初始化设置。

（2）按照图纸对巡更点进行读取操作，确认巡更棒读取数据正常有效。

（3）在巡更系统主机上测试对巡更棒读取的数据进行读入、数据查询、修改、打印、删除等操作，对系统软件进行调试。

4. 成品保护

（1）设备进入现场后应码放整齐、稳固，并要注意防潮，搬运时应轻拿轻放，以免损坏设备。

（2）系统设备安装完毕后应妥善保管钥匙，以防设备丢失、损坏。

（3）对系统的巡更点应采取必要的保护措施，防止损坏。

（4）接线错误的防治措施：计算机、系统主机、巡更点的接线应严格按照图纸进行。

（5）通信不正常的防治措施：严格检查系统接地阻值是否符合要求，接线是否压接牢固，消除或屏蔽设备及连线附近的干扰源。

第三节　一卡通系统

一、一卡通系统的基本概念

随着人类文明的进步，科学技术的飞速发展，人们越来越追求工作、生活的方便、快捷，在计算机应用发达的今天，人们的生活及工作都离不开计算机应用，社会上出现了各式各样的卡片系统来代替一些传统的现金、钥匙、票证、纸卡等，如工作卡、储蓄卡、购物卡等，这些智能卡的出现极大地方便了人们的工作和生活。

作为现代化的智能办公大厦、小区、医院，更加需要功能齐全、使用方便、安全性好的智能卡来配合实现楼宇智能的整体方案。

一卡通系统的总体设计思想是给每人发放一张印有本人照片的感应式 IC 卡。该卡片具有工作证、电子钥匙、电子钱包、停车等各种功能，使人们充分享受高新技术为大家的日常工作和生活带来的便利和安全。

各种卡类的出现都有赖于现代信息识别技术的发展。自条码识别技术诞生以来，先后出现了磁条读写技术、接触式 IC 卡读写技术、光电卡读写技术等，伴随着也出现了相对应的卡片类型。但是它们却都存在或多或少的不可克服的局限性，如存储量小甚至不能存储、使用寿命短、容易受环境影响而读写困难、不能实现一卡通管理、使卡片种类数量繁杂累赘等，没有真正达到安全、方便、快捷、舒适、智能的效果。

近几年出现的非接触式 IC 卡一卡通管理技术可以有效地解决这些问题。非接触式 IC 卡，以其独有的无接触读卡方式、独有的恶劣环境适应能力、大容量读写空间、优良的电气和机械特性、极高的安全性，备受各界用户的青睐。

非接触式 IC 卡一卡通技术正广泛应用于社会的各个领域，在智能化建筑领域也不例外。一卡通技术的应用对大厦、楼宇、小区、医院的智能化有着强烈的推动作用。

首先，该技术扩展了智能化系统集成的应用范围，不但可以实现一卡通系统内部各分系统之间的信息交换、共享和统一管理，而且可以实现一卡通系统与建筑物各子系统之间的信息交换、统一管理和联动控制。

其次，一卡通技术增强了整个建筑物的总体功能。在智能建筑工程中应用一卡通系统，目前已经覆盖了人员身份识别、员工考勤、电子门禁、出入口控制、电梯控制、车辆进出管理、员工内部消费管理、人事档案、图书资料卡和保健卡管理、电话收费管理、会议电子签到与表决和保安巡更管理，系统架构如图 8-4 所示。由此可见，一张小小的卡片已经渗透到企业管理和物业管理的各个环节，使得各项管理工作更加高效、科学，为人们日常的工作和生活带来便捷和安全。

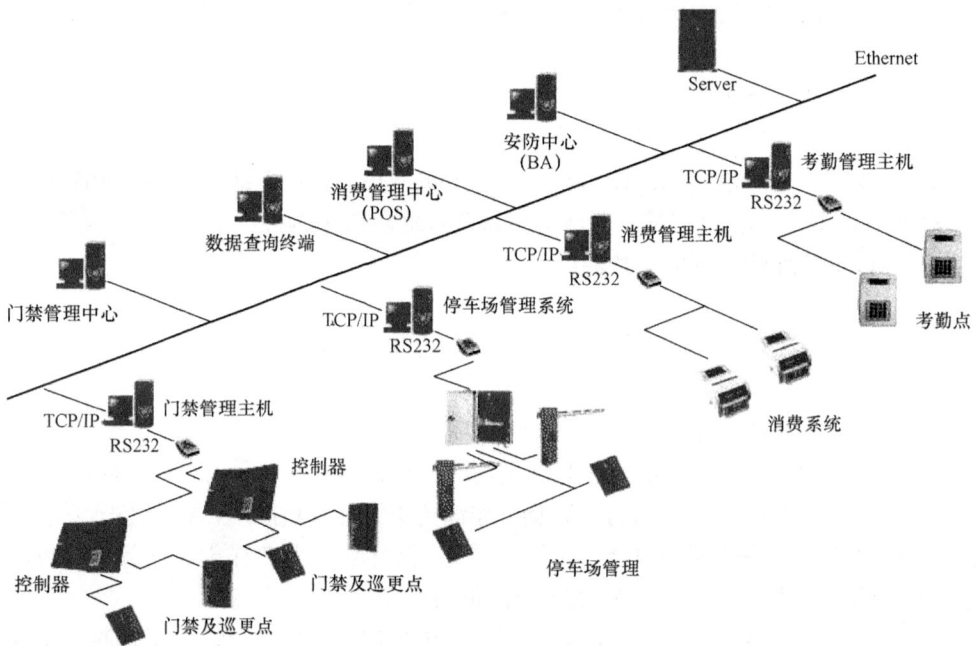

图 8-4 一卡通系统架构示意

二、智能大厦的一卡通系统

根据设计目标和智能建筑业数年来的发展和实践，智能大厦的含义和构成已基本上有了公认的标准和规范。

智能大厦的一卡通就是以 IC 卡技术为核心，以计算机和通信技术为手段，将大厦内的各项设施连接成为一个有机的整体，用户通过一张 IC 卡便可完成通常的资金结算和某些控制操作，如用 IC 卡开启房门，用 IC 卡就餐、购物、娱乐、参加会议、停车，办公、收费服务等各项活动，而不必像以往携带多把钥匙开门，去各个对应部门交费等，同时也减少了现金交易。整个系统可根据需要对各部门进行监控管理和决策，各局部系统和终端可自动将收集到的信息整理归纳，以供系统查询、汇总、统计、管理和决策。

通过 IC 卡可互相沟通，既满足各个职能管理的独立性，又保证智能大厦整体管理的一致性。智能大厦的一卡通系统如图 8-5 所示。

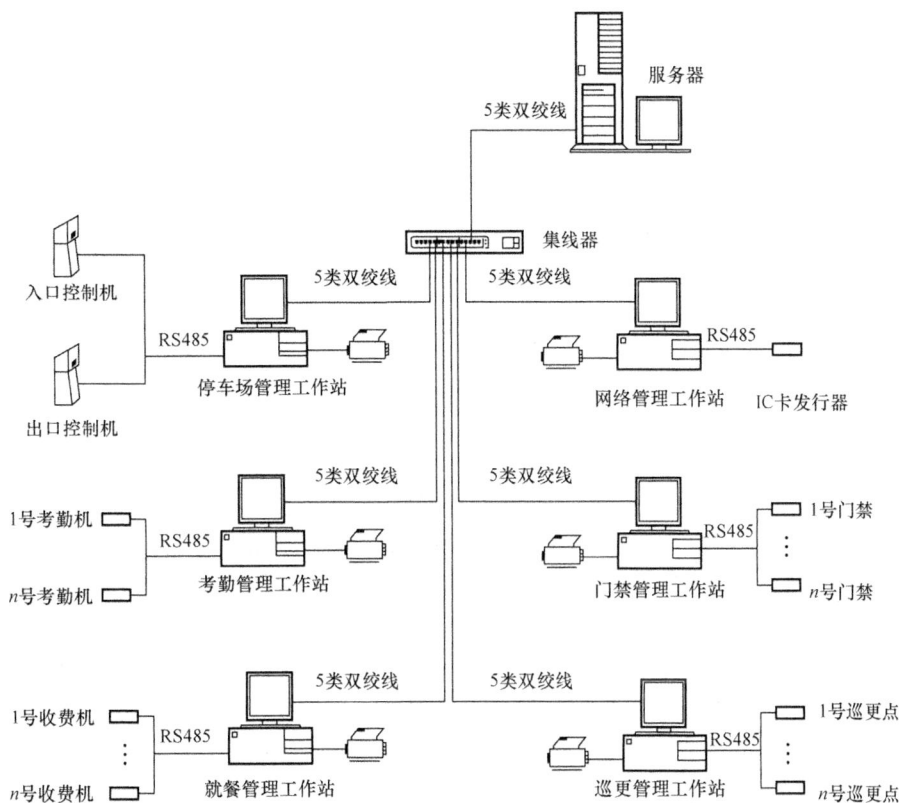

图 8-5　智能大厦的一卡通系统示意

1．考勤管理系统

（1）考勤系统的主要特点。

1）利用现有的员工信息。

2）考勤控制器上的员工出入记录上传到考勤计算机中，直接用于考勤。

3）设置各种复杂班次。分别设置每次允许签卡的范围、迟到早退的时间范围。

4）异常情况录入。如果员工因个人特殊原因没有刷卡，考勤系统将提供手工输入考勤数据的功能。

5）同时间段的不同班次员工的上班情况和下班情况的区分。

6）可打印任意时间段的考勤总表和明细表，打印项目可以由用户自行设定。

（2）考勤系统的主要功能。

1）存储功能。存储员工考勤日期、时间、卡号、是否有效等信息。

2）集中管理功能。后台管理工作可建立员工资料库、定期或实时采集每个考勤机的签到资料，同时按员工进行汇总、查询、分类、打印等。

（3）考勤系统结构。考勤管理系统由考勤机（或由门禁机代替）、网络扩展器、考勤管理工作站、考勤管理系统软件等组成，如图 8-6 所示。

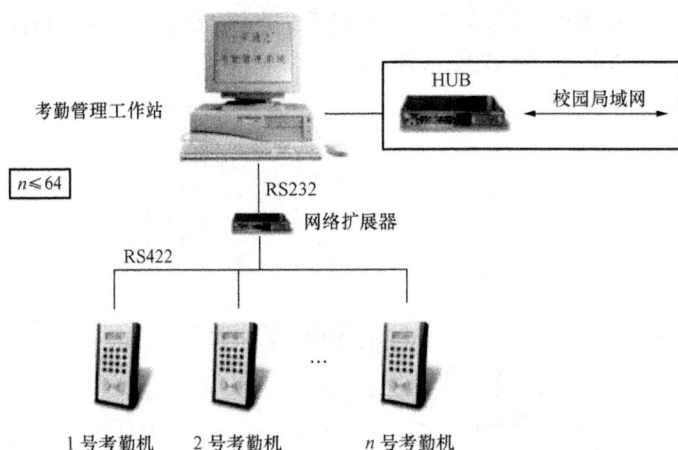

图 8-6　考勤管理系统结构

（4）考勤系统软件平台。考勤软件主要对考勤系统硬件设备进行设置、管理及参数的设置，异常信息的处理，数据的采集、处理和报表输出等。

1）系统设置：主要对考勤机初始化、时钟设置、测试通信等。

2）考勤用户：主要用于对需考勤的用户的权限添加、审查、校对和考勤机初始化后的用户权限恢复等。

3）数据信息：主要用于对用户考勤信息的采集处理和用户考勤异常信息的处理。

4）参数设置：主要用于考勤班次设置及休息日、请假处理等设置。

5）统计报表：主要用于考勤数据报表的查询、打印，包括出勤报表、异常考勤报表、考勤设备信息、人员信息报表、用户权限报表等。

6）设备管理：主要用于对管理考勤系统的计算机参数设置和考勤机部分的参数设置。

2. 会议签到系统

系统在会议室设置会议签到机，当与会人员到场时，持手中的卡到会议签到机前刷卡，则与会人员的身份信息、到场时间等情况就会被记录下来。

（1）签到系统的主要特点。

1）利用现有的员工信息；签到控制器上的员工出入记录上传到签到计算机中，直接用于会议签到。

2）同时间段不同班次员工的上班情况和下班情况的区分。

3）可打印签到明细表，打印项目可以由用户自行设定。

（2）签到系统的主要功能。

1）存储功能：存储员工签到日期、时间、卡号、是否有效等信息。

2）集中管理功能：后台管理工作可建立员工资料库，定期或实时采集每个签到机的签到资料，同时按员工进行汇总、查询、分类、打印等。

3. 消费管理系统

（1）消费管理系统的主要功能。

1）权限管理：消费权限设置、IC卡充值、更改、挂失、恢复等。

2）存储功能：存储消费日期、时间、卡号、金额等有关信息。

3）集中管理：标准消费管理工作站可建立用户消费资料库，定期采集每个消费机的消费资料，同时可按各用户进行统计、查询、打印。

4）消费管理系统结构：标准消费管理系统由消费机、网络扩展器、消费管理工作站、消费管理系统软件等组成，如图 8-7 所示。

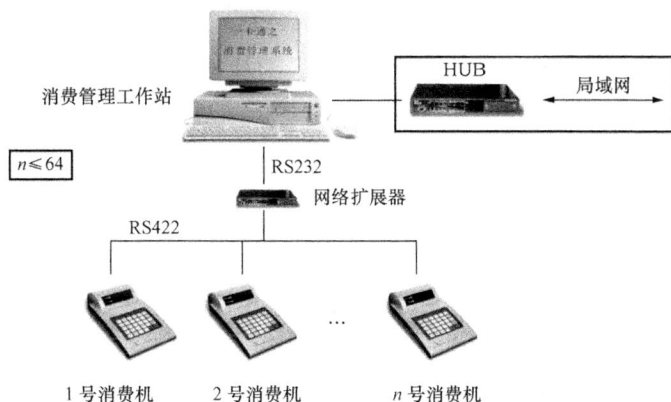

图 8-7　消费管理系统结构

（2）消费管理系统软件功能。

1）对消费机进行设置和管理。

2）对消费用户的权限管理。

3）对消费机中的消费数据进行提取。

4）将数据库中的数据下载到消费机中。

5）各类消费数据的查询、统计及报表输出。

三、数字社区的一卡通系统

"数字社区"就是通过计算机技术、通信和网络技术、自动控制技术和 IC 卡技术将管理、服务的提供者与每个住户相连接的社区。数字化社区概念的实现，将使人们生活、居住的社区变得更加智能化。

根据国家要求，小康住宅小区电气设计在总体上应满足以下要求：高度的安全性、舒适的生活环境、便利的通信方式、综合的信息服务、家庭电器智能化等。

根据上述功能要求，数字社区应包括社区机电设备自动化系统、消防报警（含煤气/天然气泄漏报警）系统、保安监控系统，可视对讲系统、停车场管理系统、三表远程计费系统、社区消费结算系统、信息网络服务系统、社区物业管理系统等。其中部分系统是社区实现智能化的硬件设备和保障，但从实际的使用和对用户的便利来说，其核心应该是数字社区的一卡通，即用户通过一张 IC 卡便可完成通常的资金结算和某些控制操作等。

社区一卡通的实施将给用户带来极大的方便。数字社区是 IC 卡应用的一个重要领域，也是拉动 IC 卡经济发展的新的增长点。

1．社区一卡通的基本要求

为使社区管理科学化、规范化、智能化，为业主提供更加周到细致的服务，社区管理一卡通要求系统具有以下功能：

（1）IC 卡既要有银行卡功能，又能实现社区功能。

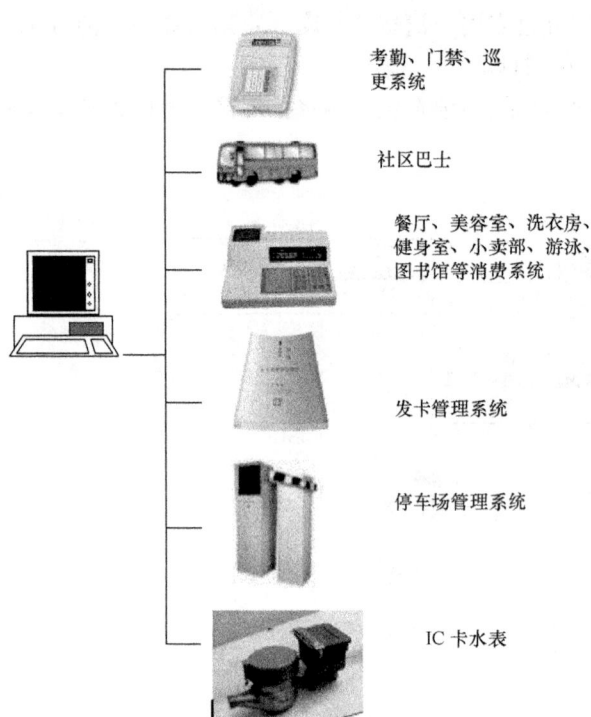

考勤、门禁、巡更系统

社区巴士

餐厅、美容室、洗衣房、健身室、小卖部、游泳、图书馆等消费系统

发卡管理系统

停车场管理系统

IC 卡水表

图 8-8 社区一卡通系统功能示意

（2）具有 IC 卡门禁系统。

（3）具有 IC 卡停车场收费系统。

（4）具有 IC 卡会所消费系统。

（5）具有社区巴士消费功能。

（6）具有会员积分管理功能。

（7）具有保安巡更管理。

（8）各种产品具有网络功能。

（9）所有数据应通过网络交互。

（10）系统应具有扩展性，为以后几个社区之间的互联互通作准备。

系统功能如图 8-8 所示。

所谓一卡通，就是应从整体来构建 IC 卡的应用平台，从而将各个独立的应用系统纳入统一管理。一卡通技术涉及各个方面，如网络技术、通信技术、数据库技术、自动控制技术等，但其核心还是 IC 卡技术和读写机具。可以说，IC 卡和读写机具是一卡通技术的支撑点。

2. 系统结构

社区一卡通系统结构主要包含三大部分，一是社区内部局域网结构，社区内部的门禁系统、停车场系统、会所消费系统等都直接由社区内部局域网进行管理，以实现资源共享、数据实时传输和实时控制；二是外部网络结构，社区局域网与外部网络的连接是采用专用网关拓展内部局域网的功能，从而使内部局域网与外部广域网成为一体；三是社区内部远程数据传输结构，对社区内分布较散，数据传输量不大的功能模块，如社区巴士、移动消费 POS 等采用了简单的 RS 485/RS 232 串行数据传输结构，以满足多层次的需求。

社区一卡通系统的结构如图 8-9 所示。

3. 资金结算

社区一卡通的一个显著特点，就是最大限度地减少了现金的流量和管理成本。每个持卡消费者的消费情况，系统都自动记录在数据库里。每隔一定时间，产生资金结算数据，并上传银行，银行处理后将结果返回，系统根据处理结果再进行处理，对不符合消费规定的持卡消费者，系统自动将该卡作为黑名单处理，使该卡没有消费权限。

与银行的资金结算有多种方式，这里采用了批量代扣费清算方式。

批量代扣费清算方式是由物业公司将联名卡通过 IC 芯片消费的数据传给银行，银行通过批量代收付费方式批量从客户联名卡的磁条账户中扣收。采用该方式的优点有：

（1）清算方式简单、便于操作。银行批量代收付费清算是一项比较成熟的资金结算方式，安全、可靠。

（2）有利于节约成本费用，无需安装其他系统网络传送清算数据，节省费用开支。

（3）有利于联名卡的推广和宣传，两卡（磁条卡、IC 卡）合一账户的使用，客户无须对

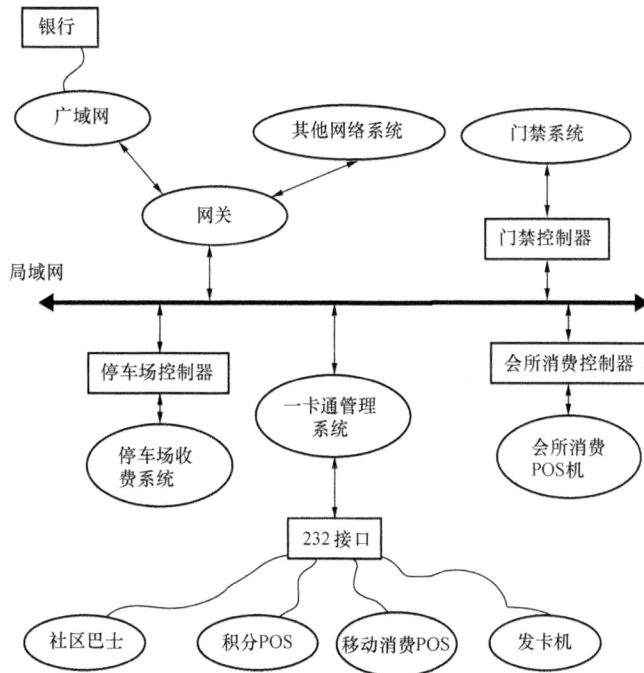

图 8-9 社区一卡通系统的结构

IC 芯片预先充值即可使用，真正实现一卡通。

在数字社区实施一卡通工程，提高了办事效率，减少了人力资源的浪费，避免了诸多人为因素的干预，加强了对人、财、物的有序及有效监控管理，提高了资源的共享利用率，使数字社区管理走向科学化、智能化。

4. 系统功能

社区一卡通系统软件功能结构如图 8-10 所示。

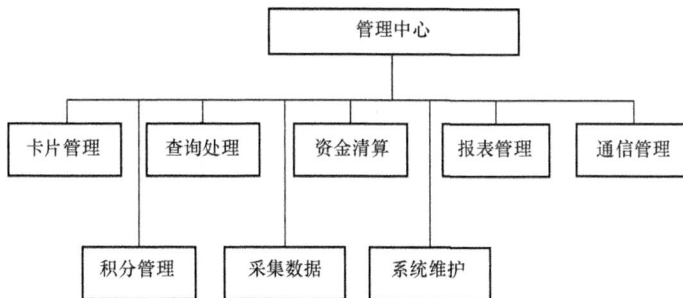

图 8-10 社区一卡通系统软件功能结构

（1）发卡管理系统。IC 卡的发行由发卡机和 IC 卡发行管理软件来实现，操作一般在控制中心电脑上完成。发卡管理系统用于实现 IC 卡个人信息、消费权限等管理，其中包括人员信息录入、挂失及黑名单管理、续卡和补卡、IC 卡数据查询等功能。

IC 卡没有发行前是空卡，不能使用，必须经过系统发卡才能使用。发行后的 IC 卡可根据权限用于开门、考勤、消费、进出停车场、图书借阅等操作。一张卡实现了多种功能，即"一卡通"。

数字社区 IC 卡分为管理卡和社区卡。管理卡提供给各类 IC 卡终端操作员使用；社区卡提供给业主使用。

社区卡有主卡和副卡之分，每户有一张主卡和多张副卡。主卡由银行发行，再到社区管理中心初始化，这样主卡既可在社区内使用，如门禁、停车场、会所消费等，也可以在社区外使用，即保留银行卡的功能，真正实现了一卡多用的功能；副卡由社区发行，主要提供给业主的亲属，发行副卡时系统会确认与业主的关系，并将该卡与主卡建立内部联系，副卡的所有消费金额都自动登记到主卡的银行账号上，使资金管理非常简捷。

由于社区 IC 卡与银行账号有联系，这就要求对 IC 卡的管理应有非常严格的措施，包括行政管理和技术管理。行政管理要求所有的主卡都必须与银行签订开户协议，卡片损坏或丢失必须在规定的时间内办理；技术管理是从卡片的发行到卡片在各个消费终端使用，建立闭环式的运行环境，卡片上的信息必须进行加密保护，卡片与终端机之间必须进行可靠的认证，对丢失和假冒卡片采用黑名单机制，即时下载到各个终端机，防止非法使用。

（2）社区消费系统。用于社区内商务中心、娱乐中心、餐厅、停车场等收费场所，实现 IC 卡持有者及外来的非持卡用户的收费，减少不必要的现金流动。

社区消费系统由 IC 卡消费/收费终端（POS）、管理主机、IC 卡读写器、通信网络和管理软件组成。移动 POS 机（巴士、活动积分等）采用脱机方式，通过数据采集器实现 POS 机与主机的数据上传和下载，固定 POS 机（会所消费等）采用联网方式，由管理主机实时汇总各消费点的消费数据并通过网络下传 POS 中的消费数据。社区消费系统示意如图 8-11 所示。

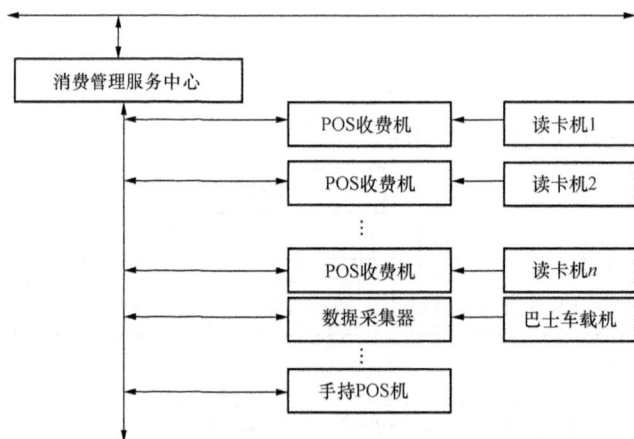

图 8-11　社区消费系统示意

（3）IC 卡门禁系统。IC 卡门禁采用了先进的计算机技术、智能卡技术、精密机械制造技术等，并采用 IC 卡作为房门开启的钥匙，提高了房门的安全性和可靠性，是未来门锁控制的发展方向。与普通门锁相比，IC 卡门禁系统具有安全性高、一卡多锁、一锁多卡、一卡多用、存储刷卡记录、非法卡操作报警、遗失补发等特点。

IC 卡门禁系统采用联网工作方式。联网方式具有实时监控每个单元门的状态、下发 IC 卡卡号、提取刷卡记录等功能。门禁系统示意如图 8-12 所示。

（4）IC卡家庭管理系统。家庭物业管理系统主要是为小区居民提供以 IC卡为依托，针对家庭日常消费和保安的管理系统。IC卡家庭物业管理系统的设计以安全为核心、简便易用为目标，为小区的居民提供安全、周到的服务。该系统具有 IC卡取电、IC卡取水、IC卡取煤气、IC卡支付有线电视费用、可视门铃和闭路电视监控等功能。

建立小区家庭 IC卡物业管理系统，首先要在小区设立一个收费中心。该中心负责向小区居民发放储值 IC卡，用户可根据自己的需求购买一定量的储值卡。当此储值卡中还有余额时，用户就可以使用电、水、煤气和有线电视，否则就不允许使用，必须到收费中心对其IC卡重新充值才能使用。采用这种方式具有以下优点：

1）IC卡取电、IC卡取水、IC卡取煤气、IC卡支付有线电视费用。

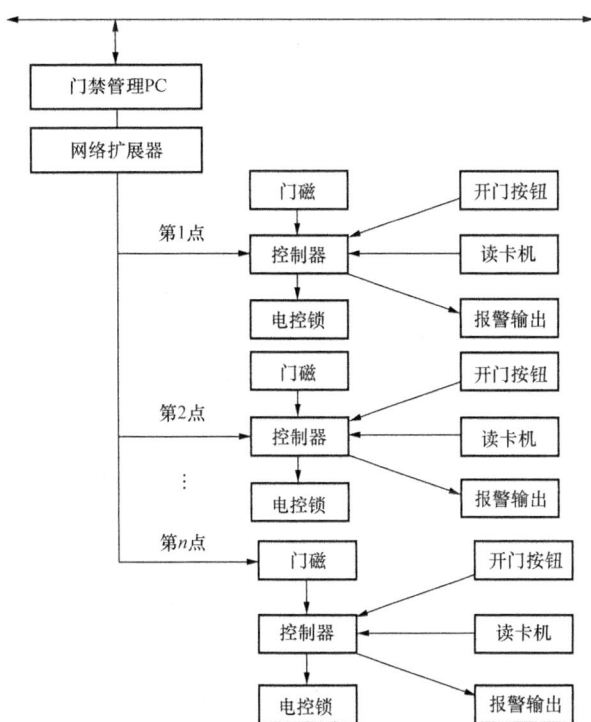

图 8-12　门禁系统示意

2）用户可一次多购买一些电费、水费、煤气费和有线电视费，避免每月单独结算，可节省大量时间。

3）水、电、煤气和有线电视收费管理人员不必亲自到居民家中进行收费，既减轻了收费管理人员的负担，又可避免出现有坏人假扮收费人员进行违法犯罪活动的可能，使居民感到更加安全。

4）可提高小区收费管理的工作效率和自动化程度。

小区居民家中安装 IC卡控制的数字式电表、水表、煤气表和 IC卡控制有线电视加扰器，这些表或加扰器都有一个 IC卡读写控制器。当在该控制器的读写头中插入从小区收费中心购买的 IC储值卡时，如卡中的储值为零，则不能使用电、水、煤气和接收有线电视，用户需到小区收费中心重新充值后，才能使用电、水、煤气和接收有线电视。

IC卡控制的水表、电表和煤气表实际上是利用 IC卡控制器中的微处理器读取 IC卡中的剩余金额，剩余金额为零时，各表则通过控制继电器控制阀门，使用户不能使用水、电和煤气。IC卡控制的有线电视加扰器也是同样的道理，如读取 IC卡中的剩余金额为零，则对电视信号加扰，用户就不能正常收看电视节目。

（5）巡更系统。巡逻时，传统签名簿的签到形式容易出现冒签或补签的问题。在查核签到时比较费时费力，且对失盗、失职的分析难度较大。随着非接触式 IC卡的出现，便自然地产生了感应巡更系统。这一系统的推出对社会的安定起到了极其重要的作用。感应式巡更分为在线式巡更和离散式巡更两种方式。在线式巡更系统的工作原理是：每个巡更点放置一个读卡机，通过电缆直接连至控制管理中心电脑（原理上和门禁相同）。每个巡更点均设有时钟，储存巡更记录达 3200 条以上。巡更时，只要巡更员将巡更牌（感应式 IC 卡）靠近巡更点读卡机便自动记录巡更员的编号、时间、地点等信息。控制管理中心随时可了解巡更员的巡更情况。

巡更系统由巡更牌（IC 卡）、巡更点（读卡机）、网络扩展器、电脑系统组成，如图 8-13 所示。

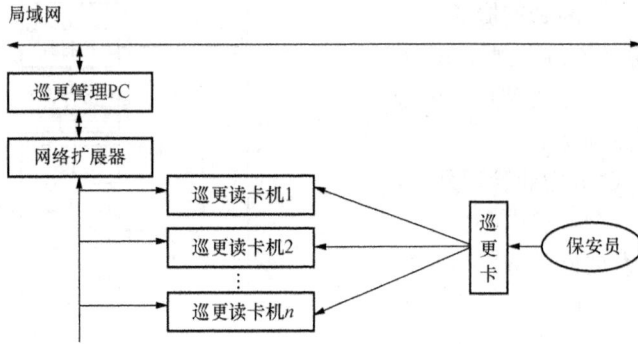

图 8-13　巡更系统示意

（6）停车场管理系统。停车场管理系统由出入口车辆检测器、读卡机、道闸及车辆图像采集系统、管理 PC 机组成。停车场管理系统结构见图 8-14。

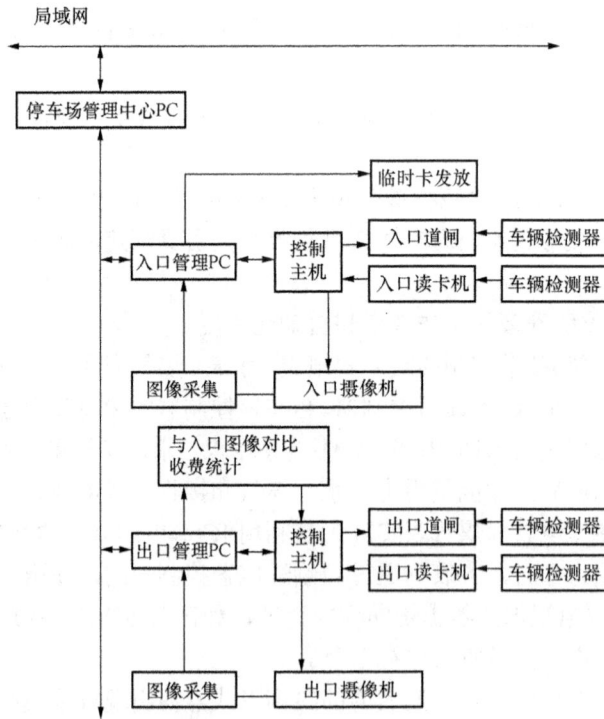

图 8-14　停车场管理系统结构

当车辆检测器（埋于地下）检测到出入车辆时，读卡机自动寻卡，自动鉴别并拒绝接受非法 IC 卡，而对合法卡显示停车时间、计费并控制道闸开启，控制信号采用光电隔离传输，抗干扰能力强。道闸栏杆机起落速度快，免砸车、尾随，车辆出入反应时间（从来车到道闸升至最高）不大于 5s，其中，视觉识别 2.5s、IC 卡识别小于 0.2s、综合识别 1s、道闸动作 1s；可以手动、自动、遥控 3 种方式控制道闸。

PC 机管理系统支持租用式停车、储值卡停车和临时停车等方式的自动控制、计费和显示；随机现金核对，随机统计各种报表，并可完成误操作报表统计；对多出口多入口的停车场实行网络管理，开放式系统结构，容易升级和系统增容；系统人性化设计，具备车场空位信息显示；采用语音及屏幕指挥调度，满位提示；噪声低、平衡好、节能。

四、数字校园一卡通系统

校园一卡通系统是数字化校园的基础工程，是数字化校园中有机的、重要的组成部分，为数字化校园提供了全面的数据采集平台，结合学校的管理信息系统和网络，形成全校范围的数字空间和共享环境，为学校管理人员提供具有开放性、灵活性、面向学校的应用服务管理平台，是管理科学化的必要前提和基本途径。以校园一卡通系统为平台，实现"一卡在手，走遍校园"，必将满足学校数字化建设的需求及目的。

1. 模式选择

（1）卡片选择。校园卡建议选用非接触式 IC 卡（也称射频卡）。卡基材料选用 PVC 材料，美观、大方、耐用。芯片选用世界最大的 IC 卡芯片供应商 Mifare 公司提供的原装芯片，使用寿命长，可擦写 10 万次，数据可保存 10 年以上。关于卡的区别见表 8-2。

表 8-2　　　　　　　　　　　　　　各种卡的比较与区别

卡类型	磁卡	IC 存储卡	IC 智能卡	非接触 IC 卡（射频卡）	激光记录卡
存储容量	50～200B	512B～64KB	8～64 KB	数字节至数百兆字节	2～3MB
存取介质	磁介质	EPROM、E2PROM	EPROM、E2PBOM	EPROM、E2PBOM	激光
读/写方式	磁头（电磁变换）	电信号	电信号	电磁感应方式（3～100cm）	（写入）照像制版（读出）激光 CCD／激光
删除/重写功能	有	有	有	有	正开发中
读出速度	300B/s	5MB/s	1.2KB/s	15KB/s	20KB/s
读写故障原因	磁场、脏、外伤	静电、脏、外伤	静电、脏、外伤	扭曲	脏、外伤
安全性	伪造或存储内容被删改	存储内容较难删改	存储内容很难删改	存储内容很难删改	好
寿命	2～5 年	约 10 年	约 10 年	10 年以上	半永久

（2）结算方式选择。

1）单钱包模式：卡上只使用一个存储区域，即一个电子钱包共用。发卡、预付金额、结算等都由学校财务部门或规定部门的发卡中心进行。在规定的时间内，学校以管理系统自动打印的报表为依据与各消费点各单位结算。学生消费全部在一个区域内的金额上增减。

2）多钱包模式：卡上使用多个存储区域（最多可达 128 个区），即设立多个电子账户，对卡进行分区管理，发卡由学校统一进行。储存金额由各单位进行，消费时在各自钱包中进行。各消费点以自己的消费报表向学校报账。系统自动打印报表并可与各单位核算，是目前使用最多的方式。

（3）校园卡的作用。校园卡可代替学生证、工作证、身份证、借书证、医疗证、餐卡、钱包等。

校园一卡通信息管理系统可以由11个基本模块组成，即学籍管理、食堂就餐、商店书店购物、体育娱乐消费、机房收费、电子阅览室计费、上网流量计费、医疗就诊、校园考勤门禁、WEB 网上信息资源库系统，虚拟 Internet 网，如图 8-15 所示。

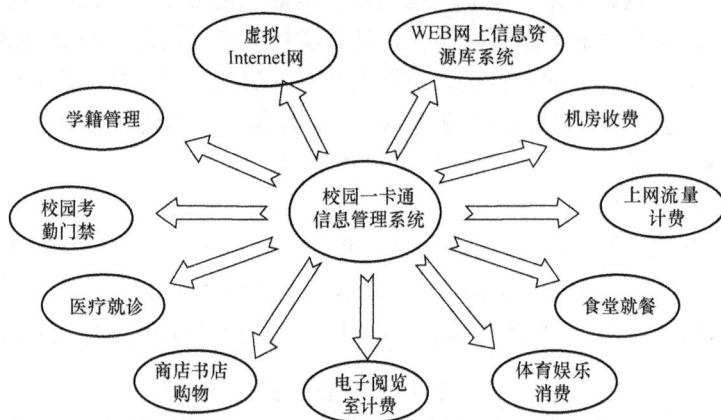

图 8-15　校园一卡通系统架构图

2. 一卡通系统的收费

（1）收费系统特点。数字化校园管理体系校园一卡通系统收费系统的特点包括：

1）可脱机脱网售饭：系统网络出现问题，每台 POS 机自带 1M Flash ROM 存储器，可以存储 2000～10000 条售饭记录。网络正常后，将数据上传到总服务器。

2）可断电售饭：学校电力系统如果出现问题，每台 POS 机自带可以延时 4h 的智能蓄电池，可以保证系统正常运行。电力系统正常后，POS 机自动充电。

3）提供各种查询：针对客户的查询，只需正确地选择客户，即可查询其消费、纠错、存取款等历史记录，以及消费情况曲线图。对于出纳员、管理员而言，可以方便地查询到详细的操作记录和营业报表。系统提供多达 30 余种的各类报表。

（2）提供多种结算模式。基本结算模式有金额、单价（份数）、定额 3 种，可实现自助式消费收费，即消费者持卡，先选定菜号，然后将卡在营业机上的 IC 感应区内轻轻一晃即可完成整个消费结算过程。每张客户卡在发行时都有一个个人密码，在进行取款操作或消费超限额时持卡人必须正确输入其个人密码，这样可以有效地保护持卡人的利益。

售饭机为双面显示，前后双键盘。前键盘主要完成持卡人输入密码，菜号或操作人员设置营业机等工作；后键盘面对操作员，用以完成消费结算的过程。

（3）POS 机的技术特性。

1）硬件特点：①存储器 1MB，可存储至少 20000 人次的消费资料；②读写时间小于 0.3s；③具有掉电保护功能，不会丢失数据；④采用密封防潮、防油污结构，适合恶劣环境；⑤操作温度为$-10℃\sim+50℃$；⑥体积、耗电功率小。

2）功能特点：①自动识别"伪卡"功能，持假卡消费者 POS 机可自动报警；②操作简单快捷，数码显示，直观明了；③存储容量大，方便用户存储各种数据；④可通过 POS 机键盘，由管理人员核对密码后对其进行功能设置（包括时间、日期、机号等），也可通过管理卡设置；⑤联机时可由系统软件设置；⑥系统方便完善的发卡、补卡、注销卡功能；⑦3 种灵活的消费方式，即编号、单价、定值方式；⑧系统可查询、打印任意时段的多种统计、汇总表；⑨采用非接触式 IC 卡，免接触；严密的密码体系，可靠性高，多分区可实现一卡多用。

3. 系统及其功能

（1）学籍与考勤管理系统。如图 8-16 所示，学籍与考勤管理系统可对学生学籍卡片进行综合的管理，其主要功能包括：①中小学生到、离校通知；②学生成绩在校表现通知；③校务公开通知系统综合报表；④学籍管理（在校生、毕业生、转出生）；⑤综合查询，能方便地对学生信息、家庭情况、成绩、奖惩情况、班主任评语等多方面的数据进行新增、修改、复制、删除、查看等操作，并可通过手机短信的形式发送到学生家长的手机。

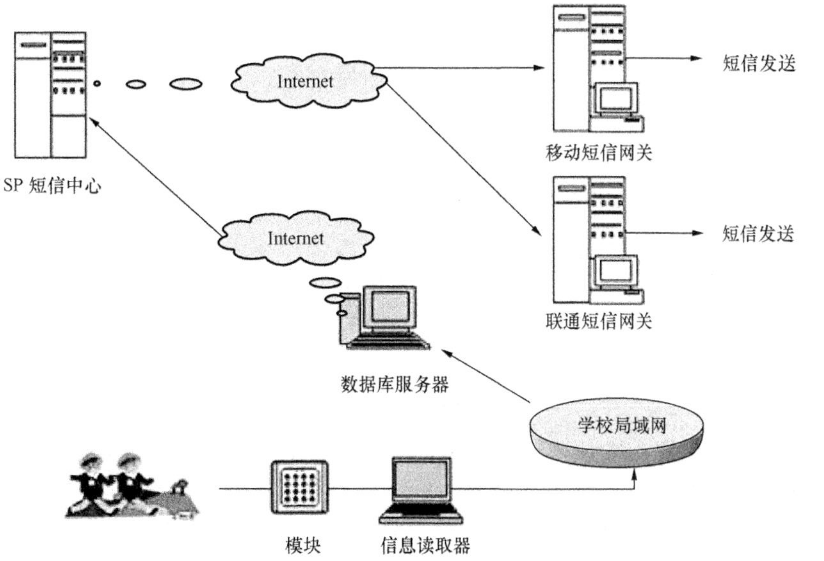

图 8-16　学籍与考勤管理系统

（2）食堂就餐管理系统。从餐饮收费系统的特殊性上考虑，系统的安全性是尤为重要的。校园一卡通新的系统管理软件在设计时将不同的功能划分为 3 个相互独立的操作区域，即公用信息区、出纳管理区、系统管理区。进入操作区域需要进行操作员的身份识别，针对不同的操作员，只能进行其专项操作。这样，一方面减少了误操作的可能性；另一方面也增加了系统的安全性。

1）公用信息区：在这一区域主要是查询各种数据、营业报表、出纳报表、客户报表等。该区域没有操作权限限制，对系统用户公开。

2）系统管理区：负责各种系统参数的设置，制作系统用卡及各种数据整理的工作。在网络版系统中有系统用户、工作站信息维护等功能。这一区域只允许经系统正确注册后的系统管理员或超级管理员（网络版）进入。

3）出纳管理区：其主要功能是进行食堂、食品组和窗机的设置，客户卡的各种操作（包括客户开户、挂失、解挂、补卡、注销、客户信息修正、补助操作、客户单位调整等），租卡退卡业务，消费纠错、主机存取款等。该区域只允许经系统正确注册的出纳员进入。

（3）商店书店购物。

1）技术特性。存储器可存储至少万人以上的消费数据；读写时间小于 0.3s；具有掉电保护功能，不会丢失数据；密封防潮、防油污，适合恶劣环境；操作温度适宜；耗电省、功率小。

2）功能特点。具有自动识别"伪卡"功能，持假卡的消费者消费机可自动报警；操作简单快捷，数码显示，直观明了；存储容量大，方便用户存储各种数据；可通过消费机键盘，由管理人员核对密码后对其进行功能设置（包括时间、日期、机号等），也可通过管理卡设置；联机时可由系统软件设置；系统方便完善的发卡、补卡、注销卡功能；灵活的消费方式（编号、计算、定值方式）消费；系统可查询、打印任意时段的多种统计、汇总表；采用非接触式 IC 卡，免接触，严密的密码体系，可靠性高，多分区可实现一卡多用。

（4）机房收费管理系统。机房自动计费管理系统的主要功能就是实现机房管理的自动化和现代化，学生上机自动按学生上机时间结算费用。它可以管理机房内的每一台计算机，学生必须刷卡才能上机，如果不刷卡，就启动不了计算机；学生下机，必须正确关闭计算机，否则，出门刷卡时，系统提示没有关闭计算机，仍然计算费用。该系统可以记录学生上机的轨迹，可以查询任意时间段内任意一台计算机的上机记录，而在学生正常上课时间，可以很方便地由管理人员设定为不刷卡上机（也可以设定为上课必须刷卡）。

系统主要由软件和硬件两大部分组成。软件部分，服务器端采用大型数据库软件，学生机底层登录端采用汇编语言开发；硬件可以采用 IC 卡、射频卡、磁卡或条形码卡，这主要取决于用户的要求。

1）系统功能。

①每刷卡一次，只能开启一台计算机；学生下机必须正常关闭计算机，否则不能下机；可查询任一台计算机在过去任一段时间内的上机时间表，由此可查出破坏系统者。

②全自动按上机时间收取上机费用，可完全替代手工计费；提供上机预约功能，团体可以提前预约上机，预约情况一目了然。

③提供个人账务查询、每日按账务总结等各种账务查询方式，并能打印出各种报表；基本数据维护功能；可以输入学生的身份、性别、班级、账号、密码等。

④提供机房设备管理功能，机房设备数量、状态、配置情况一目了然。

⑤可以设置公费与自费。可以根据机房、计算机、用户身份、时间设置不同的计费标准；提供产生新卡、加钱、挂失、解挂、换卡（学生转班级时使用）、修改卡信息等功能；给不同的使用者赋予不同的管理权限；良好的开放性和兼容性，可以与校园网计费系统挂结。

⑥可以与射频卡、IC 卡、磁卡、条形码卡等多种外设挂接。

2）系统特点。

①减少值班人员、维护人员，降低管理人员费用，甚至可以做到机房不需人员值守；增加机房的开放时间，提高设备的利用率；学校安装此套系统后，24 小时全天候开放机房；充分利用现有设备，适当增加单位收入。

②安全性高：服务器端采用数据库软件具有的安全性能，保障计费系统有一个稳定的运行环境。学生机端采用底层登录的方法，在操作系统启动之前就启动登录程序，保证注册系统安全，不容易被破坏。

（5）体育娱乐消费。一种方式是采用终端机消费方式，此方式同"商店书店购物"相似；另一种方式采用计时收费方式，对于一些与时间有关的体育娱乐项目，采取计时收费方式，该收费方式与"机房收费"类似；第三种方式是采用计次收费方式，即采用单次定值收费方式，配以相应软件，得以灵活收费，如校园体育活动中心、洗浴中心等。

消费管理系统如图 8-17 所示，其功能特点为：可设置不同种服务类型的收费标准，如大众澡堂、单间盆浴等，也可设置不同种身份收费标准，如校内学生、校外人员、教师等，同时，还具有全面的查询及报表功能。

（6）图书馆电子阅览室计费。计费方式和机房收费相似。

（7）医疗就诊系统。校园卡在校医院主要有两大用处：①就诊人身份识别；②充当电子钱包收取就诊费及药费。其计费方法采用终端机方式，此方式同"商店书店购物"相似。

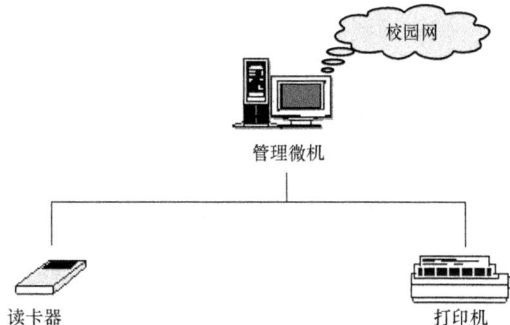

图 8-17　消费管理系统

（8）射频卡自动计费淋浴系统。使用该系统，水电成本可以全数回收，还可形成利润；自助洗浴，大大延长营业时间；杜绝收入流失，营业状况一目了然。

1）系统功能：先扣款后放水，每次扣款时间间隔从 1s 到 255min 自由设定，每次扣款金额从 1 分到 255 元自由设定；智能人体探测监控，洗浴者移离淋浴头或取出智能卡时自动停水；使用数据采集与管理软件平台，智能卡可随时挂失，营业数据安全可靠，可以查询打印报表。

2）性能参数：外壳应全防水，水电彻底分离设计以保证安全；设置通信接口，用于与主控微机布线联网，也可脱机运行。专门针对学校的使用环境进行设计，延长洗衣机使用寿命。

（9）自助式洗衣系统。学生可以自助洗衣，大大延长营业时间。同时，杜绝收入流失，营业状况一目了然。卡片全自动化管理，节约费用，增加学校的收入。

1）系统功能：洗衣机与控制器分离，用户可以自己购买洗衣时间。先扣款，后启动洗衣机。每次扣款时间间隔从 1s 到 255min 自由设定，每次扣款金额从 1 分到 255 元自由设定；功能完善的数据采集与管理软件，智能卡可随时挂失，营业数据安全可靠，可查询打印报表。

2）性能参数：外壳应全防水、水电彻底分离设计以保证绝对安全。设置通信接口，用于与主控微机布线联网，也可脱机运行；适合各种潮湿、油烟及灰尘的恶劣环境；全封闭面板，单键操作，简单、方便、快捷。

作 业 与 思 考 题

（1）停车场的类型有哪些？

（2）停车场管理系统的基本功能有哪些？

（3）停车场管理系统的基本组成有哪些？

（4）停车场管理系统的主要设备有哪些？

（5）停车场管理系统的先进技术有哪些？

（6）谈谈停车场管理系统的现状、发展及问题。

（7）什么是电子巡更系统？

（8）电子巡更系统的组成与应用领域有哪些？

（9）谈谈电子巡更系统的工作过程。

（10）电子巡更系统的分类有哪些？

（11）在线式和离线式系统有什么区别？

（12）接触式和非接触式系统有什么区别？

（13）电子巡更系统的一般要求有哪些？

（14）电子巡更系统的功能有哪些？

（15）谈谈电子巡更系统的现状、发展及问题。

（16）安装电子巡更系统时要注意什么？

（17）什么是"一卡通"系统？

（18）谈谈智能大厦一卡通系统的组成与内容。

（19）谈谈数字社区"一卡通"系统的组成与内容。

（20）谈谈数字校园"一卡通"系统的组成与内容。

第 九 章

安全防范系统的设计

第一节 工程设计的规划

安全技术防范系统的设计是完成一个安全防范系统工程项目的第一步，也是非常关键的一步。任何一个工程项目设计的正确与否、合理与否，都将直接关系到后续工程的实施。另外，设计要有依据，要有一定的步骤，才能既符合用户要求，又符合工程规范。

工程设计又分为初步设计和正式设计。初步设计有时也称方案设计，是安防工程实施过程中的关键步骤。对于一、二级工程来说，必须先进行初步设计（方案设计），并经主管部门和有关专家论证后才能进行正式设计。

一、设计程序与步骤

1. 建设单位给出设计任务书

（1）设计任务书及其内容。设计任务书是指建设单位根据国家有关部门的规定和管理要求以及本身的需要，将设防目的和技术要求以文字、图表形式写出的文件。

设计任务书的内容包括设防目的、系统应具有的总体功能、技术性能指标、工作环境情况、传输距离、控制方式以及建设工期、工程投资控制数额、建成后应达到的预期效果等。

（2）设计任务书的完成。有时由于用户本身的原因，可能难于以文字形式给出符合规定或能说明全部情况的设计任务书，这时往往需设计方与用户共同完成设计任务书。有时，用户也会口头向设计方讲述自己对系统的大致要求，同意设计方提出设计方案，再加以修改，然后直接形成设计方案，严格说来，但这种做法是不规范的。无能力独立完成设计任务书的建设单位，设计者可协助其完成，但应避免无任务书而直接进行设计的做法。

2. 设计单位进行工程现场勘察

现场勘察是进行工程设计的基础，勘察内容与要求如下：

（1）防护目标的自身特点及放置情况。

（2）设防部位建筑物结构、管道分布及物品布局情况，如建筑物楼层、内外楼道、非正常通道、通风管道、暖气装置、家具陈设、各种供电线路的分布情况等。

（3）建设单位设防区域的周边环境，如四周交通和房屋状态、地形、地物等。

（4）了解设防部位的电磁波辐射强度。记录电磁波干扰强度高的区域，以作为系统抗干扰设计时的参考。

（5）1 年中室外最高温度、湿度，风、雨、雪、雾、雷电和最低温度变化情况及持续时间（以当地气象资料为准）。

（6）勘测各种探测器的安装位置，必要时应进行现场模拟试验，观察覆盖范围及能否可靠工作，并在平面图上标记出探测器及出线口的位置。

（7）勘测摄像机的安装位置，记录一天的光照度变化和夜间能提供的光照度情况，必要时应进行现场模拟试验，观察视场范围和图像质量，并在平面图上标记出摄像机及出线口的位置。

（8）所有勘察内容均应作详细记录。

3. 设计单位进行方案设计

根据设计任务书、现场勘察结果、防护目标的重要程度和周围环境条件等确定系统构成方式及设备配置。

方案设计应包含的主要内容有：

（1）系统构成框图。图中应标明系统中设备的配置数量、分布情况、传输方式等。

（2）系统功能说明。包括系统的功能及主要设备的功能，所用设备的功能、监视覆盖面等。

（3）防区布防图及防护范围。图中应具体标明探测器、摄像机等前端器材的位置、类型及探测或监视的覆盖面等。

（4）控制室布局图。图中应标明控制台、终端显示设备（电子地图板、大屏幕显示器、监视器等）、通信设备、通风设施、灭火装置等的位置以及室内走线与系统接地等内容；对于一级风险工程，还应设置卫生间。

（5）设备、器材配置明细表。包括中心控制设备和各种探测器、监控器材、传输设备（包括机、线设备）及其他辅助设备的名称、生产厂家、型号、主要功能及技术指标、数量、价格等。

（6）管线敷设方案。包括管线走向、架空敷设还是管道敷设，以及与其他用途走线间的防护措施等。

（7）工程费用概算。包括器材设备费、设计施工费、工程检测验收费等。具体概算方法应参照 GA/T 70—2004《安全防范工程费用概预算编制办法》中的规定进行。

（8）建设工期。包括施工工期（含系统调试）和试运行工期，其中，施工工期可与建设单位商定，而试运行期则应执行 GA/T 75—1994《安全防范工程程序与要求》中的规定，即施工完毕后，至少试运行一个月。

4. 建设单位对设计方案进行论证

将方案设计（初步设计）提交给用户，征求用户意见后进行修改等。待双方协调并同意后，由用户签字盖章并返还设计方（用户可留有备份复印件或备份正式文本）。双方签订合同书。

（1）组建专家组。专家组一般由 5～7 人组成，应包括建设单位保卫处（科）负责人、设计单位技术负责人、安全技术防范专家、公安主管部门技防管理人员等。

（2）将设计方案提交专家审阅。除提交设计方案外，还应提交与设计方案有关的其他资料，如设计任务书、现场勘察报告、土建图纸、方案中主要设备及器材的说明书等。

（3）方案论证。论证会由建设单位主持，设计负责人述说设计方案并回答专家质疑。专家对方案内容逐项进行审查（论证），并对其技术、质量、费用、工期、服务和预期效果作出评价，同时提出修改意见。

5. 设计方案审批

由建设单位将设计方案及论证意见（以及设计单位和建设单位双方对修改意见的处理结果）报送相应业务主管部门审批，并在此基础上由建设单位（用户）的上级主管部门会同公安机关技防管理部门对方案设计（初步设计）进行论证，批准后方可进行正式设计。

6. 工程正式设计

依据批准的设计方案进行正式设计。正式设计包括技术设计、施工图设计、操作维修说明等。

（1）技术设计。技术设计应包含方案设计中1）～7）中的各部分内容，只是应更加确切和完善。最终形成的技术设计文件必须具备以下内容：

1）设计任务书。

2）方案设计。

3）系统图及工作原理。

4）设备、器材清单，包括系统中所有设备、器材的名称、型号、主要技术指标及生产厂家等。

（2）施工图设计。施工图是具体指导施工的文件，其主要包括：

1）探测器或摄像机布防图、中心设备布置图、系统连线图。

2）管线要求及管线敷设图。

3）设备、器材安装要求及安装图。

图上应标明设备的具体安装位置，线路的敷设方式、走向、线间距离，所使用导线、护套管的型号、规格，与其他用途走线间的防护措施、安装要求等。

制图要严格按照工程制图标准和GA/T 74—2000《安全防范系统通用图形符号》的有关规定进行。对于标准发布后的新产品，所用图形符号必须加以说明。

（3）操作与维护设计。操作和维修说明书应包括以下内容：

1）测试、调试说明。包括系统的分调、联调等说明及要求。

2）系统各部分的功能及操作、使用方法说明。

3）计算机程序说明。

4）系统故障多发部位及常见故障的判断方法和维修措施说明。

5）售后服务承诺。

（4）其他施工设计。其他必要的文件，如设备使用说明书等。正式设计文件应有设计、审核和批准人签字方为有效。正式设计的技术设计、施工图设计及工程费用需报建设单位或其上级单位审批（有特殊规定的设计文件还需经公安主管部门审查批准）盖章后才可进入施工阶段。

7. 竣工设计

施工过程中对设计所作的变更应用文字记录，并画出工程竣工图后存档。

以上是工程设计程序与步骤的一般形式。具体实施过程中，有的步骤可以简化，但总体上不宜相差太多。有关立项、招标、委托等方面的具体要求参见GA/T 75—1994。

二、设计的基本技术依据

技术依据是与系统设计有关的具体技术要求，它不同于设计任务书。设计任务书总体上说是对系统功能的要求和描述，而技术依据是在系统功能要求的基础上，对一些具体技术问题加以了解、考察甚至实际测试，得出技术结论后，再落实到设计中。

这方面的一些问题与设计任务书的要求有关，但又不是在设计任务书中能全部包括和解决的。所以，技术依据有其自身的特点和具体问题。一般说来，设计的技术依据来自以下几个方面：

（1）国家有关的标准与规范。

（2）设计任务书。

（3）工程现场勘察。

（4）设备说明书中所用设备的技术指标。

（5）视场角计算。

（6）根据系统整体情况选择传输方式。

（7）其他必要的技术依据。

其中，工程现场勘察是非常重要的一个环节。任何不通过现场勘察就进行设计的情况是不存在的。

现场勘察对设备的配置、安装位置、传输距离、工作环境、传输方式等诸多方面来说都是决定性因素。所以，必须非常重视这个问题。在现场勘察时，应作出记录，画出草图等，以备设计时作为依据。

三、系统中心的设计

系统中心的设计，首先要依据系统前端的入侵探测器、摄像机等设备的数量和布局以及整个系统的情况和要求进行。一般可大致分以下几种情况：

（1）由入侵探测器的配置确定报警主机的型号与功能。

（2）由摄像机配置的数量决定视频切换主机输入的路数。

（3）由摄像机配置的数量决定监视器的数量，如采用 4:1 方式时，假设有 16 台摄像机，则应配 4 台监视器，并由监视器的数量决定视频切换主机输出的最少路数。还应说明的是，如控制台上有录像机等设备，则还应考虑是否用专用的监视器对应录像机或有关设备。

（4）由摄像机所用镜头的性质决定控制台是否应有对应的控制功能（如变焦、聚焦、光圈的控制等）。

（5）由是否使用云台决定总控制台是否应有对应的控制功能（如云台水平、垂直运动的控制）。

（6）由是否用解码器决定控制台输出控制命令的方式。用解码器时，控制台输出的编码信号用总线方式传送给解码器；不用解码器时，控制台输出直接控制信号。一般来说，摄像机距离控制台较远，且摄像机相对较多，又都是有变焦镜头和云台的情况下，用解码器方式；反之，可以用直接控制方式。

（7）由传输方式决定控制台上是否应加装附加设备，如射频传输方式应加装射频解调器；光纤传输时应加装光解调器等。

（8）由传输距离决定是否采用远端视频切换方式，并由此决定控制台的切换控制方式以及对远端切换的控制方式。在远距离传输时，还可采用视频传输、光纤传输、微波传输等其他传输方式。

（9）根据用户单位的风险等级、用户要求、摄像机数量等因素，综合考虑决定是否用录像机、长延时录像机、多画面分割器等。

（10）根据上述情况决定电源容量的配置、不间断电源以及净化稳压电源的配置等。

（11）根据风险等级、用户要求决定采用单独的视频监控系统还是视频监控系统与防盗报警系统相结合。

总之，系统中心的设计应在实用、可行、节约的情况下尽量满足用户要求和保证系统的功能和可靠性。

四、传输系统的设计

传输系统的设计，重要依据有两条：①传输距离；②终端的数量、种类及分布情况。

传输距离远、终端数量多的情况，宜选用光纤传输、射频传输、视频平衡传输、远端视频切换方式等；传输距离近，则选用视频传输方式。

以下是有关传输系统设计中的几个具体问题。

1. 电缆的选择

传输图像信号用的电缆线，也即特性阻抗为 75Ω 的同轴电缆。在我国，此类电缆的型号主要有 SYV-75-5、SYV-75-7、SYV-75-9、SYV-75-12 等。型号中的尾数越大，电缆越粗，损耗越小，但价格也越高。

所以，根据传输距离和所选用的传输方式合理地选择电缆是很必要的。究竟选择什么样的电缆线，最好根据传输距离、传输方式以及电缆线的型号（主要是确定单位长度的衰减量）通过计算后确定。

另外，还要考虑电缆线在户外架设时的环境情况，气候情况、决定电缆线的强度及耐高低温的性能。有时，还要考虑外加护套管、铠甲等。

有的质量低劣的电缆，从外表上可能看不出什么问题，但其特性阻抗及其他有关技术指标可能都达不到规定指标的要求。这种情况要特别注意，否则会出现许多意想不到的麻烦。需要时，可对所选择的电缆线进行必要的测试。

2. 器件的选择

器件的选择是指在射频传输的情况下，应综合考虑摄像机所处的位置及与主传输线的距离等因素，考虑使用什么样的传输部件更为合适。

譬如，当摄像机在某一处相对集中时，可以考虑用混合器将各路摄像机的射频调制信号（摄像机输出的视频信号经调制器调制后的信号）混合后一起送入主传输线；当摄像机分散在主传输线的沿途时，则采用定向耦合器将各路射频信号送入主传输线。

又如，干线放大器应该是在传输电平开始低于 80dBμV 时的那一点插入，如在高于 80dBμV 时插入，则会产生自激振荡或插入信号限幅等情况；在太低于 80dBμV 时插入，还会出现雪花状噪声等。此外，在可能的情况下，放大器插入的级数越少越好。

3. 控制线与电源线

控制线与电源线除要考虑其强度、工作环境等要求外，重要的是应考虑其传输损耗。这两种线的传输损耗可以用线路的直流电阻去评估，或模拟实验出单位长度的电压降。尤其是控制线，其一般用来传送数码信号或开关信号，而数码信号一般为 TTL 或负逻辑电平，开关信号或为 TTL 电平，或一般也不会高于 12V DC。

如果传输距离很远，到达终端时已达不到 TTL 电平的标准或低于需要的开关信号的电平要求，则也应考虑中间加装放大器。这种放大器是专用的数字信号放大器或电平变换器，有的生产厂家称其为中继器或中继盒，具有定型产品。

4. 管线的设计

在进行传输系统的设计，特别是绘制施工图纸时，往往对管线的设计与绘制不太重视。其实，在施工中或系统调试中往往会在传输线路上出现问题。虽然这不一定都是由于在设计时不重视而引起的，但如果在设计和绘制工程图纸时是认真负责，并按规定进行的，那么就会真正起到指导施工的作用。

目前，我国电气线路的设计一般是按照建筑工程中电气工程的有关规范和标准进行的。虽然关于安全技术防范工程没有专门的标准，但沿用建筑电气工程的规范和公安部下发的有关标准进行设计和绘制施工图是完全可行的。

在建筑电气工程的规范中，有弱电方面的规范和标准，参照它们进行设计和绘制工程图即可。待今后有关部门下发了专门用于安全技术防范工程有关管线方面的规范和标准后，再按其执行。就此问题，还要作以说明：

（1）目前，在进行安全技术防范工程的管线设计和工程图纸的绘制时，大多数情况下都是直接绘制在用户提供的建筑物的平面图纸上。在这种情况下，应在图纸上标明管线的种类、型号、走向等。如果原图纸上已有其他电气线路图，则一定要用符号或说明标出安防工程方面的管线。在可能的情况下，最好根据用户提供的平面图自行单独绘制工程图。在建筑物之外进行施工的施工图，一定要专门绘制。

（2）220V 的交流供电线路在设计时就应标明需单独布线，而不能与视频信号线及控制线布在一起。

（3）线路的护套管，应根据规范要求及用户意见设计，且应符合防火、防破坏及屏蔽效果等方面的要求。

（4）管线的路由部分应专门标明，并采取防破坏及符合环境要求的措施。

第二节　大型安全技术防范系统的设计

一、系统的特点分析与设计原则

1. 系统的特点

一个规模很大的安全技术防范系统，在进行初步设计（方案设计）和正式工程设计时，相对一个小规模的安全技术防范系统来说，无论在要求上和复杂程度上都要高很多、难很多，这有以下几个原因：

（1）大型安全技术防范系统一般用于风险等级高的单位，而风险等级高的单位必然要求高、防范的区域大、防范的技术手段先进。一般为防盗报警与视频监控等多种防范措施相复合使用的系统。

（2）对于风险等级高的单位，在整体重点防范的要求上，还必然有重中之重。例如，对一个较大银行的安全技术防范来说，营业场所、金库、进出金库的通道以及运钞车的进出场所、计算机室等就是防范的重中之重。

（3）风险等级高的防范单位要求不能有防范的漏洞，并且不允许产生漏报以及在发生警情时必须能立即通过防范系统掌握警情、案发现场的具体情况及采取相应措施。也就是说，必须快速准确地作出反应。

（4）风险等级高的防范单位，在防范手段和措施上，对于重中之重一般采取双保险的防范措施，并且要求增加一些一般防范单位不一定要采取的防范手段，如门禁系统、电控门锁等。同时，要求一旦出现警情后，安全技术防范系统的本身应有一定的应急处理能力。

（5）通信措施、供电保障等均要求严格。例如，监控中心与本单位的保卫部门以及与附近的公安部门的直通电话，有线通信与无线通信相结合，以及不间断供电等。

鉴于以上原因，一个风险等级高、规模大的安全技术防范系统必然是一个要求高、技术手段先进、既全面又有重点的防范系统。所以，这样的系统在设计时有较高的难度。但是，只要掌握了大型系统的设计原则和设计方法，就能设计出一个既符合要求又能把经费控制在较低水平的系统。

2. 系统的设计原则

一个系统的设计，总是要先进行方案设计（初步设计），待方案设计通过后，才能进行工程设计。

一个系统方案设计的最基本的依据有两条，一是国家及国家有关部门对该类型建设单位在安全技术防范上的要求和规定；二是建设单位给出的设计任务书。

建设单位给出的设计任务书，按理说应该是建设单位按国家的规定和要求，结合本单位的实际情况，对该安全技术防范系统要求的具体化。但是，许多建设单位本身或由于对国家有关要求和规定理解和掌握得不够，或由于技术上等其他原因，最终拿不出一份合格的设计说明书，甚至根本不做设计任务书。这为系统的方案设计带来了很大的困难。

目前，许多安防工程的设计任务书往往是建设单位请设计、施工单位代做。严格地说，这是不符合规定的。但鉴于目前的实际情况，设计、施工单位帮助建设单位提出设计任务书也是常见的办法。

由设计施、工单位帮助建设单位提出设计任务书时，一定要根据国家的有关要求和规定，认真负责地去完成；不允许用方案设计（初步设计）来代替设计任务书，或根本不做设计任务书。在根据国家规定和要求以及根据建设单位的实际情况制订出设计任务书之后，设计、施工单位就可以实施方案设计了。

二、系统的设计

1. 系统的方案设计步骤

在大型的安防系统中，根据设计任务书及建设单位提供的建筑图纸进行方案设计时，主要设计步骤如下。

（1）划出防区的区域，即1号区、2号区、3号区等。

（2）根据防区的划定，画出整个系统的布防图。

（3）根据布防图确定具体防范手段和采用的防范措施（加报警探头、摄像机、门禁、电控锁以及其他防范方式）。在进行（2）、（3）步时，应对设置的探头、摄像机等计算并给出防范的覆盖面（区域）等。

（4）认真检查、核对、计算布防图及防范手段的形成是否有漏洞或死角（盲区）。

（5）根据前几步设计，绘制出由前端（探头、摄像机）至控制中心的信号传输系统以及其他所有设备、部件的系统构成框图。系统构成框图必须标明或能看出设备与设备之间的关系，以及各种信号的流向、设备对应的位置、设备的种类和基本数量等。总之，在系统构成框图上应对整个系统构成的全貌一目了然。

（6）根据系统构成框图作设备、器材明细表及其概算。在设备、器材明细表上，应注明设备的型号、规格、主要性能和技术指标及生产厂家。

（7）作出工程总造价表（系概算，但应包含设备、器材概算、工程费用概算、税金以及其他取费）。

（8）根据上述各个步骤，写出设计说明书。

设计说明书应对整个系统的构成、性能与功能，整体技术指标，采用的技术手段，实施的方案，各分系统之间及各分系统与整个系统之间的关系，以及其他必要的事项作出较详细的说明和论述。至此，方案设计（初步设计）就基本上完成了。

在进行上述方案设计时，应注意前后之间的联系和统一，也即应保证布防图、系统图、设备器材清单、设计说明书和工程总造价等是一个完整的、没有矛盾的、能充分表达设计思想和设计方案的统一体。

在设计中，对于设备、器材的数量和选型，既要保证质量和性能指标上满足要求，又应尽量选型合理、降低造价。

方案设计完成后，经过建设方、设计方及有关主管部门、管理部门和必要的专家论证、修改并最终认可确定为正式的工程文件。

2. 系统工程设计

正式工程设计是指能具体指导施工的图纸及相应设计的文件。通常，正式工程设计的主要任务是绘制指导施工用的图纸。

（1）工程设计的主要依据。

1）方案设计中的布防图、系统构成图、设备器材清单以及设计说明书。

2）施工现场的勘察和勘察过程中绘制的草图以及最后形成的现场勘察报告。

3）施工现场的有关建筑图纸。

4）布线中对管线的有关要求、标准以及具体的型号和规格。

5）国家制定的有关标准和规范。

6）对方案设计的论证意见（包括对方案设计提出的修改意见）。

（2）工程图纸的要求。

1）具体详尽地绘制出布线图。要求注明管、线的型号和规格，布线的具体位置、高度，线的种类及数量；对于必须分开布放的线类，应加以标明。此外，还应标明在出现交叉及平行布放线路时应采取的措施和间距，以及线的入口、出口及连接点等处的标明和应采取的措施、工艺及对路由的要求等。

2）对设备安装要求的说明。包括安装的位置、高度、安装方式、安装线的预留长度，以及在一起复合的设备（如摄像机、镜头、防护罩、云台等）安装时顺序等。

3）对某些设备应采取的安全措施（如外加防雨、防晒棚或防拆措施等）。

4）必须给出图例以及有关的必要说明。

在工程图纸的绘制中，一定要与方案设计中的有关内容（如数量、种类、位置等）严格对应，且每一份图纸都应有与建筑图纸相一致的轴线。

在工程设计（主要内容是工程图纸的绘制）完成并会签后，就是正式确定的工程文件。接下来，应组织施工人员进行现场走访对照、技术交底、解答施工人员对图纸中的尚未清楚的问题。

至此，工程设计的整个过程即完成。在进行大型工程项目的设计时，最关键的是方案设计，而方案设计完成的好与坏，除以上所讨论的各种事项之外，设计人员应有深厚和熟练的技术素质，对有关规定和规范，以及对有关设备和器材的性能、技术指标等有广泛、深入的了解和掌握。

第三节 初 步 设 计

安防工程的初步设计是安防工程立项后进入实质性设计工作时的重要步骤。如果不进行初步设计并经过方案论证，就很难做出一个好的工程设计，也就更谈不上工程施工等事宜。只有经过初步设计形成的设计方案才能进入方案论证与审核阶段。

一、初步设计的必要条件

1. 初步设计的必要性

现以一个二级安防工程为例，其工程总造价一般情况下大约为 50 万元，系统一般由防盗报警与视频监控两个主要部分组成。

对于这样一个中等类型的安防工程，虽然其工程总造价与系统的大体构成如上所述，但其工程对象（或者说使用单位）的情况可能是大不相同的。例如，这种类型的工程可能用在银行系统，也可能用在商场，还可能用在文博系统或宾馆等部门。使用单位的不同，对安防工程的要求也不同，而且可能是很大的不同。

对于银行与文博系统，国家有专门的标准与规范（无论在风险等级的划分上，还是在工程设计要求上均如此）。这些标准与规范都有极为明确的规定与要求，进行这类部门的安防工程设计必须按国家的有关规范与标准进行。

对于商场和宾馆，目前国家还没有正式的规范与标准，用户自己的要求也千差万别。在这种情况下，既不能照搬银行与文博系统的规范与标准，又不能不顾国家规范与标准中能参考的标准去考虑设计。所以，在这种情况下，应该根据用户单位的实际情况与使用要求，再参考国家的有关标准与规范，经过充分论证，从而完成工程设计工作。

因此，在工程设计时，国家有标准与规范的，要严格遵照执行；没有明确标准与规范的，应结合用户实际情况并参照国家有关标准与规范执行。根据这个指导思想，就不难进行安防工程的初步设计。初步设计完成后，根据论证审核提出的修改意见进行修改，最后形成正式的工程设计。

2. 初步设计的必要条件

一个安防工程进行初步设计时，必须根据 GA/T 75—2004 的有关要求与步骤以及相应的必要条件与有关技术依据进行。大体上说，应该有如下应具备的条件和作为依据的内容。

（1）国家有关的规范与标准。例如关于银行系统的 GA 38—2004《银行营业场所风险等级和安全防护级别的规定》及 GB/T 16676—1996《银行营业场所安全防范工程设计规范》；关于文博系统的 GA 27—2002《文物系统博物馆风险等级和安全防护级别的规定》及 GB/T 16571—1996《文物系统博物馆安全防范工程设计规范》。

此外，还有许多有关的规范与规定，它们大多都有专指的对象与类别，这些是进行初步设计、方案审核及工程验收时的最根本、最重要的原则。

（2）建设单位（用户）提出的设计任务书。设计任务书是建设单位对自己拟建的安防工程提出的总的原则与具体的要求。在一个质量较高的设计任务书中，应该对建设单位的风险等级、防护级别、总体和具体的设计要求有比较明确的说明，甚至还应包括工程总造价的控制范围、工期的要求，以及设备选型要求等有关说明。

但是，由于建设单位往往对国家有关规范与规定不甚了解，对设备与技术问题也了解不多，因此单凭自身的能力很可能提不出一个较好的设计任务书来。在这种情况下，设计单位更要认真负责地帮助完善设计任务书，或根据设计任务书的基本内容和要求，在初步设计中加以完善与提高。特别是应该严格遵照国家的有关规范、规定和标准去修改、完善与提高。如果有条件，建设单位应找有资格编写设计任务书的单位或专家根据国家规范与规定参加编写设计任务书。对于那些准备进行正式招标去完成安防工程的建设单位，特别是大型安防工程的招标，则应建立专门的技术班子或委托有资格的单位来完成工程招标书。

（3）建设单位有关的图纸和资料。建筑平面图、房屋与设计布局图，防范区域的划分要求、整个单位楼宇内外布局与地势说明等，这些图纸与资料是进行初步设计（方案设计）时必不可少的。同时，设计单位还应在有关的图纸上标注布防的内容及防范的区域与范围、摄像机的视场角或监视的范围（即布防图）等。在以后进行的方案论证与审核中，布防图是要求具备的技术文件之一。

（4）工程现场勘察记录（报告）。如果不对工程现场进行勘察并作必需的记录（包括画出蓝图或在已有的建筑平面图等图纸上进行标注），是绝对搞不好方案设计（初步设计）的。原因之一是，很多给出的建筑图纸不一定与工程现场完全一致，因为在工程建筑中可能进行过个别调整而图纸上还没反映出来，或图纸对实际建筑情况反映得不详细、不明确；原因之二是，不进行现场勘察，就没有感性认识，也不能获得现场实际情况的第一手材料，这对初步设计当然不利；还有一个原因是，只有进行了现场勘察，所完成的初步设计才能比较切合实际情况，并为今后施工准备了进驻现场的已知条件。这些条件包括线路的走向与敷设方案或方法，防范区域与安防系统周边的各种情况（包括强电弱电情况、电磁辐射情况、雷电发生情况等）。这些情况往往在已给出的建筑图纸上是反映不出来的，而这些又恰恰是在进行初步设计及形成正式工程设计时所必需的。有时，为完成一个好的工程设计，甚至要多次去现场勘察、考核、核对。

（5）丰富和齐全的设备技术资料。拥有较丰富和较齐全的设备与部件的技术资料、报价等有关当前市场上国内外各种安防产品的素材。只有在拥有大量上述资料的情况下，才能做好设备选型、进行系统构成并作出工程预算。因为初步设计不仅包括技术，还包括设备选型及工程造价。

（6）专业化技术队伍。一支较高水平的专业化技术队伍及一定的设计、施工经验也是不可或缺的。

在前述 5 个必要条件的基础上，工程设计与施工单位的技术人员素质当然是完成任务的重要条件。有了一支好的技术队伍，才能充分利用前述的必要条件；或者说，有了一支好的技术队伍，前述的条件也更便于形成。这支技术队伍不仅要懂技术、懂法规，还应有一定实践经验。

二、初步设计的步骤

初步设计的步骤一般是：

1. 确定设计思路

（1）确定总体设计思想。根据国家有关规范与规定及建设单位的设计任务书确定总体设计思想。具体包括风险等级的确定、防护级别的确定、防护区域的确定（如银行系统的 1 号区、2 号区、3 号区）、防范措施或防范手段的确定（不同防范区域采用不同的防范措施）。例如，金库内要有两种以上的探测器；有的部位要在有入侵探测器的情况下再进行图像与声音复核等。

（2）完成布防图的绘制。在总体设计思想明确和确定后，完成布防图的绘制。

2. 完成设备选型

（1）列出设备清单。根据布防图，清点出各种设备的数量、种类、技术指标、所在位置、对应关系列表并进行统计。

（2）确定设备选型。根据上述各点确定中心控制设备的选型与相配套设备的选型、数量、种类及技术要求等。

（3）完成系统原理框图。根据上述各点选择传输方式并完成整个系统构成的原理框图。在构成原理框图时，一定要标明设备的种类、位置、信号的流向、各设备之间的相互关系。在框图中，应用中文标明设备的名称，而不能只写某种设备的型号，且最好采用图例说明。通过系统构成框图，能让从事安防工程工作的管理人员、技术人员一目了然。

目前，大多设计系统构成框图很不标准、很不规范。例如，有的在主机的方框中只写一个型号；有的根本看不出设备之间的相互关系；不少框图中根本没有信号的流向等。这类系统框图根本无法说明问题，更起不到指导工程实施的作用。

3. 完成设计说明

根据上述各点，写出初步设计说明书。在设计说明书中，一般应分如下几个方面书写：

（1）工程名称。

（2）任务来源。

（3）设计依据。

（4）总体设计思想（根据规范及用户要求阐述总体设计思想）。

（5）系统的构成与功能说明，其中也可包括设备选型的原则及依据等。使其既能反映系统构成的情况，又能使人一目了然，并对主要功能及系统中各部分之间的关系非常明确。

（6）对入侵探测器、摄像机等前端设备列表标明所在位置、种类、型号、对应关系等。

（7）设备器材清单（应含所采用设备的名称、型号、主要性能指标、数量、价格、产地生产厂家等），以及汇总后的总价格。

（8）工程取费及其他有关工程费用，并形成工程总造价。

（9）施工组织实施方案、计划、工期、售后服务与维修保障措施等。

（10）附有主要设备的型号、技术指标等产品技术说明书。

上述 10 个方面的内容，能较全面系统地反映出初步设计的整体情况。当然，具体完成时，不一定完全拘泥于上述形式，但总的来说，上述内容应在初步设计说明书中反映出来。

第四节　施 工 图 的 设 计

为了提高安全防范系统的工程质量，有效地指导安全防范系统的施工，必须做好安全防范系统工程施工图的绘制。

一、图纸绘制的一般要求

1. 工程图的一般要求

工程图的绘制应认真执行绘图的规定，所有图形和符号都必须符合的规定，以及"工业企业通信工程设计图形及文字符号标准"，不足部分应补充并加以说明。绘图要清晰整洁、字体规整，原则上要求宋体字书写，力求图纸简化、方便施工，既详细又不烦琐地表达设计意图。

工程图的设计和绘制必须与有关专业密切配合，做好电源容量的预留、管线的预埋和预留，以保证之后能顺利穿线和进行系统调试。

绘制图纸时，要求主次分明、突出线路敷设。电器元件和设备等为中实线；建筑轮廓为细实线；凡建筑平面的主要房间，应标示房间名称，绘出主要轴线标号。

各类有关的防范区域应根据平面图明显标出，以检查防范的方法及区域是否符合设计要求；探测器及摄像机布置的位置力求准确；墙面或吊顶上安装的设备要标出距地面的高度（即标高）。相同的平面、相同的防范要求，可只绘制一层或单元一层平面；局部不同时，应按轴线绘制局部平面图。

凡在平面图上绘制多种设备时，比例尺宜采用 1:100；面积很大，设备又较少时，若能表达清楚，则可采用 1:200；剖面图复杂的宜用 1:20、1:30 甚至 1:5，以比例关系细小部分的清晰度而定。

2. 设计说明的一般要求

施工图的设计说明力求语言简练、表达明确。凡在平面图上表示清楚的不必另在说明中重复叙述；凡施工图中未注明或属于共性的情况，以及图中表达不清楚的，均需加以补充说明，如防范区域、空间防范的防范角等。单项工程可以在首页图纸的右下方、图角的上侧方列举说明事项。如一系统子项较多，属于统一性的问题，则均应编制总说明，排列在图纸的首页。

首页总说明的一般要求是：用文字简要说明工程概况；主要设计依据、设计标准、规范；系统组成、设备选型考虑；控制方案介绍；设备布置情况；施工安装要求、推荐安装规程；设备防爆、防腐、防冻、防火等保护措施；采购和成套说明、风险说明，以及设计人认为需特殊阐明的其他问题。

与设备与安装有关的说明内容一般按下列顺序进行：

（1）前端设备的选用、功能、安装。

（2）中心控制设备的功能、容量、特点及安装。

（3）管线的敷设、接地要求、做法，室外管线的敷设，电缆敷设方式等。

二、图纸内容的一般要求

1. 系统总平面图

标出防范系统在总建筑图中的位置，监控范围、控制室的位置、传输线的走向、系统的接地等。

主要表示出各设备的位置、接线的走向及敷设的方式，便于估算使用的材料。

可用于判断联线距离是否超出规定（对于一些通信线，首尾之间、两个设备之间有一定的距离要求）。

2. 系统接线图

确定完成安防任务的设备和器材的相互联系，确定探测器、摄像机和中心控制设备的性能、数量，以及安装的位置。

确定报警控制器、视频切换控制器、门禁控制器等控制设备的功能及容量。

确定所有主要设备的型号、数量、性能、技术指标，以满足订货要求。

主要在系统上表示出主要设备的相互位置和网络拓扑结构。

可用于判断连接数量是否超出规定（对于一些通信协议，总线能够连接的控制器数量有一定的限制）。

3. 控制原理图

施工图级的安全防范系统的控制原理图应表示出全部系统的控制原理，标注传感器、控制器、执行器的位号与点号。多个控制系统使用同一个原理图的，要用文字和表格的形式表示出上述的位号或点号，同时要标明安装地点。

控制原理图必须使用标准图例符号绘制。根据使用的控制设备的不同，可以选用控制方案回路图法，也可以使用控制框图法。

此外，应表示出全部控制系统的配置框图，标明每台控制设备的位号及相互之间的联系、位置和网络拓扑结构，校核连接数量是否超出规定。

4. 分层、分部的平面图

确定探测器和摄像机的安装位置，注明标号，确立传输线的走向、管线数量、管线埋设方法及标高。有可能的话，绘出探测器及摄像机的探测区域或范围。

平面图标明的是控制器与控制器之间的相对位置和接线及其敷设方式；图中都要标明设备的位号、位置相对、电缆号、敷设方式及注意事项。

5. 盘柜布置图

根据产品样本和控制原理图，完成盘柜正面及柜内布置图。

按一定的比例反映盘和柜正面安装的全部的电气设备及其铭牌框，并标注定位尺寸。反映柜内安装全部设备的位置，应标明设备名称或代号，并按自上而下、从左到右的顺序编制设备表。

6. 单元接线图

根据产品样本和盘柜正面及柜内布置图完成单元接线图。

接线图中的各设备采用简化外形表示，必要时也可用图形符号表示。设备的引出端子应表示清晰并标注代号。接线图每个控制单元出一张，应根据需要标明相对位置、设备代号、端子号、导线号等内容。

7. 端子接线图

根据产品样本、盘柜正面及柜内布置图和单元接线图完成端子接线图。

本图表明盘（台或柜）信号和接地端子排的进、出线之间的连接关系，应注明设备的位号或去向端子号、电缆编号。每个监控柜出一张图纸。

8. 电缆表

根据产品样本、单元接线图和端子接线图完成电缆表。

以表格的形式表明每个电缆的走向，要求按电缆编号列出从前端传感部分到后端执行部分的全部连接、包括设备位号、电缆号、敷设方式及管槽的规格数量。

9. 设备安装图

根据产品样本和设备一览表完成设备安装图，包括复杂部位安装的剖面图。

用图纸的形式反映整个安全防范系统中使用的设备（包括各种传感器、探测器、摄像机、读卡器、开关、控制器、控制柜等）的安装方法，图中要标明使用这张图纸的设备的位号。有时可选用通用图纸代替，此时可以在单元平面图中用文字的形式说明。

10. 设备表和材料表

（1）根据设备一览表、系统平面布线图和设备安装图，制作设备表和材料表。

（2）根据设备表和材料表，作出预算表。

三、绘图标准

1. 代号

有关安全防范工程所用的图例及代号，均应按现行的国家标准或部颁标准执行。

各计量单位的中文名称及代号，一律按照国务院发布的《关于在我国统一实行法定计量单位的命令》、《中华人民共和国法定计量单位》及《全国推行我国法定计量单位的意见》等文件规定执行。

2. 图幅

所有设计图纸幅面均须符合表 9-1 中的规定。

表 9-1 图 纸 幅 面 规 格 mm

基本幅面代号	0	1	2	3	4
$b \times L$	841×1189	594×841	420×594	297×420	297×210
c		10		5	
a			25		

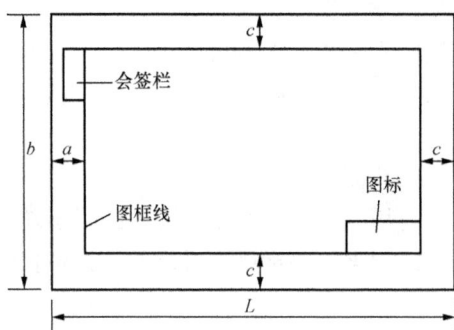

图 9-1　图纸标题和尺寸代号

图纸标题和尺寸代号如图 9-1 所示，a 为装订侧边宽度。一般用印刷标准图纸绘图。由于制版关系，图纸幅面不受此规定限制。用几张图纸拼接而成设计图纸，图纸幅度不受此规定限制。为了使图纸整齐统一，在选用图纸幅面时，应以一种规格的图纸为主，尽量避免大小幅度掺杂。在特殊情况下，允许加长 1～3 号图纸的长度和宽度；0 号图纸只能加长长度，且加长部分应为图纸边长的 1/8 及其倍数；4 号图纸不得加长。

3. 图标

图标一般分国内工程图标、对外工程图标及特殊用的图标，可以根据需要自行规定。

国内工程图标（0～4 号图纸）的宽度不得超过 180mm，高度以 40mm 为宜；对外工程图标的宽度不得超过 180mm，高度以 50mm 为宜。图标格式如图 9-2 所示，图标位置应在图纸右下角。

会签栏规格一般为 75×20，如图 9-3 所示。

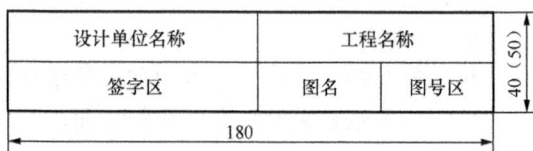

图 9-2　图标的格式

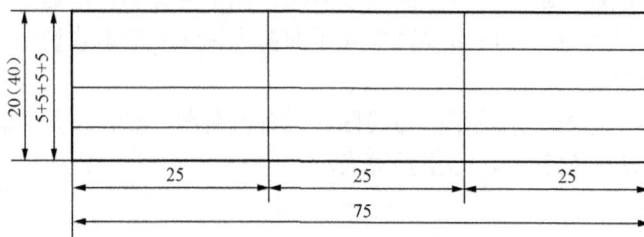

图 9-3　会签栏

会签栏仅供需要会签的图纸用，当一个不够用时，可再增加一个；两个会签栏可以并列使用，会签栏应放在左侧图框线外，其底边与图框线重合。

4. 比例

制图时所用比例可选 1:100、1:50、1:20，并必须采用阿拉伯数字表示。比例注写在图名右边。当整张图纸只用一种比例时，也可将注写在图标内图名的下面。

5. 字体

图纸上所有字体，包括各种符号、字母代号、尺寸数字及文字说明等，一般用黑笔书写；各种字体应从左向右横向书写，并注意标点符号应清楚。

所有字体的大小应保持协调，不能太大或太小；整张图纸最多不超过 3 种规格。

字体高度一般不小于 4mm。必要时，数字尺寸可以稍小，但不得小于 2.5mm。

字体必须书写端正、排列整齐、笔画清楚，中文书写时应采用国家公布实施的简化汉字并宜用仿宋体。

6. 序号

文字说明中需用编排号时，应按下列次序排例：

（1）一，二，三，…。

（2）1，2，3，…。

（3）（1），（2），（3），…。

（4）①，②，③，…。

（5）a，b，c，…。

在图纸中所有涉及数字均采用阿拉伯数字表示；计量单位采用国家颁布的符号，如三米七应写成 3700mm。

表示分数时，不得将数字与中文文字混用，如三分之一应写成 1/3，而不能写成 3 分之 1。小数数字前，应加上定位的"0"，如 0.25、0.008。

7. 线条

绘制图纸的线条的粗细原则是，以细线绘制建筑平面，以粗线绘制电气线路，以突出线路图例符号为主，建筑轮廓为次，从而达到主次分明、方便施工的目的。

制图中，实线、点划线、虚线等各种线条一般区分为粗、中粗、细 3 种，折断线、波浪线一般为细线，如图 9-4 所示。

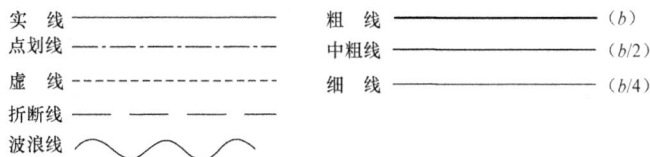

实　线
点划线
虚　线
折断线
波浪线

粗　线　　　　　　（b）
中粗线　　　　　　（$b/2$）
细　线　　　　　　（$b/4$）

图 9-4　制图用线实例

画点划线时，首尾两端为线段，点划线与点划线相交时应交于线段处。虚线的各线段应保持长短一致。采用直线折断的折断线必须经过全部被折断的图面，折断符号应画在被折断的图面以内，圆形构件应采用曲线折断，如图 9-5 所示。

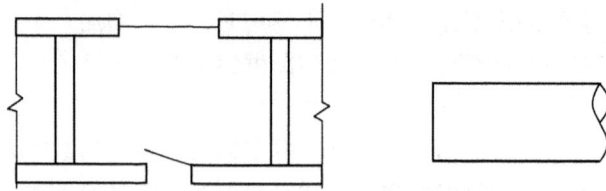

图 9-5　折断图形举例

四、设计图纸的标注

设计图纸标注图例符号应执行国家统一标准规定；计量应用公制标准，不应滥行标注，避免混淆不清。标注语言力求简洁，原则上应采用宋体楷书，字迹要工整，以保证图面清晰、方便施工。为了确保设计图纸的质量，一般应按下述方法进行标注。

1. 平面图的标注

平面图结构曲角变化复杂，应用细线标注轴线编号。建筑轮廓不应过粗，标注位置应选择适当，不要过度集中。平面图上不同电压线路并列时，应以粗细线严格分清，并分别标注清楚。

电源线路，在平面图进线口附近应注明相别，电压等级、导线规格型号、根数、保护管类别、管径及安装高度等。

2. 各种管形的标注

（1）金属管一律用"G"表示，管径均按公称直径，如 15，20，25，32，40，50，70，80，100。

（2）硬质塑料管用"VG"表示，管径规格为 16，20，25，32，40，50，63，75，100。

（3）半硬塑料管用"SG"表示，管径为 16，20，25，32，40，50。

（4）软塑料管（绝缘套管）用"RG"表示，管径为 16，18，20，22，25，28，30，36，40。

（5）PVC 波纹管用"BG"表示，管径为 11，13，20，25，32，40，50，80，100。

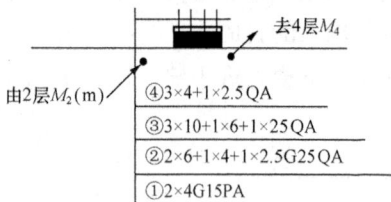

图 9-6　配电箱进出线标注

在标注以上各类管型时，凡单项工程中采用了同一类型时，在平面图上可以省略标注不重复。如局部采用不同类型，则可局部分别标注；如全部采用同一类型管形，则在图纸说明中加以注明。

3. 配电箱、板的标注

按供电类别分别标注，在平面图配电箱、板位置附近的明显空隙处标注。配电箱进出线标注如图 9-6 所示。

第五节　设 计 任 务 书 的 编 制

一、设计任务书

1. 设计任务书的重要性

安全防范工程立项前必须有设计任务书。设计任务书是指建设单位根据国家有关部门的规定和管理要求以及本身的需要，将设防目的和技术要求以文字图表形式写出的文件。设计任务书可作为单独文件，也可作为招标书中技术部分，是合同书中必须执行的附件。设计任务书由建设单位自行编制，也可请设计单位或咨询机构代编。任务书上应有编制者签名，主管部门审批（签名）并加盖公章才可视为有效文件。GA/T 75—2004 中指出，可行性研究报告与设计任务的内容本质一致，因此，一级工程的可行性研究报告以设计任务书形式代替通常是允许的。

在进行安全防范工程设计方案的论证时，甚至在工程验收时，有的建设单位没有提供设计任务书，取而代之的仅是简单的××工程委托谁作的"委托书"或是"用户需求书"，甚至有的仅是"双方信任的口头协议"。设计任务书内容的不完整是普遍存在的问题。这些做法不符合 GA/T 75—2004 中的规定，造成工程的设计施工中一改再改，并滋生出许多矛盾。

2. 设计任务书内容

设计任务书的内容根据 GA/T 75—2004 编写，应包括任务来源、政府部门的有关规定和管理要求、工程项目的内容和目的要求、建设工期、工程投资控制数额、建成后应达到的预期效果。

但是，该标准中没有规定设计任务书的编制格式，因此，出现了各式各样的设计任务书。有的设计任务书没有明确风险等级和防护级别，有的设计任务书规定得过分仔细，如规定要使用什么厂家、什么型号的产品；有的设计任务书没有明确入侵报警与电视和/或声音监控的联动等。这些都给设计及设计评审者增加了不少麻烦。

3. 设计任务书格式

针对设计任务书出现的问题，结合对银行系统、文博系统、楼宇智能化系统、社区系统、移动目标等的安全工程设计评审的情况，以及参与某些较大工程设计任务书编制过程，这里将给出一个重要场所的安全防范工程设计任务书的基本编制格式，以供参考。因为工程的大小、功能要求各不相同，对各个工程项目，为反映具体项目的特色，其内容应当有所增减。

设计任务书的基本格式按其内容可分为 6 章：1 总则；2 应遵循政府部门的有关规定和管理要求；3 安全防范工程的内容和目的；4 建设工期；5 工程投资控制数额；6 建成后应达到的预期效果。

二、设计任务书案例

安全防范工程设计任务书

1 总则

根据安全技术防范管理规定［××省（市）人民政府令第××号］和/或根据本部门（单位）安全管理需要，在本部门（单位）建立安全技术防范系统，以预防和制止入侵盗窃、抢劫、破坏等刑事犯罪，保障人身和财产安全。

本单位属于×级风险等级和/或按×级防护级别进行设防（风险等级和防护级别通常由行政管理部门确定。对于某些特别重要的场所，如储存核材料、化学毒品等的场所，还应由当地公安部门以文件形式说明可能受到威胁的类型，以作为设计时面对的基准威胁）。

设计任务包括设计、施工、调试、验收、培训和维修服务。

安全技术防范系统工程的设计应遵循可靠、先进、经济、实用的原则。

（1）可靠：在本地大气条件下平均无故障工作时间（MTBF）不小于1000h；对一般的入

侵行为报警准确、及时、无漏报现象；误报每年不大于 2 次。

（2）先进：在技术上应适度超前，便于扩展和升级，在一定时期内具有先进性。

（3）经济：优化设计、造价合理、具有较高的性能价格比和较低的维护开销。

（4）实用：操作简单、显示明了、维修方便、经久耐用。

为确保安全技术防范系统工程的有效性，设计单位可对建设单位的保安管理制度、接处警反应速度等提出要求。

2　政府部门的有关规定和管理要求

中华人民共和国公安部安全技术防范系统工程管理规定（审批中）

有关风险等级和安全防护级别的规定（选用）

GA 26—1992 军工产品储存库风险等级和安全防护级别的规定

GA 27—2002 文物系统博物馆风险等级和安全防护级别的规定

GA 28—1992 货币印制企业风险等级和安全防护级别的规定

GA 38—2004 银行营业场所风险等级和安全防护级别的规定

GA/T 70—2004 安全防范工程费用概预算编制办法

GA/T 74—2000 安全防范系统通用图形符号

GA/T 75—2004 安全防范工程程序与要求

JGJ 16—2008 民用建筑电气设计规范

GB/T 16571—1996 文物系统博物馆安全防范工程设计规范

GB/T 16676—1996 银行营业场所安全防范工程设计规范

GB 50198—1994 民用闭路监视电视系统工程技术规范

有关安全防范工程的验收规则（报批中）

有关工程的设计或技术规范（选用）

3　安全防范工程的内容和目的要求

3.1　安全防范工程的结构和要求

安全防范工程由入侵报警子系统、电视和/或声音监控子系统、出入口控制子系统、报警通信子系统、巡更子系统、辅助照明子系统、停车场管理子系统等组成（建设单位可根据需要任选）。根据建设单位提供的建筑结构图、保护目标及环境条件，建立多层防卫体系。上述各子系统由一个中心控制和多个分控室进行监控管理，监控管理权限可分级密码设定。

入侵报警子系统和电视和/或声音监控子系统与出入口控制子系统应有联动功能，由一台多媒体计算机进行集成智能化监控管理。该计算机一旦发生故障，要求各子系统仍能单独进行正常工作。某子系统出现故障不应影响其他子系统的正常工作。

系统的应用软件应比较成熟，能在 Windows XP 或以上的操作系统环境下运行，使用中文图形界面，只需简单地按动鼠标或按键，就能完成各种操作，且在操作过程中不应出现死机现象。

应用软件的主要功能包括：①保安操作员的管理，设定保安操作员的姓名和操作密码、划分操作级别和控制权限等；②系统的状态显示，以声光和/或文字图形显示系统自检、掉电或欠电，出入口控制区人员通行情况（姓名、时间、地点），设防和撤防的区域，报警和故障的部位，入侵报警时入侵部位的图像和/或声音应自动同时显示并显示可能的对策；③系统的控制，视频图像的切换、处理，存储、检索和回放，云台与镜头的预置和遥控，对防卫目标的设防和撤防，门的开关及其他设备的控制；④事件的记录与查询，上述保安操作员的管理、系统的状态显示、系统的控制都应有记录，需要时能简单快速检索和回放；⑤报表的生成，可生成和打印各种类型报表，报警时自动打印报警报告（包括报警发生的时间、地点和人数，值班保安员的姓名、接处警情况等）。

3.2 中心控制室的要求

中心控制设备应预留 10%～20% 的开放性接口，以便日后扩展和改装。同样，应预留开放性通信接口，以便与公安部门接警中心和/或保安服务公司监控中心等联网。

中心控制室设备布局合理、光线适度、接线整洁、便于工作、便于维修。

中心控制室应有有线、无线报警通信设备。

3.3 各子系统的要求

3.3.1 入侵报警系统的要求

针对防护目标，建立防范区域，在可能的入侵路径上设置多层次自动报警，在重要部位设置手动报警。报警响应时间不大于 1s。报警发生后自动调出对应报警点的现场图像和/或声音，图像和/或声音调出时间不大于 2s。

3.3.2 视频和/或音频监控系统的要求

除了对所有与报警点有联动的现场图像和/或声音复核外，重要工作区、公共场所和通道也应有图像监控。所有摄像机的图像应能同时显示（包括有一部分是多画面分割显示）。图像分辨率不低于 25 万像素，图像质量按 5 级损伤制评分标准或按 5 级质量制评分标准达到 4 分以上。记录图像回放应达到可用图像要求。声音复核要求声音清晰可辨（灵敏度 $1.5V_{p-p}$，信噪比 ≥60dB，通频带为 200～800Hz±3dB，失真度 ≤5%）。

3.3.3 门禁控制系统的要求

设防区域中的重要出入口设置出入口控制，以有效地管理门的开启和关闭，保证授权人员方便出入，限制未授权人员进入，对强行进入行为发出报警（与电视联动）。对出入人员、出入时段和出入区域分类管制并有登录和存储。

3.3.4 其他系统的要求

建设单位根据自身管理要求提出。

4 建设工期

自合同签字日起×个月内全部完成，要求设计单位订出阶段性进度计划。

5 工程投资控制数额

工程投资控制数额大约为×万元，要求设计单位分门别类提供计算清单。

6 建成后应达到的预期效果

安全技术防范系统建成后，促使加强管理、宣传和教育工作，对企图犯罪的分子造成强大的威慑作用，使其望而生畏不敢下手。对敢于入侵的犯罪分子，系统的快速反应将使犯罪分子的犯罪行为不能得逞。

作 业 与 思 考 题

（1）谈谈设计程序与步骤的内容。

（2）谈谈设计的基本技术依据的内容。

（3）谈谈系统中心设计的内容。

（4）传输系统的设计内容有什么？

（5）安全技术防范系统的特点与原则有哪些？

（6）初步设计的必要条件有哪些？

（7）谈谈初步设计的步骤与内容。

（8）谈谈施工图的设计与内容。

（9）图纸绘制的一般要求有哪些？

（10）工程图的一般要求有哪些？

（11）图纸内容的一般要求有哪些？

（12）分别描述施工图纸的内容与深度要求。

（13）系统总平面图的要求有哪些？

（14）绘图标准要求有哪些？

（15）设计图纸的标注要求有哪些内容？

（16）谈谈设计任务书的重要性。

附录 安全技术防范行业标准体系表

1 范围

本体系表给出了安全技术防范行业现有、应用和预计发展的标准的基本蓝图，是编制安全技术防范行业标准制、修订规划和计划的主要依据，是促进安全技术防范行业的标准组成达到科学合理化的重要基础，是开展安全技术防范领域科学技术研究的重要参考资料。

本体系表适用于安全技术防范行业各专业，与之相关的其他行业也可参考使用。

2 术语和定义

下列术语和定义适用于本体系表。

2.1 安全技术防范行业

提供安全技术防范产品、工程、技术服务和管理的经济活动基本单位的总和。

2.2 标准体系

一定范围内的标准按其内在联系形成的科学的有机整体［GB/T 13016《标准体系表编制原则和要求》中 1.1］。

2.3 标准体系表

一定范围的标准体系内的标准按一定形式排列起来的图表［GB/T 13016 中 1.2］。

2.4 标准元素（组成单元）

标准体系表的标准元素（组成单元）是标准，不是产品、过程、技术服务或管理项目。

2.5 个性标准与共性标准

直接表达一种标准化对象（产品或系列产品、过程、服务或管理）的个性特征的标准称为个性标准；同时表达存在于若干种标准化对象间所共有的共性特征的标准称为共性标准［GB/T 13016 中 1.6］。

2.6 层次

从一定范围内的若干个标准中提取共性特征并订成共性标准。然后，将此共性标准安排在标准体系表内的被提取的若干个标准之上。这种提取出来的共性标准构成标准体系表中的一个层次。

个性标准居体系表的最低层，基础标准居体系表的最高层，其他共性标准居体系表的其他不同层次。

2.7 相关标准

属其他体系（行业、专业）而受本体系直接采用非关系密切的标准为本体系的相关标准［GB/T 13016 中 1.5］。

2.8 基础标准

在安全技术防范行业内作为其他标准的基础并普遍使用，具有广泛指导意义的标准。

2.9 专业、专业通用标准

安全技术防范行业内按产品、工程、服务或管理的技术要素的不同而划分的技术领域称为专业；在本专业内作为其他标准的基础被普遍使用，具有指导意义的标准称为专业通用标准。

2.10 门类、门类通用标准

安全技术防范行业的某专业领域内，按产品、工程、服务或管理的具体情况的不同而划分的相关类别称为门类；在本门类中普遍使用的标准称为门类通用标准。

3 结构

3.1 安全技术防范行业标准体系表预计包括约 300 个标准元素，结构层次分为 4 层：基础标准、专业通用标准、门类通用标准和产品（工程、服务）标准。本体系表共列入 226 个标准元素，其余标准元素待本体系表今后修订时予以补充。

3.2 为强化管理标准在标准体系表中的地位，本标准体系表特将管理标准元素独立列成为标准体系的一个子系统，按 3 个层次排列。这样，整个标准体系表便由技术标准子系统（分 4 个层次）和管理标准子系统（分 3 个层次）两部分构成。

3.3 安全技术防范行业标准体系结构框图见附图 1。

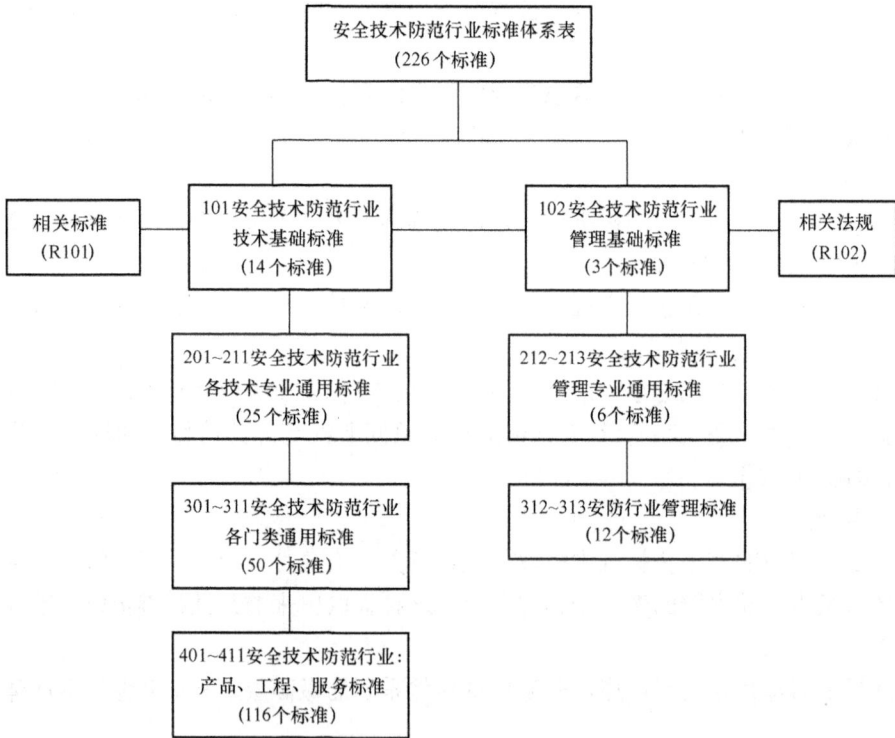

附图 1 安全技术防范行业标准体系结构框图

4 标准明细表使用说明

本标准体系表的标准明细表由 39 个表格构成，附表 1～附表 39 分别对应体系表结构框图的相应部分。具体说明如下：

4.1 安全技术防范行业基础标准

4.1.1 101 安全技术防范行业技术基础标准，现列入 14 个标准，见附表 1。

附表1　　　　　　　　　　**101 安全技术防范行业技术基础标准明细**

编号	标 准 名 称	宜定级别	优先级	国际、国外相关标准号	标准代号和编号	备注
101.01	安全技术防范行业标准体系表	GA/T	H			
101.02	安全技术防范行业名词术语	GA/T	H			
101.03	安全防范系统通用图形符号	GA/T	H		GA/T 74—2000	
101.04	安全技术防范报警传输系统	GA	H	IEC 60839-5		系列标准共5个
101.05	安全技术防范产品分类与代码	GA	H			
101.06	安全技术防范产品检验规则	GA	H			
101.07	安全防范报警设备安全要求和试验方法	GB	H		GB16796—1997	
101.08	安全技术防范报警设备电磁兼容性要求和试验方法	GA	H	IEC 60839-1-3：1988		
101.09	报警系统环境试验	GB	H	IEC 60839-1-3：1988	GB/T 15211—1994	
101.10	报警系统电源装置、测试方法和性能规范	GB/T	H	IEC 60839-1-2：1987	GB/T 15408—1994	
101.11	报警系统告警信号及装置技术要求	GA	M			
101.12	安全技术防范报警系统有效性评价方法	GA	M			
101.13	安全防范工程程序与要求	GA/T	H		GA/T 75—1994	
101.14	安全技术防范工程技术规范	GB	H			系列标准

4.1.2　102 安全技术防范行业管理基础标准，现列入 3 个标准，见附表 2。

附表2　　　　　　　　　　**102 安全技术防范行业管理基础标准明细**

编号	标 准 名 称	宜定级别	优先级	国际、国外相关标准号	标准代号和编号	备注
102.01	安全技术防范管理与目标考核导则	GA/T	M			
102.02	安全技术防范中介机构与社团组织发展指南	GA/T	M			
102.03	安全技术防范质量评估认证组织体系	GA/T	H			

4.2　安全技术防范行业各专业通用标准 201～213

　　根据目前我国安全技术防范行业实际涵盖的技术领域和管理需要，本体系表将安全技术防范行业的专业划分为 13 个。其中，技术专业 11 个，管理专业 2 个，共列入 31 个标准，见附表 3～附表 15。

附表 3　　　　　201 安全技术防范行业：防爆安检系统专业通用标准明细

编号	标 准 名 称	宜定级别	优先级	国际、国外相关标准号	标准代号和编号	备注
201.01	防爆安检系统的系统构成与技术要求	GA	M			
201.02	防爆安检专业的门类划分细则	GA/T	L			

附表 4　　　　　202 安全技术防范行业：实体防护系统专业通用标准明细

编号	标 准 名 称	宜定级别	优先级	国际、国外相关标准号	标准代号和编号	备注
202.01	实体防护系统的系统构成与技术要求	GA/T	M			
202.02	实体防护专业的门类划分细则	GA/T	L			

附表 5　　　　　203 安全技术防范行业：入侵报警系统专业通用标准明细

编号	标 准 名 称	宜定级别	优先级	国际、国外相关标准号	标准代号和编号	备注
203.01	入侵报警系统技术要求	GA/T	H		GA/T 368—2001	
203.02	入侵报警专业的门类划分细则	GA/T	M			

附表 6　　　　　204 安全技术防范行业：电视监控系统专业通用标准明细

编号	标 准 名 称	宜定级别	优先级	国际、国外相关标准号	标准代号和编号	备注
204.01	视频安防监控系统技术要求	GA	H		GA/T 367－2001	
204.02	安全技术防范电视监控专业的门类划分细则	GA/T	M			

附表 7　　　　　205 安全技术防范行业：出入口控制系统专业通用标准明细

编号	标 准 名 称	宜定级别	优先级	国际、国外相关标准号	标准代号和编号	备注
205.01	出入口控制系统技术要求	GA	H		GA/T 394－2002	
205.02	出入口控制专业的门类划分细则	GA/T	L			

附表 8　　　　　206 安全技术防范行业：报警信号传输系统专业通用标准明细

编号	标 准 名 称	宜定级别	优先级	国际、国外相关标准号	标准代号和编号	备注
206.01	报警信号传输系统的系统构成与技术要求	GA	H	IEC 60839-5-1		
206.02	报警信号传输专业的门类划分细则	GA/T	M			

附表 9 **207 安全技术防范行业：移动目标反劫防盗报警系统专业通用标准明细**

编号	标 准 名 称	宜定级别	优先级	国际、国外相关标准号	标准代号和编号	备注
207.01	移动目标报警系统的系统构成与技术要求	GB/Z	H			
207.02	移动目标报警专业的门类划分细则	GA/T	M			

附表 10 **208 安全技术防范行业：防抢劫应急报警系统专业通用标准明细**

编号	标 准 名 称	宜定级别	优先级	国际、国外相关标准号	标准代号和编号	备注
208.01	防抢劫应急报警系统的系统构成与技术要求	GA	H			
208.02	防抢劫应急报警专业的门类划分细则	GA/T	L			

附表 11 **209 安全技术防范行业：智能建筑安防系统与集成报警系统专业通用标准明细**

编号	标 准 名 称	宜定级别	优先级	国际、国外相关标准号	标准代号和编号	备注
209.01	智能建筑设计标准要求	GB	H		GB/T 50314－2006	
209.02	智能建筑安防系统的集成模式与评估方法	GA	M			

附表 12 **210 安全技术防范行业：社区安防与社会救助集成报警系统专业通用标准明细**

编号	标 准 名 称	宜定级别	优先级	国际、国外相关标准号	标准代号和编号	备注
210.01	社区安防与社会救助报警系统的系统构成与总体要求	GB	H			
210.02	社区安防与社会救助报警系统的集成模式与评估方法	GB	M			

附表 13 **211 安全技术防范行业：安全技术防范工程专业通用标准明细**

编号	标 准 名 称	宜定级别	优先级	国际、国外相关标准号	标准代号和编号	备注
211.01	安全技术防范工程勘察设计规范	GA	H			
211.02	安全技术防范工程施工、监理规范	GA	M			
211.03	安全技术防范工程质量检验规范	GA	H			
211.04	安全防范系统验收规则	GA	H		GA 308－2001	
211.05	安全技术防范工程应用指南（服务规范）	GA	H			

附表 14　　　　　212 安全技术防范行业：技术管理专业通用标准明细

编号	标　准　名　称	宜定级别	优先级	国际、国外相关标准号	标准代号和编号	备注
212.01	安全技术防范标准化工作导则	GA/T	L			
212.02	安全技术防范质量检验工作导则	GA/T	H			
212.03	安全技术防范成果奖励推广指南	GA/T	M			

附表 15　　　　　213 安全技术防范行业：业务管理专业通用标准明细

编号	标　准　名　称	宜定级别	优先级	国际、国外相关标准号	标准代号和编号	备注
213.01	安全防范技术中长期发展规划编制指南	GA/T	M			
213.02	安全防范技术人才培养指南	GA/T	L			
213.03	安全技术防范业务社会化发展指南	GA/T	M			

4.3　安全技术防范行业各门类通用标准 301～313

安全技术防范行业各专业通用标准之下，按照该专业内产品、工程或服务形式的不同，划分为若干门类，编制各门类通用标准。本体系表根据 13 个专业的不同情况，共列入 62 个标准。其中，技术标准 50 个，管理标准 12 个，见附表 16～附表 28。

附表 16　　　　　301 防爆安检系统：门类通用标准明细

编号	标　准　名　称	宜定级别	优先级	国际、国外相关标准号	标准代号和编号	备注
301.01	炸药探测设备技术要求	GA	L			
301.02	爆炸物处置设备技术要求	GA	L			
301.03	防爆安检设备技术要求	GA	L			
301.04	金属武器探测设备技术要求	GA	L			

附表 17　　　　　302 实体防护系统：门类通用标准明细

编号	标　准　名　称	宜定级别	优先级	国际、国外相关标准号	标准代号和编号	备注
302.01	高安全防盗锁具通用技术要求	GA	H			
302.02	防盗安全门、柜、箱通用技术要求	GA	L			
302.03	实体防护车辆通用技术要求	GA	L			
302.04	实体防护材料通用技术要求	GA	L			

附表 18 **303 入侵报警系统：门类通用标准明细**

编号	标 准 名 称	宜定级别	优先级	国际、国外相关标准号	标准代号和编号	备注
303.01	入侵探测器第 1 部分：通用要求	GB	H	IEC 60839-2-2	GB 10408.1—2000	修订
303.02	报警控制器/显示/通信装置通用技术条件	GB	H			
303.03	告警装置通用技术条件	GA	M			
303.04	入侵报警系统应用指南	GA	M	IEC 60839-1-4		

附表 19 **304 电视监控系统：门类通用标准明细**

编号	标 准 名 称	宜定级别	优先级	国际、国外相关标准号	标准代号和编号	备注
304.01	安全防范电视监控系统前端设备通用技术要求	GA	L			采用相关标准
304.02	安全防范电视监控系统视频传输设备通用技术要求	GA	M			
304.03	安全防范电视监控系统控制/显示/记录设备通用技术要求（含多媒体设备）	GA	H			
304.04	安全防范电视监控系统应用指南	GA	H			

附表 20 **305 出入口控制系统：门类通用标准明细**

编号	标 准 名 称	宜定级别	优先级	国际、国外相关标准号	标准代号和编号	备注
305.01	出入口控制系统目标身份信息装置通用技术要求	GA	L			采用相关标准
305.02	出入口控制系统目标识别装置通用技术要求	GA	H			
305.03	出入口控制系统信号处理/显示/编程装置技术要求	GA	M			
305.04	出入口控制系统执行机构通用技术要求	GA	H			
305.05	出入口控制系统通信设备通用技术条件	GA	M			
305.06	出入口控制系统应用指南	GA	M			

附表 21 **306 报警信号传输系统：门类通用标准明细**

编号	标 准 名 称	宜定级别	优先级	国际、国外相关标准号	标准代号和编号	备注
306.01	使用专用线路的报警信号传输系统通用技术要求	GA	M	IEC 60839-5-1～60839-5-6		

编号	标准名称	宜定级别	优先级	国际、国外相关标准号	标准代号和编号	备注
306.02	使用公共交换电话网数字通信链路的报警信号传输系统通用技术要求	GA	H	IEC 60839-5-1～60839-5-6		
306.03	使用公共交换电话网语音通信链路的报警信号传输系统通用技术要求	GA	H	IEC 60839-5-1～60839-5-6		
306.04	报警传输系统中串行数据接口的报文格式与协议　总要求	GA	H	IEC 60839-5-1～60839-5-6		
306.05	报警传输系统中串行数据接口的报文格式与协议　分层协议	GA	H	IEC 6839-7-1		
306.06	报警信号无线传输空间接口技术要求	GA	H			
306.07	报警传输系统应用指南	GA	M			

附表 22　　　　　307 移动目标反劫防盗报警系统：门类通用标准明细

编号	标准名称	宜定级别	优先级	国际、国外相关标准号	标准代号和编号	备注
307.01	车辆防盗报警系统（VSAS）	GA	L	IEC 60839-10		
307.02	地标定位式　联网报警系统　通用技术要求	GA/Z	H			
307.03	测距定位式　联网报警系统　通用技术要求	GA/Z	H			
307.04	卫星导航定位式（GPS）　联网报警系统　通用技术条件	GB/Z	H			
307.05	全国无线报警网应用指南	GB/T	M			

附表 23　　　　　308 防抢劫应急报警系统：门类通用标准明细

编号	标准名称	宜定级别	优先级	国际、国外相关标准号	标准代号和编号	备注
308.01	固定目标防抢劫应急报警系统技术要求	GA	H			
308.02	移动目标防抢劫应急报警系统技术要求	GA/Z	H			
308.03	与 110 联网的应急报警系统技术要求	GA	H			

附表 24　　　　　309 智能建筑安防系统与集成报警系统：门类通用标准明细

编号	标准名称	宜定级别	优先级	国际、国外相关标准号	标准代号和编号	备注
309.01	智能建筑中分散式安防系统技术要求	GB	H			

编号	标 准 名 称	宜定级别	优先级	国际、国外相关标准号	标准代号和编号	备注
309.02	智能建筑中组合式安防系统技术要求	GB	H			
309.03	智能建筑中系统集成式安防系统的技术要求	GB	H			

附表 25　　　**310 社区安防与社会救助集成报警系统：门类通用标准明细**

编号	标 准 名 称	宜定级别	优先级	国际、国外相关标准号	标准代号和编号	备注
310.01	居民小区联网报警系统通用技术要求	GB/Z	H			
310.02	小康住宅区联网报警系统通用技术要求	GB/Z	M			
310.03	豪华别墅区联网报警系统通用技术要求	GB/Z	M			
310.04	特殊单位联网报警系统通用技术要求	GA	H			

附表 26　　　**311 安全技术防范工程：门类通用标准明细**

编号	标 准 名 称	宜定级别	优先级	国际、国外相关标准号	标准代号和编号	备注
311.01	入侵报警系统工程设计规范	GA	H			
311.02	安全防范电视监控系统工程设计规范	GA	H			
311.03	出入口控制系统工程设计规范	GB	H			
311.04	防爆安检系统工程设计规范	GA	M			
311.05	实体防护系统工程设计规范	GA	M			
311.06	安全防范集成系统设计规范	GA	M			

附表 27　　　**312 安全技术防范行业技术管理标准明细**

编号	标 准 名 称	宜定级别	优先级	国际、国外相关标准号	标准代号和编号	备注
312.01	技防产品质量认证指南	GA	H			
312.02	技防产品生产许可证实施细则	GA	M			
312.03	技防产品市场准入指南	GA	M			
312.04	安全防范工程质量认证指南	GA	H			
312.05	安全防范工程费用定额编制指南	GA/T	M		GA/T 70—2004	修订
312.06	安全防范行业工程设计、施工、监理、咨询执业资质	GA	H			
312.07	安防行业信息标准编制指南	GA	M			

附表 28　　　　　　　313 安全技术防范行业业务管理标准明细

编号	标 准 名 称	宜定级别	优先级	国际、国外相关标准号	标准代号和编号	备注
313.01	安全防范对象风险等级与防护级别评估指南	GA/T	M			
313.02	军工产品储存库风险等级和安全防护级别的规定	GA	H		GA 26—1992	修订
313.03	文物系统博物馆风险等级和安全防护级别的规定	GA	H		GA 27—2002	修订
313.04	货币印制企业风险等级和安全防护级别的规定	GA	M		GA 28—1992	
313.05	银行营业场所风险等级和安全防护级别的规定	GA	M		GA 38—2004	

4.4　产品（工程、服务）标准 401～411

本标准体系表所确定的安全技术防范产品（工程、服务）标准，通常是指某门类下的产品系列的通用标准，一般不特指某一具体型号具体规格的产品，它区别于企业的产品标准。产品（工程、服务）标准共列入 116 个，见附表 29～附表 39。

附表 29　　　　　　　401 防爆安检系统：产品标准明细

编号	标 准 名 称	宜定级别	优先级	国际、国外相关标准号	标准代号和编号	备注
401.01	微剂量 X 射线安全检查设备	GB	H		GB 15208—1994	
401.02	便携式 X 射线安全检查设备技术条件	GB	H		GB 12664—1990	修订
401.03	通过式金属探测门通用技术规范	GB	H		GB 15210—2003	
401.04	手持式金属探测器技术规范	GB	H		GB 12899—2003	
401.05	机械钟控定时引爆装置探测器	GA/T	H		GA/T 71—1994	
401.06	防爆毯	GA	H		GA 69—2007	转入警标委技术归口
401.07	便携式炸药检测箱技术条件	GA	H		GA 60—1993	
401.08	爆炸物销毁器技术条件	GB	H		GB 12662—1990	
401.09	排爆机器人通用技术条件	GA/T	H		GA/T 142—1996	
401.10	手持式警用强光器通用技术要求与试验方法	GA/T	H		GA/T 64—1993	转入警标委技术规口
401.11	脉冲式冷阴极便携式 X 射线安全检查设备	GA	H			
401.12	炸药蒸汽探测器	GA	M			

附表 30　　　　　　　　402 实体防护系统：产品标准明细

编号	标 准 名 称	宜定级别	优先级	国际、国外相关标准号	标准代号和编号	备注
402.01	防盗保险柜	GB	H		GB 10409—2001	
402.02	防盗保险箱	GA	H		GA 166—2006	
402.03	金库门通用技术条件	GA/T	H		GA/T 143—1996	
402.04	便携式防盗安全箱	GA/T	H		GA/T 3—1991	
402.05	防盗安全门通用技术条件	GA→GB	H		GB 17565—2007（GA 25—1992）	已升为国标
402.06	防弹复合玻璃	GA	H		GA 165—1997	
402.07	专用运钞车防护技术条件	GA	H		GA 164—2005	拟升为国标
402.08	机械防盗锁	GA	H		GA/T 73—1994	修订
402.09	防刺背心	GA	H		GA 68—2003	转入警标委技术归口
402.10	防弹玻璃	GA	M			
402.11	警用防弹衣通用技术条件	GA	H		GA 141—2001	转入警标委技术归口
402.12	电子防盗锁	GA	H		GA 374—2001	
402.13	高安全电动防盗锁	GA	M			
402.14	楼宇对讲系统及电控防盗门通用技术条件	GA	H		GA/T 72—2005	

附表 31　　　　　　　　403 入侵报警系统：产品标准明细

编号	标 准 名 称	宜定级别	优先级	国际、国外相关标准号	标准代号和编号	备注
403.01	超声波入侵探测器	GB	H		GB 10408.2—2000	
403.02	微波入侵探测器	GB	H		GB 10408.3—2000	
403.03	主动红外入侵探测器	GB	H		GB 10408.4—2000	
403.04	被动红外入侵探测器	GB	H		GB 10408.5—2000	
403.05	微波和被动红外复合入侵探测器	GB	H		GB 10408.6—1991	
403.06	超声波和被动红外复合入侵探测器	GB	H		GB 10408.7—1996	
403.07	被动式玻璃破碎入侵探测器	GB	H		GB 10408.9—2001	
403.08	次声波入侵探测器	GA	L			
403.09	振动入侵探测器	GB/T	H		GB 10408.8—1997	
403.10	开口电缆周界入侵探测器	GA	M			

续表

编号	标 准 名 称	宜定级别	优先级	国际、国外相关标准号	标准代号和编号	备注
403.11	电场周界入侵探测器	GA	M			
403.12	磁场周界入侵探测器	GA	L			
403.13	颤动/压力感应式周界入侵探测器	GA	L			
403.14	栅栏骚动周界入侵探测器	GA	L			
403.15	拉紧线周界入侵探测器	GA	M			
403.16	主动红外入侵探测器	GB	M		GB 10408.4—2000	
403.17	微波周界入侵探测器（遮挡式微波入侵探测器技术要求和试验方法）	GB	H		GB 15407—1994	
403.18	视频运动周界入侵探测器（视频入侵报警器）	GB	H		GB 15207—1994	
403.19	磁开关入侵探测器	GB	H		GB 15209—2006	
403.20	接近/接触式入侵探测器	GA	L			
403.21	压力垫探测器	GA	L			
403.22	电话报警器	GA	H			
403.23	无线报警器	GA	H			
403.24	本地有线报警控制/显示器	GA	L			
403.25	防盗报警控制器通用技术条件	GB	H		GB 12663—2001	
403.26	防盗报警中心控制台	GB/T	H		GB/T 16572—1996	

附表 32　　　　　　　**404 电视监控系统：产品标准明细**

编号	标 准 名 称	宜定级别	优先级	国际、国外相关标准号	标准代号和编号	备注
404.01	警用摄像机与镜头连接	GA	H		GA/T 45—1993	
404.02	安全防范电视监控系统视频时序切换器通用技术要求	GA	H			
404.03	安全防范电视监控系统视频矩阵切换器通用技术要求	GA	H			
404.04	安全防范电视监控系统画面分割器通用技术要求	GA	H			
404.05	安全防范电视监控系统场切换、帧切换设备技术要求	GA	H			
404.06	视频分配器通用技术条件	GA	H			
404.07	安全防范电视监控系统中央控制台技术要求（主控、副控、远程监控）	GA	H			
404.08	安全防范电视监控系统显示设备技术要求	GA	H			
404.09	安全防范电视监控系统记录设备技术要求	GA	H			

续表

编号	标 准 名 称	宜定级别	优先级	国际、国外相关标准号	标准代号和编号	备注
404.10	安全防范电视监控系统图像信号有线传输设备技术要求（报警图像信号有线传输装置）	GB	H		GB/T 16677—1996	
404.11	安全防范电视监控系统图像信号无线传输设备技术要求	GA	L			
404.12	安全防范电视监控系统监控中心综合管理软件	GA	M			
404.13	视频模式—数字转换软件	GA	M			
404.14	视频信号数据压缩软件	GA	M			

附表 33　　　　　　　405 出入口控制系统：产品标准明细

编号	标 准 名 称	宜定级别	优先级	国际、国外相关标准号	标准代号和编号	备注
405.01	出入口控制系统接触式 IC 卡技术要求	GA	L			采用相关标准
405.02	出入口控制系统非接触式 IC 卡技术要求	GA	L			
405.03	出入口控制系统磁卡技术要求	GA	L			
405.04	出入口控制系统光卡学技术要求	GA	L			
405.05	生物统计学（指纹、眼纹、掌纹、声纹等）特征卡技术要求	GA	L			
405.06	接触式 IC 卡识别装置技术要求（读卡器）	GA	H			
405.07	非接触式 IC 卡识别装置技术要求（读卡器）	GA	H			
405.08	磁条卡识别装置技术要求	GA	L			
405.09	条码卡识别装置技术要求	GA	L			
405.10	光卡识别装置技术要求	GA	H			
405.11	生物统计学特征卡识别装置技术要求	GA	M			
405.12	门禁控制器技术要求	GA	H			
405.13	网络控制器技术要求	GA	L			
405.14	通信控制器技术要求	GA	L			

附表 34　　　　　　　406 报警信号传输系统：产品标准明细

编号	标 准 名 称	宜定级别	优先级	国际、国外相关标准号	标准代号和编号	备注
406.01	总线制报警传输装置技术条件	GA	H			
406.02	N＋m 制式报警传输装置技术条件	GA	H			

续表

编号	标准名称	宜定级别	优先级	国际、国外相关标准号	标准代号和编号	备注
406.03	局域网报警传输装置通用技术条件	GA	H	IEC 60839-7-1～60839-7-4	GA/T 379.1～GA/T 379.4	
406.04	与 ISO 8482 相一致的采用两线制的报警系统接口	GA	H	IEC 60839-7-5	GA/T 379.5	
406.05	采用 CCITT V24/V28 信号的报警系统接口	GA	H	IEC 60839-7-6	GA/T 379.6	
406.06	插换式报警系统收发信机的报警系统接口	GA	H	IEC 60839-7-7	GA/T 379.7	
406.07	采用 CCITT V23 信号传输方式的专用通信信道的 PTT 接口	GA	H	IEC 60839-7-11 IEC 60839-7-12	GA/T 379.8 GA/T 379.9	
406.08	采用 CCITT V24/V28 信号的终端接口	GA	H	IEC 60839-7-20	GA/T 379.10	

附表 35　　　407 移动目标反劫防盗报警系统：产品标准明细

编号	标准名称	宜定级别	优先级	国际、国外相关标准号	标准代号和编号	备注
407.01	车辆防盗报警系统（VSAS）（小客车）	GA	H	IEC 60839-10-1：1995	GB 20816—2006	
407.02	无线报警网基站设备通用技术条件	GA/Z	H			
407.03	无线报警网终端设备通用技术条件	GA/Z	H			
407.04	车辆防盗报警器材安装规范	GA	H		GA 366—2001	

附表 36　　　408 防抢劫应急报警系统：产品标准明细

编号	标准名称	宜定级别	优先级	国际、国外相关标准号	标准代号和编号	备注
408.01	手触发式有线紧急报警开关通用技术条件	GA	H			
408.02	脚触发式有线紧急报警开关通用技术条件	GA	H			
408.03	便携式无线紧急报警开关通用技术条件	GA	H			
408.04	与110联网的报警系统通信接口通用技术条件	GA	H			

附表 37　　　409 智能建筑安防系统与集成报警系统：产品标准明细

编号	标准名称	宜定级别	优先级	国际、国外相关标准号	标准代号和编号	备注
409.01	楼宇对讲设备、系统通用技术条件	GA	H		GA/T 72 —2005	修订
409.02	黑白可视对讲系统	GA	H		GA/T 269—2001	

编号	标 准 名 称	宜定级别	优先级	国际、国外相关标准号	标准代号和编号	备注
409.03	巡更设备、系统通用技术条件	GA	M			
409.04	停车库（场）管理软件	GA	H			
409.05	组合式安防系统管理软件	GA	L			
409.06	集中监控式安防系统管理软件	GA	H			
409.07	集成式安防系统管理软件	GA	M			

附表 38　　　　410 社区安防与社会救助集成报警系统：产品标准明细

编号	标 准 名 称	宜定级别	优先级	国际、国外相关标准号	标准代号和编号	备注
410.01	有线报警调度台技术要求和试验方法	GA	L			采用有关标准
410.02	无线报警调度台技术要求和试验方法	GA	L			采用有关标准
410.03	报警中心管理软件	GA	H			
410.04	防区地理信息与警情显示软件	GA	H			
410.05	警情分析和预案处理软件	GA	H			
410.06	多媒体显示综合软件	GA	H			

附表 39　　　　411 安全技术防范工程：技术规范明细

编号	标 准 名 称	宜定级别	优先级	国际、国外相关标准号	标准代号和编号	备注
411.01	民用建筑安全技术防范工程规范（含居民住宅、住宅小区）	GB	H			
411.02	公用建筑安全技术防范工程规范（含商场、宾馆、医院、办公楼、厂房、智能大厦）	GB	H			
411.03	文物系统博物馆安全防范工程技术规范（含博物馆、珠宝店、档案馆、图书馆、文化馆）	GB	H		GB/T16571—1996	
411.04	金融系统建筑安全技术防范工程规范（含银行营业厅、储蓄所、金库等）	GB	M		GB/T16676—1996	
411.05	军工产品储存库安全技术防范工程规范（含军工产品库、各类主要物资库等）	GB	H			
411.06	货币印制企业建筑安全技术防范工程规范（含货币、邮票、有价证券印制企业）	GB	M			
411.07	空港、车站、码头安全技术防范工程设计规范	GB	M			

参 考 文 献

[1] 陈龙，李仲男，等. 智能建筑安全防范系统及应用 [M]. 北京：机械工业出版社，2007.

[2] 黄河. 安防与电视电话系统施工 [M]. 北京：中国建筑工业出版社，2005.

[3] 董春利. 建筑智能化系统 [M]. 北京：机械工业出版社，2007.

[4] 张九根，丁玉林. 智能建筑工程设计 [M]. 北京：中国电力出版社，2007.

[5] 陈龙. 智能建筑安全防范及保障系统 [M]. 北京：中国建筑工业出版社，2002.

[6] 董春利. 传感器与检测技术 [M]. 北京：机械工业出版社，2008.

[7] 戴瑜兴. 建筑智能化系统工程设计 [M]. 北京：中国建筑工业出版社，2005.

[8] 董春利. 酒店宾馆智能化系统工程设计与实践 [M]. 北京：中国电力出版社，2009.

[9] 肖公亮. 泄漏电缆周界入侵防范技术 [J]. A&S：国际中文版，2007（2）.

[10] 王杭. 五星级酒店智能化系统工程设计要点 [J]. 智能建筑与城市信息，2004（9）.

[11] 朱汇. 浅谈虹膜识别系统的特点和优势 [J]. A&S：安防工程商，2006（6）.

[12] 董春利. 视频数字编解码技术标准及其发展趋势 [J]. A&S：安防工程商，2008（8），（9）.

[13] 刘弋. 宽动态摄像机技术深层探讨 [J]. A&S：国际中文版，2006（3）.

[14] 周农. 光传输技术在视频监控领域的发展及趋势 [J]. 中国安防，2008（5）.

[15] 礼攀. 数字视频矩阵 [J]. A&S：安防工程商，2004（9）.

[16] 钟世强. 基于 IP 交换的大规模数字视频切换矩阵技术 [J]. 华东电力，2003（8）.

[17] 童剑军. 基于视频运动分析的入侵探测技术 [J]. A&S：国际中文版，2007（1）.

[18] 朱汇. 浅谈虹膜识别系统的特点和优势 [J]. A&S：安防工程商，2006（6）.

[19] 李建勇. 人脸识别技术在视频监控系统中的应用 [J]. 中国安防，2009（4）.

[20] 卢君先，王宜静. 浅谈智能停车场管理系统 [J]. 黑龙江科技信息，2008（18）.

[21] 陈华君. 高清逐行扫描监视器技术解析 [J]. A&S：安防工程商，2004（7）.

[22] 欧海燕，礼攀. 数字视频矩阵的特点和应用 [J]. 中国公共安全，2005（8）.

[23] 吴明. 矩阵技术的发展历史及现状. A&S：安防工程商，2006（2）.

[24] 周天明. 红外夜视系统剖析及选用指南 [J]. A&S：安防工程商，2004（8）.

[25] 龚威. 宽动态把持摄像机技术制高点 [J]. 中国公共安全，2007（10）.

[26] 铭景. 宽动态摄像机技术深层探讨 [J]. A&S：安防工程商，2006（12）.

[27] 三洋. 智能高速球功能剖析 [J]. A&S：安防工程商，2007（7）.

[28] 鄉田秀章. 浅析低照度摄像机的技术发展 [J]. A&S：国际中文版，2007（10）.

[29] 张伟. 光端机漫谈 [J]. 中国安防，2007（5）.

[30] 董春增，董春利. AVS 编解码技术标准及其在数字视频监控系统上的应用 [J]. 智能建筑电气技术，2007（5）.